Vanderlei Garcia Jr.

Manual Prático de Contratos

De acordo com a Lei da Liberdade Econômica (LLE), Lei Geral de Proteção de Dados (LGPD), Enunciados das Jornadas de Direito Civil e de Direito Empresarial, Marco Legal das *Startups* e Resolução n. 88 da CVM.

de Contratos

2024

Teoria Geral e Aplicação Prática – Direito Cível e Societário

CB021645

saraiva EDUCAÇÃO | **saraiva** jur

Av. Paulista, 901, Edifício CYK, 4º andar
Bela Vista – São Paulo – SP – CEP 01310-100

SAC | sac.sets@saraivaeducacao.com.br

Diretoria executiva	Flávia Alves Bravin
Diretoria editorial	Ana Paula Santos Matos
Gerência de produção e projetos	Fernando Penteado
Gerência de conteúdo e aquisições	Thais Cassoli Reato Cézar
Gerência editorial	Livia Céspedes
Novos projetos	Aline Darcy Flôr de Souza
	Dalila Costa de Oliveira
Edição	Estevão Bula
Design e produção	Jeferson Costa da Silva (coord.)
	Alanne Maria
	Guilherme Salvador
	Lais Soriano
	Rosana Peroni Fazolari
	Tiago Dela Rosa
	Verônica Pivisan
Planejamento e projetos	Cintia Aparecida dos Santos
	Daniela Maria Chaves Carvalho
	Emily Larissa Ferreira da Silva
	Kelli Priscila Pinto
Diagramação	Rafael Cancio Padovan
Revisão	Daniela Georgeto
Capa	Lais Soriano
Produção gráfica	Marli Rampim
	Sergio Luiz Pereira Lopes
Impressão e acabamento	Gráfica Paym

DADOS INTERNACIONAIS DE CATALOGAÇÃO NA PUBLICAÇÃO (CIP)
ELABORADO POR ODILIO HILARIO MOREIRA JUNIOR - CRB-8/9949

G216m   Garcia Jr., Vanderlei
      Manual prático de contratos / Vanderlei Garcia
Jr. - 2. ed. - São Paulo: SaraivaJur, 2024.
      512 p.

      ISBN: 978-65-5362-880-9

      1. Direito Civil. 2. Processo Civil. 3. Contratos.
I. Título.

                         CDD 347
2024-209   CDU 347

Índices para catálogo sistemático:

1. Direito Civil	347
2. Direito Civil	347

Data de fechamento da edição: 26-2-2024

Dúvidas? Acesse www.saraivaeducacao.com.br

Nenhuma parte desta publicação poderá ser reproduzida por qualquer meio ou forma sem a prévia autorização da Saraiva Educação. A violação dos direitos autorais é crime estabelecido na Lei n. 9.610/98 e punido pelo art. 184 do Código Penal.

CÓD. OBRA	709647	CL	608976	CAE	860116

OP 232530

Ao meu Deus, pai amado e fiel, por estar sempre ao meu lado, abençoando-me, guiando-me e oferecendo oportunidades de felicidades.

À minha amada esposa, Priscila Ferreira, razão diária dos meus sorrisos, meu grande e verdadeiro amor.

Aos meus amados pais, Sandra e Vanderlei, responsáveis por tudo, especialmente pelo amor incondicional e pelos valores, princípios e ideais transmitidos durante uma existência.

Vanderlei Garcia Junior

SUMÁRIO ▬▬

PRIMEIRO MÓDULO
TEORIA GERAL DOS CONTRATOS

SEGUNDO MÓDULO
CONTRATOS CÍVEIS

TERCEIRO MÓDULO
CONTRATOS EMPRESARIAIS, SOCIETÁRIOS E *STARTUPS*

APRESENTAÇÃO À 2ª EDIÇÃO

Prezado(a) leitor(a), é com grande satisfação que apresento a 2ª edição do nosso *Manual Prático de Contratos*, uma obra que se consolidou como referência para profissionais e estudantes que buscam compreender e aplicar as nuances dos contratos no dia a dia jurídico.

Nesta nova edição, você encontrará não apenas os conteúdos já conhecidos e elogiados, mas também uma série de novidades e atualizações que refletem as últimas tendências e mudanças legislativas.

Um dos destaques desta edição é a inclusão de um capítulo inteiramente dedicado aos Contratos Imobiliários. Reconhecendo a complexidade e a importância desse segmento, abordamos temas como incorporação imobiliária, parcelamento de solo, condomínio, multipropriedade, laje, superfície, usufruto, uso, penhor e hipoteca, além de muitos outros, com uma análise detalhada dos riscos, oportunidades e aspectos tributários e urbanísticos envolvidos. Além disso, você encontrará modelos práticos de contratos que facilitarão a elaboração e a análise desses contratos no seu cotidiano profissional.

Entendendo as constantes mudanças nas relações cíveis e societárias, atualizamos os modelos de contratos com novas cláusulas, adaptando-os às recentes mudanças práticas, legislativas e jurisprudenciais. Essas atualizações incluem cláusulas de proteção de dados, acordos de não concorrência, de não aliciamento e particularidades societárias em processos de fusões e aquisições, bem como nos contratos de *startups*.

Essas mudanças visam oferecer a você, leitor e leitora, um conteúdo alinhado com as práticas mais atuais do mercado.

Além disso, reconhecendo o crescimento e a relevância do ecossistema de startups, dedicamos uma parte do livro aos contratos específicos para este setor. Aqui, abordamos desde acordos de confidencialidade até termos de investimento-anjo, de parcerias e *term sheets*, fornecendo modelos e explicações que ajudarão empreendedores, investidores e advogados a navegar nesse campo dinâmico e inovador.

Esta edição do *Manual Prático de Contratos* representa um esforço contínuo para fornecer um guia completo, prático e atualizado, que seja ao mesmo tempo didático e profundamente informativo.

Seja você um advogado experiente, um estudante de direito ou um profissional envolvido no mundo dos contratos e das startups, este livro foi pensado para ser uma ferramenta valiosa no seu desenvolvimento profissional.

Agradeço pela confiança e espero que esta nova edição seja um recurso indispensável na sua biblioteca jurídica.

São Paulo, janeiro de 2024.

O Autor

APRESENTAÇÃO ===

Prezado(a) leitor(a), é com muita honra que lhes apresento o nosso mais novo livro: **Manual Prático de Contratos: Teoria Geral e Aplicação Prática – Direito Cível e Societário.**

Após anos de estudo e trabalho com o Direito Civil e Societário, tanto no setor público como assessor jurídico de Desembargador no Tribunal de Justiça de São Paulo, quanto no setor privado como advogado, consultor jurídico e professor de graduação, pós-graduação e cursos preparatórios para concursos públicos e Exame de Ordem, decidi escrever esta obra, pensada e idealizada para ser o guia definitivo dos contratos, com diretrizes práticas que o acompanharão em todos os desafios de sua carreira profissional, seja na elaboração de um contrato, na interpretação de cláusulas contratuais ou, ainda, na aplicação prática daqueles chamados "novos contratos".

Além dos modelos de cláusulas e de estruturas contratuais, nesta obra, também nos preocupamos com os aspectos teóricos necessários para a estruturação dos contratos; assim, em cada título trabalhado iniciamos com uma explicação teórica e doutrinária, seguida dos principais artigos de leis para, ao final, apresentar um modelo de como determinado contrato ou cláusula deva ser redigida (lembrando que são apenas sugestões, sendo que em cada contrato deve ser levada em consideração as suas particularidades e peculiaridades do caso concreto).

Dividimos a obra em três grandes módulos, sendo que, no primeiro módulo, trabalharemos todos os principais aspectos da chamada Teoria Geral dos Contratos; no segundo módulo, verificaremos os Contratos Cíveis, ou seja, aqueles principais contratos de direito privado, conforme tipificados pelo Código Civil; na sequência, no terceiro módulo, estudaremos os principais contratos utilizados em Direito Societário e em Direito Empresarial; para, finalmente, estudarmos os chamados Contratos Digitais, os *smart contracts* e os principais contratos voltados para o "novo mercado" e os novos desafios de direito digital e de tecnologia.

Assim, esperamos que esta obra lhe sirva para todos os seus propósitos profissionais e acadêmicos.

A todos vocês, meus agradecimentos e o desejo de muito sucesso!

São Paulo, março de 2023.

O Autor

1. INTRODUÇÃO

Com efeito, iniciaremos nosso estudo dos Contratos verificando todos os aspectos principais dos Negócios Jurídicos, partindo da premissa de que se trata de uma consolidação da manifestação da vontade das partes negociantes, visando à produção de efeitos queridos e pretendidos dentro dessa relação jurídica negocial.

Certamente, é de considerável importância para a formação dos negócios jurídicos em geral e, consequentemente, para a própria manutenção da estrutura social a forma de manifestação da vontade que as partes envolvidas na negociação jurídica utilizam para demonstrar, especialmente dentro da relação, qual a "liberdade" ou a autonomia empregada.

Explica Claudia Lima Marques que "a ideia de autonomia de vontade está estreitamente ligada a ideia de uma vontade livre, dirigida pelo próprio indivíduo sem influências externas imperativas. A liberdade contratual significa, então, a liberdade de contratar ou de se abster de contratar, liberdade de escolher o seu parceiro contratual, de fixar os conteúdos e limites das obrigações que quer assumir, liberdade de poder exprimir a sua vontade na forma que desejar, contando sempre com a proteção do direito"[1].

Com o surgimento do Estado Social e, principalmente, com a consolidação do Estado Democrático de Direito, as relações privadas deixaram de ser protagonizadas apenas pelas partes que as compunham. Agora, essa relação passa a ter o protagonismo também do próprio Estado, no entanto, esse protagonismo estatal se revela no dever de assegurar que nenhum direito fundamental venha a ser violado dentro dessas relações privadas.

Nesse sentido, o Estado age como garantidor e assegurador de meios, para que as partes de uma relação jurídica permaneçam em constante equilíbrio e paridade, especialmente para que não tenham nenhum direito fundamental

---

1. MARQUES, Claudia Lima. *Contratos no Código de Defesa do Consumidor*: o novo regime das relações contratuais. 4. ed. São Paulo: Revista dos Tribunais, 2002, p. 48.

seu inobservado, em conformidade com o que apregoa a teoria da eficácia imediata ou direta dos direitos fundamentais.

Justamente por isso, exige-se dos negócios jurídicos, por mais que decorrentes de "livre" manifestação de vontade, respeitar o intuito social, o meio em que estão inseridos e, em especial, obedecer à boa-fé objetiva, diretiva fundamental de toda manifestação de vontade; deve ser um negócio que sirva não somente às partes que o criaram, mas também à sociedade de forma geral, o que legitimará a autonomia privada dentro desse "novo" Direito Civil, que deixou há tempos de ser patrimonialista, ou seja, desde 2002, com o novo Código Civil, visando, antes de qualquer outra coisa, ao caráter social e à repersonalização das relações jurídicas e sociais.

Essa é a pura realidade de nosso "novo" *Codex Civile*, que continua preservando a ideia de autonomia da vontade, mas, hoje, dando-lhe a importância devida, sendo esse princípio não mais "absoluto" como antes, mas, sim, inclinável à repercussão do contrato frente à ordem social, diga-se, à função social do contrato, que será em seguida analisada.

Diante disso, pode-se extrair que o Direito anda no sentido da personalização das ciências jurídicas, caminho natural, se for observado que houve a efetiva modificação do seu paradigma protetivo, isto é, a ciência jurídica não se limita apenas a garantir, assegurar e manter o patrimônio alheio, mas, *prima facie*, deve assegurar e, se necessário, afastar as questões patrimoniais para maximizar a efetivação dos direitos existenciais, como o núcleo primário de toda a razão de ser do Estado Democrático de Direito.

Estruturalmente, dentro desse universo no qual está inserido, verificaremos os negócios jurídicos a partir de uma chamada teoria dos fatos jurídicos, identificando como, dentro dos fatos jurídicos, estaremos diante da manifestação da vontade, especialmente direcionada para a produção dos resultados pretendidos, privilegiando uma liberdade das partes negociantes, em contrapartida de uma tutela conferida pelo próprio Direito Civil aos institutos fundamentais dos negócios jurídicos, tal como ocorre com os planos constitutivos da existência, da validade e da eficácia.

2. TEORIA GERAL DOS FATOS JURÍDICOS

Inicialmente, para que se possa entender a realidade dos negócios jurídicos[2], essencialmente em questões relacionadas à autonomia privada e às limitações à vontade dos contratantes, bem como aos requisitos de existência, de

---

2. Sobre negócios jurídicos vide: AZEVEDO, Antônio Junqueira de. *Negócio jurídico*. Existência, validade e eficácia. 4. ed. São Paulo: Saraiva, 2002. p. 16.

validade e de eficácia dos negócios jurídicos, imperioso verificar como os fatos, de fato, ocorrem e de que forma estão aptos a produzir, ou não, efeitos em nosso universo jurídico.

Na verdade, trata-se da necessidade de estudo dos chamados fatos jurídicos e de suas consequências para as próprias relações jurídicas.

De início, podemos afirmar que fato é tudo aquilo que realmente existe, que é real, ou seja, que ocorre e é considerado como efetivo acontecimento que ocorre na vida em sociedade, que pode ou não gerar efeitos no mundo jurídico.

Um fato que simplesmente ocorre e em nada interfere no mundo jurídico é um fato que pode ser chamado ou classificado de "fato ajurídico", ou "fato ajurígeno", ou seja, o fato que em nada interfere nas relações jurídicas ou que não produz efeitos jurídicos. É o caso do cair de uma folha de uma árvore; do caminhar por parte de uma pessoa; do voo de um pássaro; dentre outros. Note que tais "fatos", muito embora existentes no mundo fenomênico, não são capazes de produzir quaisquer efeitos ou consequências no mundo jurídico.

Por outro lado, e aí é o que, de fato, interessa ao estudo do direito, temos por "fato jurídico" todo acontecimento que ocorre na sociedade ou até mesmo na natureza, proveniente de uma origem, seja ela natural ou humana, mas que seu surgimento repercute e produz, efetivamente, consequências jurídicas. É o caso do cair de uma árvore em cima de uma pessoa ou de um veículo; é a tempestade que causa uma enchente; é o terremoto que provoca danos patrimoniais; é o dirigir em alta velocidade e causar um acidente; é o desferir um golpe em direção a uma pessoa, dentre tantos outros.

Na verdade, como bem ensina Francisco Cavalcanti Pontes de Miranda: "O mundo jurídico confina com o mundo dos fatos (materiais, ou enérgicos, econômicos, políticos, de costumes, morais, artísticos, religiosos, científicos), donde as múltiplas interferências de um no outro. O mundo jurídico não é mais do que o mundo dos fatos jurídicos, isto é, daqueles suportes fácticos que logram entrar no mundo jurídico. A soma, tecido ou aglomerado de suportes fáticos que passaram à dimensão jurídica, ao jurídico, é o mundo jurídico. Nem todos os fatos jurídicos são idênticos. Donde o problema inicial de os distinguir e de os classificar"[3].

Continua o autor: "O fato jurídico provém do mundo fático, porém nem tudo que o compunha entra, sempre, no mundo jurídico. À entrada no mundo do direito, selecionam-se os fatos que entram. É o mesmo dizer-se que à soma

---

3. PONTES DE MIRANDA, Francisco Cavalcanti. *Tratado de direito privado*. 4. ed. São Paulo: RT, 1974, t. II, p. 183.

dos elementos do que, no mundo fático, teríamos com o fato, ou com o complexo de fatos, nem sempre corresponde suporte fático de regra jurídica: no dizer o que é que cabe no suporte fático da regra jurídica, ou, melhor, no que recebe a sua impressão, a sua incidência, a regra jurídica discrimina o que há de entrar e, pois, por omissão, o que não pode entrar"[4].

Podemos, antes de aprofundar o estudo dos fatos jurídicos, dividi-los, pois, em fatos jurídicos naturais (ou seja, produzidos pela natureza); e fatos jurídicos humanos (dependentes de ação humana).

A partir dessa premissa, podemos classificar os fatos jurídicos da seguinte forma:

2.1. CLASSIFICAÇÃO DOS FATOS JURÍDICOS

2.1.1. FATO JURÍDICO *LATO SENSU* (OU EM SENTIDO AMPLO)

São os acontecimentos, indistintamente considerados, que geram efeitos e direitos subjetivos ao seu titular, sendo, portanto, chamados, em sentido amplo, de "fatos jurídicos" ou "fatos jurígenos".

São, portanto, todos os acontecimentos que ocorrem no cotidiano social, sejam eles naturais ou humanos, e que são capazes de traduzir-se ou de verificar-se em consequências e interferências no mundo jurídico. Por isso, em várias situações, percebe-se a utilização do termo "fato" em sentido amplo e genérico, para designar algum acontecimento que produziu efeitos jurídicos.

2.1.2. FATO JURÍDICO *STRICTO SENSU* (OU EM SENTIDO ESTRITO)

Por outro lado, "fato jurídico em sentido estrito" são todos os acontecimentos naturais (ou seja, exclusivamente **fatos decorrentes da natureza**) que, em razão de sua ocorrência, determinam a produção de efeitos na órbita jurídica.

Assim, os *fatos jurídicos em sentido estrito* podem ser subdivididos em:

• **Ordinários:** são os fatos da natureza de ocorrência comum, costumeira ou cotidiana, que ocorrem de maneira esperada, como o decurso do tempo, tal qual ocorre com a prescrição e a decadência. É o fato que sofre influência do fator "tempo".

• **Extraordinários:** são os fatos inesperados e, por vezes, até mesmo imprevisíveis. São, portanto, as hipóteses de caso fortuito (fato imprevisível) e de força maior (fato previsível, mas inevitável). Podemos citar como exemplos os casos de um terremoto ou de uma enchente.

---

4. PONTES DE MIRANDA, Francisco Cavalcanti. *Tratado de direito privado*. 4. ed. São Paulo: RT, 1974, t. II, p. 184.

2.2. ATO JURÍDICO

Aqui, inicia-se a verificação dos "fatos" a partir da inserção do elemento humano, donde a utilização do termo "ato", empregado juridicamente para designar todo acontecimento **dependente e decorrente de ação humana**. Recorde-se disso: "ato", portanto, diz respeito à atuação humana, seja decorrente de vontade (elemento volitivo) ou não.

Assim, temos:

> • **Ato lícito (Ato jurídico *lato sensu* ou em sentido amplo):** é aquela ação humana, derivada da conduta, praticada em consonância (ou de acordo) com o ordenamento jurídico, a lei, a função social, a ordem pública e a própria autonomia privada.
>
> • **Ato ilícito:** é o ato decorrente da ação humana, que gera um dano e, por isso, é pressuposto da responsabilidade civil (arts. 186 e 187 do CC). Para alguns autores, o ato ilícito, por ser antijurídico, não é classificado como espécie de "ato jurídico", pois, como bem preceitua Flávio Tartuce, "o que é antijurídico não é jurídico"[5].

2.2.1. ATO JURÍDICO *STRICTO SENSU* (EM SENTIDO ESTRITO)

O ato jurídico *stricto sensu*, ou em sentido estrito, por seu turno, constitui a simples manifestação de vontade, sem qualquer tipo de conteúdo negocial, mas que determina a produção de efeitos legalmente previstos. Nesses casos, os efeitos da manifestação de vontade estão predeterminados pela própria lei. São exemplos a mudança de domicílio; o pagamento de uma dívida vencida; e o reconhecimento de filho.

2.2.2. NEGÓCIO JURÍDICO

Trata-se de uma declaração unilateral ou bilateral de vontade dirigida à provocação de determinados efeitos jurídicos, cujas consequências se encontram consubstanciadas na própria vontade dos declarantes. É, portanto, a manifestação de vontade que visa à criação, extinção ou modificação de direitos, deveres e obrigações entre os manifestantes. Nesse sentido, o negócio jurídico surge como o mais importante instituto de relações jurídico-sociais representativos da autonomia privada de seus negociantes.

Nota-se que os negócios jurídicos podem seu **unilaterais** ou **bilaterais**. Como atos jurídicos unilaterais, podemos evidenciar pelas chamadas "fontes de obrigações", resultantes da vontade de uma só pessoa, independentemente

---

5. TARTUCE, Flávio. *Direito civil* – Lei de introdução e parte geral. 14. ed. Rio de Janeiro: Forense, 2018, p. 302.

da certeza ou da prática de determinado ato por outra pessoa. Importante verificar que os atos unilaterais só podem ser criados pela lei, tal como ocorre com a promessa de recompensa (arts. 854 a 860 do CC); a gestão de negócios (arts. 861 a 875 do CC); o pagamento indevido (arts. 876 a 883 do CC); e o enriquecimento sem causa (arts. 884 a 886 do CC)[6]. Todos eles são disciplinados como atos unilaterais pelo Código Civil. Além disso, temos como negócio jurídico unilateral o testamento, previsto nos arts. 1.857 a 1.990 do CC.

Por outro lado, os negócios jurídicos bilaterais são aqueles dependentes da exteriorização da vontade por parte de dois agentes, simultânea e reciprocamente, no sentido dirigido de produzir determinados efeitos jurídicos. São os casos dos contratos, também chamados de *negócios jurídicos por excelência*.

2.3. ATO-FATO JURÍDICO

Tem-se, ainda, uma classificação chamada de "ato-fato jurídico", que consideram as ações inconscientes ou involuntárias da pessoa, onde os efeitos jurídicos são gerados, portanto, dependentes de ação humana, entretanto, sem a verificação da intenção do agente. São considerados como atos praticados com a falta de consciência para tanto, como ocorre com uma criança (menor incapaz) que compra chocolates na padaria; ou o ato praticado em sonambulismo; ou, até mesmo, o achado de tesouro.

Essa classificação é verificada quando o "ato", de fato, é praticado pelo ser humano, porém não se leva em consideração a sua vontade de fazê-lo e, sim, as consequências desse ato, portanto: é **ato** (pois praticado por ação humana); ao mesmo tempo que é **fato** (pois ausente da vontade e de consciência) e é **jurídico** (pois causa efeitos no mundo jurídico). Nele, a manifestação de vontade é irrelevante, levando para discussão somente os efeitos juridicamente produzidos.

Assim, em breve síntese, temos:

FATO JURÍDICO	ATO JURÍDICO	NEGÓCIO JURÍDICO
Ocorrência que tenha relevância jurídica ao Direito. **Fato natural *stricto sensu* – independe da vontade humana:** **Ordinário.** Ex.: nascimento, prescrição, maioridade.	Fato jurídico relevante para o mundo do Direito que depende dos elementos **volitivos (vontade)** e **conteúdo (lícito ou ilícito).**	Composição de interesses das partes com finalidade específica. É a principal forma para o exercício da autonomia da vontade regulamentando os próprios interesses.

---

6. GONÇALVES, Carlos Roberto. *Direito civil brasileiro*, volume 3: contratos e atos unilaterais. 11. ed. São Paulo: Saraiva, 2014.

Extraordinário. Ex.: caso fortuito (catástrofe) e força maior (furação, terremoto, maremoto, raios).	Ex.: **mudança de domicílio, reconhecimento de filho, ocupação, tradição, direitos autorais.**	Unilateral (testamento), bilateral (casamento), plurilateral (sociedade, consórcio).
FATO + DIREITO.	FATO + DIREITO + VONTADE + (I)LICITUDE.	NEGÓCIO JURÍDICO = FATO + DIREITO + VONTADE + LICITUDE + COMPOSIÇÃO DE INTERESSES, COM FINALIDADE ESPECÍFICA.

Esquematizando:

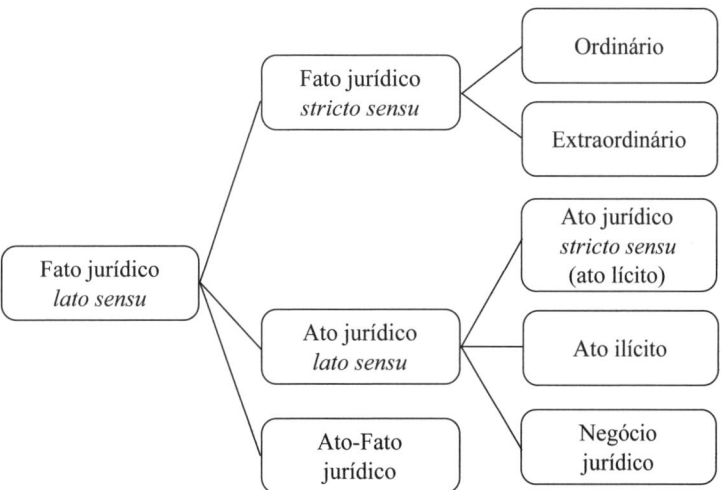

3. DOS NEGÓCIOS JURÍDICOS

3.1. CONCEITO E DEFINIÇÃO DE NEGÓCIO JURÍDICO

Como visto, negócios jurídicos são espécies de atos jurídicos em sentido amplo, dependentes da manifestação da vontade para a produção dos regulares efeitos no mundo jurídico.

Segundo Antônio Junqueira de Azevedo, "negócio jurídico é todo fato jurídico consistente em declaração de vontade, a qual o ordenamento jurídico atribui os efeitos designados como queridos, respeitados os pressupostos de existência, validade e eficácia impostos pela norma jurídica que sobre ele incide"[7].

---

7.   AZEVEDO, Antonio Junqueira de. *Negócio jurídico*: existência, validade e eficácia. 4. ed. atual. De acordo com o novo Código Civil (Lei n. 10.406, de 10-1-2002), São Paulo: Saraiva, 2002.

O contrato, por exemplo, pode ser identificado e considerado como sendo "o negócio jurídico por excelência", assim entendido e conceituado como o negócio jurídico bilateral ou plurilateral, com conteúdo patrimonial, dotado de autonomia privada, no qual os contratantes regulamentam pelas suas próprias composições de vontade os efeitos jurídicos desejados e tutelados pela norma.

Assim, certamente, o negócio jurídico é o principal instrumento que as pessoas possuem para que possam expressar seus interesses e manifestar as suas vontades, criando obrigações, direitos e deveres entre as partes negociantes, dirigidos para a produção de resultados efetivamente por eles almejados. Trata-se de reflexo do princípio da autonomia privada.

Nesse sentido, Nelson Nery e Rosa Nery ensinam que "a autonomia privada, como fonte normativa, é fenômeno que permite que o sujeito celebre negócios jurídicos (principalmente, negócios jurídicos bilaterais, ou seja, contratos), que são extraordinários mecanismos de realização do Direito, na medida em o negócio jurídico é um modo de manifestação de normas jurídicas (ainda que particulares). Por meio do negócio jurídico, os sujeitos de direito transformam a realidade jurídica da forma como lhes apraz, realizando no mundo fenomênico do direito os efeitos jurídicos queridos pela vontade privada. Os meros atos jurídicos, ou atos jurídicos em sentido estrito, servem para atuar regras de condutas já dispostas, mas não têm a amplitude funcional dos negócios jurídicos, institucionalmente mais bem elaborados. Os negócios jurídicos, frutos da autonomia privada, criam uma nova norma. No primeiro caso (de realização de atos jurídicos), o sujeito exterioriza vontade do ato; no segundo caso (de realização de negócios jurídicos), o sujeito exterioriza vontade pelo conteúdo do negócio. Pode-se dizer que a vontade, no negócio jurídico, é criadora e criatura, porque ao mesmo tempo em que ela é mote causal do negócio, destacada do sujeito, ela se transforma em algo com existência e eficácia autônoma"[8].

Vejamos, pois, a importância do estudo da classificação dos negócios jurídicos, bem como de seus elementos constitutivos, dos vícios referentes aos negócios jurídicos e dos casos de nulidade e de anulabilidade.

3.2. CLASSIFICAÇÃO DOS NEGÓCIOS JURÍDICOS

A classificação dos negócios jurídicos constitui importante categorização jurídica dos elementos representativos dos negócios jurídicos, necessários para seu entendimento e, em especial, para a sua estruturação. Vejamos:

---

8. NERY, Rosa Maria de Andrade. *Instituição de direito civil*: teoria geral do direito privado (v.1, t. I). São Paulo: Revista dos Tribunais, 2014, p. 543.

a) **Quanto às manifestações de vontade:**

- **Unilaterais:** são aqueles negócios jurídicos nos quais a manifestação da vontade é emanada de apenas uma pessoa, com um único propósito. É o caso do testamento, da promessa de recompensa e da renúncia.

- Os negócios jurídicos unilaterais podem ser, ainda, classificados como *receptícios*, ou seja, aqueles em que a vontade manifestada precisa ser levada ao conhecimento do destinatário para a produção dos efeitos, como no caso da promessa de recompensa; ou *não receptícios*, como sendo aqueles em que a vontade emanada não precisa chegar ao conhecimento do destinatário, como no caso do testamento.

- **Bilaterais:** são aqueles em que há a manifestação da vontade por parte de duas pessoas, coincidentes e direcionadas para a produção dos efeitos pretendidos sobre o bem juridicamente tutelado. Exemplo de negócio jurídico bilateral é o próprio contrato.

- **Plurilaterais:** são aqueles em que várias partes/pessoas estão envolvidas na relação negocial, manifestando suas vontades e com interesses coincidentes, como no caso dos contratos de consórcio, de plano de saúde coletivo ou de sociedade entre pessoas.

b) **Quanto aos benefícios e sacrifícios patrimoniais dos envolvidos:**

- **Gratuitos:** são aqueles negócios jurídicos caracterizados como atos de mera *liberalidade*, que tão somente conferem vantagens e benefícios para uma das partes, sem exigir qualquer contraprestação da parte contrária. É o caso da doação pura e simples e do contrato de empréstimo (comodato e mútuo).

- **Onerosos:** por seu turno, os negócios jurídicos onerosos são aqueles em que há o sacrifício patrimonial, bem como benefícios, para todas as partes envolvidas no negócio, trazendo prestação e contraprestação para ambos. É o caso da compra e venda, na qual há a entrega de uma coisa em contrapartida de determinado valor em dinheiro.

- **Neutros:** há, ainda, a posição[9] daqueles que sustentam a possibilidade de o negócio jurídico não atribuir sacrifício e/ou benefícios patrimoniais às partes, mas também não se enquadram na classificação dos negócios jurídicos gratuitos. Em geral, caracterizam-se pela destinação do bem, como no caso da instituição das cláusulas de inalienabilidade e de incomunicabilidade.

- **Bifrontes:** finalmente, bifrontes são classificados como aqueles negócios jurídicos que podem ser tanto onerosos como gratuitos,

---

9. GAGLIANO, Pablo Stolze; PAMPLONA FILHO, Rodolfo. *Novo curso de direito civil*. Parte Geral. 23. ed. São Paulo: Saraiva, 2021, p. 326.

dependendo da autonomia das partes negociantes. É o caso dos contratos de mandato ou o de depósito, que podem ser das duas formas.

c) **Quanto aos efeitos dos negócios jurídicos:**

- *Inter vivos:* são aqueles cujos efeitos são produzidos imediatamente, durante a vida dos negociantes, como no caso da compra e venda, da locação e do casamento.

- *Causa mortis:* são aqueles cujos efeitos serão produzidos após a morte de um dos negociantes ou de determinada pessoa, como ocorre com o testamento e com o legado.

d) **Quanto à exigência de solenidades e formalidades:**

- **Formais ou solenes:** são aqueles em que a própria lei exige determinada forma específica para a validade do negócio jurídico, tal como ocorre com o testamento e com o pacto antenupcial (art. 1.653 do CC).

- **Informais ou não solenes:** são aqueles chamado de forma livre, ou seja, para os quais a lei não exige uma forma especial ou determinada para a sua validade. É a regra em nosso ordenamento jurídico, especialmente diante do art. 107 do CC e o princípio basilar do direito civil da operabilidade.

e) **Quanto ao momento do seu aperfeiçoamento:**

- **Consensuais:** são aqueles negócios jurídicos que se aperfeiçoam com a mera manifestação da vontade a respeito do objeto e do conteúdo do negócio jurídico, estando aptos a produzir regularmente seus efeitos, tal como ocorre com a compra e venda (art. 482 do CC).

- **Reais:** são aqueles que se aperfeiçoam, de maneira efetiva, somente com a entrega do objeto, estando assim aptos a produzir seus efeitos, como ocorre com os contratos de mútuo e de comodato, bem como com o contrato de depósito.

f) **Quanto às condições pessoais dos negociantes:**

- **Impessoais:** são aqueles efetuados sem levar em consideração qualquer condição ou elemento especial com relação ao agente, podendo ser cumpridos pelos próprios negociantes ou por qualquer outra pessoa, como no caso da compra e venda.

- **Personalíssimos (*intuito personae*):** são aqueles realizados sob condição pessoal ou levando em consideração a pessoa do contratante, tratando-se de uma obrigação infungível, pois somente passível de cumprimento pelo próprio negociante, como ocorre com a fiança.

g) **Quanto à independência ou autonomia:**
- **Principais ou independentes:** são aqueles negócios jurídicos que existem e são válidos, por si sós, independentemente de qualquer outro negócio jurídico, como ocorre com o contrato de locação ou de compra e venda.
- **Acessórios ou dependentes:** são aqueles cuja existência está diretamente subordinada a um outro negócio jurídico, seguindo a lógica do princípio da gravitação jurídica e da máxima de que "o acessório segue a sorte do principal", como o contrato de fiança para o contrato de locação.

h) **Quanto à causa determinante:**
- **Causais ou materiais:** são os negócios jurídicos realizados em que o motivo constitui o elemento essencial do negócio, constando expressamente de seu conteúdo, como ocorre com o casamento ou com o termo de divórcio.
- **Abstratos ou formais:** são os negócios jurídicos cujo motivo não se encontra no conteúdo, ou seja, não há motivo determinante expressamente previsto no negócio, tal como ocorre com o título de crédito ou um termo de transmissão da propriedade.

i) **Quanto à extensão de seus efeitos:**
- **Constitutivos:** são os negócios jurídicos que possuem natureza constitutiva, pois constituem ou desconstituem uma relação jurídica, portanto, com efeitos *ex nunc*. É o caso da compra e venda.
- **Declarativos:** ao contrário, os negócios jurídicos declarativos ou declaratórios são aqueles que geram efeitos *ex tunc*, pois somente possuem a natureza jurídica de declarar a existência de determinada relação jurídica, tal como ocorre com a partilha de bens no inventário.

Vistos os conceitos e a classificação dos negócios jurídicos, iniciaremos o estudo dos seus elementos constitutivos, necessários para verificar a existência, a validade e produção dos seus efeitos, também chamado de "escada ponteana" ou do plano da existência, plano da validade e plano da eficácia do negócio jurídico.

3.3. ELEMENTOS CONSTITUTIVOS DO NEGÓCIO JURÍDICO: A "ESCADA PONTEANA"

De fato, para a constituição, a extinção ou a modificação de direitos, deveres e obrigações entre as partes envolvidas na relação negocial, é necessário verificar seus elementos constitutivos, sendo certo que, com efeito, para apreender sistematicamente o tema, faz-se necessário analisá-lo sob os três *planos* em que o negócio jurídico pode ser visualizado: **da existência, da validade e da eficácia.**

Justamente em razão desses "planos constitutivos dos negócios jurídicos", foi que Francisco Cavalcante Pontes de Miranda[10] idealizou o estudo dos negócios jurídicos em forma de estrutura, popularmente (no meio jurídico, pelo menos) batizada de "escada ponteana", ou seja, para que se possa entender a lógica de tais elementos estruturantes, é necessário verificar em cada "degrau da escada" quais são os requisitos (ou pressupostos) próprios que o representam. Assim, para se chegar ao "último degrau", o da eficácia, o negócio jurídico precisa percorrer os "degraus anteriores", respectivamente, o da existência e o da validade.

Daí os nomes conferidos de **plano da existência, plano da validade** e **plano da eficácia.**

Sobre os três planos, ensina Pontes de Miranda que "existir, valer e ser eficaz são conceitos tão inconfundíveis que o fato jurídico pode ser, valer e não ser eficaz, ou ser, não valer e ser eficaz. As próprias normas jurídicas podem ser, valer e não ter eficácia (H. Kelsen, *Haupt probleme*, 14). O que se não pode dar é valer e ser eficaz, ou valer, ou ser eficaz, sem ser; porque não há validade, ou eficácia do que não é[11]".

Olhando para a estrutura do Código Civil, nota-se que o primeiro artigo que inaugura o **Livro III – Dos Fatos Jurídicos, Título I – Do Negócio Jurídico, Capítulo I – Disposições Gerais**, é o art. 104, que dispõe o seguinte:

Art. 104. A validade do negócio jurídico requer:

I – agente capaz;

II – objeto lícito, possível, determinado ou determinável;

III – forma prescrita ou não defesa em lei.

---

10. PONTES DE MIRANDA, Francisco Cavalcanti. *Tratado de direito privado*. 4. ed. São Paulo: RT, 1974, t. 3, 4 e 5.

11. PONTES DE MIRANDA, Francisco Cavalcanti. *Tratado de direito privado*. 4. ed. São Paulo: RT, 1974, t. 3, p. 15.

Assim, surge o questionamento, afinal, se o art. 104, que inaugura o título dos negócios jurídicos no Código Civil já inicia tratando dos requisitos no plano da validade ("a **validade** do negócio jurídico requer..."), quais seriam, então, os requisitos do plano da existência dos negócios jurídicos?

Certamente, a resposta está no **próprio art. 104 do Código Civil**. Respondemos:

3.3.1. PLANO DA EXISTÊNCIA

Certamente, um negócio jurídico não surge do nada, exigindo-se, para tanto que seja considerado como tal, o atendimento a certos requisitos mínimos. Neste plano, não se cogita de qualquer análise a respeito da invalidade ou da ineficácia do ato jurídico, importa, apenas, verificar a **realidade da existência**. Tudo aqui fica circunscrito a se saber se o suporte fático mínimo e suficiente do negócio jurídico, efetivamente, se compôs, dando, assim, ensejo à sua incidência.

No plano da existência, exige-se do negócio jurídico os pressupostos, requisitos ou *elementos mínimos* constitutivos da relação jurídica negocial (também chamados de *pressupostos de existência*). Também são chamados de *elementos essenciais* dos negócios jurídicos e estão presentes, como ressaltado no próprio art. 104 do Código Civil.

Assim, nessa etapa inicial de constituição dos negócios jurídicos, analisa-se, apenas e tão somente, a presença dos "substantivos" do referido artigo, ou seja, se efetivamente estão presentes o **agente (partes), o objeto, a forma e a vontade** (esta última, como pode ser notado, não expressa no dispositivo legal). Dessa forma, inexistindo no negócio jurídico algum desses requisitos, será ele considerado como *inexistente*.

Para existir, portanto, basta que estejam presentes no negócio jurídico (**dica**: são os "substantivos" presentes no art. 104 do CC, acrescentando a "vontade" – não se preocupe com qualquer tipo de qualificação neste momento, mas apenas em saber se estão presentes):

a) Partes (agentes);

b) Objeto; e

c) Forma;

d) Vontade.

Exemplificando, podemos imaginar que, em algumas relações jurídicas, não teremos sequer a existência de negócio jurídico se não tiver pessoas (agentes) envolvidas na relação; tampouco se não existir um objeto negociado, como uma compra e venda sem qualquer bem envolvido na relação; bem como se não tiver uma exteriorização ou a manifestação da vontade (restrita somente ao consciente do agente).

3.3.2. PLANO DA VALIDADE

O Código Civil, em seu **art. 104**, enumera os **pressupostos de validade** do negócio jurídico (correspondente aos "adjetivos" – agora neste plano, vamos analisar e verificar as qualificações daqueles substantivos incidentes no plano anterior, o da existência):

---

a) o agente deve ser capaz;

b) o objeto lícito, possível, determinado ou determinável; e

c) a forma prescrita ou não defesa em lei.

Assim, no plano da validade, aplicam-se os **adjetivos** presentes no art. 104 do Código Civil, ou seja, os agentes, cuja presença é suficiente para o negócio jurídico existir, precisam ser **capazes** para que sejam válidos; o objeto precisa ser **lícito, possível, determinado ou determinável**; e a forma **prescrita ou não defesa em lei**. Apesar de não constar do dispositivo, há a necessidade da manifestação da vontade, exteriorizada de maneira **livre** e **consciente**.

Nesse caso, precisamos qualificar aqueles requisitos do plano da existência, assim, se em um negócio jurídico, tiver partes, objeto, forma e vontade, perfeito será e teremos, sim, um negócio jurídico.

No plano da validade, trabalhamos com a (in)validade do negócio jurídico quando, existindo partes, elas são incapazes. Existindo objeto, ele seja ilícito, impossível ou indeterminável. Se tiver uma forma, não seja aquela prevista pela lei ou que seja proibida pela lei. Finalmente, se tiver manifestação de vontade, seja ela livre de vícios de consentimento (erro, dolo, coação, lesão ou estado de perigo).

a) Capacidade do agente:

De início, no tocante à pessoa física ou natural, necessária a análise dos arts. 3º e 4º do CC, que apresentam as pessoas que possuem incapacidade para atos da vida civil, absoluta ou relativamente.

Nos termos do art. 3º do CC, são absolutamente incapazes os menores de 16 anos, apenas. Para esses, há a necessidade de estarem representados (instituto da *representação*) por seus pais (representantes legais) ou pelos tutores. Caso contrário, o negócio realizado pelo absolutamente incapaz sem a devida representação é considerado como **ato nulo** (art. 166, I, do CC).

Por seu turno, o art. 4º do CC estipula que são relativamente incapazes os maiores de 16 e menores de 18 anos; os ébrios habituais e os viciados em tóxico; aqueles que, por causa transitória ou permanente, não puderem exprimir sua vontade; os pródigos. Nessa hipótese, os relativamente incapazes devem ser assistidos (instituto da *assistência*) pelas pessoas a quem a lei determinar (representantes legais; tutores, em razão da idade; ou curadores, para os demais casos).

Todavia, pode o relativamente incapaz celebrar determinados atos e negócios jurídicos, conforme autorização conferida pela lei, tal como fazer testamento e ser testemunha. Assim, o ato realizado por relativamente incapaz sem a correspondente assistência é considerado como **anulável** (art. 171, I, do CC).

Ademais, no caso da incapacidade, quando for ela relativa de uma das partes, não poderá ser invocada pela outra em benefício próprio, nem aproveita aos demais cointeressados capazes, salvo se, neste caso, for indivisível o objeto do direito ou da obrigação comum, conforme art. 105 do CC.

Finalmente, com relação às pessoas jurídicas, especifica o art. 45 do CC que a existência legal das pessoas jurídicas de direito privado começa com a inscrição do ato constitutivo no respectivo registro, precedida, quando necessário, de autorização ou aprovação do Poder Executivo, averbando-se no registro todas as alterações por que passar o ato constitutivo.

Portanto, há a necessidade de registro ou de autorização, quando necessária, para que se possa falar na existência de personalidade jurídica própria para as pessoas jurídicas. Além disso, para praticar os atos da vida civil da pessoa jurídica, devem estar devidamente representadas ativa e/ou passivamente, na esfera judicial ou extrajudiciais, por seus órgãos e administradores, conforme estipulação de seus atos constitutivos e as formalidades previstas em lei.

b) Licitude, possibilidade de determinabilidade do objeto

Quanto ao objeto, imperioso destacar que deverá ele ser *lícito*, ou seja, que não seja proibido ou vedado pelo ordenamento jurídico, sendo, portanto, apto a ensejar a sua previsão enquanto prestação ou objeto de relação jurídica.

Como regra, os objetos das relações jurídicas são as "coisas", materiais ou imateriais, que têm valor econômico e que podem servir de objeto a uma relação jurídica; serão, portanto, objetos dos negócios jurídicos todos os bens, que sejam passíveis de aferição econômica e de apropriação humana.

Ademais, é necessário que apresentem os seguintes requisitos ou caracteres:

a) que tenha idoneidade para satisfazer um interesse econômico;

b) que tenha gestão econômica autônoma; e

c) que seja apto à subordinação jurídica ao seu titular.

Fora dessa regra, os objetos eventualmente inseridos nos negócios jurídicos serão considerados como *impossíveis*, física ou juridicamente, já que inviáveis de aferição econômica (tal como ocorre com os direitos de personalidade), ou de apropriação pelas pessoas (a exemplo da aquisição de bens entre cônjuges, casados sob o regime da comunhão universal de bens, a respeito de imóvel comum ao casal).

Outrossim, o objeto do negócio jurídico deve ser determinado ou, pelo menos, determinável. Nesse sentido, a respeito da determinabilidade do objeto, pode ser examinado na obrigação de entrega de coisa certa, quando o objeto prestacional é imediatamente identificado, individualizado e verificável de pronto, conforme arts. 233 e seguintes do CC.

Pertinente apontar, ainda, a obrigação de dar coisa incerta, cujo objeto não é de plano identificado, mas ainda pendente de identificação (arts. 243 e 244 do CC). Trata-se, pois, da **determinabilidade futura** do objeto (daí falar-se em **objeto determinável**), a ser escolhido pelo devedor (como regra, art. 244 do CC), também denominada de **teoria da concentração**.

Para que se possa falar nessa determinabilidade futura do objeto, urge a necessidade de verificar se estão presentes os elementos mínimos para tal identificação, a saber: **gênero e quantidade**. Caso contrário, o objeto será **indeterminado**, incidindo, pois, a regra constante do art. 166, II, do CC.

Por fim, é certo que, nos termos do art. 106 do CC, a **impossibilidade inicial do objeto não invalida o negócio jurídico** se for relativa, ou se cessar antes de realizada a condição a que ele estiver subordinado.

c) Forma prescrita ou não defesa em lei

Certamente, para a existência do negócio jurídico é necessário não apenas a exteriorização da vontade, mas que ele assuma uma forma para tanto, como bem ressalta o art. 104, III, do CC. Entretanto, diz o referido artigo que a forma tem que ser prescrita (ou seja, prevista pela lei) ou por ela "não defesa", assim entendida como "não proibida" pela lei.

Clóvis Beviláqua conceituava a forma como sendo "o conjunto de solemnidades, que se devem observar, para que a declaração da vontade tenha eficácia juridica. É o revestimento juridico, a exteriorizar a declaração de vontade. Esta é a substancia do acto, que a fórma revela"[12].

De fato, a validade da declaração de vontade não depende de forma especial, senão quando a lei expressamente exigir. Desse modo, os negócios jurídicos, como regra, são **informais**, conforme prevê o art. 107 do CC, que consagra o **princípio da liberdade das formas**.

No entanto, conforme art. 108 do CC, não dispondo a lei em contrário, a **escritura pública é essencial à validade dos negócios jurídicos** que visem à **constituição, transferência, modificação ou renúncia de direitos reais sobre imóveis** de valor superior a **trinta vezes o maior salário mínimo vigente no País**.

Assim, conforme **Enunciado n. 289 do CJF/STJ**, "O valor de 30 salários mínimos constante no art. 108 do Código Civil brasileiro, em referência à forma pública ou particular dos negócios jurídicos que envolvam bens imóveis, é o atribuído pelas partes contratantes, e não qualquer outro valor arbitrado pela Administração Pública com finalidade tributária".

Ainda, no negócio jurídico celebrado com a **cláusula de não valer sem instrumento público, este é da substância do ato** (art. 109 do CC).

Nesse sentido, importante verificar a diferença existente entre **formalidade e solenidade**, isso porque solenidade consiste na necessidade ou exigência de ato público para a efetiva validade do ato (a exemplo da escritura pública), enquanto a formalidade constitui qualquer exigência outra a respeito da exteriorização da vontade, conforme apontado pela lei, como, por exemplo, a de forma verbal ou escrita (como ocorre com a doação de bens móveis ou imóveis).

Assim, importante verificar que ambas as exigências (formalidades e solenidades), quando não cumpridas, ensejam a declaração da nulidade (invalidade) do negócio jurídico, conforme **art. 166, IV e V, do CC**.

d) Vontade (ou consentimento) livre

Como visto anteriormente, a manifestação da vontade é essencial para a constituição dos negócios jurídicos, sendo certo que é ela que os difere dos demais atos jurídicos.

É certo que o consentimento em um negócio jurídico pode ser realizado de maneira expressa (escrita ou verbal, por instrumento público ou parti-

---

12. BEVILACQUA, Clovis. *Comentários ao Código Civil*. 4. ed. Rio de Janeiro: Francisco Alves, 1972, v. I, p. 386.

cular), ou tácita (derivada de comportamento do negociante que demonstre a sua concordância).

Outrossim, nos termos do **art. 112 do CC**, nas declarações de vontade se atenderá mais à intenção nelas consubstanciada do que ao sentido literal da linguagem, demonstrando a importância da interpretação dos negócios jurídicos, buscando a real intenção dos negociantes, em detrimento daquilo que efetivamente está escrito, desprezando vícios ou linguagens equivocadas no instrumento, no intuito de efetivar a busca pela real manifestação de vontade.

Ainda, a manifestação de vontade subsiste ainda que o seu autor haja feito a reserva mental de não querer o que manifestou, salvo se dela o destinatário tinha conhecimento. Por reserva mental devemos entender como a declaração não pretendida pelo negociante em seu conteúdo, tendo por objetivo **enganar o destinatário**, sendo que a vontade declarada não coincide com a vontade real do declarante.

Assim, o agente emite declaração de vontade resguardando, em seu íntimo, o propósito de não atender ou cumprir o fim pretendido, como ocorre no caso da promessa de recompensa, no qual o declarante da vontade promete determinada quantia para quem localizar seu carro. Entretanto, em sua reserva mental, não pretende pagar. Contudo, se alguém localizar o cachorro, será obrigado a pagar a recompensa, pois quem o achou não tinha conhecimento desta reserva.

Agora, um cuidado merece destaque quando falamos em consentimento. Isso porque, segundo o **art. 111 do CC**, o **silêncio da parte importa anuência**, quando as circunstâncias ou os usos o autorizarem, e não for necessária a declaração de vontade expressa. No entanto, o próprio CC determina que em algumas situações o silêncio não será interpretado como aceitação, mas sim como recusa, como o estabelecido no art. 299 quanto à assunção de dívida, sendo que qualquer das partes pode assinar prazo para que o credor consinta na assunção da dívida, **interpretando-se o seu silêncio como recusa**.

Nova disposição apresentada pela Lei n. 13.874/2019 (Lei de Liberdade Econômica) estabelece, no **art. 113 do CC**, especialmente em seu **§ 1º**, que os negócios jurídicos devem ser interpretados conforme a boa-fé e os usos do lugar de sua celebração, devendo lhe atribuir o sentido que:

I – for confirmado pelo comportamento das partes posterior à celebração do negócio;

II – corresponder aos usos, costumes e práticas do mercado relativas ao tipo de negócio;

III – corresponder à boa-fé;

IV – for mais benéfico à parte que não redigiu o dispositivo, se identificável;

V – corresponder a qual seria a razoável negociação das partes sobre a questão discutida, inferida das demais disposições do negócio e da racionalidade econômica das partes, consideradas as informações disponíveis no momento de sua celebração.

Nesse sentido, foi aprovado o **Enunciado n. 409 do CJF/STJ**, estabelecendo que "os negócios jurídicos devem ser interpretados não só conforme a boa-fé e os usos do lugar de sua celebração, mas também de acordo com as práticas habitualmente adotadas entre as partes".

Finalmente, o negócio jurídico que não estiver de acordo com os requisitos de validade é considerado como **inválido**. Entretanto, para os vícios no plano da validade, há duas possibilidades consequenciais: de **nulidade** ou de **anulabilidade**. Tema que será analisado em título próprio, sobre a **Teoria das Nulidades**.

3.3.3. PLANO DA EFICÁCIA

É o plano da efetiva **produção e verificação dos efeitos pelos negócios jurídicos**.

Finalmente, no plano da eficácia estão os elementos necessários para possibilitar ao negócio jurídico produzir regulamente seus **efeitos**. Importante lembrar que, se o negócio jurídico é eficaz, ou seja, se está apto a produzir os seus efeitos, é porque ele existe e é válido, assim como verificado na "escada ponteana".

Na verdade, no plano da eficácia estão os elementos que suspendem a produção dos efeitos ou resolvem o negócio jurídico, como nos casos dos "elementos acidentais", condição, termo e encargo, bem como outros institutos, como o inadimplemento obrigacional, o registro, a rescisão contratual, o casamento para o pacto antenupcial, dentre outros relacionados à produção dos efeitos.

São justamente chamados de elementos acidentais, pois, como regra, não estão presentes nos negócios jurídicos, autorizando que, de imediato, produzam regularmente todos os seus efeitos. Como ensina Maria Helena Diniz, são aqueles "que se lhe acrescentam com o objetivo de modificar uma ou algumas de suas consequências naturais"[13].

Quando presentes, por força de lei ou da própria vontade dos agentes, tornam **ineficaz** o negócio jurídico, pois suspendem a aquisição de direitos e deveres, bem como resolvem a relação jurídica negocial.

---

13. DINIZ, Maria Helena. *Curso de Direito Civil Brasileiro.* Parte Geral. 18. ed. São Paulo: Saraiva, 2003, p. 435.

Ainda que um negócio jurídico existente seja considerado válido, ou seja, perfeito para o sistema que o concebeu, isto não importa em produção imediata de efeitos, pois estes podem estar limitados por **elementos acidentais de declaração**.

Portanto, são elementos acidentais: a **condição**, o **termo** e o **encargo**.

a) Condição: elemento voluntário que, derivando exclusivamente da vontade das partes, subordina a eficácia do negócio jurídico (nascimento ou extinção do direito subjetivo) a um acontecimento futuro e incerto. A modalidade suspensiva provoca a aquisição do direito, já a resolutiva, uma vez realizado o negócio, permite a extinção de seus efeitos na eventualidade de o fato previsto vir a acontecer.

Pode-se classificar as condições:

1) **Quanto aos efeitos da condição:**
   - **Condição suspensiva:** é aquela que, enquanto não se verificar, o negócio jurídico não gera efeitos, como ocorre com a venda a contento, ou com a dação para contemplação de casamento futuro.
   - **Condição resolutiva:** por sua vez, a condição resolutiva é aquela que, enquanto não se verificar, não acarretará nenhuma consequência para o negócio jurídico, que produzirá regularmente todos os seus efeitos. Dessa forma, os efeitos serão verificados e os direitos efetivados desde o momento da conclusão do negócio jurídico. Sobrevindo a condição resolutiva, extinguirá para todos os efeitos, os direitos a que ela se opõe. Mas, se aposta em um negócio jurídico de execução continuada ou periódica, a sua realização, salvo disposição em contrário, não tem eficácia quanto aos atos já praticados, desde que compatíveis com a natureza da condição e conforme os ditames da boa-fé. Assim, é certo dizer que, nesses casos, os efeitos serão *ex nunc*, a partir do implemento da condição.

2) **Quanto à licitude:**
   - **Condições lícitas:** são aquelas que não contrariam as disposições legais, aos bons costumes e à ordem pública (art. 122 do CC). Não geram qualquer invalidade do negócio jurídico.
   - **Condições ilícitas:** ao contrário das lícitas, são aquelas que contrariam a lei, a ordem pública e os bons costumes, gerando a nulidade do negócio jurídico a ela, condição, relacionados, como no caso de um compra e venda condicionada à prática de um crime.

3) **Quanto à possibilidade:**
- **Condições possíveis:** são aquelas que podem e têm a possibilidade de serem cumpridas física e/ou juridicamente. Não influenciam na validade do negócio jurídico, como no caso da venda subordinada a uma viagem a ser realizada pelo comprador.
- **Condições impossíveis:** são aquelas física e/ou juridicamente impossíveis de serem implementadas. Geram a nulidade do negócio do negócio jurídico, portanto, influenciando na sua própria validade, como no caso da compra e venda subordinada a uma viagem a Marte.

4) **Quanto à origem da condição:**
- **Condições causais:** são aquelas condições subordinadas a acontecimentos naturais ou eventos da natureza. Exemplo: compra e venda de um bem condicionado à chuva.
- **Condições potestativas:** são aquelas que dependem da vontade humana para se implementar (elemento volitivo). Podem ser de duas espécies:
- **Condições meramente potestativas:** são aquelas que dependem das vontades intercaladas das pessoas. São lícitas e válidas para o negócio jurídico. Exemplo: doação realizada em benefício de alguém, desde que o beneficiário cante em um espetáculo.
- **Condições puramente potestativas:** são aquelas dependentes da vontade unilateral e ao arbítrio de uma das partes. São ilícitas, conforme parte final do art. 122 do CC. Exemplo: doação de uma casa condicionada à vontade do doador (doo a casa, se eu quiser).
- **Condições mistas:** são aquelas que dependem da vontade da parte e de um terceiro, exemplo: transfiro-lhe determinada quantia em dinheiro, se você abrir uma empresa com seu irmão; pode ser condicionada, também a um ato de vontade (elemento volitivo) e de um evento natural, exemplo: lhe transfiro determinada quantia em dinheiro amanhã, caso você cante em um espetáculo e esteja chovendo.

Conforme visto, nos termos do art. 122 do CC, são lícitas, em geral, todas as condições não contrárias à lei, à ordem pública ou aos bons costumes; entre as condições defesas se incluem as que privarem de todo efeito o negócio jurídico, são as chamadas *condições perplexas*, ou o sujeitarem ao puro arbítrio de uma das partes, chamadas, assim, de *condições puramente potestativas*.

Outrossim, invalidam os negócios jurídicos que lhes são subordinados as condições física ou juridicamente impossíveis, quando suspensivas (art.

123, I, do CC), sendo caso de nulidade do negócio jurídico; assim como também são causas de nulidade as condições ilícitas, ou de fazer coisa ilícita (art. 123. II, do CC) e as condições incompreensíveis ou contraditórias (art. 123, III, do CC).

Ainda, nos termos do art. 124 do CC, têm-se por inexistentes (não escritas) as condições impossíveis, quando resolutivas, e as de não fazer coisa impossível. De fato, quando resolutivas, são consideradas como inexistentes as condições, porém o negócio jurídico permanece como válido. Por outro lado, quando suspensivas, invalidam tanto a condição quanto o próprio negócio jurídico, assim como ocorre com as hipóteses do art. 123, II e III, do CC, ou seja, com as condições ilícitas, ou de fazer coisa ilícita e as condições incompreensíveis ou contraditórias.

Atente-se que, no caso da condição, não há que se falar em direito adquirido (conforme art. 125 do CC). No entanto, é permitido praticar os atos destinados a conservá-lo (como no caso de imóvel em ruína), nos termos do art. 130 do CC.

Finalmente, consagrando o princípio da boa-fé objetiva e evitando a atuação dolosa e de má-fé dos negociantes, determina o art. 129 do CC que se reputa verificada, quanto aos efeitos jurídicos, a condição cujo implemento for maliciosamente obstado pela parte a quem desfavorecer, considerando-se, ao contrário, não verificada a condição maliciosamente levada a efeito por aquele a quem aproveita o seu implemento.

b) Termo: é a subordinação dos efeitos dos negócios jurídicos a um *evento futuro e certo*.

Na verdade, é o elemento acidental que determina o marco temporal para a produção dos efeitos do negócio jurídico; é, portanto, o que define o começo ou o fim dos efeitos jurídicos.

Esse elemento acidental pode ser legal ou convencional, sendo certo que o primeiro decorre de disposição legal, enquanto o segundo decorre de cláusula contratual (manifestação da vontade).

O termo se caracteriza e se diferencia da condição, justamente pela sua futuridade e certeza quanto à ocorrência do evento ao qual o negócio jurídico está subordinado. Exemplo: realizar a doação de uma casa a uma pessoa com 20 anos, condicionando os efeitos para quando ela completar 30 anos. Sabe-se que o evento "completar 30 anos" (aniversário) ocorrerá no futuro e em dia exato.

Assim como ocorre com a condição, o termo também pode ser suspensivo ou resolutivo. No entanto, aqui, ele é denominado de termo inicial (ou *dies a quo*), que é o dia a partir de quando os efeitos de um negócio jurídico começam a produzir. Importante verificar que ele (o termo inicial) não instaura ou inaugura a relação jurídica quando ele é implementado, visto que ela já existe desde a sua origem. Na verdade, o acontecimento do evento futuro e certo apenas inicia a produção dos efeitos.

A segunda hipótese, do resolutivo, no termo corresponde ao dia em que cessam os efeitos do ato negocial, denominado de termo final (ou *dies ad quem*).

Imperioso não confundir termo com prazo. Na verdade, os termos iniciais e finais são vinculados aos acontecimentos aos quais os negócios jurídicos estão subordinados (eventos futuros e certos), enquanto prazo é justamente o período ou o lapso temporal existente entre o termo inicial e o termo final:

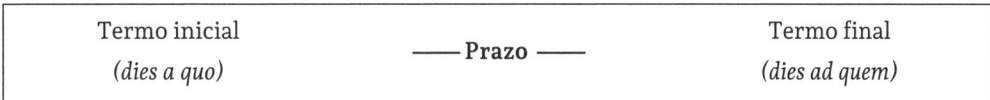

Termo inicial		Termo final
(*dies a quo*)	—— **Prazo** ——	(*dies ad quem*)

Ao contrário da condição, que suspende a aquisição do direito ao qual o negócio jurídico está destinado, o termo inicial suspende tão somente o exercício do direito, mas não a sua aquisição (art. 131 do CC), ou seja, a pessoa adquire imediatamente o direito a partir do momento da efetivação do negócio jurídico, garantindo todas as proteções inerentes aos direitos adquiridos (art. 5º, XXXVI, da CF e art. 6º, § 2º, da LINDB), porém, somente não poderá exercer nenhum direito inerente a ele.

No tocante à classificação do termo, temos:

a) **Termo inicial:** é aquele que subordina o início da eficácia do negócio jurídico. Equivale à condição suspensiva.

b) **Termo final:** é aquele que cessa os efeitos do negócio jurídico, quando da sua ocorrência. Equivale à condição resolutiva.

c) **Termo convencional:** é aquele fixado livremente entre as partes.

d) **Termo legal:** é aquele fixado pela lei.

e) **Termo certo:** é aquele cujo evento é prefixado, sabe-se de sua ocorrência, do seu evento e, também, do seu tempo de duração. Exemplo: contrato de locação por prazo determinado.

f) **Termo incerto:** é aquele certo quanto ao evento, ou seja, na certeza de que o evento ocorrerá, mas não se sabe quando ou o seu tempo de duração. Exemplo: a morte de determinada pessoa.

g) **Termo essencial:** é aquele cujo cumprimento deve ser realizado no prazo e modo estipulados.

h) **Termo não essencial:** é aquele que admite o seu cumprimento fora do prazo estipulado e da forma convencionada.

i) **Termo de graça:** é aquele fixado judicialmente para o cumprimento da obrigação.

Nos termos do **art. 133 do CC**, nos testamentos, presume-se o prazo em favor do herdeiro, e, nos contratos, em proveito do devedor, salvo, quanto a esses, se do teor do instrumento, ou das circunstâncias, resultar que se estabeleceu a benefício do credor, ou de ambos os contratantes.

Os negócios jurídicos entre vivos, sem prazo, são exequíveis desde logo, sendo, portanto, instantâneos, exceto se houver disposição expressa em sentido contrário no próprio instrumento negocial, como no caso em que a execução tiver de ser feita em lugar diverso ou depender de tempo para tanto (conforme art. 134 do CC).

Finalmente, nos termos da disposição expressa do art. 135 do CC, aos termos inicial e final aplicam-se, no que couber, as disposições relativas à condição suspensiva e resolutiva.

1) Contagem dos prazos nos casos de termo (art. 132 do CC)

Salvo disposição em contrário, para o implemento do termo negocial (art. 132 do CC), computam-se os prazos, **excluindo o dia do começo e incluindo o do vencimento**.

No caso de o dia do vencimento cair em feriado, considerar-se-á prorrogado para o seguinte dia útil. Se os prazos forem em meses e anos expiram no dia de igual número do de início, ou no imediato, se faltar exata correspondência.

"Meado", quando especificado, considera-se, em qualquer mês, o seu décimo quinto dia e os prazos de meses e anos expiram no dia de **igual número do de início, ou no imediato**, se faltar exata correspondência.

Já no caso de serem estipulados me horas, por hora, contar-se-ão de minuto a minuto.

c) Encargo ou modo: é a cláusula geradora de obrigação para a parte beneficiária em negócio jurídico gratuito e realizado em favor do próprio negociante, de terceiro ou, até mesmo, em favor de interesse público.

É importante pontuar que se trata de um peso, um ônus ou uma obrigação atrelada a uma vantagem (ou uma restrição) percebida pelo beneficiário e, efetivamente, não uma prestação/contraprestação correspectiva sinalagmática.

Trate-se, pois, de um ônus que deve ser suportado pela parte contrária para que o negócio jurídico produza regularmente seus efeitos. Exemplo: te doo a minha casa, se você cuidar da saúde de minha mãe até a sua morte.

Geralmente, o encargo ou modo está relacionado aos negócios jurídicos gratuitos ou benévolos, como no caso da doação, do testamento ou do legado, gerando um ônus relacionado a esta liberalidade.

Com respeito à doação modal ou com encardo, o art. 540 do CC estipula que a doação feita em contemplação do merecimento do donatário não perde o caráter de liberalidade, como não o perde a doação remuneratória, ou a gravada, no excedente ao valor dos serviços remunerados ou ao encargo imposto. Assim, somente haverá liberalidade no que exceder ao encargo imposto.

O encargo pode ser uma restrição no uso da coisa (exemplo: doo a casa, desde que no local seja feito um asilo; enquanto não der a destinação, não pode utilizar o bem para outra finalidade); ou pode ser uma vantagem imposta àquele que é beneficiário (exemplo: doo a casa se cuidar da minha saúde, enquanto estiver cuidando, já pode exercer os direitos inerentes àquele bem).

Neste último caso, importante verificar que, ao contrário da condição e do termo, o encargo não suspende a aquisição nem o exercício do direito, salvo quando expressamente imposto no negócio jurídico, pelo disponente, como condição suspensiva (art. 136 do CC). Assim, temos:

CONDIÇÃO	· subordina os efeitos do negócio jurídico a evento futuro e incerto; · suspende a aquisição e o exercício do direito (*não há direito adquirido).	*Todos permitem a prática de atos destinados à conservação do direito.
TERMO	· subordina os efeitos do negócio jurídico a evento futuro e certo; · suspende o exercício, mas não a aquisição do direito (*há direito adquirido).	
ENCARGO	· imposição de um ônus relacionado a uma liberalidade; · não suspende o exercício nem a aquisição do direito.	

Por fim, na Parte Especial do CC, especificamente no art. 555, no tocante à doação, determina o Código que ela pode ser revogada por ingratidão do donatário, ou quando houver a inexecução do encargo.

Entretanto, não se revogará por ingratidão as doações oneradas com o encargo já cumprido, como bem determina o art. 564, II, do CC.

Assim, olhando o panorama geral, analisando e concluindo os **planos constitutivos dos negócios jurídicos**, temos:

EXISTÊNCIA	VALIDADE	EFICÁCIA
Agente (partes)	Agente capaz	Ausência dos elementos acidentais:
Objeto	Objeto lícito, possível, determinado ou determinável	• condição
		• termo
Forma	Forma prescrita ou não defesa em lei	• encargo
	Vontade livre (de vícios ou defeitos)	

3.4. O DIREITO INTERTEMPORAL E A ANÁLISE DO ART. 2.035 DO CC

De início, estabelece o art. 2.035 do CC uma regra de direito intertemporal, prevendo que "a validade dos negócios e demais atos jurídicos, constituídos antes da entrada em vigor deste Código, obedece ao disposto nas leis anteriores, referidas no art. 2.045, mas os seus efeitos, produzidos após a vigência deste Código, aos preceitos dele se subordinam, salvo se houver sido prevista pelas partes determinada forma de execução".

E continua, em seu parágrafo único, estabelecendo que "nenhuma convenção prevalecerá se contrariar preceitos de ordem pública, tais como os estabelecidos por este Código para assegurar a função social da propriedade e dos contratos".

Trata-se de norma protetiva, que deve ser interpretada de acordo com as regras de hermenêutica, mormente para aferir de sua constitucionalidade, especialmente pelo inciso XXXVI do art. 5º da Constituição Federal, bem como da regra do art. 6º da Lei de Introdução ao Código Civil Brasileiro, assegurando que a lei não prejudicará o direito adquirido, o ato jurídico perfeito e a coisa julgada.

Interessante verificar que as disposições do Código Civil, no que diz respeito à (ir)retroatividade das leis, preocupou-se com três situações diferentes. Primeiro, tratou-se da irretroatividade normativa acerca dos negócios jurídicos constituídos antes da entrada em vigência do Código Civil de 2002. Também, preocupou-se com os efeitos dos negócios e dos atos jurídicos pretéritos, quando verificados na vigência do Código Civil atual, a ele se sujeitam, ressalvando, no entanto, a forma eleita pelas próprias partes quanto à execução dos negócios ou atos jurídicos. Por fim, dispôs acerca da retroatividade plena quanto aos preceitos de ordem pública e de interesse social.

No tocante à validade e aos efeitos, não há maiores questionamentos, sendo certo que à validade dos negócios jurídicos realizados antes do CC/2002, aplicam-se as regras dispostas nas legislações anteriores, quando então em vigência. Quanto aos efeitos, se produzidos após a vigência do CC/2002, aos preceitos dele se subordinam, especialmente com relação àqueles negócios de execução diferida e as trato sucessivo ou execução continuada.

A regra excepcional do parágrafo único do art. 2.035 do Código Civil é que preocupa, pois, em interpretação literal, poderia conduzir à regra de que os preceitos de ordem pública da lei ora vigente poderiam ser aplicados e, por consequência, retroagir indistintamente, inclusive aos contratos celebrados e cujos efeitos já foram exauridos antes da sua vigência.

Certamente, a referida leitura do dispositivo deve ser efetivada de acordo com as normas e regras previstas na Constituição Federal (art. 5º, XXXVI) e da norma infralegal (art. 6º da LINDB), que, como dito anteriormente, preceituam, em seus §§ 1º e 2º, o respeito ao ato jurídico perfeito e ao direito adquirido, por força das quais referidos atos, quando perfeitos, não poderiam ser atingidos pelas novas disposições, ainda que de ordem pública, sob pena de malferimento, também, via de consequência, aos direitos adquiridos.

Cumpre ressaltar que o ato jurídico perfeito, seguindo a linha do disposto no art. 6º, § 1º, da LINDB, é aquele já consumado segundo a lei vigente ao tempo em que se efetuou, estando plenamente constituído sob a égide da lei de seu tempo, conferindo a aptidão para a aquisição de direitos subjetivos, caso cumpridos os pressupostos legais e contratuais.

De fato, para que se possa falar em proteção (e, certamente, em segurança) jurídica aos direitos adquiridos e aos fatos consumados, analisando a partir do pressuposto de uma previsão normativa a respeito de determinada hipótese, há de ser verificado se efetivamente houve a ocorrência fática completa e, ainda, consequentemente, se já houve a produção de seus efeitos. Até porque, se o fato previsto pelo texto legal e da norma dele extraída ainda não se aperfeiçoou, estar-se-á diante de uma mera expectativa de direito. No entanto, se o fato já se completou, mas ainda não houve a produção efetiva de efeitos concretos, o direito já é considerado efetivamente como adquirido. Por fim, uma vez produzidos e esgotados seus efeitos jurídicos, estar-se-á diante de um fenômeno de direito consumado, ou também chamado de ato jurídico perfeito[14].

---

14. Luís Roberto Barroso apresenta síntese no mesmo sentido: "De modo esquemático, é possível tratar a exposição desenvolvida na síntese abaixo: a) expectativa de direito: o fato aquisitivo teve início, mas não se completou; b) direito adquirido: o fato aquisitivo já se completou, mas o efeito previsto a norma não se produziu, e c) direito consumado: o fato aquisitivo já se completou e o efeito previsto na norma já se produ-

Outrossim, conforme art. 6º, § 2º, da LINDB, consideram-se adquiridos assim os direitos que o seu titular, ou alguém por ele, possa exercer, como aqueles cujo começo do exercício tenha termo prefixo, ou condição preestabelecida inalterável, a arbítrio de outrem. Assim, se uma lei não ressalva a perda do direito em virtude de uma lei nova, esse direito é adquirido e, por força do comando do art. 5º, XXXVI, da Constituição de 1988, não pode ser afastado por lei superveniente, tampouco, que seja prejudicial aos preceitos e postulados constitucionais, garantindo o livre exercício do trabalho, a liberdade das relações jurídicas, a estabilidade social e a previsibilidade dessas relações, sem que prejudique tudo o quanto já conquistado, bem como acarretando, por certo, no fortalecimento das relações jurídicas futuras e na credibilidade de investimentos econômicos.

É o direito ou interesse jurídico que reúne todas as condições de existência necessárias no momento de seu surgimento e, por isso, deve ser preservado, a menos que tais condições estejam – com o perdão da redundância necessária – condicionadas a situações futuras de afastamento ou relativização do próprio direito ou interesse jurídico.

Por conseguinte, pode-se afirmar que não só a validade, como também os efeitos dos atos e negócios jurídicos estariam sujeitos à lei do tempo em que constituídos, especialmente quando exauridos, perfeitos e já consumados, ou seja daqueles que não estiverem "em curso" quantos aos seus efeitos, mas sim incidentes, tão somente, àqueles "em curso de constituição", caso em que existente o chamado *facta pendentia*, ou seja, daqueles atos ou negócios jurídicos cujos efeitos se projetam no tempo.

Finalmente, o **Enunciado n. 300 do CJF/STJ**, preconizando que a lei aplicável aos efeitos atuais dos contratos celebrados antes do novo Código Civil será a vigente na época da celebração; todavia, havendo alteração legislativa que evidencie anacronismo da lei revogada, o juiz equilibrará as obrigações das partes contratantes, ponderando os interesses traduzidos pelas regras revogada e revogadora, bem como a natureza e a finalidade do negócio.

4. DEFEITOS DOS NEGÓCIOS JURÍDICOS

Como visto, uma das possibilidades de invalidade dos negócios jurídicos são aqueles vícios relacionados à manifestação da vontade, chamados de defeitos dos negócios jurídicos, que se classificam em **vícios de consentimento** – ou seja, aqueles em que a vontade não é expressa de maneira absolutamente

---

ziu integralmente". BARROSO, Luís Roberto. A segurança jurídica na era da velocidade e do pragmatismo. In: *Temas de Direito Constitucional*. Rio de Janeiro: Renovar, 2001, p. 60. v. I.

livre – e **vícios sociais** – ou seja, aqueles em que a vontade manifestada não tem, na realidade, a intenção pura e de boa-fé que enuncia.

São vícios de consentimento: **o erro, o dolo, a coação, o estado de perigo e a lesão**.

De forma didática, são vícios sociais: **a fraude contra credores e a simulação**. Mantivemos a simulação como historicamente tratada, ou seja, como vícios sociais, em razão dos efeitos que produz na sociedade, muito embora o Código Civil não mais a tenha tratado no capítulo dos defeitos dos negócios jurídicos.

DEFEITOS DOS NEGÓCIOS JURÍDICOS	
Vícios do consentimento (viciam a vontade do agente)	Erro
	Dolo
	Coação
	Estado de perigo
	Lesão
Vícios sociais (viciam e contaminam a sociedade)	Fraude contra credores
	Simulação

Como veremos no tópico seguinte (Teoria das Nulidades, especialmente em nulidade e anulabilidade dos negócios jurídicos), todos os vícios de consentimento geram a invalidade do negócio jurídico, vez que localizados no "degrau" (plano) da validade, especificando tendo como consequência a anulabilidade do negócio entabulado, conforme art. 171 do CC.

Quanto aos vícios sociais, a fraude contra credores gera a mesma consequência dos vícios de consentimento, ou seja, a anulabilidade do negócio jurídico, conforme art. 171, II, do CC.

O único vício a ter um tratamento especial foi, realmente, a simulação, tendo em vista que continua como uma causa de invalidade do negócio jurídico, no entanto, tendo como consequência a nulidade do negócio, conforme art. 167 do CC.

Analisaremos, na sequência, os **vícios e defeitos dos negócios jurídicos**:

4.1. VÍCIOS DO CONSENTIMENTO

4.1.1. ERRO OU IGNORÂNCIA

Trata-se de uma falsa percepção da realidade, ao passo que a ignorância é um estado de espírito negativo, o total desconhecimento do declarante a respeito das circunstâncias do negócio. A ignorância, por seu turno, pode ser caracterizada como o desconhecimento total da realidade, especialmente do objeto do negócio jurídico.

Assim, tanto o erro quanto a ignorância, a pessoa engana-se sozinha, em seu subjetivo, sem qualquer interferência externa, caso contrário, ou seja, se tiver influência de terceiro, estaremos diante de dolo. Exemplo: comprar um carro, achando ser o mais econômico da categoria, mas não é (erro); comprar um carro porque o vendedor disse ser o mais econômico daquela categoria, mas não é (dolo).

Importante verificar que o erro, enquanto defeito do negócio jurídico, é aquele que vicia a manifestação da vontade, portanto, sendo um vício do consentimento; por seu turno, o vício redibitório ou vício do produto é o vício oculto que se constata diretamente no objeto, recaindo, portanto, sobre a coisa do negócio jurídico, sem que interfira na manifestação da vontade.

Podemos classificar o erro como **erro substancial ou essencial** e **erro acidental**.

Segundo o **Enunciado n. 12 da I Jornada de Direito Civil do CJF**, atualmente não se analisa mais a escusabilidade do erro (se escusável ou inescusável), no seguinte sentido: "na sistemática do art. 138, é irrelevante ser ou não escusável o erro, porque o dispositivo adota o princípio da confiança".

O erro, para ser considerado como causa de anulabilidade do negócio jurídico, deverá ser essencial (ou substancial), assim entendido como aquele que:

a) **interessa à natureza do negócio, ao objeto principal da declaração, ou a alguma das qualidades a ele essenciais**: é aquele que em que a vontade manifestada é direcionada equivocadamente ao negócio jurídico que pretende realizar (efetivando um diferente daquele); ou ao objeto, em desconformidade àquilo que, de fato, se quis produzir. Exemplo: comprar bijuteria achando ser uma joia; pessoa que empresta um carro a outra, esse recebe pensando ter sido uma doação;

b) **concerne à identidade ou à qualidade essencial da pessoa a quem se refira a declaração de vontade, desde que tenha influído nesta de modo relevante**: contratar um *show* de um cantor achando ser um outro cantor famoso. Outro exemplo, pessoa que se casa com pessoa que matou seu pai, desconhecendo tal fato (erro substancial sobre a pessoa do cônjuge, art. 1.557 do CC);

c) **sendo de direito e não implicando recusa à aplicação da lei, for o motivo único ou principal do negócio jurídico**: locatário que realiza um novo contrato de locação, mais oneroso, pensando ter esgotado o prazo para a sua renovação, desconhecendo ainda ter a possibilidade de renovar o contrato em andamento. Não se confunde com a ignorância da lei, vedada pelo art. 3º da Lei de Introdução às Normas de Direito Brasileiro, tratando-se do princípio da obrigatoriedade das leis.

O erro acidental, por sua vez, é aquele que diz respeito aos elementos secundários ao negócio jurídico, ou seja, que não seja erro essencial, como bem determina o art. 142 do CC. Assim, o erro de indicação da pessoa ou da coisa, a que se referir a declaração de vontade, não viciará o negócio quando, por seu contexto e pelas circunstâncias, se puder identificar a coisa ou pessoa cogitada.

Outrossim, o motivo de um negócio jurídico, por si só, não é suficiente para a anulação do negócio. Pode ser entendido como aquele de ordem pessoal existente no momento da celebração do negócio jurídico. Ocorre que, conforme estabelece o art. 140 do CC, o falso motivo não anula o negócio, como visto, mas somente viciará a declaração de vontade quando expresso como razão determinante.

Exemplo disso é o caso da compra e venda de fundo de comércio, no qual o comprador pretende a anulação do negócio jurídico argumentando que faturamento da empresa não corresponde ao que lhe fora informado. Segundo o Tribunal de Justiça de São Paulo, esse não constitui motivo previsto como razão determinante do contrato[15].

De acordo com o art. 141 do CC, a transmissão errônea da vontade por meios interpostos é anulável nos mesmos casos em que o é a declaração direta, assim como ocorre com a forma pela qual a vontade é manifestada, tal qual os contratos típicos ou atípicos.

Ainda, no art. 143 do CC, tem-se o chamado erro material retificável, assim entendido como o erro de cálculo que possibilita apenas a retificação da declaração de vontade, prevalecendo o princípio da conservação do negócio jurídico.

Outrossim, o erro não prejudica a validade do negócio jurídico quando a pessoa, a quem a manifestação de vontade se dirige, se oferecer para executá-la na conformidade da vontade real do manifestante (art. 144 do CC).

4.1.2. DOLO

Trata-se de um artifício ou expediente astucioso, empregado para induzir alguém à prática de um ato jurídico que o prejudica, aproveitando ao autor do dolo ou a terceiro.

---

15. TJSP – Apelação n. 534.380.4/7, 9ª Câmara de Direito Privado, Rel. Des. João Carlos Garcia, j. 15-09-2009, *DJE* 16-10-2009.

Como ressaltado anteriormente, importante sempre relembrar da diferença entre erro e dolo: erro ocorre quando o equívoco deriva da própria manifestação da vontade do agente (erro é espontâneo), e o dolo, por seu turno, ocorre mediante provocação ou induzimento de terceiro (dolo é provocado).

Pode-se classificar o dolo em **principal e acidental**.

a) o **dolo principal** ocorre quando for a causa determinante para a celebração do negócio jurídico, sendo motivo para a anulação consequente do ato;

b) já o **dolo acidental**, por seu turno, leva a distorções comportamentais que podem alterar o resultado do negócio jurídico. Ele não contamina diretamente a vontade do agente, mas é utilizado por terceiro para a celebração do negócio jurídico de maneira mais onerosa ou menos vantajosa para aquele que externou a sua vontade. Não gera a anulabilidade do negócio jurídico, mas a sua resolução em perdas e danos (art. 146 do CC).

Portanto, essa distinção tem importante relevância para fins de verificação prática, tendo em vista que o dolo principal enseja a anulação do negócio, enquanto o dolo acidental só pode levar às perdas e danos.

Podemos classificar, ainda, o dolo em *dolus bonus* e *dolus malus*:

a) o chamado dolo bom ou *dolus bonus* é aquele empregado pelo agente como um mero excesso na qualidade de determinado bem ou produto, o exagero do vendedor para efetivar a venda, mas sem a intenção de prejudicar o comprador. Não é passível de anulação do negócio jurídico, entretanto se o artifício utilizado for de má-fé na intenção de prejudicar o comprador, o ato poderá ser anulado;

b) o *dolus malus*, por seu turno, consiste na atuação maliciosa ou astuciosa no intuito de prejudicar e causar prejuízos ao agente. Nesse caso, o negócio jurídico poderá ser anulado.

Finalmente, o dolo pode ser classificado levando em consideração a conduta das partes, podendo ser: **dolo positivo** ou **dolo negativo**; **dolo recíproco ou bilateral**; **dolo proveniente de terceiro**.

a) o **dolo positivo** é aquele fruto e uma conduta comissiva do agente, ou seja, de uma conduta positiva, de um fazer. É o agir do agente que engana, de má-fé, a parte contrária para a realização do negócio jurídico;

b) o **dolo negativo**, ao contrário, é o dolo praticado por omissão (conduta omissiva), sendo conhecido também como a omissão dolosa, conforme previsto no art. 147 do CC. Assim, nos negócios jurídicos bilaterais, o silêncio intencional de uma das partes a respeito de fato ou qualidade que a outra parte haja ignorado, constitui omissão dolosa, provando-se que sem ela o negócio não se teria celebrado;

c) por sua vez, o **dolo recíproco ou bilateral** é aquele praticado por ambas as partes, no qual um agente tenta prejudicar o outro na relação negocial. Como regra, de acordo com o art. 150 do CC, não há a invalidação do negócio jurídico, tampouco a resolução ou conversão em perdas e danos, mas sim uma compensação dessas condutas movidas pela má fé. É a consagração da regra do *nemo auditur propriam turpitudinem allegans* (ninguém pode beneficiar-se de sua própria torpeza). Entretanto, a doutrina defende que se houver prejuízos diferentes decorrentes do dolo bilateral, pode sim haver uma compensação parcial das condutas, gerando ao lesado a possibilidade de pleitear perdas e danos da outra parte, proporcional à diferença do prejuízo que experimentar;

d) finalmente, tem-se o **dolo proveniente de terceiro**, assim entendido como aquele dolo empregado por terceiro estranho à relação negocial, previsto no art. 148 do CC. Nesse caso, adota-se a teoria da confiança, determinando que pode também ser anulado o negócio jurídico por dolo de terceiro, se a parte a quem aproveite dele tivesse ou devesse ter conhecimento; em caso contrário, ainda que subsista o negócio jurídico, o terceiro responderá por todas as perdas e danos da parte a quem ludibriou.

Encerrando o estudo do dolo, o art. 149 do CC prevê a atuação dolosa do representante legal de uma das partes, sendo certo que somente obrigará o representado a responder civilmente até a importância do proveito que teve; se, porém, o dolo for do representante convencional, o representado responderá solidariamente com ele por perdas e danos.

4.1.3. COAÇÃO

Trata-se da violência física ou moral apta a influenciar a vítima a realizar negócio jurídico que a sua vontade interna não deseja efetuar, daí a possibilidade de sua anulação.

São dois tipos ou espécies de coação: a **coação física** (ou *vis absoluta*) e a **coação moral ou psicológica** (ou *vis compulsiva*).

a) coação física (*vis absoluta*): é a conduta de constrangimento corporal praticado pelo agente, que retira totalmente a disponibilidade de ação do outro negociante. É a arma na cabeça, a faca no pescoço etc. Importante notar que parte da doutrina entende que a *vis absoluta* neutraliza completamente a manifestação de vontade do agente, tornando o negócio jurídico inexistente, e não simplesmente anulável, por inexistir qualquer declaração de vontade ou consentimento do manifestante a respeito do ato praticado;

b) coação moral ou psicológica (*vis compulsiva*): é a coação exercida sobre o agente, capaz de gerar um fundado temor de dano recente e iminente considerável à sua própria pessoa, a alguém de sua família, à pessoa próxima ou aos seus bens, gerando a anulabilidade do negócio jurídico, conforme art. 151 do CC. Exemplo disso é o contrato realizado sob a ameaça de homicídio a ser praticado contra esposa, marido ou filho.

Características da coação:

a) a coação, apta a ensejar a anulabilidade do negócio jurídico deve ser aquela que gere no agente um fundado temor de grave dano, iminente e considerável, conhecido pela parte contrária e referente à sua própria pessoa, à pessoa de sua família ou aos seus bens;

b) se a coação for direcionada a pessoa distinta, que não faça parte da família do negociante, caberá ao juiz analisar, caso a caso, de acordo com as circunstâncias específicas, se houve ou não coação suficiente para anular o negócio jurídico (art. 151, parágrafo único, do CC);

c) ao verificar a coação, serão consideradas qualidades especiais, tais como o sexo, a idade, a condição, a saúde, o temperamento do paciente e todas as demais circunstâncias que possam influir na gravidade dela (art. 152 do CC);

d) não se considera coação a ameaça do exercício normal de um direito (credor que cobra dívida vencida, ameaçando protestar ou executar a dívida), nem o simples temor reverencial (medo por respeito – casar-se com alguém com medo de desapontar o pai. Casamento será válido, não anula o negócio jurídico), nos termos do art. 153 do CC;

e) ainda, a coação pode ser exercida por terceiro estranho à relação negocial. Nesse caso, vicia o negócio jurídico a coação exercida por terceiro, se dela tivesse ou devesse ter conhecimento a parte a que aproveite, e esta responderá solidariamente com aquele por perdas e danos (art. 154 do CC). Caso contrário, subsistirá o negócio jurídico, se a coação decorrer de terceiro, sem que a parte a que aproveite dela tivesse ou devesse ter conhecimento; mas o autor da coação responderá por todas as perdas e danos que houver causado ao coacto, conforme art. 155 do CC.

4.1.4. ESTADO DE PERIGO

Identifica-se como uma hipótese de inexigibilidade de conduta diversa, ante a iminência de dano por que passa o agente, a quem não resta alternativa senão praticar o ato. A expressão *"Um cavalo! Um cavalo! Meu reino por um cavalo!"*, da obra *Ricardo III*, de Shakespeare, pode ser um exemplo, ainda que literário, para esse vício.

Na verdade, configura-se o estado de perigo quando alguém assume obrigação excessivamente onerosa, no intuito de salvar a si ou a pessoa de sua família de um grave dano conhecido pela outra parte. Assim, são requisitos desse vício de consentimento:

a) necessidade de salvar-se ou alguém de sua família;

b) grave dano, conhecido pela outra parte;

c) assumir uma obrigação excessivamente onerosa.

Assim como ocorre na coação, tratando-se de pessoa não pertencente à família do declarante, o juiz decidirá segundo as circunstâncias, conforme art. 156, parágrafo único, do CC. Ademais, conforme **Enunciado n. 148 do CJF/STJ**, "ao 'estado de perigo' (art. 156) aplica-se, por analogia, o disposto no § 2º do art. 157", portanto, não se decretará a anulação do negócio, se for oferecido suplemento suficiente, ou se a parte favorecida concordar com a redução do proveito.

4.1.5. LESÃO

Trata-se de um vício que permite a deformação da declaração de vontade por fatores pessoais do contratante, diante da inexperiência ou necessidade, explorada indevidamente pelo locupletante, assumindo uma obrigação manifestamente desproporcional.

A lesão se compõe de dois requisitos:

a) **requisito objetivo ou material**: consistente na desproporção das prestações avençadas; e

b) **requisito subjetivo, imaterial ou anímico**: representado pela premente necessidade, inexperiência ou leviandade da parte lesada e o dolo de aproveitamento da parte beneficiada.

Especificamente sobre o requisito subjetivo, o **Enunciado n. 290 do CJF/STJ** estabelece que a inexperiência ou a premente necessidade não será presumida, no seguinte sentido: "A lesão acarretará a anulação do negócio jurídico quando verificada, na formação deste, a desproporção manifesta entre as prestações assumidas pelas partes, não se presumindo a premente necessidade ou a inexperiência do lesado".

O conceito de inexperiência foi, também, objeto do **Enunciado n. 410 do CJF/STJ**, diante da tentativa de evitar constantes interpretações divergentes sobre o tema, especialmente para diferenciar do conceito de hipossuficiente: "a inexperiência a que se refere o art. 157 não deve necessariamente significar imaturidade ou desconhecimento em relação à prática de negócios jurídicos em geral, podendo ocorrer também quando o lesado, ainda que estipule contratos costumeiramente, não tenha o hábito de celebrar especificamente a modalidade negocial em causa".

Por outro lado, podemos verificar as seguintes características da lesão:

a) a lesão só é admissível nos contratos comutativos;

b) a desproporção entre as prestações deve verificar-se no momento do contrato e não posteriormente, conforme § 1º do art. 157 do CC;

c) a desproporção deve ser considerável, cabendo ao juiz a análise dessa desproporcionalidade, identificável entre as prestações devidas pelos contratantes.

Outrossim, privilegiando e prevalecendo o princípio da conservação dos negócios jurídicos, determina o § 2º do art. 157 do CC que não se decretará a anulação do negócio, se for oferecido suplemento suficiente, ou se a parte favorecida concordar com a redução do proveito.

Nesse sentido, importante verificar o **Enunciado n. 149 do CJF/STJ**: "Em atenção ao princípio da conservação dos contratos, a verificação da lesão deverá conduzir, sempre que possível, à revisão judicial do negócio jurídico e não à sua anulação, sendo dever do magistrado incitar os contratantes a seguir as regras do art. 157, § 2º, do Código Civil de 2002". De fato, a conclusão a que se chega é a de que, na lesão, a regra, sempre que possível, será a revisão do contrato e não a sua imediata anulação, proporcionando a conservação dos contratos.

Ademais, o **Enunciado n. 291 do CJF/STJ** confirma essa tese, afirmando que: "Nas hipóteses de lesão previstas no art. 157 do Código Civil, pode o lesionado optar por não pleitear a anulação do negócio jurídico, deduzindo, desde logo, pretensão com vista à revisão judicial do negócio por meio da redução do proveito do lesionador ou do complemento do preço".

Ainda, importante verificar que a lesão não se confunde com o dolo, pois enquanto naquele exige-se os elementos subjetivos da inexperiência e a premente necessidade, no dolo depende ao artifício ardiloso de uma das partes, seguido de um benefício patrimonial por parte do agente, como bem especifica o **Enunciado n. 150 do CJF/STJ**: "A lesão que trata o art. 157 do Código Civil não exige dolo de aproveitamento".

Finalmente, diferencia-se a lesão subjetiva do art. 157 do CC da chamada lesão objetiva (ou lesão enorme – *laesio enormis*), prevista pelo art. 480 do CC. De fato, na lesão objetiva há a possibilidade de pleitear-se a revisão do contrato quando presente o elemento objetivo da onerosidade excessiva, não se exigindo qualquer outro elemento de cunho volitivo ou subjetivo, tal qual ocorre com a lesão.

Verificaremos, agora, os chamados **vícios sociais**.

4.2. VÍCIOS SOCIAIS

4.2.1. FRAUDE CONTRA CREDORES

Consiste no ato de alienação ou oneração maliciosa de bens, assim como de remissão (ou perdão) de dívidas, praticado pelo devedor insolvente, ou à beira da insolvência, com o propósito de prejudicar credor preexistente, em virtude da diminuição experimentada pelo seu patrimônio.

Nos termos do art. 955 do CC, procede-se à declaração de insolvência toda vez que as dívidas excedam à importância dos bens do devedor.

Dois elementos compõem a fraude, o primeiro de natureza subjetiva e o segundo objetiva. São eles, respectivamente:

a) o *consilium fraudis* (o propósito fraudulento): é o elemento subjetivo e volitivo da fraude, consistente no intuito de fraudar credores; e

b) o *eventus damni* (o prejuízo causado ao credor): é o elemento objetivo, caracterizado pela atuação em prejuízo dos credores.

Importante notar que, para os casos de transmissão gratuita de bens ou de remissão de dívidas, o art. 158 do CC dispensa a presença do elemento objetivo (exigido somente para as transmissões onerosas), sendo necessário somente a comprovação do evento danoso e do prejuízo sofrido pelo credor.

Assim, os negócios de transmissão gratuita de bens ou remissão de dívida, se os praticar o devedor já insolvente, ou por eles reduzido à insolvência, ainda quando o ignore, poderão ser anulados pelos credores quirografários, como lesivos dos seus direitos.

Nesse sentido, esquematizando a fraude contra credores e seus requisitos:

Disposição onerosa de bens com intuito de fraude:	Conluio fraudulento (*consilium fraudis*) + evento danoso (*eventus damni*).
Disposição gratuita de bens ou remissão de dívida:	Prejuízo/evento danoso (*eventus damini*).

A ação anulatória a ser proposta por parte dos credores quirografários, visando à desconstituição do negócio jurídico, é chamada de *ação pauliana*, a ser proposta no prazo decadencial de quatro anos, contados da data da celebração do negócio jurídico, previsto no art. 178, II, do CC.

Nota-se que somente terão legitimidade para pleitear a anulabilidade do negócio jurídico os credores quirografários, conforme *caput* do art. 158 do CC. Entretanto, o § 1º estende tal direito aos credores que detêm algum tipo de garantia (como os com garantia real, por exemplo), quando essa garantia se tornar insuficiente.

Conforme **Enunciado n. 151 do CJF/STJ**, "O ajuizamento da ação pauliana pelo credor com garantia real (art. 158, § 1º) prescinde de prévio reconhecimento judicial da insuficiência da garantia".

Todavia, somente os credores que já o eram ao tempo da disposição patrimonial fraudulenta é que podem pleitear a anulação deles, conforme § 2º do art. 158, sendo certo que o **Enunciado n. 292 do CJF/STJ** assim especifica: "Para os efeitos do art. 158, § 2º, a anterioridade do crédito é determinada pela causa que lhe dá origem, independentemente de seu reconhecimento por decisão judicial".

Segundo o art. 159 do CC, há a possibilidade de presunção relativa (*iuris tantum*) do conluio fraudulento do devedor, pois determina que serão igualmente anuláveis os contratos onerosos do devedor insolvente, quando a insolvência for notória, ou houver motivo para ser conhecida do outro contratante.

Ainda, de acordo com o art. 160 do CC, se o adquirente dos bens do devedor insolvente ainda não tiver pago o preço e este for, aproximadamente, o corrente, desobrigar-se-á depositando-o em juízo, com a citação de todos os interessados. Trata-se de hipótese de preservação, conservação ou manutenção do negócio jurídico. Agora, se o preço for inferior, o adquirente, para conservar os bens, poderá depositar o preço que lhes corresponda ao valor real (parágrafo único do art. 160 do CC).

Institui o art. 161 do CC a ação pauliana, a ser proposta pelo credor quirografário, nos casos dos arts. 158 e 159, poderá ser intentada contra o devedor insolvente, a pessoa que com ele celebrou a estipulação considerada fraudulenta, ou terceiros adquirentes que hajam procedido de má-fé, sendo hipótese de litisconsórcio passivo necessário, nos termos do art. 114 do CPC, lembrando que devem ser resguardados dos direitos dos terceiros de boa-fé.

Ademais, inobservado o concurso de credores, quando verificada a insolvência do devedor, empresário ou não empresário, e a necessidade de rateio patrimonial de acordo com a classe do crédito, caso o credor quirografário, receba do devedor insolvente o pagamento da dívida ainda não vencida, ficará obrigado a repor, em proveito do acervo sobre que se tenha de efetuar o concurso de credores, aquilo que recebeu, conforme art. 162 do CC.

Estabelece o art. 163 do CC a presunção relativa de fraude (*iuris tantum*) dos direitos dos outros credores as garantias de dívidas que o devedor insolvente tiver dado a algum credor. Haverá fraude porque a coisa dada em garantia sairá do patrimônio do devedor, com o intuito de assegurar o direito real antes que se realize o rateio patrimonial e a satisfação dos demais credores.

O art. 164 do CC apresenta outra presunção relativa (*iuris tantum*), entretanto, de boa-fé e de validade os negócios ordinários, desde que sejam indispensáveis à manutenção de estabelecimento mercantil, rural, ou industrial, ou à subsistência do devedor e de sua família.

Finalmente, o art. 165 do CC correlaciona os efeitos decorrente da anulação do negócio jurídico fraudulento, determinando que a vantagem resultante será revertida em proveito do acervo sobre que se tenha de efetuar o concurso de credores. Note que, desconstituído o negócio jurídico, o bem não vai para o patrimônio do credor quirografário que pleiteou a anulação, mas sim reverter-se-á (ou seja, retorna o bem) em proveito do acervo patrimonial do credor, para posterior rateio entre os credores (concurso de credores).

No entanto, se esses negócios tinham por único objeto atribuir direitos preferenciais, ou seja, mediante hipoteca, penhor ou anticrese, sua invalidade importará tão somente na anulação da preferência ajustada, mantendo-se íntegro o negócio jurídico entabulado.

Diferenças essenciais entre **fraude contra credores e fraude à execução**:

FRAUDE CONTRA CREDORES	FRAUDE À EXECUÇÃO
Direito Civil	Direito Processual Civil
Vício do negócio jurídico.	Vício processual, atenta contra a administração da justiça.
Ocorre quando o devedor aliena de forma gratuita ou onerosa seus bens, visando prejudicar credores, levando-o à insolvência.	Ocorre (art. 792 do CPC): I – quando sobre o bem pender ação fundada em direito real ou com pretensão reipersecutória, desde que a pendência do processo tenha sido averbada no respectivo registro público, se houver; II – quando tiver sido averbada, no registro do bem, a pendência do processo de execução, na forma do art. 828; III – quando tiver sido averbado, no registro do bem, hipoteca judiciária ou outro ato de constrição judicial originário do processo onde foi arguida a fraude; IV – quando, ao tempo da alienação ou da oneração, tramitava contra o devedor ação capaz de reduzi-lo à insolvência; V – nos demais casos expressos em lei.
O reconhecimento exige a propositura de *ação pauliana*.	Reconhecida na própria execução ou no cumprimento de sentença.
O negócio jurídico é anulável (plano da validade).	O negócio jurídico é ineficaz (plano da eficácia).

A sentença tem natureza jurídica constitutiva negativa (ou desconstitutiva).	A sentença tem natureza jurídica declaratória.

4.2.2. SIMULAÇÃO

É uma declaração enganosa de vontade, visando produzir efeito distinto daquele ostensivamente indicado.

É um defeito que não vicia a vontade do declarante, uma vez que este se mancomuna de livre vontade para atingir fins espúrios, em detrimento da lei ou da própria sociedade.

Importante observar que, com o Código Civil de 2002, a simulação deixou de ser uma causa de anulabilidade e passou a figurar entre as hipóteses de nulidade do ato jurídico. Segundo o **Enunciado n. 152 do CJF/STJ**, "toda simulação, inclusive a inocente, é invalidante".

Assim, determina o art. 167 do CC que será nulo o negócio jurídico simulado, mas subsistirá o que se dissimulou, se válido for na substância e na forma. De fato, na simulação tem-se duas possibilidades:

---

a) **negócio jurídico simulado:** é aquele que aparenta para a realidade, ou seja, o negócio jurídico que a sociedade identifica e constata no mundo real;

b) **negócio jurídico dissimulado:** é o negócio jurídico escondido, aquele em que as partes, de fato, pretendiam realizar, entretanto, que ficou encoberto pelo negócio simulado.

Exemplo: contrato de comodato (empréstimo gratuito de coisa imóvel infungível) realizado entre duas pessoas. Entretanto, há a cobrança de valores mensais (aluguel) para que a pessoa fique na casa. O negócio simulado (comodato) será declarado como inválido, pois caracteriza como o **negócio simulado**, enquanto a locação (**negócio dissimulado**) será considerada como válida, desde que não ofenda a lei ou direitos de terceiros.

Nesse sentido, o **Enunciado n. 153 do CJF/STJ**: "Na simulação relativa, o negócio simulado (aparente) é nulo, mas o dissimulado será válido se não ofender a lei nem causar prejuízos a terceiros".

Entretanto, para que o negócio dissimulado seja aproveitado e declarado como válido é necessário que ele preencha todos os requisitos formais, substanciais e de validade dos negócios jurídicos (**Enunciado n. 293 do CJF/STJ**).

Assim, segundo o § 1º do art. 167 do CC, haverá simulação nos negócios jurídicos quando:

a) aparentarem conferir ou transmitir direitos a pessoas diversas daquelas às quais realmente se conferem, ou transmitem (simulação subjetiva);

b) contiverem declaração, confissão, condição ou cláusula não verdadeira (simulação objetiva);

c) os instrumentos particulares forem antedatados, ou pós-datados (simulação objetiva).

Certamente, o rol previsto no supramencionado parágrafo deve ser considerado como meramente exemplificativo (*numerus apertus*), e não como taxativo (*numerus clausus*), pois sempre que o negócio jurídico demonstrar existir uma disparidade entre a vontade manifestada pelo agente e aquilo que efetivamente se oculta, estaremos diante de uma situação de simulação.

Assim, pode-se classificar a simulação como:

a) simulação absoluta: é a declaração de vontade em que na aparência consubstancia determinado negócio jurídico, porém em sua essência não há negócio algum. Exemplo: pai que doa imóvel para o filho, mas continua, de fato, como efetivo dono do imóvel, usufruindo e exercendo os direitos inerentes ao bem;

b) simulação relativa: é aquele realizado pelos agentes, no qual na aparência há um negócio jurídico, visando a esconder, encobrir um outro negócio jurídico que visavam constituir na essência. É o caso do negócio jurídico simulado e dissimulado;

c) simulação subjetiva: é o negócio jurídico realizado cujo vício social acomete a pessoa com o qual foi celebrado. É o caso do laranja ou testa de ferro, ou o caso do negócio jurídico realizado por interposta pessoa. Nesse caso, há a celebração de um negócio jurídico com uma pessoa em sua aparência, mas que na realidade ou em sua essência (e oculto), os direitos são conferidos a outra pessoa;

d) simulação objetiva: nessa hipótese, o vício social atinge o elemento objetivo do negócio jurídico, ou seja, o objeto ou o seu conteúdo, como no caso do comodato (simulado) e a locação (dissimulado), ou a compra e venda declarada pelo valor venal do bem, quando realizada em valor superior, visando esconder o verdadeiro valor do bem.

Por sua vez, o § 2º do art. 157 do CC ressalva os direitos de terceiros de boa-fé em face dos contraentes do negócio jurídico simulado.

Finalmente, importante verificar o **Enunciado n. 294 do CJF/STJ:** "Sendo a simulação uma causa de nulidade do negócio jurídico, pode ser alegada por uma das partes contra a outra", inclusive, por ser a simulação causa de nulidade do negócio jurídico, sua alegação prescinde de ação própria, aplicando o disposto nos arts. 168, *caput* e parágrafo único, e 169 do mesmo diploma legal, os quais estabelecem, inclusive, que o juiz deverá se pronunciar a respeito de hipótese de nulidade "quando conhecer do negócio jurídico ou dos seus efeitos e as encontrar provadas", pronunciando-se, portanto, de ofício (**Enunciado n. 578 do CJF/STJ**).

5. TEORIA DAS NULIDADES

5.1. A INEXISTÊNCIA DO NEGÓCIO JURÍDICO

Conforme verificado anteriormente, os negócios jurídicos precisam preencher todos os seus requisitos para que possam existir, ser válidos e produzir regularmente seus efeitos.

O negócio jurídico inexistente, por certo, é aquele que sequer preencheu os seus requisitos mínimos, constante do plano da existência do negócio jurídico: agentes, objeto, forma e vontade.

Na verdade, como ressaltado, o plano da existência não está diretamente inserido no Código Civil de 2002, tanto é que o art. 104 trata diretamente do plano da validade. Daí a tranquilidade ao afirmar que o plano da existência se encontra implicitamente previsto no próprio plano da validade do negócio jurídico, tendo em vista que, para ser válido, o negócio precisa obrigatoriamente ter os requisitos mínimos (os "substantivos" do art. 104).

Para que se possa reconhecer a inexistência do negócio jurídico, certamente, é necessário o ingresso de ação declaratória de inexistência de relação jurídica, imprescritível e não sujeita a prazo decadencial, podendo ser proposta por qualquer interessado ou pelo Ministério Público. Outrossim, a inexistência do negócio jurídico, quando alegado judicialmente, está sujeita, inclusive, ao reconhecimento de ofício pelo magistrado, pois aplica-se a mesma sistemática da nulidade dos negócios jurídicos.

5.2. A INVALIDADE DO NEGÓCIO JURÍDICO: NULIDADE E ANULABILIDADE

A previsibilidade doutrinária e normativa da chamada "teoria das nulidades" impede a proliferação de atos jurídicos que sejam reconhecidos como ilegais ou que sejam portadores de vícios, a depender da natureza do interesse jurídico violado. Sendo assim, é possível afirmar que o reconhecimento desses estados são formas de proteção e defesa, além dos interesses particulares envolvidos, do próprio ordenamento jurídico vigente.

Como acontece com a inexistência dos negócios jurídicos, a análise da nulidade decorre da ausência de preenchimento dos requisitos necessários no plano da validade do negócio jurídico, causando, consequentemente, no reconhecimento de sua invalidade. Ocorre que, nesse plano, temos "graduações" de vícios que ocorrem nesse plano, chamados de nulo ou anulável.

Dentro dessa perspectiva, é correto dizer-se que o **ato nulo (também chamado de "nulidade absoluta")** é aquele vício que ocorre no plano da validade e que viola norma de ordem pública, de natureza cogente, e carrega em si vício considerado extremamente grave.

Por sua vez, o **ato anulável (também chamado de "nulidade relativa")**, contaminado de vícios menos graves, decorre de infringência de norma jurídica protetora de interesses eminentemente privados.

É no art. 166 do CC que estão elencadas, de maneira exemplificativa, as hipóteses em que será reconhecido como **nulo o negócio jurídico**:

a) quando celebrado por pessoa absolutamente incapaz, sem a devida representação (inciso I): segundo o art. 3º do CC, são absolutamente incapazes os menores de 16 anos, conforme alterações trazidas pela Lei n. 13.146/2015 (Estatuto da Pessoa com Deficiência);

b) quando for ilícito, impossível ou indeterminável o seu objeto (inciso II): o objeto, para que seja válido o negócio jurídico, é aquele que necessita ser material (físico) e juridicamente possível (exemplo: compra de um terreno na Lua; compra e venda entre cônjuges casados sob o regime da comunhão universal de bem, de imóvel que entra na comunhão). Por sua vez, ilícito será o objeto que viola a lei, o direito e regras previstas pelo próprio ordenamento jurídico. Tem-se, ainda, a possibilidade de o objeto ser *indenizante*, gerador de responsabilidade civil (art. 186 do CC);

c) quando o motivo determinante, comum a ambas as partes, for ilícito (inciso III): o motivo é requisito que se verifica como elemento subjetivo do negócio jurídico, ao contrário do objeto que está relacionado ao elemento subjetivo do negócio jurídico. Ocorre quando há motivação das partes, conluio entre os agentes, no intuito de alcançar um fim que seja ilícito, ilegítimo ou criminoso, como por exemplo, a compra e venda de um veículo para praticar um assalto;

d) quando não revestir a forma prescrita em lei (inciso IV): a forma é elemento essencial para alguns tipos de negócios jurídicos, sendo necessária a sua observação sob pena de nulidade do ato praticado, tal como ocorre com a doação de bem imóvel (art. 541 do CC – escritura pública ou instrumento particular) ou com o pacto antenupcial (art. 1.653 do CC – escritura pública);

e) for preterida alguma solenidade que a lei considere essencial para a sua validade (inciso V): a solenidade pode ser entendida como aquilo que a lei especifica, além da forma, para a validade do ato, tal como ocorre com o registro de determinado contrato de compra e venda para que possa produzir efeitos, dependentes dos requisitos do art. 215 do CC;

f) tiver por objetivo fraudar lei imperativa (inciso VI): ocorre a violação quando o negócio jurídico realizado visa fraudar a lei, ou de dar aparência a negócio jurídico fraudulento ou criminoso, tal qual ocorre com a simulação;

g) a lei taxativamente o declarar nulo, ou proibir-lhe a prática, sem cominar sanção (inciso VII): há, no decorrer do Código Civil, várias hipóteses de nulidades textuais, as quais podemos exemplificar a do art. 548 do CC, ou seja, a nulidade da doação universal de todos os bens do doador, sem a reserva de um mínimo para a sua subsistência; ou a do art. 426 do CC, a respeito da vedação de ser objeto de contrato a herança de pessoa viva (proibição do pacto sucessório ou *pacta corvina*); ou, até mesmo, a redação da nulidade prevista no art. 1.653 do CC, a respeito do pacto antenupcial.

Segundo o **art. 168 do CC**, as nulidades previstas nos arts. 166 e 167 (simulação), por serem causa de nulidades absolutas e que violam normas de ordem pública, podem ser alegadas por qualquer interessado, ou pelo Ministério Público, quando lhe couber intervir. Outrossim, as nulidades devem ser pronunciadas pelo juiz, quando conhecer do negócio jurídico ou dos seus efeitos e as encontrar provadas, não lhe sendo permitido supri-las, ainda que a requerimento das partes.

Ainda, ao contrário do que ocorre com a anulabilidade dos negócios jurídicos, que admitem convalidação, o negócio jurídico nulo não é suscetível de confirmação, nem convalesce pelo decurso do tempo **(art. 169 do CC)**. Ademais, conforme **Enunciado n. 536 do CJF/STJ**, "resultando do negócio jurídico nulo consequências patrimoniais capazes de ensejar pretensões, é possível, quanto a estas, a incidência da prescrição".

Outrossim, estabelece o **Enunciado n. 537 do CJF/STJ** que "a previsão contida no art. 169 não impossibilita que, excepcionalmente, negócios jurídicos nulos produzam efeitos a serem preservados quando justificados por interesses merecedores de tutela[16]".

---

16. Justificativa: A tradição jurídica brasileira afirma que a nulidade, por ser vício insanável, com fundamento na ordem pública, conduz à absoluta ineficácia do negócio jurídico, sendo o art. 169 a referência para esse raciocínio. No entanto, o próprio CC relativiza essa conclusão ao reconhecer, em diversos dispositivos, a possibilidade de negócios nulos produzirem efeitos merecedores de tutela pelo ordenamento (ex.: art. 182, que, ao dispor sobre a indenização com o equivalente, considera que o negócio nulo pode ter produzido efeitos perante terceiros de boa-fé; e art. 1.561, que assegura ao casamento putativo a produção de efeitos até o reconhecimento da invalidade). A jurisprudência do STJ também relativiza a regra do art. 169 em casos em que a ordem social justifica a preservação dos efeitos produzidos pelo ato nulo, como ocorre na "adoção à brasileira". Além disso, o CC consagrou o princípio da preservação dos negócios jurídicos nulo e anulável, nos arts. 170, 172 e 184, impondo-se que se busque, sempre que possível, a conservação dos negócios e seus efeitos de modo a proteger os que, de boa-fé, confiaram na estabilidade das relações jurídi-

Se, porém, o negócio jurídico nulo contiver os requisitos de outro, subsistirá este quando o fim a que visavam as partes permitir supor que o teriam querido, se houvessem previsto a nulidade (art. 170 do CC). Nos termos do **Enunciado n. 13 do CJF/STJ**, "o aspecto objetivo da convenção requer a existência do suporte fático no negócio a converter-se".

Lembrando que, assim como ocorre com a inexistência do negócio jurídico, para que se reconheça a invalidade do negócio jurídico, especialmente a nulidade do negócio, é necessária a propositura de *ação declaratória de nulidade*, de natureza declaratória, não sujeita a qualquer prazo de prescrição ou de decadência, por envolver preceitos de ordem pública, impedindo, como visto acima, a confirmação com o decurso do tempo.

Por outro lado, temos a **anulabilidade (ou nulidade relativa)** dos negócios jurídicos, verificada quando ocorre a violação a regras de ordem privada, de interesse particular das partes envolvidas na relação negocial.

As hipóteses de anulabilidade estão presentes no art. 171 do CC, também consideradas como exemplificativas, a saber:

a) por incapacidade relativa do agente: os casos de incapacidade relativa estão previstos no art. 4º do CC, sendo o maior de 16 anos e menor de 18; os ébrios habituais e os viciados em tóxico; aqueles que, por causa transitória ou permanente, não puderem exprimir sua vontade; e os pródigos;

b) por vício resultante de erro, dolo, coação, estado de perigo, lesão ou fraude contra credores: são as hipóteses dos vícios de consentimento, e a fraude contra credores. Lembrando que a simulação é hipótese de nulidade do negócio jurídico;

c) outros casos expressamente previstos em lei: há outras hipóteses previstas no decorrer do Código Civil, como ocorre com o art. 496 do CC, prevendo ser anulável a venda de ascendente a descendente, salvo se os outros descendentes e o cônjuge do alienante expressamente houverem consentido, bem como os arts. 1.647 e 1.649, especificando que a falta de autorização (outorga uxória ou outorga marital), não suprida pelo juiz, quando necessária, tornará anulável o ato praticado, podendo o outro cônjuge pleitear-lhe a anulação, até dois anos depois de terminada a sociedade conjugal.

---

cas e também a prestigiar a função social do contrato. É necessário, assim, reler a tese da ineficácia absoluta da nulidade à luz dos valores e interesses envolvidos no caso concreto, sendo certo que somente se justifica a incidência do art. 169 quando o interesse subjacente à causa da nulidade se mostrar mais relevante para o ordenamento do que o interesse social na preservação do negócio jurídico, competindo ao juízo de merecimento de tutela, por meio do controle funcional da invalidade, o reconhecimento dos efeitos decorrentes do negócio nulo. Disponível em: https://www.cjf.jus.br/enunciados/enunciado/148.

Nos casos de anulabilidade, o reconhecimento depende da propositura da *ação anulatória*, cuja natureza é constitutiva negativa (ou desconstitutiva), pois visa a desconstituir o negócio jurídico viciado, estando relacionados a direitos potestativos, portanto, sujeitos a prazos decadenciais, previstos nos **arts. 178 e 179 do CC.**

Assim, será de **quatro anos o prazo de decadência** para pleitear-se a anulação do negócio jurídico, contado:

a) no caso de coação, do dia em que ela cessar;

b) no de erro, dolo, fraude contra credores, estado de perigo ou lesão, do dia em que se realizou o negócio jurídico;

c) no de atos de incapazes, do dia em que cessar a incapacidade.

Para os demais casos previstos em lei, em que dispuser que determinado ato é anulável, entretanto sem estabelecer prazo para pleitear-se a anulação, será este de **dois anos** (prazo geral) a contar da data da conclusão do ato **(art. 179 do CC).**

Nota-se o **Enunciado n. 538 do CJF/STJ**, determinando que: "No que diz respeito a terceiros eventualmente prejudicados, o prazo decadencial de que trata o art. 179 do Código Civil não se conta da celebração do negócio jurídico, mas da ciência que dele tiverem". Conforme justificativa apresentada ao referido enunciado, "o art. 178 do Código Civil, embora estabeleça o mesmo prazo decadencial para todos os casos de anulabilidade previstos, de forma agrupada, no art. 171, ou seja, 4 (quatro) anos, prevê termos iniciais distintos, a depender da hipótese versada. Assim é que, havendo erro, dolo, fraude contra credores, estado de perigo ou lesão, o prazo para pleitear a anulação se conta da celebração do negócio jurídico".

Já na hipótese de coação, o prazo tem início no "dia em que ela cessar", ao passo que, em se tratando de ato praticado por incapaz, o *dies a quo* é o da cessação da incapacidade. O **art. 179**, por seu turno, versando sobre os demais casos de anulabilidade dispersos pelo código, unifica não apenas o prazo para demandar a anulação – 2 (dois) anos –, mas também seu termo a quo, que coincidirá, em todas aquelas hipóteses, com a "data da conclusão do ato", salvo disposição legal em contrário. Sucede que, entre as anulabilidades espalhadas pelo Código, há aquelas que resultam da proteção dispensada a interesses de terceiros não envolvidos na celebração do negócio jurídico. É o que ocorre, *v.g.*, na venda de ascendente a descendente sem a anuência dos demais descendentes do alienante (CC/2002, art. 496).

Ora, exatamente porque os descendentes, enquanto vivo o autor da herança, não são credores dos respectivos quinhões (tendo, em relação a estes, apenas expectativa), não se pode exigir deles nenhuma postura de "vigilância" sobre os atos de seus ascendentes. Daí não ser incomum que a celebração de compra e venda com infringência ao art. 496 do Código Civil apenas venha ao conhecimento dos prejudicados anos depois, quando da abertura da sucessão. Frustra-se, assim, por inação, que não se pode imputar a eventual desídia dos interessados, a finalidade da regra. Desse modo, a fim de resguardar a efetividade dos dispositivos legais a que se aplica o prazo decadencial previsto no art. 179 do Código Civil, é razoável e conveniente que se lhe dê a interpretação proposta"[17].

De acordo com o **art. 172 do CC**, o negócio anulável pode ser confirmado pelas partes, ressalvado direito de terceiro. Entretanto, o ato de confirmação deve conter a substância do negócio celebrado e a vontade expressa de mantê-lo, chamado de *confirmação expressa* (art. 173 do CC).

Por outro lado, o **art. 174 do CC** dispensa ("é escusada") a confirmação expressa, quando o negócio já foi cumprido em parte pelo devedor, ciente do vício que o inquinava, nesse caso, estar-se-á diante da *confirmação tácita ou presumida*, em razão da atitude tomada pelo agente interessado, privilegiando o princípio da manutenção ou conservação dos negócios jurídicos.

O **art. 175** trata da irrevogabilidade da confirmação, trazendo segurança jurídica às relações negociais, tutelando a boa-fé objetiva e vedando o comportamento contraditório (*venire contra factum proprium non potest*) ao afirmar que "a confirmação expressa, ou a execução voluntária de negócio anulável, importa a extinção de todas as ações, ou exceções, de que contra ele dispusesse o devedor".

O **art. 176 do CC** determina que, quando a anulabilidade do ato resultar da falta de autorização de terceiro, será validado se este a der posteriormente. Esse dispositivo visa tutelar os negócios jurídicos celebrados por menores relativamente incapazes (menor púbere), realizado sem autorização dos pais, do representante legal ou do tutor, possibilitando que seja posteriormente convalidado.

De igual maneira, o menor púbere, entre 16 e 18 anos, não pode, para eximir-se de uma obrigação, invocar a sua idade se dolosamente a ocultou quando inquirido pela outra parte, ou se, no ato de obrigar-se, declarou-se maior. Nesse caso, o negócio jurídico será válido, produzindo regularmente todos os seus efeitos, vedando a sua anulação (**art. 180 do CC**).

Ademais, ninguém pode reclamar o que, por uma obrigação anulada, pagou a um incapaz, se não provar que reverteu em proveito dele a importância paga, conforme determina o **art. 181 do CC**.

---

17. Disponível em: https://www.cjf.jus.br/enunciados/enunciado/149.

Assim, a anulabilidade não tem efeito antes de julgada por sentença, nem se pronuncia de ofício; só os interessados a podem alegar, e aproveita exclusivamente aos que a alegarem, salvo o caso de solidariedade ou indivisibilidade. Sendo certo que, uma vez reconhecido, seus efeitos retroagem e as partes serão reconduzidas ao estado em que encontravam antes ad realização do negócio jurídico. Em não sendo possível, serão indenizadas pelo equivalente (art. 182 do CC), sob pena de enriquecimento sem causa, repudiado pelo nosso ordenamento jurídico, art. 884 do CC.

Outrossim, segundo o **art. 183 do CC**, importante verificar que a invalidade do instrumento não induz, necessariamente, a invalidade do negócio jurídico sempre que este puder provar-se por outro meio. Trata-se de mais um regramento em benefício do princípio da manutenção ou conservação dos negócios jurídicos, privilegiando a exteriorização da vontade e do ato volitivo.

Igualmente, determina o **art. 184 do CC**, a respeito da invalidade parcial de um negócio jurídico, que, respeitada a intenção das partes, a invalidade parcial de um negócio jurídico não o prejudicará na parte válida, se esta for separável. Exemplo disso ocorre na doação inoficiosa, conforme art. 549 do CC, cuja nulidade será reconhecida somente da parte que exceder aquilo que o doador poderia dispor por testamento, ou seja, metade de seus bens reservados aos herdeiros necessários, mantendo-se íntegra, no mais, aquilo que ele tem liberdade de disposição, conservando o negócio realizado.

Por outro lado, diz a parte final do referido artigo que a invalidade da obrigação principal implica também na invalidade das obrigações acessórias, mas a destas não induz a invalidade da obrigação principal. Exemplo disso se verifica no caso de um contrato de compra e venda, cuja cláusula penal tenha sido inserida no contrato mediante lesão: por certo, a invalidade do contrato de compra e venda gera por consequência a invalidade também de sua cláusula penal; entretanto, a invalidade da cláusula penal não gera a invalidade do contrato como um todo, anulando-se somente a multa e permanecendo plenamente válido o restante do negócio jurídico.

5.3. DIFERENÇAS ENTRE A NULIDADE (NULIDADE ABSOLUTA) E A ANULABILIDADE (NULIDADE RELATIVA)

NULIDADE	ANULABILIDADE
1. O ato nulo atinge o interesse público e preceitos de ordem pública.	1. O ato anulável atinge interesses privados e preceitos de ordem privada.

2. Opera-se de pleno direito.	2. Não se opera de pleno direito.
3. Pode ser arguida pelas partes, pelo terceiro interessado, Ministério Público, Defensoria Pública, ou até mesmo de ofício pelo juiz.	3. Somente pode ser arguida pelos legítimos interessados, vedando o reconhecimento de ofício pelo juiz.
4. Não se admite confirmação ou convalidação.	4. Admite-se confirmação ou convalidação expressa ou tácita.
5. Reconhecida mediante ação declaratória de nulidade, decidida por sentença de natureza declaratória.	5. Reconhecida mediante ação anulatória, decidida por sentença constitutiva negativa ou desconstitutiva.
6. Pode ser reconhecida, segundo o CC, a qualquer tempo, não se sujeitando ao prazo prescricional ou decadencial.	6. A anulabilidade somente pode ser arguida pela via judicial, em prazos decadenciais de 04 anos (regra geral) ou de 02 anos (regra supletiva), salvo norma em sentido contrário.

6. DAS PROVAS DOS NEGÓCIOS JURÍDICOS

Como regra, matéria probatória ou "provas" é tema estudado e estruturado em direito processual civil, especialmente prevendo aquilo que pode ser fonte e meio de provas, para o processo.

Entretanto, o Direito Civil também se ocupou com o tema, sobretudo no intuito de apresentar os meios empregados e que podem ser utilizados para demonstrar a existência de determinado negócio jurídico, trazendo, assim, segurança e certeza para a relação jurídica.

Certamente, e como visto anteriormente, alguns negócios jurídicos exigem para a sua existência e validade uma forma específica ou especial para que seja exteriorizada a vontade, como ocorre, por exemplo, com a escritura pública para o pacto antenupcial, ou o instrumento particular para a doação de bem imóvel. Assim, quando estivermos diante desses negócios jurídicos, somente a apresentação do próprio instrumento é que apresenta a necessária comprovação da sua existência, ainda mais da sua validade para, posteriormente, produzir regularmente seus efeitos.

Dessa forma, determina o **art. 212 do CC** que, salvo o negócio a que se impõe forma especial, como mencionado, o fato jurídico pode ser provado mediante:

a) confissão;
b) documento;
c) testemunha;
d) presunção;
e) perícia.

Importante observar que o **art. 369 do CPC** determina que as partes têm o direito de empregar todos os meios legais, bem como os moralmente legítimos, ainda que não especificados no código, para provar a verdade dos fatos em que se funda o pedido ou a defesa e influir eficazmente na convicção do juiz. Trata-se, o **art. 212 do CC**, por certo, de rol exemplificativo, quando interpretado de maneira sistemática, em diálogo com o Código de Processo Civil.

A propósito, o **Enunciado n. 297 do CJF/STJ**, datado de 2006, nesse sentido apresentado, preceitua a respeito da utilização de documento eletrônico como meio de prova, estabelecendo que: "O documento eletrônico tem valor probante, desde que seja apto a conservar a integridade de seu conteúdo e idôneo a apontar sua autoria, independentemente da tecnologia empregada".

Tanto é que o próprio Código de Processo Civil de 2015 buscou regulamentar a utilização desses documentos, prevendo, por exemplo, em seu art. 422 que "qualquer reprodução mecânica, como a fotográfica, a cinematográfica, a fonográfica ou de outra espécie, tem aptidão para fazer prova dos fatos ou das coisas representadas, se a sua conformidade com o documento original não for impugnada por aquele contra quem foi produzida".

Continua, em seu § 1º, determinando que as fotografias digitais e as extraídas da rede mundial de computadores fazem prova das imagens que reproduzem, devendo, se impugnadas, ser apresentada a respectiva autenticação eletrônica ou, não sendo possível, realizada perícia.

Assim, o primeiro meio de prova dos negócios jurídicos, conforme art. 212 do CC, é a confissão, assim entendida como sendo a declaração realizada por uma pessoa, que admite a verdade de fato contrário ao seu interesse e que seja favorável ao do adversário, conforme retirado do próprio art. 389 do CPC.

Reproduz a legislação processual que a confissão pode ser judicial ou extrajudicial, sendo certo que a confissão quando realizada judicialmente poderá ser espontânea ou provocada (art. 390 do CPC). A confissão espontânea pode ser feita pela própria parte ou por representante com poder especial, e a confissão provocada será feita pelo juiz e constará do termo de depoimento pessoal (§§ 1º e 2º do art. 390 do CPC).

Voltando ao estudo do Código Civil, determina o **art. 213** que não terá eficácia a confissão se provém de quem não é capaz de dispor do direito a que se referem os fatos confessados, tal como ocorre com o absolutamente incapaz ou a direitos de personalidade, indisponível e que importem em renúncia a direitos. O mesmo se diga com relação ao art. 392, § 1º, do CPC, impondo que a confissão será ineficaz se feita por quem não for capaz de dispor do direito a que se referem os fatos confessados.

Continua o parágrafo único do art. 213 especificando que se feita a confissão por um representante, somente é eficaz nos limites em que este pode vincular o representado, nos termos em que também determina o art. 392, § 2º, do CPC, dispondo que "a confissão feita por um representante somente é eficaz nos limites em que este pode vincular o representado". Dessa forma, há a necessidade de o mandatário ser detentor de poderes especiais conferidos legitimamente pelo mandante.

Outrossim, diz o **art. 214** que a confissão é irrevogável, mas pode ser anulada se decorreu de erro de fato ou de coação, no mesmo sentido conferido ao art. 393 do CPC (A confissão é irrevogável, mas pode ser anulada se decorreu de erro de fato ou de coação). A forma processual para se buscar a anulação da confissão eivada de erro ou assim feita por coação é a *ação anulatória*, cuja legitimidade para a ação foi concedida, de maneira exclusiva, ao próprio confitente, podendo ser transferida aos seus herdeiros se ele falecer após a propositura da ação.

Ainda, é certo que se pode verificar a possibilidade de nulidade da confissão, quando verificada por violação aos arts. 166 e 167 do CC, isso porque, como dito anteriormente, o ato nulo é aquele que viola a ordem pública e normas cogentes imperativas, como no caso de uma confissão feita por simulação, ou por absolutamente incapaz.

Na sequência, o Código Civil estrutura a prova documental, entretanto podemos afirmar que a preocupação da legislação civil se ocupou de estruturar muito mais a forma pela qual o negócio jurídico foi realizado (plano da validade), do que com o meio de prova documental, conforme a legislação processual civil.

Assim, o **art. 215 do CC**, nos termos acima mencionados, preocupou-se em regulamentar a escritura pública, lavrada em notas de tabelião, conferindo ao documento a chamada "fé pública", ou seja, fazendo prova plena. Na verdade, trata-se de prova que confere presunção de veracidade ao documento público, mas que admite comprovação em sentido contrário, por se tratar de presunção relativa (*iuris tantum*) e não presunção absoluta (*ire et de iure*).

Nesse sentido, o **Enunciado n. 158 do CJF/STJ**: "A amplitude da noção de 'prova plena' (isto é, 'completa') importa presunção relativa acerca dos elementos indicados nos incisos do § 1º, devendo ser conjugada com o disposto no parágrafo único do art. 219".

Com relação aos requisitos da escritura pública, determina o § 1º do art. 215 que, salvo quando exigidos por lei outros requisitos, a escritura pública deve conter:

a) data e local de sua realização;

b) reconhecimento da identidade e capacidade das partes e de quantos hajam comparecido ao ato, por si, como representantes, intervenientes ou testemunhas;

c) nome, nacionalidade, estado civil, profissão, domicílio e residência das partes e demais comparecentes, com a indicação, quando necessário, do regime de bens do casamento, nome do outro cônjuge e filiação;

d) manifestação clara da vontade das partes e dos intervenientes;

e) referência ao cumprimento das exigências legais e fiscais inerentes à legitimidade do ato;

f) declaração de ter sido lida na presença das partes e demais comparecentes, ou de que todos a leram;

g) assinatura das partes e dos demais comparecentes, bem como a do tabelião ou seu substituto legal, encerrando o ato.

A ausência de alguns desses requisitos, necessários para a validade da escritura pública, acarretará a nulidade do negócio jurídico, conforme determinação do art. 166, IV e V, do CC, havendo inobservância da forma e da solenidade necessárias para a validade do ato.

Ainda, nos termos do **§ 2º do art. 215 do CC**, se algum comparecente não puder ou não souber escrever, há a possibilidade de outra pessoa capaz assinará por ele, a seu rogo. Da mesma forma que a escritura deverá ser redigida na língua nacional, também sob pena de invalidade do negócio jurídico (nulidade).

Entretanto, se qualquer dos comparecentes não souber a língua nacional e o tabelião não entender o idioma em que se expressa, deverá comparecer tradutor público para servir de intérprete, ou, não o havendo na localidade, outra pessoa capaz que, a juízo do tabelião, tenha idoneidade e conhecimento bastantes (§ 4º do art. 215 do CC). Se algum dos comparecentes não for conhecido do tabelião, nem puder identificar-se por documento, deverão participar do ato pelo menos duas testemunhas que o conheçam e atestem sua identidade (§ 5º).

É certo que farão a mesma prova que os originais as certidões textuais de qualquer peça judicial, do protocolo das audiências, ou de outro qualquer livro a cargo do escrivão, sendo extraídas por ele, ou sob a sua vigilância, e por ele subscritas, assim como os traslados de autos, quando por outro escrivão consertados (equivocadamente redigido com a letra *s*, quando o certo seria com a letra *c*), conforme **art. 216 do CC**.

No mesmo sentido que o **art. 217 do CC** confere a mesma força probante aos traslados e as certidões, extraídos por tabelião ou oficial de registro, de instrumentos ou documentos lançados em suas notas. Até porque, os traslados e as certidões considerar-se-ão instrumentos públicos, se os originais se houverem produzido em juízo como prova de algum ato **(art. 218 do CC)**.

As declarações constantes de documentos assinados presumem-se verdadeiras em relação aos signatários, conforme **art. 219 do CC**. Esse dispositivo foi reproduzido no CPC, em seu art. 408, dispondo que as declarações constantes do documento particular escrito e assinado ou somente assinado presumem-se verdadeiras em relação ao signatário. Lembrando que essa presunção é sempre relativa, admitindo prova em contrário.

Não tendo relação direta, porém, com as disposições principais ou com a legitimidade das partes, as declarações enunciativas não eximem os interessados em sua veracidade do ônus de prová-las, conforme parágrafo único do art. 219 e Enunciado n. 158 do CJF/STJ.

Segundo o **art. 220 do CC**, a anuência ou a autorização de outrem, necessária à validade de um ato, provar-se-á do mesmo modo que este, e constará, sempre que se possa, do próprio instrumento, como ocorre com as outorgas uxória e marital, previstas no art. 1.647 do CC, sendo certo que essa autorização é imprescindível para a própria validade do negócio jurídico.

O **art. 221 do CC**, por sua vez, se preocupou com o instrumento particular, especificando que, quando feito e assinado, ou somente assinado por quem esteja na livre disposição e administração de seus bens, prova as obrigações convencionais de qualquer valor; mas os seus efeitos, bem como os da cessão, não se operam, a respeito de terceiros, antes de registrado no registro público. Assim, a prova do instrumento particular pode suprir-se pelas outras de caráter legal, comprovando tratar-se de presunção relativa e sem força probante absoluta, como ocorre com o instrumento público.

Também, o telegrama, quando lhe for contestada a autenticidade, faz prova mediante conferência com o original assinado **(art. 222 do CC)**, no mesmo sentido da redação do art. 413 do CPC, no qual "o telegrama, o radiograma ou qualquer outro meio de transmissão tem a mesma força probatória do documento particular se o original constante da estação expedidora tiver sido assinado pelo remetente" e art. 414 do CPC, dispondo que "o telegrama ou o radiograma presume-se conforme com o original, provando as datas de sua expedição e de seu recebimento pelo destinatário".

De igual maneira, a cópia fotográfica de documento, conferida por tabelião de notas, valerá como prova de declaração da vontade, mas, impugnada sua autenticidade, deverá ser exibido o original **(art. 223 do CC)**. Entretanto, a prova não supre a ausência do título de crédito, ou do original, nos casos em que a lei ou as circunstâncias condicionarem o exercício do direito à sua exibição.

Ademais, prevê o **art. 224 do CC** que os documentos redigidos em língua estrangeira serão traduzidos para o português para ter efeitos legais no país. Nesse sentido, imperioso verificar o art. 148 da Lei n. 6.015/73 (Lei de Registros Públicos), para quem "os títulos, documentos e papéis escritos em língua estrangeira, uma vez adotados os caracteres comuns, poderão ser registrados no original, para o efeito da sua conservação ou perpetuidade. Para produzirem efeitos legais no País e para valerem contra terceiros, deverão, entretanto, ser vertidos em vernáculo e registrada a tradução, o que, também, se observará em relação às procurações lavradas em língua estrangeira".

Ainda, segundo o **art. 225 do CC**, as reproduções fotográficas, cinematográficas, os registros fonográficos e, em geral, quaisquer outras reproduções mecânicas ou eletrônicas de fatos ou de coisas fazem prova plena destes, se a parte, contra quem forem exibidos, não lhes impugnar a exatidão.

Encerrando a prova documental, o **art. 226** determina que os livros e fichas dos empresários e sociedades provam contra as pessoas a que pertencem, e, em seu favor, quando, escriturados sem vício extrínseco ou intrínseco, forem confirmados por outros subsídios. A prova resultante dos livros e fichas não é bastante nos casos em que a lei exige escritura pública, ou escrito particular revestido de requisitos especiais, e pode ser ilidida pela comprovação da falsidade ou inexatidão dos lançamentos.

A **legislação processual civil**, em seus **arts. 417 a 421**, preocupou-se com o tema, especialmente dos livros empresariais e escrituração contábil de pessoa jurídica empresarial, determinando o quanto segue:

> Art. 417. Os livros empresariais provam contra seu autor, sendo lícito ao empresário, todavia, demonstrar, por todos os meios permitidos em direito, que os lançamentos não correspondem à verdade dos fatos.
>
> Art. 418. Os livros empresariais que preencham os requisitos exigidos por lei provam a favor de seu autor no litígio entre empresários.
>
> Art. 419. A escrituração contábil é indivisível, e, se dos fatos que resultam dos lançamentos, uns são favoráveis ao interesse de seu autor

e outros lhe são contrários, ambos serão considerados em conjunto, como unidade.

Art. 420. O juiz pode ordenar, a requerimento da parte, a exibição integral dos livros empresariais e dos documentos do arquivo:

I – na liquidação de sociedade;

II – na sucessão por morte de sócio;

III – quando e como determinar a lei.

Art. 421. O juiz pode, de ofício, ordenar à parte a exibição parcial dos livros e dos documentos, extraindo-se deles a suma que interessar ao litígio, bem como reproduções autenticadas.

Conforme acima exposto, a força probante dos livros e fichas empresariais, bem como da escrituração contábil, não possui força probante absoluta, sendo certo que se sucumbe aos casos em que a lei exige escritura pública, ou escrito particular revestido de requisitos especiais, e pode ser ilidida pela comprovação da falsidade ou inexatidão dos lançamentos.

O *caput* do art. 227 do CC foi revogado pelo Código de Processo Civil, pois determinava em sua redação original que "salvo os casos expressos, a prova exclusivamente testemunhal só se admite nos negócios jurídicos cujo valor não ultrapasse o décuplo do maior salário mínimo vigente no País ao tempo em que foram celebrados".

Desta forma, o Código de Processo Civil não limita mais a possibilidade de comprovação ou de utilização da prova testemunhal para os negócios jurídicos, evidenciando, em seu art. 442, que "a prova testemunhal é sempre admissível, não dispondo a lei de modo diverso", ampliando a sua utilização aos negócios jurídicos, quaisquer que sejam seus valores.

Tanto é que o parágrafo único do art. 227 não foi revogado, permanecendo íntegro em sua redação e vigência, determinando que qualquer que seja o valor do negócio jurídico, a prova testemunhal é admissível como subsidiária ou complementar da prova por escrito. Única ressalva a se fazer é que a prova testemunhal, nesse panorama, não será meramente subsidiária ou complementar, mas sim a própria prova principal e o meio necessário para a comprovação do negócio jurídico.

O **art. 228 do CC** – "Não podem ser admitidos como testemunhas: os menores de dezesseis anos; o interessado no litígio, o amigo íntimo ou o inimigo capital das partes; e os cônjuges, os ascendentes, os descendentes e os colaterais, até o terceiro grau de alguma das partes, por consanguinidade, ou afinidade" – foi revogado expressamente pelo Estatuto da Pessoa com Deficiência, nos incisos II e III, outrora prevendo a vedação expressa aos que, por enfermidade ou retardamento mental, não tivessem discernimento para a prática dos atos da vida civil; e aos cegos e surdos, quando a ciência do fato que se quer provar depender dos sentidos que lhes faltam.

Além disso, antigo parágrafo único foi transformado em § 1º no art. 228, estabelecendo que, para a prova de fatos que só elas conheçam, pode o juiz admitir o depoimento das pessoas a que se refere este artigo, bem como, acrescentou o § 2º, no qual a pessoa com deficiência poderá testemunhar em igualdade de condições com as demais pessoas, sendo-lhe assegurados todos os recursos de tecnologia assistiva.

Seguindo a mesma ideia, o Código de Processo Civil de 2.015 estabelece vedações e limitações à prova testemunhal:

> Art. 447. Podem depor como testemunhas todas as pessoas, exceto as incapazes, impedidas ou suspeitas.
>
> § 1º São incapazes:
>
> I – o interdito por enfermidade ou deficiência mental;
>
> II – o que, acometido por enfermidade ou retardamento mental, ao tempo em que ocorreram os fatos, não podia discerni-los, ou, ao tempo em que deve depor, não está habilitado a transmitir as percepções;
>
> III – o que tiver menos de 16 (dezesseis) anos;
>
> IV – o cego e o surdo, quando a ciência do fato depender dos sentidos que lhes faltam.
>
> § 2º São impedidos:
>
> I – o cônjuge, o companheiro, o ascendente e o descendente em qualquer grau e o colateral, até o terceiro grau, de alguma das partes, por consanguinidade ou afinidade, salvo se o exigir o interesse público ou, tratando-se de causa relativa ao estado da pessoa, não se puder obter de outro modo a prova que o juiz repute necessária ao julgamento do mérito;
>
> II – o que é parte na causa;
>
> III – o que intervém em nome de uma parte, como o tutor, o representante legal da pessoa jurídica, o juiz, o advogado e outros que assistam ou tenham assistido as partes.
>
> § 3º São suspeitos:
>
> I – o inimigo da parte ou o seu amigo íntimo;
>
> II – o que tiver interesse no litígio.
>
> § 4º Sendo necessário, pode o juiz admitir o depoimento das testemunhas menores, impedidas ou suspeitas.

§ 5º Os depoimentos referidos no § 4º serão prestados independentemente de compromisso, e o juiz lhes atribuirá o valor que possam merecer.

Nota-se que o Estatuto da Pessoa com Deficiência, por um sério descuido legislativo, não revogou as disposições da legislação processual, pois continuam como incapazes de testemunhar: o interdito por enfermidade ou deficiência mental (inciso I); o que, acometido por enfermidade ou retardamento mental, ao tempo em que ocorreram os fatos, não podia discerni-los, ou, ao tempo em que deve depor, não está habilitado a transmitir as percepções (inciso II); e o cego e o surdo, quando a ciência do fato depender dos sentidos que lhes faltam (inciso IV).

O **art. 229 do CC** também foi revogado pelo Código de Processo Civil, o qual estabelecia que ninguém pode ser obrigado a depor sobre fato: I – a cujo respeito, por estado ou profissão, deva guardar segredo; II – a que não possa responder sem desonra própria, de seu cônjuge, parente em grau sucessível, ou amigo íntimo; III – que o exponha, ou às pessoas referidas no inciso antecedente, a perigo de vida, de demanda, ou de dano patrimonial imediato.

Entretanto, em seu art. 448, do CPC, houve a imposição de proteção às testemunhas, reproduzindo parcialmente aquilo que outrora era previsto pelo Código Civil, no sentido de que "a testemunha não é obrigada a depor sobre fatos: I – que lhe acarretem grave dano, bem como ao seu cônjuge ou companheiro e aos seus parentes consanguíneos ou afins, em linha reta ou colateral, até o terceiro grau; II – a cujo respeito, por estado ou profissão, deva guardar sigilo".

Assim, manteve-se a proteção da tutela relativa ao sigilo ou segredo profissional e de estado, como ocorrem com os profissionais da saúde (psiquiatras e psicólogos), ou com o advogado, bem como com o padre e a confissão realizada. Da mesma forma, ampliou-se o entendimento a respeito da "desonra própria", para o termo "grave dano", mais amplo e abrangente.

Finalmente, preocupou-se o Código Civil em tutelar a prova pericial, prevendo em seu **art. 231** que "aquele que se nega a submeter-se a exame médico necessário não poderá aproveitar-se de sua recusa", ou seja, ninguém poderá a legar a sua própria torpeza, corolário lógico e fundamental do princípio da boa-fé objetiva.

Ademais, nos termos do **art. 232 do CC**, a recusa à perícia médica ordenada pelo juiz poderá suprir a prova que se pretendia obter com o exame, permitindo ao magistrado, assim, utilizar-se de outros meios de prova para a formação de sua convicção. Trata-se, pois, de presunção relativa (*iuris tantum*) daquele que nega a realizar o exame, pois terá em seu desfavor a presunção da prova a que se almeja produzir.

Nesse mesmo sentido, o enunciado da **Súmula n. 301 do STJ**, dispondo que "Em ação investigatória, a recusa do suposto pai a submeter-se ao exame de DNA induz presunção *juris tantum* de paternidade".

7. INTRODUÇÃO AO ESTUDO DOS CONTRATOS

Preambularmente, antes de iniciar o estudo dos contratos em espécie, propriamente ditos, é necessário verificar um conceito de contrato, a partir do entendimento de como tais relações são constituídas.

Dessa forma, pode-se conceber o contrato como sendo a relação jurídica subjetiva, nucleada na solidariedade constitucional, destinada à produção de efeitos jurídicos existenciais e patrimoniais, não só entre os titulares subjetivos da relação, mas também perante terceiros.

Com efeito, pode-se, ainda, vislumbrar o contrato como o negócio jurídico bilateral, formado pela atuação humana (manifestação da vontade), direcionada à produção de determinados efeitos jurídicos e a resultados que serão produzidos com a efetiva prática do ato. Note que a consequência de tais atos estão naquilo em que a própria vontade dos agentes pretendeu produzir.

Contrato é, assim, toda **manifestação bilateral de vontades**, visando à **criação, modificação ou a extinção** de **direitos, deveres e obrigações** entre as partes contratantes.

Assim, para se constituir uma plena e perfeita relação contratual, podem-se identificar os seguintes requisitos:

---

a) Exteriorização da **vontade dos agentes**;

b) Presença de **agentes**, representando as duas partes na relação contratual;

c) **Objeto**, lícito, possível, determinado ou determinável;

d) **Intenção**, de criar, modificar ou de extinguir direitos e obrigações.

Importante, também, apresentar outros dois elementos essenciais para a formação dos contratos: um **elemento de ordem estrutural** e outro **elemento de ordem funcional**.

a) Elemento estrutural: é aquele constituído pela **alteridade**, ou seja, pela relação de interação e dependência de um contratante para com o outro. É a necessidade de existência de duas ou mais pessoas quando da constituição de uma relação contratual.

b) Elemento funcional: é aquele elemento constituído pela composição de interesses que são, a princípio, contrapostos, mas que se mostram harmonizáveis entre si.

Assim, a exteriorização da vontade é requisito essencial para a constituição de um contrato, assim como a intenção dos contratantes visando a criação, a extinção ou a modificação de uma relação jurídica e, para tanto, é necessária a observância de alguns princípios fundamentais:

8. PRINCÍPIOS CONTRATUAIS

Para que se possa evoluir na interpretação e aplicação prática dos contratos, o entendimento a respeito dos princípios fundamentais dos contratos se mostra essencial, pois pautam todo o instituto jurídico e nos demonstram como ocorre a efetiva vinculação à vontade exteriorizada e manifestada.

Assim temos:

8.1. OBRIGATORIEDADE (OU FORÇA OBRIGATÓRIA DOS CONTRATOS)

Uma vez firmados, os contratos têm força de lei entre as partes, constrangendo os contratantes ao cumprimento do conteúdo completo do negócio jurídico (chamado de *pacta sunt servanda*).

Dessa forma, como reflexo do descumprimento contratual, surgem as incidências dos encargos inerentes ao inadimplemento, ou seja, **não cumprida a obrigação**, responde o devedor por **perdas e danos**, mais **juros e atualização monetária** segundo índices oficiais regularmente estabelecidos, e **honorários de advogado**, como bem determina o art. 389 do CC.

Ainda, segundo o princípio da **responsabilidade contratual e patrimonial**, pelo inadimplemento das obrigações somente **responderão os bens do devedor** (art. 391 do CC), vedada, assim, qualquer exigência de cunho outro que não o de estritamente patrimonial (exemplo: não se pode exigir uma parte do corpo como pagamento ou como encargo do inadimplemento).

Observe que, em havendo o inadimplemento e constatadas quaisquer **circunstâncias excepcionais** e, quando, por *motivos imprevisíveis*, **sobrevier desproporção manifesta entre o valor da prestação devida e o do momento de sua execução**, poderá o juiz **corrigi-lo**, a pedido da parte, de modo que assegure, quanto possível, o valor real da prestação (art. 317 do CC).

Aplica-se, nesse caso, a chamada **teoria da imprevisão**, possibilitando o **reequilíbrio da relação contratual**, desestabilizada por fatos supervenientes e imprevisíveis (chamada de *rebus sic stantibus*), legitimando a parte lesada da relação a buscar a **revisão do contrato** por parte do Poder Judiciário ou, até mesmo, a **resolução do vínculo contratual**, quando inviável a sua manutenção. Prioriza-se sempre pela sua manutenção e prosseguimento do vínculo contratual, especialmente pela aplicação do princípio da preservação dos contratos.

Observação: Somente cabe a **revisão dos contratos àqueles que sejam _bilaterais ou sinalagmático_**, ou seja, daqueles contratos que acarretam sacrifício patrimonial para ambas as partes, com prestações e contraprestações recíprocas, portanto, é cabível a revisão para os contratos unilaterais ou gratuitos.

Exceção: quanto aos contratos unilaterais – se no contrato as obrigações couberem a apenas uma das partes, poderá ela pleitear que a sua prestação seja reduzida ou alterado o modo de executá-la, a fim de evitar a **onerosidade excessiva** (art. 480 do CC).

Não cabe, ainda, nos **contratos aleatórios**, ou seja, daqueles contratos em que a prestação de uma das partes é desconhecida, exceto com relação às **partes comutativas** desses contratos, no qual as partes conheçam previamente as suas prestações. **Exemplo: o prêmio em contrato de seguro**; a parte aleatória desse contrato não permite revisão ou resolução por onerosidade excessiva (que não se sabe da ocorrência do sinistro), entretanto, a parte comutativa (referente ao pagamento mensal do prêmio) permite a sua revisão ou resolução.

8.2. FUNÇÃO SOCIAL DO CONTRATO

Os contratos deverão ser interpretados de acordo com as concepções do meio social onde estão inseridos, não trazendo onerosidade excessiva às partes (**justiça contratual e equilíbrio entre as partes**).

A real função do contrato não é somente buscar a efetiva segurança jurídica entre as partes contratantes, propriamente dita, atendendo aos interesses das pessoas envolvidas, mas é certo que jamais poderá deixar de seguir a função social e os aspectos exteriores esperados das relações jurídicas.

Observe que, segundo o art. 421 do CC, o princípio tem efetivamente a pretensão de assegurar a igualdade entre as partes, dispondo que a **liberdade contratual** (por _liberdade contratual_, entenda o _conteúdo do negócio jurídico_) será exercida _nos limites_ da **função social do contrato**.

Notadamente, nas **relações contratuais privadas**, segundo o Código Civil, prevalecerão sempre o princípio da **intervenção mínima do Estado e a excepcionalidade da revisão contratual**, privilegiando a autonomia privada e a ampla liberdade dos contratantes em gerir a própria relação contratual, entretanto, encontrando limites na própria função social.

Note que o art. 2.035, parágrafo único, do CC, considera a função social como **preceito de ordem pública**, portanto, a sua violação é causa de nulidade absoluta, não sendo passível de convalidação pelas partes e pode ser conhecida de ofício: "Nenhuma convenção prevalecerá se contrariar preceitos de ordem pública, tais como os estabelecidos por este Código para assegurar a função social da propriedade e dos contratos".

Ainda, os contratos civis e empresariais presumem-se sempre como **contratos paritários e simétricos**, no qual as partes estarão em igualdade de condições para as negociações quanto às cláusulas e ao conteúdo dos contratos, até que seja demonstrada a presença de elementos concretos que justifiquem o afastamento dessa presunção, ressalvados os regimes jurídicos previstos em leis especiais, garantido também que **(art. 421-A do CC)**:

> I – as partes negociantes poderão estabelecer parâmetros objetivos para a interpretação das cláusulas negociais e de seus pressupostos de revisão ou de resolução;
>
> II – a alocação de riscos definida pelas partes deve ser respeitada e observada; e
>
> III – a revisão contratual somente ocorrerá de maneira excepcional e limitada.

Ao lado dos contratos paritários temos os chamados **"contratos de adesão"**, assim entendidos como aqueles contratos cujas cláusulas são impostas de maneira unilateral por uma das partes contratantes, ou que já tenham sido previamente aprovadas pela autoridade competente, sendo certo que quando tiver constatada a existência de cláusulas ambíguas ou contraditórias, dever-se-á adotar a interpretação **mais favorável ao aderente**.

Ainda nos contratos de adesão, são **nulas as cláusulas que estipulem a renúncia antecipada do aderente a direitos resultantes da natureza do negócio**.

Por fim, um dos reflexos dessa função social é a determinada na parte geral dos contratos, art. 426 do CC, estipulando que não pode ser objeto de contrato a herança de pessoa viva, estipulando a proibição expressa da chamada **"pacta corvina"** ou **pacto sucessório**, relativo à negociação ou acordo de vontades que tenham por objeto a herança de pessoa viva.

8.3. BOA-FÉ OBJETIVA

O princípio da boa-fé objetiva, ao lado da função social, como visto anteriormente, constitui princípio fundamental do direito contratual e representa "cláusulas gerais" colocadas pelo legislador para que seja preenchida pelo intérprete, caso a caso.

Importante verificar a diferença existente entre a boa-fé objetiva e subjetiva.

Por **boa-fé subjetiva** entende-se aquela restrita apenas ao conhecimento íntimo e subjetivo da pessoa, o estado de inocência, de desconhecimento ou de ignorância a respeito de determinado vício (tal como ocorre na posse de boa-fé).

Por seu turno, a **boa-fé objetiva** é justamente aquela cláusula geral implícita em todo contrato, por traduzir um conteúdo de preceito ético, de exigibilidade ampla e *erga omnes*.

Dessa forma, para possibilitar a efetiva identificação deste princípio, é necessário verificar as **três funções** conferidas pela lei para a boa-fé objetiva: a **função de interpretação**; a **função de controle**; e a **função de integração dos contratos**.

1. **Função de interpretação (art. 113 do CC):** pela função de interpretação, temos que os negócios jurídicos devem ser sempre interpretados conforme a boa-fé e os usos do lugar de sua celebração.

Nesse caso, **a interpretação do negócio jurídico**, nos termos do **§ 1º do referido art. 113 do CC**, deve ser realizada de maneira a lhe atribuir o sentido que:

I – for confirmado pelo comportamento das partes **posterior à celebração do negócio**;

II – corresponder aos usos, costumes e práticas do mercado **relativas ao tipo de negócio**;

III – corresponder à **boa-fé**;

IV – for mais **benéfico** à parte que não redigiu o dispositivo, se identificável; e

V – corresponder a qual seria a **razoável negociação** das partes sobre a questão discutida, inferida das demais disposições do negócio e da racionalidade econômica das partes, consideradas as informações disponíveis no momento de sua celebração.

---

2. **Função de controle (art. 187 do CC):** por essa função, a boa-fé serve para **controlar as atitudes das partes dentro da relação jurídica contratual**, especialmente ao equiparar, por exemplo, ao ato ilícito a prática de ato pelo titular de um direito legitimamente reconhecido que, ao exercê-lo, **excede manifestamente os limites** impostos pelo seu fim econômico ou social, pela **boa-fé** ou pelos bons costumes.

3. **Função de integração dos contratos (art. 422 do CC):** por fim, a função de integração dos contratos surge para obrigar os contratantes a guardar, assim na conclusão do contrato, como em sua execução, os princípios de probidade e boa-fé.

Assim, pode-se identificar como formas de integrar (ou de integração) dos contratos:

PODE OCORRER MEDIANTE ALGUNS INSTITUTOS:	
SUPRESSIO	É supressão, por **renúncia tácita, de um direito ou de uma posição jurídica**, pelo seu não exercício com o passar dos tempos, como ocorre nos termos do art. 330 do CC: "O pagamento reiteradamente feito em outro local faz presumir renúncia do credor relativamente ao previsto no contrato [dívidas *portable* ou *querable*]".
SURRECTIO	Ao contrário da *supressio*, neste caso ocorre o **surgimento de um direito** anteriormente não firmado diante de práticas reiteradas, bem como pelos usos e costumes. Ex.: utilização de índice de reajustamento de contrato de locação diverso daquele previsto no contrato.
TU QUOQUE (THE APPEAL TO HYPOCRISY)	Ocorre quando um contratante que violou uma norma jurídica não poderá, sem a caracterização do abuso de direito, aproveitar-se dessa situação anteriormente criada pelo desrespeito. Assim, a expressão designa a situação de abuso que ocorre quando um sujeito viola uma norma jurídica e, posteriormente, tenta tirar proveito da situação criada em benefício próprio. Proíbe que um contratante faça contra o outro o que não faria contra si mesmo. **Ex.**: condômino que viola regra do condomínio e deposita móveis em área de uso comum, ou a destina para uso próprio, não pode exigir do outro comportamento obediente ao preceito.
EXCEPTIO DOLI (SPECIALIS OU GENERALIS)	É a defesa do réu contra ações dolosas, contrárias à má-fé, praticadas pelo autor – é **função reativa**. Também chamada de exceção de dolo. **Ex.**: art. 940 – Aquele que demandar por dívida já paga, no todo ou em parte, sem ressalvar as quantias recebidas ou pedir mais do que for devido, ficará obrigado a pagar ao devedor, no primeiro caso, o dobro do que houver cobrado e, no segundo, o equivalente do que dele exigir, salvo se houver prescrição. A *exceptio doli generalis* consiste numa figura argumentativa da boa-fé que visa obstar o exercício de pretensões dolosas dirigidas contra a outra parte contratante. Já a *exceptio doli specialis* consiste em espécie da *exceptio doli generalis*, voltada, exclusivamente a atos de caráter negocial e a atos dele decorrentes, quando verificada a presença do dolo.
VENIRE CONTRA FACTUM PROPRIUM NON POTEST	Especifica que determinada pessoa **não pode exercer um direito próprio contrariando um comportamento anterior**, devendo ser mantida a confiança e o dever de lealdade, decorrentes de boa-fé objetiva, depositada quando da formação dos contratos. **Ex.**: quitação de contrato fornecido pela empresa, posteriormente não pode cobrar eventual dívida. Pressuposto:

VENIRE CONTRA FACTUM PROPRIUM NON POTEST	a) um fato próprio; b) a legítima confiança de outrem na conservação do sentido objetivo da conduta; c) um comportamento contraditório com este sentido objetivo; d) um dano ou um potencial de dano decorrente da contradição.
DUTY TO MITIGATE THE LOSS (DEVER DE MITIGAÇÃO DO PREJUÍZO)	Neste caso, o credor tem o **dever evitar ou de aumentar um prejuízo**, evitando que se agrave ou piore a sua relação ou prejuízos. **Ex.**: contrato de locação inadimplido, cabe ao credor (locador) propor a ação de despejo e não ficar inerte esperando o prejuízo cada vez mais se agravar. Ainda, inquilino que notifica o proprietário informando sua vontade de deixar o imóvel, mas continuaria pagando o aluguel até que o proprietário conseguisse outro locatário, que nada faz. **Enunciado n. 169 da III Jornada de Direito Civil**: "princípio da boa-fé objetiva deve levar o credor a evitar o agravamento do próprio prejuízo".

8.4. AUTONOMIA PRIVADA

É o poder que os particulares possuem de regular, pelo exercício de suas próprias vontades, as relações que participam, estabelecendo o conteúdo e a respectiva disciplina jurídica dos contratos.

Essa é a chamada **liberdade contratual** que as partes possuem de **(auto) regulamentar suas relações jurídicas**, ou seja, de escolher livremente o **conteúdo dos negócios jurídicos** (exemplo: *é o que ocorre com* a possibilidade de criação de contratos atípicos).

Notem que ainda existe a chamada **"liberdade de contratar"**, que não se confunde com a **liberdade contratual**, tendo em vista que referida liberdade determina a escolha das pessoas com quem o negócio será celebrado, não sendo, pois, absoluta, uma vez que tal liberdade não se apresenta como plena, como ocorre com as contratações com o Poder Público, que não terá tal liberdade. Assim, temos:

> • **liberdade contratual**: conteúdo do contrato
> • **liberdade de contratar**: escolher com quem contratar

8.5. RELATIVIDADE DOS EFEITOS DOS CONTRATOS

Como regra, os contratos somente obrigam com relação às pessoas que se achem vinculadas pela obrigação no momento de seu cumprimento.

Dessa forma, o negócio celebrado, em regra, **somente atinge as partes contratantes**, ou seja, aqueles que tomaram parte em sua formação, já que ninguém pode tornar-se devedor ou credor sem sua plena aquiescência, não prejudicando ou beneficiando terceiros estranhos à lide (efeitos *inter partes*).

É a consagração da regra contratual da *res inter alios acta*, ou seja, a vinculação é exclusiva entre as partes que nele intervieram, ou seja, somente produz eficácia entre as partes contratantes.

Exceções:

A) ESTIPULAÇÃO EM FAVOR DE TERCEIRO (ARTS. 436 A 438 DO CC)	O contrato atinge um terceiro que não foi parte na relação primitiva, podendo exigir o seu cumprimento (**efeitos exógenos – de dentro para fora do contrato**).
	Um dos contratantes **vincula o outro partícipe** a satisfazer a obrigação **em favor de terceira pessoa**, alheia à relação jurídica originária.
	Assim, o que estipula em favor de terceiro pode **exigir o cumprimento da obrigação** (art. 436 do CC).
	Ex.: é o que ocorre com o seguro de vida (nesse caso, o terceiro consta apenas como beneficiário do contrato. Ocorrendo o evento morte, a seguradora pagará o prêmio do seguro ao beneficiário).
	Esses contratos são chamados de **contratos bifásicos**, ou seja, efetivados em duas etapas (ou fases):
	1ª fase: é a relação instituída entre segurado e seguradora. Nesse caso o Beneficiário é mero **objeto de direito**.
	2ª fase: com a morte do segurado, surge a relação jurídica entre seguradora e beneficiário. Nesse caso, o beneficiário deixa de ser mero objeto para ser efetivo **sujeito de direito**.
B) PROMESSA DE FATO DE TERCEIRO (ARTS. 439 E 440 DO CC)	É a hipótese em que uma **conduta de terceiro**, que não é parte contratual, **repercute no contrato**, o que pode gerar seu inadimplemento, no caso de não execução por parte do terceiro (**efeitos endógenos – de fora para dentro do contrato**).
	Art. 439. Aquele que tiver prometido fato de terceiro responderá por **perdas e danos**, quando este o não executar.
	Art. 440. Nenhuma obrigação haverá para quem se comprometer por outrem, se este, **depois de se ter obrigado**, faltar à **prestação** (terceiro anuir ao contrato).
	Também é considerado como **contrato bifásico:**

B) PROMESSA DE FATO DE TERCEIRO (ARTS. 439 E 440 DO CC)	**Ex.:** promotor de eventos que celebra com determina empresa para a realização de *show* de cantor famoso e este não comparece. **1ª fase:** relação entre promitente e o contratante (promotor de eventos e a empresa, em nosso exemplo). **2ª fase:** relação entre o contratante e o terceiro (é a execução pelo terceiro: empresa e o cantor famoso).
C) CONTRATO COM PESSOA A DECLARAR (ARTS. 467 A 471)	No momento da conclusão do contrato, pode uma das partes reservar-se a faculdade de **indicar a pessoa que deve adquirir os direitos e assumir as obrigações dele decorrentes**. Essa indicação deve ser comunicada à outra parte no prazo de cinco dias da conclusão do contrato, se outro não tiver sido estipulado **(boa-fé objetiva)**. **A pessoa** nomeada **adquire os direitos e assume as obrigações decorrentes do contrato**, a partir do momento em que este foi celebrado (art. 469 do CC). O **contrato será eficaz somente entre os contratantes originários:** I – se **não houver indicação de pessoa**, ou se o **nomeado se recusar a aceitá-la;** II – se **a pessoa nomeada era insolvente**, e a **outra pessoa o desconhecia no momento da indicação** (art. 470 do CC). Se a pessoa a nomear era **incapaz ou insolvente no momento da nomeação**, o contrato **produzirá seus efeitos entre os contratantes originários** (art. 471 do CC).
D) CONSUMIDOR POR EQUIPARAÇÃO OU *BYSTANDARD* (ARTS. 17 E 29 CDC)	Todos os prejudicados pelo evento, **mesmo não tendo relação direta de consumo com o prestador ou fornecedor**, podem ingressar com ação fundada no CDC, visando à **responsabilização objetiva**, sendo legitimamente reconhecido como "consumidor", para todos os efeitos legais. **Ex.:** roubo de identidade, em que o bandido abre conta em banco, emite cheques sem fundos, faz empréstimo em nome do cliente. Mesmo não havendo relação de consumo direta com a instituição financeira, o **prejudicado será considerado consumidor e se beneficiará das regras do CDC**.
E) TUTELA EXTERNA DO CRÉDITO (FUNÇÃO SOCIAL DO CONTRATO)	A **violação do crédito por pessoas estranhas** é defendida por uma forma de reparação de danos que são causadas por este tipo de ilícito. Aquele que **aliciar pessoas obrigadas em contrato escrito a prestar serviço a outrem** pagará a este a importância que ao prestador de serviço, pelo ajuste desfeito, houvesse de caber durante dois anos. **Ex.:** cervejaria que alicia cantor de pagode famoso, enquanto este mantinha relação contratual com outra cervejaria (caso "Zeca Pagodinho").

9.   CLASSIFICAÇÃO DOS CONTRATOS

9.1. QUANTO AOS DIREITOS E DEVERES DAS PARTES ENVOLVIDAS

Essa classificação diz respeito à presença ou não do **sinalagma contratual** (ou seja, de prestações e contraprestações recíprocas entre as partes contratantes). Assim, o contrato pode ser:

a) unilateral: é aquele em que somente um dos contratantes assume deveres em face do outro. Ex.: doação pura e simples. Há a presença de duas vontades (doador e donatário), mas apenas uma delas será devedora (doador), havendo prestação, mas não contraprestação.

b) bilateral: ocorre quando os contratantes são simultânea e reciprocamente credores e devedores uns dos outros, produzindo o negócio jurídico direitos e deveres para ambos, de forma proporcional. Esse é, efetivamente, o contrato chamado de "sinalagmático" (reciprocidade e proporcionalidade das prestações). Ex.: compra e venda. Comprador é credor do objeto e devedor do dinheiro. Vendedor é credor do dinheiro e devedor do objeto.

c) plurilateral: contrato que envolve várias pessoas, trazendo direitos e deveres para todos os envolvidos, na mesma proporção. Ex.: seguro de vida em grupo, contrato de consórcio.

9.2. QUANTO AO SACRIFÍCIO PATRIMONIAL DAS PARTES

Por essa classificação, há a necessidade de verificar sempre se as partes sofrerão decréscimos (prejuízos/sacrifícios patrimoniais) e/ou benefícios (ganhos patrimoniais). Importante verificar essa classificação, por exemplo, para identificar se o contrato admite resolução pela evicção (exemplo: art. 447 do CC. Nos **contratos onerosos**, o alienante responde pela evicção. Subsiste esta garantia ainda que a aquisição se tenha realizado em hasta pública). Assim, tem-se:

a) Onerosos: são aqueles contratos que trazem vantagens e prejuízos para ambos os contratantes, pois ambos sofrem o mencionado sacrifício patrimonial. Há uma prestação e uma contraprestação recíprocos ("sinalagmático"). Ex.: compra e venda. É oneroso, pois ambas as partes sofrem sacrifício patrimonial.

b) Gratuitos: são aqueles que oneram (ou, de igual maneira, trazem sacrifício patrimonial) somente para uma das partes, proporcionando à outra vantagens sem qualquer contraprestação. São aqueles negócios jurídicos caracterizados como atos de mera *liberalidade*, que tão somente conferem vantagens e benefícios para uma das partes, sem exigir qualquer contraprestação da parte contrária.

Nesse sentido, o contrato deverá ser interpretado de maneira restritiva (art. 114 do CC). Ex.: doação pura e simples. Nota-se que a doação com encargo é considerada como contrato oneroso, tendo em vista que o donatário, para ter direito ao bem doado, deverá cumprir a contraprestação (encargo) imposta pelo doador.

Como regra, os contratos bilaterais são onerosos e os contratos unilaterais são gratuitos.

Exceção: mútuo de dinheiro sujeito a juros (chamado de "mútuo feneratício"). Neste caso, é empréstimo e há uma obrigação de restituir a quantia emprestada, cujo sacrifício foi suportado por apenas uma das partes (sendo, portanto, unilateral), no entanto com a incidência de juros quando da devolução dos valores (sendo, pois, nesse aspecto, oneroso).

Observação: nessa hipótese, em caso de onerosidade excessiva, há a possibilidade de revisão do contrato, em razão de desequilíbrio do contrato. Assim, somente os contratos onerosos admitem a revisão ou a sua resolução por onerosidade excessiva.

c) Bifrontes: finalmente, bifrontes são classificados como aqueles contratos que podem assumir tanto a forma de onerosos como de gratuitos, dependendo da autonomia das partes negociantes. É o caso dos contratos de mandato ou o de depósito, que podem ser das duas formas.

9.3. QUANTO AO MOMENTO DO APERFEIÇOAMENTO DO CONTRATO

Essa classificação é analisada como o momento em que o contrato se torna perfeito, acabado e plenamente exigível. Assim, podem ser:

a) consensuais: são aqueles que se aperfeiçoam pela simples manifestação de vontade das partes envolvidas. Ex.: compra e venda, doação de bens móveis de pequeno valor, locação, mandato. O contrato de compra e venda gera efeitos a partir do momento em que as partes convencionam (acordam) sobre a coisa (objeto) e seu preço (art. 482 do CC);

b) reais: são aqueles contratos que somente se aperfeiçoam com a entrega da coisa (a chamada "tradição" – *traditio rei*) de um contratante para o outro. Ex.: empréstimo (comodato e mútuo), depósito.

9.4. QUANTO AOS RISCOS QUE ENVOLVEM A PRESTAÇÃO

Verificado quando da possibilidade de verificar e de conhecer, de antemão e previamente, qual será o objeto da prestação de uma parte e da contraprestação da parte contrária. Assim, podem ser:

a) comutativos ou pré-estimados: são aqueles em que as prestações serão certas e determinadas, inexistindo quaisquer riscos para as partes envolvidas. Ex.: compra e venda, o vendedor sabe o preço a ser pago e o comprador a coisa que lhe será entregue. Nesse caso, por exemplo, nos contratos comutativos, a coisa pode ser enjeitada por vício redibitório [Art. 441. A coisa recebida em virtude de **contrato comutativo** pode ser enjeitada por vícios ou defeitos ocultos, que a tornem imprópria ao uso a que é destinada, ou lhe diminuam o valor (grifo nosso)];

b) aleatórios: por seu turno, contratos aleatórios são aqueles em que a prestação de uma das partes não é conhecida com exatidão no momento da celebração do negócio jurídico, pelo fato de depender da sorte, da *álea*, ou seja, depende de um fator desconhecido.

Observação: Alguns contratos são aleatórios pela sua própria natureza, tal como ocorre com o contrato de jogo e aposta, e o contrato de seguro.

Em outros casos, o contrato se torna aleatório em razão da existência de algum elemento excepcional que torna a coisa ou o objeto da prestação incerto quanto à sua existência ou quantidade no momento da formação do contrato. Exemplo: é o que ocorre com a compra e venda de uma colheita futura, no qual o comprador sabe o preço que vai pagar pela colheita, mas não se sabe qual será a coisa certa ou o objeto a ser entregue, tampouco a sua quantidade, no momento do seu cumprimento.

Dessa forma, os contratos aleatórios podem ser classificados como:

a) *emptio spei*: é a modalidade de contrato de compra e venda na qual um dos contratantes toma para si o risco relativo à própria existência da coisa/objeto envolvido na negociação, sendo ajustado o preço (certo e determinado), que será devido integralmente, mesmo que a coisa não exista no futuro, desde que não haja dolo ou culpa da outra parte (art. 458 do CC). Contrato com risco maior, também chamado de "venda da esperança";

b) *emptio rei speratae*: será desta natureza o contrato de compra e venda quando o risco versar somente com relação à quantidade da coisa comprada, e não sobre a sua própria existência em si, pois foi fixado pelas partes um mínimo como objeto do negócio (art. 459 do CC). Contrato com risco menor, também chamado de "venda da esperança com coisa comprada".

Nesse caso, a parte terá direito a todo o preço, desde que não tenha concorrido com culpa, ainda que a coisa venha a existir em quantidade inferior à esperada. Mas, se a coisa não vier a existir no momento do seu cumprimento, alienação não haverá, e o alienante devolverá o preço recebido (art. 459, parágrafo único, do CC).

9.5. QUANTO À PREVISÃO LEGAL

Classificação verificada a partir da previsão ou não pela legislação a respeito daquele tipo de contrato. Tem-se, nesse caso:

a) atípicos: são aqueles contratos que não encontram previsão legal. É lícito às partes estipularem contratos atípicos, desde que observadas as normas e regras gerais do Código Civil;

b) típicos: são aqueles contratos que encontram regulamentação pela própria lei, ou seja, são aqueles que possuem um tratamento legal mínimo, tal como ocorre com a compra e venda, com a doação, com a locação etc.

Observem que os **contratos atípicos** podem ser classificados como: **singulares** (criando um contrato totalmente novo) ou **mistos** (verificado como a soma de elementos existentes para contratos típicos, adicionados a critérios novos). Assim, podemos ter:

• **Contrato atípico = contrato típico + elemento típico** (ex.: contrato locação de vaga na garagem – locação, contrato típico e vaga de garagem, elemento típico).

• **Contrato atípico = contrato atípico + elemento atípico** (ex.: novas garantias de contratos eletrônicos – contratos eletrônicos, contrato atípico e novas garantias, elemento também atípico).

• **Contrato atípico = contrato típico + elemento atípico** (ex.: compra e venda pela internet de objeto virtual – compra e venda, contrato típico e objetos virtuais, elementos atípicos).

9.6. QUANTO À NEGOCIAÇÃO DO CONTEÚDO

Essa classificação é verificada quanto à liberdade das partes para negociar os conteúdos dos contratos. Assim, podem ser:

a) Contratos de adesão: são aqueles em que uma parte, chamada de estipulante, impõe o conteúdo negocial unilateralmente, restando à outra parte, o aderente, duas opções: aceitar ou não o conteúdo desse negócio. Nota-se que há uma limitação da chamada "liberdade contratual", conforme anteriormente analisado.

Segundo o **art. 54 do CDC**, contrato de adesão será aquele cujas cláusulas tenham sido aprovadas pela autoridade competente ou estabelecidas unilateralmente pelo fornecedor de produtos ou serviços, sem que o consumidor possa discutir ou modificar substancialmente seu conteúdo.

Nos termos do **art. 423 do CC**, quando houver no contrato de adesão cláusulas ambíguas ou contraditórias, deverá ser adotada a **interpretação**

que for sempre mais favorável ao aderente, considerado como a parte em vulnerabilidade nesses tipos de contratos.

b) Contratos paritários: são espécie de contrato em que as partes encontram-se em igualdade de condições para discutir os termos e conteúdos do ato do negócio realizado e fixar as cláusulas e condições contratuais.

Assim, conforme **art. 421-A do CC**, os contratos civis e empresariais presumem-se paritários e simétricos até a presença de elementos concretos que justifiquem o afastamento dessa presunção, ressalvados os regimes jurídicos previstos em leis especiais, garantido também que:

I – as partes negociantes poderão estabelecer parâmetros objetivos para a interpretação das cláusulas negociais e de seus pressupostos de revisão ou de resolução;

II – a alocação de riscos definida pelas partes deve ser respeitada e observada; e

III – a revisão contratual somente ocorrerá de maneira excepcional e limitada.

9.7. QUANTO À PRESENÇA DE FORMALIDADES

Analisado quando há alguma exigência formal para a sua constituição. Assim, tem-se:

a) contratos formais: são aqueles que somente podem ser celebrados conforme características especiais previstas em lei – condição para a formação do contrato –, tal como ocorre com a doação de bens imóveis. Cuidado que o registro de bens imóveis constitui, tão somente, uma solenidade do contrato, não é formalidade para seu aperfeiçoamento;

b) contratos informais: são aqueles contratos que admitem a forma livre, sem seguir necessariamente uma determinação legal. Ex.: contrato de mandato, que pode ser expresso ou tácito, verbal ou escrito (art. 656 do CC).

9.8. QUANTO À INDEPENDÊNCIA DO CONTRATO

Verificado com relação à existência autônoma do contrato com relação a qualquer outro anterior, podendo ser:

a) principais ou independentes: são aqueles contratos que existem e são válidos, por si sós, não havendo qualquer relação de dependência em relação a outro pacto ou negócio jurídico, tal como ocorre com o contrato de locação ou com a compra e venda;

b) acessórios ou dependentes: são aqueles contratos cujas existência e validade estão diretamente subordinada a um outro negócio jurídico, seguindo a lógica do princípio da gravitação jurídica e da máxima de que "o acessório segue a sorte do principal", como o contrato de fiança para o contrato de locação.

Esse é o chamado **princípio da gravitação jurídica**: o acessório segue sempre a sorte do principal.

Cuidado: o contrato acessório não pode trazer mais obrigações do que o contrato principal.

9.9. QUANTO AO MOMENTO DE CUMPRIMENTO

Verificado quando do próprio cumprimento da obrigação. Podem ser:

a) **instantâneos ou de execução imediata**: são aqueles contratos que se aperfeiçoam e se cumprem de imediato. Ex.: compra e venda mediante pagamento à vista;

b) **execução diferida**: são aqueles que possuem forma de cumprimento previsto de uma só vez no futuro. Ex.: compra e venda com pagamento pós--datado;

c) **execução continuada ou de trato sucessivo**: aqueles contratos que têm o cumprimento previsto de forma sucessiva ou periódica durante o decorrer do tempo. Ex.: compra e venda com pagamento parcelado, a prestações ou via boleto bancário.

9.10. QUANTO À PESSOALIDADE

São aqueles contratos verificados quanto à essencialidade da pessoa do contratante. Podem ser:

a) **Pessoais, personalíssimos ou *intuito personae***: são aqueles que em pessoa do contratante é elemento constitutivo do contrato, ou seja, são aqueles realizados sob condição pessoal ou levando em consideração a pessoa do contratante, tratando-se de uma obrigação infungível, pois somente passível de cumprimento pelo próprio negociante. Não podem ser transferidos por ato *inter vivos* ou por *causa mortis*. Em caso de morte, conclui-se o contrato. Em caso de transferência, pode ocorrer rescisão por inadimplemento. Ex.: contrato de fiança.

b) **Impessoais**: são aqueles efetuados sem levar em consideração qualquer condição ou elemento especial com relação ao agente, podendo ser cumprido pelos próprios negociantes ou por qualquer outra pessoa. Assim, a pessoa do contratante não constitui elemento essencial do contrato. Ex.: compra e vende de determinado imóvel. Em regra, pode ocorrer a transmissão por ato *inter vivos* ou *causa mortis*.

9.11. QUANTO ÀS PESSOAS ENVOLVIDAS

Analisado quanto ao número de contratantes, em cada polo da relação jurídica contratual, podendo ser:

a) individual ou intersubjetivo: é aquele que conta com apenas um sujeito de cada lado da relação jurídica, como no caso da compra e venda de bem imóvel, pura e simples;

b) individual plúrimo: é aquele que conta com mais de um sujeito em um ou em ambos os polos da relação jurídica, como na compra e venda de bem em condomínio, com duas ou mais pessoas em um dos polos do contrato;

c) individual homogêneo: é aquele realizado por entidade autorizada para representar os interesses de pessoas certas e determinadas, cujos objetos são divisíveis e a possibilidade da tutela coletiva decorre da origem comum, possuindo a mesma causa fática ou jurídica, nos termos do art. 81, parágrafo único, III, do CDC;

d) coletivo: é aquele que possui, ao menos em um dos polos, uma entidade autorizada pela lei para a defesa de interesses indivisíveis, de grupo ou categoria de pessoas indeterminadas, porém determináveis, ligadas entre si ou com a parte contrária por uma relação jurídica base, conforme art. 81, parágrafo único, II, do CDC;

e) difuso: é aquele que possui, ao menos em um dos polos, uma entidade que tenha autorização legal para a defesa de interesses indivisíveis e de pessoas indeterminadas, reunidas entre si pela mesma situação de fato, conforme art. 81, parágrafo único, I, do CDC.

9.12. QUANTO À DEFINITIVIDADE DO NEGÓCIO

Verificado no caso de se tratar de contrato definitivo ou de pré-contrato. Podem ser:

a) contrato definitivo: fase de aperfeiçoamento do contrato, etapa em que ocorre o choque ou encontro de vontades entre os contratantes. A partir daí, tudo estará no plano dos efeitos dos contratos e do seu cumprimento;

b) contratos preliminares: são negócios jurídicos realizados (pré-contratos) que tendem ou visam à celebração de outro (definitivo). Assim, feito um contrato preliminar as partes se comprometem à realização do contrato futuro e definitivo. Ex.: promessa de compra e venda.

Resumo:

CLASSIFICAÇÃO DOS CONTRATOS	
QUANTO AOS DIREITOS E DEVERES DAS PARTES ENVOLVIDAS	a) unilaterais b) bilaterais c) plurilaterais
QUANTO AO SACRIFÍCIO PATRIMONIAL DAS PARTES	a) onerosos b) gratuitos
QUANTO AO MOMENTO DO APERFEIÇOAMENTO DO CONTRATO	a) consensuais b) reais
QUANTO AOS RISCOS QUE ENVOLVEM A PRESTAÇÃO	a) comutativos ou pré-estimados b) aleatórios
QUANTO AOS RISCOS QUE ENVOLVEM A PRESTAÇÃO	a) *emptio spei* b) *emptio rei speratae*
QUANTO PREVISÃO LEGAL	a) atípicos b) típicos
QUANTO À NEGOCIAÇÃO DO CONTEÚDO	a) adesão b) paritários
QUANTO À PRESENÇA DE FORMALIDADES	a) formais b) informais
QUANTO À INDEPENDÊN-CIA DO CONTRATO	a) principais b) acessórios
QUANTO AO MOMENTO DE CUMPRIMENTO	a) instantâneos ou de execução imediata b) execução diferida c) execução continuada ou de trato sucessivo
QUANTO À PESSOALIDADE	a) pessoais, personalíssimos ou *intuito personae* b) impessoais
QUANTO ÀS PESSOAS ENVOLVIDAS	a) individuais ou intersubjetivos b) individuais plúrimos c) individuais homogêneos d) coletivos e) difusos

| QUANTO À DEFINITIVIDADE DO NEGÓCIO | a) definitivos |
| | e) preliminares |

10. FORMAÇÃO DOS CONTRATOS

Fases de formação dos contratos: importante observarmos, para a efetiva vinculação das partes na relação jurídica contratual, qual o momento efetivo em que ocorre a obrigatoriedade do contrato, ou seja, qual o momento da vinculação obrigatória das partes àquilo que foi efetivamente manifestado, bem como qual o momento em que possa ser reconhecido como, de fato, existente um vínculo jurídico contratual entre as partes contratantes.

Dessa forma, observe as etapas para a formação dos contratos:

10.1. FASE DE NEGOCIAÇÕES PRELIMINARES OU ETAPA DE PONTUAÇÃO

É a fase dos debates prévios, dos entendimentos e das tratativas (ou conversações) sobre aquilo que eventualmente poderá ser contratado no futuro, a respeito do contrato preliminar ou do contrato definitivo.

É uma fase que, de fato, não está prevista, tampouco regulamentada, no **Código Civil**, sendo uma fase anterior à formação da proposta. Portanto, não falamos em obrigatoriedade ou de vinculação das partes nessa etapa inicial de formação dos contratos.

Exemplo disso é o que ocorre com uma mera emissão de carta de intenções (*"term sheet"*, *"letter of intent"* ou LOI), no qual os interessados apenas iniciam as tratativas para delinear os principais pontos de um contrato futuro, fixando os termos importantes para o acordo de vontades.

Apesar de não vinculativo e de não existir previsão legal no Código Civil, há a necessidade de observância do princípio da boa-fé objetiva na fase de negociações. Dessa forma, não podem agir como dolo ou com má-fé, sob pena de anulação do contrato posteriormente realizado, por vícios na manifestação da vontade.

Assim, pode-se afirmar que essa etapa inicial não vincula os participantes quanto à celebração do contrato definitivo.

10.2. FASE DE PROPOSTA, DE POLICITAÇÃO OU DE OBLAÇÃO

É a fase da oferta formalizada, da proposta exteriorizada e constitui a manifestação da vontade de contratar por uma das partes, que solicita a concordância da outra parte.

Notadamente, a proposta somente produz efeitos após o recebimento efetivo pela outra parte. Nessa hipótese, para o caso da aceitação, o Código Civil adotou a chamada teoria da recepção, a qual exige que a parte contrária tenha efetivo conhecimento da proposta a partir do momento em que há o recebimento desta.

Proposta vincula o proponente: segundo o Código Civil, ao contrário da etapa anterior, nessa fase de formação dos contratos há uma vinculação das partes àquilo o que foi manifestado. Assim, a proposta de contrato obriga o proponente, se o contrário não resultar dos termos dela, da natureza do negócio, ou das circunstâncias do caso concreto (art. 427 do CC).

Oferta feita ao público: o Código Civil, ainda, se preocupou com a oferta feita ao público em geral, equivalente à proposta quando encerra (na proposta) todos os requisitos essenciais ao contrato, salvo se o contrário resultar das circunstâncias ou dos usos **(art. 429 do CC)**. Assim, por exemplo, para um contrato de compra e venda, há a necessidade de a oferta abarcar em seus termos todos os requisitos necessários para o contrato definitivo, ou seja, o objeto e o preço devem estar presentes na oferta, conforme **art. 482 do CC.**

Pode revogar-se a oferta pela mesma via de sua divulgação, desde que esteja ressalvada esta faculdade na própria oferta realizada.

• **Proposta:** para vincular, a proposta deve ser feita de maneira séria, clara, precisa e definitiva, gerando na parte contrária uma justa expectativa de contratação, por intermédio daquilo que foi manifestado.

• **Aceitação:** por seu turno, a aceitação pode ser de maneira pura e simples, não existindo qualquer formalidade para sua exteriorização.

A proposta quando oficializada pode ter prazo certo para ser aceita. Nesse caso, a aceitação realizada fora do prazo, ou que seja apresentada com adições, restrições, ou modificações àquilo o que originalmente foi proposto, será considerada como uma nova proposta.

Deixa de ser obrigatória a proposta (art. 428):

(i) se, feita sem prazo **entre presentes** ("a pessoa presente"), não foi imediatamente aceita. Considera-se também presente a pessoa que contrata por telefone ou por meio de comunicação semelhante – também chamado de **contrato com "declaração consecutiva"**;

(ii) se, feita sem prazo **entre ausentes** ("a pessoa ausente"), tiver decorrido tempo suficiente para chegar a resposta ao conhecimento do proponente – também chamado de **contrato com "declarações intervaladas"**;

(iii) se, feita **entre ausentes** ("a pessoa ausente"), não tiver sido expedida a resposta dentro do prazo dado – nesse caso, o Código Civil adotou a **"teoria da expedição"**, pouco importando quando a resposta chegou ao conhecimento da outra parte, bastando que **tenha sido expedida dentro do prazo dado**;

(iv) se, antes dela, ou simultaneamente, chegar ao conhecimento da outra parte a retratação do proponente – nessa hipótese, adotou-se a **"teoria da recepção"**, ou seja, quando chegar ao **conhecimento da outra parte a retratação**.

Agora importante verificar que, se a aceitação, por circunstâncias imprevistas, chegar tarde ao conhecimento do proponente, este deverá comunicar imediatamente ao aceitante, sob pena de responder por eventuais perdas e danos.

Outrossim, se o negócio for daqueles em que não seja costume a aceitação expressa, ou o proponente a tiver dispensado, reputar-se-á concluído o contrato, não chegando a tempo a recusa, tratando-se da chamada **aceitação tácita** ou do **silêncio eloquente**.

No tocante à proposta e à aceitação, pode-se identificar duas teorias principais, a chamada **Teoria da Cognição**, na qual considera-se formado o contrato quando a resposta positiva do aceitante chegar ao **conhecimento do proponente**. Por outro lado, tem-se a chamada **Teoria da Agnição**, segundo a qual não é necessário que o proponente tenha pleno conhecimento da resposta por parte do aceitante.

Nesse caso, nota-se que o art. 434 do CC, quanto **à** aceitação, adotou a chamada **Teoria da Agnição**, mas na **subteoria da expedição** (no trecho que afirma "expedida a aceitação"), reputando que nos contratos entre ausentes tornam-se perfeitos desde que a **aceitação é expedida**, pouco importando o conhecimento do proponente a respeito de seu conteúdo.

Exceções: Teoria da Agnição, mas na **subteoria da recepção** ("recebimento da aceitação" – não basta a expedição, há a necessidade de seu efetivo recebimento e conhecimento do conteúdo), nas seguintes hipóteses:

i) se antes dela ou com ela chegar ao proponente a retratação;

ii) se o proponente se houver comprometido a esperar e receber a resposta (teoria da recepção); ou

iii) se a resposta não chegar no prazo convencionado.

Considera-se inexistente a aceitação, se antes dela ou se com ela chegar ao proponente a retratação do aceitante.

Assim, finalizando essa etapa de formação dos contratos, reputar-se-á celebrado o contrato no **lugar** em que ele foi proposto **(art. 435 do CC)**.

10.3. FASE DE CONTRATO PRELIMINAR

Não é fase obrigatória para a efetiva formação dos contratos, sendo, portanto, etapa dispensável para a sua formação.

Geralmente, é realizado em contratos de compra e venda para dar maiores seguranças e garantias às partes de que, oportunamente, efetivarão e celebrarão o contrato definitivo.

O contrato preliminar exige para a sua formação os mesmos requisitos essenciais do contrato definitivo. Assim, para a promessa de compra e venda é preciso verificar a existência dos requisitos para a celebrarão do contrato definitivo de compra e venda, quais sejam: agentes, objeto e preço (valores e condições de pagamento).

Assim, observe que o contrato preliminar, exceto quanto à forma, deve conter todos os requisitos essenciais ao contrato definitivo a ser celebrado.

Tipos: são chamados de compromissos de contrato:

- **Compromisso bilateral de contrato:** as duas partes assumem o compromisso de celebrar o contrato definitivo.
- **Compromisso unilateral de contrato ou contrato de opção:** as duas partes assinam o instrumento, mas somente uma delas assume o compromisso de celebrar o contrato definitivo.

---

1. Se a promessa de contrato for unilateral, o credor, sob pena de ficar a promessa sem efeito, deverá manifestar-se no prazo nela previsto, ou, inexistindo este, no que lhe for razoavelmente assinado pelo devedor.

2. Concluído o contrato preliminar, e desde que dele não conste cláusula de arrependimento, qualquer das partes terá o direito de exigir do outro a celebração do contrato definitivo, assinando prazo à outra para que o efetive.

3. Compromisso bilateral de contrato: ocorre quando as duas partes assumem a obrigação de celebrar o contrato definitivo. Dessa forma, surgem as seguintes **possibilidades de exigir o cumprimento:**

1ª opção: concluído o contrato preliminar, qualquer das partes terá o direito e poderá exigir do outro contratante a celebração do contrato definitivo, assinando prazo à outra para que o efetive.

2ª opção: se não ocorrer a efetivação do contrato, pela própria vontade das partes, poderá o juiz suprir a vontade da parte inadimplente. Ex.: é o que ocorre com a adjudicação compulsória.

Assim, esgotado o prazo assinado para a efetivação do contrato, poderá o juiz, a pedido do interessado, suprir a vontade da parte inadimplente, conferindo caráter definitivo ao contrato preliminar, salvo se a isto se opuser a natureza da obrigação (art. 464 do CC).

3ª opção: se o estipulante não der execução ao contrato preliminar, poderá a outra parte considerá-lo desfeito, e resolvê-lo em perdas e danos.

Observação.: no compromisso irretratável de compra e venda inexiste outras opções, a não ser a adjudicação compulsória do imóvel, por se tratar de direito real, nos termos do art. 1.225, VII, do CC.

MODELO DE CONTRATO PRELIMINAR

CONTRATO PRELIMINAR OU PRÉ-CONTRATO

Pelo presente instrumento particular, de um lado, **XXX** (Qualificação completa), portador do documento de identidade RG n. XXX, inscrito no CPF sob n. XXX, residente e domiciliado na Rua/Avenida XXX (Endereço completo), doravante denominado PRIMEIRO INTERESSADO (ou PRIMEIRO COMPROMISSÁRIO); e, de outro lado, **XXX** (Qualificação completa), portador do documento de identidade RG n. XXX, inscrito no CPF sob n. XXX, residente e domiciliado na Rua/Avenida XXX (Endereço completo), doravante denominado SEGUNDO INTERESSADO (ou SEGUNDO COMPROMISSÁRIO).

As partes acima identificadas e qualificadas, doravante denominadas em conjunto PARTES e individualmente PARTE, têm entre si justo e acordado o presente **CONTRATO PRELIMINAR** (o Contrato), mediante as cláusulas e condições seguintes:

CLÁUSULA XXX – OBJETO

O presente Contrato tem por objeto estabelecer os termos e condições preliminares para a celebração de um futuro contrato definitivo entre as PARTES, envolvendo a XXX (Descrição completa do objeto do contrato definitivo – ex.: compra e venda de imóvel, troca ou permuta, prestação de serviços etc.).

CLÁUSULA XXX – OBRIGAÇÕES PRELIMINARES

As PARTES se comprometem a negociar de boa-fé e envidar seus melhores esforços para a consecução do contrato definitivo, observando os termos e condições estipulados no presente Contrato.

PARÁGRAFO XXX – As PARTES deverão observar, cumprir e fazer cumprir as obrigações preliminares constantes deste Contrato, tais como:

(Listar obrigações preliminares específicas, como a realização de *due diligence*, a obtenção de autorizações etc.).

CLÁUSULA XXX – PRAZO PARA CELEBRAÇÃO DO CONTRATO DEFINITIVO

As PARTES se comprometem a celebrar o contrato definitivo no prazo de XXX (XX) dias, meses ou anos, contado a partir da data de assinatura deste Contrato, podendo ser prorrogado mediante acordo por escrito entre as PARTES.

CLÁUSULA XXX – MULTA E RESCISÃO

Caso uma das PARTES descumpra as obrigações estipuladas neste Contrato, ou não celebre o contrato definitivo no prazo estabelecido na Cláusula XXX, a PARTE inadimplente estará sujeita ao pagamento de multa no valor de R$ XXX (XXX reais) (ou de multa de XXX% do valor do contrato definitivo), sem prejuízo das perdas e danos eventualmente apurados.

PARÁGRAFO XXX – A rescisão deste Contrato poderá ocorrer mediante acordo por escrito entre as PARTES ou em caso de descumprimento das obrigações preliminares ou do prazo estabelecido na Cláusula XXX, observadas as penalidades previstas na Cláusula XXX.

CLÁUSULA XXX – DISPOSIÇÕES GERAIS

O presente Contrato obriga as PARTES, seus herdeiros e sucessores, a qualquer título, e somente poderá ser modificado mediante instrumento escrito assinado por ambas as PARTES.

PARÁGRAFO XXX – A tolerância de uma PARTE quanto ao descumprimento de qualquer obrigação prevista neste Contrato não implicará em renúncia, perdão ou novação, podendo a PARTE exigir da outra o cumprimento integral do presente Contrato a qualquer momento.

PARÁGRAFO XXX – O presente Contrato é celebrado em caráter irrevogável e irretratável, salvo nas hipóteses previstas na Cláusula XXX.

CLÁUSULA XXX – DO FORO

As PARTES elegem o foro da Comarca de XXX, com renúncia expressa a qualquer outro, por mais privilegiado que seja, para dirimir quaisquer dúvidas ou controvérsias decorrentes do presente Contrato.

Este Contrato é feito em duas vias de igual teor e forma e, por estarem assim justos e contratados, as PARTES assinam o presente Contrato, na presença das testemunhas abaixo qualificadas.

Local/Data.

PRIMEIRO INTERESSADO (ou PRIMEIRO COMPROMISSÁRIO)

SEGUNDO INTERESSADO (ou SEGUNDO COMPROMISSÁRIO)

Testemunha 1

Testemunha 2

10.4. FASE DE CONTRATO DEFINITIVO OU DE CONCLUSÃO DO CONTRATO

É a etapa do contrato perfeito e acabado; é a fase em que há a celebração do contrato definitivo, sendo certo que tudo o que daí sobrevier será analisado no âmbito do descumprimento contratual e gerador do inadimplemento do contrato.

Nos termos do **art. 389 do CC**, não cumprida a obrigação, responde o devedor por **perdas e danos**, mais **juros e atualização monetária** segundo índices oficiais regularmente estabelecidos, e **honorários de advogado**.

Assim, resumidamente, tem-se:

FASES DE FORMAÇÃO DOS CONTRATOS	
A) FASE DE NEGOCIAÇÕES PRELIMINARES OU DE PUNTUAÇÃO	Fase dos debates prévios, entendimentos e tratativas (conversações) sobre o contrato preliminar ou definitivo.

B) FASE DE PROPOSTA, POLICITAÇÃO OU *OBLAÇÃO*	Fase da oferta formalizada, constitui a manifestação da vontade de contratar por uma das partes, que solicita a concordância da outra parte. Somente produz efeito **se recebida pela outra parte**.
C) FASE DE CONTRATO PRELIMINAR	**Não é fase obrigatória do contrato**, sendo dispensável para a sua formação. Geralmente, é realizado em contratos de compra e venda para dar maiores seguranças às partes. Contrato preliminar exige para a sua formação os mesmos requisitos essenciais do contrato definitivo.
D) FASE DE CONTRATO DEFINITIVO OU DE CONCLUSÃO DO CONTRATO	**Contrato perfeito e acabado**: o descumprimento gera o inadimplemento contratual.

11. ADIMPLEMENTO E INADIMPLEMENTO CONTRATUAL

11.1. PAGAMENTO

Como regra, podemos definir o pagamento como sendo todo **cumprimento de obrigação**, importando em dar a coisa combinada (certa ou incerta), fazer ou não fazer a atividade pela qual se comprometeu.

Importante notar que o Código Civil utiliza a expressão **"pagamento"** como sinônimo de todo e qualquer **adimplemento obrigacional**, e não apenas quando envolver quantia certa, mas sim para qualquer tipo de prestação.

Como exemplo, e apenas a título de ilustração, temos:

> **Art. 304.** Qualquer interessado na extinção da dívida pode **pagá-la**, usando, se o credor se opuser, dos meios conducentes à exoneração do devedor (...).
>
> **Art. 308.** O **pagamento** deve ser feito ao credor ou a quem de direito o represente, sob pena de só valer depois de por ele ratificado, ou tanto quanto reverter em seu proveito.
>
> **Art. 309.** O **pagamento** feito de boa-fé ao credor putativo é válido, ainda provado depois que não era credor.

Assim, pode-se afirmar que, para o Código Civil, **"pagamento = cumprimento da obrigação"**.

MODALIDADES DE PAGAMENTO	
PAGAMENTO DIRETO	**PAGAMENTO INDIRETO**
É aquele em que ocorre a **satisfação exata da obrigação**, nos termos em que constituída, como cumprimento da prestação que compõe o objeto principal da obrigação. Ou seja, o devedor se exonerará da obrigação pagando o valor devido; entregando efetivamente a coisa devida; fazendo aquilo que foi contratado; restituindo/devolvendo o objeto da obrigação, dentre outras possibilidades.	É aquele em que a extinção da obrigação se dá de **forma diversa daquela originariamente convencionada**. Ou seja, de alguma maneira o cumprimento da obrigação ocorre, mas de maneira diversa daquela pactuada. **Pode ocorrer por:** a) pagamento em consignação; b) pagamento com sub-rogação; c) imputação do pagamento; d) dação em pagamento; e) novação; f) compensação; g) transação; h) compromisso; i) confusão; j) remissão das dívidas.

O **pagamento deve sempre ser feito na forma estipulada**, não podendo o credor ser obrigado a receber parcialmente o débito, salvo em casos especiais previstos pela lei, como na substituição do devedor por seus herdeiros, que só são responsáveis pelo débito na proporção dos seus quinhões (art. 1.997 do CC).

11.2. DE QUEM DEVE PAGAR

A regra é a de que o **devedor** fica, de fato, vinculado à obrigação criada, tem ele o dever de cumprir com a referida obrigação.

Entretanto, interessante observar que qualquer pessoa pode pagar uma dívida, sua ou de outrem, mesmo que a ela não se encontre vinculado. Tanto é que **qualquer interessado na extinção da dívida pode pagá-la**, usando, inclusive, se o credor se opuser, dos meios conducentes à exoneração do devedor, tais como as possibilidades de pagamento indireto, à frente analisado.

Mas o Código Civil distingue o pagamento realizado por terceiro, especificando que ele pode ser feito por **terceiro interessado** ou por **terceiro não interessado**.

O termo "interessado", aí utilizado, tem efetivo sentido técnico e, nesse sentido, deve ser interpretado: **é aquele que pode ser, direta ou indiretamente, responsabilizado pelo débito**, como, por exemplo, o avalista, o fiador ou um terceiro garantidor da dívida. No entanto, se alguém for parente ou amigo do devedor e deseja auxiliá-lo, também pode pagar, mas os efeitos são diversos, justamente por não ser considerado como legítimo "interessado" no cumprimento da obrigação.

Nesse caso, o terceiro não interessado pode pagar dívida alheia, mas se assim o fizer, em seu próprio nome, terá o direito a reembolsar-se daquilo que efetivamente pagou; no entanto, **não se sub-roga nos direitos do credor**. Assim, os benefícios eventualmente que o credor teria, como uma garantia, por exemplo, não beneficiará ao terceiro.

Ainda, se pagar antes de vencida a dívida, **só terá direito ao reembolso na data efetiva do seu vencimento**.

Outrossim, o pagamento **feito pelo terceiro**, mas com o **desconhecimento ou a oposição do devedor**, não obrigará ao reembolso ou ressarcimento daquele que pagou, se o devedor não era insolvente e tinha efetivos meios para ilidir a ação.

Por fim, importante verificar que se o pagamento importar em **transmissão de propriedade**, só terá **eficácia** quando feito por **quem possa alienar o objeto em que ele consistiu**. Caso seja dado em pagamento coisa fungível, não se poderá mais reclamar do credor que, de boa-fé, a recebeu e consumiu, ainda que o solvente não tivesse o direito de aliená-la.

11.3. DAQUELES A QUEM SE DEVE PAGAR

O pagamento deve ser feito, de fato, diretamente ao **credor ou a quem de direito o represente**, sob pena de só valer depois de **por ele ratificado**, ou tanto quanto reverter em seu proveito.

Importante disposição e muito exigido do profissional é a possibilidade de pagamento feito de **boa-fé pelo devedor**, mas ao chamado **credor putativo**, ou seja, àquele que se apresenta como credor, tem aparência de credor, à luz da realidade fática, para o devedor, aquela pessoa é, de fato, o credor daquela relação, mas, posteriormente, é demonstrado que não o era! Nesse caso, **será válido o pagamento**, ainda que provado depois que não aquela pessoa era o credor.

Ademais, **não tem validade o pagamento** cientemente feito ao credor que era **incapaz** à época do pagamento de **conferir a efetiva quitação**, entretanto, se o devedor provar que em benefício dele efetivamente se reverteu o produto do pagamento, poderá ser considerada como adimplida a obrigação.

11.4. DO OBJETO DO PAGAMENTO E SUA PROVA

Com relação ao objeto da obrigação, podemos identificar como o objeto principal da obrigação como aquele que corresponde à efetiva entrega do objeto prestacional ao credor, que **não é obrigado a receber prestação diversa da que lhe é devida**, ainda que mais valiosa.

As dívidas quando forem em dinheiro deverão ser pagas na data de vencimento, em **moeda corrente nacional e pelo valor nominal**, sendo lícito convencionar o pagamento em prestações, com o aumento progressivo de prestações sucessivas.

Entretanto, aplicando a chamada **teoria da imprevisão**, há a possibilidade de, em caso de acontecimentos de **motivos imprevisíveis**, sobrevier desproporção manifesta entre as prestações, ou ainda, entre o valor da prestação devida e o aquele valor do momento de sua execução, sendo possível o juiz corrigi-lo, **a pedido da parte**, de modo que assegure, quanto possível, **o valor real da prestação**.

Ademais, são **nulas as convenções de pagamento em ouro ou em moeda estrangeira**, bem como para compensar a diferença entre o valor desta e o da moeda nacional, excetuados os casos previstos na legislação especial. Um dos casos excepcionados é aquele previsto na Lei n. 14.286, de 29 de dezembro de 2021, que dispõe sobre o mercado de câmbio brasileiro, o capital brasileiro no exterior, o capital estrangeiro no País e a prestação de informações ao Banco Central do Brasil, dispondo:

Art. 13. A estipulação de pagamento em moeda estrangeira de obrigações exequíveis no território nacional é admitida nas seguintes situações:

I – nos contratos e nos títulos referentes ao comércio exterior de bens e serviços, ao seu financiamento e às suas garantias;

II – nas obrigações cujo credor ou devedor seja não residente, incluídas as decorrentes de operações de crédito ou de arrendamento mercantil, exceto nos contratos de locação de imóveis situados no território nacional;

III – nos contratos de arrendamento mercantil celebrados entre residentes, com base em captação de recursos provenientes do exterior;

IV – na cessão, na transferência, na delegação, na assunção ou na modificação das obrigações referidas nos incisos I, II e III do *caput* deste artigo, inclusive se as partes envolvidas forem residentes;

V – na compra e venda de moeda estrangeira;

VI – na exportação indireta de que trata a Lei n. 9.529, de 10 de dezembro de 1997;

VII – nos contratos celebrados por exportadores em que a contraparte seja concessionária, permissionária, autorizatária ou arrendatária nos setores de infraestrutura;

VIII – nas situações previstas na regulamentação editada pelo Conselho Monetário Nacional, quando a estipulação em moeda estrangeira puder mitigar o risco cambial ou ampliar a eficiência do negócio;

IX – em outras situações previstas na legislação.

Parágrafo único. A estipulação de pagamento em moeda estrangeira feita em desacordo com o disposto neste artigo é nula de pleno direito.

11.5. QUITAÇÃO

Todo pagamento necessita ser provado. E é justamente a **quitação** ou o **termo de quitação** (podemos até incluir, aqui, os chamados "recibos de pagamento") que se prova o pagamento. Nesse aspecto, o **devedor que paga tem direito a quitação regular**, e pode, inclusive, **reter o pagamento**, enquanto não lhe seja dada.

No entanto, ainda, quando houver recusa em dar a regular quitação, pode o devedor **consignar o valor ou a coisa em pagamento**, nos termos do **art. 335 do CC**.

A quitação, que sempre poderá ser dada por **instrumento particular**, designará, nos termos do **art. 320 do CC**:

---

a) o valor e a espécie da dívida quitada;

b) o nome do devedor, ou quem por este pagou;

c) o tempo e o lugar do pagamento;

d) a assinatura do credor, ou do seu representante.

Ainda sem os requisitos estabelecidos acima, valerá a quitação, se de seus termos ou das circunstâncias resultar haver sido paga a dívida. Outrossim, nos débitos, cuja quitação consiste na **devolução do título**, perdido este, poderá o devedor exigir, **retendo o pagamento**, declaração do credor que inutilize o título desaparecido, especialmente porque a entrega efetiva do título ao devedor firma a **presunção do pagamento**.

11.6. DO LUGAR DO PAGAMENTO

Como regra, efetuar-se-á o pagamento no **domicílio do devedor**, salvo se as partes convencionarem diversamente, ou se o contrário resultar da lei, da natureza da obrigação ou das circunstâncias. Agora, se forem designados dois ou mais lugares para pagamento, compete ao **credor escolher realizar o pagamento entre qualquer um deles**.

Dessa forma, o pagamento de **dívida quesível (*quérable*)** é aquela no qual o pagamento deverá ser feito no **domicílio do devedor**, ficando o credor obrigado a buscar o adimplemento.

Por outro lado, a dívida **portável (*portable*)** é aquela em que o pagamento de verá ser realizado no **domicílio do credor**. Diferenças:

• **Dívida quesível (*quérable*)**: o pagamento é no **domicílio do devedor**.

• **Dívida portável (*portable*)**: o pagamento é no **domicílio do credor**.

Segundo o Código Civil, em seu art. 330, o **pagamento reiteradamente** feito em outro local faz **presumir renúncia** do credor relativamente ao previsto no contrato.

Trata-se, a partir dessa determinação, de dois importantes institutos civilistas, chamados de *supressio* (**supressão**) e de *surrectio* (**surgimento**), relacionados ao **desaparecimento/perda** ou **aparecimento/surgimento/ganho** de um direito ou de uma posição jurídica, por renúncia tácita ou pelo seu não exercício com o passar dos tempos.

Ambos os conceitos estão vinculados ao princípio da boa-fé objetiva contratual, como anteriormente verificado e analisados no início do estudo da teoria geral dos contratos.

11.7. INADIMPLEMENTO CONTRATUAL

Inadimplemento: o inadimplemento, descumprimento ou não cumprimento da obrigação consiste no rompimento do vínculo obrigacional estipulado entre credor e devedor, ou seja, é a violação daquilo que foi convencionado, nos termos ou na maneira em que estipulada e pode revestir de diversas formas. Exemplo: descumprimento da obrigação pela destruição da coisa; pelo perdimento ou deterioração do objeto da obrigação; pela ilicitude do negócio jurídico, em virtude de lei nova, que importa em impedir de modo definitivo o cumprimento da obrigação.

Assim, o inadimplemento obrigacional pode ser considerado como o descumprimento da obrigação por ato **voluntário** ou **involuntário** verificado por parte do devedor, quando estiver presente ou não o elemento subjetivo "culpa" (culposo), tema que analisaremos logo na sequência.

De igual maneira, o inadimplemento também poderá ser classificado como **absoluto ou relativo.**

Por **inadimplemento absoluto** pode-se caracterizar pelo **descumprimento total, cabal e definitivo** da obrigação, ou quando o objeto da prestação não mais interessa ao credor, seja por caso fortuito, força maior, ou, ainda, de maneira culposa e voluntária, ensejando, na última hipótese, a **responsabilidade civil do inadimplente.** Ex.: não entrega do carro objeto de contrato de compra e venda em razão de sua destruição em uma tempestade; perda da moto pela sua destruição em acidente, com culpa do devedor embriagado; não entrega do vestido de noiva no dia do casamento, sendo que a entrega em outro dia posterior não mais interessa à noiva.

Pode-se, diversamente, ter havido um simples **atraso (mora) no adimplemento da obrigação,** que não foi cumprida no tempo fixado, mas o foi posteriormente. Nesse caso, o objeto da obrigação e o seu cumprimento ainda interessam ao credor, sendo que o atraso ou retardamento importam em um chamado **inadimplemento relativo e/ou temporário.**

Importante mencionar que o inadimplemento, nesse caso, poderá ocorrer por **parte do devedor** (mora *debitoris* ou mora *solvendi*), como também por **parte do credor** (mora *creditoris* ou mora *accipiendi*).

11.7.1.   INADIMPLEMENTO INVOLUNTÁRIO

A primeira modalidade que merece destaque é o inadimplemento involuntário da obrigação, caracterizado como aquele descumprimento obrigacional que ocorre *sem culpa do devedor*. Podendo, assim, ocorrer por **caso fortuito** ou **força maior**. Dessa forma, podemos conceituar (lembrando que não existe consenso doutrinário ou jurisprudencial a respeito dos conceitos de caso fortuito e de força maior):

• **Caso fortuito:** é o evento **imprevisível e inevitável**. Podendo ser, ainda, classificado como o ato humano, imprevisível e inevitável.

• **Força maior:** é o evento **previsível, mas inevitável**. São aqueles decorrentes das forças da natureza, como tempestades, raios, furacões, que são (ou podem ser) previsíveis em seu acontecimento, mas inevitáveis.

Como regra, nessa modalidade de inadimplemento **não haverá responsabilidade civil**.

Isso porque o inadimplemento involuntário **não é considerado como pressuposto de responsabilidade civil**, no entanto, o próprio Código Civil excepciona a regra, estipulando algumas possibilidades de o devedor responder pelo inadimplemento, ainda que este ocorra por caso fortuito ou força maior:

Exceção:

---

a) Se houver **cláusula de assunção de responsabilidade (art. 393, parte final, do CC)**, ou seja, se no próprio contrato o devedor tiver assumido expressamente a sua responsabilidade pela perda ou impossibilidade da prestação, ainda que ocorra por caso fortuito ou força maior.

b) **Devedor em mora (atraso)** responde pela impossibilidade da prestação, ainda que resulte de caso fortuito ou força maior, se a perda ou impossibilidade ocorrer durante o atraso **(art. 399, do CC)**.

c) **Contrato de comodato**, se, correndo risco o objeto do comodato juntamente com o comodatário, antepuser este a salvação dos seus abandonando o do comodante, responderá pelo dano, ainda que de caso fortuito ou força maior **(art. 583 do CC)**.

d) **Coisa incerta:** nas obrigações de entrega de coisa incerta, antes da escolha, não poderá o devedor alegar perda, ainda que o corra por caso fortuito e força maior **(art. 246 do CC)**.

11.7.2. INADIMPLEMENTO VOLUNTÁRIO

A outra modalidade de inadimplemento, certamente, é o inadimplemento voluntário, sendo considerado como aquele em que ocorre o descumprimento da obrigação **com culpa do devedor**.

Cuidado: culpa, nesse sentido, é a chamada culpa *lato senso*, ou seja, trata-se da culpa em sentido amplo (incluindo-se aqui tanto o dolo quanto a culpa).

Nessa modalidade, portanto, **haverá responsabilidade civil**. O inadimplemento voluntário, ao contrário do que ocorre com o involuntário, é considerado como **pressuposto de responsabilidade civil**.

Assim, incidirão, no caso, todos os encargos e as consequências inerentes ao inadimplemento culposo:

Consequências do inadimplemento (art. 389 do CC):

· perdas e danos;

· juros;

· atualização monetária;

· honorários advocatícios.

Além da incidência de:

· cláusula penal (quando existente no contrato);

· encargos decorrentes da Mora (quando houver o atraso).

11.7.3. INADIMPLEMENTO ABSOLUTO

Dá-se o inadimplemento absoluto quando a obrigação não foi cumprida pelo devedor, tampouco poderá sê-lo, ou seja, não haverá mais a possibilidade de cumprimento da obrigação ou a prestação não mais interessa ao credor. Pode-se verificar o inadimplemento absoluto, também, quando o cumprimento da obrigação não mais interessar ao credor.

Pode ocorrer o inadimplemento, principalmente, em três hipóteses:

1. por recusa do devedor: se o devedor se recusar de maneira absoluta a cumprir a obrigação, ela não mais poderá ser cumprida. Ex.: se o dono de um sítio se recusar a transmiti-lo a quem prometeu.

2. pelo perecimento da coisa: se a coisa objeto da obrigação (prestação) se perder e não puder mais ser cumprida. Ex.: se o imóvel prometido à doação for destruído por inundação ou incêndio.

3. pela inutilidade da coisa para o credor: se a coisa a ser prestada não interessar mais ao credor, em razão da inutilidade do cumprimento da obrigação em momento posterior àquele pactuado. Ex.: se o bufê para uma recepção, contratado para logo após o casamento, só puder ser fornecido no dia seguinte ao casamento; o vestido da noiva que não foi entregue no dia do casamento, e não mais interessa à noiva recebê-lo no dia seguinte ao matrimônio.

11.7.4. INADIMPLEMENTO RELATIVO

Consiste no descumprimento parcial da obrigação. Nesse caso, há o descumprimento da obrigação, no entanto, a prestação descumprida ainda interessa ao credor, que quer, de fato, recebê-la. Ocorre, portanto, quando a obrigação apenas se **retarda** ou **atrasa (mora)**.

> • A obrigação, neste caso, ainda pode ser cumprida mesmo após a data acordada para o seu adimplemento, por possuir, ainda, **utilidade ao credor**.
>
> • Nesse caso, o efeito do inadimplemento é chamado de **mora**, ou seja, assim considerado como o retardamento **no cumprimento da prestação**.
>
> • Mas pode ainda vir a ser cumprida (**purgada a mora**) pelo devedor e/ou pelo credor em outra oportunidade.

Exemplo: se o relojoeiro não consertar o relógio na data prometida, mas apenas dois dias após; se o credor se recusar a receber a joia na data aprazada, alegando defeito inexistente; se nem o dono nem o comprador do cavalo comparecerem ao lugar e hora combinados para sua entrega.

Assim, **mora é**, pois, o **retardamento culposo no cumprimento da obrigação**, quando a prestação ainda é útil para o credor.

Nesse caso, a mora pode ser a chamada *mora debitoris*, que é a mora do devedor, no qual pressupõe a existência de uma **dívida líquida e certa, vencida e não paga** em virtude de **culpa do devedor**.

Uma vez que exista a mora, como bem determina o art. 399 do CC, o **devedor responde também pela impossibilidade da prestação resultante de caso fortuito ou força maior**, salvo se provar a isenção de culpa ou que o dano ainda sobreviria se a obrigação fosse oportunamente desempenhada.

Outrossim, como pressuposto de responsabilidade civil, o art. 395 do CC determina que responde o devedor pelos **prejuízos** a que sua mora der causa (perdas e danos), mais **juros, atualização dos valores monetários** segundo índices oficiais regularmente estabelecidos, e **honorários de advogado**.

A **constituição em mora** se realiza de **pleno direito**, ou seja, pelo simples **advento do termo ou decurso do prazo**, sem necessidade de qualquer interpelação judicial. A isso chamamos de princípio *dies interpellat pro homine* (art. 397 do CC).

Por outro lado, pode ser que ocorra, ainda, a **mora do credor**, caracterizada quando este se **recusa a receber o que lhe é devido**, na forma contratual ou legal (art. 394, 2ª parte, do CC).

Os efeitos da **mora** *creditoris* importam em transferir a responsabilidade pela conservação da coisa ao credor, como se tradição tivesse havido, devendo o credor ressarcir o devedor pelas despesas que teve, depois da mora, pela conservação do bem e sujeitando-se ainda a recebê-lo pelo seu maior valor, se este oscilar entre o tempo do vencimento e o do pagamento, interrompendo, outrossim, o curso dos juros (art. 400 do CC).

Purgação da mora: por fim, importante verificar a possibilidade conferida ao devedor ou ao credor de purgarem a mora, no intuito de neutralizar os efeitos do retardamento obrigacional, oferecendo a prestação ou aceitando o pagamento.

Assim, **purga-se a mora** por parte do **devedor**, oferecendo este a **prestação mais a importância dos prejuízos decorrentes do dia da oferta**; por parte do **credor**, oferecendo-se este a **receber o pagamento** e sujeitando-se aos efeitos da mora até a mesma data.

12. MULTA CONTRATUAL (CLÁUSULA PENAL)

Cláusula penal: é a penalidade, de **natureza civil**, imposta a uma das partes pela **inexecução total ou parcial** de um dever jurídico obrigacional anteriormente assumido (inadimplemento obrigacional).

É considerada como a **obrigação acessória** que visa garantir o cumprimento da obrigação principal e a de coagir ao seu efetivo cumprimento (poder coercitivo), bem como de fixar, antecipadamente, o valor das perdas e danos (poder reparatório) em caso de descumprimento ou, ainda, de punir (poder punitivo) a parte pelo atraso no cumprimento da obrigação.

Assim, temos:

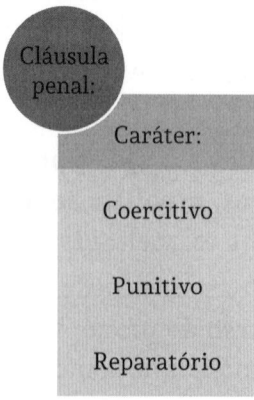

Cláusula penal:

Caráter:

Coercitivo

Punitivo

Reparatório

A cláusula penal é, pois, um **pacto acessório**, regulamentado pela lei civil (arts. 408 a 416 do CC), pelo qual as partes, por **convenção expressa da vontade**, submetem aquele que descumprir a obrigação a uma **pena ou multa** no caso de **mora** ou **atraso** (cláusula penal moratória) ou de **inadimplemento total da obrigação** (cláusula penal compensatória).

A cláusula penal se apresenta geralmente sob a forma de pagamento de determinada quantia, admitindo-se, todavia, a cláusula cujo conteúdo seja a prática de determinado ato ou mesmo uma abstenção por parte do inadimplente.

A **multa pode ser convencionada** no momento da realização do ato jurídico ou posteriormente, revertendo em favor da parte inocente ou, até mesmo, de terceiros (por exemplo, a obra, entidade ou instituição beneficente).

Ademais, o valor da multa deve ser **determinável**, recorrendo-se eventualmente a vários fatores para a fixação definitiva do seu montante, sendo que o valor da cominação imposta na cláusula penal **não pode exceder ao valor da obrigação principal**, sob pena de redução equitativa a ser realizada pelo juiz.

A **cláusula penal será de natureza moratória** quando se aplicar em virtude de **mora ou atraso** por parte do devedor ou do credor, **sem prejuízo da exigência da prestação principal**.

Por outro lado, temos a **cláusula penal de natureza compensatória**, quando for estipulada em razão do **inadimplemento absoluto** da obrigação, servindo como verdadeira reparação de danos e utilizada para a compensação de todas as perdas e danos eventualmente sofridos pela parte prejudicada pelo inadimplemento.

Nesses termos, temos:

• **Multa moratória**: aplicável para o caso de inadimplemento parcial da obrigação. Não tem função de compensação, mas somente para o **caso de mora**.

• **Multa compensatória**: incidente para o caso de inadimplemento total da obrigação. Tem natureza de **compensação de danos**.

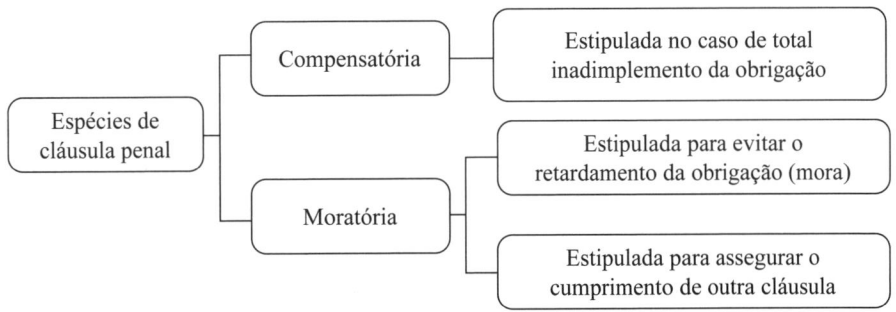

EFEITOS DA CLÁUSULA PENAL	
Compensatória: a) pleitear o valor da multa estipulada; b) postular o ressarcimento por perdas e danos; ou c) exigir o cumprimento da obrigação. **Observação:** o art. 410 do CC **proíbe** a cumulação de pedidos.	**Moratória:** pode exigir o cumprimento da obrigação principal, **cumulada com a pena cominada** (art. 411 do CC).

Quando se estipular a **cláusula penal (compensatória)** para o caso de total **inadimplemento da obrigação**, esta converter-se-á em **alternativa a benefício do credor** (**note:** alternativa! ou seja, ou exige a obrigação principal, ou exige a cláusula penal).

Atenção: no caso da **multa moratória**, há a possibilidade de **cumulação da multa com o cumprimento da obrigação principal**, ou seja, se possível, cumpre-se a **obrigação principal, acrescidos da multa moratória**.

No entanto, no caso da **multa compensatória, não há essa possibilidade**, ou seja, ou exige-se o **cumprimento da obrigação principal** (aquilo que foi estipulado, por exemplo, a entrega do *buffet* para a realização da festa de casamento), se for possível, **OU** exige-se a **multa compensatória** (exemplo, caso não entregue o *buffet* para o dia do casamento, paga-se a multa contratual de R$ 50.000,00). **Não é possível a cumulação da entrega do *buffet* (obrigação principal), mais a multa compensatória.**

MULTA MORATÓRIA
Obrigação principal + multa
MULTA COMPENSATÓRIA
Obrigação principal **ou** multa

Atenção: por outro lado, para o caso de **impossibilidade de cumprimento da obrigação**, sendo necessária a exigência de **PERDAS e DANOS**, temos:

a) no caso da **multa moratória, poderá ser cumulada** com perdas e danos mais a multa moratória.

b) no caso da **multa compensatória, jamais poderá ser cumulada com perdas e danos**, especialmente porque a cláusula penal compensatória tem **justamente o intuito de compensar todos os danos causados**.

Assim, nesta última hipótese, da multa compensatória, **OU exigem-se perdas e danos OU exige-se a multa compensatória.**

MULTA MORATÓRIA
Multa + Perdas e Danos
MULTA COMPENSATÓRIA
Multa **ou** Perdas e Danos

Modelo de cláusulas penais:

Cláusula penal (multa) compensatória:

CLÁUSULA XX – A eventual rescisão do presente contrato, por culpa de qualquer das partes, implicará no pagamento da multa igual a **XXX % (XXX por cento)** sobre o valor total do negócio (ou de valor fixo, por exemplo, "de multa no valor de **R$ XXX**"), a ser pago pela parte inadimplente à parte inocente.

Cláusula penal (multa) moratória:

CLÁUSULA XX – O atraso no pagamento acarretará ao devedor, além da correção monetária, calculada pela variação percentual acumulada do índice **XXX** (exemplo: "utilizar o índice IGP-M, ou, na ausência ou impossibilidade de sua aplicação, com base na variação do IGP-DI ou IPCA da FGV"), ao pagamento de multa não compensatória de **XXX% (XXX por cento)** sobre os valores devidos, e juros de mora de 1% (um por cento) ao mês.

---

13. ARRAS E AS OBRIGAÇÕES CONTRATUAIS

Também denominadas de **sinais**, arras são **disposições convencionais** pela qual uma parte entrega a outra um bem móvel ou dinheiro como **antecipação do pagamento**, ou seja, como **garantia da solidez da obrigação contraída**.

Assim, se, por ocasião da **conclusão do contrato**, uma parte der à outra, a título de arras, **dinheiro ou outro bem móvel**, deverão as arras, em caso de execução, ser **restituídas ou computadas na prestação devida**, dependendo de sua natureza, se do mesmo gênero da obrigação principal.

Podem, pois, ser de **duas espécies**, confirmatórias ou penitenciais:

ESPÉCIES DE ARRAS OU SINAIS	
CONFIRMATÓRIAS (ART. 418 DO CC)	São aquelas que, quando prestadas, marcam o **início da execução do contrato**, presentes nas hipóteses em que **não constar a possibilidade de arrependimento** quanto à celebração do contrato definitivo, tratando-se de regra geral.
	Nesse caso, aplica-se o **art. 418 do CC**, pelo qual: "Se a parte que deu as arras não executar o contrato, poderá a outra tê-lo por desfeito, retendo-as; Se a inexecução for de quem recebeu as arras,

CONFIRMATÓRIAS (ART. 418 DO CC)	poderá quem as deu haver o contrato por desfeito, e exigir sua devolução mais o equivalente, com atualização monetária segundo índices oficiais regularmente estabelecidos, juros e honorários de advogado".
	Ainda nessa primeira hipótese, a parte inocente pode pedir indenização suplementar, se provar maior prejuízo, valendo as arras como taxa ou valor mínimo de indenização.
	Pode, também, a parte inocente exigir a **execução do contrato**, com as perdas e danos, valendo as arras também como o mínimo da indenização.
	Nesse caso, as arras terão **dupla função (tornar o contrato definitivo + antecipação das pernas e danos)**.
	Características: a) não confere direito ao arrependimento em caso de descumprimento; b) se o descumprimento for de quem prestou as arras: **perde o valor**; c) se o descumprimento for de quem as recebeu: **devolve com mais um equivalente**. **Obs.:** havendo comprovado prejuízo superior ao sinal, a parte inocente pode exigir (art. 419, CC): a) **indenização suplementar** (as arras valem como taxa mínima); b) **a execução do contrato** (as arras valem como indenização mínima).
PENITENCIAIS (ART. 420 DO CC)	Nessa hipótese, as próprias arras terão **natureza indenizatória**. Assim, quando estipuladas, garantem o direito ao arrependimento e possuem o condão unicamente de indenização. Por isso, quem exerce esse direito, isto é, quem se arrepender, não é considerado inadimplente e **não há direito de indenização suplementar**.
	Incidentes no caso de constar no contrato a **possibilidade de arrependimento**.
	Nesse segundo caso, para qualquer das partes, as arras ou sinal terão função **unicamente indenizatória** (incluída a penalidade), e não a de confirmar o contrato definitivo, como ocorre na hipótese anterior.
	Assim sendo, quem as deu perdê-las-á em benefício da outra parte; e quem as recebeu devolvê-las-á, mais o equivalente. Em ambos os casos envolvendo as arras penitenciais, **não haverá direito a indenização suplementar** (art. 420 do CC).
	Características: a) não cabe indenização suplementar; b) possui natureza indenizatória.

Modelo de cláusula de arras:

> **CLÁUSULA XX** – Pelo presente contrato, o compromitente declara ter recebido do compromissário a importância de **R$ XXX (XXX reais)**, da qual dá quitação, como sinal (ou arras) e princípio de pagamento do preço total, certo e ajustado, de **R$ XXX (XXX reais)**, quantia pela qual se compromete a vender-lhe o bem **XXX** (descrever as características do bem), de sua propriedade, a seguir descrito e caracterizado.

14. EXTINÇÃO DOS CONTRATOS

Toda relação jurídica nasce para, efetivamente, ser cumprida. Nesse sentido, a extinção dos contratos surge, justamente, para **encerrar o vínculo estabelecido entre as partes e apresentar o cumprimento das prestações avençadas**.

Assim, podemos afirmar que a sua extinção ocorre com o efetivo **adimplemento obrigacional** (também chamado de extinção natural ou normal dos contratos), ou ainda, com o **termo final** estipulado nos contratos a termo (com prazo determinado de vigência e eficácia) ou nas relações de trato sucessivo.

Entretanto, é certo que o contrato pode extinguir-se antes mesmo do início do cumprimento das obrigações, por variados motivos, ou até mesmo pela ocorrência de fatos posteriores à sua formação que levarão à sua extinção, sendo realmente necessário distinguir as etapas e as modalidades de extinção dos contratos e seus efeitos para o negócio jurídico, após a sua dissolução.

São formas de extinção dos contratos, além do cumprimento natural das obrigações, os **fatos ocorridos antes da celebração do contrato**; os **fatos ocorridos após a sua celebração**; e a **morte de um dos contratantes** (nos casos das obrigações personalíssimas).

Assim, a possibilidade de **anulação do contrato** ocorre quando existentes causas presentes anteriores à sua formação e atuam de modo a extinguir a relação contratual, como no caso dos **vícios de consentimento** (erro, dolo, coação, lesão e estado de perigo), que ocorrem antes da celebração do contrato e possibilitam a sua anulação posterior.

Por outro lado, na dissolução, podem ocorrer causas supervenientes à formação do negócio e que também ensejam a sua extinção, chamada, nesse caso, de hipóteses de **rescisão do contrato**.

Por seu turno, a **rescisão do contrato** (gênero de "extinção contratual") pode ocorrer por **duas espécies**: (i) por **resolução contratual** (inexecução/

descumprimento do contrato); (ii) ou por **resilição contratual** (bilateral ou unilateral – **é a extinção pela livre** manifestação de vontade).

Podem-se, pois, verificar as possibilidades de extinção do contrato pelas seguintes causas:

a) Extinção normal ou natural: ocorre com o efetivo cumprimento da prestação estabelecida no contrato ou da obrigação pactuada.

Pode ocorrer:

1. pelo pagamento integral da prestação; pela quitação de todas as parcelas; com a entrega da coisa estipulada; ou com a prática do ato previsto no contrato;

2. com o término do prazo previsto no contrato (contratos a termo ou nas relações de trato sucessivo).

Nessas hipóteses, cumprida a obrigação a partir do pagamento/adimplemento integral do contrato, todo ato que ensejar a responsabilidade civil será considerada como **responsabilidade civil pós-contratual**.

b) Extinção por fatos anteriores à sua celebração: ocorre nas hipóteses de **invalidade do contrato**, em razão de sua nulidade (absoluta) ou anulabilidade (nulidade relativa).

Assim, conforme as regras gerais dos negócios jurídicos, acima amplamente analisado, **é nulo o negócio jurídico** quando (art. 166 do CC):

I – celebrado por pessoa absolutamente incapaz;

II – for ilícito, impossível ou indeterminável o seu objeto;

III – o motivo determinante, comum a ambas as partes, for ilícito;

IV – não revestir a forma prescrita em lei;

V – for preterida alguma solenidade que a lei considere essencial para a sua validade;

VI – tiver por objetivo fraudar lei imperativa;

VII – a lei taxativamente o declarar nulo [nulidade textual], ou proibir-lhe a prática, sem cominar sanção [nulidade virtual].

Nessa **última** hipótese, pode-se identificar:

• **Nulidade textual**, ocorre nos casos de nulidade previstos taxativamente pelo CC, como nos termos do art. 548 do CC. "É nula a doação de todos os bens sem reserva de parte, ou renda suficiente para a subsistência do doador".

• **Nulidade virtual**, por seu turno, ocorre a nulidade prevista implicitamente pelo texto legal, como no caso do art. 426 do CC. "Não pode ser objeto de contrato a herança de pessoa viva".

Ademais, segundo o art. 171 do CC, além dos casos expressamente declarados na lei, é **anulável o negócio jurídico**:

a) por incapacidade relativa do agente;

b) por vício resultante de erro, dolo, coação, estado de perigo, lesão ou fraude contra credores.

Outrossim, nesse último caso, será de **quatro anos** o prazo de **decadência** para pleitear-se a anulação do negócio jurídico, contado conforme **art. 178 do CC**:

I – no caso de coação, do dia em que ela cessar;

II – no de erro, dolo, fraude contra credores, estado de perigo ou lesão, do dia em que se realizou o negócio jurídico;

III – no de atos de incapazes, do dia em que cessar a incapacidade.

c) Extinção por fatos posteriores à sua celebração: são os fatos ocorridos durante a relação contratual, que ensejam a sua **rescisão contratual** (gênero). Comporta, pois, duas espécies: a **resolução do contrato** (espécie) ou a **resilição do contrato** (espécie).

Resolução é a extinção do contrato por seu **descumprimento** ou **inadimplemento** do contrato, seja voluntário ou involuntário.

a) Resolução do contrato por inexecução voluntária

Diz respeito à impossibilidade da prestação, descumprimento ou inadimplemento da obrigação por **culpa (dolo ou culpa) do devedor**.

A inexecução voluntária sujeitará a parte inadimplente ao ressarcimento pelas **perdas e danos** sofridos (danos materiais, danos morais, danos estéticos, lucros cessantes e danos emergentes).

Recorde-se que o elemento **"culpa"** é pressuposto da **responsabilidade civil subjetiva**, portanto, em havendo culpa, haverá perdas e danos, nos termos do **art. 389 do CC**.

Assim, conforme **art. 475 do CC**, a parte lesada pelo inadimplemento pode pedir a **resolução do contrato**, se não preferir exigir-lhe o cumprimento, cabendo, em qualquer dos casos, indenização por **perdas e danos**.

b) Resolução do contrato por inexecução involuntária

Hipóteses em que ocorrer a impossibilidade de cumprimento da obrigação por **caso fortuito ou forma maior**. Assim, em não havendo "culpa" não há que se falar em responsabilidade civil.

Consequência: a parte não poderá pleitear perdas e danos, sendo tudo o que foi eventualmente pago devolvido **à parte contrária**, retornando à situação primitiva – *status quo ante* (resolução sem perdas e danos).

Exceções:

I – Se o devedor estiver em mora, a não ser que prove a ausência de culpa ou que a perda da coisa objeto da obrigação ocorreria mesmo não havendo o atraso – art. 399 do CC.

II – Havendo previsão contratual a respeito da responsabilização por esses eventos por meio da **cláusula de assunção convencional de responsabilidade** – art. 393, parte final, do CC.

III – Em casos específicos, como no comodato, conforme art. 583 do CC: "Se, correndo risco o objeto do comodato juntamente com outros do comodatário, antepuser este a salvação dos seus abandonando o do comodante, responderá pelo dano ocorrido, ainda que se possa atribuir a caso fortuito, ou força maior".

IV – Ainda na obrigação de entrega de coisa incerta, nos termos do art. 246 do CC: "Antes da escolha, não poderá o devedor alegar perda ou deterioração da coisa, ainda que por força maior ou caso fortuito".

c) Resolução por cláusula resolutiva tácita

• *Exceptio non adimpleti contractus* – nos contratos bilaterais, nenhum dos contratantes, antes de cumprida a sua obrigação, pode exigir o implemento da obrigação do outro (art. 476 do CC).

• *Exceptio non rite adimpleti contractus* – se, depois de concluído o contrato, sobrevier a uma das partes contratantes diminuição em seu patrimônio capaz de comprometer ou tornar duvidosa a prestação pela qual se obrigou, pode a outra recusar-se à prestação que lhe incumbe, até que aquela satisfaça a que lhe compete ou dê garantia bastante de satisfazê-la.

• **Quebra antecipada do contrato ou inadimplemento antecipado do contrato** (*antecipated breach of contract*) – se uma parte perceber que há risco real e efetivo, demonstrado pela realidade fática, de que a outra não cumpra ou não cumprirá com a sua obrigação, poderá antecipar-se, pleiteando a extinção do contrato, antes mesmo do prazo para cumprimento.

Cuidado: para que essa regra seja aplicada, precisa de **interpelação judicial** e há, ainda, a possibilidade de a parte exigir da outra parte garantias suficientes para o cumprimento da obrigação.

d) Resolução por onerosidade excessiva

Precisa de dois elementos essenciais: a **imprevisibilidade** e a **extraordinariedade**, ambas ligada a uma **onerosidade excessiva**.

Outrossim, conforme determina o art. 478 do CC, somente serão aplicáveis naqueles **contratos de execução continuada ou diferida**. Nesses casos, se a prestação de uma das partes se tornar excessivamente onerosa, com extrema vantagem para a outra, em virtude de acontecimentos extraordinários e imprevisíveis, poderá o devedor pedir a resolução do contrato. Os efeitos da sentença que a decretar a extinção do contrato retroagirão à data da citação.

Princípio da conservação dos contratos: a resolução poderá ser evitada, oferecendo-se o réu a modificar equitativamente as condições do contrato, ou seja, restabelecendo o equilíbrio contratual e afastando a onerosidade verificada.

Resilição: é a dissolução do vínculo contratual pela **manifestação da vontade das partes contratantes**, bilateral ou unilateral, como direito potestativo a todos os integrantes de uma relação jurídica contratual.

Ocorre a resilição nas hipóteses em que a lei prevê a extinção do negócio como um **direito potestativo** reconhecido à própria parte para se desvincular da relação contratual.

Importante mencionar e relembrar que **ninguém é obrigado a permanecer** em um contrato, mas, uma vez nele, é **obrigado a cumprir** com as suas obrigações (*pacta sunt servanda* ou força obrigatória do contrato).

a) Distrato ou resilição bilateral: é a dissolução do vínculo contratual pela manifestação da vontade de ambos os contratantes. A essa resilição o Código Civil chama de **"distrato"**, conforme **art. 472 do CC**. "O distrato faz-se pela mesma forma exigida para o contrato".

Trata-se de **um novo negócio jurídico** em que as partes decidem, em comum acordo, colocar fim (ou extinguir) o negócio jurídico anterior.

MODELO DE DISTRATO

DISTRATO DE CONTRATO DE XXX (Colocar a natureza do contrato)

CONTRATANTE: qualificação do contratante (XXX – Pessoa física ou pessoa jurídica), doravante neste ato denominado como "DISTRATANTE"; e

CONTRATADO: qualificação do contratado (XXX – Pessoa física ou pessoa jurídica), doravante, neste ato, denominado como "DISTRATADO";

têm entre os mesmos, de maneira justa e acordada, o presente **DISTRATO DO INTRUMENTO XXX** (nomear o contrato), nos termos do **art. 472 do Código Civil**, ficando desde já aceito, pelas cláusulas abaixo descritas:

I – DO OBJETO E CONSIDERAÇÕES DO CONTRATO

CLÁUSULA XXX – O presente tem como OBJETO o Distrato referente ao contrato de XXX (nomear o contrato) anteriormente celebrado entre as partes neste instrumento mencionadas, que, por seu turno, teve como objeto social XXX (especificar o objeto do contrato a ser distrato).

II – DO PAGAMENTO E DA QUITAÇÃO

CLÁUSULA XXX – As partes resolvem, nesta data, em comum acordo, nas razões de suas faculdades, DISSOLVER INTEGRALMENTE o referido CONTRATO, nos termos da cláusula XXX, daquele instrumento particular, dando total e irrestrita quitação a quaisquer direitos e/ou obrigações oriundas do referido contrato, de forma a não restar quaisquer resquícios de ônus financeiros e/ou obrigacionais relativos ao instrumento distratado para quaisquer das partes.

PARÁGRAFO XXX – Todas as cláusulas e condições contidas no referido instrumento particular restam, desde já, devidamente DISTRATADAS. Dão, os DISTRATANTES, por este e na forma de Direito, a total e irrestrita quitação sobre todos os direitos e obrigações oriundos do CONTRATO originário, não havendo quaisquer pendências recíprocas entre eles.

PARÁGRAFO TERCEIRO. Seja em qualquer tempo ou grau de desenvolvimento financeiro e/ou obrigacional do DISTRATANTE e do DISTRATADO, em função dos termos do presente instrumento, ficam os DISTRATANTES vedados de pleitear, judicial ou extrajudicialmente, quaisquer direitos e/ou pagamentos oriundos das obrigações mencionadas no referido CONTRATO ou, ainda, de quaisquer direitos e/ou obrigações concernente ao presente DISTRATO.

III – DISPOSIÇÕES FINAIS:

CLÁUSULA XXX – O presente DISTRATO passa a vigorar entre as partes quando da assinatura do presente Instrumento Particular, as quais elegem o Foro da Comarca de XXX, no Estado XXX, caso ocorra quaisquer dúvidas de interpretação relacionadas a este instrumento.

CLÁUSULA XXX – Por estarem, assim, justas e acordadas as cláusulas e condições contratuais, as partes leram o presente instrumento e o acharam em conformidade com suas vontades, pelo que livremente assinam o presente DISTRATO DE CONTRATO XXX em XXX vias de igual teor e forma, na presença conjunta de 2 (duas) testemunhas.

Local, Data.

_____   _____
    DISTRATANTE   DISTRATADO

Testemunhas:

1ª) Ass. _____

Nome:

RG:

2ª) Ass. _____

Nome:

RG:

b) resilição unilateral: dissolução do vínculo contratual pela manifestação da vontade de apenas uma parte da relação contratual, apenas possível nos casos em que a lei expressa ou implicitamente o permita, hipótese na qual somente se opera mediante **denúncia notificada à outra parte**.

Nesse caso, como anteriormente afirmado, trata-se da possibilidade de uma das partes buscar a **dissolução do contrato**, diante da sua livre manifestação de vontade de se retirar da relação contratual, como direito potestativo.

Se, porém, dada a natureza do contrato, uma das partes houver feito investimentos consideráveis para a sua execução, a **denúncia unilateral** só produzirá efeito depois de transcorrido prazo compatível com a natureza e o vulto dos investimentos.

Algumas hipóteses em que a lei permite a resilição: contratos de locação, de prestação de serviços, de mandato, de comodato, de depósito, de doação e de fiança.

• **Denúncia**: como regra, denúncia de contrato é a formalidade exigida pela lei nos casos de extinção unilateral de um contrato, por intermédio de uma notificação extrajudicial de um dos contratantes, impedindo a renovação do contrato (caso haja prazo) ou pondo fim à relação contratual (caso inexista prazo).

Também, é o termo utilizado para a notificação realizada nos contratos de locação, como nas hipóteses de **"denúncia cheia"** (notificação por parte do locador, apresentando os motivos para o término da relação locatícia), ou **"denúncia vazia"** (é a notificação realizada pelo locador, mas sem a necessidade de apresentar os motivos).

• **Revogação ou renúncia**: é a denominação do término dos contratos por "quebra da confiança". Ocorre, pois, nos casos em que a lei exige a confiança para a relação contratual, como nos contratos de mandato, de comodato, de depósito, de doação (modal ou com encargo). Assim, no caso do mandato, por exemplo, pode aquele que conferiu os poderes na procuração (mandante) revogar a procuração; por seu turno, aquele que recebeu os poderes na procuração (mandatário) pode renunciar a tais poderes.

• **Exoneração**: ocorre no caso da fiança por prazo indeterminado. O fiador pode exonerar-se da fiança, notificando a parte contrária e solicitar a sua retirada da relação contratual.

MODELO DE NOTIFICAÇÃO EXTRAJUDICIAL DE RESILIÇÃO

NOTIFICAÇÃO EXTRAJUDICIAL DE RESILIÇÃO DE CONTRATO

Destinatário: XXX (Nome do notificado), (Endereço completo)

Remetente: XXX (Nome do notificante), (Endereço completo)

Ref.: Resilição do Contrato de (descrever o objeto do contrato) celebrado em (data)

Prezado(a) Senhor(a) XXX (Nome do notificado),

Por meio da presente notificação extrajudicial, venho comunicar a Vossa Senhoria minha intenção de resilir o contrato firmado entre nós no dia XX/XX/XXXX (identificar a data do contrato a ser resilido), referente a XXX (descrever e identificar o objeto do contrato), pelos motivos a seguir expostos:

(descrever detalhadamente os motivos que levaram à decisão de resilição do contrato)

Considerando que:

1. O contrato em questão prevê a possibilidade de resilição unilateral por qualquer das partes, desde que observadas as condições estabelecidas em seu instrumento;

2. A resilição do contrato não implica em qualquer penalidade ou ônus para o notificante, conforme Cláusula XXX (inserir número da cláusula) do referido contrato;

3. O notificante encontra-se em dia com todas as obrigações contratuais assumidas perante o notificado.

Diante do exposto, comunico a Vossa Senhoria que, a partir desta data, o Contrato encontra-se resilido (ou conceder prazo de XXX dias para considerar resilido o Contrato), cessando-se as obrigações entre as partes a partir de XX/XX/XXXX (data), conforme estipulado no referido instrumento contratual.

Solicito que, no prazo máximo de XXX (inserir prazo) dias, Vossa Senhoria providencie a formalização da resilição contratual, mediante a assinatura do termo de distrato (se houver consenso bilateral) ou de documento equivalente, bem como efetue a devolução de eventuais valores pagos antecipadamente pelo notificante, conforme previsto no contrato.

Caso não haja manifestação de Vossa Senhoria no prazo estipulado, ficarão caracterizadas a concordância tácita com a resilição do contrato e a extinção das obrigações decorrentes do mesmo.

Sem mais para o momento, reitero os protestos de estima e consideração.

Atenciosamente,

Local e data

NOTIFICANTE

(Identificação e/ou CPF)

Obs.: Recomenda-se que a presente notificação seja enviada por meio de carta com Aviso de Recebimento (AR) ou outro método que possa comprovar a efetiva entrega ao destinatário.

c) Extinção do contrato por morte de um dos contratantes: é a extinção do contrato por morte de um dos contratantes, entretanto, somente verificada nos casos das **obrigações personalíssimas**, ou seja, aquelas realizadas *intuitu personae* ou em razão da pessoa, sem a possibilidade de substituição da parte no contrato.

Exemplo é o que ocorre com o contrato de fiança, acessório ao contrato de locação. Por ser um contrato de garantia pessoal, com a morte do fiador **não** ocorrerá a transferência aos seus herdeiros; extinguindo o contrato com relação ao fiador **(art. 836 do CC)**. Agora note que nas demais relações civis a obrigação se transfere aos herdeiros, mas a responsabilidade da fiança se limita ao tempo decorrido até a morte do fiador, e não pode ultrapassar as forças da herança, ou seja, não pode ultrapassar a responsabilidade a atos posteriores à própria morte do fiador.

Cuidado: não são todos os contratos que se extinguem com a morte de um dos contratantes. A regra é a de que, com a morte de um deles, a obrigação seja transferida aos seus herdeiros, quando não personalíssimos, como no caso de uma compra e venda pura e simples; deverão os herdeiros assumir a posição contratual e cumprir com a sua obrigação respectiva.

Dessa forma, podemos sistematizar:

EXTINÇÃO DOS CONTRATOS	
NORMAL	**Cumprimento do contrato ou da obrigação.** 1. Pagamento da prestação, quitação de todas as parcelas, entrega da coisa, ato não é praticado. 2. Término do prazo previsto no contrato. 3. A partir do pagamento, toda responsabilidade civil será considerada como pós-contratual.
FATOS ANTERIORES À SUA CELEBRAÇÃO	Hipóteses de invalidade do contrato em razão de **nulidade (absoluta)** ou **anulabilidade (nulidade relativa)**.
FATOS POSTERIORES À SUA CELEBRAÇÃO	São os casos de **rescisão contratual** (gênero): **resolução** (espécie) ou **resilição** (espécie) dos contratos. • **Resolução** é a extinção do contrato por descumprimento. • **Resilição**: é a dissolução do vínculo por vontade dos contratantes, bilateral ou unilateral.
POR MORTE DE UM DOS CONTRATANTES	Extinção do contrato nos casos de obrigações personalíssimas, ou seja, *intuitu personae*, sem a possibilidade de substituição da parte no contrato. Ex.: Fiança. Não transfere com a morte aos seus herdeiros.

Esquematizando:

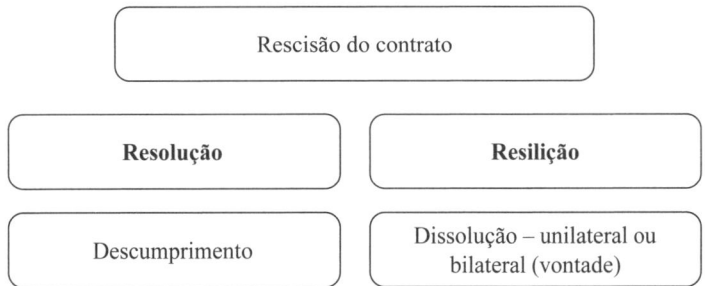

14.1. CLÁUSULA RESOLUTIVA EXPRESSA

Pode ser conceituada como a cláusula livremente pactuada entre os contratantes, dispondo a respeito da resolução imediata do contrato no caso de inadimplemento, ou seja, se verificado o descumprimento das obrigações contratuais, extingue-se o contrato, inclusive, podendo estar previstas nos contratos como **atos específicos que importarão na rescisão do contrato**.

Tem-se, também, a chamada cláusula resolutiva tácita, presumida em todo e qualquer contrato, pois, entende-se que, em não sendo cumpridas as obrigações inerentes ao contrato, evidentemente, nasce para a outra parte lesada o direito de se ver resolvido o contrato, inclusive com perdas e danos, se o caso.

A cláusula resolutiva expressa deriva da própria ideia apresentada pelo princípio da força obrigatória dos contratos, imputando aos contratantes a responsabilidade intrínseca ao contrato e demonstrando a importância das obrigações pactuadas. Assim, o lesado tem a prerrogativa de ver o contrato extinto, caso haja o efetivo descumprimento das obrigações ou a prática de atos previstos expressamente na cláusula.

Outrossim, pode-se afirmar que uma das principais vantagens desta cláusula é afastar a necessidade de intervenção do Poder judiciário, especialmente porque o inadimplemento já é suficiente para extinguir a relação contratual, colocando fim ao vínculo instituído entre os contratantes. Caso haja a necessidade de intervenção, esta será de natureza meramente declaratória, declarando, evidentemente, a resolução do contrato, não lhe competindo pronunciar a extinção ou a existência da cláusula, como procede quando a cláusula resolutiva é implícita.

Assim, conforme o **art. 474 do Código Civil**, a cláusula resolutiva expressa opera de pleno direito; a tácita depende de interpelação judicial.

Assim, em se tratando de cláusula de resolução tácita do contrato, o mero inadimplemento não se torna suficiente para a resolução do contrato, sendo imprescindível a interpelação judicial para que seja reconhecido o inadimplemento (natureza declaratória) e colocado fim ao vínculo contratual (natureza desconstitutiva).

Outrossim, o **art. 475 do Código Civil** possibilita à parte lesada pelo inadimplemento optar entre o pedido de resolução do contrato ou, se preferir, exigir-lhe o cumprimento, cabendo, em qualquer dos casos, indenização por perdas e danos.

> ## MODELO DE CLÁUSULA RESOLUTIVA EXPRESSA:
>
> **CLÁUSULA XXX – CLÁUSULA RESOLUTIVA EXPRESSA**
>
> A presente transação é feita em caráter irrevogável e irretratável, exceto no caso de inadimplência das partes, quando a rescisão do presente contrato operar-se-á de pleno direito, nos termos do art. 474 do Código Civil.

14.2. EXCEÇÃO DE CONTRATO NÃO CUMPRIDO

A chamada exceção de contrato não cumprido, também denominada de *exceptio non adimpleti contractus*, exceção de inexecução ou exceção de inadimplemento, pode ser conceituada como a faculdade que tem uma das partes de recusar-se no cumprimento de sua obrigação (prestação), quando a parte contrária não der cumprimento à sua.

Conforme **art. 476 do Código Civil**, nos contratos bilaterais, ou seja, naqueles em que há obrigações recíprocas entre as partes, nenhum dos contratantes, antes de cumprida a sua obrigação, pode exigir o implemento da do outro.

Pode ser conceituada como a sendo a cláusula suspensiva tácita inerente à execução do contrato, legitimando por qualquer dos interessados para obrigar o outro a cumprir com a sua obrigação, em caso de descumprimento.

Exemplo disso pode ser verificado no caso do contrato de compra e venda de imóvel na planta, no qual o adquirente vem adimplindo regularmente com a sua obrigação, entretanto a construtora sequer iniciou a construção do imóvel quando, na verdade, pelo cronograma da obra, já deveria estar em estágio bem avançado. Assim, nos termos da legislação civil, pode o adquirente suspender com o pagamento das prestações até que a parte contrária cumpra com as suas obrigações.

De igual forma, não pode a construtora, a *contrario sensu*, exigir o pagamento ou o implemento da obrigação por parte do adquirente, se não cumpriu com a sua parte na obrigação contratual.

Trata-se de regra propriamente voltada ao cumprimento obrigacional, possibilitando o reequilíbrio da relação contratual e, consequentemente, visando a sua própria manutenção.

14.3. EXCEÇÃO DE INSEGURIDADE

Conforme **art. 477 do Código Civil**, se, depois de concluído o contrato, sobrevier a uma das partes contratantes diminuição em seu patrimônio capaz de comprometer ou tornar duvidosa a prestação pela qual se obrigou, pode a outra recusar-se à prestação que lhe incumbe, até que aquela satisfaça a que lhe compete ou dê garantia bastante de satisfazê-la.

Ademais, conforme se depreende do **Enunciado n. 438 da V Jornada de Direito Civil**: "A exceção de inseguridade, prevista no artigo 477, também pode ser oposta à parte cuja conduta põe manifestamente em risco a execução do programa contratual".

Trata-se de uma defesa contratual colocada à disposição da parte inocente para se assegurar de eventual risco de inadimplemento eventual e futuro, criado pela conduta da outra parte. Dessa forma, a parte inocente pode sobrestar o cumprimento de sua prestação até que a outra parte satisfaça a obrigação que lhe cabe ou que ofereça garantias suficientes e bastante para tanto.

Assim, o art. 477 do Código Civil autoriza a recusa de cumprimento por uma parte até que a outra satisfaça a sua obrigação/prestação ou preste garantia de oportunamente fazê-lo, na hipótese de diminuição de seu patrimônio, capaz de comprometer ou tornar duvidosa a prestação.

14.4. RESOLUÇÃO POR ONEROSIDADE EXCESSIVA

Representa um dos principais reflexos do princípio do equilíbrio econômico do contrato, consagrando a possibilidade de controle do contrato quando verificada a possibilidade das prestações em favor de um contratante lhe acarretarem um lucro exagerado e excessivo em detrimento do outro contratante.

No Código Civil o instituto está previsto nos arts. 478, 479 e 480, estabelecendo, respectivamente:

> Art. 478. Nos contratos de execução continuada ou diferida, se a prestação de uma das partes se tornar excessivamente onerosa, com extrema vantagem para a outra, em virtude de acontecimentos extraordinários e imprevisíveis, poderá o devedor pedir a resolução do contrato. Os efeitos da sentença que a decretar retroagirão à data da citação.

> Art. 479. A resolução poderá ser evitada, oferecendo-se o réu a modificar equitativamente as condições do contrato.

> Art. 480. Se no contrato as obrigações couberem a apenas uma das partes, poderá ela pleitear que a sua prestação seja reduzida, ou alterado o modo de executá-la, a fim de evitar a onerosidade excessiva.

Certamente, diante das disposições legais apresentadas, pode-se identificar cinco requisitos essenciais para a resolução do contrato, quais sejam:

a) Contratos de execução continuada ou diferida: primeira característica essencial é a de que somente se opera a resolução nos contratos de execução continuada ou sucessiva, isto é, naqueles contratos que se cumprem por meio de atos reiterados e que, portanto, a prestação deve ser cumprida durante certo período de tempo, de maneira continuada, bem como nos contratos de execução diferida, assim entendidos como aqueles contratos que devem ser cumpridos em um só ato, mas em momento futuro, uma vez que a execução se protrai em virtude de cláusula que a subordina a um determinado termo.

b) Acontecimentos extraordinários e imprevisíveis: para que se possa, ainda, falar em resolução por onerosidade excessiva, há a necessidade de demonstração da ocorrência de algum acontecimento que seja extraordinário, ou seja, incomum, inesperado, imprevisto e, por certo, também imprevisível pelos contratantes no momento da celebração do contrato.

Certamente, esse acontecimento deve ser verificado após a celebração do contrato, de maneira pela qual as partes não conseguem antever ou prever o seu acontecimento, afastando, portanto, qualquer a qualidade de extraordinário ao risco (álea) assumido pelas partes no contrato em que estavam cientes as partes da possibilidade de sua ocorrência.

c) Prestação excessivamente onerosa para uma das partes: é a alteração do montante da prestação, que ocorre de maneira grave, substancial e custosa a uma das partes, tornando-a excessivamente onerosa, com relação ao seu cumprimento, sendo um sacrifício patrimonial muito além do que poderia antever o prejudicado no momento da celebração do contrato, comprometendo assim a sua viabilidade econômica.

d) Vantagem exagerada para a outra parte: em contrapartida ao que ocorre com a prestação excessivamente onerosa para uma das partes, pode ocorrer também o enriquecimento em demasia da outra, indevido, do lucro exorbitante aproveitado pela parte contratante que não sofre a onerosidade excessiva, e que acarreta, de conseguinte, um considerável aumento patrimonial.

e) Resolução do contrato: é a consequência buscada pela constatação da onerosidade excessiva na relação contratual, por causas ou motivos supervenientes à formação do contrato, capaz de o extinguir e colocar fim à relação contratual, sem o seu efetivo cumprimento.

Finalmente, nos termos do art. 479 do CC, pode-se evitar a resolução do contrato, caso o beneficiado (ou réu, se tiver ação em andamento) concorde em modificar equitativamente as condições do contrato, em um evidente reflexo do princípio da preservação dos contratos.

E, conforme art. 480 do CC, se no contrato as obrigações couberem a apenas uma das partes, poderá ela pleitear que a sua prestação seja reduzida, ou alterado o modo de executá-la, a fim de evitar a onerosidade excessiva.

15. TÉCNICAS DE ESTRUTURAÇÃO E DE REDAÇÃO DE CONTRATOS

Antes de iniciarmos os estudos dos Contratos Cíveis e dos Contratos Societários, gostaria de introduzir um roteiro completo de passo a passo para a estruturação e redação de contratos, desde o preâmbulo até a assinatura das partes contratantes e das testemunhas.

Relembrando, é certo que um contrato é conceituado como sendo um acordo legal derivado da manifestação de vontades, que define os direitos e as obrigações entre duas ou mais partes contratantes.

Em todas essas relações, existem muitas cláusulas que podem ser incluídas em um contrato, dependendo, por certo, do tipo de acordo que estiver sendo entabulado, bem como das próprias necessidades das partes envolvidas. Por isso, indicamos que os contratos sejam claros, precisos, assertivos e que sempre reflitam a realidade do caso a ser analisado e as necessidades dos contratantes.

No entanto, algumas cláusulas são comuns a quase todos os tipos de contratos e são essenciais para garantir que o acordo seja justo, equilibrado e plenamente executável.

A seguir, listamos algumas dessas cláusulas que entendemos mais importantes e essenciais, as quais devem ser incluídas em um contrato:

a) Preâmbulo e identificação das partes envolvidas: o preâmbulo de um contrato é o local em que as Partes contratantes são devidamente **identificadas e qualificadas**, incluindo seus nomes legais ou sociais, endereços ou sede, identidade (RG, CPF e/ou CNPJ), qual sua condição no contrato (se "Contratante" ou "Contratado") e outras informações relevantes, tais como se há representantes legais, se há interdição ou não, entre outras informações.

b) Premissas ou Considerandos: este tópico existente nos contratos tem a função de oferecer os antecedentes ou as razões pelas quais o contrato foi celebrado. Eles fornecem um contexto fático inicial e podem ser usados para posicionar as partes com relação ao contrato, bem como oferecer dados para a interpretação do contrato, caso surjam ambiguidades.

c) Objeto e a descrição dos serviços ou produtos: esta cláusula é obrigatória em qualquer tipo de contrato ("Do Objeto"), pois é nela que os Contratantes devem definir claramente (recorde-se do objeto determinado ou determinável – art. 104, II, do CC) o que será fornecido por uma parte à outra, seja com produtos, coisas, bens, direitos ou serviços, incluindo as especificações técnicas, as condições do local de prestação, entre outros detalhes importantes.

d) Prazo do contrato: esta cláusula deve estabelecer o período em que o contrato produzirá seus efeitos e vinculará os contratantes ao seu cumprimento, desde o início até o término. Importante verificar que os contratos poderão ter **prazo determinado**, ou seja, um termo inicial e um termo final, resolvendo o contrato, ou **prazo indeterminado**, nesse caso, somente tendo uma data de início para a produção dos seus efeitos e não um termo final.

e) Condições de pagamento: importante e imprescindível cláusula que deve estabelecer os termos e as condições para o pagamento pelos serviços, produtos ou bens fornecidos e envolvidos na contratação ("Do Pagamento" ou "Da Forma e Condições de Pagamento"), incluindo os **prazos de pagamento e as condições de pagamento** (se à vista ou parcelado, e a quantidade de parcelas).

f) Propriedade intelectual: quando se tratar de produtos ou serviços, ou, ainda, quando envolver sociedades empresárias, direitos autorais, patentes, entre outros, esta cláusula deve definir quem detém os direitos de propriedade intelectual sobre os bens, produtos, direitos ou serviços fornecidos.

g) Confidencialidade: esta cláusula tem a função de estabelecer as condições para a manutenção da confidencialidade das informações trocadas durante o contrato, sobretudo quando envolver documentos, informações ou dados sigilosos e que mereçam proteção. Assim, também estabelece a obrigação das partes de manter em seu poder informações confidenciais e proteger a privacidade dos dados compartilhados durante a vigência do contrato, fixando multa, se o caso, para o seu descumprimento.

h) Direitos e obrigações das partes: importante, também, descrever os direitos das partes envolvidas, bem como as obrigações de cada parte dentro do contrato, incluindo a entrega ou repasse de eventuais documentos ou informações, o cumprimento de determinados prazos, o oferecimento de eventuais garantias e de demais direitos ou obrigações específicas.

i) Declarações, garantias e responsabilidades: esta cláusula define as garantias oferecidas pelos produtos ou serviços, bem como as responsabilidades de cada parte em caso de inadimplência ou descumprimento do contrato. São afirmações de fato feitas por uma das partes no contrato, que são apresentadas como verdadeiras e precisas até uma data específica, geralmente a data de assinatura do contrato. As declarações oferecem ao comprador uma compreensão clara da situação atual da empresa ou do ativo que está sendo adquirido; por exemplo, uma declaração pode afirmar que a empresa em questão cumpriu todas as leis ambientais relevantes. As garantias, por seu turno, são promessas feitas por uma das partes de que certas condições são verdadeiras ou vão acontecer, como, por exemplo, uma garantia pode assegurar que todos os equipamentos da empresa estão em bom estado de funcionamento.

j) Rescisão e rescisão antecipada: esta cláusula estipula as condições e as hipóteses sob as quais o contrato pode ser rescindido por qualquer uma das partes, seja por mútuo acordo, por inadimplemento de uma das partes ou outras circunstâncias específicas, incluindo os prazos necessários de notificação prévia da parte contrária e as possíveis penalidades, em caso de descumprimento.

k) Força maior ou assunção de responsabilidade: descrever as circunstâncias em que as partes podem ser isentas ou ter o afastamento de suas responsabilidades ao cumprir suas obrigações devido a eventos fora de seu controle (caso fortuito ou força maior), como desastres naturais, guerras ou greves (art. 393, parte final, do CC). Da mesma forma, importante descrever se haverá a assunção de responsabilidade, ainda que os bens, os produtos ou os serviços objeto do contrato se percam ou se impossibilitem, por caso fortuito ou força maior.

l) Disposições gerais: incluir as cláusulas que abordam as questões genéricas e gerais, mas são igualmente importantes para o contrato, tais como a forma pela qual as partes terão ciência sobre os termos do contrato, as leis aplicáveis à matéria, as notificações necessárias para as emendas ou aditamentos ao contrato, a possibilidade (ou não) de cessão dos direitos envolvendo o contrato, de renúncias ou não à integralidade do contrato.

m) Solução de conflitos ou de controvérsias: esta cláusula estabelece os mecanismos para solucionar possíveis disputas ou desacordos entre as partes, como mediação, instituição de arbitragem ou ação judicial. As cláusulas de resolução de disputas estabelecem os mecanismos para resolver conflitos que possam surgir em relação ao contrato. Incluir essas cláusulas no contrato é importante para fornecer um caminho claro e acordado para lidar com disputas sem ter que recorrer imediatamente ao sistema judiciário.

n) Jurisdição ou foro de eleição: esta cláusula, por fim, deve estabelecer a jurisdição ou o foro eleito pelas partes, que será responsável por resolver quaisquer disputas relacionadas ao contrato.

o) Assinaturas: incluir sempre os espaços para as assinaturas de todas as partes envolvidas, atestando sua concordância com os termos e condições do contrato, bem como das testemunhas (sempre duas testemunhas), para possibilitar a execução do título executivo extrajudicial (art. 784, III, do CPC). De igual maneira, atentar sempre se há a necessidade de assinatura de algum Anuente ou de Terceiros que possam sofrer os efeitos do contrato.

De maneira geral, essas são apenas algumas das cláusulas que devem ser incluídas em um contrato. É importante que as partes envolvidas revisem cuidadosamente todas as cláusulas e garantam que entendem todos os termos e condições antes de assinar o acordo.

15.1. PRINCÍPIOS GERAIS PARA A REDAÇÃO DE CONTRATOS

A base de qualquer contrato bem redigido reside em sua fundamentação nos princípios gerais, que garantem que o contrato seja compreensível, justo e conforme à lei.

Aqui, discutimos alguns desses princípios com mais profundidade.

15.1.1. CLAREZA E PRECISÃO

No universo jurídico, onde os contratos, documentos e escritos muitas vezes definem direitos, deveres e consequências, a clareza é uma virtude primordial.

O ato de expressar ideias, termos e disposições de maneira clara garante que todas as partes envolvidas compreendam exatamente o que está sendo comunicado, reduzindo, assim, os riscos de mal-entendidos e disputas.

· **Clareza** é a qualidade de ser **facilmente compreendido**.

No contexto jurídico, um texto claro é aquele que transmite seu significado de maneira inequívoca, independentemente do conhecimento prévio do leitor sobre o assunto.

A clareza é alcançada por meio da escolha adequada de palavras, estrutura de frase clara e uso correto de sintaxe e gramática.

Por exemplo, se uma cláusula contratual estipula que "o fornecedor entregará os bens no prazo de 30 dias a partir da data da assinatura do contrato", é claramente entendido que o fornecedor tem 30 dias para entregar os bens após a assinatura do contrato.

Por que a clareza no contrato é essencial?

a) Evita ambiguidades e contradições: palavras ou frases ambíguas em um documento jurídico podem levar a diferentes interpretações. Essas ambiguidades e contradições, por vezes, são a fonte de litígios prolongados e dispendiosos entre os contratantes.

b) Facilita a compreensão: um texto claro e direto permite que todas as partes envolvidas, sejam elas juristas ou não, compreendam os termos e condições estabelecidos. Isso é particularmente importante em contratos, em que as partes devem estar cientes de seus direitos e obrigações.

c) Promove a eficiência: documentos claros e bem redigidos aceleram o processo de revisão e aprovação, evitando atrasos frequentes causados por pedidos de esclarecimento ou reescrita.

E como garantir a clareza na redação do contrato?

a) Escolha cuidadosa das palavras: opte por palavras simples e diretas. Evite jargões jurídicos ou termos técnicos quando não forem necessários, especialmente em documentos destinados ao público leigo.

b) Foco na precisão: seja específico ao definir termos e condições no contrato. Por exemplo, em vez de usar "em breve..." ou "tão logo...", especifique um prazo ou uma data.

c) Estrutura do texto: use parágrafos curtos, assertivos, bem como subtítulos, capítulos, parágrafos e listas para organizar as informações, tornando o texto mais acessível, fluído e de fácil entendimento.

d) Revisão: após redigir o documento, revise-o ou peça a um colega para fazer isso. Uma revisão pode destacar áreas de ambiguidade ou confusão que passaram despercebidas.

e) Teste o documento: em alguns casos, pode ser útil mostrar o documento a alguém de sua confiança, que não esteja familiarizado com o contexto, para verificar sua clareza.

f) Considere o público-alvo: ao redigir, tenha sempre em mente o público-alvo. Um contrato entre duas entidades corporativas ou multinacionais, por exemplo, pode ter uma linguagem diferente de um contrato destinado a pessoas leigas do direito, ou até mesmo quando destinado a um consumidor individual.

g) Jargões e termos técnicos: apesar de serem comuns no ambiente jurídico, jargões e termos técnicos devem ser evitados, no entanto, quando utilizados, tome o cuidado de explicá-los quando o público-alvo não for especializado. Embora possam facilitar a comunicação entre especialistas, jargões podem confundir os leigos. Se indispensável, forneça uma definição clara.

h) Frases curtas: frases longas podem confundir o leitor. Se uma frase estiver muito extensa, divida-a em duas ou mais. Evite encadear diversas ideias em uma única frase. Complexidade excessiva pode obscurecer a mensagem.

A clareza na redação dos contratos não é apenas uma **questão estilística**; é uma **necessidade fundamental**.

Um documento jurídico claro não apenas comunica eficazmente suas intenções, mas também constrói confiança entre as partes envolvidas e reduz o risco de futuras disputas. Em uma área em que as palavras têm poder e podem ter consequências duradouras, a clareza é, sem dúvida, uma das ferramentas mais potentes à disposição de um redator jurídico.

- **Precisão**, por outro lado, é a qualidade de ser **exato ou correto**.

Na redação de contratos, um texto preciso é aquele que descreve com exatidão os fatos, os direitos, as obrigações, o objeto ou os procedimentos necessários para se fazer cumprir o escopo principal em questão.

A precisão é alcançada por meio do uso de terminologias jurídicas apropriadas, de referências corretas a estatutos ou precedentes legais, bem como na especificidade adequada na descrição de fatos ou de condições.

Por exemplo, se em determinado contrato há a referência especifica à *"Lei de Locações de 1991"* ou *"Lei do Inquilinato"*, pode-se afirmar que tais termos são precisos, porque estão se referindo, designadamente, a uma lei específica que governará toda aquela relação contratual.

E por que a precisão é crucial no contrato?

a) Evita ambiguidades legais: mesmo uma pequena imprecisão em um documento jurídico pode resultar em diferentes interpretações, que, por sua vez, podem levar a disputas e litígios.

b) Garante integridade: a precisão em um documento, seja um contrato, uma moção ou uma petição, assegura que os direitos, deveres e intenções das partes sejam corretamente representados.

c) Reflete profissionalismo: documentos precisos demonstram competência e atenção aos detalhes por parte do redator, reforçando a confiança entre as partes envolvidas.

Como assegurar a precisão em redação contratual?

a) Escolha cuidadosa das palavras: cada palavra em um documento jurídico carrega peso. Opte por termos que sejam exatos e evite generalizações ou termos vagos que possam ser interpretados de várias maneiras.

b) Verificação de fatos: certifique-se de que todas as informações e referências em seu documento sejam verdadeiras e atualizadas. Isso inclui, mas não se limita a, leis citadas, datas, nomes e números.

c) Evite jargões desnecessários: embora a terminologia jurídica específica possa ser necessária em alguns contextos, o uso excessivo de jargões pode obscurecer o significado pretendido.

d) Considere o contexto: compreenda o propósito e o contexto do documento que você está redigindo. Um contrato, por exemplo, pode exigir termos e condições específicos, enquanto um memorando interno pode ser um pouco mais flexível em sua linguagem.

e) Revisão rigorosa: sempre revise o documento, preferencialmente várias vezes e, se possível, por diferentes pessoas. Isso ajuda a identificar e corrigir possíveis imprecisões.

f) Considere precedentes: em situações ambíguas, considere como termos e cláusulas semelhantes foram interpretados em decisões judiciais anteriores para garantir que você esteja alinhado com interpretações aceitas.

g) Especificidade: especifique datas, locais, nomes e outros detalhes relevantes. Ambiguidades podem ser prejudiciais em documentos jurídicos.

h) Detalhes: cada detalhe, seja ele uma data, local ou montante, deve ser precisamente especificado.

A precisão na redação jurídica é uma defesa contra erros, mal-entendidos e disputas.

Ela assegura que o documento seja não apenas uma representação fiel das intenções das partes envolvidas, mas também um instrumento jurídico robusto e defensável.

Em um campo em que as palavras podem determinar resultados legais, financeiros e, por vezes, até mesmo a liberdade de uma pessoa, a precisão é, inquestionavelmente, de suma importância.

Em resumo, para alcançar clareza e precisão na redação jurídica:

a) Use linguagem simples e direta sempre que possível.

b) Evite jargões e linguagem complexa, a menos que seja necessário para a precisão.

c) Certifique-se de que suas frases e parágrafos são estruturados de forma clara e lógica.

d) Use terminologia legal apropriada e faça referências precisas à lei.

e) Seja específico ao descrever fatos, condições ou obrigações.

f) Revise seu trabalho para garantir que o significado pretendido seja transmitido de forma clara e precisa.

g) Priorize uma linguagem simples e direta, evitando jargões jurídicos, quando possível.

h) Use a voz ativa, que é geralmente mais clara do que a voz passiva.

i) A redação do contrato deve ser direta, sem rodeios ou termos excessivamente complexos. O objetivo é comunicar as intenções das partes de forma clara.

j) Todas as cláusulas devem ser redigidas de modo a evitar interpretações múltiplas. Caso haja dúvida sobre a interpretação de uma cláusula, é preferível reescrevê-la.

k) Mantenha a consistência na terminologia usada. Por exemplo, se você se refere a uma das partes como "Contratante" no início, continue usando esse termo ao longo de todo o documento.

Lembre-se sempre de que o objetivo final da clareza e precisão é garantir que os documentos jurídicos sirvam a seu propósito de maneira eficaz, minimizando as chances de confusão ou interpretação incorreta.

15.1.2. INTEGRIDADE E ÉTICA

No campo jurídico, a integridade e a ética são pilares que sustentam todas as relações, especialmente a prática profissional.

Essas duas virtudes são notadamente cruciais na redação dos contratos, dadas a natureza vinculativa e a importância dos documentos criados.

Integridade refere-se à aderência a princípios morais e éticos, garantindo honestidade e consistência em todas as ações e declarações.

Na redação jurídica, a integridade é manifestada através de apresentações precisas e completas.

Isso significa que, ao redigir qualquer documento legal, é imperativo garantir que todos os fatos, argumentos ou informações apresentadas sejam verdadeiros e livres de qualquer forma de engano ou omissão.

A integridade na redação evita a proposição de argumentos desonestos ou a distorção de fatos para beneficiar injustamente uma parte.

Por exemplo, ao preparar uma declaração para um tribunal, seria contra a integridade omitir intencionalmente informações que poderiam ser desfavoráveis ao cliente, mas relevantes para o caso.

Ética, no contexto jurídico, refere-se ao conjunto de regras e padrões que orientam o comportamento profissional dos envolvidos na prática do direito.

A ética na redação jurídica envolve não apenas a produção de documentos que sejam honestos e verdadeiros, mas também a proteção dos direitos e interesses das partes envolvidas, a promoção da justiça e o respeito ao código de conduta da profissão.

Alguns pontos importantes sobre ética na redação dos contratos incluem:

a) **Confidencialidade**: proteger informações sensíveis ou privilegiadas, garantindo que elas não sejam indevidamente divulgadas ou utilizadas.

b) **Imparcialidade**: em certas situações, como a redação de documentos judiciais, é vital evitar preconceitos ou parcialidades, apresentando os fatos de forma justa e equilibrada.

c) **Respeito ao Direito**: garantir que a redação esteja em conformidade com a lei aplicável e as normas jurídicas.

d) **Compreensão**: garantir que todas as partes envolvidas compreendam seus direitos e obrigações.

e) Equilíbrio: evitar cláusulas abusivas ou que aproveitem desequilíbrios de poder.

f) Transparência: todas as cláusulas e termos devem ser apresentados abertamente, sem tentar esconder ou obscurecer qualquer termo que possa ser prejudicial a uma das partes.

g) Equidade: evitar cláusulas que sejam excessivamente favoráveis a uma parte em detrimento da outra. Um contrato deve visar ao equilíbrio e à justiça entre as partes envolvidas.

h) Responsabilidade: as partes devem ser responsáveis por suas obrigações sob o contrato e devem reconhecer quaisquer consequências de não cumprir essas obrigações.

Em resumo, a **integridade e a ética** na redação jurídica garantem que os documentos produzidos não apenas atendam aos requisitos legais, mas também reflitam os mais altos padrões de profissionalismo e moralidade.

Eles servem como lembrete constante para os redatores jurídicos de que sua principal obrigação é com a justiça, a verdade e a proteção dos direitos das partes envolvidas.

15.1.3. CONFORMIDADE LEGAL

No universo jurídico, a conformidade legal não é apenas um requisito, mas a espinha dorsal de qualquer documento ou argumento apresentado.

A redação jurídica serve, muitas vezes, como ponte entre as complexidades da legislação e a prática efetiva do direito no cotidiano dos cidadãos e das entidades.

Portanto, garantir que essa redação esteja em conformidade com as leis vigentes é essencial para sua validade e eficácia.

Conformidade legal refere-se à aderência e ao alinhamento total de um documento ou argumento às leis e regulamentos aplicáveis ao caso.

Em outras palavras, significa que o conteúdo redigido não contradiz, infringe ou desafia as leis vigentes, mas, sim, as respeita e se fundamenta nelas.

Alguns postos-chaves sobre a conformidade legal na redação dos contratos incluem:

a) Conhecimento atualizado das leis: as leis estão em constante evolução e mudança. Assim, é vital para um redator jurídico estar atualizado sobre as últimas emendas, alterações ou novas legislações que possam afetar o conteúdo do seu documento.

b) Referências precisas: ao citar um estatuto, regulamento ou qualquer outra fonte legal, é imperativo garantir que a referência seja precisa. Isso inclui o título da lei, o ano de promulgação e até mesmo a seção ou cláusula específica, se aplicável.

c) Evitar ambiguidades: as leis são frequentemente detalhadas e específicas. Na redação jurídica, é essencial garantir que qualquer interpretação ou aplicação da lei em um documento seja clara e inequívoca para evitar desentendimentos ou desafios futuros.

d) Consequências da não conformidade: documentos ou argumentos que não estejam em conformidade legal podem não apenas perder sua validade, mas também resultar em penalidades, como multas, sanções ou outros litígios.

e) Atualidade com a legislação: é crucial estar atualizado com as leis e regulamentações vigentes relacionadas ao objeto do contrato. Um contrato que viole a lei é nulo e sem efeito.

f) Jurisdição específica: identifique claramente a jurisdição (ou seja, o sistema legal sob o qual o contrato será interpretado e executado). Em casos de contratos internacionais, é especialmente importante definir qual jurisdição se aplicará em caso de disputas.

g) Previsão de alterações legais: em alguns setores, as leis e regulamentações podem mudar rapidamente. Se relevante, considere cláusulas que abordem a possibilidade de mudanças na legislação e como elas afetarão o contrato.

Em resumo, a conformidade legal é o pilar sobre o qual a redação jurídica se sustenta.

Ela garante que os documentos e argumentos sejam não apenas persuasivos e bem fundamentados, mas também aderentes e respeitosos ao sistema legal no qual operam.

Ignorar a conformidade pode não apenas desacreditar o redator e sua representação, mas também ter consequências legais sérias para as partes envolvidas.

A aderência rigorosa a esses princípios gerais assegura que o contrato não só proteja os interesses de ambas as partes, mas também estabeleça uma base sólida para uma relação de trabalho mutuamente benéfica e de longo prazo.

Além disso, minimiza o risco de disputas legais, economizando tempo, esforço e recursos para todas as partes envolvidas.

15.1.4. IMPESSOALIDADE

Dentro de todo e qualquer cenário jurídico, a impessoalidade representa um dos pilares fundamentais, não apenas para a objetividade e a neutralidade das relações, mas também para assegurar que os documentos legais estejam livres de vieses, de opiniões pessoais ou de emoções que possam prejudicar o cumprimento das obrigações decorrentes do contrato.

A redação do contrato, em sua essência, deve apresentar informações, direitos e deveres de maneira desapaixonada, permitindo uma interpretação justa e uniforme por todas as partes envolvidas.

E por que a impessoalidade é vital?

a) Neutralidade: ao adotar uma linguagem impessoal, os documentos jurídicos mantêm um tom neutro, evitando favoritismos, preconceitos ou discriminações.

b) Uniformidade: a impessoalidade promove uma interpretação homogênea, já que a mensagem transmitida não está atrelada a uma perspectiva ou opinião individual.

c) Credibilidade e confiança: textos que demonstram impessoalidade geram maior confiança e são vistos como mais legítimos e profissionais.

Como alcançar a Impessoalidade em Redação Jurídica?

a) Evitar a redação em primeira pessoa: opte por construções que evitem o uso da primeira pessoa (eu, nós). Por exemplo, em vez de "Eu recomendo que...", use "Recomenda-se que...".

b) Limitar opiniões: evite inserir opiniões pessoais ou juízos de valor no texto. O documento deve basear-se em fatos, leis e precedentes estabelecidos.

c) Utilizar voz passiva: embora em muitos contextos a voz ativa seja preferível por sua clareza, a voz passiva pode ser utilizada para dar um tom mais impessoal ao texto. Assim, na voz ativa o sujeito executa a ação, sendo ele um sujeito agente. Exemplo: *Nós faremos o documento*. Na voz passiva, o sujeito sofre a ação, sendo ele um sujeito paciente. Exemplo: "O documento será redigido". Pode ser útil para remover o foco do ator e colocar no ato em si, por exemplo: "A sentença foi proferida" em vez de "O juiz proferiu a sentença".

d) Evitar adjetivações e subjetividades: limite o uso de adjetivos, especialmente aqueles que possam transmitir emoção ou opinião. Documentos jurídicos devem ser baseados em fatos, leis e precedentes, e não em opiniões pessoais.

e) Revisão criteriosa: ao revisar o documento, procure por qualquer sinal de subjetividade e considere se é apropriado para o contexto. Se necessário, reformule para manter a neutralidade.

f) Referências objetivas: baseie-se sempre em fontes confiáveis e objetivas, evitando fontes que possam ser consideradas tendenciosas ou parciais.

g) Neutralidade: mantenha um tom neutro. Emoções ou opiniões pessoais não têm lugar em textos jurídicos.

A impessoalidade, no contexto da redação dos contratos, é uma **garantia de justiça e equidade na comunicação**. Ela assegura que o texto está livre de influências externas, permitindo que as partes envolvidas confiem no conteúdo apresentado.

Nesse sentido, a impessoalidade não apenas protege a integridade do documento, mas também fortalece sua **validade e autoridade** dentro do sistema legal.

15.1.5. CONCISÃO

A concisão, em termos de redação jurídica, refere-se à arte de expressar ideias e informações de maneira clara e direta, sem excesso de palavras ou detalhes desnecessários.

Essa característica é especialmente valorizada na área jurídica, em que a precisão da informação e a economia de palavras são vitais para evitar ambiguidades ou mal-entendidos.

Por que a concisão é fundamental?

a) Eficiência: Um texto conciso permite que o leitor compreenda rapidamente as informações ou intenções apresentadas, economizando tempo e reduzindo a possibilidade de interpretações errôneas.

b) Clareza: Ao eliminar palavras ou frases redundantes, a mensagem central do documento torna-se mais evidente e acessível.

c) Profissionalismo: Documentos jurídicos concisos demonstram um domínio claro do assunto e uma habilidade refinada de comunicação, gerando maior confiança por parte dos leitores.

Como alcançar a concisão em redação de contratos?

a) Evitar redundâncias: reflita sobre cada palavra e frase e questione sua necessidade. Termos como "fato real" ou "resultado final" são exemplos comuns de redundâncias que podem ser evitadas.

b) Usar palavras simples: sempre que possível, opte por palavras simples e diretas em vez de jargões ou termos complexos que não agreguem valor ao significado pretendido.

c) Estrutura clara: organize o documento de forma lógica, começando pelo geral e direcionando para os detalhes específicos, evitando desvios desnecessários.

d) Limitar repetições: se um ponto foi claramente declarado, não há necessidade de repeti-lo em diferentes seções do documento.

e) Revisão rigorosa: ao revisar, busque especificamente por trechos que possam ser simplificados ou compactados sem perder o significado ou a precisão.

f) Foco no essencial: mantenha-se sempre alinhado ao objetivo central do documento, evitando divagações ou inclusão de informações que não sejam diretamente relevantes.

g) Informação essencial: cada palavra em um documento jurídico deve ter um propósito. Se uma palavra ou frase não adiciona valor ou significado, considere removê-la.

h) Economia linguística: reduza palavras e frases desnecessárias. Por exemplo, prefira "porque" em vez de "em razão de que".

A concisão na redação jurídica não significa simplesmente "escrever menos", mas, sim, "escrever de forma mais eficaz".

Um contrato conciso, assim como qualquer outro documento jurídico, carrega em si a eficiência da comunicação, demonstrando respeito pelo tempo do leitor e garantindo que a mensagem principal seja transmitida sem ambiguidades.

Em um ambiente onde cada palavra pode ter implicações legais significativas, a habilidade de ser direto e claro é inestimável.

Agora, vamos analisar cada tópico da estrutura redacional de um contrato.

16. ESTRUTURA DO CONTRATO

16.1. PREÂMBULO

Como visto, o preâmbulo é a parte introdutória de todo e qualquer contrato, no qual são estabelecidas as qualificações das partes envolvidas no instrumento, bem como de todo o contexto em que se encontram, inclusive a respeito da natureza do contrato ("...celebram o presente Instrumento Particular de Doação...").

Nesse ponto, identifique as partes envolvidas, utilizando os seus nomes completos, a qualificação e as informações de registro, no caso de pessoa jurídica.

• **Identificação das Partes**: é crucial usar os nomes completos e outros identificadores relevantes (como números de registro ou CNPJ). Isso evita qualquer confusão sobre quem são os signatários.

• **Contexto**: forneça uma breve descrição do propósito ou razão do contrato.

• **Definições:** forneça definições claras e precisas dos termos usados ao longo do contrato.

```
┌─────────────────────────────────────────────────────────────────────┐
│                      MODELOS DE PREÂMBULO                             │
│                                                                       │
│         CONTRATO DE LOCAÇÃO DE IMÓVEL URBANO RESIDENCIAL              │
│   Pelo presente INSTRUMENTO PARTICULAR DE LOCAÇÃO DE IMÓVEL RESIDEN-  │
│   CIAL, de um lado, XXX, profissão, estado civil, RG, CPF, endereço   │
│   completo, doravante denominado de LOCADOR; e, de outro lado, XXX    │
│   profissão, estado civil, RG, CPF, endereço completo, doravante      │
│   denominado de LOCATÁRIO, tem justo e contratado, mediante as        │
│   cláusulas abaixo, o seguinte:                                       │
│   (...)                                                               │
│   Ou                                                                  │
│   Pelo presente instrumento particular, de um lado, EMPRESA XXX       │
│   (Razão Social ou Nome do Contratante), com sede em Rua/Avenida XXX  │
│   (Endereço completo), inscrita no CNPJ/MF sob o n. XXX ou CPF/MF     │
│   sob o n. XXX, neste ato representada por seu(s) representante(s)    │
│   legal(is), doravante denominada "CONTRATANTE"; e, de outro lado,    │
│   EMPRESA XXX (Razão Social ou Nome do Contratado), com sede em       │
│   Rua/Avenida XXX (Endereço completo), inscrita no CNPJ/MF sob o n.   │
│   XXX ou CPF/MF sob o n. XXX, neste ato representada por seu(s)       │
│   representante(s) legal(is), doravante denominada "CONTRATADO".      │
└─────────────────────────────────────────────────────────────────────┘
```

16.2. CONSIDERANDO (PREMISSAS)

Os chamados "Considerandos" em um contrato são uma espécie de "seção introdutória" do instrumento, em que são definidos as premissas e os fundamentos fáticos nos quais o acordo foi estabelecido.

Não são cláusulas operacionais propriamente ditas, que impõem obrigações diretas às partes contratantes, mas oferecem uma visão geral dos motivos pelos quais o contrato está sendo assinado e estabelecem o pano de fundo das disposições seguintes.

Aqui estão alguns pontos importantes sobre os considerandos:

a) **Contextualização:** os considerandos explicam as circunstâncias que levaram à criação do contrato. Isso pode incluir a relação entre as partes, o histórico da negociação ou o propósito do acordo.

b) **Referência para interpretações:** podem ser usados para ajudar a interpretar o restante do contrato, oferecendo *insights* sobre as intenções das partes quando certos termos ou cláusulas são ambíguos.

c) **Sem força obrigatória:** embora os considerandos forneçam contexto importante, eles geralmente não têm força obrigatória, como as cláusulas operacionais do contrato. Ou seja, eles não criam por si só direitos ou obrigações legais.

d) **Estrutura:** os considerandos geralmente começam com a palavra "Considerando" e são seguidos por declarações que descrevem o contexto do acordo. Eles são frequentemente listados em itens ou parágrafos separados.

e) Importância legal: em disputas contratuais, os considerandos podem ser examinados pelos tribunais para entender o contexto e o propósito do contrato, especialmente se houver ambiguidade nas cláusulas operacionais.

Em resumo, os considerandos são a parte introdutória de um contrato que fornece o cenário e explica as razões e intenções por trás do acordo.

Eles são importantes para a compreensão geral do contrato, mas não são, por si só, cláusulas que impõem obrigações legais.

Riscos: a ausência dos considerandos em um contrato pode trazer vários riscos, especialmente em situações nas quais a interpretação do contrato se torna complexa ou quando surgem disputas entre as partes. Alguns dos riscos possíveis incluem:

a) Interpretação ambígua: sem os considerandos, pode ser mais difícil interpretar a intenção das partes e o contexto no qual o contrato foi celebrado. Isso pode levar a interpretações ambíguas ou conflitantes das cláusulas contratuais, especialmente em situações em que o texto do contrato é vago ou aberto a múltiplas interpretações.

b) Dificuldade em resolver disputas: em caso de litígios, os tribunais frequentemente se referem aos considerandos para entender o contexto e o propósito do contrato. Sem essas informações, pode ser mais desafiador para um tribunal determinar o verdadeiro espírito do acordo, o que pode afetar a resolução de disputas.

c) Falta de clareza nas intenções: os considerandos ajudam a esclarecer as intenções das partes. Sua ausência pode levar a incertezas sobre os objetivos e expectativas de cada parte, o que pode resultar em conflitos ou mal-entendidos durante a execução do contrato.

d) Problemas na execução do contrato: sem um entendimento claro do contexto e das intenções do contrato, pode haver dificuldades na execução prática do acordo. Isso pode afetar a colaboração e a eficiência na realização das obrigações contratuais.

e) Comprometimento da relação entre as partes: a falta de clareza e entendimento mútuo pode levar a tensões e desconfianças entre as partes, prejudicando a relação comercial e a cooperação a longo prazo.

f) Desafios na alteração ou na renovação do contrato: na ausência de considerandos que definam claramente o contexto e os objetivos do contrato original, pode ser mais complicado realizar alterações ou renovações futuras do contrato de maneira que satisfaça ambas as partes.

Embora os considerandos não sejam cláusulas obrigatórias em todos os contratos e muitos contratos possam funcionar adequadamente sem eles, eles oferecem um meio valioso de prevenir mal-entendidos e conflitos, facilitando uma interpretação mais clara e contextualizada do acordo.

MODELOS DE CONSIDERANDOS

(...)

CONSIDERANDO que a Empresa A, uma sociedade limitada constituída e existente de acordo com as leis do (XXX), com sede em (XXX), inscrita no CNPJ sob o n. (XXX), doravante denominada "Vendedora";

CONSIDERANDO que a Empresa B, uma sociedade por ações devidamente organizada sob as leis de (XXX), com sede em (XXX), inscrita no CNPJ sob o n. (XXX), doravante denominada "Compradora";

CONSIDERANDO que a Vendedora é proprietária de um conjunto de ativos, incluindo (descrever brevemente os ativos, como maquinários, propriedades intelectuais, imóveis, etc.), referidos coletivamente aqui como "Ativos";

CONSIDERANDO que a Compradora deseja adquirir os Ativos e a Vendedora deseja vender os Ativos nas condições estabelecidas neste contrato;

CONSIDERANDO que ambas as partes desejam estabelecer os termos e condições sob os quais a venda e transferência dos Ativos ocorrerão, e desejam regular seus direitos e obrigações de maneira clara e precisa;

CONSIDERANDO a intenção mútua das partes de concluir a transação de maneira justa e equitativa, respeitando todas as leis e regulamentações aplicáveis;

AGORA, PORTANTO, em consideração aos mútuos acordos, promessas e compromissos aqui estabelecidos, as partes, com a intenção de estarem legalmente vinculadas, concordam com o seguinte:

(Seguido pelas cláusulas operacionais do contrato)

16.3. CLÁUSULAS CONTRATUAIS

As cláusulas de um contrato são seus elementos operativos, delineando os direitos e obrigações específicos das partes.

Ao criar ou revisar um contrato, é essencial estar familiarizado com as cláusulas comuns e entender o propósito e a aplicação de cada uma.

A seguir, detalhamos mais profundamente algumas dessas cláusulas.

Em qualquer contrato existem certas cláusulas padrão que surgem frequentemente, independentemente do tipo de acordo ou das partes envolvidas.

Essas cláusulas são fundamentais, pois estabelecem os termos-chave do contrato e servem para proteger os interesses das partes, clarificar obrigações e definir procedimentos em caso de disputas ou alterações no contrato.

Elas são o coração do contrato, detalhando os direitos, deveres e responsabilidades de cada parte.

Algumas dicas são necessárias:

a) Use títulos e subtítulos claros para identificar cada cláusula.

b) Ordene as cláusulas de forma lógica, temática e sequencial.

• **Organização lógica**: organize as cláusulas de maneira lógica e sequencial, geralmente do mais geral para o mais específico. Comece, por exemplo, com o escopo geral do contrato antes de detalhar os deveres específicos ou prazos.

• **Numeração**: use um sistema claro de numeração ou listagem. Se houver subcláusulas, considere um sistema de numeração ou tópicos hierárquicos, ou em forma de parágrafos (por exemplo: Cláusula 1, item 1.1; Cláusula Primeira; Parágrafo Primeiro).

• **Títulos e subtítulos**: recomendo que cada cláusula tenha um título ou subtítulo claro que indique seu conteúdo. Isso facilita a referência e a navegação (por exemplo: Cláusula Primeira – Do Objeto, Parágrafo Primeiro – Especificação do Objeto; Cláusula Segunda – Do Pagamento; Parágrafo Único – Das Parcelas do Pagamento).

1. Objeto do Contrato

Como visto, o objeto do contrato deve sempre ser definido de maneira clara, sendo o objeto determinado ou determinável **(art. 104, II, do CC)**, constituindo o propósito principal e o escopo do contrato.

O objeto de um contrato é, assim, uma das suas partes mais fundamentais de toda a manifestação da vontade, servindo como o "coração do acordo".

É por intermédio do objeto que analisamos o propósito pelo qual o contrato foi realizado, podendo ser a entrega de um bem móvel ou imóvel, de um determinado produto, na prática de uma atividade, na abstenção de algum ato, enfim, dentro daquilo que o contrato necessita para existir no mundo jurídico.

Essa cláusula descreve especificamente o que está sendo prometido, doado, vendido, comprado, trocado, transportado, depositado ou acordado entre as partes contratantes.

É a **razão pela qual o contrato existe** e, portanto, deve ser articulado com **clareza e precisão** para evitar mal-entendidos ou disputas futuras.

Entendendo o Objeto do Contrato:

a) Definição clara: o objeto refere-se ao bem, serviço ou direito que é o foco principal do contrato. Pode ser um bem corpóreo e tangível, como um produto ou um bem imóvel, por exemplo; ou um bem incorpóreo e intangível, como um serviço específico ou um direito de imagem, por exemplo. O fato é que o objeto deve ser sempre definido de maneira clara, específica e detalhada, para que ambas as partes entendam exatamente o que está sendo acordado e facilite, posteriormente, o cumprimento desse contrato.

b) Legalidade: outra fundamental preocupação é a de que o objeto do contrato seja sempre *lícito*, como visto no tópico do negócio jurídico. Em outras palavras, não se pode contratar algo que é proibido por lei. Por exemplo, um contrato para vender substâncias ilegais seria inválido, pois seu objeto é ilícito, conforme art. 166, II, do CC.

c) Possibilidade física e jurídica: de igual maneira, o objeto deve ser algo que possa ser entregue ou realizado. Isso significa que o objeto deverá ser fisicamente possível e juridicamente permitido. Um contrato para vender um pedaço de terra na lua, por exemplo, seria inválido, pois é impossível cumprir essa obrigação tanto física quanto juridicamente.

d) Determinação imediata ou Determinabilidade futura: por fim, podemos considerar que o objeto não precisa ser explicitamente especificado em todos os detalhes no momento da formação do contrato, mas deve ser possível de identificar no futuro, ou seja, determinável. Por exemplo, em um contrato de venda de um cavalo, pode não ser necessário especificar de imediato qual será o animal, mas deve ser possível determinar com base nos termos do contrato, ou seja, que tenha elementos suficientes para, no momento adequado, identificar qual será o cavalo a ser entregue (como no art. 243 do CC, que especifica a necessidade de uma coisa incerta ter os requisitos da **"quantidade e do gênero"**).

A importância do **Objeto do Contrato**:

- Especifique o que está sendo acordado, seja um serviço, um bem, uma propriedade etc. Por exemplo: "O Contratado se compromete a prestar os serviços de consultoria em marketing digital para o Contratante".

- Dependendo do tipo de contrato, pode ser necessário detalhar o objeto, como as especificações de um produto, os escopos centrais de um serviço ou, até mesmo, os limites do imóvel, em caso de transferência de uma propriedade.

Uma definição clara e precisa do objeto é crucial por várias razões:

- **Clareza e compreensão**: garante que todas as partes saibam o que esperar e o que é esperado delas.

- **Validade e execução**: um contrato pode ser considerado nulo ou inválido se seu objeto for ilícito, impossível ou indeterminável.

- **Base para resolução de disputas**: em caso de controvérsias, o objeto do contrato serve como uma referência principal para determinar o que foi inicialmente acordado e como resolver o conflito.

O objeto de um contrato é mais do que apenas uma descrição; é a *essência do que está sendo acordado*.

Seja na venda de um imóvel, na prestação de um serviço ou na concessão de direitos, o objeto deve ser definido com cuidado e atenção.

Uma compreensão clara e mútua do objeto protege os interesses de ambas as partes e fornece uma base sólida para relações contratuais saudáveis e bem-sucedidas.

MODELOS DE CLÁUSULAS DE OBJETO

CLÁUSULA XXX – OBJETO

Este Acordo tem por objeto regular a relação entre os Sócios, estabelecendo direitos e obrigações, bem como as condições para a administração e o funcionamento da Empresa, visando a proteger os interesses dos Sócios e garantir o desenvolvimento e a continuidade do negócio.

Ou

CLÁUSULA XXX – O LOCADOR, senhor e legítimo possuidor do imóvel localizado à Rua XXX, n. XXX, bairro XXX, nesta cidade de XXX/XX, confere o referido bem em locação para fins residenciais ao LOCATÁRIO, pelo prazo de XXX (XXX) meses (exemplo: 30 meses), a contar desta data e a terminar em XXX de XXX do ano de XXXX.

---

2. Obrigações e Direitos

Dentro de qualquer contrato, as cláusulas que detalham as obrigações e os direitos são fundamentais para estabelecer as expectativas, as obrigações dos contratantes e, por consequência, as responsabilidades de cada parte durante a execução contratual.

Essas cláusulas servem como um guia ou um roteiro claro do que cada parte deve fazer (ou abster-se de fazer) e o que cada parte contratante pode esperar em retorno.

Uma compreensão clara e efetiva dessas disposições é essencial para a execução bem-sucedida do contrato e a prevenção de conflitos.

Dessa forma, liste cuidadosa e explicitamente todas as obrigações dos contratantes e, em contrapartida, quais são os direitos de cada parte no contrato.

Entendendo as cláusulas de obrigações e direitos em um contrato:

a) Obrigações: são as ações ou inações que uma parte é requerida a realizar de acordo com os termos do contrato. As obrigações podem ser de variadas naturezas, como pagar uma quantia específica, fornecer um serviço, entregar um produto ou abster-se de realizar certa atividade.

b) Direitos: são os benefícios ou prerrogativas que uma parte tem direito a receber ou reivindicar com base no contrato. Isso pode incluir receber um produto, serviço, pagamento, ou ter certas garantias protegidas.

c) Reciprocidade: em muitos contratos, as obrigações e os direitos de uma parte são complementares aos da outra parte. Por exemplo, em um contrato de venda, o vendedor tem a obrigação de entregar o produto e o direito de receber o pagamento, enquanto o comprador tem a obrigação de pagar e o direito de receber o produto.

Essas cláusulas definem o que cada parte deve fazer ou abster-se de fazer e os direitos associados.

• **Detalhamento das obrigações**: cada obrigação deve ser clara e específica, evitando ambiguidades. Por exemplo: "O Contratado deve entregar os relatórios mensais até o quinto dia útil do mês subsequente".

• **Especificação dos direitos**: esta seção define os direitos das partes. Por exemplo: "O Contratante tem o direito de solicitar revisões do relatório dentro do prazo de 07 dias após o seu recebimento".

Importância das **Cláusulas de Obrigações e Direitos**:

• **Claridade nas expectativas**: estas cláusulas esclarecem o que cada parte deve esperar da outra, removendo ambiguidades e definindo as bases para o relacionamento contratual.

• **Base para execução e cumprimento**: em caso de não cumprimento por qualquer das partes, as cláusulas que detalham obrigações e direitos servem como referência para determinar se houve quebra de contrato.

• **Proteção de interesses**: ao detalhar direitos específicos, o contrato garante que os interesses de ambas as partes estejam protegidos e que cada parte saiba o que está autorizada a reivindicar ou esperar.

• **Prevenção de conflitos**: ao estabelecer claramente o que é esperado de cada parte, muitos conflitos potenciais podem ser prevenidos, já que cada parte está ciente de suas responsabilidades.

Obrigações e direitos formam a estrutura sobre a qual os contratos são construídos.

Estabelecer essas disposições com clareza, precisão e detalhe garante que ambas as partes compreendam suas responsabilidades e direitos, facilitando a execução harmoniosa do contrato.

Ajuda, também, a formar a base sobre a qual as partes podem confiar mutuamente, sabendo que seus interesses estão protegidos e suas responsabilidades, claramente delineadas.

Em última análise, as cláusulas de obrigações e direitos são essenciais para garantir que o contrato atenda ao seu propósito principal: **ser um instrumento de acordo e cooperação entre as partes**.

MODELOS DE CLÁUSULAS DE OBRIGAÇÕES E DIREITOS

CLÁUSULA XXX – OBRIGAÇÕES DO CONTRATADO

O CONTRATADO se compromete a realizar os serviços objeto deste contrato com zelo, diligência e competência técnica, observando as normas técnicas aplicáveis e obedecendo rigorosamente aos prazos estabelecidos.

PARÁGRAFO XXX – O CONTRATADO se responsabiliza por qualquer dano causado ao CONTRATANTE ou a terceiros em decorrência da execução dos serviços objeto deste contrato, salvo se o dano resultar de culpa exclusiva do CONTRATANTE ou de terceiros.

Ou

CLÁUSULA XXX – OBRIGAÇÕES DO CONTRATANTE

O CONTRATANTE se compromete a fornecer ao CONTRATADO todas as informações e documentos necessários à execução dos serviços objeto deste contrato e a colaborar com o CONTRATADO para que este possa cumprir suas obrigações.

PARÁGRAFO XXX – O CONTRATANTE se compromete a efetuar os pagamentos devidos ao CONTRATADO nos prazos e condições estabelecidos neste contrato.

Ou

CLÁUSULA XXX – O LOCADOR e o LOCATÁRIO obrigam-se, de maneira mútua e recíproca, a respeitar todos os termos deste contrato, em todas suas cláusulas, sob pena de incorrer no pagamento de multa no valor de R$ XXX (XXX reais) (ou XXX aluguéis), além do ressarcimento por quaisquer danos causados.

Ou

CLÁUSULA XXX – DECISÕES SOCIETÁRIAS

As decisões societárias que envolvam alteração do Contrato Social, aumento ou redução de capital social, fusão, incorporação, cisão ou dissolução da Empresa, bem como a aprovação de orçamentos, planos de investimento e contratação de financiamentos de valor significativo, deverão ser tomadas em Reunião dos Sócios, com a presença de todos os Sócios e aprovação por maioria qualificada de, no mínimo, XXX% (XXX por cento) das quotas do capital social, salvo disposição em contrário no Contrato Social da Empresa.

---

3. Declarações e Garantias

As cláusulas contratuais de declaração e garantias são elementos importantes em contratos, especialmente em negociações comerciais ou empresariais e em acordos de compra e venda, por exemplo.

Elas desempenham papéis específicos:

a) Declarações: são afirmações de fato feitas por uma das partes no contrato. Essas declarações são apresentadas como verdadeiras e precisas até uma data específica, geralmente a data de assinatura do contrato.

As declarações oferecem ao comprador uma compreensão clara da situação atual da empresa ou do ativo que está sendo adquirido. Por exemplo, uma cláusula de declaração pode ser necessária para afirmar que aquela determinada empresa, envolvida na relação, cumpriu com todas as leis e regulamentos ambientais relevantes.

b) Garantias: são cláusulas que estabelecem determinadas promessas de que certas condições apresentadas durante as negociações são, de fato, verdadeiras ou que vão efetivamente acontecer.

Essas cláusulas de garantia complementam aquelas de declarações, e oferecem proteção aos contratantes de que as promessas realizadas serão efetivamente cumpridas. Assim, por exemplo, uma cláusula de garantia pode assegurar que todos os equipamentos da empresa, em um contrato de aquisição, estão em bom estado de funcionamento.

Dessa forma, se uma determinada garantia for violada (por exemplo, se for descoberto que alguns equipamentos estão defeituosos e não são aptos ao fim a que se destinam), o comprador pode ter direito a uma indenização ou, se for o caso, ao desfazimento do contrato.

Assim, pensar e estruturar essas cláusulas nos contratos é fundamental, pois ajuda a **alocar os riscos entre as partes**. O vendedor é incentivado a revelar todos os aspectos relevantes do negócio ou do ativo contratual, reduzindo, assim, o risco de o comprador enfrentar surpresas indesejadas após a conclusão do negócio.

Em contratos de fusões e aquisições, por exemplo, essas cláusulas são fundamentais para consolidação de todo o procedimento de *due diligence*, ajudando o comprador a entender melhor os riscos e os desafios associados à transação.

MODELO DE CLÁUSULA DE DECLARAÇÕES E GARANTIAS

Modelo 1: Cláusula de Declaração

CLÁUSULA XXX – DECLARAÇÕES DO VENDEDOR

XXX.1 O Vendedor declara que, até a data deste contrato, a empresa XXX está em total conformidade com todas as leis e regulamentações aplicáveis ao seu negócio, incluindo, mas não se limitando a, leis ambientais, trabalhistas e tributárias.

XXX.2 O Vendedor declara que todos os demonstrativos financeiros da empresa XXX apresentados ao Comprador refletem com precisão a situação financeira da empresa até a data da assinatura deste contrato, estando livres de quaisquer distorções materiais.

Modelo 2: Cláusula de Garantia

CLÁUSULA XXX – GARANTIAS DO VENDEDOR

XXX.1 O Vendedor garante que todos os equipamentos e maquinários de propriedade da empresa XXX estão em bom estado de funcionamento e não necessitam de reparos substanciais, exceto conforme explicitamente descrito no Anexo B deste contrato.

XXX.2 O Vendedor garante que, até a data de fechamento da transação, a empresa XXX não iniciará novos litígios ou será objeto de ações judiciais, além daqueles já informados ao Comprador e detalhados no Anexo XXX.

Modelo 3: Cláusulas de Declarações e Garantias

CLÁUSULA XXX – DECLARAÇÕES E GARANTIAS DO VENDEDOR

XXX – DAS DECLARAÇÕES

XXX.1 O Vendedor declara que, até a data de assinatura deste contrato, a empresa XXX opera em total conformidade com todas as leis e regulamentações aplicáveis, incluindo, mas não se limitando a, legislação ambiental, laboral e tributária.

XXX.2 O Vendedor declara que os demonstrativos financeiros da empresa XXX, fornecidos ao Comprador, refletem precisamente a situação financeira da empresa até a data deste contrato e estão livres de quaisquer distorções materiais.

XXX – DAS GARANTIAS

XXX.1 O Vendedor garante que todos os ativos tangíveis da empresa XXX, incluindo equipamentos e maquinários, estão em bom estado de funcionamento e não requerem reparos substanciais, exceto conforme explicitamente detalhado no Anexo XXX deste contrato.

XXX.2 O Vendedor garante que, até a data de fechamento desta transação, a empresa XXX não se envolverá em novos litígios e não será objeto de ações judiciais adicionais, além daqueles já informados ao Comprador e descritos no Anexo XXX.

XXX – DA VALIDADE DAS DECLARAÇÕES E GARANTIAS

XXX.1 Todas as declarações e garantias feitas pelo Vendedor nesta cláusula são verdadeiras e válidas na data de assinatura deste contrato e continuarão a ser assim até a data de conclusão da transação.

XXX.2 Qualquer violação ou inveracidade das declarações ou garantias expostas nesta cláusula dará ao Comprador o direito de buscar reparação conforme estipulado no Acordo de Indenização anexo a este contrato.

4. Vigência e Renovação

Em um contexto contratual, o período de vigência refere-se à duração para a qual o contrato ou a relação contratual será válida e eficaz, enquanto a cláusula de renovação trata da possibilidade, ou não, de extensão ou renovação do período desse contrato, após sua conclusão inicial.

Ambos os conceitos são fundamentais para definir o prazo do contrato, bem como o tempo em que as partes estarão ligadas e vinculadas às cláusulas contratuais, e para entender o ciclo de vida do contrato.

Importante, assim, especificar a duração do contrato (ainda que seja por prazo indeterminado) e quais serão as condições para renovação.

Compreendendo a **Vigência**:

a) Duração definida: muitos contratos têm um período de vigência específico, que é claramente definido com uma data de início e uma data de término. Esse tipo de definição garante que ambas as partes estejam cientes da duração do compromisso.

b) Importância da vigência: definir um período de vigência ajuda as partes a estruturar suas obrigações e expectativas em função do tempo. Também pode ter implicações fiscais, regulatórias e financeiras.

c) Término antecipado: embora um contrato possa ter vigência definida, também pode conter cláusulas que permitem o término antecipado sob certas condições, como inadimplência por uma das partes.

Entendendo a **Renovação**:

a) Mecanismo automático: alguns contratos incluem uma cláusula de renovação automática, em que o contrato é automaticamente renovado por um período adicional, a menos que uma das partes notifique a outra da sua intenção de não renovar.

b) Renovação por acordo: em outros casos, a renovação não é automática, mas pode ser realizada se ambas as partes concordarem mutuamente em estender o contrato.

c) Reavaliação de termos: a renovação muitas vezes oferece uma oportunidade para as partes reavaliarem os termos do contrato. Alterações nas circunstâncias, no mercado ou na legislação podem levar as partes a negociar novas condições durante o processo de renovação.

Importância da **Cláusula de Vigência e Renovação**:

a) Previsibilidade e planejamento: ao saber quanto tempo o contrato estará em vigor, as partes podem fazer planos apropriados, alocar recursos e estabelecer expectativas claras.

b) Flexibilidade e adaptação: as cláusulas de renovação oferecem uma certa flexibilidade, permitindo que as partes continuem sua relação contratual em novos termos ou ajustem os existentes conforme necessário.

c) Encerramento claro: definir o período de vigência e as condições de renovação garante que ambas as partes saibam quando e como o contrato pode ser concluído, evitando possíveis desentendimentos.

As cláusulas de vigência e renovação, em sua essência, delineiam o ciclo de vida de um contrato.

Elas determinam quando um contrato começa, quanto tempo ele dura e sob quais condições ele pode continuar.

Em um mundo empresarial em constante evolução, essas cláusulas oferecem uma combinação de estabilidade e flexibilidade, garantindo que as relações contratuais possam prosperar de maneira clara e mutuamente benéfica.

MODELOS DE CLÁUSULAS DE VIGÊNCIA E RENOVAÇÃO

CLÁUSULA XXX – DA VIGÊNCIA E RENOVAÇÃO. O presente contrato terá vigência de XXX (XXX) meses, a contar da data de sua assinatura, podendo ser prorrogado por igual período, mediante acordo entre as partes.

Ou

CLÁUSULA XXX – DO PRAZO DE VIGÊNCIA E RENOVAÇÃO. O contrato de locação terá vigência de XXX (XXX) meses, com início em XXX de XXX de XXXX e com término em XXX de XXX de XXXX, podendo ser renovado mediante acordo entre as partes.

---

5. Rescisão e Penalidades

Todo contrato, enquanto instrumento que rege a relação entre pessoas, contém termos que determinam como e sob quais circunstâncias esse contrato pode ser encerrado, ou seja, rescindido.

Como visto anteriormente, o contrato pode ser rescindido em razão do inadimplemento, ou seja, descumprimento do contrato (chamada de resolução do contrato); ou pela manifestação de vontade, ou seja, pela retirada do contrato, unilateral ou bilateral (chamada de resilição do contrato).

Além disso, muitos contratos estipulam penalidades ou multas para o caso de descumprimento ou de violação dos seus termos.

Essas cláusulas de rescisão e penalidades são vitais para garantir que ambas as partes cumpram suas obrigações contratuais e para fornecer um mecanismo para lidar com transgressões.

Descreva as circunstâncias sob as quais o contrato pode ser rescindido e as penalidades associadas.

Entendendo a **Rescisão**:

a) Causas de rescisão: contratos tipicamente delineiam circunstâncias específicas sob as quais eles podem ser rescindidos. Isso pode incluir o inadimplemento por uma das partes, em mudanças significativas nas circunstâncias, ou até mesmo uma decisão mútua de terminar o acordo (distrato).

b) Rescisão por justa causa: se uma das partes falhar em cumprir suas obrigações, a outra pode ter o direito de rescindir o contrato. A definição exata de "justa causa", geralmente, pode ser especificada no próprio contrato.

c) Notificação de rescisão: muitos contratos requerem que a parte que deseja rescindir o contrato unilateralmente notifique a outra parte por escrito, especificando a razão para a rescisão e dando um prazo para corrigir o problema, se aplicável.

Compreendendo as **Penalidades**:

a) Cláusulas penais: são estipulações contratuais que preveem uma compensação ou sanção no caso de inadimplemento ou descumprimento do contrato. Elas servem como um meio de dissuasão contra o descumprimento e uma compensação para a parte lesada.

b) Determinação das penalidades: as penalidades podem ser fixas (um montante estipulado) ou podem ser calculadas com base nas perdas sofridas pela parte prejudicada. A natureza e o montante das penalidades devem ser razoáveis e proporcionais ao potencial dano ou perda.

c) Penalidades *vs.* Danos: embora as penalidades sejam estipuladas previamente no contrato, os danos são compensações determinadas posteriormente, geralmente pelo próprio Judiciário, com base no prejuízo real causado pelo descumprimento.

Importância da **Cláusula de Rescisão e Penalidades**:

a) Proteção e dissuasão: estas cláusulas protegem os interesses das partes, assegurando que haja consequências para o descumprimento das obrigações. Elas também atuam como um meio de dissuasão, incentivando o cumprimento.

b) Claridade e previsibilidade: ao estabelecer as condições de rescisão e as possíveis penalidades, ambas as partes têm uma compreensão clara dos riscos associados ao descumprimento do contrato.

c) Mecanismo de resolução: em caso de disputas ou desacordos, estas cláusulas fornecem um mecanismo para resolver a situação, seja através da rescisão, da compensação ou de outro meio acordado.

d) Garantia de cumprimento: a cláusula penal serve como um meio de garantir que as partes cumpram suas obrigações contratuais. Se uma das partes não cumprir o que foi estabelecido no contrato, a cláusula penal pode estipular que esta deve pagar uma quantia específica à outra parte como compensação. Isso pode servir como um forte incentivo para o cumprimento do contrato.

e) Previsibilidade: a cláusula penal proporciona um certo grau de previsibilidade e segurança jurídica. As partes sabem de antemão o que acontecerá se o contrato não for cumprido, o que pode evitar disputas e litígios futuros.

f) Redução de litígios: a cláusula penal também pode ajudar a reduzir a necessidade de litígios. Se as partes já concordaram sobre a compensação em caso de inadimplemento, pode não ser necessário recorrer ao tribunal para resolver a disputa. Isso pode economizar tempo e dinheiro para ambas as partes.

g) Quantificação do prejuízo: em muitos casos, pode ser difícil quantificar o dano causado pelo não cumprimento de um contrato. A cláusula penal estabelece uma quantia fixa que deve ser paga em caso de inadimplemento, o que pode tornar mais fácil lidar com situações de inadimplemento.

As cláusulas de rescisão e penalidades são pilares fundamentais de um contrato, garantindo que as partes estejam protegidas e que o acordo seja cumprido conforme estipulado.

Em um ambiente jurídico e empresarial, em que a confiança é crucial, essas cláusulas oferecem uma rede de segurança, assegurando que os compromissos sejam honrados e que haja mecanismos claros para lidar com descumprimentos.

MODELOS DE CLÁUSULAS PENAIS

CLÁUSULA PENAL MORATÓRIA – Em caso de atraso no pagamento de qualquer quantia devida sob este contrato, a parte em atraso deverá pagar à outra parte uma multa moratória de 2% (dois por cento) sobre o valor devido, sem prejuízo dos juros de mora à taxa legal e da compensação por eventuais perdas e danos.

PARÁGRAFO XXX – Este valor será devido por cada mês ou fração do mês de atraso, até o efetivo pagamento da quantia em atraso, sem necessidade de aviso ou notificação ao infrator. A aceitação do pagamento desta multa pela parte não infratora não constitui renúncia ao direito de exigir o cumprimento das obrigações contratuais em sua totalidade. O pagamento da multa moratória deve ser feito simultaneamente ao pagamento da quantia em atraso, sem necessidade de solicitação ou aviso prévio.

Ou

CLÁUSULA PENAL COMPENSATÓRIA – No caso de descumprimento total ou parcial de qualquer das obrigações estabelecidas neste contrato, sem prejuízo das demais sanções previstas em lei, a parte infratora deverá pagar à outra parte, a título de pena compensatória, o valor correspondente a 10% (dez por cento) do valor total deste contrato.

PARÁGRAFO XXX – A imposição da pena aqui prevista não impede a parte prejudicada de exigir o cumprimento da obrigação na forma específica, quando a lei o permitir, nem a indenização por eventuais perdas e danos excedentes ao valor da pena. A pena compensatória será exigível imediatamente após o descumprimento das obrigações contratuais, independentemente de notificação ou interpelação judicial ou extrajudicial, sem prejuízo do direito da parte não infratora de exigir o cumprimento forçado da obrigação, nos termos da lei.

---

6. Confidencialidade

A confidencialidade é uma consideração essencial em muitos contratos, especialmente com relação àqueles que envolvam o fornecimento de informações sensíveis, de documentos sigilosos, de propriedades intelectuais ou quando segredos comerciais estão em jogo.

As cláusulas de confidencialidade, frequentemente também chamadas de "acordos de não divulgação", garantem que as partes mantenham determinadas informações em sigilo e não as utilizem para fins que não os estipulados no contrato.

Se necessário, estabeleça termos de confidencialidade, especificando o que é considerado informação confidencial e as obrigações associadas.

Entendendo a **Confidencialidade**:

a) Natureza da informação: a cláusula de confidencialidade deve especificar claramente o que constitui informação confidencial. Pode ser uma tecnologia específica, um processo, dados financeiros, listas de clientes, estratégias de negócios ou qualquer outra informação que uma parte considere sensível.

b) Obrigações das partes: normalmente, estas cláusulas obrigam uma ou ambas as partes a não divulgar informações confidenciais a terceiros, a não usar as informações para benefício próprio (a não ser que especificamente permitido) e a tomar medidas adequadas para proteger a confidencialidade da informação.

c) Exceções à regra: nem toda informação compartilhada sob o manto de um contrato é necessariamente confidencial. A cláusula pode excluir informações que já são de conhecimento público, que foram descobertas independentemente ou que foram recebidas de um terceiro sem obrigação de confidencialidade.

d) Consequências do vazamento: detalhe as penalidades ou ações legais que podem ocorrer se a confidencialidade for violada. Em muitos contratos, especialmente em ambientes corporativos, proteger informações sensíveis é crucial.

Importância da **Cláusula de Confidencialidade**:

a) Proteção de ativos valiosos: para muitas empresas e indivíduos, a informação é um ativo valioso. Manter certas informações em sigilo pode ser essencial para manter uma vantagem competitiva ou proteger a integridade de um projeto.

b) Estabelecendo confiança: ao garantir que informações sensíveis permaneçam confidenciais, as partes podem confiar mais plenamente umas nas outras, facilitando negociações e colaborações que de outra forma poderiam ser arriscadas.

c) Prevenindo o uso indevido: as cláusulas de confidencialidade não só previnem a divulgação de informações, mas também o uso indevido delas. Por exemplo, uma parte não pode usar informações confidenciais para beneficiar-se às custas da outra.

d) Base para recurso legal: em caso de violação da cláusula de confidencialidade, a parte prejudicada tem uma base clara para buscar reparação legal, que pode incluir danos monetários ou injunções para prevenir futuras divulgações.

A confidencialidade é mais do que apenas uma formalidade em contratos; é uma ferramenta crucial para proteger ativos, estabelecer confiança e garantir que as partes ajam com integridade e respeito mútuo.

Em um mundo onde a informação é poder, as cláusulas de confidencialidade garantem que esse poder seja manuseado com responsabilidade e cautela, protegendo os interesses de todas as partes envolvidas.

Em suma, as cláusulas de um contrato não são meramente textos padrão; elas são instrumentos operacionais que definem a relação entre as partes.

Devem ser redigidas com cuidado, clareza e precisão para garantir que os interesses de todas as partes sejam adequadamente protegidos.

MODELOS DE CLÁUSULA DE CONFIDENCIALIDADE

CLÁUSULA XXX – CONFIDENCIALIDADE. As PARTES se comprometem a manter sigilo e a não divulgar a terceiros, sem prévia autorização por escrito da outra parte, quaisquer informações, dados ou materiais a que tenham acesso em razão do Contrato, mesmo após a rescisão do presente Termo.

Ou

CLÁUSULA XXX – CONFIDENCIALIDADE. Ambas as PARTES concordam em manter em sigilo todas as informações confidenciais relacionadas ao Projeto, não divulgando a terceiros sem o consentimento prévio por escrito da outra parte.

Ou

CLÁUSULA XXX – CONFIDENCIALIDADE. As PARTES se comprometem a manter sigilo e tratar como confidenciais todas as informações, dados e documentos obtidos em razão da execução do presente contrato, não os divulgando a terceiros sem prévia autorização escrita da outra parte.

---

7. Revisão e Alteração

A natureza dinâmica dos negócios e das relações interpessoais frequentemente exige a necessidade de ajustes e modificações periódicas nos acordos contratuais.

Compreender as nuances da revisão e de alteração de contratos ou de seus termos é vital para garantir que as mudanças reflitam adequadamente as intenções das partes e que o contrato continue a ser justo, equilibrado e equitativo.

Vamos detalhar mais a fundo os procedimentos e considerações para a revisão e alteração de contratos.

Em ambientes empresariais e jurídicos em constante evolução, a necessidade de revisar e alterar contratos existentes torna-se comum.

As circunstâncias podem mudar, novos regulamentos podem entrar em vigor ou as necessidades das partes envolvidas podem se adaptar.

O processo de revisão e alteração garante que os contratos permaneçam relevantes, atualizados e em conformidade com as necessidades e exigências atuais.

Compreendendo a **Revisão e Alteração**:

a) Motivos para revisão: os contratos podem ser revisados por vários motivos, incluindo mudanças no ambiente de negócios, novas leis ou regulamentos, desempenho insatisfatório por uma das partes ou simplesmente para refletir melhor a relação atual entre as partes.

b) Processo de alteração: alterar um contrato envolve a adição, modificação ou remoção de cláusulas específicas. Essas alterações devem ser claramente documentadas, acordadas por todas as partes envolvidas e anexadas ao contrato original como um aditamento ou emenda.

c) Mecanismos de revisão: alguns contratos incluem cláusulas que estipulam revisões periódicas ou sob certas condições. Essas cláusulas estabelecem um processo proativo para garantir que o contrato permaneça atualizado.

Importância da **Revisão e Alteração**:

a) Manter a relevância: à medida que o tempo avança, o que era relevante ou aplicável no momento da assinatura do contrato pode não ser mais. A revisão garante que o contrato permaneça relevante para as circunstâncias atuais.

b) Mitigar os riscos: as leis e os regulamentos evoluem, e a falha em atualizar um contrato pode expor as partes a riscos legais e financeiros. A revisão periódica ajuda a identificar e mitigar esses riscos.

c) Promover relações sólidas: a capacidade de revisar e alterar um contrato demonstra flexibilidade e adaptabilidade, promovendo uma relação de trabalho mais colaborativa e harmoniosa entre as partes.

d) Clarificar ambiguidades: às vezes, áreas cinzentas ou ambiguidades podem surgir na execução de um contrato. A revisão fornece uma oportunidade para esclarecer e refinar tais áreas, prevenindo possíveis conflitos.

A revisão e a alteração contratual não são apenas procedimentos administrativos, mas sim mecanismos essenciais para garantir que os contratos se adaptem e evoluam de acordo com as necessidades em constante mudança das partes e do ambiente em que operam.

Em um mundo jurídico e empresarial dinâmico, a capacidade de revisar e adaptar é crucial para garantir que os acordos permaneçam justos, relevantes e benéficos para todas as partes envolvidas.

- Sempre que possível, envolva um segundo revisor com experiência jurídica para avaliar o contrato.

- Seja aberto a revisões e atualizações, assegurando que ambas as partes concordem com as alterações.

Razões para a revisão

A revisão de contratos é uma prática essencial na gestão de relações contratuais e serve para assegurar que o acordo entre as partes permaneça alinhado ao seu propósito original e se ajuste a novas circunstâncias ou requisitos.

No entanto, quais são os motivos específicos que levam à necessidade de revisar um contrato?

Razões comuns para revisão de contratos:

a) Mudanças no ambiente de negócios: o mundo dos negócios é dinâmico. Mudanças no mercado, como flutuações econômicas, avanços tecnológicos ou emergência de novos concorrentes, podem tornar algumas cláusulas do contrato desatualizadas ou irrelevantes.

b) Novas leis e regulamentações: à medida que a legislação evolui, os contratos antigos podem se tornar desalinhados com as novas regulamentações. A revisão é, portanto, necessária para garantir conformidade legal e evitar possíveis sanções ou litígios.

c) Desempenho insatisfatório: se uma das partes não estiver cumprindo adequadamente suas obrigações contratuais, pode ser necessário revisar e redefinir essas obrigações, metas ou termos de entrega.

d) Clarificação de termos ambíguos: com o passar do tempo e na prática, algumas cláusulas contratuais podem se revelar ambíguas ou abertas a interpretações variadas. A revisão permite esclarecer e refinar essas áreas, prevenindo potenciais conflitos.

e) Mudança nas circunstâncias das partes: alterações na estrutura, propriedade ou capacidade financeira de uma das partes podem necessitar ajustes no contrato. Por exemplo, fusões, aquisições ou reestruturações empresariais podem afetar a capacidade de cumprir com os termos originais.

f) Reajustes financeiros: flutuações nos preços de mercado, inflação ou outros fatores econômicos podem tornar os termos financeiros de um contrato desequilibrados. A revisão pode ser necessária para renegociar preços, taxas ou outras considerações monetárias.

g) *Feedback* das partes: com o andamento da relação contratual, ambas as partes podem ter *feedbacks* sobre o que está funcionando e o que não está. Esses *insights* podem ser incorporados através de uma revisão para melhorar a eficácia do contrato.

h) Mudanças circunstanciais: as situações podem mudar após a assinatura do contrato, tornando algumas cláusulas obsoletas, ineficazes ou inadequadas.

i) Ambiguidades identificadas: a prática pode revelar ambiguidades ou incertezas que não eram aparentes na redação inicial.

A revisão contratual não é apenas um ato corretivo, mas uma prática proativa que permite que as partes se ajustem a um ambiente em constante mudança e garantam que seus acordos sejam mutuamente benéficos.

Identificar e agir sobre as razões para revisão assegura a integridade, a relevância e a legalidade do contrato ao longo de sua vigência, promovendo relações comerciais saudáveis e duradouras.

Procedimentos para alterações

Como regra, os contratos, até mesmo pela sua própria natureza, representam acordos estáveis e definidos entre partes.

No entanto, a realidade dinâmica dos negócios e das relações comerciais pode exigir ajustes nesses documentos. Essas modificações, para serem efetivas e legais, devem seguir certos procedimentos.

A compreensão adequada desses processos assegura que as alterações sejam feitas de forma transparente, mutuamente acordada e em conformidade com a legislação aplicável.

Processo de alteração de contratos:

a) Identificação das necessidades: antes de qualquer alteração, deve-se identificar claramente a razão da modificação. Isso pode ser resultado de mudanças nas circunstâncias, feedback das partes envolvidas ou novos requisitos legais.

b) Comunicação entre as partes: uma vez identificada a necessidade, é crucial comunicar-se com todas as partes envolvidas. A alteração de um contrato sem o conhecimento ou consentimento adequado pode resultar em violações contratuais.

c) Negociação e Acordo: as partes devem entrar em uma fase de negociação para discutir e acordar sobre as mudanças propostas. É aqui que se delineiam os novos termos, cláusulas ou condições.

d) Redação da Emenda ou do Aditivo: após o acordo, a alteração é formalizada através da redação de uma emenda ou de um aditivo contratual. Esse documento descreve as alterações acordadas, referenciando a parte do contrato original que está sendo modificada.

e) Assinatura e Anexação: uma vez redigido, o aditivo deve ser assinado por todas as partes envolvidas, legitimando a alteração. O documento assinado é então anexado ao contrato original, tornando-se uma parte integral do instrumento.

f) Notificação às partes relevantes: em alguns casos, especialmente quando terceiros ou entidades reguladoras estão envolvidos, pode ser necessário notificá-los sobre as alterações.

g) Arquivamento e Documentação: como com o contrato original, é essencial manter uma cópia da emenda ou aditivo em local seguro e de fácil acesso. Isso facilita futuras referências e garante a transparência do processo.

h) Cláusula de modificação: um contrato deve incluir uma cláusula que descreva o procedimento para realizar alterações. Isso ajuda a evitar disputas sobre se uma mudança é válida ou não.

Alterar um contrato não é simplesmente uma questão de mudar algumas palavras ou números.

É um processo que exige consideração cuidadosa, comunicação clara e meticulosidade na documentação.

Ao seguir os procedimentos adequados para alterações, as partes garantem que seus direitos e obrigações sejam protegidos, enquanto se adaptam às novas circunstâncias ou requisitos.

Isso reforça a integridade do contrato e promove relações comerciais confiáveis e bem-sucedidas.

Documentação das alterações

O contrato, como documento jurídico formal, tem a função primordial de servir como registro escrito do acordo entre as partes.

Quando ocorrem alterações nesse acordo, é crucial que elas sejam documentadas adequadamente para garantir clareza, transparência e conformidade legal.

A documentação adequada não apenas protege os direitos de todas as partes envolvidas, mas também serve como referência para quaisquer questões ou disputas futuras.

Importância da documentação de alterações:

a) Validade legal: em muitas jurisdições, alterações contratuais só são válidas se estiverem devidamente documentadas e assinadas por todas as partes envolvidas. A ausência de uma documentação apropriada pode tornar a alteração inaplicável.

b) Clareza e transparência: documentar as alterações proporciona um registro claro do que foi acordado, evitando ambiguidades ou mal-entendidos que possam surgir mais tarde.

c) Proteção contra disputas: em caso de litígio, a documentação serve como evidência da intenção e do acordo das partes.

Procedimentos para documentar alterações:

a) Detalhamento completo: qualquer alteração feita no contrato deve ser detalhada integralmente. Isso inclui especificar qual parte do contrato original está sendo alterada e como.

b) Uso de Aditivos ou Emendas: em geral, as alterações contratuais são formalizadas por meio de aditivos ou emendas. Esses documentos referenciam o contrato original e detalham as modificações acordadas.

c) Assinaturas: todas as partes envolvidas devem assinar o aditivo ou emenda, simbolizando seu consentimento com a alteração. Em alguns casos, a assinatura de testemunhas ou notários pode ser exigida para maior validade legal.

d) Referência cruzada: é aconselhável incluir no contrato original uma referência ao documento de alteração e vice-versa, para garantir que os leitores futuros estejam cientes da existência de alterações e saibam onde encontrar os detalhes.

e) Arquivamento conjunto: o documento de alteração deve ser arquivado junto ao contrato original. Isso garante que qualquer pessoa que consulte o contrato no futuro esteja ciente de todas as modificações.

f) Atualização de índices ou sistemas de registro: se a organização usa um sistema de gestão de contratos ou índices, este deve ser atualizado para refletir a alteração, garantindo fácil acesso e referência.

g) Aditivos contratuais: são documentos separados, anexados ao contrato original, que detalham as alterações acordadas. Cada aditivo deve ser numerado e datado.

h) Assinaturas: assim como o contrato original, os aditivos devem ser assinados por todas as partes envolvidas, indicando o seu acordo com as alterações.

A documentação adequada de alterações contratuais é uma prática fundamental que vai além da simples burocracia.

É uma ferramenta essencial para garantir que os acordos entre as partes sejam claramente compreendidos e respeitados.

Ao seguir as práticas recomendadas, as partes envolvidas protegem seus interesses e garantem a eficácia e integridade do contrato ao longo de sua vigência.

Considerações especiais

Ao abordar a revisão e alteração de contratos, é importante notar que nem todos os contratos ou situações são iguais.

Existem circunstâncias particulares que exigem atenção especial, e algumas nuances legais, comerciais ou estratégicas que podem influenciar a forma como as alterações são realizadas.

Estas são as considerações especiais:

a) **Natureza do contrato**: dependendo do tipo de contrato (por exemplo, um contrato de prestação de serviços, locação, parceria empresarial), diferentes cláusulas e termos podem ser mais susceptíveis a alterações. Além disso, determinados contratos podem ter requisitos específicos para modificações.

b) **Partes internacionais**: se o contrato envolver partes de diferentes jurisdições ou países, pode haver leis ou regulamentos internacionais que afetem o processo de alteração. Isso pode envolver aspectos como escolha da lei aplicável, questões cambiais ou especificidades culturais.

c) **Duração e vigência**: contratos de longo prazo podem exigir revisões periódicas para se alinhar com as mudanças nas condições de mercado ou no ambiente regulatório. A forma como essas revisões são abordadas pode ser diferente de contratos de curto prazo.

d) **Alterações sensíveis**: certas modificações, como aquelas que afetam o preço, a duração ou as obrigações fundamentais de uma parte, podem ser particularmente delicadas. Nesses casos, pode ser necessário um nível mais alto de negociação e diplomacia.

e) **Terceiros afetados**: se o contrato envolver ou afetar terceiros (como subcontratados ou beneficiários), suas perspectivas e direitos também podem precisar ser considerados. Isso pode complicar o processo de alteração e exigir etapas adicionais de comunicação ou negociação.

f) **Implicações fiscais**: alterações contratuais, especialmente aquelas que envolvem pagamentos ou transferências de propriedade, podem ter implicações fiscais. É essencial consultar especialistas em tributação para entender e abordar adequadamente essas consequências.

g) **Condições precedentes**: em alguns casos, certas alterações só podem ser feitas se determinadas condições forem cumpridas primeiro. Por exemplo, uma alteração que aumenta os custos de um projeto pode depender da aprovação de um orçamento adicional.

A revisão e a alteração de contratos são processos complexos que vão além da simples modificação do texto.

Exige-se uma compreensão profunda do contrato em si, do contexto em que opera e das implicações das alterações propostas.

As considerações especiais destacam a necessidade de abordar cada situação de alteração contratual com um olhar detalhado e contextualizado, garantindo que as modificações sejam mutuamente benéficas, legais e em consonância com os objetivos e restrições das partes envolvidas.

- **Efeito Cascata**: ao alterar uma cláusula, considere como isso pode afetar outras partes do contrato. Uma mudança em uma seção pode requerer ajustes em outras.

- **Revisão Integral**: em alguns casos, especialmente se muitas alterações forem feitas ao longo do tempo, pode ser aconselhável revisar e consolidar todas as alterações em um novo contrato.

- **Conselho Jurídico**: sempre consulte advogados de áreas diversas ao revisar ou alterar um contrato para garantir a conformidade legal e proteger os interesses de todas as partes.

Em resumo, a revisão e a alteração de contratos são aspectos vitais da gestão contratual.

Eles garantem que o contrato permaneça relevante e adequado ao longo do tempo, refletindo as realidades em constante mudança das relações comerciais e interpessoais.

MODELO DE CLÁUSULAS DE REVISÃO

CLÁUSULA XXX – ALTERAÇÕES, REVISÕES E EMENDAS. Qualquer alteração, revisão ou emenda ao presente Contrato, incluindo a inclusão, exclusão ou modificação de cláusulas, deve ser realizada por escrito, em conformidade com os princípios e diretrizes deste Contrato, mediante notificação prévia e expressa à parte contrária, conforme estabelecidos nesta Cláusula.

MODELO DE INSTRUMENTO PARTICULAR DE REVISÃO BILATERAL DE CONTRATO

INSTRUMENTO PARTICULAR DE REVISÃO BILATERAL DE CONTRATO

Pelo presente instrumento particular de revisão bilateral de contrato, de um lado, **XXX** (Nome da PARTE 1), (Qualificação completa), portador do documento de identidade RG n. XXX, inscrito no CPF sob n. XXX, residente e domiciliado na Rua/Avenida XXX (Endereço completo), doravante denominado "PRIMEIRA PARTE"; e, de outro lado, **XXX** (Nome da PARTE 2), (Qualificação completa), portador do documento de identidade RG n. XXX, inscrito no CPF sob n. XXX, residente e domiciliado na Rua/Avenida XXX (Endereço completo), doravante denominado "SEGUNDA PARTE";

Ambos doravante denominados simplesmente PARTES têm entre si justo e acordado o presente **INSTRUMENTO PARTICULAR DE REVISÃO BILATERAL DE CONTRATO**, que se regerá pelas cláusulas e condições a seguir estabelecidas:

CLÁUSULA XXX – DO CONTRATO REVISADO

As PARTES celebraram, no dia XXX de XXX de XXXX (data da celebração do contrato), um contrato de XXX (tipo e natureza do contrato), registrado sob n. XXX, doravante denominado CONTRATO ORIGINAL, cujo objeto é XXX (descrever o objeto do contrato original de forma sucinta).

CLÁUSULA XXX – DA REVISÃO BILATERAL

Em decorrência de XXX **(descrever os motivos que levaram à necessidade de revisão bilateral do contrato, como alteração das condições econômicas, onerosidade excessiva, lesão ou outros fatores relevantes)**, as PARTES reconhecem a necessidade de revisão das cláusulas e condições previstas no CONTRATO ORIGINAL.

PARÁGRAFO XXX – As PARTES, de comum acordo, resolvem promover a revisão das cláusulas e condições do CONTRATO ORIGINAL, conforme estipulações a seguir:

(Enumerar as cláusulas e condições do CONTRATO ORIGINAL que serão objeto de revisão, mencionando as alterações a serem realizadas e as novas disposições a serem adotadas).

a) Cláusula XXX (número): XXX (descrever a alteração a ser realizada na cláusula);

b) Cláusula XXX (número): XXX (descrever a alteração a ser realizada na cláusula);

c) Cláusula XXX (número): XXX (descrever a alteração a ser realizada na cláusula).

CLÁUSULA XXX – DA RATIFICAÇÃO

As PARTES ratificam todas as cláusulas e condições do CONTRATO ORIGINAL que não foram expressamente modificadas ou alteradas pelo presente instrumento.

CLÁUSULA XXX – DAS DISPOSIÇÕES GERAIS

As PARTES reconhecem e concordam que este Contrato de Revisão Bilateral de Contrato constitui um aditivo ao CONTRATO ORIGINAL e, após a sua assinatura, passará a integrar o mesmo, sendo aplicáveis todas as suas disposições, exceto no que se referir às cláusulas expressamente modificadas ou alteradas por este instrumento.

PARÁGRAFO XXX – As PARTES reiteram sua intenção de cumprir e fazer cumprir todas as obrigações e responsabilidades decorrentes do CONTRATO ORIGINAL, conforme alterado pelo presente Contrato de Revisão Bilateral de Contrato, obrigando-se a observar a boa-fé e a cooperação na execução do objeto contratual.

PARÁGRAFO XXX – Este Contrato de Revisão Bilateral de Contrato não implica a rescisão ou a novação do CONTRATO ORIGINAL, mas apenas a sua alteração, nos termos das cláusulas aqui estabelecidas.

PARÁGRAFO XXX – As disposições não abrangidas neste Contrato de Revisão Bilateral de Contrato permanecerão inalteradas e em pleno vigor, e todas as referências feitas ao CONTRATO ORIGINAL serão interpretadas como referências ao CONTRATO ORIGINAL, conforme alterado por este instrumento.

PARÁGRAFO XXX – Este Contrato de Revisão Bilateral de Contrato será regido e interpretado de acordo com as leis da República Federativa do Brasil.

CLÁUSULA XXX – DO FORO

Fica eleito o foro da Comarca de XXX, com renúncia expressa a qualquer outro, por mais privilegiado que seja, para dirimir quaisquer dúvidas ou controvérsias oriundas do presente contrato.

E, por estarem justas e contratadas, as PARTES assinam o presente Contrato de Revisão Bilateral de Contrato em XXX (XXX) vias de igual teor e forma, na presença das testemunhas abaixo, para que produza seus efeitos legais.

Local e Data.

NOME DA PARTE 1

NOME DA PARTE 2

Testemunha 1

Testemunha 2

MODELO DE ADITIVO OU DE ADITAMENTO CONTRATUAL

CONTRATO Nº XXX (inserir número do contrato original)

Pelo presente instrumento particular, de um lado, XXX (Qualificação completa – Pessoa física ou jurídica de direito privado), inscrita no CPF ou CNPJ sob o n. XXX, com sede ou domicílio à Rua/Avenida XXX (Endereço completo), neste ato representada por seu(s) representante(s) legal(is) XXX, doravante denominada CONTRATANTE; e, de outro lado, XXX (Qualificação completa – Pessoa física ou jurídica de direito privado), inscrita no CPF ou CNPJ sob o n. XXX, com sede ou domicílio à Rua/Avenida XXX (Endereço completo), neste ato representada por seu(s) representante(s) legal(is) XXX, doravante denominada CONTRATADA;

As partes acima identificadas, tendo celebrado o Contrato nº XXX (inserir número do contrato original), em XX de XX de XXXX (data do contrato original), resolvem, de co-mum acordo, **ADITAR** o referido contrato, conforme cláusulas e condições a seguir esta-belecidas:

CLÁUSULA XXX – OBJETO DO ADITIVO

O presente Termo Aditivo tem por objeto a alteração das cláusulas e condições do contra-to original, conforme disposto nas cláusulas subsequentes.

CLÁUSULA XXX – (INSERIR AS ALTERAÇÃO DE CLÁUSULA ESPECÍFICA)

A(s) Cláusula(s) XXX (inserir número e título das Cláusulas) do contrato original pas-sa(m) a vigorar com a(s) seguinte(s) redação(ões):

a) "(Inserir a nova redação da cláusula alterada)"

b) "(Incluir outras cláusulas, se necessário)"

CLÁUSULA XXX – VIGÊNCIA DO ADITIVO

O presente Termo Aditivo entra em vigor na data de sua assinatura, mantendo-se inalte-radas todas as demais cláusulas e condições do contrato original que não contrariem o disposto neste aditivo.

CLÁUSULA XXX – RATIFICAÇÃO

Ficam ratificadas todas as cláusulas e condições do contrato original que não colidam com o presente Termo Aditivo.

E por estarem assim justos e acordados, as partes assinam o presente Termo Aditivo em XXX (XXX) vias de igual teor e forma, na presença das testemunhas abaixo, para que surta seus jurídicos e legais efeitos.

Local, Data.

CONTRATANTE

CONTRATADA

Testemunha 1

Testemunha 2

8. Resolução de Conflitos

As cláusulas de resolução de conflitos em contratos são disposições proje-tadas para estabelecer como as disputas que surgem no âmbito do contrato devem ser resolvidas.

Essas cláusulas são essenciais para proporcionar um caminho predeterminado e eficiente para lidar com desentendimentos ou divergências, reduzindo a necessidade de litígios prolongados e dispendiosos.

Os principais tipos de cláusulas de resolução de conflitos incluem:

a) Negociação direta: esta cláusula exige que as partes tentem resolver suas diferenças por meio de discussões e negociações diretas antes de recorrer a outros métodos de resolução de conflitos. É, muitas vezes, o primeiro passo em um processo de resolução de conflitos escalonado.

b) Mediação: a mediação envolve um terceiro neutro (mediador) que ajuda as partes a chegar a um acordo mutuamente aceitável. O mediador não toma uma decisão vinculativa, mas facilita a comunicação e a negociação entre as partes.

c) Arbitragem: na arbitragem, um ou mais árbitros (que são neutros) ouvem as alegações e evidências de ambas as partes e tomam uma decisão que é geralmente vinculativa. A arbitragem é menos formal que um processo judicial, mas sua decisão pode ter a mesma força legal.

d) Litígio/Ação judicial: algumas cláusulas estipulam que as disputas devem ser resolvidas através do sistema judicial. Essas cláusulas geralmente especificam a jurisdição e o foro em que quaisquer litígios devem ser iniciados.

e) Cláusulas de escolha de lei: estas cláusulas determinam qual lei será aplicada para interpretar o contrato e resolver disputas. Isso é particularmente importante em contratos internacionais, em que as partes podem estar sob jurisdições diferentes.

f) Cláusulas de escolha de foro: estabelecem o local (jurisdição) onde as disputas serão resolvidas, seja por meio de litígio ou arbitragem.

g) Cláusulas híbridas: combinam diferentes métodos de resolução de conflitos. Por exemplo, um contrato pode exigir que as partes primeiro tentem resolver disputas por meio de negociação ou mediação, e, se isso falhar, recorrer à arbitragem.

Incluir uma cláusula de resolução de conflitos em um contrato é uma maneira proativa de lidar com disputas potenciais, proporcionando um mecanismo claro e previamente acordado para resolvê-las.

Isso pode economizar tempo, custos e preservar as relações comerciais.

É recomendável consultar um advogado especializado para elaborar uma cláusula de resolução de conflitos adequada ao contexto específico do contrato.

MODELOS DE CLÁUSULAS DE RESOLUÇÃO DE CONFLITOS

Modelo de cláusula de negociação direta:

CLÁUSULA XXX – RESOLUÇÃO DE CONFLITOS POR NEGOCIAÇÃO DIRETA

Antes de buscar mediação, arbitragem ou litígio, as partes se comprometem a tentar resolver qualquer disputa surgida sob este contrato por meio de negociação direta. As partes deverão agendar e realizar uma reunião para discutir a questão em disputa, buscando uma solução mutuamente aceitável, no prazo de 30 dias a partir da data em que uma das partes notificar a outra por escrito sobre a existência do conflito.

Modelo de cláusula de mediação:

CLÁUSULA XXX – MEDIAÇÃO

XXX.1 – Caso a negociação direta falhe, as partes concordam em submeter a disputa à mediação. A mediação será conduzida por um mediador neutro, escolhido mutuamente pelas partes, em conformidade com as regras da XXX (nomear uma instituição de mediação reconhecida).

XXX.2 – As partes concordam em participar de boa-fé da sessão de mediação, que deverá ocorrer no prazo de 60 dias após o fracasso das negociações diretas.

Modelo de cláusula de arbitragem:

CLÁUSULA XXX – ARBITRAGEM

XXX.1 – Qualquer disputa, controvérsia ou reivindicação decorrente deste contrato ou relacionada a ele, que não possa ser resolvida por meio de negociação direta ou mediação, será definitivamente resolvida por arbitragem. A arbitragem será realizada em XXX (local de arbitragem), de acordo com as regras de arbitragem da XXX (nomear uma instituição de arbitragem reconhecida).

XXX.2 – A decisão do árbitro será final e vinculativa para ambas as partes, e as partes renunciam ao direito de qualquer recurso, exceto conforme permitido pela lei aplicável em casos de decisões arbitrais.

Modelo de cláusula de litígio/ação judicial:

CLÁUSULA XXX – LITÍGIO

XXX – Se todas as tentativas anteriores de resolução de conflitos falharem, as partes concordam que qualquer litígio, controvérsia ou reivindicação decorrente deste contrato ou relacionada a ele será resolvida por meio de ação judicial. As partes submetem-se à jurisdição exclusiva dos tribunais de XXX (inserir jurisdição específica).

Modelo de cláusula de escolha de lei:

CLÁUSULA XXX – ESCOLHA DE LEI

XXX – Este contrato será regido e interpretado de acordo com as leis de XXX (inserir jurisdição específica), sem dar efeito a quaisquer princípios de conflitos de leis.

Modelo de cláusula de escolha de foro:

CLÁUSULA XXX – ESCOLHA DE FORO

XXX – Qualquer litígio decorrente ou relacionado a este contrato será submetido à jurisdição exclusiva dos tribunais de XXX (inserir local específico).

Modelo de cláusula híbrida:

CLÁUSULA XXX – CLÁUSULA HÍBRIDA DE RESOLUÇÃO DE CONFLITOS

XXX – Em caso de qualquer disputa decorrente deste contrato, as partes deverão primeiro tentar resolver o conflito por meio de negociação direta. Se a negociação falhar, a disputa será submetida à mediação conforme a Cláusula XXX. Caso a mediação não resolva a disputa, as partes concordam em submeter a disputa à arbitragem, conforme descrito na Cláusula XXX.

---

9. Gatilhos Contratuais

Os "gatilhos" contratuais referem-se a condições ou eventos específicos definidos em um contrato que, quando ocorrem, ativam certas cláusulas ou obrigações contratuais.

Eles são usados para garantir que determinadas ações sejam tomadas ou certos direitos sejam exercidos apenas sob circunstâncias predefinidas, o que facilita o escalonamento de pagamento, por exemplo, do exercício de direitos ou da aquisição de determinados bens, valores ou serviços.

Vamos explicar como eles funcionam e como podem ser usados em um contrato:

a) Definição de eventos específicos: um gatilho contratual é, geralmente, um evento ou uma condição específica, como o não cumprimento de um marco, uma mudança na legislação ou a ocorrência de um determinado cenário financeiro. Por exemplo, pode-se colocar que, com a prospecção de 10 clientes para um empreendimento, o contratado tenha direito a 10% de comissão; caso consiga 20 clientes, 15% de comissão; e assim sucessivamente.

b) Ativação de cláusulas: quando o evento ou a condição específica do gatilho ocorrem, eles ativam automaticamente determinadas cláusulas do contrato. Isso pode incluir penalidades, término do contrato, alterações nas obrigações, nas condições de pagamento, ou o início de uma nova fase no contrato.

c) Clareza e precisão: os gatilhos devem ser claramente definidos no contrato para evitar ambiguidades e garantir que ambas as partes entendam exatamente quais eventos levarão à ativação das cláusulas relacionadas.

Exemplos de uso de gatilhos contratuais

a) Gatilhos de desempenho: se uma parte não atingir certos marcos de desempenho por uma data especificada, isso pode ativar cláusulas de penalidade ou revisão dos termos do contrato.

b) Gatilhos de mudança de controle: em contratos corporativos, uma cláusula pode ser ativada se houver uma mudança significativa na propriedade ou controle de uma das partes, como uma aquisição ou fusão.

c) Gatilhos de violação: se uma das partes violar um termo específico do contrato, isso pode ativar uma cláusula que permite à outra parte encerrar o contrato ou buscar compensação.

d) Gatilhos ambientais, sociais ou de governança (ESG): em contratos modernos, especialmente aqueles com preocupações sustentáveis, os gatilhos podem ser relacionados a metas de sustentabilidade ou conformidade com regulamentações ambientais.

e) Gatilhos de alteração da lei: se houver uma mudança na legislação que afete significativamente uma das partes ou a execução do contrato, uma cláusula pode ser ativada para revisar ou ajustar os termos do contrato.

Como incorporar gatilhos em um contrato

- Especifique claramente o evento ou condição do gatilho.
- Descreva as ações ou consequências que serão ativadas pelo gatilho.
- Inclua detalhes sobre como as partes determinarão se o gatilho foi acionado.
- Defina procedimentos para lidar com disputas sobre a ativação do gatilho.

É importante que os gatilhos contratuais sejam cuidadosamente redigidos para garantir que sejam justos, claros e aplicáveis.

MODELOS DE GATILHOS CONTRATUAIS

Modelo 1: Gatilho de desempenho

CLÁUSULA XXX – GATILHO DE DESEMPENHO

XXX.1 – Se a Parte A não concluir XXX (descrever o marco de desempenho) até XX de XX de XXXX (inserir a data), isso constituirá um evento de gatilho.

XXX.2 – Em caso de ocorrência deste evento de gatilho, a Parte B terá o direito de XXX (escolher uma opção: reduzir os pagamentos em X%, suspender o contrato temporariamente, rescindir o contrato, etc.).

XXX.3 – A Parte A terá um período de carência de XXX (inserir período de tempo – meses/anos) após a ativação do gatilho para remediar a falha de desempenho antes que a ação da Parte B entre em vigor.

Modelo 2: Gatilho de mudança de controle

CLÁUSULA XXX – GATILHO DE MUDANÇA DE CONTROLE

XXX.1 – Uma "Mudança de Controle" ocorrerá se e quando XXX (inserir condição específica, como a venda de mais de 50% das ações da empresa, uma fusão, aquisição etc.).

XXX.2 – Na ocorrência de uma Mudança de Controle, a Parte B pode optar por XXX (inserir ação, como rescindir o contrato, renegociar os termos etc.) dentro de XXX (inserir período de tempo – meses/anos) dias após o evento.

Modelo 3: Gatilho de violação

CLÁUSULA XXX – GATILHO DE VIOLAÇÃO

XXX.1 – Qualquer violação de XXX (especificar a obrigação ou termo contratual) pela Parte A constituirá um evento de gatilho.

XXX.2 – Após a ocorrência de tal evento, a Parte B terá o direito de XXX (inserir ação, como exigir compensação imediata, suspender suas próprias obrigações sob o contrato, rescindir o contrato etc.).

XXX.3 – A Parte A terá XXX (inserir período – meses/anos) para corrigir a violação antes que as ações da Parte B sejam implementadas.

---

10. Assinaturas

As assinaturas são um elemento crucial em contratos, desempenhando várias funções importantes:

a) Validação e vinculação legal: a assinatura é uma representação física ou eletrônica do consentimento de uma parte em estar vinculada aos termos do contrato. Ela indica que a parte leu, entendeu e concordou com o conteúdo do documento. Em muitos sistemas legais, bem como em muitos contratos em nosso sistema, um contrato não é considerado juridicamente vinculativo até que todas as partes tenham assinado.

b) Finalização do processo de negociação: o ato de assinar um contrato geralmente marca a conclusão das negociações. Significa que todas as discussões, ajustes e acordos foram consolidados em um documento final que as partes estão dispostas a aceitar.

c) Prova de acordo: uma assinatura serve como prova tangível de que um acordo foi alcançado. Em caso de disputas ou desacordos sobre o que foi acordado, o contrato assinado pode ser usado como evidência em processos judiciais para demonstrar que as partes concordaram com os termos especificados.

d) Prevenção de fraudes: a assinatura ajuda a prevenir fraudes e mal-entendidos. Ela atesta que o signatário é de fato quem afirma ser e que concorda com os termos do contrato. Isso é especialmente importante em transações nas quais as partes não interagem face a face.

e) Requisito legal: em muitas jurisdições e para certos tipos de contratos (como imóveis, casamento, testamentos e outros), a lei exige que os contratos sejam assinados para serem legalmente válidos.

f) Formalização: a assinatura dá ao contrato um senso de formalidade e seriedade. Ela simboliza que o documento é mais do que apenas um acordo verbal ou informal, sendo um compromisso legalmente reconhecido.

g) Autenticidade do documento: as assinaturas ajudam a estabelecer a autenticidade de um documento. No caso de assinaturas eletrônicas, medidas tecnológicas são frequentemente empregadas para assegurar a autenticidade e a integridade do documento.

h) Clareza nas relações contratuais: ao assinar um contrato, as partes reconhecem claramente seus papéis, responsabilidades e obrigações, contribuindo para a clareza e a boa ordem nas relações comerciais e pessoais.

Para segurança jurídica, recomenda-se:

1. Assinado totalmente de forma manual, em documento impresso, com firmas devidamente reconhecidas; ou

2. Assinado integralmente de forma digital/eletrônica, utilizando-se de provedor de assinatura e da possibilidade de conferência da autenticidade.

Importante mencionar que o documento assinado por duas testemunhas são **títulos executivos extrajudiciais**, possibilitando a exigência das obrigações descumpridas por intermédio de processo de execução, conforme art. 784, III, do CPC:

> **Art. 784.** São títulos executivos extrajudiciais:
> (...)
> III – o documento particular assinado pelo devedor e por 2 (duas) testemunhas;

Por outro lado, em recente alteração trazida pela **Lei n. 14.620/2023** ao Código de Processo Civil, foi introduzido o § 4º no mencionado artigo, determinando que nos títulos executivos constituídos ou atestados por meio eletrônico é admitida qualquer modalidade de assinatura eletrônica prevista em lei, **dispensada a assinatura de testemunhas** quando sua integridade for conferida por provedor de assinatura.

Riscos: a assinatura de testemunhas em contratos possui reflexos jurídicos significativos, tanto na presença quanto na ausência dessas assinaturas.

No contexto do direito brasileiro, abordaremos os impactos e a importância dessas assinaturas.

Com a assinatura de testemunhas, tem-se:

a) Autenticidade e veracidade: a presença de testemunhas confere maior autenticidade ao contrato. Testemunhas corroboram que as partes envolvidas realmente concordaram com os termos do contrato.

b) Execução judicial: nos contratos particulares, a assinatura de duas testemunhas é essencial para que o documento possa ser executado judicialmente sem necessidade de outra prova. Isso significa que, em caso de descumprimento, o contrato pode ser levado diretamente ao judiciário para execução.

c) Segurança jurídica: testemunhas adicionam uma camada de segurança jurídica assegurando que as partes não possam facilmente negar a existência ou o conteúdo do contrato.

d) Proteção contra fraudes: testemunhas ajudam a proteger as partes contra fraudes, pois a presença delas durante a assinatura do contrato indica que os termos foram acordados livremente.

Sem a assinatura de testemunhas, tem-se:

a) Validade questionável: embora a ausência de testemunhas não invalide necessariamente o contrato, ela pode levantar questionamentos sobre a sua validade e conteúdo, o que aumenta o risco de conflitos e, consequentemente, de discussões judiciais.

b) Dificuldade na execução judicial: sem a assinatura de testemunhas, um contrato particular não pode ser executado judicialmente de maneira direta, pelo processo de execução. Isso exige a necessidade de propositura de ação de conhecimento, com a produção de provas adicionais para comprovar a existência e os termos do acordo e, após, ter o reconhecimento de sua executividade.

c) Desafios em provar a autenticidade: em disputas, judiciais ou extrajudiciais, pode ser mais difícil provar que todas as partes concordaram com os termos do contrato, especialmente se uma das partes negar tal acordo.

d) Riscos de alegações de fraude: na ausência de testemunhas, aumenta-se o risco de uma das partes alegar que o contrato foi forjado, fraudado ou modificado sem o seu consentimento.

Por fim, certifique-se de que o contrato tenha, ao final, um espaço claramente designado para as assinaturas de todas as partes envolvidas.

Esta seção conclui o contrato, garantindo que as partes concordem com seus termos.

- **Espaço designado:** certifique-se de que haja um espaço claramente demarcado para cada parte assinar, preferencialmente indicando também a data.
- **Testemunhas:** em alguns contratos, pode ser necessário que testemunhas assinem, atestando a validade das assinaturas das partes principais.
- **Notarização e autenticação:** dependendo da natureza e da jurisdição do contrato, pode ser necessária a autenticação por um tabelião.

Em suma, a estrutura de um contrato é a espinha dorsal que sustenta todo o documento, garantindo que ele seja lógico, fácil de seguir e compreensível para todas as partes envolvidas.

É fundamental investir tempo e atenção para garantir que essa estrutura seja sólida, para que o contrato atenda efetivamente aos seus propósitos e proteja os interesses de todas as partes.

MODELOS DE ASSINATURAS

Este contrato é assinado na data e no local indicados abaixo, pelas partes, que concordam com todos os termos e condições aqui estabelecidos.

PELA EMPRESA A:

Nome:_____

Cargo:_____

Data:_____

Local:_____

Assinatura:_____

PELA EMPRESA B:

Nome:_____

Cargo:_____

Data:_____

Local:_____

Assinatura:_____

Ou

Este contrato é assinado na data e no local indicados abaixo, pelas partes, que concordam com todos os termos e condições aqui estabelecidos.

PELA EMPRESA A:

Nome:_____

Assinatura:_____

PELA EMPRESA B:

Nome:_____

Assinatura:_____

Ou

Este contrato é assinado na data e no local indicados, pelas partes, que concordam com todos os termos e condições aqui estabelecidos.

CONTRATANTE:_____

Assinatura:_____

CONTRATADO:_____

Assinatura:_____

Ou

Este contrato foi assinado pelas partes acima mencionadas na presença das testemunhas abaixo, que também assinam para confirmar sua presença no momento da execução do contrato.

Testemunha 1:

Nome:_____

CPF:_____

Endereço:_____

Data:_____

Assinatura:_____

Testemunha 2:

Nome:_____

CPF:_____

Endereço:_____

Data:_____

Assinatura:_____

Ou

Este contrato foi assinado pelas partes acima mencionadas na presença das testemunhas abaixo, que também assinam para confirmar sua presença no momento da execução do contrato.

Testemunha 1:_____

Nome:_____

CPF:_____

Testemunha 2:_____

Nome:_____

CPF:_____

Resumo da estrutura do contrato:

a. Título

b. Preâmbulo

c. Considerandos

d. Definições

e. Cláusulas substantivas

    e.1. Objeto

    e.2. Pagamento

    e.3. Direitos e Obrigações

    e.4. Declarações e Garantias

f. Cláusulas procedimentais

    f.1. Revisão e Alteração

    f.2. Rescisão

    f.3. Cláusulas Penais (Multas)

g. Cláusulas gerais

    g.1. Avisos e Notificações

    g.2. Legislação Aplicável

    g.3. (Im)Possibilidade de Cessão

    g.4. Confidencialidade

    g.5. Registros e Armazenamento

    g.6. Resolução de Conflitos

h. Assinaturas

i. Anexos

j. Adendos (Documentos)

1. CONTRATO DE COMPRA E VENDA

1.1. ASPECTOS INICIAIS E INTRODUTÓRIOS: CONCEITO E ELEMENTOS ESTRUTURANTES

Pelo contrato de compra e venda, um dos contratantes (vendedor) se obriga a transferir ao outro contratante (comprador) o **domínio de certa coisa**, enquanto o comprador obriga-se a **pagar-lhe certo preço em dinheiro**.

Dessa forma, a compra e venda, quando pura, considerar-se-á **obrigatória e perfeita**, desde que as partes acordarem no **objeto e no preço**.

É, pois, contrato bilateral e oneroso, portanto sinalagmático, que se aperfeiçoa com a manifestação da vontade (consensual), necessitando desses elementos para a sua constituição.

Elementos essenciais e obrigatórios para todo contrato de compra e venda:

COMPRA E VENDA	Partes ou agentes
	Objeto ou coisa
	Preço

Modelo demonstrando a necessária existência dos requisitos:

INSTRUMENTO PARTICULAR DE COMPROMISSO DE COMPRA E VENDA

PARTES: Por este instrumento particular de compromisso de compra e venda, de um lado como vendedor, o **Sr. Fulano de Tal**, profissão, residente na Rua XXX, Bairro XXX, Cidade/UF, portador do CPF n. 000000 e de outro lado como comprador o **Sr.(a) Ciclano de Tal**, estado civil, profissão, residente na Rua XXX, Bairro XXX, Cidade/UF portador do CPF n. 000000, têm entre si, justos e contratados a compra e venda nas seguintes cláusulas:

OBJETO: CLÁUSULA 1ª – O promissário vendedor a justo título é legítimo proprietário e possuidor de um **imóvel situado nesta cidade, Rua XXX, Bairro XXX, consistente de**

> **XXX (especificar o imóvel),** imóvel esse devidamente registrado no CRI sob a matrícula n. XXX, em Data XXX.
>
> **PREÇO: CLÁUSULA 2ª** – Que o imóvel acima descrito é vendido pelo preço certo, justo e contratado de **R$ XXX (XXX Reais)** que será pago da seguinte forma (DESCREVER CONDIÇÕES DE PAGAMENTO).

Importante: para se configurar compra e venda, as partes deverão estipular a aquisição de coisa, em contrapartida de determinado valor **(coisa por preço)**. Se for o caso apresentado no qual as partes negociaram a aquisição de coisa, em contrapartida da entrega de outra coisa, note que será caracterizado o contrato de **troca ou permuta** (ou seja, **coisa por coisa / objeto por objeto**).

Ainda, se for o caso no qual as partes estabeleceram um contrato de compra e venda (contrato perfeito e acabado), entretanto, no momento de seu efetivo cumprimento, uma das partes **substitui** a sua prestação (ainda que seja em dinheiro) por outro objeto ou outra prestação (ex.: não tem o dinheiro no momento de pagar pelo carro, mas oferece uma moto para cumprimento da obrigação), teremos a configuração da modalidade de **pagamento indireto**, especificamente, de **dação em pagamento**.

Coisa: A compra e venda pode ter por objeto **coisa certa ou incerta**, ou **coisa atual ou futura**. Nesse último caso, importante verificar que ficará sem efeito o contrato **se esta coisa não vier a existir**, salvo se a intenção das partes era a de concluir alguma modalidade de **contratos aleatórios** (*emptio spei/ emptio rei speratae*).

Emptio spei **(venda da esperança):** se o contrato for aleatório, por dizer respeito a **coisas ou fatos futuros**, cujo risco de não virem a existir um dos contratantes assuma, terá o outro **direito de receber integralmente o que lhe foi prometido**, desde que de sua parte não tenha havido dolo ou culpa, ainda que nada do avençado venha a existir (art. 458 do CC). Ex.: contratação (compra e venda) de colheita futura; a contratação de um passeio de barco para ver golfinhos ou baleias em alto-mar, sendo certo que mesmo que estes não apareçam, devem os contratantes pagar o valor acordado.

Emptio rei speratae **(venda de coisa esperada):** se for aleatório, por serem objeto dele coisas futuras, **tomando o adquirente a si o risco de virem a existir em qualquer quantidade**, terá também direito o alienante a **todo o preço**, desde que de sua parte **não tiver concorrido culpa**, ainda que a coisa venha a existir em quantidade inferior à esperada. Mas, se **da coisa nada vier a existir**, alienação não haverá, e o alienante **restituirá o preço recebido** (art. 459 do CC).

a) Responsabilidade civil pelos riscos da coisa (art. 492): em observância ao princípio *res perit domino*, até o momento da tradição, os riscos da coisa correm por conta do vendedor, e os do preço por conta do comprador. Todavia, os casos fortuitos, ocorrentes no ato de contar, marcar ou assinalar coisas, que comumente se recebem, contando, pesando, medindo ou assinalando, e que já tiverem sido postas à disposição do comprador, correrão por conta deste.

b) Lugar da tradição (arts. 493 e 494): a tradição da coisa vendida, na falta de estipulação expressa, dar-se-á no **lugar onde ela se encontrava, ao tempo da venda**. Entretanto, se a coisa for expedida para lugar diverso, por ordem do comprador, por sua conta correrão os riscos, uma vez entregue a quem haja de transportá-la, salvo se das instruções dele se afastar o vendedor.

Preço: como bem determina o Código Civil, art. 315, as **dívidas em dinheiro** deverão ser **pagas** em seu **vencimento**, conforme previsto caso a caso e determinado em contrato (em seu termo), bem como, em **moeda corrente e pelo valor nominal**.

Por certo, s**ão nulas as convenções de pagamento** que sejam atreladas a **ouro ou em moeda estrangeira**, bem como para compensar a diferença entre o valor desta e o da moeda nacional, excetuados os casos previstos na legislação especial (por exemplo: compra e venda internacional).

A fixação do preço pode ser deixada ao **arbítrio de terceiro**, que os contratantes **logo designarem ou prometerem a seu tempo designar**. Entretanto, se o terceiro **não aceitar a incumbência**, **ficará sem efeito o contrato**, salvo quando acordarem os contratantes em designar outra pessoa para realizar o arbitramento dos valores.

Também é lícito deixar a fixação do preço à **taxa de mercado ou de bolsa**, em certo e determinado dia e lugar, bem como de fixar o preço em **função de índices ou parâmetros**, desde que suscetíveis de objetiva determinação e que tal previsão esteja expressa no contrato.

Finalmente, convencionada a venda **sem fixação de preço ou de critérios para a sua determinação**, se não houver tabelamento oficial, entende-se que as partes se sujeitaram ao **preço corrente nas vendas habituais do vendedor**. Na falta de acordo, por ter havido diversidade de preço, **prevalecerá o termo médio**.

Finalmente, não sendo a venda **feita a crédito**, ou seja, com pagamento posterior, o vendedor **não é obrigado a entregar a coisa antes de receber o preço**.

Atenção: Será **nulo é o contrato de compra e venda**, quando se deixa ao **arbítrio exclusivo de uma das partes a fixação do preço**, nesse caso, o preço deve ser livremente estipulado entre elas, quando muito, deixado a critério de terceiros, mas não exclusivamente a critério de apenas uma das partes.

1.2. RESTRIÇÕES E LIMITAÇÕES AO CONTRATO DE COMPRA E VENDA

RESTRIÇÕES À COMPRA E VENDA	
Da venda de ascendente a descendente	**Da venda entre cônjuges**
• É anulável a venda de ascendente a descendente, salvo se os outros descendentes e o cônjuge do alienante expressamente houverem consentido. • Em ambos os casos, **dispensa-se o consentimento do cônjuge se o regime de bens for o da separação obrigatória**. • Prazo para anular a compra e venda: 2 anos – art. 179 do CC. • **Cuidado**: é inaplicável a Súmula 494 do STF (prazo de 20 anos), em razão do entendimento pacificado de superação do entendimento sumular pelo CC/2002.	• É lícita a compra e venda entre cônjuges, com relação a bens excluídos da comunhão. • **Nulidade absoluta**: se for realizado contrato de compra e vende de bens comunicáveis, acarretará a impossibilidade do objeto (art. 166, II, do CC). • **Comunhão universal**: é possível, pois há **bens excluídos da comunhão**, como os bens de uso pessoal e dos utensílios de trabalho de cada um dos consortes.

De igual maneira, nos termos do **art. 497 do CC, sob pena de nulidade**, não podem ser comprados (tampouco objeto de cessão de crédito), ainda que em hasta pública:

I – pelos tutores, curadores, testamenteiros e administradores, os bens confiados à sua guarda ou administração;

II – pelos servidores públicos, em geral, os bens ou direitos da pessoa jurídica a que servirem, ou que estejam sob sua administração direta ou indireta;

III – pelos juízes, secretários de tribunais, arbitradores, peritos e outros serventuários ou auxiliares da justiça, os bens ou direitos sobre que se litigar em tribunal, juízo ou conselho, no lugar onde servirem, ou a que se estender a sua autoridade;

IV – pelos leiloeiros e seus prepostos, os bens de cuja venda estejam encarregados.

Entretanto, a proibição contida no **inciso III acima** não compreende os casos de **compra e venda ou cessão entre coerdeiros**, ou se realizado em pagamento de dívida, ou para garantia de bens já pertencentes a pessoas designadas no referido inciso.

Venda *ad corpus* e *ad mensuram*: a venda *ad corpus* é que utilizada para expressar a compra e venda de um bem por inteiro, "assim como está". Trata-se da possibilidade de aquisição do bem como um todo, por um valor único, sem qualquer especificação de valor, peso ou medida.

A compra e venda *ad mensuram*, por seu turno, ocorre quando há a negociação "por medida", ou seja, é aquela em que se fixa área determinada e estipula o preço por medida de extensão.

Assim, se, na venda de um imóvel, se estipular o preço por medida de extensão, ou se determinar a respectiva área, e esta não corresponder, em qualquer dos casos, às dimensões dadas, o comprador terá o direito de **(i) exigir o complemento da área**, e, não sendo isso possível, o de **(ii) reclamar a resolução do contrato** ou **(iii) abatimento proporcional ao preço**.

Presume-se que a referência às dimensões foi simplesmente enunciativa, quando a diferença encontrada **não exceder de um vigésimo da área total enunciada**, ressalvado ao comprador o direito de provar que, em tais circunstâncias, não teria realizado o negócio.

Se em vez de falta houver **excesso**, e o vendedor provar que tinha motivos para ignorar a medida exata da área vendida, caberá ao comprador, à sua escolha, **(i) completar o valor** correspondente ao preço ou **(ii) devolver o excesso**.

Por fim, não haverá complemento de área, nem devolução de excesso, se o imóvel for **vendido como coisa certa e discriminada**, tendo sido apenas enunciativa a referência às suas dimensões, ainda que não conste, de modo expresso, ter sido a venda *ad corpus.*

Ação *ex empto*: é a ação a ser proposta para reclamar complemento de área, a resolução do contrato ou, ainda, o abatimento do preço. Assim, segundo o **art. 501 do CC**, "decai [portanto, prazo de natureza decadencial] do direito de propor as ações previstas no artigo antecedente o vendedor ou o comprador que não o fizer no prazo de um ano, a contar do registro do título". Outrossim, se houver atraso na imissão de posse no imóvel, atribuível ao alienante, a partir dela fluirá o prazo de decadência (parágrafo único).

1.3. CLÁUSULAS ESPECIAIS DO CONTRATO DE COMPRA E VENDA

Retrovenda: constitui cláusula especial ao contrato de compra e venda a chamada retrovenda, assim entendida como o pacto pelo qual o vendedor reserva-se no direito potestativo de **reaver (comprar ou readquirir)**, dentro de prazo certo e determinado (de **até 3 anos**), restituindo o comprador de todas as despesas realizadas durante o período de resgate, desde que previamente ajustado.

> **Art. 505.** O vendedor de coisa imóvel pode **reservar-se o direito de recobrá-la** no prazo máximo de decadência de **três anos**, **restituindo o preço recebido e reembolsando as despesas do comprador**, inclusive as que, durante o período de resgate, se efetuaram com a sua **autorização escrita**, ou para a **realização de benfeitorias necessárias**.

Características:

> • É **cláusula acessória** somente aceita e possibilitada para a **compra e venda de bens imóveis**.
>
> • **Natureza jurídica de condição resolutiva expressa**, com eficácia *ex tunc*.
>
> • **Propriedade resolúvel**: reconduzir as partes ao *status quo ante*.
>
> • Direito de retrato, que **é cessível e transmissível a herdeiros e legatários**, poderá ser exercido, inclusive, contra o **terceiro adquirente**.

Modelo de cláusula de retrovenda:

> CLÁUSULA XXX – Fica estabelecido, na forma do art. 505 do Código Civil, o pacto de retrovenda, podendo os vendedores recomprarem o bem ora vendido, tendo o prazo de XXX (máximo de três anos) para tanto, restituindo ao comprador a quantia paga, acrescida das despesas, no total de R$ XXX (XXX Reais), sendo que o presente e tal condição obriga as partes por si, seus herdeiros e sucessores.

Preempção, preferência ou prelação convencional: é a obrigação que o comprador tem de **oferecer o bem a quem lhe vendeu (vendedor)**, por meio de **notificação judicial ou extrajudicial**, para que exerça seu **direito de prelação (ou de preferência)** em igualdade de condições, no caso de alienação futura (**tanto por tanto**).

Características:

> A **preempção, ou preferência**, impõe ao comprador a **obrigação de oferecer ao vendedor a coisa que aquele vai vender**, ou dar em pagamento, para que este use de seu direito de prelação na compra, tanto por tanto (**art. 513 do CC**).

> Aquele que exerce a preferência está, sob pena de a perder, **obrigado a pagar, em condições iguais, o preço encontrado, ou o ajustado** (art. 515 do CC).

> **Prazos: 180 dias – bens móveis; 2 anos – bens imóveis.**
>
> **Se não tiver prazo especificado:**
>
> Inexistindo prazo estipulado, o direito de preempção caducará, se a **coisa for móvel**, não se exercendo nos **3 (três) dias**, e, **se for a coisa imóvel**, não se exercendo nos **60 (sessenta) dias** subsequentes à data em que o comprador tiver notificado o vendedor (**art. 515 do CC**).

> • **O direito de preempção é indivisível.**
>
> • Quando o direito de preempção for estipulado a favor de dois ou mais indivíduos em comum, só pode ser exercido em relação à coisa no seu todo.
>
> • Se alguma das pessoas, a quem ele toque, perder ou não exercer o seu direito, poderão as demais utilizá-lo na forma sobredita (**art. 517 do CC**).

Modelo de cláusula de preferência:

> **CLÁUSULA XXX** – Fica estabelecida a cláusula de preempção ou preferência, nos termos do art. 513 do Código Civil, tendo o comprador a obrigação de dar conhecimento aos vendedores caso queira vender o bem objeto deste contrato, para que esses manifestem eventual interesse em adquirir o bem em igualdade de condições para com terceiros.

Da venda a contento e da sujeita a prova: a venda a contento é aquela que se subordina subjetivamente à vontade do comprador, enquanto a venda sujeita à prova é aquela cuja perfeição do contrato se dá com uma constatação objetiva do bem.

Venda a contento: prevista no **art. 509 do CC**. A venda feita a contento do comprador entende-se realizada sob **condição suspensiva**, ainda que a coisa *lhe tenha sido entregue*; e **não se reputará perfeita, enquanto o adquirente não manifestar seu agrado.**

Venda sujeita a prova: prevista no **art. 510 do CC**. Também a venda sujeita a prova presume-se feita sob a condição suspensiva de que a coisa tenha as qualidades asseguradas pelo vendedor e seja idônea para o fim a que se destina.

Em ambos os casos, as obrigações do comprador, que recebeu, sob **condição suspensiva**, a coisa comprada, são as de **mero comodatário**, enquanto não manifeste aceitá-la.

Não havendo prazo estipulado para a declaração do comprador, o vendedor terá direito de **intimá-lo, judicial ou extrajudicialmente**, para que o faça em prazo improrrogável.

Modelos de cláusula de venda a contento e de venda sujeita a prova:

> **Venda a contento:**
>
> **CLÁUSULA XXX** – Fica estabelecida, na forma do art. 509 do Código Civil, a condição da **venda a contento**, tendo o comprador o prazo de XXX dias (indicar o prazo) para manifestar seu agrado pela aquisição do bem mencionado, quando então ficará perfeita a venda realizada. Fica estabelecido, ainda, que se o bem objeto deste contrato não for de agrado do comprador no prazo mencionado deverá esse manifestar tal fato aos vendedores por escrito, ficando rescindido o presente contrato em todos os seus termos e condições, com a restituição pelos vendedores das quantias que tenham sido pagas pelo comprador.

> **Venda sujeita à prova:**
>
> **CLÁUSULA XXX** – Fica estabelecida, na forma do art. 510 do Código Civil, que a presente venda é feita sob **condição de ficar sujeita a prova** de que o bem vendido tenha as qualidades asseguradas pelo vendedor e seja idônea para o fim a que se destina, sob pena de rescisão do presente, devendo o comprador manifestar sua discordância no prazo de XXX dias (indicar o prazo), ficando os vendedores obrigados a restituir o valor pago pelo comprador.

Da venda com reserva de domínio: é aquela cuja posse é transmitida ao comprador **após o pagamento integral do preço**. O comprador possui tão somente a **posse da coisa**, continuando o domínio reservado ao vendedor até o **pagamento integral do preço da coisa ou bem objeto do contrato**. Assim, na venda de coisa móvel, pode o vendedor reservar para si a propriedade, até que o preço esteja integralmente pago.

A cláusula de reserva de domínio será estipulada por **escrito** e depende de **registro no domicílio do comprador para valer contra terceiros**.

Não pode ser objeto de venda com reserva de domínio a coisa insuscetível de caracterização perfeita, para estremá-la de outras congêneres. Na dúvida, decide-se a favor do terceiro adquirente de boa-fé.

A **transferência de propriedade** ao comprador dá-se no momento em que o preço esteja integralmente pago. Todavia, pelos riscos da coisa **responde o comprador**, a partir de quando lhe foi entregue.

O vendedor somente poderá **executar a cláusula de reserva de domínio** após constituir o **comprador em mora**, mediante protesto do título ou interpelação judicial.

Verificada a mora do comprador, poderá o vendedor **(art. 526 do CC):**

---

a) mover contra ele a competente **ação de cobrança** das prestações vencidas e vincendas e o mais que lhe for devido; ou

b) poderá recuperar a posse da coisa vendida.

Na segunda hipótese acima, é facultado ao vendedor **reter as prestações pagas** até o necessário para cobrir a depreciação da coisa, as despesas feitas e o mais que de direito lhe for devido. O excedente será devolvido ao comprador; e o que faltar lhe será cobrado, tudo na forma da lei processual.

Se o vendedor receber o pagamento à vista, ou, posteriormente, mediante financiamento de instituição do mercado de capitais, a esta caberá exercer os direitos e ações decorrentes do contrato, a benefício de qualquer outro. A operação financeira e a respectiva ciência do comprador constarão do registro do contrato.

Modelos de cláusula de venda com reserva de domínio:

CLÁUSULA XXX – Na forma do art. 521 do Código Civil, fica reservada à vendedora a propriedade do bem vendido, até que esse seja integralmente pago, ficando, portanto, constituída aqui a cláusula de reserva de domínio.

Da venda sobre documentos: na venda sobre documentos, a **tradição da coisa** é substituída pela entrega do seu **título representativo** e dos outros documentos exigidos pelo contrato ou, no silêncio deste, pelos usos.

Achando-se a documentação em ordem, não pode o comprador recusar o pagamento, a pretexto de defeito de qualidade ou do estado da coisa vendida, salvo se o defeito já houver sido comprovado.

Não havendo estipulação em contrário, o **pagamento deve ser efetuado na data e no lugar da entrega dos documentos.**

Se entre os documentos entregues ao comprador figurar apólice de seguro que cubra os riscos do transporte, correm estes à conta do comprador, salvo se, ao ser concluído o contrato, tivesse o vendedor ciência da perda ou avaria da coisa.

Estipulado o pagamento por intermédio de estabelecimento bancário, caberá a este efetuá-lo contra a entrega dos documentos, sem obrigação de verificar a coisa vendida, pela qual não responde.

Nesse caso, somente após a **recusa do estabelecimento bancário a efetuar o pagamento**, poderá o vendedor pretendê-lo, diretamente do comprador.

1.4. MODELO GERAL DE CONTRATO DE COMPRA E VENDA DE BENS IMÓVEIS

Detalhamentos contratuais

O contrato de compra e venda, quando na modalidade escrita, deverá conter, no mínimo:

- **Partes:** identificação das partes – nome completo, endereço e qualificação (CPF, Identidade) de cada um dos contratantes;
- **Objeto:** o(s) bem(ns) objeto(s) da negociação;
- **Preço:** o preço estipulado e a forma de pagamento (à vista, em parcelas, periodicidade, valor de cada parcela);
- Outras condições gerais (como data de entrega das chaves, no caso de imóvel).

CONTRATO DE COMPRA E VENDA DE BEM IMÓVEL

Promitente vendedor: NOME, nacionalidade, estado civil, profissão, portador da cédula de identidade RG n. XXX/UF e CPF n. XXX, residente e domiciliado na Rua XXX, s/n, Bairro XXX, CEP XXX, na cidade de XXX/UF.

Promitente comprador: NOME, nacionalidade, estado civil, profissão, portador da cédula de identidade RG n. XXX/UF e CPF n. XXX, residente e domiciliado na Rua XXX, s/n, Bairro XXX, CEP XXX, na cidade de XXX/UF.

Têm entre os mesmos, de maneira justa e acordada, o presente Contrato Particular de Compra e Venda de Bem Imóvel, ficando desde já aceito, pelas cláusulas abaixo descritas.

CLÁUSULA XXX – O PROMITENTE VENDEDOR é proprietário e possuidor do imóvel localizado na XXX, n. XXX, Bairro XXX, CEP XXX, com beco para acesso a localidade. Com as seguintes características: terreno medindo XXX metros de frente por XX metros de fundos, tendo uma casa construída no local, com uma escapa para acesso de ambos os lados das lajes, parte de cima de ambas as casas. Inscrito no XXX Cartório de Registro de Imóvel, este imóvel encontra-se livre e desembaraçado de quaisquer dívidas ou ônus.

CLÁUSULA XXX – O valor da presente transação deverá ser pago da seguinte forma: a título de sinal e primeiro pagamento R$ XXX (XXX reais), através de cheque número XXX, Banco XXX (ou mediante depósito bancário, do Banco XXX, Agência XXX), nesta data, do qual o VENDEDOR dará plena quitação após a compensação ou cobrança respectiva, e o restante no ato da desocupação do(s) imóvel(is) e entrega das chaves, no valor de R$ XXXX (XX reais).

CLÁUSULA XXX – O PROMITENTE VENDEDOR se compromete a entregar o imóvel livre e desembaraçado de todos os débitos até esta data, junto a PROMITENTE COMPRADORA.

CLÁUSULA XXX – Fica acordado entre o PROMITENTE VENDEDOR e a PROMITENTE COMPRADORA, que o imóvel transacionado DEVERÁ ser transferido para a PROMITENTE COMPRADORA.

CLÁUSULA XXX – Todos os compromissos assumidos neste contrato são de caráter irrevogável e irretratável, obrigado às partes, seus herdeiros e sucessores a qualquer título fazer sempre boa e valiosa a presente cessão, ficando sujeito às penalidades da lei.

CLÁUSULA XXX – Em caso de falecimento do PROMITENTE VENDEDOR, fica acordando entre as partes que todo e qualquer benefício oriundo deste fato, transfere-se para a PROMITENTE COMPRADORA ou seu filho (ou outro herdeiro) NOME, nacionalidade, estado civil, profissão, portador da cédula de identidade RG n. XXX/UF e CPF n. XXX, residente e domiciliado na Rua XXX, s/n, Bairro XXX, CEP XXX, na cidade de XXX/UF.

CLÁUSULA XXX – O não cumprimento de qualquer das cláusulas deste contrato acarretará uma multa de XXX% (XXX por cento) sobre o valor do imóvel, além das custas relativas aos procedimentos legais e honorários advocatícios para garantia dos direitos da parte inocente.

CLÁUSULA XXX – O foro deste contrato é da Comarca de XX/UF, renunciando as partes quaisquer outro por mais privilegiado que seja.

E, por estarem justos e contratados, assinam o presente instrumento em 02 (duas) vias de igual teor, juntamente com duas testemunhas, as quais a tudo assistiram.

Local/Data.

PROMITENTE VENDEDOR

PROMITENTE COMPRADOR

TESTEMUNHA 1

TESTEMUNHA 2

Promessa de compra e venda, com arras

CONTRATO DE PROMESSA DE COMPRA E VENDA DE IMÓVEL – COM SINAL (ARRAS)

Pelo presente instrumento particular de PROMESSA DE COMPRA E VENDA, de um lado, os **PROMITENTES VENDEDORES**, nomeados e qualificados na cláusula 01, doravante designados simplesmente VENDEDORES, senhores e legítimos possuidores do IMÓVEL mencionado na cláusula 03, adquirido de conformidade com a matrícula n. XXX no Cartório de Registro de Imóveis de XXX, e, do outro lado, o **PROMISSÁRIO COMPRADOR** nomeado e qualificado na cláusula 02, doravante designado simplesmente **COMPRADOR**, e que os **VENDEDORES** prometem VENDER ao COMPRADOR e este convenciona ADQUIRIR-LHE, o imóvel descrito no **item XXX**, pelo preço certo e ajustado de: R$ XXXX (XX reais), nos termos e condições estipulados no **item XXX**, que mutuamente OUTORGA (M) e aceita(m) a saber:

VENDEDORES: (nomes, estado civil, nacionalidade, profissão, identificação, endereço)

COMPRADOR: (nome, estado civil, nacionalidade, profissão, identificação, endereço)

CLÁUSULA XXX – DESCRIÇÃO DO IMÓVEL (endereço, número, cidade, estado, metragem, benfeitorias, se há financiamento ou não, saldo devedor de financiamento, matrícula, cartório).

CLÁUSULA XXX – FORMAS E CONDIÇÕES DE PAGAMENTO

PREÇO TOTAL R$ XXXX, que serão pagos da seguinte forma:

R$ XXX, neste ato, a título de Sinal e Princípio de Pagamento, através de cheque número XXX do banco XXX, entregue ao VENDEDOR pelo COMPRADOR.

R$ XXXX

R$ XXXX

CLÁUSULA XXX – DAS PENALIDADES. O COMPRADOR, ocorrendo a falta de liquidação nos seus respectivos vencimentos de qualquer das parcelas do preço e/ou demais encargos inclusive se houver descumprimento das demais cláusulas e condições neste instrumento, sujeitar-se-á ao pagamento de juros moratórios de 1% (hum por cento) ao mês ou fração mensal, atualização monetária pelo XXX (utilizar o índice – IGPM ou IPCA-IBGE), multa penal de 2% (dois por cento) sobre os valores devidamente corrigidos, além de honorários advocatícios usuais, independentemente de qualquer notificação judicial ou extrajudicial, sem prejuízo das demais cominações previstas neste instrumento.

PARÁGRAFO XXX – Em caso de desistência por parte dos VENDEDORES, estes devolverão os valores recebidos como Sinal e Princípio de Pagamento em dobro, atualizado monetariamente pelo XXX (utilizar o índice – IGP-M ou IPCA-IBGE), juros e honorários advocatícios. Se a desistência ocorrer por conta do COMPRADOR, este **perderá o valor dado como Sinal e Princípio de Pagamento**, independentemente de qualquer notificação judicial ou extrajudicial e sem prejuízo das demais cominações previstas neste instrumento.

CLÁUSULA XXX – DECLARAÇÕES FINAIS. O COMPRADOR concorda que todos os emolumentos com a escritura definitiva, registro de cartório, imposto de transmissão, taxas e demais despesas inerentes, corram exclusivamente por sua conta.

PARÁGRAFO XXX – Os VENDEDORES comprometem-se desde já a providenciarem todas as quitações fiscais do referido imóvel e a documentação para transferência definitiva no prazo de XXX dias contados a partir de XXX.

PARÁGRAFO XXX – A posse do imóvel dar-se-á a partir de XXX.

PARÁGRAFO XXX – Os VENDEDORES declaram fazerem a presente venda, sempre boa, firme e valiosa que responderão, se chamados, pela evicção de direito, na forma da lei.

PARÁGRAFO XXX – Os VENDEDORES se comprometem a entregarem todas as taxas e encargos incidentes sobre o referido imóvel, em dia, tais como IPTU, Condomínio, Água e Luz.

PARÁGRAFO XXX – O presente instrumento é celebrado em caráter irrevogável e irre-tratável, salvo nos casos de inadimplemento contratual, estando as partes incursas nos Artigos 417 a 420 do Código Civil Brasileiro.

PARÁGRAFO XXX – O COMPRADOR cabe a análise de todos os documentos inseridos nesta negociação, inclusive as certidões pessoais dos VENDEDORES, responsabilizando-se integralmente por esta verificação.

PARÁGRAFO XXX – Ficam os VENDEDORES obrigados a pagarem a comissão sobre a ven-da do imóvel, o que ocorrerá no mesmo ato do recebimento do sinal e princípio de pagamento.

PARÁGRAFO XXX – Fica eleito o foro de XXX para solução de quaisquer dúvidas ou lití-gios decorrentes deste contrato, renunciando os contratantes a qualquer outro que ve-nham ter, por mais privilegiado que seja.

PARÁGRAFO XXX – O presente instrumento obriga em todos os seus termos, itens e condições os contratantes por si, seus bens, herdeiros ou sucessores, a qualquer título.

E, assim, por se acharem justas e contratadas, as partes assinam o presente contrato em 03 (três) vias de igual teor e forma, para um só efeito, à vista das 02 (duas) testemunhas abaixo, que a tudo assistiram e atestam.

Local/Data

Vendedor

Comprador

Testemunha 1

Testemunha 2

CONTRATO DE COMPROMISSO DE COMPRA E VENDA DE IMÓVEL – SEM ARRAS

PROMITENTE VENDEDOR: (Nome), (nacionalidade), (estado civil), (profissão), por-tador da carteira de identidade R.G. n. xxxxxx, e CPF/MF n. xxxxxxx, residente e domi-ciliado à (Rua), (número), (bairro), (CEP), (Cidade), (Estado).

PROMITENTE COMPRADOR: (Nome), (nacionalidade), (estado civil), (profissão), portador da carteira de identidade R.G. n. xxxxxx, e CPF/MF n. xxxxxxx, residente e domiciliado à (Rua), (número), (bairro), (CEP), (Cidade), (Estado).

Têm entre si, de maneira justa e acordada, o presente Contrato particular de Compromis-so de Compra e Venda de Bem Imóvel, ficando desde já aceito, pelas cláusulas abaixo des-critas.

CLÁUSULA XXX – Que a PROMITENTE VENDEDORA é legítima possuidora do imóvel situado (Rua), (número), (bairro), (CEP), (Cidade), (Estado), composto por área privativa de XXX M², inscrito no livro de registro de imóveis sob n. XXX, com as seguintes confrontações:

CLÁUSULA XXX – O valor da presente transação é feita pelo preço de R$ XXX (Valor), que serão pagos (descrever as condições e formas para o pagamento).

CLÁUSULA XXX – Que o PROMITENTE VENDEDOR se compromete a entregar o imóvel livre e desembaraçado de todos os débitos até esta data, junto ao Agente Financeiro, ficando daí a responsabilidade dos PROMITENTES COMPRADORES o pagamento mensal da prestação.

CLÁUSULA XXX – Fica acordado entre o PROMITENTE VENDEDOR e PROMITENTE COMPRADORES, que o imóvel transacionado PERMANECERÁ em nome do PROMITENTE VENDEDOR por prazo indeterminado, ficando o PROMITENTE VENDEDOR obrigado a apresentar todos os documentos necessários para transferência a partir do momento em que o mesmo for notificado pelos PROMITENTES COMPRADORES a qualquer época.

CLÁUSULA XXX – Todos os compromissos assumidos neste contrato são de caráter IRREVOGÁVEL e IRRETRATÁVEL, obrigado as partes, seus herdeiros e sucessores a qualquer título fazer sempre boa e valiosa a presente cessão, ficando sujeito às penalidades da lei.

CLÁUSULA XXX – Fica ainda acordando, que caso haja necessidade de se beneficiar do seguro referente ao imóvel, os beneficiados serão os PROMITENTES COMPRADORES, ou filhos.

CLÁUSULA XXX – Em caso de falecimento do PROMITENTE VENDEDOR, fica acordando entre as partes que todo e qualquer benefício oriundo deste fato, transfere-se para os PROMITENTES COMPRADORES.

CLÁUSULA XXX – Caso haja manifestação pública por parte do Agente Financeiro, quando à transferência do imóvel citado neste instrumento particular de compra e venda, sem que haja o aumento das prestações fica acordo entre as partes a sua transferência.

CLÁUSULA XXX – O foro deste contrato é da Comarca de XXX, renunciando as partes quaisquer outro por mais privilegiado que seja.

E por estarem assim juntos e contratos, assinam o presente em XXX vias de igual teor e forma, na presença das testemunhas abaixo.

(Data/Local)

Promitente Comprador

Promitente Vendedor

Testemunha 1

Testemunha 2

1.5. LEI DO DISTRATO (LEI N. 13.786/2018)

A **Lei do Distrato**, formalmente conhecida como **Lei n. 13.786/2018**, é uma legislação brasileira que entrou em vigor com o objetivo de regularizar a resolução de contratos no setor imobiliário, especialmente em situações de desistência da compra de imóveis na planta. Essa lei trouxe mudanças significativas nas negociações imobiliárias, estabelecendo regras mais claras e justas tanto para consumidores quanto para incorporadoras.

Antes da implementação da **Lei do Distrato**, o mercado imobiliário brasileiro enfrentava um cenário de incertezas jurídicas. Havia uma grande quantidade de litígios envolvendo a desistência de compras de imóveis, especialmente aqueles ainda em construção.

Os compradores que desejavam cancelar o contrato frequentemente se viam em uma posição vulnerável, sujeitos a perder grande parte dos valores já pagos, enquanto as construtoras enfrentavam a incerteza quanto ao volume de recursos que poderiam reter em caso de cancelamento.

Com a **Lei do Distrato**, foram estabelecidos limites para as penalidades impostas aos compradores que desistem do negócio. Por exemplo, em empreendimentos com o regime de patrimônio de afetação (em que o empreendimento possui um patrimônio separado, não se misturando com o patrimônio da incorporadora), a lei determina que a multa para o distrato **não pode exceder 50%** dos **valores já pagos pelo comprador**. Em casos em que o regime de patrimônio de afetação não é aplicado, a multa pode chegar a **25%**.

Além disso, a **Lei do Distrato** trouxe alterações significativas nas Leis n. 4.591/64 e n. 6.766/79, obrigando as incorporadoras a fornecer informações detalhadas sobre o empreendimento, incluindo o cronograma de obra e as condições financeiras do negócio. Isso visa a garantir maior transparência e segurança jurídica, possibilitando que os consumidores façam escolhas mais informadas.

A lei também estabelece um prazo para o reembolso das quantias pagas pelo comprador em caso de desistência. As incorporadoras devem efetuar a devolução dos valores devidos em até **180 dias** após o distrato ser firmado. Esse aspecto da lei visa a proteger o comprador, assegurando que ele não fique em uma situação financeira desvantajosa por um período prolongado após a desistência do negócio.

Um ponto crucial da **Lei do Distrato** é a cláusula que permite ao comprador desistir do contrato dentro de um prazo de até sete dias após a assinatura, caso o contrato tenha sido firmado em estandes de vendas ou fora da sede da empresa. Nesse caso, o consumidor tem direito à devolução integral dos valores pagos, incluindo a taxa de corretagem, garantindo, assim, a proteção aos direitos do consumidor.

Ademais, a lei também impõe penalidades às construtoras em caso de atraso na entrega do imóvel. Se a entrega da obra ultrapassar o prazo estipulado no contrato, o comprador pode exigir a rescisão do contrato e a devolução integral do valor pago, além de indenização. Isso serve para assegurar que as construtoras cumpram com seus compromissos e prazos acordados.

Em suma, a **Lei do Distrato** veio para estabelecer um equilíbrio maior nas relações entre consumidores e incorporadoras no mercado imobiliário brasileiro. Ela introduziu regras mais claras e justas, buscando reduzir conflitos e litígios, ao mesmo tempo que protege os direitos dos consumidores e impõe obrigações mais estritas às construtoras.

Com isso, a **Lei do Distrato** representa um avanço significativo na regulamentação do setor imobiliário no Brasil, contribuindo para um ambiente de negócios mais estável e confiável.

Em **resumo**, essa lei estabelece as seguintes disposições:

a) Prazo de arrependimento: o comprador tem o direito de desistir do contrato sem justificativa, no prazo de 7 dias corridos após a assinatura, com a devolução integral dos valores pagos.

b) Multa por rescisão contratual: se o comprador desistir do contrato após o prazo de arrependimento, a construtora ou incorporadora poderá reter uma multa do valor pago pelo comprador. A multa será de **até 50% do valor pago**, caso o empreendimento possua patrimônio de afetação, ou de **até 25% do valor pago**, caso não possua patrimônio de afetação.

c) Prazo para devolução dos valores: após o distrato, a construtora ou incorporadora deve devolver os valores pagos, deduzida a multa aplicável, em até **30 dias corridos** (para imóveis com patrimônio de afetação) ou até **180 dias corridos** (para imóveis sem patrimônio de afetação).

d) Tolerância para atraso na entrega: a lei permite um **prazo de tolerância de 180 dias corridos** para a entrega do imóvel, desde que esteja previsto no contrato. Caso ultrapasse esse prazo, o comprador pode solicitar a rescisão do contrato e ter direito à devolução integral dos valores pagos, atualizados monetariamente.

e) Comunicação de distrato: o pedido de distrato deve ser formalizado por escrito, através de carta ou e-mail, e enviado à construtora ou incorporadora por notificação extrajudicial ou protocolo de entrega.

f) Registro do distrato: após a formalização do distrato, é importante registrá-lo no Cartório de Registro de Imóveis competente.

A seguir, apresentamos um **modelo passo a passo** para a aplicação desta lei:

Passo 1: Identifique as partes envolvidas

a) Nome do COMPRADOR (pessoa física ou jurídica)

b) Nome do VENDEDOR (construtora, incorporadora ou empreendedor)

Passo 2: Verifique as condições do contrato

a) Localize a cláusula do contrato que estabelece as condições para o distrato

b) Verifique se o contrato está de acordo com a Lei do Distrato

---

Passo 3: Entenda os prazos para solicitar o distrato

a) Verifique o prazo estabelecido no contrato para solicitar o distrato

b) Se o prazo não estiver estipulado no contrato, a Lei do Distrato estabelece um prazo de 7 dias corridos após a assinatura do contrato, para vendas externas (como estande de vendas etc.)

Passo 4: Calcule a multa por rescisão contratual

a) Se o empreendimento possuir patrimônio de afetação (regime que protege os recursos do empreendimento), a multa será de até 50% do valor pago pelo comprador

b) Se o empreendimento não possuir patrimônio de afetação, a multa será de até 25% do valor pago pelo comprador

Passo 5: Formalize o pedido de distrato

a) Elabore uma carta ou e-mail explicando os motivos do distrato

b) Envie a solicitação de distrato à construtora/incorporadora/empreendedor por meio de notificação extrajudicial ou protocolo de entrega

Passo 6: Acordo entre as partes

a) Aguarde a resposta da construtora/incorporadora/empreendedor

b) Negocie as condições do distrato, como a devolução do valor pago e a multa aplicada

Passo 7: Devolução do valor pago

a) Após o acordo, a construtora/incorporadora/empreendedor deverá devolver o valor pago, descontando a multa, em:

a.1) até 30 dias corridos (para imóveis com patrimônio de afetação), ou

a.2) até 180 dias corridos (para imóveis sem patrimônio de afetação) após a assinatura do distrato

Passo 8: Registro do distrato

a) Formalize o distrato por escrito e registre-o no Cartório de Registro de Imóveis competente

A Lei do Distrato visa proteger os direitos dos compradores, estabelecendo limites e regras para a rescisão de contratos de imóveis na planta.

2. CONTRATO DE DOAÇÃO

2.1. ASPECTOS INICIAIS E INTRODUTÓRIOS

Conceito: é o contrato (negócio jurídico) pelo qual o doador transfere do seu patrimônio bens ou vantagens para o donatário, sem a presença de qualquer remuneração (contraprestação).

Considera-se doação o contrato em que uma pessoa, por liberalidade, transfere do seu patrimônio bens ou vantagens para o de outra.

Portanto, podemos classificar a doação como sendo o negócio jurídico **benévolo, unilateral, gratuito, comutativo, formal, solene ou não solene** (escritura pública ou instrumento particular).

Lembrando que, nos termos do **art. 114 do CC**, os negócios jurídicos benéficos, assim como a renúncia de direito, sempre serão interpretados de maneira estrita (sendo proibida qualquer forma de interpretação extensiva ou ampliativa).

2.2. CARACTERÍSTICAS

Aceitação: importante verificar que, como regra, a doação dispensa a aceitação da parte contrária, ou seja, pode-se afirmar que a aceitação não é ato essencial para a conclusão do contrato, pois o contrato existirá e será, como regra, valido, mas é essencial para o seu aperfeiçoamento, estando, portanto, no plano da eficácia dos negócios jurídicos (produção dos efeitos).

Tanto é que, nos termos do art. 539 do CC, o doador **pode (faculdade) fixar um prazo ao donatário, para declarar se aceita ou não a liberalidade**.

Desde que o donatário, ciente do prazo, não faça, dentro desse prazo, a declaração de aceitação, entender-se-á que aceitou, pois, nesse caso, presume-se em benefício da liberalidade do doador, desde que a doação não esteja sujeita ao cumprimento de determinado encargo.

Nesse caso, há a necessidade de cientificação inequívoca do donatário para manifestar a sua vontade, a aceitação somente será presumida se o donatário, ciente desse prazo assinalado pelo doador, não se manifestar. Caso contrário, não há a possibilidade de considerar a aceitação tácita ou presumida.

Assim, em caso de silêncio após a efetiva ciência do donatário, **presume-se aceita a doação (presunção relativa)**.

Entretanto, se o donatário for **absolutamente incapaz, dispensa-se a aceitação**, desde que se trate de doação pura, hipótese prevista no art. 543 do CC, pois nesse caso a doação pura e simples somente poderá beneficiá-lo. Nada impede, pois, que o representante legal do incapaz, se o caso, comprove em juízo o prejuízo do negócio jurídico realizado, em desvantagem ao incapaz.

Outrossim, caso a **doação seja feita ao nascituro**, prevê o art. 542 do CC que somente terá validade, sendo **aceita pelo seu representante legal** (pais ou curador nomeado judicialmente para cuidar dos seus interesses). Portanto, nesse caso, a aceitação está no plano da validade dos negócios jurídicos.

Da mesma forma, o nascimento com vida constitui elemento acidental do negócio jurídico (plano da eficácia, portanto), tratando-se, pois, de condição suspensiva, sendo certo que, caso o nascituro não nasça com vida, caducará a liberalidade. Caso contrário, se houver um instante de vida, receberá o benefício, transmitindo-se aos seus sucessores em caso de posterior falecimento.

Ainda, há a hipótese da doação feita em **contemplação de casamento futuro com certa e determinada pessoa (ou *propter nuptias*)**, quer pelos nubentes entre si, quer por terceiro a um deles, a ambos, ou aos filhos que, no futuro, houver um do outro.

Nesse caso, essa hipótese de doação **não pode ser impugnada por falta de aceitação**, e somente ficará sem efeito se o casamento não se realizar.

Nesse caso, a realização do casamento constitui modalidade de aceitação tácita (presunção de aceitação), não podendo ser arguida a sua ausência (art. 546 do CC). Dessa forma, pode-se afirmar que, com a realização do casamento, há a presunção *juris tantum* de aceitação da liberalidade.

CLASSIFICAÇÃO QUANTO À PRESENÇA OU NÃO DE ELEMENTOS ACIDENTAIS (PLANO DA EFICÁCIA)
1. Doação pura e simples: aquela feita por mera liberalidade ao donatário, sem a imposição de qualquer contraprestação, encargo ou condição.
2. Doação condicional: é aquela cuja eficácia do ato está subordinada a ocorrência de evento futuro e incerto, caso da doação ao nascituro, contemplação de casamento futuro e com cláusula de reversão.
3. Doação a termo: é aquela cuja eficácia do ato está subordinada a ocorrência de evento futuro e certo (prazo ou data específica para sua vigência).
4. Doação modal ou com encargo: é aquela gravada com ônus, havendo liberalidade somente no valor que exceder o ônus. Não atendido o encargo, cabe a revogação da doação, como resilição unilateral.

- **Modalidades de doação**

MODALIDADES DE DOAÇÃO (EFEITOS E REGRAS)	
DOAÇÃO REMUNERATÓRIA	• É a modalidade de doação feita em caráter de retribuição por um serviço prestado pelo donatário, mas cuja prestação não pode ser exigida pelo serviço prestado (caso contrário, seria "pagamento").
	• A doação feita em contemplação do merecimento do donatário não perde o caráter de liberalidade, como não o perde a doação remuneratória, ou a gravada, no excedente ao valor

DOAÇÃO REMUNERATÓRIA	dos serviços remunerados ou ao encargo imposto (art. 540 do CC). • Depende de análise caso a caso para a verificação do caráter de "retribuição" ou não da doação. • Cabe a alegação de vício redibitório quanto ao bem doado, principalmente por ser **forma de doação onerosa**. • **Cuidado:** não se revogam por ingratidão as doações puramente remuneratórias, conforme art. 564, I, do CC. • As doações remuneratórias de serviços feitos ao ascendente **não estão sujeitas à colação**.
DOAÇÃO CONTEMPLATIVA OU MERITÓRIA	• É aquela feita em contemplação a um **merecimento do donatário**, por qualidades, méritos pessoais. • Exemplo: doação de livros feitos a um professor famoso. • Lembre-se de que essa modalidade de doação leva em consideração motivos ou qualidades pessoais do donatário, e não trabalhos prestados (caso contrário, seria remuneratória), não perdendo, portanto, o **caráter de liberalidade (doação pura e simples)**.
DOAÇÃO A NASCITURO	• É aquela feita àquele que foi concebido, mas ainda não nasceu. Nesse caso, o Código Civil exige a aceitação dos representantes legais. Assim temos: • **Plano da validade:** como requisito de validade dessa doação, depende da aceitação por parte do representante legal. • **Plano da eficácia:** como elemento acidental (para a produção de efeitos), depende do nascimento com vida (condição suspensiva). • Assim, se houver um instante de vida, aperfeiçoa-se o contrato e, pois, haverá a transmissão dos bens e, em razão disso, em caso de morte, transmite-se posteriormente aos herdeiros.
DOAÇÃO SOB FORMA DE SUBVENÇÃO PERIÓDICA	• É a chamada de "doação de trato sucessivo", em que o doador estipula rendas periódicas a favor do donatário. • A doação em forma de **subvenção periódica ao beneficiado extingue-se morrendo o doador**, salvo se o doador outra coisa dispuser por expresso, mas nesse caso **não poderá ultrapassar a vida do donatário**. • **Causa de extinção:** a morte do doador ou do donatário.
DOAÇÃO EM CONTEMPLAÇÃO DE CASAMENTO FUTURO	• É a doação realizada em contemplação de casamento futuro, com pessoa certa e determinada. • É forma de **doação condicional**, havendo, portanto, elemento acidental no negócio jurídico, como **condição suspensiva**, pois o contrato não gera efeitos enquanto não realizado o casamento. • Essa modalidade de doação **não se aplica à união estável**.

DOAÇÃO DE DESCENDENTE A ASCENDENTE	• É a doação realizada de **ascendente a descendente**, importando em adiantamento do que lhes cabe por herança **(art. 544 do CC)**. • Cabível também de um cônjuge ao outro, exceto se casados em comunhão universal (entendimento do STJ). Nesse caso, também será considerado como adiantamento de herança. • Nesse caso, por se tratar de adiantamento de herança, os **bens deverão ser colacionados no processo de inventário** por aquele que os recebeu, sob pena de sonegados, ou seja, de o herdeiro perder o direito que tem sobre a coisa. • Todavia, **é possível que o doador dispense essa colação (art. 2.006 do CC)**.
DOAÇÃO COM CLÁUSULA DE REVERSÃO	• É aquela modalidade de doação na qual o doador estipula que os bens doados voltem ao seu patrimônio se ele, doador, sobreviver ao donatário. • É, pois, hipótese de **condição resolutiva expressa**, demonstrando a intenção do doador de beneficiar somente o donatário e não aos seus herdeiros ou sucessores, sendo, portanto, cláusula *intuitu personae*. • O pacto somente tem eficácia se o doador sobreviver ao donatário. Se falecer antes deste, a condição não ocorre e os bens doados **incorporam-se em definitivo ao patrimônio do donatário**. • Importante verificar que não prevalece cláusula de reversão em favor de terceiro. • **Não é cláusula de inalienabilidade.** Pode transferir a terceiros, no entanto, em caso de falecimento do donatário, a alienação é tornada sem efeito, retornando o bem ao patrimônio do doador.
DOAÇÃO CONJUNTIVA	• É aquela que conta com a **presença de dois ou mais donatários**, quando presente uma **obrigação divisível**. • Em regra, há **presunção relativa de divisão igualitária** da coisa em quotas iguais entre os donatários. No entanto, o contrato poderá trazer previsão em contrário, distribuindo livremente o quinhão entre os beneficiários. • Nesse caso, falecendo um dos donatários, **a sua quota transmitirá diretamente aos sucessores** e não ao outro donatário. • **Direito de acrescer**: possibilidade de as quotas se comunicarem. • Se, nesse caso, os donatários forem marido e mulher, subsistirá na totalidade a **doação para o cônjuge sobrevivo**. • **Doação conjuntiva convencional** (determinado pelo contrato) ou **doação conjuntiva legal** (determinado pela lei: marido e mulher).

DOAÇÃO INOFICIOSA	· É **nula (nulidade absoluta)** a doação quanto à parte que exceder à de que o doador, no momento da liberalidade, poderia dispor em testamento. · É a doação que **prejudica a legítima** (quota parte dos herdeiros necessários). Lembre-se que, em havendo herdeiros necessários (descendente, ascendente e cônjuge), metade da herança será obrigatoriamente reservado para eles, sendo os outros 50% considerável como parte indisponível.
DOAÇÃO UNIVERSAL	· É **nula a doação de todos os bens sem reserva de parte**, ou renda suficiente para a subsistência do doador. · Proteção ao patrimônio mínimo. · É possível, desde que o doador mantenha em seu poder algum tipo de renda ou de subsistência, como, por exemplo, doar seus bens e reservar usufruto para si.
DOAÇÃO DO CÔNJUGE ADÚLTERO AO SEU CÚMPLICE	· A doação do cônjuge adúltero ao seu cúmplice pode ser **anulada pelo outro cônjuge, ou por seus herdeiros necessários**, até dois anos depois de dissolvida a sociedade conjugal. · Proteção à entidade familiar. · **Exceção:** pode-se aceitar a doação, desde que o doador conviva em união estável com o donatário (STJ) – doador casado, deve estar separado de fato, judicial ou extrajudicialmente. · Impossibilidade de doação a concubina, de bem comum do casal, enquanto na vigência de casamento.
DOAÇÃO A ENTIDADE FUTURA	· É a possibilidade de **doação feita a fundação**, pessoa jurídica de direito privado, que pode, ou ainda não, existir. Se não existir, sua eficácia fica condicionada à posterior regular constituição da entidade. · A doação a entidade futura caducará se, em dois anos, esta não estiver constituída regularmente. · Condição suspensiva de efeito do contrato.

2.3. REVOGAÇÃO DA DOAÇÃO

É forma de **resilição unilateral do contrato** (ou seja, de extinção ou de rescisão do contrato), efetivada mediante pedido, notificação ou denúncia formulada por dos contratantes (doador), em prejuízo do outro (donatário), em virtude da quebra da confiança ente eles.

Trata-se, pois, de direito potestativo a favor do doador, que pode revogar a doação por dois motivos: **por ingratidão do donatário** ou **por inexecução de encargo** (art. 55 do CC).

Assim, temos como principais características:

REVOGAÇÃO DA DOAÇÃO
• A doação pode ser revogada por **ingratidão do donatário**, ou por **inexecução do encargo**.
• Não se pode **renunciar antecipadamente** o direito de revogar a liberalidade por ingratidão do donatário.
• A revogação por qualquer desses motivos deverá ser pleiteada **dentro de um ano**, a contar de quando chegue ao conhecimento do doador o fato que a autorizar, e de ter sido o donatário o seu autor.
• O direito de revogar a doação **não se transmite aos herdeiros do doador**, nem prejudica os do donatário. Mas aqueles podem prosseguir na ação iniciada pelo doador, continuando-a contra os herdeiros do donatário, se este falecer depois de ajuizada a lide.
• No caso de **homicídio doloso do doador**, a ação caberá aos seus herdeiros, exceto se aquele houver perdoado.
• A **doação onerosa pode ser revogada por inexecução do encargo**, se o donatário incorrer em mora. Não havendo prazo para o cumprimento, o doador poderá notificar judicialmente o donatário, assinando-lhe prazo razoável para que cumpra a obrigação assumida.
• A **revogação por ingratidão não prejudica os direitos adquiridos por terceiros**, nem obriga o donatário a restituir os frutos percebidos antes da citação válida; mas sujeita-o a pagar os posteriores, e, quando não possa restituir em espécie as coisas doadas, a indenizá-la pelo meio-termo do seu valor.

Ainda, temos como possibilidades de **revogação da doação por ingratidão do donatário** (art. 557 do CC):

Podem ser revogadas por ingratidão as doações:
I – se o donatário atentou contra a vida do doador ou cometeu crime de homicídio doloso contra ele;
II – se cometeu contra ele ofensa física;
III – se o injuriou gravemente ou o caluniou;
IV – se, podendo ministrá-los, recusou ao doador os alimentos de que este necessitava.

Ademais, **não será admitida a revogação por ingratidão** nas hipóteses previstas no art. 564 do CC, quais sejam:

Não se revogam por ingratidão:
I – as doações puramente remuneratórias, salvo na parte que exceder o valor dos serviços prestados pelo donatário;

II – as oneradas com encargo já cumprido (doações com encargo ou modal), especialmente diante da natureza onerosa dessa modalidade de doação;

III – as que se fizerem em cumprimento de obrigação natural, tais como as dívidas prescritas, dívidas de jogos não regulamentados, gorjetas, por serem inexigíveis;

IV – as feitas para determinado casamento.

Pode ocorrer também a revogação quando o ofendido, for o cônjuge, ascendente, descendente, ainda que adotivo, ou irmão do doador. A revogação por qualquer desses motivos deverá ser **pleiteada dentro de um ano**, a contar de quando chegue ao conhecimento do doador o fato que a autorizar, e de ter sido o donatário o seu autor.

O direito de revogar a doação **não se transmite aos herdeiros do doador**, nem prejudica os do donatário. Mas aqueles podem prosseguir na ação iniciada pelo doador, continuando-a contra os herdeiros do donatário, se este falecer depois de ajuizada a lide.

No caso de homicídio doloso do doador, a **ação caberá aos seus herdeiros**, **exceto se aquele houver perdoado**.

A **doação onerosa** pode ser revogada por **inexecução do encargo**, se o donatário incorrer em mora. Não havendo prazo para o cumprimento, o doador poderá notificar judicialmente o donatário, assinando-lhe prazo razoável para que cumpra a obrigação assumida.

A revogação por ingratidão não prejudica os direitos adquiridos por terceiros, nem obriga o donatário a restituir os frutos percebidos antes da citação válida; mas sujeita-o a pagar os posteriores, e, quando não possa restituir em espécie as coisas doadas, a indenizá-la pelo meio termo do seu valor.

2.4. MODELOS DE CLÁUSULAS DO CONTRATO DE DOAÇÃO

Cláusula de doação com encargo

Do encargo

CLÁUSULA XXX – Após transferência do bem para sua propriedade, o DONATÁRIO, sob pena de rescisão do contrato e aplicação de multa, deverá realizar o encargo de XXX (descrever o encargo a ser cumprido, especificando a forma e a maneira como deve ser cumprido), em favor do DOADOR (ou de terceira pessoa à sua indicação), devendo este, ao final, assinar um documento onde comprove que o DONATÁRIO cumpriu o estabelecido neste instrumento.

Cláusula de doação com incomunicabilidade

Da incomunicabilidade

CLÁUSULA XXX – O DONATÁRIO, ao aceitar a doação ora efetuada, concorda expressamente que os bens objeto desta doação, enquanto integrarem o patrimônio do DONATÁRIO, não se comunicarão com o patrimônio de terceiros, inclusive em caso de casamento ou união estável do DONATÁRIO, independentemente do regime de bens adotado;

Doação com cláusula de reversão

Da reversão

CLÁUSULA XXX – Caso o DONATÁRIO faleça antes do DOADOR, o bem objeto deste contrato retornará ao patrimônio do DOADOR, sem qualquer tipo de obstrução ou impedimento, como se jamais houvesse sido estipulado o presente contrato, de acordo com o art. 547 do Código Civil;

2.5. MODELO DE CONTRATO DE DOAÇÃO

CONTRATO DE DOAÇÃO PURA E SIMPLES

Pelo presente instrumento particular de DOAÇÃO, de um lado (nome, nacionalidade, estado civil, profissão, identidade, CPF, endereço), doravante denominado do DOADOR; e, de outro lado, (nome, nacionalidade, estado civil, profissão, identidade, CPF, endereço), doravante chamado de DONATÁRIO, têm entre si, como justo e acertado o que segue:

CLÁUSULA XXX – O primeiro qualificado, denominado simplesmente DOADOR, declara que é legítimo possuidor de uma casa de campo, localizada na Rua n. XXX, na cidade de XXX com as seguintes características: (descrever detalhadamente o imóvel, acrescentando número de matrícula, registro etc.).

CLÁUSULA XXX – O DOADOR, por sua livre e espontânea vontade, a título gratuito, sem quaisquer condições ou encargos, faz DOAÇÃO do imóvel descrito acima ao DONATÁRIO, no valor de R$ XXX (XXX Reais), transferindo-lhe irrevogavelmente toda posse, jus, ação e domínio que exercia sobre o referido imóvel.

CLÁUSULA XXX – O DONATÁRIO declara que aceita o imóvel doado pelo DOADOR, livre de qualquer condição, conforme estipulado no presente contrato.

E, assim, como justos e contratados, assinam o presente instrumento particular de DOAÇÃO, em duas vias de igual teor, na presença de testemunhas que a tudo assistiram.

Local e data.

DOADOR

DONATÁRIO

TESTEMUNHA

---

3. CONTRATO DE LOCAÇÃO DE BENS IMÓVEIS

3.1. ASPECTOS INICIAIS E INTRODUTÓRIOS

O contrato de locação é o contrato pelo qual **uma das partes** (chamada de **locador ou senhorio**) se obriga a ceder à **outra parte** (chamada de **locatário ou inquilino**), por tempo determinado ou não, o **uso e gozo** de coisa imóvel ou móvel não fungível, mediante certa remuneração, denominada de aluguel.

Podemos elencar como elementos essenciais do contrato de locação, atentando-se para as especificações corretas e individualizadas a serem colocadas no contrato no momento de sua redação:

> • **Coisa:** individualizar o bem e sua natureza, se imóvel (residencial ou comercial) ou se coisa móvel não fungível.
>
> • **Aluguel:** especificar a retribuição da locação. Pode ser em dinheiro, bens ou em percentual de lucro.
>
> • **Tempo:** se temporário (prazo certo) ou se por prazo indeterminado.

Imperioso verificar a disposição da regra geral prevista no **art. 573 do CC**, no qual determina que no caso da locação por tempo determinado, cessará de pleno direito findo o prazo estipulado, independentemente de notificação ou aviso.

Assim, temos:

> • **Contratos por prazo determinado:** independe de interpelação ou notificação.
>
> • **Contratos por prazo indeterminado:** é necessária a interpelação do locatário.

3.2. O CONTRATO DE LOCAÇÃO E O CÓDIGO CIVIL

De início, importante verificar que as disposições do Código Civil a respeito do contrato de locação somente se aplicam como regras gerais da locação, especialmente voltadas aos bens móveis infungíveis e de imóveis, desde que não sejam tratados pela legislação especial (Lei n. 8.245/91).

Nesse sentido, o **art. 566 o CC** especifica quais são as obrigações do locador:

> **O locador é obrigado:**
>
> I – a entregar ao locatário a coisa alugada, com suas pertenças, em estado de servir ao uso a que se destina, e a mantê-la nesse estado, pelo tempo do contrato, salvo cláusula expressa em contrário;
>
> II – a garantir-lhe, durante o tempo do contrato, o uso pacífico da coisa.

Nesses termos, se, durante a locação, a coisa alugada se deteriorar, mas sem culpa do locatário, a este caberá pedir a **redução proporcional do aluguel**, ou de pedir a **resolução do contrato**, caso a coisa já não sirva a coisa para o fim a que se destinava (art. 567 do CC).

Agora, é dever do locador, como bem determina o art. 568 do CC, resguardar o locatário de quaisquer embaraços e/ou turbações de terceiros, que tenham ou pretendam ter direitos sobre a coisa alugada, mantendo, pois, a posse direta e pacífica do locatário, tendo **ambos a legitimidade para a propositura de ações possessórias** perante terceiros.

Também, responderá o locador pelos seus vícios, ou defeitos, anteriores à locação, também chamados de vícios redibitórios ou ocultos da coisa alugada, bem como os vícios do produto, nos casos dos objetos destinados às relações de consumo, como os carros destinados a locações em períodos determinados (art. 568 do CC, parte final).

Ademais, prevê o **art. 569 do CC** a respeito das obrigações do locatário, sendo eles:

O locatário é obrigado:

I – a servir-se da coisa alugada para os usos convencionados ou presumidos, conforme a natureza dela e as circunstâncias, bem como tratá-la com o mesmo cuidado como se sua fosse;

II – a pagar pontualmente o aluguel nos prazos ajustados, e, em falta de ajuste, segundo o costume do lugar;

III – a levar ao conhecimento do locador as turbações de terceiros, que se pretendam fundadas em direito;

IV – a restituir a coisa, finda a locação, no estado em que a recebeu, salvas as deteriorações naturais ao uso regular.

Nesse sentido, em violando as obrigações que lhe são determinadas, bem como se o locatário empregar a coisa em uso diverso do ajustado, ou do a que se destina, ou se ela se danificar por abuso do locatário, poderá o locador, além de rescindir o contrato, sem prejuízo de exigir eventuais perdas e danos (art. 570 do CC).

Importante disposição é aquela prevista no art. 571 do CC, pois, em havendo **prazo estipulado à duração do contrato**, antes do vencimento não poderá o locador reaver a coisa alugada, senão **ressarcindo ao locatário as perdas e danos resultantes** da quebra do contrato. Ainda, também não poderá o locatário devolver a coisa ao locador, senão pagando, proporcionalmente, a **multa prevista no contrato**, proporcional ao tempo em que restar do contrato.

Entretanto, como bem menciona o art. 572 do CC, se a obrigação de pagar o aluguel pelo tempo que faltar constituir indenização excessiva, será facultado ao juiz fixá-la em **bases razoáveis.**

Nesse caso, imperioso adicionar a tal dispositivo legal também o quanto disposto no **art. 413 do CC** (redução por equidade da cláusula penal), aplicável também à hipótese, pois se a multa se mostrar excessiva, ou a obrigação de pagar aluguel pelo tempo que restar do contrato de locação constituir indenização também excessiva, deverá o juiz reduzi-la proporcionalmente em termos razoáveis.

Outrossim, complementando o quanto mencionado acima, o **locatário gozará do direito de retenção**, enquanto não for ressarcido de todos os prejuízos eventualmente causados pelo locador pela quebra do contrato.

Como dito anteriormente, o art. 573 do CC dispõe que se a **locação for por tempo determinado**, cessará de pleno direito quando findo o prazo estipulado, independentemente de notificação ou aviso do locador ao locatário.

Entretanto, se, **findo o prazo**, o locatário continuar na posse da coisa alugada, sem qualquer oposição do locador, **presumir-se-á por prorrogada a locação pelo mesmo valor do aluguel**, mas, nesse caso, a prorrogação se dará **sem prazo determinado** (art. 574 do CC). Nessas circunstâncias, poderá o locador, a qualquer tempo, notificar o locatário para a restituição da coisa, exercendo o direito de resilição unilateral (denúncia vazia).

Se, notificado o locatário, este **não restituir a coisa**, pagará, enquanto a tiver em seu poder, o **aluguel que o locador arbitrar**, e responderá pelo **dano** que ela venha a sofrer, **embora proveniente de caso fortuito**, ou de qualquer outro evento totalmente imprevisível (art. 575 do CC). No entanto, se o aluguel arbitrado for manifestamente **excessivo**, poderá o juiz reduzi-lo, mas tendo sempre em conta o seu caráter de penalidade.

Em sendo a **coisa alienada** pelo locador/proprietário do bem, durante a locação, o adquirente (novo proprietário) não ficará obrigado a respeitar o contrato de locação, **se nele não for consignada a cláusula da sua vigência no caso de alienação**, e não constar de registro (art. 576 do CC). O registro a que se refere será o de Títulos e Documentos do domicílio do locador, quando a coisa for móvel; e será o Registro de Imóveis da respectiva circunscrição, quando imóvel.

No entanto, em se tratando de **imóvel**, e ainda no caso em que o locador não esteja obrigado a respeitar o contrato, não poderá ele despedir o locatário, senão observado o prazo de **noventa dias após a notificação**.

Morrendo o locador ou o locatário, transfere-se aos seus herdeiros a locação por tempo determinado, comprovando que o contrato de locação não possui natureza personalíssima, sendo o exemplo prático de contrato impessoal (art. 577 do CC).

Finalmente, encerrando a análise das disposições do Código Civil, o art. 578 do CC dispõe que, salvo disposição em contrário, o **locatário goza do direito de retenção**, no caso de **benfeitorias necessárias**, ou no de **benfeitorias úteis**, se estas houverem sido feitas com **expresso consentimento do locador**.

Ver, nesse caso, a **Súmula n. 158 do STF**: "Salvo estipulação contratual averbada no registro imobiliário, não responde o adquirente pelas benfeitorias do locatário", bem como a **Súmula n. 335 do STJ**: "Nos contratos de locação, é válida a cláusula de renúncia à indenização das benfeitorias e ao direito de retenção".

Regra final – Retomada do bem:

• **Bem móvel pelo locador:** ação de rescisão contratual, cumulada com reintegração de posse.

• **Bem imóvel:** Ação de despejo.

3.3. PRINCIPAIS REGRAS DO CONTRATO DE LOCAÇÃO URBANO E A LEI N. 8.245/91

Segundo o **art. 1º da Lei de Locação**, a locação de **imóvel urbano (residencial e não residencial)** regula-se pelo disposto na lei especial.

Entretanto, continuam regulados pelo Código Civil e pelas leis especiais:

---

a) **as locações:**

1. de imóveis de propriedade da União, dos Estados e dos Municípios, de suas autarquias e fundações públicas;

2. de vagas autônomas de garagem ou de espaços para estacionamento de veículos;

3. de espaços destinados à publicidade;

4. em apart-hotéis, hotéis-residência ou equiparados, assim considerados aqueles que prestam serviços regulares a seus usuários e como tais sejam autorizados a funcionar;

b) **o arrendamento mercantil, em qualquer de suas modalidades.**

Conforme art. 2º da Lei de Locação, em havendo mais de um locador ou mais de um locatário, entende-se que são solidários se o contrário não se estipulou no contrato. Da mesma forma, os ocupantes de habitações coletivas multifamiliares também serão presumidos como locatários ou sublocatários, portanto, sendo também considerados como solidários.

Assim como determina o Código Civil, o art. 3º da Lei de Locação determina que o contrato de locação pode ser ajustado por **qualquer prazo**, entretanto, depende de vênia conjugal (outorga uxória ou marital), se o contrato for igual ou **superior a 10 anos**. Ausente a vênia conjugal, o cônjuge não estará obrigado a observar o prazo excedente.

Durante o prazo estipulado para a duração do contrato, **não poderá o locador reaver o imóvel alugado**. Entretanto, com exceção ao que estipula o § 2º do art. 54-A, o locatário, **poderá devolver a coisa alugada**, pagando a multa pactuada no contrato (daí a importância de sua estipulação), sendo esta proporcional ao período de cumprimento do contrato, ou, na sua falta, a que for judicialmente estipulada (art. 4º da Lei de Locação).

Agora, há a possibilidade de o locatário ficar **dispensado da multa, caso a devolução do imóvel decorrer de transferência**, pelo seu empregador, privado ou público, para prestar serviços em localidades diversas daquela do início do contrato, e se **notificar**, por escrito, o locador com prazo de, no mínimo, **30 dias de antecedência**.

Modelos de cláusula penal ou de multa locatícia:

CLÁUSULA XXX – O locador e o locatário obrigam-se, de maneira mútua e recíproca, a respeitar todos os termos deste contrato, em todas suas cláusulas, sob pena de incorrer no pagamento de multa no valor de R$ XXX reais (ou XXX aluguéis), além do ressarcimento por quaisquer danos causados.

PARÁGRAFO XXX – Caso ocorra a devolução antecipada do imóvel, antes do prazo de término previsto neste contrato, seja pela entrega voluntária ou por decisão judicial em decorrência de falta de pagamento ou outra infração qualquer, será facultado ao locador cobrar do locatário o pagamento de multa compensatória no valor de R$ XXX (ou do valor de XXX aluguéis), calculados de maneira proporcional ao tempo de contrato não cumprido.

Agora, importante notar que, conforme art. 5º da Lei de Locação, seja qual for o fundamento do término da locação, a **ação do locador** para reaver o imóvel é a de **despejo**, não se aplicando a regra se a locação terminar em decorrência de desapropriação, com a imissão do expropriante na posse do imóvel.

Denúncia: utiliza-se o termo "denúncia" para o caso de resilição unilateral do contrato de locação por parte do locador ou do locatário, quando requererem a retomada do imóvel ou do locatário em realizar a entrega do imóvel.

Assim, conforme art. 6º da Lei de Locação, o locatário poderá **denunciar a locação**, quando este for estipulado por **prazo indeterminado**, desde que o faça mediante **aviso por escrito ao locador**, com **antecedência mínima de 30 dias**.

Agora, na ausência do aviso por escrito, poderá o locador exigir do locatário **quantia correspondente a um mês de aluguel e encargos**, vigentes quando da resilição (parágrafo único do art. 6º da Lei de Locação).

Ademais, nos casos de extinção de usufruto ou de fideicomisso, a locação celebrada pelo usufrutuário ou fiduciário poderá também ser denunciada, com o **prazo de 30 dias para a desocupação**, salvo se tiver havido aquiescência escrita do nu-proprietário ou do fideicomissário, ou se a propriedade estiver consolidada em mãos do usufrutuário ou do fiduciário.

Nesse caso, a **denúncia deverá ser exercitada no prazo de 90 dias** contados da extinção do fideicomisso ou da averbação da extinção do usufruto, presumindo-se, após esse prazo, a concordância na manutenção da locação.

A alienação do imóvel durante a locação rompe com a relação contratual, podendo o adquirente do imóvel **denunciar o contrato**, com o prazo de **90 dias para a desocupação, conforme art. 8º da Lei de Locação**, exceto se a locação for:

---

a) por **tempo determinado**;

b) o contrato contiver **cláusula de vigência em caso de alienação**; e

c) estiver **averbado junto à matrícula do imóvel**.

Idêntico direito terá o promissário comprador e o promissário cessionário, em caráter irrevogável, com imissão na posse do imóvel e título registrado junto à matrícula do imóvel. É certo que a denúncia do adquirente do imóvel deverá ser exercitada no prazo de **90 dias contados do registro da venda ou do compromisso**, conforme § 2º do art. 8º, presumindo-se, após esse prazo, a concordância na manutenção da locação.

Resumindo: imperioso verificar o esquema para a **retomada do imóvel**, especialmente verificando se o prazo do contrato é por prazo determinado, superior ou inferior a 30 meses, ou se por prazo indeterminado.

Retomada do imóvel:

a) **Prazo determinado:** extingue a relação, findo o prazo do contrato.

- **Contrato superior a 30 meses:** cessa com fim do prazo, independentemente de interpelação (denúncia vazia).

- **Contrato inferior a 30 meses:** findo o prazo estabelecido, a locação prorroga-se automaticamente, por prazo indeterminado.

b) **Prazo indeterminado:** somente mediante aviso, com 30 dias de antecedência.

Denúncia vazia: é a denúncia imotivada, que independe de justificativa do locador, aplicada nos termos do **art. 46 da Lei de Locação:**

Art. 46. Nas locações ajustadas por escrito e por **prazo igual ou superior a trinta meses**, a resolução do contrato ocorrerá **findo o prazo estipulado, independentemente de notificação ou aviso.**

§ 1º Findo o prazo ajustado, **se o locatário continuar na posse do imóvel alugado por mais de trinta dias sem oposição do locador**, presumir-se-á **prorrogada a locação por prazo indeterminado**, mantidas as demais cláusulas e condições do contrato.

§ 2º Ocorrendo a prorrogação, o **locador poderá denunciar o contrato a qualquer tempo**, concedido o prazo de trinta dias para desocupação.

Denúncia cheia: é a denúncia motivada, dependendo da existência dos fatos previstos na lei, conforme **art. 47 da Lei de Locação:**

Art. 47. Quando ajustada verbalmente ou por escrito e com **prazo inferior a trinta meses**, findo o prazo estabelecido, a locação **prorroga-se automaticamente**, por prazo indeterminado, somente podendo ser retomado o imóvel:

I – Nos casos **do art. 9º;**

II – em decorrência de extinção do contrato de trabalho, se a ocupação do imóvel pelo locatário relacionada com o seu emprego;

III – se for pedido para uso próprio, de seu cônjuge ou companheiro, ou para uso residencial de ascendente ou descendente que não disponha, assim como seu cônjuge ou companheiro, de imóvel residencial próprio;

IV – se for pedido para demolição e edificação licenciada ou para a realização de obras aprovadas pelo Poder Público, que aumentem a área construída, em, no mínimo, vinte por cento ou, se o imóvel for destinado a exploração de hotel ou pensão, em cinquenta por cento;

V – se a vigência ininterrupta da locação ultrapassar cinco anos.

§ 1ª Na hipótese do inciso III, a necessidade deverá ser judicialmente demonstrada, se:

a) O retomante, alegando necessidade de usar o imóvel, estiver ocupando, com a mesma finalidade, outro de sua propriedade situado nas mesmas localidades ou, residindo ou utilizando imóvel alheio, já tiver retomado o imóvel anteriormente;

b) o ascendente ou descendente, beneficiário da retomada, residir em imóvel próprio.

§ 2ª Nas hipóteses dos incisos III e IV, o retomante deverá comprovar ser proprietário, promissário comprador ou promissário cessionário, em caráter irrevogável, com imissão na posse do imóvel e título registrado junto à matrícula do mesmo.

Art. 9º Assim, a locação também poderá ser desfeita:

I – por **mútuo acordo;**

II – em decorrência da **prática de infração legal ou contratual;**

III – em decorrência da **falta de pagamento do aluguel e demais encargos;**

IV – para a realização de **reparações urgentes determinadas pelo Poder Público,** que não possam ser normalmente executadas com a permanência do locatário no imóvel ou, podendo, ele se **recuse a consenti-las.**

MODELO DE NOTIFICAÇÃO PARA DESOCUPAÇÃO POR DENÚNCIA CHEIA

NOTIFICAÇÃO EXTRAJUDICIAL – ALUGUEL EM ATRASO OU FALTA DE PAGAMENTO

Ilmo Sr. (NOME DO LOCATÁRIO)

A Sra. **(NOME DO PROPRIETÁRIO)**, por intermédio de seu bastante procurador (AD-VOGADO, OAB XXX, CONTATO XXX), vem através desta expor:

Servimo-nos da presente notificação extrajudicial e legalmente amparados pela legislação que rege as relações locatícias no país, Lei n. 8.245/91 (Lei do Inquilinato), **NOTIFI-CAR** formalmente e respeitosamente Vossa Senhoria que há incidência de débitos do imóvel citado logo acima.

Conforme pactuado entre as partes pelo Contrato Particular de Locação de Imóvel (anexa a presente notificação) restou acordado que os aluguéis devidos seriam no valor de R$ XXX (XXX) e que deveriam ser pagos até a data o dia XXX (XXX) de cada mês subsequente da assinatura do pacto locatício, conforme CLÁUSULA XXX.

Desta forma, Vossa Senhoria está em débito com a notificante pelo não pagamento dos aluguéis dos meses de XXX do ano de 20XX.

Ressalta-se que pela CLÁUSULA XXX do referido contrato o débito atualizado é de R$ XXX (XXX), tabela de cálculo a seguir: (APRESENTAR OS CÁLCULOS)

Cumpre esclarecer que a notificante tentou por inúmeras vezes contato com o notificado para um possível acordo, contudo não obteve êxito.

Desta maneira, conforme os fatos e cálculos expostos REQUER a notificante que o notificado, respeitando a legislação vigente, o pagamento total do débito no valor de R$ XXX (XXX) no prazo máximo de XXX (XXX) horas, a partir do recebimento desta Notificação Extrajudicial, caso contrário, que desocupem o imóvel no prazo de 30 (trinta) dias.

Certo de sua compreensão e boa vontade, coloco-me a disposição para o que for necessário e para formalizar tratativas de acordo do valor a ser pago.

Ao término do prazo estipulado sem a manifestação de Vossa Senhoria, estaremos, assim, liberados para a adoção de outras medidas para efetuar a cobrança dos referidos débitos como o protesto de títulos e medidas judiciais cabíveis para dirimir o conflito.

NOME DO ADVOGADO

OAB

MODELO DE NOTIFICAÇÃO POR DENÚNCIA VAZIA

NOTIFICAÇÃO EXTRAJUDICIAL

(nome do(a) locador(a)), inscrito(a) no CPF sob o n. (informar), residente e domiciliado à (endereço), vem por meio desta NOTIFICAR (nome do(a) locatário(a)), inscrito(a) no CPF sob o nº (informar), residente e domiciliado(a) à (endereço), acerca da presente DE-NÚNCIA VAZIA realizada com base no parágrafo segundo do art. 46 da Lei n. 8.245/91, o que faz conforme segue.

Em decorrência do contrato de locação residencial firmado em (data), Vossa Senhoria assumiu a condição de locatário(a) do imóvel localizado à (endereço), pelo prazo de (quantidade) meses, até (data).

O prazo de vigência do referido contrato transcorreu e não houve manifestação de sua parte para prorrogação do mesmo, de modo que a locação passou a vigorar por prazo indeterminado.

Dessa forma, na condição de locador(a), e não mais convindo manter a locação, faço uso da presente para denunciá-lo(a) nos termos do parágrafo segundo do art. 46 da Lei n. 8.245/91.

Com isso, Vossa Senhoria terá o prazo legal de 30 (trinta) dias a partir do recebimento desta para desocupação do referido imóvel e entrega das chaves nas condições contratuais, sob pena de ser movida a competente ação de despejo.

(localidade), (dia) de (mês) de (ano)

(assinatura)

(nome do(a) locador(a))

3.4. DEMAIS REGRAS GERAIS DO CONTRATO DE LOCAÇÃO URBANA

Nos termos dos **arts. 10 e 11 da Lei de Locação**:

a) **Morrendo o locador**, a locação **transmite-se aos herdeiros.**

b) **Morrendo o locatário**, ficarão **sub-rogados nos seus direitos e obrigações:**

I – **nas locações com finalidade residencial,** o cônjuge sobrevivente ou o companheiro e, sucessivamente, os herdeiros necessários e as pessoas que viviam na dependência econômica do *de cujus*, desde que residentes no imóvel;

II – **nas locações com finalidade não residencial**, o espólio e, se for o caso, seu sucessor no negócio.

Em casos de separação de fato, separação judicial, divórcio ou dissolução da união estável, a **locação residencial prosseguirá automaticamente** com o cônjuge ou companheiro que permanecer no imóvel. Agora, a **sub-rogação**, conforme acima descrita, **deverá ser comunicada por escrito ao locador e também ao fiador**, se esta for a modalidade de garantia locatícia (art. 12 da Lei de Locação).

Nesse último caso, quanto ao **fiador, poderá exonerar-se** das suas responsabilidades no prazo de **30 (trinta) dias** contado do recebimento da comunicação oferecida pelo sub-rogado, ficando responsável pelos efeitos da fiança durante **120 (cento e vinte) dias após a notificação ao locador**.

A cessão da locação, a sublocação e o empréstimo do imóvel, total ou parcialmente, dependem do **consentimento prévio e escrito do locador**. Entretanto, não se presume o consentimento pela simples demora do locador em manifestar formalmente a sua oposição.

Finalmente, desde que notificado por escrito pelo locatário, de ocorrência de uma das hipóteses acima, o locador terá o **prazo de 30 dias para manifestar formalmente a sua oposição.**

Das sublocações: a sublocação ocorre quando o inquilino aluga o imóvel para outra pessoa. Nesse caso, o sublocatário passa a ser responsável por todas as despesas referentes ao contrato (aluguel, condomínio, taxas, dentre outras), bem como também pela preservação e conservação do imóvel.

Assim, são negócios jurídicos acessórios, vinculados ao contrato principal de locação, sendo certo que, nos termos do art. 15 da Lei de Locação, rescindida ou finda a locação, qualquer que seja sua causa, resolvem-se as sublocações, assegurado o **direito de indenização do sublocatário contra o sublocador**.

Por fim, conforme o art. 16 da Lei de Locação, o **sublocatário responde subsidiariamente ao locador** pela importância que dever ao sublocador, quando este for demandado e, ainda, pelos aluguéis que se vencerem durante a lide.

MODELO DE SUBLOCAÇÃO

CONTRATO PARTICULAR DE SUBLOCAÇÃO

Pelo presente **instrumento particular de SUBLOCAÇÃO de imóvel residencial (ou de imóvel para fins não residenciais – comerciais)**, de um lado **XXX** (Qualificação completa), doravante denominado simplesmente SUBLOCADOR; e, de outro lado, **XXX** (Qualificação completa), doravante denominado simplesmente SUBLOCATÁRIO, tem justo e contratado, mediante as cláusulas abaixo o seguinte:

CLÁUSULA XXX – O SUBLOCATÁRIO é LOCATARIO do imóvel da Rua XXX, n. XXX, desta cidade de XXX, pelo prazo de trinta e XXX meses (XXX) e, por este instrumento e com a devida autorização por escrito do LOCADOR, confere ao SUBLOCATÁRIO, em sublocação, para fins não residenciais (ou para fins não residenciais – comerciais), parte ou a totalidade do imóvel (descrever o imóvel), pelo prazo de XXX (XXX) meses, a contar desta data e a terminar em XXX de XXX do ano de XXXX.

CLÁUSULA XXX – O SUBLOCATÁRIO tem conhecimento expresso e inequívoco dos termos do contrato original de LOCAÇÃO, efetivado entre o SUBLOCADOR e o LOCADOR, se comprometendo a respeitar todas as cláusulas no que couber à sua parte.

CLÁUSULA XXX – O valor do aluguel mensal será de R$ XXX (XXX reais) (valor por extenso), que o SUBLOCATÁRIO se compromete a pagar até o dia XXX de cada mês, podendo ser pago até o 5º dia útil ao vencimento, sem quaisquer ônus, a ser pago diretamente ao SUBLOCADOR, no mesmo endereço acima indicado, ou a quem de sua indicação.

CLÁUSULA XXX – O SUBLOCATÁRIO arcará com as despesas inerentes ao imóvel objeto deste contrato, bem como de outros encargos que incidirem (se sublocação parcial: arcará com as despesas na proporção de sua área ocupada).

CLÁUSULA XXX – A falta de pagamento dos aluguéis e encargos nas datas previstas constituirá O SUBLOCATÁRIO em mora independente de intimações ou interpelações judiciais e extrajudiciais, sujeitando-se à ação de despejo e de outras que se fizerem necessárias.

CLÁUSULA XXX – O SUBLOCATÁRIO concorda, desde já, em depositar, a título de caução, o valor de R$ XXX (XXX reais), equivalente a 03 (três) meses de aluguel e correspondente. O depósito será feito em conta-poupança conjunta, não solidária, em nome do SUBLOCADOR e do SUBLOCATÁRIO, a ser aberta no primeiro dia útil subsequente a assinatura do presente contrato.

OU

CLÁUSULA XXX – Concordam com os termos fixados no presente contrato os fiadores, já qualificados (qualificá-los no preâmbulo do contrato), e que se configuram também como principais pagadores, responsabilizando-se pelo fiel cumprimento do presente sem exceção de quaisquer cláusulas, mesmo que o presente contrato passe a vigorar por tempo indeterminado.

(Se houver a renúncia expressa ao benefício de ordem) – PARÁGRAFO XXX. Os Fiadores renunciam expressamente aos benefícios contidos no artigo 827, *caput* e parágrafo único, do Código Civil Brasileiro.

(Assunção de responsabilidade do fiador no caso de prorrogação do contrato, por prazo indeterminado)

PARÁGRAFO XXX – Os fiadores não se eximirão de responsabilidade solidária, caso o contrato venha a ultrapassar seu prazo de vigência, tornando-se, desta forma, contrato por prazo indeterminado.

(Cláusula de insolvência do fiador) PARÁGRAFO XXX – Caso os fiadores venham a incorrer em comprovado estado de insolvência, o SUBLOCATÁRIO deverá substituí-lo em XXX dias, sob pena de rescisão contratual.

OU

CLÁUSULA XXX – O SUBLOCATÁRIO se compromete a contratar no primeiro dia útil subsequente à assinatura do presente contrato, empresa seguradora competente para elaboração de seguro fiança locatícia.

PARÁGRAFO XXX – O valor do seguro fiança locatícia será estipulado pelas partes contratantes e pela empresa seguradora, e terá como base o valor de XXX (exemplo: 03 meses) aluguéis, fazendo o mesmo parte integral deste contrato. Nas hipóteses de inadimplemento das obrigações contratuais do locatário, o locador poderá acionar o seguro fiança para ser ressarcido dos prejuízos oriundos do descumprimento das cláusulas do presente. O prêmio do seguro ficará a cargo do locatário.

CLÁUSULA XXX – Fica eleito o foro desta Comarca de XXX para dirimir quaisquer dúvidas referente a este contrato.

E, por estarem justas e convencionadas, as partes assinam o presente **instrumento particular de SUBLOCAÇÃO para fins residenciais (ou não residenciais – comerciais)**, em duas vias de igual teor, na presença das testemunhas que a tudo assistiram e conhecimento tiveram.

Local, data e ano.

LOCADOR

LOCATÁRIO

Testemunha 1

Testemunha 2

Do aluguel: nos termos do art. 17 da Lei de Locação, é livre a convenção do aluguel, vedada a sua estipulação em moeda estrangeira e a sua vinculação à variação cambial ou ao salário mínimo. Nas locações residenciais serão observados os critérios de reajustes previstos na legislação específica.

É lícito às partes fixar, de comum acordo, novo valor para o aluguel, bem como inserir ou modificar cláusula de reajuste, nos termos do art. 18 da Lei de Locação. Não havendo acordo, o locador ou locatário, após **três anos de vigência do contrato** ou do **acordo anteriormente realizado**, poderão pedir **revisão judicial do aluguel**, a fim de ajustá-lo ao preço de mercado (art. 19 da Lei de Locação).

Conforme art. 20 da Lei de Locação, salvo as hipóteses da ausência de garantias no contrato e da locação para temporada, o locador **não poderá exigir o pagamento antecipado do aluguel**.

O **aluguel da sublocação não poderá exceder o da locação**; nas habitações coletivas multifamiliares, a soma dos aluguéis não poderá ser superior ao **dobro do valor da locação**, sendo que o descumprimento autoriza o sublocatário a **reduzir o aluguel até os limites nele estabelecidos** (art. 21 da Lei de Locação).

Dos deveres do locador e do locatário: segundo o **art. 22 da Lei de Locação**, o **locador é obrigado** a:

I – entregar ao locatário o imóvel alugado em estado de servir ao uso a que se destina;

II – garantir, durante o tempo da locação, o uso pacífico do imóvel locado;

III – manter, durante a locação, a forma e o destino do imóvel;

IV – responder pelos vícios ou defeitos anteriores à locação;

V – fornecer ao locatário, caso este solicite, descrição minuciosa do estado do imóvel, quando de sua entrega, com expressa referência aos eventuais defeitos existentes;

VI – fornecer ao locatário recibo discriminado das importâncias por este pagas, vedada a quitação genérica;

VII – pagar as taxas de administração imobiliária, se houver, e de intermediações, nestas compreendidas as despesas necessárias à aferição da idoneidade do pretendente ou de seu fiador;

VIII – pagar os impostos e taxas, e ainda o prêmio de seguro complementar contra fogo, que incidam ou venham a incidir sobre o imóvel, salvo disposição expressa em contrário no contrato;

IX – exibir ao locatário, quando solicitado, os comprovantes relativos às parcelas que estejam sendo exigidas;

X – pagar as despesas extraordinárias de condomínio.

Por **despesas extraordinárias de condomínio** se entendem aquelas que não se refiram aos gastos rotineiros de manutenção do edifício, conforme **art. 12 da Lei de Locação**, especialmente:

a) obras de reformas ou acréscimos que interessem à estrutura integral do imóvel;

b) pintura das fachadas, empenas, poços de aeração e iluminação, bem como das esquadrias externas;

c) obras destinadas a repor as condições de habitabilidade do edifício;

d) indenizações trabalhistas e previdenciárias pela dispensa de empregados, ocorridas em data anterior ao início da locação;

e) instalação de equipamento de segurança e de incêndio, de telefonia, de intercomunicação, de esporte e de lazer;

f) despesas de decoração e paisagismo nas partes de uso comum;

g) constituição de fundo de reserva.

Por outro lado, o **art. 23 da Lei de Locação** traz os deveres do locatário, dispondo ser o locatário obrigado a:

I – pagar pontualmente o aluguel e os encargos da locação, legal ou contratualmente exigíveis, no prazo estipulado ou, em sua falta, até o sexto dia útil do mês seguinte ao vencido, no imóvel locado, quando outro local não tiver sido indicado no contrato;

II – servir-se do imóvel para o uso convencionado ou presumido, compatível com a natureza deste e com o fim a que se destina, devendo tratá-lo com o mesmo cuidado como se fosse seu;

III – restituir o imóvel, finda a locação, no estado em que o recebeu, salvo as deteriorações decorrentes do seu uso normal;

IV – levar imediatamente ao conhecimento do locador o surgimento de qualquer dano ou defeito cuja reparação a este incumba, bem como as eventuais turbações de terceiros;

V – realizar a imediata reparação dos danos verificados no imóvel, ou nas suas instalações, provocadas por si, seus dependentes, familiares, visitantes ou prepostos;

VI – não modificar a forma interna ou externa do imóvel sem o consentimento prévio e por escrito do locador;

VII – entregar imediatamente ao locador os documentos de cobrança de tributos e encargos condominiais, bem como qualquer intimação, multa ou exigência de autoridade pública, ainda que dirigida a ele, locatário;

VIII – pagar as despesas de telefone e de consumo de força, luz e gás, água e esgoto;

IX – permitir a vistoria do imóvel pelo locador ou por seu mandatário, mediante combinação prévia de dia e hora, bem como admitir que seja o mesmo visitado e examinado por terceiros, na hipótese prevista no art. 27;

X – cumprir integralmente a convenção de condomínio e os regulamentos internos;

XI – pagar o prêmio do seguro de fiança;

XII – pagar as despesas ordinárias de condomínio.

Por **despesas ordinárias de condomínio** se entendem as necessárias à administração respectiva, especialmente:

a) salários, encargos trabalhistas, contribuições previdenciárias e sociais dos empregados do condomínio;

b) consumo de água e esgoto, gás, luz e força das áreas de uso comum;

c) limpeza, conservação e pintura das instalações e dependências de uso comum;

d) manutenção e conservação das instalações e equipamentos hidráulicos, elétricos, mecânicos e de segurança, de uso comum;

e) manutenção e conservação das instalações e equipamentos de uso comum destinados à prática de esportes e lazer;

f) manutenção e conservação de elevadores, porteiro eletrônico e antenas coletivas;

g) pequenos reparos nas dependências e instalações elétricas e hidráulicas de uso comum;

h) rateios de saldo devedor, salvo se referentes a período anterior ao início da locação;

i) reposição do fundo de reserva, total ou parcialmente utilizado no custeio ou complementação das despesas referidas nas alíneas anteriores, salvo se referentes a período anterior ao início da locação.

Regras especiais e específicas das locações para locações urbanas:

• O locatário fica obrigado ao pagamento das despesas referidas acima, desde que comprovadas a previsão orçamentária e o rateio mensal, podendo exigir a qualquer tempo a comprovação das mesmas.

• No edifício constituído por unidades imobiliárias autônomas, de propriedade da mesma pessoa, os locatários ficam obrigados ao pagamento das despesas referidas anteriormente, desde que comprovadas.

• Nos imóveis utilizados como habitação coletiva multifamiliar, os locatários ou sublocatários poderão depositar judicialmente o aluguel e encargos se a construção for considerada em condições precárias pelo Poder Público.

• O levantamento dos depósitos somente será deferido com a comunicação, pela autoridade pública, da regularização do imóvel.

• Os locatários ou sublocatários que deixarem o imóvel estarão desobrigados do aluguel durante a execução das obras necessárias à regularização.

• Os depósitos efetuados em juízo pelos locatários e sublocatários poderão ser levantados, mediante ordem judicial, para realização das obras ou serviços necessários à regularização do imóvel.

• Atribuída ao locatário a responsabilidade pelo pagamento dos tributos, encargos e despesas ordinárias de condomínio, o locador poderá cobrar tais verbas juntamente com o aluguel do mês a que se refiram.

• Se o locador antecipar os pagamentos, a ele pertencerão as vantagens daí advindas, salvo se o locatário reembolsá-lo integralmente.

• Necessitando o imóvel de reparos urgentes, cuja realização incumba ao locador, o locatário é obrigado a consenti-los.

- Se os reparos durarem mais de 10 dias, o locatário terá direito ao abatimento do aluguel, proporcional ao período excedente; se mais de 30 dias, poderá resilir o contrato.

Do direito de preferência: é a prioridade que o locatário tem na compra do imóvel que ele aluga, quando da alienação por parte do locador. Sendo que esse direito está previsto nos arts. 27 e 28 da Lei de Locação e no contrato de locação de qualquer imóvel, seja ele residencial ou comercial.

Assim, nos termos do art. 27 da Lei de Locação, no caso de venda, promessa de venda, cessão ou promessa de cessão de direitos ou dação em pagamento, **o locatário tem preferência para adquirir o imóvel locado**, em **igualdade de condições com terceiros**, devendo o locador dar-lhe conhecimento inequívoco a respeito do negócio mediante **notificação judicial, extrajudicial ou outro meio de ciência inequívoca**.

Nesse caso, a comunicação deverá conter **todas as condições do negócio** e, em especial, o preço, a forma de pagamento, a existência de ônus reais, bem como o local e horário em que pode ser examinada a documentação pertinente.

MODELO DE NOTIFICAÇÃO

NOTIFICAÇÃO PARA MANIFESTAÇÃO DO DIREITO DE PREFERÊNCIA NA COMPRA DE IMÓVEL NA LOCAÇÃO

CARTA DE NOTIFICAÇÃO

À(Ao) XXX (Nome e identificação do locatário).

Em cumprimento ao disposto no artigo 27 da Lei do Inquilinato (Lei n. 8.245/1991) e na Cláusula XXX do Contrato de Locação, firmado em XX/XX/XXXX, comunico-lhe que houve o recebimento de proposta de terceiro, interessado na compra do imóvel objeto do Contrato de Locação.

As condições propostas para o negócio são as seguintes:

PREÇO: R$ XXX (XXX mil reais)

FORMA DE PAGAMENTO: XXX (à vista ou em parcelas mensais de R$ XXX etc.)

EXISTÊNCIA DE ÔNUS REAIS: XXX (indicar se há algum ônus sobre o imóvel, como financiamento habitacional etc. – com o respectivo saldo devedor ou compromisso)

LOCAL E HORÁRIO PARA ANÁLISE DA DOCUMENTAÇÃO: XXX (Endereço completo)

O direito de preferência do locatário decairá se não manifestada, de maneira inequívoca, sua aceitação integral à proposta, no prazo de XXX (XXX) dias, conforme art. 28 da Lei do Inquilinato.

Local e data.

Atenciosamente,

LOCADOR

Assinatura para ciência do LOCATÁRIO:

Data da ciência

Agora, o direito de preferência do locatário deve ser exercitado no **prazo de 30 dias**, sob pena de caducar se não manifestada, de maneira inequívoca, a sua aceitação integral à proposta (art. 28 da Lei de Locação).

Entretanto, nos termos do art. 29 da Lei de Locação, ocorrendo aceitação da proposta, pelo locatário, a posterior desistência do negócio pelo locador acarreta, a este, responsabilidade pelos prejuízos ocasionados, inclusive com o pagamento dos lucros cessantes (perdas e danos).

Em caso de sublocação, em sua totalidade, há uma ordem prevista do art. 30 da Lei de Locação, sendo certo que caberá a **preferência ao sublocatário** e, em seguida, ao **locatário**. Entretanto, se forem vários os sublocatários, a **preferência caberá a todos**, em comum, ou a qualquer deles, se um só for o interessado. Agora, em havendo pluralidade de pretendentes, caberá a preferência ao **locatário mais antigo**, e, se da mesma data, **ao mais idoso**.

Em se tratando de alienação de mais de uma unidade imobiliária, o direito de preferência incidirá sobre a **totalidade dos bens objeto da alienação**. No entanto, o **direito de preferência não alcança** alguns casos específicos, nos termos do **art. 32 da Lei de Locação**, tais como:

> a) os casos de perda da propriedade ou venda por decisão judicial;
>
> b) permuta;
>
> c) doação;
>
> d) integralização de capital; ou
>
> e) cisão, fusão e incorporação.

Observação: Nos contratos firmados a partir de 1º de outubro de 2001, o direito de preferência não alcançará também os casos de **constituição da propriedade fiduciária e de perda da propriedade ou venda por quaisquer formas de realização de garantia**, inclusive mediante leilão extrajudicial, devendo essa condição constar expressamente em cláusula contratual específica, destacando-se das demais por sua apresentação gráfica (parágrafo único do art. 32 da Lei de Locação).

O locatário preterido no seu direito de preferência poderá **reclamar do alienante as perdas e danos ou, depositando o preço e demais despesas do ato de transferência, haver para si o imóvel locado**, se o requerer no prazo de seis meses, a contar do registro do ato no cartório de imóveis, desde que o contrato de locação esteja averbado pelo menos 30 dias antes da alienação junto à matrícula do imóvel. No entanto, a averbação far-se-á à vista de qualquer das vias do contrato de locação desde que subscrito também por duas testemunhas (art. 33 da Lei de Locação).

Finalmente, havendo condomínio no imóvel, a preferência do **condômino terá prioridade sobre a do locatário** (art. 34 da Lei de Locação).

Modelo de cláusula de preferência no contrato de locação:

> **CLÁUSULA XX** – Fica estabelecida a cláusula de preferência, nos termos do arts. 27 e 28 da Lei de Locação, tendo o proprietário/locador a obrigação de dar conhecimento ao locatário, caso queira vender o bem objeto deste contrato, para que manifeste eventual interesse em adquirir o bem em igualdade de condições para com terceiros.

Das benfeitorias: segundo o art. 35, salvo expressa disposição contratual em contrário, as **benfeitorias necessárias** introduzidas pelo locatário, ainda que não autorizadas pelo locador, bem como as **úteis**, desde que autorizadas, serão indenizáveis e permitem o exercício do direito de retenção.

Ademais, as **benfeitorias voluptuárias não serão indenizáveis**, podendo ser levantadas pelo locatário, finda a locação, desde que sua retirada não afete a estrutura e a substância do imóvel.

Das garantias locatícias: no contrato de locação, pode o locador exigir do locatário as seguintes modalidades de garantia, conforme **art. 37, *caput*, da Lei de Locação**:

> I – **caução**;
> II – **fiança**;
> III – **seguro de fiança locatícia.**
> IV – **cessão fiduciária de quotas de fundo de investimento.**

Agora, importante disposição é aquela prevista no art. 37, parágrafo único, da Lei de Locação, **vedando**, sob pena de nulidade, a utilização em um mesmo contrato **mais de uma das modalidades de garantia num mesmo contrato de locação.**

> **No caso da caução:**
> - poderá ser em **bens móveis ou imóveis**.
> - a caução em bens móveis deverá ser registrada em cartório de títulos e documentos; a em bens imóveis deverá ser averbada à margem da respectiva matrícula.
> - a caução em dinheiro, que **não poderá exceder o equivalente a três meses de aluguel**, será depositada em caderneta de poupança, autorizada, pelo Poder Público e por ele regulamentada, revertendo em benefício do locatário todas as vantagens dela decorrentes por ocasião do levantamento da soma respectiva.
> - a caução em **títulos e ações** deverá ser substituída, **no prazo de trinta dias**, em caso de concordata, falência ou liquidação das sociedades emissoras.

Salvo disposição contratual em contrário, qualquer das garantias da locação se estende até a **efetiva devolução do imóvel**, ainda que prorrogada a locação por prazo indeterminado, por força desta Lei.

O **locador poderá exigir novo fiador ou a substituição da modalidade de garantia**, nos seguintes casos **(art. 40 da Lei de Locação)**:

I – morte do fiador;

II – ausência, interdição, recuperação judicial, falência ou insolvência do fiador, declaradas judicialmente;

III – alienação ou gravação de todos os bens imóveis do fiador ou sua mudança de residência sem comunicação ao locador;

IV – exoneração do fiador;

V – prorrogação da locação por prazo indeterminado, sendo a fiança ajustada por prazo certo;

VI – desaparecimento dos bens móveis;

VII – desapropriação ou alienação do imóvel.

VIII – exoneração de garantia constituída por quotas de fundo de investimento;

IX – liquidação ou encerramento do fundo de investimento de que trata o inciso IV do art. 37 desta Lei;

X – prorrogação da locação por prazo indeterminado uma vez notificado o locador pelo fiador de sua intenção de desoneração, ficando obrigado por todos os efeitos da fiança, durante 120 (cento e vinte) dias após a notificação ao locador.

O locador poderá **notificar o locatário para apresentar nova garantia locatícia no prazo de 30 (trinta) dias**, sob pena de **desfazimento da locação**.

No caso de seguro de fiança locatícia, esta deverá abrangera a **totalidade das obrigações do locatário**.

Por fim, não estando a locação garantida por qualquer das modalidades, o locador poderá **exigir do locatário o pagamento do aluguel e encargos até o sexto dia útil do mês vincendo**.

Modelos de cláusulas de garantia locatícia:

Modelo de caução:

CLÁUSULA XXX – O locatário concorda, desde já, em depositar, a título de caução, o valor de R$ XXXX, equivalente a 03 (três) meses de aluguel e correspondente. O depósito será feito em conta-poupança conjunta, não solidária, em nome do LOCADOR e do LOCATÁRIO, a ser aberta no primeiro dia útil subsequente a assinatura do presente contrato.

Modelo de fiança:

CLÁUSULA XXX – Concordam com os termos fixados no presente contrato os fiadores, já qualificados (qualificá-los no preambulo do contrato), e que configuram-se também como principais pagadores, responsabilizando-se pelo fiel cumprimento do presente sem

---

exceção de quaisquer cláusulas, mesmo que o presente contrato passe a vigorar por tempo indeterminado.

(Se houver a renúncia expressa ao benefício de ordem) – PARÁGRAFO XXX – Os Fiadores renunciam expressamente aos benefícios contidos no art. 827, *caput* e parágrafo **único**, do Código Civil Brasileiro.

(Assunção de responsabilidade do fiador no caso de prorrogação do contrato, por prazo indeterminado) PARÁGRAFO XXX – Os fiadores **não se eximirão de** responsabilidade solidária, caso o contrato venha a ultrapassar seu prazo de vigência, tornando-se desta forma, contrato por prazo indeterminado.

(Cláusula de insolvência do fiador) PARÁGRAFO XXX – Casos os fiadores venham a incorrer em comprovado estado de insolvência, o locatário deverá substituí-lo em XXX dias, sob pena de rescisão contratual.

Modelo de seguro de fiança locatícia:

CLÁUSULA XXX – O locatário se compromete a contratar no primeiro dia útil subsequente à assinatura do presente contrato, empresa seguradora competente para elaboração de seguro fiança locatícia.

PARÁGRAFO XXX – O valor do seguro fiança locatícia será estipulado pelas partes contratantes e pela empresa seguradora, e terá como base o valor de XXX (exemplo: 3 meses) aluguéis, fazendo o mesmo, parte integral deste contrato. Nas hipóteses de inadimplemento das obrigações contratuais do locatário, o locador poderá acionar o seguro fiança para ser ressarcido dos prejuízos oriundos do descumprimento das cláusulas do presente. O prêmio do seguro ficará a cargo do locatário.

Das nulidades: conforme art. 45, são **nulas de pleno direito** as cláusulas do contrato de locação que visem a **elidir os objetivos da lei**, notadamente as que **proíbam a prorrogação prevista no art. 47**, ou que afastem o **direito à renovação**, na hipótese do art. 51, ou que **imponham obrigações pecuniárias para tanto**.

3.5. DAS LOCAÇÕES DE IMÓVEIS RESIDENCIAIS URBANOS

Como visto, nos termos do art. 46 da Lei de Locações, nas **locações ajustadas por escrito e por prazo igual ou superior a 30 meses**, a resolução do contrato ocorrerá findo o prazo estipulado, **independentemente de notificação ou aviso**.

Findo o prazo ajustado, se o locatário continuar na posse do imóvel alugado por mais de 30 dias sem oposição do locador, presumir-se-á **prorrogada a locação por prazo indeterminado**, mantidas as demais cláusulas e condições do contrato.

Ocorrendo a prorrogação, o locador poderá denunciar o contrato a qualquer tempo, concedido o prazo de trinta dias para desocupação.

Entretanto, conforme art. 47, quando ajustada verbalmente ou por escrito e como **prazo inferior a 30 meses**, findo o prazo estabelecido, a locação prorroga-se automaticamente, **por prazo indeterminado**, somente podendo ser **retomado o imóvel**:

I – Nos casos do art. 9ª;

II – em decorrência de extinção do contrato de trabalho, se a ocupação do imóvel pelo locatário relacionada com o seu emprego;

III – se for pedido para uso próprio, de seu cônjuge ou companheiro, ou para uso residencial de ascendente ou descendente que não disponha, assim como seu cônjuge ou companheiro, de imóvel residencial próprio;

IV – se for pedido para demolição e edificação licenciada ou para a realização de obras aprovadas pelo Poder Público, que aumentem a área construída, em, no mínimo, vinte por cento ou, se o imóvel for destinado a exploração de hotel ou pensão, em cinquenta por cento;

V – se a vigência ininterrupta da locação ultrapassar cinco anos.

Na hipótese do **inciso III**, pedido para uso próprio, a necessidade deverá ser judicialmente demonstrada, se:

a) o retomante, alegando necessidade de usar o imóvel, estiver ocupando, com a mesma finalidade, outro de sua propriedade situado na mesma localidade ou, residindo ou utilizando imóvel alheio, já tiver retomado o imóvel anteriormente;

b) o ascendente ou descendente, beneficiário da retomada, residir em imóvel próprio.

Nas hipóteses dos incisos III e IV, o retomante deverá **comprovar ser proprietário, promissário comprador ou promissário cessionário, em caráter irrevogável**, com imissão na posse do imóvel e título registrado junto à matrícula do imóvel.

3.6. DAS LOCAÇÕES DE IMÓVEIS COMERCIAIS (NÃO RESIDENCIAIS)

Com efeito, uma das mais importantes previsões contidas na Lei de Locação, a respeito da locação de imóveis comerciais, é a de que nas **locações de imóveis destinados ao comércio**, o locatário terá direito à **renovação do contrato, por igual prazo ao contrato original**, pela via da **ação renovatória (art. 51 da Lei de Locação)**, desde que preencha os seguintes requisitos, **cumulativamente**:

a) o contrato a renovar tenha sido celebrado por **escrito e com prazo determinado**;

b) o **prazo mínimo do contrato a renovar ou a soma dos prazos ininterruptos dos contratos escritos seja de cinco anos**;

c) o locatário esteja **explorando seu comércio**, no mesmo ramo, pelo prazo mínimo e ininterrupto de três anos.

O direito assegurado poderá ser exercido pelos **cessionários ou sucessores da locação**; no caso de **sublocação total do imóvel**, o direito a renovação somente poderá ser exercido pelo **sublocatário**.

Quando o contrato autorizar que o locatário utilize o imóvel para as atividades de sociedade de que faça parte e que a esta passe a pertencer o **fundo de comércio**, o **direito a renovação poderá ser exercido pelo locatário ou pela sociedade**.

Dissolvida a sociedade comercial por morte de um dos sócios, o sócio sobrevivente fica sub-rogado no direito a renovação, desde que continue no mesmo ramo.

Nos casos de **locações comerciais**, o **direito à renovação** do contrato também será estendido às locações celebradas por **indústrias e sociedades civis com fim lucrativo**, regularmente constituídas, desde que observados os pressupostos anteriormente apresentados.

Nesses casos, o direito a renovação decai aquele que não propuser a ação no interregno de **um ano, no máximo, até seis meses, no mínimo, anteriores à data da finalização do prazo do contrato em vigor**.

Conforme **art. 52 da Lei de Locação**, o **locador não estará obrigado a renovar o contrato** se:

> I – por **determinação do Poder Público**, tiver que realizar no imóvel obras que importarem na sua radical transformação; ou para fazer modificações de tal natureza que aumente o valor do negócio ou da propriedade;
>
> II – o **imóvel vier a ser utilizado por ele próprio ou para transferência de fundo de comércio existente há mais de um ano**, sendo detentor da maioria do capital o locador, seu cônjuge, ascendente ou descendente.

Na hipótese do inciso II, o **imóvel não poderá ser destinado ao uso do mesmo ramo do locatário**, salvo se a locação também envolvia o fundo de comércio, com as instalações e pertences.

Nas **locações de espaço em *shopping centers***, o locador **não poderá recusar** a renovação do contrato com fundamento no inciso II.

O locatário terá direito a **indenização para ressarcimento dos prejuízos e dos lucros cessantes** que tiver que arcar com mudança, perda do lugar e desvalorização do fundo de comércio, se a renovação não ocorrer em razão de proposta de terceiro, em melhores condições, ou se o locador, **no prazo de três meses da entrega do imóvel**, não der o destino alegado ou não iniciar as obras determinadas pelo Poder Público ou que declarou pretender realizar.

Nas locações de imóveis utilizados por **hospitais, unidades sanitárias oficiais, asilos, estabelecimentos de saúde e de ensino** autorizados e fiscalizados pelo Poder Público, bem como por entidades religiosas devidamente registradas, **o contrato somente poderá ser rescindido (art. 53 da Lei de Locação)**:

> I – nas hipóteses do art. 9º;
>
> II – se o proprietário, promissário comprador ou promissário cessionário, em caráter irrevogável e imitido na posse, com título registrado, que haja quitado o preço da promessa ou que, não o tendo feito, seja autorizado pelo proprietário, pedir o imóvel para demolição, edificação, licenciada ou reforma que venha a resultar em aumento mínimo de cinquenta por cento da área útil.

Nas relações entre lojistas e empreendedores de *shopping center*, prevalecerão as condições **livremente pactuadas nos contratos de locação** respectivos e as disposições procedimentais previstas na lei.

Agora, conforme **art. 54, § 1º, da Lei de Locação**, importante notar que o empreendedor **não poderá cobrar do locatário em *shopping center* algumas despesas, dentre elas**:

> a) as despesas referidas nas alíneas *a, b* e *d* do parágrafo único do art. 221; e
>
> b) as despesas com obras ou substituições de equipamentos, que impliquem modificar o projeto ou o memorial descritivo da data do habite-se e obras de paisagismo nas partes de uso comum.

Nesse caso, as despesas cobradas do locatário devem ser previstas em orçamento, individualizado e especificado, salvo nos casos de urgência justificada ou de força maior, em ambos os casos devidamente demonstradas e comprovadas, podendo o locatário, a cada **60 (sessenta) dias**, por si ou entidade de classe exigir do locador a comprovação das mesmas (art. 54, § 2º, da Lei de Locação).

Conforme **art. 54-A, da Lei de Locação**, a locação não residencial de imóvel urbano na qual o locador procede à **prévia aquisição, construção ou substancial reforma**, seja por si mesmo ou por terceiros, do imóvel então especificado pelo pretendente à locação, a fim de que seja a este **locado por prazo determinado**, prevalecerão as condições livremente pactuadas no contrato respectivo, bem como as disposições procedimentais previstas na Lei.

---

1. "Art. 22 (...)

Parágrafo único. Por despesas extraordinárias de condomínio se entendem aquelas que não se refiram aos gastos rotineiros de manutenção do edifício, especialmente:

a) obras de reformas ou acréscimos que interessem à estrutura integral do imóvel;

b) pintura das fachadas, empenas, poços de aeração e iluminação, bem como das esquadrias externas;

d) indenizações trabalhistas e previdenciárias pela dispensa de empregados, ocorridas em data anterior ao início da locação (...)."

Entre essas hipóteses, poderão as partes contratantes convencionar a **renúncia ao direito de revisão do valor dos aluguéis,** durante o prazo de vigência do contrato de locação, quando se tratar de contrato por prazo determinado.

Modelo de cláusula de renúncia antecipada à revisão dos valores dos aluguéis:

> CLÁUSULA XX – Fica estabelecida, por esta disposição contratual expressa, a renúncia antecipada das partes à revisão dos valores referentes aos aluguéis, nos termos do art. 54-A, § 1ª, da Lei de Locação.

Importante observar que em **caso de denúncia antecipada do vínculo locatício pelo locatário,** compromete-se este a **cumprir a multa contratualmente convencionada,** que não excederá, porém, a soma dos valores dos aluguéis a receber até o termo final da locação.

Outrossim, diz o **art. 55 da Lei de Locação** que "considera-se locação não residencial quando o locatário for pessoa jurídica e o imóvel, destinar-se ao uso de seus titulares, diretores, sócios, gerentes, executivos ou empregados".

Nos demais casos de **locação não residencial,** o contrato por **prazo determinado** cessa, de pleno direito, findo o prazo estipulado, independentemente de notificação ou aviso.

Findo o prazo estipulado, se o locatário **permanecer no imóvel por mais de 30 dias sem oposição do locador, presumir-se-á prorrogada** a locação nas condições ajustadas, **mas sem prazo determinado.**

O contrato de locação por **prazo indeterminado pode ser denunciado por escrito,** pelo locador, concedidos ao locatário trinta dias para a desocupação.

3.7. LOCAÇÕES PARA TEMPORADA

Por certo, nos termos do **art. 48 da Lei de Locação,** considera-se locação para temporada aquela destinada à **residência temporária do locatário,** para prática de lazer, realização de cursos, tratamento de saúde, feitura de obras em seu imóvel, e outros fatos que decorrem tão somente de determinado tempo, e contratada por **prazo não superior a noventa dias,** esteja ou não mobiliado o imóvel.

No caso de a **locação envolver imóvel mobiliado,** constará do contrato, **obrigatoriamente,** a descrição dos móveis e utensílios que o guarnecem, bem como o estado em que se encontram.

O locador poderá receber de uma só vez e antecipadamente os aluguéis e encargos, bem como exigir qualquer das modalidades de garantia para atender as demais obrigações do contrato.

Findo o prazo ajustado, se o locatário permanecer no imóvel **sem oposição do locador por mais de 30 dias**, presumir-se-á prorrogada a locação por **tempo indeterminado**, não mais sendo exigível o pagamento antecipado do aluguel e dos encargos. Ocorrendo a prorrogação, o locador somente poderá denunciar o contrato após trinta meses de seu início ou nas hipóteses do art. 47[2].

3.8. MODELO DE AÇÕES LOCATÍCIAS

Principais artigos e fundamentos:

1. Ação de despejo – arts. 59 a 66 da Lei n. 8.245/91

- é a única competente para que o locador recupere o imóvel locado;
- o pedido é o de rescisão de dissolução do contrato. É uma ação, portanto, de natureza eminentemente pessoal e não possessória;
- polo passivo da ação de despejo, figurará o locatário ou o sublocatário ou quem venha sub-rogar-se em seus direitos;
- permite medidas liminares sem a oitiva da outra parte;
- tem caráter mandamental, pois dispensa a fase final exasperante da liquidação da sentença;
- pode ser utilizada por: falta de pagamento; infração contratual; pedido para uso próprio; não conservação do imóvel; danos ao imóvel em detrimento do patrimônio do locador; realizar obras que aumentem a sua capacidade ou obras determinadas pela autoridade pública e que sejam urgentes (arts. 47 e 59, Lei n. 8.245/91);
- permite o despejo por denúncia vazia.

---

2. "Art. 47. Quando ajustada verbalmente ou por escrito e como prazo inferior a trinta meses, findo o prazo estabelecido, a locação prorroga-se automaticamente, por prazo indeterminado, somente podendo ser retomado o imóvel:

I – Nos casos do art. 9º;

II – em decorrência de extinção do contrato de trabalho, se a ocupação do imóvel pelo locatário relacionada com o seu emprego;

III – se for pedido para uso próprio, de seu cônjuge ou companheiro, ou para uso residencial de ascendente ou descendente que não disponha, assim como seu cônjuge ou companheiro, de imóvel residencial próprio;

IV – se for pedido para demolição e edificação licenciada ou para a realização de obras aprovadas pelo Poder Público, que aumentem a área construída, em, no mínimo, vinte por cento ou, se o imóvel for destinado a exploração de hotel ou pensão, em cinquenta por cento;

V – se a vigência ininterrupta da locação ultrapassar cinco anos."

2. Consignatória de aluguéis e acessórios na locação – art. 67 da Lei n. 8.245/91

- é o remédio legal que tem o locatário para evitar a mora e o risco da propositura de uma ação de despejo por falta de pagamento;
- é uma modalidade de pagamento indireto;
- segue o rito especial;
- o locatário é o autor da ação;
- a lei permite ao réu, que é o locador, além de oferecer contestação, fazer também uma reconvenção.

3. Revisional de aluguel – arts. 68 a 70 da Lei n. 8.245/91

- é uma ação de mão dupla, o que significa dizer que, ela tanto pode ser aflorada pelo locador que pretende elevar o aluguel quanto pode ser ajuizada pelo locatário quando entende que o aluguel deve ser reduzido;
- só pode ser proposta a cada 3 anos;
- a contestação do réu será oferecida na audiência, inclusive as provas que julgar conveniente;
- tem por peculiaridade a fixação de aluguel provisório que será fixado pelo juiz, a pedido da parte;
- o aluguel fixado na sentença começa a vigorar a partir desta, mesmo havendo recurso;
- a diferença de aluguel, verificada entre o aluguel provisório e o definitivo, poderá ser cobrada ao final da ação;
- caberá ação de despejo por falta de pagamento, mesmo em se tratando de inadimplemento do aluguel provisório.

4. Renovatória de contrato – arts. 71 a 75 da Lei n. 8.245/91

- é aquela ação em que o locatário pleiteia em juízo a recondução do contrato por um novo prazo;
- segue o rito comum;
- é uma ação privativa para as locações não residenciais;
- uma locação verbal ou uma locação desde logo contratada por tempo indeterminado não autorizará o ajuizamento da ação renovatória;
- necessário que o tempo do contrato seja de no mínimo 5 anos, sendo admitido que possam ser somados prazos de contratos sucessivos inferiores a 5 anos;
- necessário que nos últimos 3 anos do contrato, o locatário esteja no pleno exercício de sua atividade;
- o prazo é decadencial, pois o direito de renovar o contrato é potestativo e é de 1 ano a 6 meses antes do término do contrato;
- o autor da ação é o locatário;

- permite a fixação de um aluguel provisório que só vai começar a vigorar depois que se expirar o prazo do contrato renovado;

- o aluguel fixado na sentença de mérito na ação renovatória, como na revisional, começa a vigorar imediatamente após a sentença;

- não sendo renovado o contrato e decretando se o despejo, poder-se-á fazer a execução provisória mediante a prestação de caução.

3.9. MODELO DE CONTRATO DE LOCAÇÃO

MODELO DE CONTRATO DE LOCAÇÃO DE IMÓVEL URBANO RESIDENCIAL

CONTRATO DE LOCAÇÃO DE IMÓVEL RESIDENCIAL URBANO

Pelo presente **instrumento particular de locação de imóvel residencial**, de um lado XXX (qualificar), doravante denominado de **LOCADOR**, e de outro lado XXX (qualificar), doravante denominado de **LOCATÁRIO**, têm justo e contratado, mediante as cláusulas abaixo, o seguinte:

CLÁUSULA XXX – O LOCADOR é senhor e legítimo possuidor do imóvel da Rua XXX, n. XXX, localizado nesta cidade de XXX, confere em locação para fins residenciais ao LOCATÁRIO, pelo prazo de XXX (XXX) meses (exemplo: 30 meses), a contar desta data e a terminar em XXX de XXX do ano de XXXX.

CLÁUSULA XXX – O valor do aluguel é de R$ XXX (por extenso), a ser pago mensalmente na residência do LOCADOR ou conforme por ele indicado (identificar banco, conta corrente), com vencimento todo dia XXX de cada mês, podendo ser pago até o 5º dia útil ao vencimento, sem quaisquer ônus.

CLÁUSULA XXX – Além do aluguel estipulado na CLÁUSULA XXX pagará o LOCATÁRIO todos os impostos e taxas que incidem sobre o imóvel, ora objeto deste instrumento.

CLÁUSULA XXX – O LOCADOR e o LOCATÁRIO obrigam-se, de maneira mútua e recíproca, a respeitar todos os termos deste contrato, em todas suas cláusulas, sob pena de incorrer no pagamento de multa no valor de R$ XXX reais (ou XXX aluguéis), além do ressarcimento por quaisquer danos causados.

PARÁGRAFO XXX – Caso ocorra a devolução antecipada do imóvel, antes do prazo de término previsto neste contrato, seja pela entrega voluntária ou por decisão judicial em decorrência de falta de pagamento ou outra infração qualquer, será facultado ao locador cobrar do locatário o pagamento de multa compensatória no valor de R$ XXX (ou do valor de XXX aluguéis), calculados de maneira proporcional ao tempo de contrato não cumprido.

CLÁUSULA XXX – O valor dos aluguéis mensalmente convencionados será reajustado em cada período de XXX meses (geralmente, a cada 12 meses), com base nas variações do índice XXX (indicar o índice escolhido – IGP-M, IPC-A, dentre outros) e na falta deste pelo índice máximo que venha ser permitido por lei, a critério do LOCADOR.

CLÁUSULA XXX – O LOCATÁRIO responderá por todos os demais encargos incidentes sobre o imóvel objeto da locação, durante o período que ocupar o imóvel locado, mesmo que o débito venha ser apresentado ou constatado após o término da locação.

CLÁUSULA XXX – O LOCATÁRIO se obriga e se compromete a entregar imediatamente ao LOCADOR ou seu procurador qualquer avisos, notificações, interpelações, correspondências, guias de impostos e demais emolumentos referentes ao imóvel, sob pena de infração contratual, sujeita a rescisão contratual e de multa contratual.

CLÁUSULA XXX – O LOCATÁRIO não poderá, sem autorização por escrito do LOCADOR, fazer quaisquer modificações, acréscimos, demolições ou quaisquer benfeitorias no imóvel, salvo as que forem necessárias e de caráter urgente, a qual ficará incorporada ao imóvel, sem direito à indenização ou retenção do imóvel para compensação de pagamento, devendo manter o imóvel em perfeitas condições de conservação, de higiene e limpeza.

CLÁUSULA XXX – Fica o LOCADOR autorizado a vistoriar ou mandar vistoriar o imóvel quando entender, obrigando-se a avisar o LOCATÁRIO com antecedência, no intuito de certificar se o LOCATÁRIO está cumprindo o presente contrato em todas as suas cláusulas.

CLÁUSULA XXX – O LOCATÁRIO (não poderá ou poderá), sem autorização por escrito do LOCADOR, sublocar, emprestar, ceder, no todo ou em parte, o imóvel locado, mesmo a título gratuito, nem a transferir os direitos constantes do presente contrato.

CLÁUSULA XXX – Findo o prazo contratual, se houver interesse das partes na prorrogação da locação, ainda que por força de lei, a parte interessada deverá notificar a outra dentro do prazo de XXX (XXX) dias antes do vencimento do contrato, para os ajustes do novo prazo de prorrogação.

PARÁGRAFO XXX – Se o LOCATÁRIO decidir entregar o imóvel, avisará o LOCADOR dentro do prazo de XXX (XXX) dias para que este possa vistoriar ou mandar verificar as condições do imóvel, bem como verificar os pagamentos dos ônus sobre o imóvel e que estão a cargo do LOCATÁRIO.

PARÁGRAFO XXX – As chaves do imóvel deverão serem entregues pelo LOCATÁRIO em mãos do LOCADOR.

PARÁGRAFO XXX – O LOCATÁRIO deverá entregar o imóvel ao LOCADOR no mesmo estado em que o recebeu.

CLÁUSULA XXX – Findo o presente contrato e não sendo entregues as chaves, ficará o LOCATÁRIO, independente de notificação judicial ou extrajudicial, obrigado a pagar a multa da CLÁUSULA XXX deste contrato e a pagar o aluguel que o LOCADOR vier a estipular de direito.

CLÁUSULA XXX – Fica estabelecida a cláusula de preferência, nos termos do arts. 27 e 28 da Lei de Locação, tendo o proprietário/locador a obrigação de dar conhecimento ao locatário, caso queira vender o bem objeto deste contrato, para que manifeste eventual interesse em adquirir o bem em igualdade de condições para com terceiros.

CLÁUSULA XXX – O locatário concorda, desde já, em depositar, a título de caução, o valor de R$ XXX, equivalente a 03 (três) meses de aluguel e correspondente. O depósito será feito em conta-poupança conjunta, não solidária, em nome do LOCADOR e do LOCATÁRIO, a ser aberta no primeiro dia útil subsequente a assinatura do presente contrato.

OU

CLÁUSULA XXX – Concordam com os termos fixados no presente contrato os fiadores, já qualificados (qualificá-los no preâmbulo do contrato), e que se configuram também como principais pagadores, responsabilizando-se pelo fiel cumprimento do presente sem exceção de quaisquer cláusulas, mesmo que o presente contrato passe a vigorar por tempo indeterminado.

(Se houver a renúncia expressa ao benefício de ordem) – PARÁGRAFO XXX. Os Fiadores renunciam expressamente aos benefícios contidos no artigo 827, *caput* e Parágrafo único, do Código Civil Brasileiro.

(Assunção de responsabilidade do fiador no caso de prorrogação do contrato, por prazo indeterminado) PARÁGRAFO XXX. Os fiadores não se eximirão de responsabilidade solidária, caso o contrato venha a ultrapassar seu prazo de vigência, tornando-se desta forma contrato por prazo indeterminado.

(Cláusula de insolvência do fiador) PARÁGRAFO XXX. Casos os fiadores venham a incorrer em comprovado estado de insolvência, o locatário deverá substituí-lo em XXX dias, sob pena de rescisão contratual.

OU

CLÁUSULA XXX – O locatário se compromete a contratar no primeiro dia útil subsequente à assinatura do presente contrato empresa seguradora competente para elaboração de seguro fiança locatícia.

PARÁGRAFO XXX – O valor do seguro fiança locatícia será estipulado pelas partes contratantes e pela empresa seguradora, e terá como base o valor de XXX (exemplo: 03 meses) aluguéis, fazendo o mesmo parte integral deste contrato. Nas hipóteses de inadimplemento das obrigações contratuais do locatário, o locador poderá acionar o seguro fiança para ser ressarcido dos prejuízos oriundos do descumprimento das cláusulas do presente. O prêmio do seguro ficará a cargo do locatário.

CLÁUSULA XXX – Fica eleito o foro desta Comarca de XXX para dirimir quaisquer dúvidas referente a este contrato.

E, por estarem justas e convencionadas, as partes assinam o presente **instrumento particular de LOCAÇÃO**, em duas vias de igual teor, na presença das testemunhas que a tudo assistiram e conhecimento tiveram.

Local, data e ano.

LOCADOR

LOCATÁRIO

Testemunha 1

Testemunha 2

3.10.   CONTRATOS DE LOCAÇÃO *BUILT TO SUIT*

3.10.1.   ASPECTOS INICIAIS E INTRODUTÓRIOS

O contrato de locação *built to suit*, termo que pode ser traduzido do inglês como "construído para servir", é um modelo contratual específico no mercado imobiliário que tem ganhado popularidade.

Esse tipo de contrato difere significativamente das locações tradicionais, oferecendo soluções personalizadas que atendem às necessidades específicas de um inquilino.

Nesse modelo de contrato, o locador, geralmente um investidor ou desenvolvedor imobiliário, compromete-se a construir, reformar ou adaptar um imóvel seguindo as exigências detalhadas do locatário.

Essa customização pode abranger desde o *design* arquitetônico até particularidades tecnológicas e de infraestrutura interna, garantindo que o espaço esteja totalmente alinhado às operações e à identidade corporativa do locatário.

Uma característica marcante dos contratos *built to suit* é a duração prolongada, que geralmente se estende por vários anos. Isso se deve ao fato de que o locador faz um investimento significativo para moldar o imóvel de acordo com as especificações do locatário, e espera recuperar esse investimento ao longo do tempo, através de aluguéis normalmente mais elevados que os de locações comuns.

O relacionamento entre locador e locatário nesses contratos tende a ser mais colaborativo e interdependente. Enquanto o locatário tem participação ativa no processo de planejamento e desenvolvimento do imóvel, o locador investe recursos substanciais para satisfazer essas demandas personalizadas, tudo para assegurar que o imóvel final seja o mais adequado possível às necessidades do inquilino.

No entanto, embora ofereça muitas vantagens, como a obtenção de um imóvel personalizado sem o ônus da construção, o contrato *built to suit* também implica riscos, principalmente para o locador, como o potencial de desocupação do imóvel antes do término do contrato.

Da mesma forma, os aspectos financeiros, como o financiamento do projeto e a estruturação dos pagamentos de aluguel, são fundamentais e devem ser cuidadosamente analisados para garantir um retorno adequado sobre o investimento.

Em suma, o contrato de locação *built to suit* é uma opção estratégica tanto para locadores quanto para locatários no mercado imobiliário atual, proporcionando soluções personalizadas que atendem a exigências específicas de espaço empresarial.

Contudo, para que seja bem-sucedido, exige planejamento detalhado, uma compreensão clara dos requisitos do locatário e uma avaliação criteriosa dos riscos e benefícios envolvidos.

A operação *built to suit* funciona, basicamente, de acordo com o seguinte mecanismo:

(i) a empresa contratante contrata os serviços de um empreendedor para que este, por sua vez:

(ii) adquira um imóvel indicado pela contratante;

(iii) desenvolva um projeto que atenda pontualmente às necessidades empresariais da contratante;

(iv) realize por si ou por terceiros a construção de acordo com o projeto desenvolvido; e

(v) ceda o direito de uso do imóvel por um determinado período.

Aspectos legais: o art. 54-A da *Lei de Locações* estabelece que na locação não residencial de imóvel urbano na qual o locador procede à prévia aquisição, construção ou substancial reforma, por si mesmo ou por terceiros, do imóvel então especificado pelo pretendente à locação, a fim de que seja a este locado por prazo determinado, prevalecerão as condições livremente pactuadas no contrato respectivo e as disposições procedimentais previstas nesta Lei.

Poderá ser convencionada a renúncia ao direito de revisão do valor dos aluguéis durante o prazo de vigência do contrato de locação.

Em caso de denúncia antecipada do vínculo locatício pelo locatário, compromete-se este a cumprir a multa convencionada, que não excederá, porém, a soma dos valores dos aluguéis a receber até o termo final da locação.

Características do contrato de locação *built to suit*

a) Personalização do imóvel: o elemento central de um contrato *built to suit* é a customização do imóvel. O locador (geralmente um investidor ou desenvolvedor imobiliário) compromete-se a construir ou reformar um imóvel de acordo com as especificações exatas do locatário. Isso pode incluir aspectos arquitetônicos, tecnológicos e de design interior.

b) Longa duração do contrato: geralmente, esses contratos têm um prazo mais longo do que os contratos de locação padrão, frequentemente estendendo-se por muitos anos. Isso se deve ao investimento significativo feito pelo locador para adequar o imóvel às necessidades do locatário.

c) Relação locador-locatário: a relação entre locador e locatário em um contrato *built to suit* é mais colaborativa e interdependente. O locatário tem participação ativa no processo de design e construção, enquanto o locador investe recursos para atender a essas demandas específicas.

d) Investimento inicial e retorno: o locador assume o investimento inicial de construção ou adaptação, que é recuperado ao longo do período de locação por meio de aluguéis, geralmente mais altos do que em locações convencionais.

e) Vantagens para o locatário: a principal vantagem é obter um imóvel totalmente adaptado às suas necessidades operacionais e corporativas, sem o ônus e os riscos associados à construção própria.

Cláusulas contratuais essenciais:

a) longo prazo da locação: 10 a 20 anos;

b) destinação à recuperação do investimento realizado pelo empreendedor;

c) previsão de multa contratual.

Aspectos legais e práticos

a) Acordos contratuais: o contrato deve detalhar todos os aspectos do acordo, incluindo as especificações do projeto, cronogramas de construção, termos de locação, responsabilidades de manutenção e opções de renovação ou compra.

b) Flexibilidade e riscos: enquanto oferece flexibilidade e benefícios, o *built to suit* também carrega riscos, especialmente para o locador, como o risco de o locatário desocupar o imóvel antes do fim do contrato.

c) Aspectos financeiros: o financiamento do projeto de construção ou adaptação é uma consideração chave, assim como a estruturação dos pagamentos de aluguel para assegurar um retorno sobre o investimento.

O contrato de locação *built to suit* representa uma abordagem inovadora no mercado imobiliário, oferecendo soluções personalizadas que beneficiam tanto locadores quanto locatários.

Essa modalidade contratual exige um planejamento cuidadoso, uma compreensão clara dos requisitos do locatário e uma avaliação precisa dos riscos e benefícios por ambas as partes.

Quando bem estruturado, o *built to suit* pode ser uma estratégia eficaz para atender a necessidades específicas de espaço empresarial, maximizando a eficiência e a produtividade do locatário.

3.10.2. MODELO DE CONTRATO DE LOCAÇÃO *BUILT TO SUIT*

CONTRATO DE LOCAÇÃO *BUILT TO SUIT*

Pelo presente instrumento particular de **CONTRATO DE LOCAÇÃO**, de um lado, **EMPRESA XXX** (Locador), com sede na Rua/Avenida XXX (Endereço completo), inscrita no CNPJ sob o n. XXX, neste ato representada por seu(s) representante(s) legal(is), doravante denominada "LOCADORA"; e, de outro lado, **XXX** (Locatário), (Qualificação completa), portador da cédula de identidade RG n. XXX e inscrito no CPF/MF sob o n. XXX, residente e domiciliado na Rua/Avenida XXX (Endereço completo), doravante denominado "LOCATÁRIO";

As partes acima identificadas têm, entre si, justo e acordado o presente **CONTRATO DE LOCAÇÃO** *BUILT TO SUIT*, que se regerá pelas cláusulas e condições a seguir:

CLÁUSULA XXX – OBJETO DO CONTRATO

A LOCADORA obriga-se a construir um imóvel comercial em terreno de sua propriedade, localizado na Rua XXX (endereço completo), em conformidade com as especificações técnicas aprovadas previamente pela LOCATÁRIA, para que esta possa utilizá-lo como sua sede empresarial.

CLÁUSULA XXX – PRAZO DE CONSTRUÇÃO

A construção do imóvel deverá ser iniciada pela LOCADORA no prazo de XXX (XXX) dias úteis, contados da assinatura deste contrato, e concluída no prazo de XXX (XXX) dias úteis (tempo necessário para a finalização da construção).

CLÁUSULA XXX – ESPECIFICAÇÕES TÉCNICAS

A construção do imóvel deverá observar as especificações técnicas previamente aprovadas pela LOCATÁRIA, que serão anexadas a este contrato como parte integrante e de observação obrigatória.

CLÁUSULA XXX – VALOR DA CONSTRUÇÃO

O valor da construção do imóvel será de R$ XXX (XXX reais), e será integralmente custeado pela LOCADORA (valor total da construção).

CLÁUSULA XXX – ALUGUEL

O valor do aluguel mensal a ser pago pela LOCATÁRIA pela utilização do imóvel será de R$ XXX (XXX reais) (valor mensal da locação), pagos até o dia XXX (XXX) do mês subsequente.

CLÁUSULA XXX – PRAZO DE LOCAÇÃO

O prazo de locação do imóvel será de XXX (XXX) anos, contados a partir da data de conclusão da construção.

CLÁUSULA XXX – REAJUSTE DO ALUGUEL

O valor do aluguel será reajustado anualmente, no mês de XXX (indicar o mês de reajuste), com base no índice XXX (indicar o índice de reajuste), divulgado pelo XXX (indicar o órgão responsável pelo índice).

CLÁUSULA XXX – OBRIGAÇÕES DA LOCATÁRIA

A LOCATÁRIA obriga-se a:

a) Utilizar o imóvel exclusivamente para o fim a que se destina, sendo vedado o uso para outras finalidades sem a expressa autorização da LOCADORA;

b) Pagar pontualmente o aluguel mensal e demais encargos previstos neste contrato;

c) Realizar, às suas expensas, as benfeitorias necessárias para a instalação de seus equipamentos e mobiliário no imóvel, desde que não afetem a estrutura do imóvel;

d) Zelar pela conservação e manutenção do imóvel, respondendo por eventuais danos causados por sua culpa ou negligência.

CLÁUSULA XXX – OBRIGAÇÕES DA LOCADORA

A LOCADORA obriga-se a:

a) Construir o imóvel em conformidade com as especificações técnicas aprovadas pela LOCATÁRIA;

b) Entregar o imóvel pronto para uso no prazo estipulado neste contrato;

c) Arcar com todas as despesas relacionadas à construção do imóvel;

d) Manter o imóvel em bom estado de conservação e manutenção durante o prazo de locação.

CLÁUSULA XXX – RESCISÃO

A rescisão antecipada deste contrato poderá ser realizada por qualquer uma das partes, sem necessidade de justificativa, mediante aviso prévio por escrito, com antecedência mínima de XXX (XXX) dias, contados a partir do recebimento da notificação pela outra parte.

PARÁGRAFO XXX – Em caso de rescisão antecipada por iniciativa do LOCATÁRIO, este pagará ao LOCADOR, a título de multa compensatória, o valor correspondente a XXX (XXX) meses de aluguel vigente, proporcionalmente aos meses faltantes para o término do contrato. Caso a rescisão ocorra durante o período de carência, o valor da multa será calculado com base no aluguel mínimo fixo.

PARÁGRAFO XXX – No caso de rescisão antecipada por iniciativa do LOCADOR, este ficará obrigado a indenizar o LOCATÁRIO, a título de multa compensatória, pelo valor correspondente a XXX meses de aluguel vigente, proporcionalmente aos meses faltantes para o término do contrato, além das despesas comprovadamente realizadas pelo LOCATÁRIO com obras e instalações no imóvel locado, desde que previamente autorizadas pelo LOCADOR.

PARÁGRAFO XXX – A rescisão antecipada não exime o LOCATÁRIO do pagamento das obrigações vencidas e não pagas, inclusive aluguéis, encargos, taxas e outras despesas devidas até a data da efetiva desocupação do imóvel locado, sem prejuízo das demais cominações legais e contratuais cabíveis.

PARÁGRAFO XXX – A parte que der causa à rescisão antecipada deverá arcar com todos os custos e despesas decorrentes da rescisão, inclusive honorários advocatícios e custas processuais, caso a outra parte seja obrigada a recorrer ao Poder Judiciário para fazer valer seus direitos.

CLÁUSULA XXX – FORO DE ELEIÇÃO

Fica eleito o foro da comarca de XXX, para dirimir quaisquer dúvidas ou litígios decorrentes deste contrato, com renúncia expressa de qualquer outro, por mais privilegiado que seja ou venha a ser.

Local, Data.

LOCADOR

LOCATÁRIO

Testemunha 1

Testemunha 2

4. CONTRATO DE EMPRÉSTIMO

4.1. ASPECTOS INICIAIS E INTRODUTÓRIOS

Inicialmente, antes de verificarmos os aspectos principais dos contratos de empréstimos, imperioso notar que, nos contratos em que se exige a **transferência de patrimônio** para outra pessoa, a finalidade para qual o objeto é entregue ou transferido importará sobremaneira para a própria tipificação ou configuração do contrato. Veja:

- Se a entrega da coisa for para **uso: comodato (empréstimo)**
- Se a entrega da coisa for para **consumo: mútuo (empréstimo)**
- Se a entrega da coisa for para **guarda: depósito**
- Se a entrega da coisa for para **administração: mandato**

Mais relevante do que saber qual é o contrato propriamente dito, é a **verificação da intenção do agente com a transferência patrimonial**, tal como ocorre com a compra e venda, ou seja, se o bem foi entregue e em contraprestação exige-se dinheiro, estará configurada a **compra e venda**; entretanto, se o bem foi entregue e em contrapartida foi exigido outro bem, teremos **troca ou permuta**.

Cuidado em mais um ponto importante, caso a coisa tenha sido entregue após a efetivação do contrato de compra e venda, por exemplo, quando do efetivo pagamento da obrigação, estar-se-á diante da dação em pagamento.

Exemplificando: imagine que em um contrato de compra e venda ficou estabelecido a aquisição de um veículo pelo valor de R$ 100.000,00. O contrato foi realizado, é perfeito e acabado. Entretanto, no momento do pagamento, o comprador não tinha o dinheiro e ofereceu a entrega de uma moto, ao invés do dinheiro. Há a necessidade da expressa concordância do credor, nesse caso. Com a aceitação da substituição do objeto da prestação por outro, estaremos diante da dação em pagamento, modalidade de cumprimento ou de pagamento indireto da obrigação.

Assim, temos:

ENTREGA DE COISA	**Para uso:**	Comodato
	Para consumo:	Mútuo
	Para guarda:	Depósito
	Para administração:	Mandato

Empréstimo: conceituando o contrato de empréstimo, tem-se como o negócio jurídico pelo qual uma pessoa entrega uma coisa (bem móvel ou imóvel) à outra, de forma gratuita, obrigando-se esta a devolver a própria coisa emprestada ou outra de mesma espécie e quantidade.

Se for para devolver a mesma coisa que foi emprestada, estaremos diante do empréstimo na modalidade comodato, entretanto, se for para restituir outra de mesma espécie, qualidade e quantidade, estaremos diante do mútuo.

> • **Comodato** é o empréstimo de bem infungível e inconsumível (empréstimo de uso).
> • **Mútuo** é o empréstimo de bem fungível e consumível (empréstimo de consumo).

4.2. MODALIDADES DE EMPRÉSTIMOS: COMODATO E MÚTUO

a) Comodato: o comodato é o empréstimo gratuito de coisas móveis ou imóveis não fungíveis. Perfaz-se com a tradição do objeto.

O comodato pode ser realizado com **prazo determinado** ou por **prazo indeterminado**.

Se o comodato **não tiver prazo convencional**, presume-se como sendo o **necessário para o uso concedido**; não podendo o comodante, salvo necessidade **imprevista e urgente**, reconhecida pelo juiz, suspender o uso e gozo da coisa emprestada, antes de findo o prazo convencional, ou o que se determine pelo uso outorgado.

No comodato, o comodatário é **obrigado a conservar**, como se sua própria fora, a coisa emprestada, não podendo usá-la senão de acordo com o contrato ou a natureza dela, sob pena de **responder por perdas e danos**. O comodatário constituído em mora, além de por ela responder, pagará, até restituí-la, o **aluguel da coisa que for arbitrado pelo comodante**.

Lembre-se da exceção quanto à perda da coisa objeto do comodato por **caso fortuito ou força maior**, pois, se estiver correndo risco, e o objeto do comodato, juntamente com outros do comodatário, **antepuser a salvação dos seus abandonando o do comodante**, responderá pelo **dano ocorrido**, ainda que se possa atribuir a **caso fortuito, ou força maior**.

Ainda, o comodatário não poderá jamais recobrar do comodante as despesas feitas com o uso e gozo da coisa emprestada, sendo por sua conta todas as despesas inerentes ao uso a que a coisa se destina.

E, se duas ou mais pessoas forem simultaneamente comodatárias de uma coisa, ficarão **solidariamente responsáveis para com o comodante**.

b) Mútuo: é o empréstimo de coisas móveis fungíveis. Assim, o mutuário é obrigado a restituir ao mutuante o que dele recebeu em coisa do mesmo **gênero, qualidade e quantidade**.

Note que essa modalidade de empréstimo consiste na **transferência do domínio da coisa emprestada ao mutuário**, por cuja conta correm todos os riscos dela desde a tradição.

O mutuante pode **exigir garantia da restituição**, se antes do vencimento o mutuário sofrer notória mudança em sua situação econômica. Nesse caso, há a necessidade de demonstração de elementos específicos e notórios a respeito dessa mudança da situação econômica do mutuário, não bastando, para tanto, a mera alegação unilateral e sem fundamento.

O **mútuo feito a pessoa menor**, sem prévia autorização daquele sob cuja guarda estiver, **não pode ser reavido nem do mutuário**, nem de seus fiadores.

Entretanto, nos termos do **art. 589 do CC**, cessa a disposição:

a) se a pessoa, de cuja autorização necessitava o mutuário para contrair o empréstimo, o ratificar posteriormente;

b) se o menor, estando ausente essa pessoa, se viu obrigado a contrair o empréstimo para os seus alimentos habituais;

c) se o menor tiver bens ganhos com o seu trabalho. Mas, em tal caso, a execução do credor não lhes poderá ultrapassar as forças;

d) se o empréstimo reverteu em benefício do menor;

e) se o menor obteve o empréstimo maliciosamente.

O mútuo, como é sabido, pode ser destinado, ainda, para **fins econômi-cos** (chamado de **mútuo feneratício**), como ocorre nos casos de instituições financeiras ou nos empréstimos privados, caso em que serão **presumidos devidos os juros**, os quais, sob pena de redução, não poderão exceder a taxa que estiver em vigor para a **mora do pagamento de impostos devidos à Fazenda Nacional**, permitida, tão somente, a **capitalização anual**.

NÃO SE TENDO CONVENCIONADO EXPRESSAMENTE, O PRAZO DO MÚTUO SERÁ:
I – até a **próxima colheita**, se o mútuo for de produtos agrícolas, assim para o consumo, como para semeadura;
II – de **30 dias**, pelo menos, se for de dinheiro;
III – do **espaço de tempo que declarar o mutuante**, se for de qualquer outra coisa fungível.

4.3. MODELOS DE CONTRATOS DE EMPRÉSTIMO

MODELO DE COMODATO

COMODATO DE BEM IMÓVEL

Por este instrumento particular, de um lado (identificação pessoal/empresarial), com sede na cidade de XXX, Estado de XXX, à Rua XXX, n. XXX, inscrita no CNPJ sob o n. XXX, neste ato representada por XXX, doravante denominada simplesmente **COMO-DANTE**, e, de outro lado, (razão social) XXX, com sede na cidade de XXX, Estado de XXX, à Rua XXX, n. XXX, inscrita no CNPJ sob o n. XXX, neste ato representada por XXX, doravante denominada simplesmente **COMODATÁRIA**, têm entre si como justo e acordado o que segue, que se obrigam a cumprir por si e seus sucessores:

CLÁUSULA XXX – A COMODANTE, na qualidade de legítima proprietária de um(a) imóvel (descrever pormenorizadamente o imóvel), conforme escritura (especificar o título que comprove a propriedade), cede e transfere referido bem à COMODATÁRIA, gratuitamente, a título de comodato, para fins de (descrever a finalidade do empréstimo).

CLÁUSULA XXX – O prazo de vigência deste contrato será de XXX (dias/meses/anos), com início em XXX e término em XXX, data em que a COMODATÁRIA deverá restituir o imóvel acima especificado nas mesmas condições em que ora o recebe, independentemente de qualquer notificação, sob pena de pagar um aluguel no valor de R$ XXX por XXX (dia/mês) de uso do bem.

CLÁUSULA XXX – A COMODATÁRIA se obriga a zelar pela conservação do imóvel que lhe é cedido em comodato, responsabilizando-se por todos os custos com a manutenção do mesmo. Os danos advindos do mau uso ou negligência na sua conservação serão suportados pela COMODATÁRIA que arcará com todas as despesas para a devida recuperação do bem.

CLÁUSULA XXX – É vedado à COMODATÁRIA subcomodatar ou locar o bem objeto deste instrumento a terceiros, bem como ceder ou transferir o presente contrato sem prévia autorização, por escrito, da COMODANTE.

CLÁUSULA XXX – A COMODATÁRIA, durante a vigência deste instrumento, responsabilizar-se-á perante terceiros por danos decorrentes de eventuais acidentes que envolvam as instalações, edificações, muros e outras benfeitorias agregadas ao imóvel, independentemente de ter ou não contratado seguro para tal fim.

CLÁUSULA XXX – Em caso de turbação ou esbulho da posse do bem por atos de terceiros, a COMODATÁRIA deverá tomar as providências cabíveis a fim de cessar tais atos, bem como comunicar imediatamente tais fatos à COMODANTE.

CLÁUSULA XXX – O presente instrumento será considerado rescindido de pleno direito em caso de infração, por parte da COMODATÁRIA, de qualquer cláusula acordada, assegurado à COMODANTE o direito de rescindir, unilateralmente, o contrato, mediante simples comunicação, independentemente de aviso judicial ou extrajudicial.

CLÁUSULA XXX – Qualquer tolerância ou concessão das partes quanto ao cumprimento do disposto neste contrato constituir-se-á ato de mera liberalidade, não podendo ser considerado novação.

CLÁUSULA XXX – As partes elegem o Foro da Comarca de XXX para dirimir eventuais litígios decorrentes deste contrato.

E assim, por estarem justas e contratadas, as partes assinam o presente em ...... vias de igual teor, juntamente com as duas testemunhas abaixo.

Local e data:

COMODANTE

COMODATÁRIA

Testemunha 1

Testemunha 2

MODELO DE MÚTUO FINANCEIRO

CONTRATO DE MÚTUO FINANCEIRO

Por este instrumento particular, de um lado, (Identificação), (Nacionalidade), (Profissão), (Estado Civil), (Documentos de Identificação), capaz, residente e domiciliado na Rua XXX, n. XXX, bairro XXX, cidade XXX, Cep. XXX, no Estado XXX, neste ato denominado **MUTUANTE** e, de outro lado, denominado **MUTUÁRIO**, (identificação), (Nacionalidade), (Profissão), (Estado Civil), (Documentos de Identificação), capaz, residente e domiciliado na Rua XXX, n. XXX, bairro XXX, cidade XXX, CEP XXX, no Estado XXX.

Têm entre os mesmos, de maneira justa e acordada, o presente CONTRATO DE MÚTUO FINANCEIRO, ficando desde já aceito, pelas cláusulas abaixo descritas.

CLÁUSULA XXX – O presente tem como OBJETO, a transferência da importância de R$ XXX (Valor Expresso), do MUTUANTE direta e pessoalmente ao MUTUÁRIO, valor este que se faz representar pelo cheque n. XXX, da agência XXX, contra o banco XXX.

CLÁUSULA XXX – O pagamento da quantia tomada em mútuo, bem como a correção monetária e os juros, serão efetivados no prazo máximo de XXX meses, contados da data da assinatura deste.

PARÁGRAFO ÚNICO. ATRASO: Havendo atraso no pagamento das obrigações citadas, incidirão multa de 2% (dois por cento) ao mês, e correção monetária, devidamente calculados até a data do efetivo pagamento. Ressalta-se que facultará ao MUTUANTE, tomar todas as medidas, sejam judiciais ou extrajudiciais para satisfazer o crédito, sendo que todas as despesas, incluindo honorários advocatícios serão de responsabilidade do MUTUÁRIO.

CLÁUSULA XXX – O valor transferido a título de mútuo será corrigido monetariamente e sofrerá a incidência de juros. A correção terá como base o índice (XXX) (deverá ser autorizado pelo órgão governamental responsável). Os juros incidentes no valor serão 0,5% (meio por cento) ao mês. Desta feita, ambos serão devidamente calculados à época de efetivação do pagamento.

CLÁUSULA XXX – O MUTUÁRIO assinando o presente nesta data, se obriga a pagar o valor tomado em empréstimo nas condições citadas acima.

CLÁUSULA XXX – O presente contrato passa a vigorar entre as partes a partir da assinatura do mesmo, as quais elegem o foro da cidade de XXX, para dirimirem quaisquer dúvidas provenientes da execução e cumprimento do mesmo.

Os herdeiros e sucessores das partes contratantes se obrigam desde já, ao inteiro teor deste contrato.

E, por estarem justas e convencionadas as partes assinam o presente CONTRATO DE MÚTUO FINANCEIRO, juntamente com 2(duas) testemunhas.

Local, data e ano.

Mutuante

Mutuário

Testemunha 1

Testemunha 2

5. CONTRATO DE COMISSÃO

5.1. ASPECTOS INICIAIS E INTRODUTÓRIOS DO CONTRATO DE COMISSÃO

Com efeito, comissão é o contrato de comissão pelo qual o comitente contrata alguém, por intermédio de remuneração correspondente, que recebe o nome de comissário para que realize a compra ou a venda de bens os em seu próprio nome, contudo, às expensas e proveito do comitente, como bem determina o **art. 693 do CC**.

Segundo esse instituto, que em muito se assemelha ao mandato, o comissário fica diretamente obrigado para com as pessoas com quem contratar, sem que estas tenham ação contra o comitente, nem este contra elas, salvo se o comissário ceder seus direitos a qualquer das partes.

Tanto que, nos termos do **art. 695 do CC**, fica também o comissário **obrigado** a agir em obediência e em conformidade com as **ordens e instruções advindas do comitente**, devendo, na falta destas, não podendo pedi-las a tempo ou buscar as orientações do comitente, proceder o comissário segundo os usos praticados em casos semelhantes.

Entretanto, nessa hipótese, ou seja, caso o comissário tenha agido em instruções ou ordens do comitente, ter-se-ão por **justificados os atos do comissário**, se deles houver resultado **vantagem para o comitente**, ou ainda no caso em que, não admitindo demora a realização do negócio, o **comissário agiu de acordo com os usos**.

Outrossim, no desempenho das suas incumbências o comissário é **obrigado** a agir com **cuidado, diligência, cautela presteza** na realização dos negócios inerente ao contrato, não só para evitar qualquer prejuízo ao comitente, mas ainda para lhe proporcionar o lucro que razoavelmente se podia esperar do negócio. Responderá o comissário, por **qualquer prejuízo** que, por ação ou omissão, ocasionar ao comitente, salvo se tais prejuízos forem ocasionados e comprovadamente oriundos de motivo de **força maior**.

Finalmente, conforme **art. 697 do CC**, o comissário **não responde pela insolvência** das pessoas com quem tratar, exceto em caso de **culpa e nos termos da responsabilidade solidária, ou seja, mediante a estipulação de cláusula** *del credere*, a seguir verificada.

5.2. REGRAS ESPECIAIS DO CONTRATO DE COMISSÃO

Responsabilidade solidária: conforme disposição do art. 698, se do contrato de comissão constar a **cláusula** *del credere*, responderá o comissário **solidariamente** com as pessoas com que houver tratado em nome do comitente, caso em que, salvo estipulação em contrário, o comissário tem direito a remuneração mais elevada, para compensar o ônus assumido.

De igual maneira, nos termos do **art. 694 do CC**, o comissário fica diretamente obrigado para com as pessoas com quem contratar, sem que estas tenham ação contra o comitente, nem este contra elas, salvo se o comissário ceder seus direitos a qualquer das partes.

Diante disso, foi editado o **Enunciado n. 68 da II Jornada de Direito Comercial do CJF** explicando que "o contrato de comissão com cláusula *del credere* responderá solidariamente com o terceiro contratante o comissário que tiver cedido seus direitos ao comitente, nos termos da parte final do art. 694 do Código Civil".

Nesse caso, a **cláusula** *del credere* deve ser interpretada como o instituto ou a previsão contratual que permite ao comitente **descontar os valores de comissões ou de vendas do comissário**, nas hipóteses de venda ou de transação canceladas ou desfeitas. Na verdade, pela referida cláusula o comissário torna-se responsável solidariamente (ou devedor solidário) pelos prejuízos advindos da transação, e acaba por assumir o risco da atividade, transformando-se assim em avalista ou garantidor de um negócio que independe dele.

Modelo de cláusula *del credere*:

CLÁUSULA XXX – A CONTRATADA assumirá pela cláusula *del credere* a obrigação em responder solidariamente com as pessoas com a qual contratar, perante a CONTRATANTE, em caso de insolvabilidade delas e com direito à remuneração de sua comissão, em dobro, pelas obrigações assumidas.

IMPORTANTE:
Contrato de representação comercial: é vedada a inclusão de cláusula *del credere* (art. 43 da Lei n. 4.886/65).
Contrato de comissão: é permitida a inclusão de cláusula *del credere*, caso em que, salvo estipulação em contrário, o comissário tem direito a remuneração mais elevada, para compensar o ônus assumido (art. 698 CC).

Prazos de pagamento: presume-se o comissário autorizado a **conceder dilação do prazo para pagamento**, na conformidade dos usos do lugar onde se realizar o negócio, **se não houver instruções diversas do comitente**. Nesse caso, é imperioso que o comitente tenha ciência da natureza dos negócios realizados pelo comissário e, eventualmente, dos prazos para pagamento das transações.

Isso porque, a depender do caso, se houver instruções do comitente **proibindo prorrogação de prazos para pagamento**, ou se esta não for conforme os usos locais, poderá o comitente exigir que o comissário **pague incontinenti ou responda pelas consequências da dilação concedida**, procedendo-se de igual modo se o **comissário não der ciência ao comitente dos prazos concedidos e de quem é seu beneficiário**.

Remuneração: como regra, a remuneração deverá ser livremente pactuada entre comitente e comissário, em percentual sobre o valor do negócio realizado ou em valor nominal. Entretanto, em não sendo estipulada a remuneração devida ao comissário, segundo o **art. 701 do CC**, será ela arbitrada segundo os usos correntes no lugar.

No caso de morte do comissário, ou, quando, por motivo de força maior, não puder concluir o negócio, será devida pelo comitente uma **remuneração proporcional aos trabalhos realizados**, sendo certo que, no caso de morte, a legitimidade para pleitear os valores referentes à remuneração do comissário será de seus herdeiros.

Por fim, ainda que tenha dado motivo à dispensa, terá o comissário direito a ser **remunerado pelos serviços úteis já prestados ao comitente**, ressalvado a este (comitente) o direito de exigir daquele (comissário) os eventuais prejuízos sofridos.

Instruções do comitente (representado): Salvo disposição em contrário, pode o comitente, a qualquer tempo, alterar as instruções dadas ao comissário, entendendo-se por elas regidos também os negócios pendentes. Essa disposição, efetivamente, ocorre e é necessária para demonstrar a mutabilidade dos planos negociais e da necessária adaptabilidade das instruções conferidas ao comissário, sobretudo diante das dinâmicas negociais e mercadológicas, bem como buscando acompanhar as constantes evoluções econômicas e sociais.

Dispensa sem justa causa: assim como ocorre com a possibilidade de o comitente exigir do comissário os prejuízos sofridos em razão de sua retirada da relação contratual, também haverá a possibilidade de o comissário, quando for despedido sem justa causa, buscar o direito de ser remunerado pelos trabalhos prestados, bem como a ser ressarcido pelas perdas e danos resultantes de sua dispensa.

Juros: o comitente e o comissário são obrigados a pagar **juros um ao outro**, em duas hipóteses:

a) o **primeiro** (comitente) pelo que o comissário houver adiantado para cumprimento de suas ordens, caso haja a necessidade de adiantamento de valores por parte do comissário, para o cumprimento das ordens emanadas por parte do comitente;

b) e o **segundo** (comissário) pela mora na entrega dos fundos que pertencerem ao comitente, ou seja, pela retenção dos valores e capital, tendo quando do pagamento, restituir também com os juros.

Créditos e preferência: importante disposição é a do **art. 707 do CC**, determinando que o crédito do comissário, relativo a comissões e despesas feitas, **goza de privilégio geral**, no caso de falência ou insolvência do comitente, repetindo anterior previsão contida no art. 189 do Código Comercial (revogado pelo CC/2002).

Despesas: para reembolso das despesas feitas, bem como para recebimento das comissões devidas, tem o comissário **direito de retenção sobre os bens e valores** em seu poder em virtude da comissão. O direito de retenção, assim como ocorre com outros institutos no Código Civil, é possibilidade de autotutela e de defesa até a percepção do seu crédito.

Aplicabilidade das regras de mandato: finalmente, determina o **art. 709 do CC** que são aplicáveis ao contrato de comissão, no que couber, as regras previstas sobre o contrato de mandato, sobretudo em razão da similitude entre os institutos. Evidentemente que tal aplicação é subsidiária, seja pela expressão utilizada pelo próprio CC, "no que couber", seja pela especificidade de regras estabelecidas para a comissão, necessitando sempre de manifesta pertinência no caso concreto para se verificar a legitimidade de aplicação das regras do mandato à comissão.

MODELO DE CONTRATO DE COMISSÃO

CONTRATO DE COMISSÃO

Por este instrumento particular, de um lado XXX, qualificação XXX, de ora em diante denominada **CONTRATANTE** ou **COMITENTE**, e de outro lado XXX, neste ato representada por XXX, de ora em diante denominada simplesmente **CONTRATADA** ou **COMISSÁRIA**, têm entre si como justo e contratado o que segue:

CLÁUSULA XXX – A CONTRATANTE, produtora (ou distribuidora) dos produtos XXX, contrata os serviços de venda da CONTRATADA, na zona XXX (delimitar a zona de atuação) ou para o cliente XXX (razão social e dados do cliente da CONTRATANTE que a CONTRATADA atenderá).

CLÁUSULA XXX – O presente contrato terá vigência por XXX meses, encerrando-se em XXX, podendo ser renovado automaticamente, pelo mesmo período e nos mesmos termos ora contratados, desde que uma das partes não manifeste à outra, por escrito e com antecedência mínima de XXX dias do término do contrato, sua vontade de não o renovar.

CLÁUSULA XXX – A CONTRATADA obriga-se a agenciar pedidos de venda, por sua própria conta e risco, na zona (ou para o cliente) delimitada na Cláusula XXX.

CLÁUSULA XXX – Este contrato é exercido em caráter de exclusividade, vedado ao CONTRATANTE e ao CONTRATADO exercerem com outra empresa, distribuidor ou fornecedor atividade idêntica a esse Contrato.

OU

CLÁUSULA XXX – Este contrato não é exercido em caráter de exclusividade, podendo a CONTRATANTE estipular idêntico contrato para a mesma região ou cliente, com outra empresa, distribuidor, representante ou prestadora de serviços de vendas. De forma análoga, a CONTRATADA poderá prestar serviços de vendas a outros contratantes, mesmo que de produtos similares ou concorrentes.

CLÁUSULA XXX – A CONTRATADA deverá efetuar a concretização de vendas mediantes pedidos, em formulários padrão da CONTRATANTE, contendo as características, preços, prazos e dados do comprador, para possibilitar uma prévia análise de crédito por parte da CONTRATANTE, antes da aprovação do pedido.

CLÁUSULA XXX – O pagamento pelos serviços de vendas será feito em face de efetiva realização dos negócios e recebimento, pela CONTRATANTE, dos valores respectivos. Referido pagamento, equivalente a XXX% calculado sobre o valor total das vendas, dar-se-á até o dia XXX do mês subsequente ao da liquidação da fatura pelo cliente.

CLÁUSULA XXX – A comissão não será devida:

a) se o comprador tornar-se inadimplente ou desfazer a compra;

b) se a CONTRATADA efetuar a venda a empresas localizadas fora de sua zona de atuação.

CLÁUSULA XXX – A base de cálculo da comissão ora estabelecida é o valor total da fatura recebida deduzidas as importâncias referentes ao pagamento de tributos, quando incidirem sobre a operação mercantil a que se sujeita a CONTRATANTE.

CLÁUSULA XXX – As despesas necessárias ao exercício normal dos serviços de vendas, tais como locomoção, hospedagem, alimentação, comunicações etc., inclusive de seus funcionários, correm por conta única e exclusiva da CONTRATADA; e as que se referirem a frete de mercadorias, remetidas ou devolvidas, fiscalização etc., serão de responsabilidade da CONTRATANTE.

CLÁUSULA XXX – O pagamento das comissões devidas pela CONTRATANTE à CONTRATADA será efetuado exclusivamente via depósito bancário em sua conta corrente, a saber: Banco XXX, Agência n. XXX, conta corrente n. XXX, Cidade XXX, Titular XXX.

CLÁUSULA XXX – Qualquer das partes poderá denunciar o presente contrato sem justa causa, a qualquer tempo, mediante prévio aviso de, no mínimo, XXX dias.

CLÁUSULA XXX – Havendo inadimplemento por parte da CONTRATANTE no pagamento das comissões, a CONTRATADA, independentemente de notificação judicial ou extrajudicial, poderá considerar rescindido o presente instrumento particular, acarretando à CONTRATANTE o pagamento de perdas e danos.

CLÁUSULA XXX – Em qualquer hipótese de rescisão contratual, a CONTRATADA procederá a devolução de todo o material fornecido pela CONTRATANTE que estiver em seu poder, a saber, fichas, formulários, guias, material publicitário ou outros afins, além de obrigar-se a deixar de fazer uso de qualquer sinal ou marca de propaganda que se relacione à CONTRATANTE; assim como a CONTRATANTE procederá ao pagamento, à CONTRATADA, do saldo das comissões que forem sendo devidas, nos prazos convencionados.

CLÁUSULA XXX – A CONTRATADA, no caso de extinção do presente contrato, por qualquer motivo, fica proibida de repassar ou divulgar, sob qualquer forma, informações sigilosas da CONTRATANTE, de seus produtos e serviços, que venham a ser adquiridas durante a vigência desta relação contratual.

CLÁUSULA XXX – A CONTRATADA assumirá pela cláusula *del credere* a obrigação em responder solidariamente com as pessoas com a qual contratar, perante a CONTRATANTE, em caso de insolvabilidade delas e com direito à remuneração de sua comissão, em dobro, pelas obrigações assumidas.

CLÁUSULA XXX – Os casos omissos reger-se-ão pela legislação aplicável.

CLÁUSULA XXX – As partes elegem o Foro da Comarca de XXX para dirimir eventuais litígios decorrentes deste contrato.

E por estarem assim justas e contratadas, as partes assinam o presente instrumento em XXX vias de igual teor, na presença das testemunhas abaixo.

Local/Data

CONTRATANTE

CONTRATADO

Testemunha 1

Testemunha 2

6. CONTRATO DE PRESTAÇÃO DE SERVIÇOS

6.1. ASPECTOS INICIAIS E INTRODUTÓRIOS

Com efeito, prestação de serviços é o contrato de natureza civil estabelecido entre duas pessoas, naturais ou jurídicas, no qual uma delas se compromete a cumprir determinada obrigação (prestador de serviço), de forma previamente estabelecida no contrato, enquanto a outra parte se compromete ao pagamento da chamada retribuição ou remuneração (tomador de serviços).

É contrato de natureza civil, prestado de maneira personalíssima, por certo e determinado trabalho, bem como exercido por pessoa com qualificações técnicas próprias para a atividade a ser desenvolvida.

Outrossim, por ser de natureza civil, o contrato está sujeito às determinações do Código Civil, portanto, não compreendo os contratos de prestação de serviços sujeitos à legislação trabalhista ou a outras leis especiais, regidos respectivamente por cada legislação específica.

6.2. REGRAS ESPECIAIS DO CONTRATO DE PRESTAÇÃO DE SERVIÇOS

Segundo o art. 594 do CC, é permitida toda a espécie de **serviço ou trabalho lícito, material ou imaterial**, contratada mediante retribuição, sem exigir uma forma específica para sua exteriorização, somente impondo a legislação civil a limitação com relação à (i)licitude do objeto do contrato, como anteriormente verificada no plano da validade dos negócios jurídicos (art. 104, II, do CC).

Conquanto seja um contrato de forma livre, o **art. 595 do CC** determina que o contrato de prestação de serviço, quando qualquer das partes não souber ler, nem escrever, deverá ser **realizado por instrumento particular escrito**, podendo ser assinado a rogo e subscrito por duas testemunhas, cumprindo a forma prescrita em lei, conforme art. 104, III, do CC.

No tocante ao **arbitramento da retribuição**, como regra, serão fixados livremente pelas partes, não sendo permitido o exercício gratuito de determinada atividade. No entanto, em não se tendo estipulada a retribuição, nem chegado a acordo as partes, fixar-se-á por arbitramento, segundo o costume do lugar, o tempo de serviço e sua qualidade.

Ademais, a retribuição, como regra, será paga **depois de prestado o serviço**. No entanto, podem as partes, por livre convenção de vontade, ou por costume, pactuar de maneira diversa a retribuição, como mediante antecipação total ou parcial dos valores, ou também o pagamento realizado em prestações (art. 597 do CC).

Com relação ao **prazo da prestação dos serviços**, determina o art. 598 do CC que **não se poderá convencionar por mais de quatro anos**, embora o contrato tenha por causa o pagamento de dívida de quem o presta, ou se destine à execução de certa e determinada obra. Neste caso, **decorridos quatro anos, dar-se-á por findo o contrato**, ainda que não concluída a obra.

Trata-se de **regra temporal para a duração do contrato**, sendo certo que caso ocorra a transposição desse período, o contrato não será nulo, mas somente a cláusula referente ao prazo que será nula, pois finalizada a relação contratual, ainda que não finalizada a obra. Por certo, findo o contrato, é **lícito às partes acertarem um novo contrato**, seja por prazo determinado, nessa hipótese, desde que sempre obedeçam ao limite máximo legal acima previsto, ou por prazo indeterminado.

Assim, as partes podem estipular contrato por prazo indeterminado, pois, em **não havendo prazo estipulado**, ou seja, se fixado por prazo indeterminado, ou em não se podendo inferir da natureza do contrato, ou do costume do lugar, qualquer das partes pode resilir o contrato unilateralmente, a seu arbítrio, desde que assim o faça **mediante prévio aviso, pode resolver o contrato**, assim como exige o art. 473 do CC[3].

Nesse caso, conforme **art. 599, parágrafo único, do CC, dar-se-á o aviso**:

> I – com **antecedência de oito dias**, se o salário se houver fixado por tempo de **um mês, ou mais**;
>
> II – com **antecipação de quatro dias**, se o salário se tiver ajustado por **semana, ou quinzena**;
>
> III – de **véspera**, quando se tenha contratado por **menos de sete dias**.

Cuidado com a atecnia utilizada pelo legislador, pois certamente não se trata de *salário*, mas sim de retribuição ou remuneração. A utilização do termo *salário* poderia trazer alguma confusão com contrato de trabalho, mas, como visto anteriormente, nesses casos, quando regulados pelo Código Civil, são contratos de natureza civis, no qual serão prestados mediante retribuição.

Ainda sobre o prazo, importante verificar que não se conta no prazo do contrato o tempo em que o prestador de serviço, **por culpa sua, e de maneira injustificada, deixou de servir**. Entretanto, por certo, se o serviço deixou de ser executado por motivos outros, ou seja, que não por culpa do prestador, o tempo será computado no contrato, regularmente.

Até porque o prestador de serviço, quando contratado por tempo certo, ou para a realização de obra determinada, não se pode ausentar, ou despedir,

---

3.   "Art. 473. A resilição unilateral, nos casos em que a lei expressa ou implicitamente o permita, opera mediante denúncia notificada à outra parte."

sem que tenha justa causa para tanto, antes de preenchido o tempo determinado para a duração do contrato, ou antes de concluída a obra.

Entretanto, caso se despeça sem justa causa, ou não obedeça às regras acima estipuladas, terá direito o prestador tão somente à **retribuição já vencida**, como contrapartida, pois, do serviço já realizado, no entanto, responderá por perdas e danos pelos prejuízos causados. Importante verificar que o mesmo ocorrerá, se for despedido por justa causa, serão devidas as retribuições vencidas.

Agora, se, por outro lado, o prestador de serviço for despedido sem justa causa, a outra parte, ou seja, o tomador de serviços, será obrigada a pagar-lhe por **inteiro a retribuição vencida**, e por **metade a que lhe tocaria de então ao termo legal do contrato**, especialmente respeitando a estabilidade das relações contratuais e a segurança jurídica, não podendo ser desfeito o contrato sem justificativa para tanto, daí a previsão do art. 603 do CC, estabelecendo uma espécie de indenização ao prestador dos serviços, em caso de dispensa sem justa causa.

Até mesmo por isso é que o **art. 604 do CC** possibilita que, encerrado o contrato e cumprida a obrigação, o prestador de serviço tem o direito de exigir do tomador a declaração de que o contrato está, de fato, findo, possibilitando a liberação para, eventualmente, prestar serviços a terceiros. Da mesma forma, igual direito lhe cabe, se for **despedido sem justa causa**, ou se tiver havido **motivo justo para deixar o serviço**. Portanto, cabe a declaração:

a) se findo o contrato;

b) se despedido sem justa causa; ou

c) se tiver motivo justo para deixar o serviço.

Lembrando que a prova do encerramento do contrato, do adimplemento das obrigações ou do efetivo pagamento ocorre com a quitação, sendo essa a prova específica do cumprimento obrigacional, conforme **art. 319 do CC**, dispondo que "o devedor que paga tem direito a quitação regular, e pode reter o pagamento, enquanto não lhe seja dada".

Ademais, por se tratar de contrato *intuito personae*, ou personalíssimo, nem aquele a quem os serviços são prestados (tomador dos serviços) poderá transferir a outrem o direito aos serviços ajustados, nem o prestador de serviços, sem aprazimento da outra parte, dar substituto que os preste.

Outrossim, é necessário que o prestador dos serviços tenha habilitação necessária para a atividade contrata ou que satisfaça os requisitos estabelecidos pelo tomador ou pela lei, sob pena de não receber as retribuições correspondentes ao trabalho a ser desempenhado. Entretanto, ressalva é feita para o caso de resultar benefício para o tomador, o juiz atribuirá ao prestador dos serviços uma compensação razoável, desde que tenha agido com boa-fé, não fazendo jus se a proibição da prestação de serviço resultar de lei de ordem pública.

Extinção do contrato de prestação dos serviços:

a) o contrato de prestação de serviço acaba com a morte de qualquer das partes;
b) termina, ainda, pelo escoamento do prazo;
c) pela conclusão da obra;
d) pela rescisão do contrato mediante aviso prévio;
e) por inadimplemento de qualquer das partes; ou
f) pela impossibilidade da continuação do contrato, motivada por força maior.

Agora, a alienação do prédio agrícola, por seu turno, onde a prestação dos serviços se opera, não importa, por si só, a rescisão do contrato, permanecendo íntegra a relação jurídica contratual, ressalvando ao prestador a opção entre continuá-lo com o adquirente da propriedade ou com de prosseguir com a prestação ao primitivo contratante.

Finalmente, dispõe o art. 608 do CC que aquele que aliciar pessoas obrigadas em contrato escrito a prestar serviço a outrem pagará a este a importância que ao prestador de serviço, pelo ajuste desfeito, houvesse de caber durante dois anos.

Note que, nessa hipótese, além da possibilidade de constituir, eventualmente, crime tipificado pelo art. 207 do Código Penal[4], o aliciamento também consiste na violação da função social do crédito, consistente na chamada **"tutela externa de crédito"**, assim entendido como a responsabilização de terceiros pela violação do direito de crédito alheio e encontra sua base no princípio da função social do contrato.

7. CONTRATO DE EMPREITADA

7.1. ASPECTOS INICIAIS E INTRODUTÓRIOS

Empreitada é o contrato em que uma das partes (chamada de "empreiteiro"), mediante **remuneração** a ser paga pelo outro contraente (chamado de

---

4. "Art. 207. Aliciar trabalhadores, com o fim de levá-los de uma para outra localidade do território nacional:
Pena – detenção de um a três anos, e multa. (Redação dada pela Lei n. 9.777, de 29-12-1998)
§ 1º Incorre na mesma pena quem recrutar trabalhadores fora da localidade de execução do trabalho, dentro do território nacional, mediante fraude ou cobrança de qualquer quantia do trabalhador, ou, ainda, não assegurar condições do seu retorno ao local de origem. (Incluído pela Lei n. 9.777, de 1998)

"dono da obra"), obriga-se a realizar determinada **obra**, pessoalmente ou por meio de terceiros, de acordo com as instruções deste e sem qualquer relação de subordinação.

Pode-se afirmar, pois, que a empreitada é o contrato bilateral e oneroso, mediante o qual o proprietário ou dono da obra contrata determinada pessoa, o empreiteiro, que se obriga a realizar uma **obra específica**, seja pessoalmente ou por intermédio de terceiros, mediante uma contraprestação, chamada de remuneração.

Nesse caso, a direção do trabalho, as escolhas técnicas, profissionais, de projetos, dentre todas aquelas destinadas à execução da obra, é do próprio empreiteiro, sem qualquer vínculo de subordinação com o dono da obra. Assim, pode o empreiteiro de uma obra contribuir para ela só com seu trabalho ou, com o seu trabalho e os materiais.

Essas são as sensíveis diferenças entre um contrato de prestação de serviços e o contrato de empreitada, ou seja, enquanto na prestação de serviços o contrato tem natureza personalíssima, na empreitada o empreiteiro pode contribuir com seu próprio trabalho ou mediante a contratação de terceiras pessoas para a realização da obra. Outra diferença é justamente a finalidade da contratação: na prestação de serviços pode ser contratado o prestador para o exercício de qualquer atividade lícita, material ou imaterial; enquanto na empreitada, somente para a realização de uma "obra".

Agora cuidado, como visto acima, na prestação de serviços o legislador utiliza em vários artigos a expressão "obra", quando, de fato e na verdade, deve ser lido como "atividade".

Finalmente, afirma-se que há a possibilidade de contratação do empreiteiro apenas para a elaboração de um determinado projeto, sendo certo que quando assim se proceder, não implica a obrigação do empreiteiro de executá-lo, ou de fiscalizar-lhe a execução.

Da mesma forma, quando houver a contratação, a obrigação de fornecer os materiais por parte do empreiteiro não se presume; deve resultar da lei ou da vontade das partes, ou seja, essa obrigação deve sempre ficar bem estabelecida e definida no momento da contratação, de quem vai fornecer os materiais para ficar tudo bem delimitado no contrato, pois, como visto, a obrigação do empreiteiro de fornecer os materiais não será presumida.

---

§ 2ª A pena é aumentada de um sexto a um terço se a vítima é menor de dezoito anos, idosa, gestante, indígena ou portadora de deficiência física ou mental. (Incluído pela Lei n. 9.777, de 1998)

7.2. REGRAS ESPECIAIS DO CONTRATO DE EMPREITADA

Seguindo com as regras específicas e próprias do contrato de empreitada, importante verificar as responsabilidades e consequências desse contrato.

Segundo o **art. 611 do CC**, quando o contrato de empreitada estabelecer a obrigação do empreiteiro em fornecer os materiais, correrão por sua conta os riscos até o momento da entrega da obra, desde que a contento de quem a encomendou (o dono da obra), se este não estiver em mora de receber (mora *creditoris* ou mora do credor). Mas se estiver em mora, por sua conta correrão os riscos, ou seja, por conta do dono da obra.

Agora, se o empreiteiro só forneceu mão de obra, todos os riscos em que não tiver culpa correrão por conta do dono; entretanto, com relação à própria execução da obra, a responsabilidade correrá por conta do empreiteiro, que deverá realizar com qualidade e com todas as especificações técnicas para a obra.

Por outro lado, em sendo a empreitada unicamente de lavor, se a coisa perecer antes de entregue, sem mora do dono da obra (mora *creditoris* ou mora do credor), nem culpa do empreiteiro, este perderá o direito à retribuição, se não provar que a perda resultou de defeitos apresentados nos materiais e que em tempo reclamara contra a sua exígua quantidade ou má qualidade.

Nos termos do **art. 614 do CC**, se a obra constar de partes distintas, ou seja, se puder ser realizada em parcelas ou separadamente cada obras, presumindo-se como obras autônomas, ou se for de natureza das que se determinam por medida (ou *ad mensuram*), o empreiteiro terá direito a que também se verifique por medida, ou segundo as partes em que se dividir, podendo exigir o pagamento na proporção e enquanto a obra for executada. Nesses casos, quando paga a remuneração pelo dono da obra, tudo o que se pagou presume-se verificado.

De igual maneira, tudo o que se mediu presume-se também verificado se, em 30 dias, a contar da medição, não forem denunciados os vícios ou defeitos pelo dono da obra ou por quem estiver incumbido da sua fiscalização.

Outrossim, concluída a obra de acordo com o ajuste de vontades, ou o costume do lugar, o dono da obra é obrigado a recebê-la. Entretanto, poderá, porém, rejeitá-la, se o empreiteiro se afastou e/ou não respeitou as instruções recebidas e dos planos dados pelo dono da obra, ou das regras técnicas em trabalhos de tal natureza. Nesse caso, pode também o dono da obra, ou seja, quem encomendou a obra, em vez de enjeitá-la, recebê-la com abatimento no preço.

Ainda, conforme **art. 617 do CC**, o empreiteiro é **obrigado a pagar** pelos materiais que recebeu, caso tenha inutilizados ou os perdidos, por culpa sua, ou seja, se por imprudência ou por imperícia deu causa à inutilização.

Quando os contratos de empreitada forem para a realização de edifícios ou de outras construções consideráveis, de grande porte, importância, que abrigue várias pessoas e abertas ao público, por exemplo, o Código Civil estabeleceu um prazo especial para que o empreiteiro de materiais e execução fique integralmente responsável pela sua integridade, solidez e segurança, ou seja, ficará responsável durante o **prazo irredutível de cinco anos**, assim em razão dos materiais, como o do solo em que tiver trabalhado.

Decairá (prazo, portanto, decadencial) do direito assegurado acima o dono da obra que não propuser a ação contra o empreiteiro, nos **180 dias** seguintes ao aparecimento do vício ou defeito, mantendo o diálogo com aquilo o que o art. 445 do CC estabelece para os vícios redibitórios.

Ainda, salvo estipulação em contrário no próprio contrato, o empreiteiro que se incumbir de executar uma obra, segundo plano aceito por quem a encomendou, não terá direito a exigir acréscimo no preço, ainda que sejam introduzidas modificações no projeto, a não ser que estas resultem de instruções escritas do dono da obra.

Trata-se da hipótese de empreitada estipulada por preço fixo, na qual não possibilita qualquer acréscimo em seu valor, merecendo somente acréscimos de valores se tais instruções vierem por parte do dono da obra, e por escrito, aí sim poderá ser reclamado pelo empreiteiro.

Entretanto, ainda que não tenha havido autorização escrita, o dono da obra é obrigado a pagar ao empreiteiro os aumentos e acréscimos, segundo o que for arbitrado, se, sempre presente à obra, por continuadas visitas, **não podia ignorar o que se estava passando, e nunca protestou**.

Se, eventualmente ocorrer desequilíbrio da relação contratual, referente à diminuição no preço do material ou da mão de obra superior a **um décimo do preço global convencionado**, poderá o contrato ser revisto, a pedido do dono da obra, para que se lhe assegure a diferença apurada e para que seja restabelecido o justo reequilíbrio contratual.

Até por motivo de garantia da segurança da obra, sem a anuência de seu autor, não pode o proprietário da obra introduzir modificações no projeto por ele aprovado, ainda que a execução seja confiada a terceiros, a não ser que, por **motivos supervenientes ou razões de ordem técnica**, fique comprovada a **inconveniência** ou a **excessiva onerosidade de execução** do projeto em sua forma originária. Entretanto, a proibição não abrange alterações de pouca monta, ressalvada sempre a unidade estética da obra projetada.

Caso a execução da obra tenha sido confiada a terceiros, a responsabilidade do autor do projeto respectivo, desde que não assuma a direção ou fiscalização daquela, ficará limitada aos danos resultantes de defeitos previstos no art. 618 e seu parágrafo único, ou seja, à **responsabilidade pelo prazo de 5 anos**, nos casos de edifícios ou outras construções consideráveis, decaindo do direito o dono da obra que não propuser a ação no prazo de **180 dias seguintes ao aparecimento do defeito**.

Ainda, mesmo após iniciada a construção, **pode o dono da obra suspendê-la**, desde que pague ao empreiteiro as despesas e lucros relativos aos serviços já feitos, mais uma indenização razoável, calculada em função do que ele teria ganho, se concluída a obra.

Suspensa a execução da empreitada **sem justa causa**, responde o empreiteiro por perdas e danos. E poderá o **empreiteiro suspender a obra**:

I – por **culpa do dono**, ou por **motivo de força maior**;

II – quando, no decorrer dos serviços, se manifestarem **dificuldades imprevisíveis de execução**, resultantes de causas geológicas ou hídricas, ou outras semelhantes, de modo que torne a empreitada excessivamente onerosa, e o dono da obra se opuser ao reajuste do preço inerente ao projeto por ele elaborado, observados os preços;

III – se as **modificações exigidas pelo dono da obra**, por seu vulto e natureza, forem **desproporcionais ao projeto aprovado**, ainda que o dono se disponha a arcar com o acréscimo de preço.

Finalmente, como dito anteriormente, ao contrário do que ocorre com a prestação de serviços, o contrato de empreitada não é personalíssimo, portanto, **não se extingue** pela morte de qualquer das partes, salvo se ajustado o contrato com fundamento e em consideração às **qualidades pessoais do empreiteiro**.

Sugestões de obrigações a serem inseridas no contrato de empreitada, como cláusula de obrigações das partes:

Obrigações do empreiteiro

I – Entregar, da forma e no prazo ajustados, a obra descrita neste contrato;

II – Realizar, com a devida dedicação e seriedade e em cumprimento dos detalhes, projetos e especificações, os serviços necessários à conclusão da obra;

III – Respeitar as normas técnicas e as condições de segurança aplicáveis à espécie de trabalho prestado;

IV – Fornecer as notas fiscais referentes aos pagamentos efetuados pelo dono da obra;

V – Fornecer toda a mão de obra necessária à execução e conclusão da obra, da forma e no prazo ajustados;

VI – Responsabilizar-se pelos atos e omissões praticados por seus subordinados, bem como por quaisquer danos que venham a sofrer ou causar para o dono da obra ou terceiros;

VII – Arcar devidamente, nos termos da legislação trabalhista, com a remuneração e demais verbas laborais devidas a seus subordinados, inclusive encargos fiscais e previdenciários referentes às relações de trabalho;

VIII – Arcar com todas as despesas de natureza tributária decorrentes dos serviços especificados neste contrato;

IX – Cumprir todas as determinações impostas pelas autoridades públicas competentes, referentes a estes serviços;

X – Reparar os defeitos e as desconformidades eventualmente apresentadas pela obra em relação ao projeto, às normas e às instruções recebidas;

XI – Manter sigilosas, mesmo após findo este contrato, as informações privilegiadas de qualquer natureza às quais tenha acesso em virtude da execução desta obra;

XII – Providenciar, em boa qualidade, todos os materiais, os equipamentos e demais meios necessários à correta execução da obra.

Obrigações do dono da obra

I – Fornecer todas as informações necessárias à realização da obra, inclusive especificando os detalhes e a forma de como ela deve ser entregue;

II – Efetuar o pagamento, nas datas e nos termos definidos neste contrato;

III – Comunicar imediatamente o empreiteiro sobre eventuais reclamações feitas contra seus subordinados, assim como sobre danos por ele causados;

IV – Receber a obra, quando ausentes os motivos de recusa por justa causa.

7.3. MODELO DE CONTRATO DE EMPREITADA

CONTRATO DE EMPREITADA

CONTRATANTE: qualificação completa XXX; e

CONTRATADO: qualificação completa XXX, firmam entre si o presente Contrato de Empreitada, conforme cláusulas a seguir.

CLÁUSULA XXX – DO OBJETO. Por meio deste contrato, o CONTRATADO se compromete a realizar a seguinte obra: (descreva detalhadamente qual será a obra que o empreiteiro executará), localizado em XXX, endereço completo, número, complemento, Bairro, CEP n., Cidade – UF.

PARÁGRAFO XXX – Os serviços necessários à realização da obra descrita serão prestados com total autonomia, liberdade de horário, sem pessoalidade e sem qualquer subordinação ao CONTRATANTE.

(Caso o empreiteiro seja responsável apenas por executar os serviços) O CONTRATADO apenas concorrerá com a mão de obra, sendo de responsabilidade do CONTRATANTE o fornecimento de todos os equipamentos e materiais necessários à execução da referida obra.

(Caso o empreiteiro seja responsável por executar os serviços e por fornecer os materiais) O CONTRATADO fornecerá a mão de obra, bem como todos os equipamentos e materiais necessários à integral execução da referida obra.

PARÁGRAFO XXX – A obra contratada estará sujeita à fiscalização do CONTRATANTE ou de pessoa por ele indicada, a fim de vistoriar os trabalhos praticados e de fornecer eventuais orientações na construção.

CLÁUSULA XXX – DO PRAZO. O prazo para a integral execução da obra será de: XXX meses, a contar do primeiro dia útil seguinte à assinatura do presente instrumento (ou a contar de XX/XX/XXXX).

PARÁGRAFO XXX – Findo o prazo estipulado, o contrato será automaticamente rescindido, sem necessidade de aviso prévio da outra parte.

PARÁGRAFO XXX – Não serão contabilizadas no prazo fixado nesta cláusula eventuais interrupções na execução das atividades da empreitada, desde que decorrentes de justa causa.

CLÁUSULA XXX – DA REMUNERAÇÃO. Em contrapartida aos serviços prestados, o CONTRATADO receberá a quantia de R$ XXX (XXX), a ser paga da seguinte maneira: (descreva como que será realizado o pagamento).

PARÁGRAFO XXX – O valor fixado nesta cláusula compreende todos os gastos a serem realizados com a obra/mão de obra/serviço, inclusive encargos trabalhistas, sociais, previdenciários e securitários, nada mais sendo devido pelo CONTRATANTE além desta quantia.

PARÁGRAFO XXX – Em caso de acréscimos ou reduções nos custos da obra, tais como aqueles referentes aos salários dos empregados ou dos materiais utilizados, as partes poderão requerer a revisão do preço determinado neste contrato.

PARÁGRAFO XXX – O novo preço será objeto de Termo Aditivo, a ser devidamente assinado pelas partes contratantes.

PARÁGRAFO XXX – O CONTRATANTE pagará ao CONTRATADO os aumentos e acréscimos, segundo o que for arbitrado, se, sempre presente à obra, por continuadas visitas, não podia ignorar o que se estava passando e nunca protestou.

PARÁGRAFO XXX – Em caso de mora no pagamento, será aplicada multa de XXX% (XXX por cento) sobre o valor devido, bem como juros de 1% (um por cento), por mês de atraso.

CLÁUSULA 4ª – DA ENTREGA DA OBRA. No momento de entrega da obra, o CONTRATANTE realizará vistoria técnica, para verificar as condições e as características desta.

PARÁGRAFO XXX – O CONTRATANTE poderá se recusar a receber a obra, caso:

I – O CONTRATADO tenha se afastado dos planos ou das instruções recebidas;

II – Na ausência de planos ou instruções específicas, não tenha o CONTRATADO seguido as regras de arte ou do costume do local;

III – A obra apresente defeitos ou seja inapta ao uso regular para o qual se destina;

(Caso estabelecido prazo para a entrega da obra) IV – A obra não tenha sido entregue no prazo fixado neste contrato;

(Caso seja o empreiteiro responsável por executar os serviços e por fornecer os materiais) V – Tenham sido utilizados materiais de má qualidade, que comprometam a solidez e a segurança da obra.

PARÁGRAFO XXX – No caso do parágrafo anterior, poderá ainda o CONTRATANTE optar por receber a obra, com abatimento do preço.

PARÁGRAFO XXX – Após devidamente recebida a obra como boa e perfeita, não poderá o CONTRATANTE reclamar defeitos, exceto quando se tratar de vício redibitório.

PARÁGRAFO XXX – Caso haja recusa injustificada em se receber a obra, estará constituído em mora o CONTRATANTE, que será, ainda, responsabilizado por perdas e danos ocasionados ao CONTRATADO.

CLÁUSULA XXX – DAS OBRIGAÇÕES DO CONTRATADO. São obrigações do CONTRATADO:

I – Entregar, da forma e no prazo ajustados, a obra descrita neste contrato;

II – Realizar, com a devida dedicação e seriedade e em cumprimento dos detalhes, projetos e especificações, os serviços necessários à conclusão da obra;

III – Respeitar as normas técnicas e as condições de segurança aplicáveis à espécie de trabalho prestado;

IV – Fornecer as notas fiscais referentes aos pagamentos efetuados pelo CONTRATANTE;

V – Fornecer toda a mão de obra necessária à execução e conclusão da obra, da forma e no prazo ajustados;

VI – Responsabilizar-se pelos atos e omissões praticados por seus subordinados, bem como por quaisquer danos que os mesmos venham a sofrer ou causar para o CONTRATANTE ou terceiros;

VII – Arcar devidamente, nos termos da legislação trabalhista, com a remuneração e demais verbas laborais devidas a seus subordinados, inclusive encargos fiscais e previdenciários referentes às relações de trabalho;

VIII – Arcar com todas as despesas de natureza tributária decorrentes dos serviços especificados neste contrato;

IX – Cumprir todas as determinações impostas pelas autoridades públicas competentes, referentes a estes serviços;

X – Reparar os defeitos e as desconformidades eventualmente apresentadas pela obra em relação ao projeto, às normas e às instruções recebidas;

XI – Manter sigilosas, mesmo após findo este contrato, as informações privilegiadas de qualquer natureza às quais tenha acesso em virtude da execução desta obra;

XII – Providenciar, em boa qualidade, todos os materiais, os equipamentos e demais meios necessários à correta execução da obra.

CLÁUSULA XXX – DAS OBRIGAÇÕES DO CONTRATANTE. São obrigações do CONTRATANTE:

I – Fornecer todas as informações necessárias à realização da obra, inclusive especificando os detalhes e a forma de como ela deve ser entregue;

II – Efetuar o pagamento, nas datas e nos termos definidos neste contrato;

III – Comunicar imediatamente o CONTRATADO sobre eventuais reclamações feitas contra seus subordinados, assim como sobre danos por ele causados;

IV – Receber a obra, quando ausentes os motivos de recusa por justa causa.

CLÁUSULA XXX – DA RESPONSABILIDADE PELOS RISCOS E PELAS CONDIÇÕES DA OBRA. Correrão por conta do CONTRATADO os riscos da obra, até o momento de sua entrega ao CONTRATANTE.

PARÁGRAFO XXX – Correrão, porém, por conta do CONTRATANTE os riscos da obra, quando este estiver em mora.

PARÁGRAFO XXX – Responderão solidariamente o CONTRATANTE e o CONTRATADO por danos causados às edificações vizinhas à obra.

(Se a obra contratada for uma construção ou um edifício)

PARÁGRAFO XXX – O CONTRATADO responderá pela solidez e pela segurança da obra, pelo prazo de 05 (cinco) anos, contados da data de entrega desta ao CONTRATANTE, permanecendo a responsabilidade, ainda que seja alienado o bem correspondente à obra.

CLÁUSULA XXX – DOA SUSPENSÃO DA OBRA PELO CONTRATADO. Poderá o CONTRATADO suspender a execução da obra, caso:

I – Seja verificada a culpa do CONTRATANTE;

II – Ocorra motivo de força maior ou caso fortuito;

III – Quando, no decorrer dos serviços, se manifestarem dificuldades imprevisíveis de execução, resultantes de causas geológicas ou hídricas, ou outras semelhantes, de modo que torne a empreitada excessivamente onerosa, e o CONTRATANTE se opuser ao reajuste do preço inerente ao projeto por ele elaborado, observados os preços;

IV – As modificações exigidas pelo CONTRATANTE, por seu vulto e natureza, forem desproporcionais ao projeto aprovado, ainda que este se disponha a arcar com o acréscimo de preço.

CLÁUSULA XXX – DA RESCISÃO. A qualquer momento, poderão as partes rescindir este contrato, desde que avisem previamente a outra parte, com antecedência mínima de XXX dias.

PARÁGRAFO XXX – A rescisão sem justa causa pelo CONTRATADO não lhe retira o direito ao recebimento pelos serviços já prestados, mas o sujeita ao pagamento das perdas e danos percebidos pelo CONTRATANTE.

PARÁGRAFO XXX – Em caso de rescisão sem justa causa por parte do CONTRATANTE, este deverá arcar com as despesas e os lucros relativos aos serviços feitos, além de indenização a ser calculada com base no que o CONTRATADO teria ganhado se a obra fosse concluída.

PARÁGRAFO XXX – Em se tratando de rescisão por justa causa, não se aplica o prazo previsto nesta cláusula.

CLÁUSULA XXX – DA EXTINÇÃO DO CONTRATO. O presente contrato extingue-se mediante a ocorrência de uma das seguintes hipóteses, dentre outras previstas neste instrumento ou na legislação brasileira:

I – Pela entrega da obra;

II – Pelo descumprimento das obrigações previstas neste contrato;

III – Pela resilição unilateral por qualquer das partes, com ou sem justa causa;

IV – Pelo perecimento do bem, por força maior ou caso fortuito;

V – Pela excessiva onerosidade superveniente da obra, em decorrência de fatos extraordinários ou imprevisíveis;

VI – Pela falência ou insolvência de qualquer das partes;

VII – Pela morte, se pessoa física, ou extinção, se pessoa jurídica do CONTRATADO.

CLÁUSULA XXX – DAS DISPOSIÇÕES GERAIS. Ao assinarem este instrumento, as partes concordam, ainda, com o seguinte:

I – Nem o CONTRATANTE poderá transferir a outrem o direito à obra ajustada, nem o CONTRATADO, sem consentimento da outra parte, poderá dar substituto que os preste;

II – A mera tolerância pelas partes com relação ao descumprimento de quaisquer dos termos ajustados neste contrato não deverão ser considerada como desistência de sua exigência;

III – O presente contrato não gera direito de exclusividade entre as partes, desde que não haja incompatibilidade de horários ou de interesses, o CONTRATADO poderá desempenhar suas atividades para terceiros em geral;

IV – Eventuais alterações deste contrato deverão ser realizadas por meio de termo aditivo, devidamente assinado pelas partes.

CLÁUSULA XXX – DO FORO. As partes elegem o foro de XXX para dirimir eventuais litígios decorrentes deste.

Por estarem de justo acordo, as partes assinam o presente contrato, em XXX vias de idêntico teor, na presença de 02 (duas) testemunhas.

Local/Data.

CONTRATANTE

CONTRATADO

Testemunha 1

Testemunha 2

8. CONTRATO ESTIMATÓRIO OU DA VENDA EM CONSIGNAÇÃO

8.1. ASPECTOS INICIAIS E INTRODUTÓRIOS

O contrato estimatório é o contrato popularmente conhecido como **venda consignada ou venda em consignação** (que nada tem a ver com o pagamento em consignação ou consignação em pagamento, que constitui modalidade de pagamento indireto, conforme arts. 334 a 345 do CC).

Esse contrato, segundo o art. 534 do Código Civil, é um tipo de instrumento pelo qual uma pessoa entrega um bem para que um terceiro faça a venda, dentro de um determinado prazo, sendo entregue ao dono da coisa o valor combinado. Caso a venda não ocorra, o bem deve ser restituído.

Ao contrário do que ocorre na compra e venda, a propriedade da coisa móvel não é transferida com a tradição da coisa, mantendo com o consignante a titularidade sobre o bem, respondendo o consignatário como efetivo depositário da coisa, até que a venda, de fato, se efetue.

É contrato comum nas relações comerciais, recebendo regulamentação no Código Civil. Exemplo disse ocorre com a compra e venda de veículos em consignação, no qual o proprietário deixa o veículo em uma loja ou concessionária, ou dono de um bar que fica com algumas bebidas em seu poder, sendo certo que em ambos os casos a posse do bem fica com o consignatário até que a venda seja efetivada.

8.2. CARACTERÍSTICAS ESSENCIAIS DO CONTRATO ESTIMATÓRIO

Nos termos do art. 534 do CC, pelo contrato estimatório, o consignante entrega bens móveis ao consignatário, que fica autorizado a vendê-los, pagando àquele o preço ajustado, salvo se preferir, no prazo estabelecido, restituir-lhe a coisa consignada.

Outrossim, o consignatário não se exonera da obrigação de pagar o preço, se a restituição da coisa, em sua integridade, se tornar impossível, ainda que por fato a ele não imputável.

A coisa consignada não pode ser objeto de penhora ou sequestro pelos credores do consignatário, enquanto não pago integralmente o preço.

Por fim, o consignante **não pode dispor** da coisa antes de lhe ser **restituída ou de lhe ser comunicada a restituição**.

Regras

- O consignatário **não se exonera da obrigação de pagar o preço**, se a restituição da coisa, em sua integridade, se tornar **impossível**, ainda que por **fato a ele não imputável**.
- A coisa consignada **não pode ser objeto de penhora ou sequestro** pelos credores do consignatário, enquanto **não pago integralmente o preço**.
- O consignante **não pode dispor da coisa** antes de lhe ser restituída ou de lhe ser comunicada a restituição.
- O consignatário deve **pagar as despesas de custódia e venda**.
- O **consignante não perde a propriedade da coisa** até que o **consignatário a negocie com terceiros**.

---

9. CONTRATO DE TROCA OU PERMUTA

9.1. ASPECTOS INICIAIS E INTRODUTÓRIOS

O contrato de troca ou permuta, popularmente também conhecido como escambo, está previsto no único artigo sobre o tema, o art. 533 do Código Civil, e é o instrumento jurídico pelo qual as partes se obrigam a **dar uma coisa por outra**, ou seja, a entrega de um objeto por outro objeto, sem que haja o envolvimento de dinheiro de qualquer espécie.

Nessa modalidade, importante observar que, com relação aos objetos, podem ser trocados todos os **bens que puderem ser vendidos**, ainda que de espécies diversas ou de valores distintos. Do mesmo modo, apesar de não envolver dinheiro, a troca é classificada como bilateral e onerosa, gerando sacrifício patrimonial recíproco entre as partes, bem como direitos e obrigações entre elas, o que gera a possibilidade de alegar vício redibitório e evicção.

Por fim, do mesmo modo do que ocorre na compra e venda, o contrato de permuta gera para cada contratante a obrigação de **transferir para o outro o domínio da coisa objeto de sua prestação**.

9.2. REGRAS ESPECIAIS DO CONTRATO DE TROCA OU PERMUTA

Segundo o art. 533 do CC, único artigo referente e regulamentador do tema, dispõe que se aplicam à troca as disposições referentes à compra e venda, com as seguintes modificações:

I – salvo disposição em contrário, cada um dos contratantes **pagará por metade as despesas com o instrumento da troca**;

II – é **anulável** a troca de **valores desiguais** entre ascendentes e descendentes, sem consentimento dos outros descendentes e do cônjuge do alienante.

10. CONTRATO DE MANDATO

10.1. ASPECTOS INICIAIS E INTRODUTÓRIOS

O contrato de mandato é o instrumento por meio do qual um indivíduo (chamado de mandante) confia a gestão de um ou mais negócios a outro (chamado de mandatário), que os irá gerir e/ou administrar em nome do primeiro.

O art. 653 do CC define o conceito legal de mandato, "opera-se o mandato quando alguém recebe de outrem poderes para, em seu nome, praticar atos ou administrar interesses. A procuração é o instrumento do mandato".

Portanto, mandato é o nome dado pela lei ao contrato que transfere entre pessoas a possibilidade de gestão ou de administração de interesses, bens ou direitos, sendo a procuração o nome conferido ao instrumento no qual referido contrato é exteriorizado.

O mandato pode ser classificado como um **contrato bilateral, oneroso ou gratuito, singular ou plural, podendo também ser solidário,** quando os mandatários agem em separado e independentemente da ordem de nomeação; e fracionário, quando o mandante delimitar e estipular as ações específicas de cada mandatário.

Quanto à sua finalidade poderá ser:

Ad negotia (**extrajudicial**): nessa hipótese, a ação do mandatário se dá fora do âmbito judicial. Exigem-se **poderes especiais** para o mandatário comprar e vender, doar, hipotecar, ou realizar qualquer outro negócio jurídico, na qual se enquadre o mandato mercantil.

Ad judicia (**judicial**): é a modalidade de mandato que envolve o patrocínio dos interesses de pessoas naturais ou jurídica perante juízos ou tribunais. Neste caso, o mandatário precisa ser advogado habilitado pela Ordem dos Advogados do Brasil (OAB).

10.2. CARACTERÍSTICAS E MODALIDADES DE MANDATO

Quanto à capacidade do agente, determina o art. 654 do CC que todas as **pessoas capazes** são aptas para dar procuração mediante instrumento particular, que valerá desde que tenha a assinatura do outorgante.

Por seu turno, o art. 666 do CC estipula que o **maior de 16 e menor de 18 anos não emancipado pode ser mandatário**, mas o mandante não tem ação contra ele senão de conformidade com as regras gerais, aplicáveis às obrigações contraídas por menores. Assim, o menor relativamente incapaz age como efetivo intermediário do mandante, atuando em seu nome e sob a sua responsabilidade, permanecendo o menor sem qualquer responsabilidade contra terceiros com quem agir. O mandante responde por todos os riscos do negócio.

Nesse caso, o instrumento particular deve conter alguns requisitos essenciais, tais como a indicação do lugar onde foi passado, a qualificação do outorgante e do outorgado, a data e o objetivo da outorga com a designação e a extensão dos poderes conferidos. O terceiro com quem o mandatário tratar poderá exigir, também, que a procuração traga a firma reconhecida.

Há a possibilidade de a procuração ser efetiva por via de **instrumento público**, sendo que, na hipótese, o art. 655 do CC estabelece que "ainda quando se outorgue mandato por instrumento público, pode substabelecer-se mediante instrumento particular". Portanto, não há a necessidade de simetria entre os instrumentos, ou seja, caso a procuração seja realizada pela via pública, o substabelecimento, com ou sem reserva de poderes, poderá ser conferido por instrumento particular.

Quanto à forma, diz o art. 656 que o mandato poderá ser expresso ou tácito, verbal ou escrito. É expresso, certamente, quando o mandante transfere todos os poderes por instrumento público ou particular ao mandatário; e será tácito quando o mandatário praticar atos em nome do mandante, sem a sua autorização, entretanto, assim o fazendo sem qualquer oposição e com o seu conhecimento.

Por outro lado, será escrito quando decorrente da própria natureza do mandato expresso, ou seja, quando houver materialização do mandato; e será verbal quando o mandante, oralmente, outorga ao mandatário os poderes, sem qualquer instrumentalização, somente assim podendo proceder nos casos em que a lei não exija mandato escrito.

Assim, o art. 657 do CC determina que, para a sua validade (ou seja, no plano da validade dos negócios jurídicos), a outorga do mandato está sujeita à **forma exigida por lei para o ato a ser praticado**. Assim, não se admite mandato verbal quando o ato deva ser celebrado por escrito.

No tocante à gratuidade ou onerosidade do contrato, o mandato **presume-se gratuito** quando não houver sido estipulada retribuição, exceto se o seu objeto corresponder ao daqueles que o mandatário trata por ofício ou profissão lucrativa. Nesse caso, se o mandato for oneroso, caberá ao mandatário a retribuição prevista em lei ou no contrato. Sendo esses omissos, será ela determinada pelos usos do lugar, ou, na falta destes, por arbitramento.

A respeito da aceitação do mandato, determina o art. 659 do CC que ela poderá ser tácita, e resulta do próprio começo de execução dos atos ou dos poderes conferidos pelo mandante. Na verdade, a aceitação resulta do conhecimento inequívoco das vontades manifestadas, sendo certo que o simples silêncio não induz aceitação, pois o CC exige que haja, ao menos, o início de execução dos atos.

O chamado mandato especial é aquele que necessita de poderes específicos para a prática de um ou mais negócios determinadamente, ou seja, restritos a determinados ou discriminados atos a serem praticados pelo mandatário. Outrossim, o mandato poderá, também, ser geral a todos os negócios do mandante, indistintamente, cujo objeto, portanto, será a gestão ou a administração de todos os interesses, bens ou direitos do mandante.

Nessa última hipótese, o mandato realizado em termos gerais só confere poderes de administração. Assim, de maneira exemplificativa, para que o mandatário possa praticar atos de alienação, hipoteca, poder de transigir, ou praticar outros quaisquer atos que exorbitem da administração ordinária, depende a procuração de **poderes especiais e expressos**. O poder de transigir não importa o de firmar compromisso, sendo relevante distinguir os institutos da transação e o de compromisso.

Enquanto transação representa contrato bilateral, no qual extingue uma obrigação, compromisso é acordo de vontades entre as partes, que assumem submeter o litígio a uma jurisdição competente para a solução da controvérsia, tal como ocorre no compromisso arbitral.

Segundo o art. 662 do CC, os atos praticados por quem não tenha mandato, ou que o tenha, mas sem poderes suficientes, são **ineficazes (plano da eficácia dos negócios jurídicos)** em relação àquele em cujo nome foram praticados (mandante), salvo se este os ratificar. Essa ratificação há de ser expressa, ou deve resultar de atos inequívocos, e retroagirá à data do negócio praticado.

O mandatário, com poderes de administração, sempre agirá em nome do mandante, portanto, sempre que o mandatário estipular negócios expressamente em nome do mandante, será este o único responsável. Por outro lado, ficará, porém, o mandatário pessoalmente obrigado, se agir no seu próprio nome, como se efetivo dono do negócio fosse, ainda que o negócio seja de conta do mandante, inexistindo qualquer relação obrigacional entre mandate e o terceiro.

Ainda, o mandatário tem o direito de retenção do objeto da operação que lhe foi cometida, quanto baste para pagamento de tudo que lhe for devido em consequência do mandato, reembolsando das despesas efetuadas e dos valores eventualmente desembolsados pelo mandatário para a efetivação do negócio.

Finalmente, o mandatário não pode praticar atos que excedam os poderes conferidos pelo mandante no contrato, ou proceder contra esses poderes, sendo que os excessos serão de sua exclusiva responsabilidade. Além de serem considerados como atos inidôneos, será o mandatário, nesse caso, também considerado como mero **gestor de negócios**, enquanto o mandante lhe não ratificar os atos.

Gestão de negócio, por seu turno, é **ato unilateral**, previsto nos arts. 861 a 875 do Código Civil, assim entendido como sendo ato praticado por aquele que, sem autorização do interessado, intervém na gestão de negócio alheio, dirigi-lo-á segundo o interesse e a vontade presumível de seu dono, ficando responsável a este e às pessoas com que tratar.

Das obrigações do mandatário

O mandatário é obrigado a aplicar toda sua **diligência habitual na execução do mandato**, e a indenizar qualquer **prejuízo** causado por culpa sua ou daquele a quem substabelecer, sem autorização, poderes que devia exercer pessoalmente (mandato *intuito personae* ou personalíssimo).

Se, não obstante proibição do mandante, o mandatário se fizer substituir na execução do mandato mediante substabelecimento, responderá ao seu constituinte pelos prejuízos ocorridos sob a gerência do substituto, ainda que os **danos sejam provenientes de caso fortuito**, salvo provando que o caso teria sobrevindo, ainda que não tivesse havido o substabelecimento ao terceiro.

Por outro lado, havendo poderes de substabelecer, só serão imputáveis ao mandatário os danos causados pelo substabelecido, se tiver agido com **culpa** na escolha deste ou nas instruções dadas a ele.

Se a proibição de substabelecer constar da procuração, **os atos praticados pelo substabelecido não obrigam o mandante**, salvo ratificação expressa, que retroagirá à data do ato. No entanto, sendo omissa a procuração quanto ao substabelecimento, o **procurador será responsável se o substabelecido proceder culposamente**.

O mandatário é **obrigado a prestar contas** de sua gerência ao mandante, transferindo-lhe as vantagens provenientes do mandato, por qualquer título que seja. E o mandatário **não pode compensar os prejuízos** a que deu causa com os proveitos que, por outro lado, tenha granjeado ao seu constituinte, sendo ele o único e principal responsável pelos prejuízos.

Ainda, pelas somas que devia entregar ao mandante ou recebeu para despesa, mas empregou em proveito seu, serão cabíveis e pagará o mandatário **juros**, desde o momento em que abusou.

No intuito de proteger o mandante de atos prejudiciais e eivados de má-fé por parte do mandatário, por consequência, privilegiando a boa-fé objetiva relativa aos contratos, o art. 671 do CC estabelece que se o mandatário, tendo fundos ou crédito do mandante, comprar, em nome próprio, algo que deverá comprar para o mandante, por ter sido expressamente designado no mandato, terá este **ação para obrigá-lo à entrega da coisa comprada**.

No caso de **pluralidade de mandatários**, ou seja, em sendo **dois ou mais os mandatários nomeados no mesmo instrumento**, qualquer deles poderá exercer os poderes outorgados, se não forem expressamente declarados conjuntos, nem especificamente designados para atos diferentes, ou subordinados a atos sucessivos. Se os mandatários forem declarados conjuntos, não terá eficácia o ato praticado sem interferência de todos, salvo havendo ratificação, que retroagirá à data do ato.

PODE OCORRER, PORTANTO:
a) **a concessão do mandato para a prática de atos distintos**: nesse caso, cada um é independente e autônomo para a prática do ato designado pelo mandante, podendo atuar sozinho, sem se falar em solidariedade;
b) **a concessão do mandato para a prática de atos conjuntos**: nesse caso, não terá eficácia sem a interferência do outro, sendo a responsabilidade dos mandatários solidárias;
c) **a concessão de mandato sucessivo**: nesse caso, haverá a necessidade de um praticar o ato ou somente agir na falta do outro.

Ademais, o terceiro que, depois de conhecer os poderes do mandatário, com ele celebrar **negócio jurídico exorbitante do mandato**, ou seja, que extrapola os limites do mandato, **não tem ação contra o mandatário**, salvo se este lhe prometeu ratificação do mandante ou se responsabilizou pessoalmente.

Por fim, embora ciente da **morte, interdição ou mudança de estado do mandante**, deve o mandatário concluir o negócio já começado, se houver perigo na demora, como um efetivo dever de lealdade e de fidelidade do mandatário para com o instrumento de confiança recebido por parte do mandante.

Das obrigações do mandante

Por seu turno, o mandante é **obrigado a satisfazer todas as obrigações** contraídas pelo mandatário, na conformidade do mandato conferido, e adiantar a importância das despesas necessárias à execução dele, quando o mandatário lhe pedir, caso não tenha previsão expressa no contrato de que serão adiantadas pelo mandante, caso em que o mandatário pode exigir do mandante tais despesa.

É obrigado o mandante a **pagar ao mandatário a remuneração** ajustada e as despesas da execução do mandato, ainda que o negócio não surta o esperado efeito, salvo tendo o mandatário culpa, sendo certo que, as **somas adiantadas pelo mandatário**, para a execução do mandato, **vencem juros desde a data do desembolso**, sob pena de não ser prejudicado tampouco sofrer perdas durante a execução do mandato.

Além disso, será igualmente **obrigado o mandante** a ressarcir ao mandatário as **perdas e danos** que este sofrer com a execução do mandato, sempre que não resultem de culpa sua ou desde que não tenha excedido ou exorbitado os limites de poderes conferidos pelo mandante, sempre no intuito de proteger a esfera patrimonial do mandatário e, por certo, quando não agir com culpa. Lembrando que a culpa é **pressuposto de responsabilidade civil contratual**.

Ainda que o mandatário contrarie as instruções do mandante, se não exceder os limites do mandato, ficará o **mandante obrigado** para com aqueles com quem o seu procurador contratou; mas terá contra o mandatário ação pelas **perdas e danos** resultantes da inobservância das instruções.

Se o mandato for outorgado por **duas ou mais pessoas**, e para **negócio comum**, cada uma ficará **solidariamente** responsável ao mandatário por todos os compromissos e efeitos do mandato, salvo **direito regressivo**, pelas quantias que pagar, contra os outros mandantes.

Por fim, determina o art. 681 do CC que o **mandatário** tem sobre a coisa de que tenha a posse em virtude do mandato **direito de retenção**, até se reembolsar do que no desempenho do encargo despendeu. Como visto anteriormente, o mandatário tem direito de reter a coisa até que sejam satisfeitas todas as obrigações, relativas às despesas e custas que teve que desembolsar no cumprimento do mandato.

Resumindo:

Quanto à declaração de vontade, os mandatos poderão ser:
Tácitos: aqueles que, embora não tenham um instrumento escrito confirmando que o mandatário está agindo em nome do mandante, são presumidos em razão de suas atitudes;
Expressos: aquele que se valem de meios verbais ou escritos para representação da vontade;
Implícitos: dizem respeito a poderes implícitos nos mandatos expressos ou tácitos.

Quanto à forma, o mandato, na hipótese de ser expresso, poderá ser:
Verbal: contudo, de acordo com o art. 657 do Código Civil, não se admite mandato verbal quando o ato deva ser celebrado por escrito estando a outorga do mandato sujeita à forma exigida por lei para o ato a ser praticado;
Escrito: no caso do mandato escrito, também é possível dividi-lo em duas categorias:
■ **por instrumento público** feito em um cartório e assinado pelo oficial de notas;
■ **por instrumento particular**, escrito e assinado pelo próprio mandante.

No tocante à extensão dos poderes, poderá conter:
Poderes gerais e irrestritos: ocorre quando o mandante não especifica ou limita os poderes outorgados ao mandatário, autorizando-o a realizar o que for necessário para a boa execução do contrato.
Poderes especiais: determinando e especificando o âmbito de atuação do mandatário que não poderá ser extrapolado, sob pena de responsabilização perante o mandante e terceiros.

Quanto à sua finalidade poderá ser:
Ad negotia (**extrajudicial**): nessa hipótese, a ação do mandatário se dá fora do âmbito judicial. Exigem-se poderes especiais para o mandatário comprar e vender, doar, hipotecar, ou realizar qualquer outro negócio jurídico, na qual se enquadre o mandato mercantil.
Ad judicia (**judicial**): é a modalidade de mandato que envolve o patrocínio dos interesses de pessoas naturais ou jurídica perante juízos ou tribunais. Neste caso, o mandatário precisa ser advogado habilitado pela Ordem dos Advogados do Brasil (OAB).

10.3. EXTINÇÃO DO CONTRATO DE MANDATO

Nos termos do **art. 682 do CC**, cessa o mandato:

I – pela revogação ou pela renúncia;
II – pela morte ou interdição de uma das partes;
III – pela mudança de estado que inabilite o mandante a conferir os poderes, ou o mandatário para os exercer;
IV – pelo término do prazo ou pela conclusão do negócio.

Observação: Lembre-se de que mandato é contrato conferido com fundamento na confiança, assim, caso o **mandante queira, basta revogar** os poderes conferidos ao mandatário, da mesma forma que poderá o **mandatário renunciar aos poderes recebidos**, a qualquer tempo, desde que comunique a parte contrária a respeito de sua decisão. Dessa forma, temos:

Mandante – Revogação
Mandatário – Renúncia

Entretanto, poderá o mandato conter a **cláusula de irrevogabilidade** e, nessa hipótese, caso o mandante venha a revogar o contrato, pagará **perdas e danos** ao mandatário.

Quando a cláusula de irrevogabilidade for **condição de um negócio bilateral**, ou tiver sido estipulada no **exclusivo interesse do mandatário**, a revogação do mandato será **ineficaz** (plano da eficácia do negócio jurídico – até porque a cláusula de irrevogabilidade é condição para o negócio jurídico).

Também, nos termos do **inciso III**, acima, importante verificar que cessa o mandato pela **mudança de estado civil** do mandante que o inabilite a conferir os poderes, ou o mandatário para os exercer, tal como pelo casamento, quando necessitar da anuência do cônjuge para a prática de atos de disposição patrimonial.

Outrossim, conferido o mandato com a cláusula **"em causa própria"**, a sua revogação não terá eficácia, nem se extinguirá pela morte de qualquer das partes, ficando o **mandatário dispensado de prestar contas**, e podendo **transferir para si os bens móveis ou imóveis objeto do mandato**, obedecidas as formalidades legais. Nessa hipótese, o mandato foi outorgado no exclusivo interesse do mandatário, que passa a atuar em seu próprio nome e por sua conta e risco, daí a desnecessidade de prestar contas ao mandante e a possibilidade de transferir para si os bens objetos do contrato.

Ademais, importante observar que o mandante sempre ficará responsável pelas obrigações assumidas pelo mandatário perante terceiros, razão pela qual a revogação do mandato, notificada somente ao mandatário, **não pode ser oposta aos terceiros que, ignorando-a, de boa-fé com ele trataram**; mas ficam salvas ao constituinte as ações que no caso lhe possam caber contra o procurador.

Até por isso, é **irrevogável o mandato** que contenha poderes especiais de cumprimento ou de confirmação de negócios jurídicos já iniciados e vinculados ao mandato.

O contrato de mandato permite a resilição unilateral, necessitando, tão somente, da comunicação ao mandatário da sua revogação, tanto que, conforme determina o art. 687 do CC, quando for comunicada ao mandatário a nomeação de outro, para a realização do mesmo negócio, presume-se a sua substituição e a resilição unilateral do mandato, considerando-se, pois, **revogado o mandato anterior**.

Por seu turno, a **renúncia do mandato** por parte do mandatário também deverá ser comunicada ao mandante, que, se for prejudicado pela sua inoportunidade, ou pela falta de tempo, a fim de prover à substituição do procurador, será **indenizado pelo mandatário**, salvo se este provar justo motivo de que não podia mais continuar no mandato sem prejuízo considerável, e que não lhe era dado substabelecer.

Como visto, a morte de qualquer das partes encerra o mandato. Entretanto, serão válidos, a respeito dos **contratantes de boa-fé**, os atos com estes ajustados em nome do mandante pelo mandatário, enquanto este (mandatário) ignorar a morte daquele (mandante) ou a extinção do mandato, por qualquer outra causa.

Por outro lado, por ser o mantado contrato personalíssimo, se **falecer o mandatário**, pendente o negócio a ele cometido, os herdeiros, tendo ciência do mandato, avisarão o mandante, e providenciarão a bem dele, como as circunstâncias exigirem, especialmente para que possa, oportunamente, tomar todas as providencias cabíveis.

Finalmente, os herdeiros, nessa hipótese, devem limitar-se tão somente às **medidas conservatórias**, ou continuar os negócios pendentes que se não possam demorar sem perigo, regulando-se os seus serviços dentro desse limite, pelas mesmas normas a que os do mandatário estão sujeitos.

10.4. AS REGRAS ESSENCIAIS E A PROCURAÇÃO DO ADVOGADO: O ESTATUTO DA OAB, O CÓDIGO DE ÉTICA E DISCIPLINA DA OAB E O REGULAMENTO GERAL DA OAB

Com efeito, o Código de Processo Civil, especificamente em seu art. 104, determina que o **advogado não será admitido a postular em juízo sem procuração**, ou seja, é imprescindível a constituição por intermédio do contrato de mandato, para que possa o advogado defender os interesses de seu cliente, salvo em algumas situações emergenciais, tais como para evitar preclusão, decadência ou prescrição, ou para praticar ato considerado urgente.

Nessas hipóteses, determina o CPC, deverá o advogado, independentemente de caução, exibir a procuração no prazo de 15 dias, prorrogável por igual período por despacho do juiz, sendo que o ato que não for ratificado será considerado como **ineficaz** relativamente àquele em cujo nome foi praticado, respondendo o advogado pelas **despesas e por perdas e danos**.

Entretanto, certamente, a representação da parte quando se encontra irregular, pelo prisma da lei, **pode e deve ser sanada pelo juiz**, até porque quando verificada a incapacidade processual ou a irregularidade da representação da parte, o juiz suspenderá o processo, designará prazo razoável para ser sanado o vício, conforme art. 76 do CPC. Aliás, quando a tese da irregularidade do autor vem arguida em defesa (art. 351, CPC), o magistrado deverá mandar supri-las, fixando-se um prazo, nunca superior a 15 dias. O art. 76 do CPC aplica-se às partes, ou seja, à capacidade processual e à capacidade postulatória.

Até por isso, o **Estatuto da Ordem dos Advogado do Brasil (Lei n. 8.906/94)** estipula algumas regras gerais para o contrato de mandato outorgado ao advogado, posteriormente complementada pelo **Código de Ética e Disciplina (Resolução n. 2/2015)**, que regulamenta todas as relações profissionais entre o advogado e o cliente.

Dessa forma, o art. 5º do EOAB especifica que o advogado postula, em juízo ou fora dele, **fazendo prova do mandato**.

Assim como determina o CPC, o EOAB também possibilita ao advogado, quando afirmar urgência, atuar sem a procuração, no entanto obrigando-se a apresentá-la no **prazo de 15 dias**, prorrogável por igual período.

A procuração para o **foro em geral** habilita o advogado a praticar todos os atos judiciais, em qualquer juízo ou instância, salvo os atos que exijam para a sua prática a concessão de poderes especiais.

Outrossim, o advogado que **renunciar ao mandato** continuará, durante os **dez dias** seguintes à notificação da renúncia, a representar o mandante, salvo se for substituído pelo próprio mandante, antes do término desse prazo.

Finalmente, determina o EAOB que as **atividades de consultoria e assessoria jurídicas podem ser exercidas de modo verbal ou por escrito**, a critério do advogado e do cliente, e **independem de outorga de mandato** ou de formalização por contrato de honorários.

Verifiquemos, agora, as regras específicas contidas no **Código de Ética e Disciplina** a respeito do mandato e da relação do advogado com seus clientes:

• O advogado, no exercício do mandato, atua como patrono da parte, cumprindo-lhe, por isso, imprimir à causa orientação que lhe pareça mais adequada, sem se subordinar a intenções contrárias do cliente, mas, antes, procurando esclarecê-lo quanto à estratégia traçada.

• A conclusão ou desistência da causa, tenha havido, ou não, extinção do mandato, obriga o advogado a devolver ao cliente bens, valores e documentos que lhe hajam sido confiados e ainda estejam em seu poder, bem como a prestar-lhe contas, pormenorizadamente, sem prejuízo de esclarecimentos complementares que se mostrem pertinentes e necessários. Entretanto, a parcela dos honorários paga pelos serviços até então prestados não se inclui entre os valores a serem devolvidos.

• Concluída a causa ou arquivado o processo, presume-se **cumprido e extinto o mandato**.

- O advogado não deve aceitar procuração de quem já tenha patrono constituído, **sem prévio conhecimento deste**, salvo por motivo plenamente justificável ou para adoção de **medidas judiciais urgentes e inadiáveis**.

- O advogado não deve deixar ao abandono ou ao desamparo as causas sob seu patrocínio, sendo recomendável que, em face de dificuldades insuperáveis ou inércia do cliente quanto a providências que lhe tenham sido solicitadas, **renuncie ao mandato**.

- A **renúncia ao patrocínio** deve ser feita sem menção do motivo que a determinou, fazendo cessar a responsabilidade profissional pelo acompanhamento da causa, uma vez decorrido o prazo previsto em lei (durante os **dez dias** seguintes à notificação da renúncia, conforme EOAB).

- A renúncia ao mandato **não exclui responsabilidade por danos** eventualmente causados ao cliente ou a terceiros.

- O advogado não será responsabilizado por omissão do cliente quanto a documento ou informação que lhe devesse fornecer para a prática oportuna de ato processual do seu interesse.

- A **revogação do mandato judicial** por vontade do cliente não o desobriga do pagamento das verbas honorárias contratadas, assim como não retira o direito do advogado de receber o quanto lhe seja devido em eventual verba honorária de sucumbência, calculada proporcionalmente em face do serviço efetivamente prestado.

- O **mandato judicial ou extrajudicial** não se extingue pelo decurso de tempo, salvo se o contrário for consignado no respectivo instrumento.

- Os advogados integrantes da mesma sociedade profissional, ou reunidos em caráter permanente para cooperação recíproca, **não podem representar, em juízo ou fora dele, clientes com interesses opostos**.

- Sobrevindo **conflito de interesses** entre seus constituintes e não conseguindo o advogado harmonizá-los, **caber-lhe-á optar**, com prudência e discrição, **por um dos mandatos, renunciando aos demais**, resguardado sempre o sigilo profissional.

- O advogado, ao postular em nome de terceiros, contra ex-cliente ou ex- empregador, judicial e extrajudicialmente, deve resguardar o sigilo profissional.

- Ao advogado cumpre abster-se de patrocinar causa contrária à validade ou legitimidade de ato jurídico em cuja formação haja colaborado ou intervindo de qualquer maneira; da mesma forma, deve declinar seu impedimento ou o da sociedade que integre quando houver conflito de interesses motivado por intervenção anterior no trato de assunto que se prenda ao patrocínio solicitado.

- O advogado não se sujeita à imposição do cliente que pretenda ver com ele atuando outros advogados, nem fica na contingência de aceitar a indicação de outro profissional para com ele trabalhar no processo.

- É defeso ao advogado funcionar no mesmo processo, simultaneamente, como patrono e preposto do empregador ou cliente.

- O **substabelecimento do mandato**, com reserva de poderes, é ato pessoal do advogado da causa.

- O substabelecimento do mandato sem reserva de poderes **exige o prévio e inequívoco conhecimento do cliente.**

- O **substabelecido com reserva de poderes** deve ajustar antecipadamente seus honorários com o substabelecente.

10.5. MODELOS DE PROCURAÇÃO

PROCURAÇÃO *AD JUDICIA*

OUTORGANTE: XXX, profissão XXX, estado civil XXX, inscrita no CPF/CNPJ n. XXX, RG n. XXX, SSP/SP, com endereço à Rua XXX, Bairro XXX, CEP XXX, Cidade XXX.

OUTORGADO: XXX, inscrito na OAB/XXX sob o n. XXX, integrante do escritório XXX, com endereço à Rua XXX, Bairro XXX, CEP XXX, Cidade XXX, endereço eletrônico XXX.

PODERES: A presente procuração outorga ao Advogado (Outorgado) poderes para representar a outorgante no foro geral, em qualquer juízo, instância ou Tribunal, podendo propor contra quem de direito as ações e defendê-lo nas contrárias, bem como para receber citação, confessar, transigir, reconhecer a procedência do pedido, desistir, renunciar ao direito sobre o qual se funda a ação, receber e dar quitação, firmar compromisso, pedir justiça gratuita, usando dos recursos legais e acompanhando-as até decisão final, agindo em conjunto ou separadamente, com os poderes da cláusula *ad judicia* e os especiais para substabelecer os poderes ora outorgados para outrem, com ou sem reservas de poderes iguais e comparecimento em audiências de conciliação e de instrução para representação da outorgante, especialmente para XXX (especificar o objeto principal da procuração), podendo ainda interpor demais medidas judiciais ou extrajudiciais, tendentes ao bom e fiel cumprimento deste mandato.

Local/Data

Outorgante

SUBSTABELECIMENTO COM RESERVA DE PODERES

ADVOGADO (outorgado na procuração), XXX, inscrito na OAB/XXX sob o n. XXX, integrante do escritório XXX, com endereço à Rua XXX, Bairro XXX, CEP XXX, Cidade XXX, endereço eletrônico XXX, vem **substabelecer com reserva de iguais poderes** a ADVOGADO, XXX, inscrito na OAB/XXX sob o n. XXX, integrante do escritório XXX, com endereço à Rua XXX, Bairro XXX, CEP XXX, Cidade XXX, endereço eletrônico

XXX, os poderes conferidos por XXX (identificar o Outorgante da procuração) nos autos do processo n. (XXX), podendo, enfim, a partir de então, praticar todos os atos necessários na demanda, iguais aos que me foram outorgados.

Local/Data

Advogado

OAB

SUBSTABELECIMENTO SEM RESERVA DE PODERES

ADVOGADO (outorgado na procuração), XXX, inscrito na OAB/XXX sob o n. XXX, integrante do escritório XXX, com endereço à Rua XXX, Bairro XXX, CEP XXX, Cidade XXX, endereço eletrônico XXX, vem **substabelecer sem reserva de iguais poderes** a ADVOGADO, XXX, inscrito na OAB/XXX sob o n. XXX, integrante do escritório XXX, com endereço à Rua XXX, Bairro XXX, CEP XXX, Cidade XXX, endereço eletrônico XXX, os poderes conferidos por XXX (identificar o Outorgante da procuração) nos autos do processo n. (XXX), podendo, enfim, a partir de então, praticar todos os atos necessários na demanda, iguais aos que me foram outorgados.

Local/Data

Advogado

OAB

11. CONTRATO DE DEPÓSITO

11.1. ASPECTOS INICIAIS E INTRODUTÓRIOS

Nos termos do art. 627 do CC, o contrato de depósito é aquele pelo qual o depositário recebe do depositante um determinado objeto móvel, para guardar, até que o próprio depositante o reclame ou solicite a sua restituição.

É um contrato, em regra, **gratuito e unilateral**, mas sempre será **real e personalíssimo** (ou *intuitu personae*). Importante verificar que, apesar de gratuito, é possível celebrar o contrato de depósito de forma **onerosa**, o que, neste caso, será um contrato **bilateral**.

Assim, nos termos do art. 628, o contrato de depósito é gratuito, exceto se houver convenção em contrário, se resultante de atividade negocial ou se o depositário o praticar por profissão. Entretanto, se o depósito for oneroso e a retribuição do depositário não constar de lei, nem resultar de ajuste, será determinada pelos usos do lugar, e, na falta destes, por arbitramento.

Finalmente, importante observar que o depósito voluntário provar-se-á por **escrito** e pode envolver tanto bens fungíveis quanto bens infungíveis. No entanto, o depósito de coisas fungíveis, em que o depositário se obrigue a restituir objetos do mesmo gênero, qualidade e quantidade, regular-se-á pelo disposto acerca do mútuo.

11.2. MODALIDADES DE DEPÓSITOS

Do depósito voluntário

Tem-se como voluntário a modalidade de depósito no qual, por livre manifestação de vontade, recebe o depositário um objeto móvel, para guardar, até que o depositante solicite a restituição da coisa.

Por esse contrato, o depositário é **obrigado a ter na guarda e conservação** da coisa depositada o cuidado e diligência que costuma com o que lhe pertence, bem como a **restituí-la**, com todos os frutos e acrescidos, quando o exija o depositante. E, se o depósito entregou o objeto fechado, colado, selado, ou lacrado, nesse mesmo estado se manterá. Assim, resumidamente, temos as seguintes obrigações do depositário:

a) guardar ou custodiar a coisa;

b) conservar a coisa, como se dono fosse;

c) restituir quando solicitado, observando as disposições dos arts. 238 a 240 do CC, relativo às obrigações de restituir coisa certa[5];

d) se a coisa foi entregue lacrada, fechada, colada, selada ou lacrada, assim deverá permanecer, exceto se tiver autorização do depositante.

Quando solicitada a restituição por parte do depositante, salvo disposição em contrário, deve ocorrer a devolução da coisa no **lugar em que tiver de ser guardada**. As despesas de restituição correm por conta do depositante. Por certo, por se tratar de depósito voluntário, pode ter manifestação da vontade em sentido contrário, ou seja, da possibilidade de devolução em local distinto daquele em que a coisa estiver guardada.

Se a coisa houver sido depositada no interesse de terceiro, e o depositário tiver sido cientificado deste fato pelo depositante, não poderá ele exonerar-se restituindo a coisa a este, sem consentimento daquele.

Ainda que o contrato fixe prazo à restituição, o depositário entregará o depósito logo que se lhe exija, salvo se tiver o **direito de retenção**, até que o depositante lhe pague o valor devido pelo depósito. Ainda, poderá negar a devolução,

---

5. "Art. 238. Se a obrigação for de restituir coisa certa, e esta, sem culpa do devedor, se perder antes da tradição, sofrerá o credor a perda, e a obrigação se resolverá, ressalvados os seus direitos até o dia da perda.

Art. 239. Se a coisa se perder por culpa do devedor, responderá este pelo equivalente, mais perdas e danos.

Art. 240. Se a coisa restituível se deteriorar sem culpa do devedor, recebê-la-á o credor, tal qual se ache, sem direito a indenização; se por culpa do devedor, observar-se-á o disposto no art. 239."

retendo a coisa, se o **objeto for judicialmente embargado**, se sobre ele **pender execução**, notificada ao depositário, ou se houver **motivo razoável de suspeitar que a coisa foi dolosamente obtida**. No último caso, o depositário, expondo o fundamento da suspeita, requererá que se recolha o objeto ao Depósito Público.

A lei faculta, também, ao depositário requerer a conversão do depósito voluntário em depósito judicial da coisa, quando, por **motivo plausível**, não a possa guardar, e o depositante não queira recebê-la. Nesse caso, por motivo plausível dever ser entendido qualquer hipótese comprovada por parte do depositário que o impossibilite de continuar com a posse do bem sob a sua guarda, tal como uma viagem de negócio, uma doença grave, a entrega do prédio onde o bem se encontrava depositado, dentre várias outras possibilidades.

O depositário que por **força maior** houver perdido a coisa depositada e recebido outra em seu lugar, é **obrigado a entregar a segunda ao depositante**, e ceder-lhe as ações que no caso tiver contra o **terceiro responsável pela restituição da primeira**.

Em caso de falecimento do depósito, cabem aos seus herdeiros a obrigação de restituir a coisa dada em depósito. No entanto, ao herdeiro do depositário, que de **boa-fé vendeu a coisa depositada**, ou seja, sem o conhecimento de que a coisa eventualmente era objeto de depósito e sem a intenção de prejudicar o depositante, é obrigado a assistir ou acompanhar o depositante na reivindicação, e a restituir ao comprador o preço recebido.

Outrossim, não poderá o depositário **furtar-se à restituição do depósito**, alegando não pertencer a coisa ao depositante, ou opondo compensação com outro crédito que tenha contra o depositante, exceto se noutro contrato de depósito se fundar, ou seja, serão compensáveis se em outro contrato de depósito estiver fundamentado o crédito. Lembrando que a compensação é modalidade de pagamento indireto, no qual duas pessoas são, ao mesmo tempo, credores e devedores entre si, conforme previsto nos arts. 368 a 380 do CC.

Ainda, no caso de pluralidade de depositantes (ou seja, "em sendo **dois ou mais depositantes**"), e sendo **divisível a coisa**, a cada um só entregará o depositário a respectiva parte, salvo se houver entre eles solidariedade, segundo o qual, nesse caso, cada um dos depositantes tem o direito de exigir do depositário a entrega da coisa por inteiro.

Como o contrato de depósito somente permite ao depositário tão somente a guarda da coisa, é certo que, sob pena de responder por **perdas e danos**, não poderá o depositário, sem licença expressa do depositante, **servir-se da coisa depositada**, nem a dar em depósito a outrem. Outrossim, caso o depositante autorize excepcionalmente ao depositário utilizar-se da coisa depositada, importante verificar que não transforma o depósito em empréstimo, pois a autorização expressa não descaracteriza o contrato.

Da mesma forma que o depositário, devidamente autorizado, pode também confiar a coisa dada em depósito a um terceiro, caso em que será **responsável** se agiu com culpa na escolha deste.

Por se tratar de um contrato personalíssimo, caso o depositário **se torne incapaz**, nessa hipótese, **relativamente incapaz**, a pessoa que lhe assumir a administração dos bens (**curador**, após a devida interdição do depositário) diligenciará imediatamente restituir a coisa depositada e, não querendo ou não podendo o depositante recebê-la, recolhê-la-á ao Depósito Público ou promoverá nomeação de outro depositário.

De igual forma, assim como ocorre com toda a natural **responsabilidade civil contratual**, o depositário **não responde pelos casos de força maior**, por se tratar de excludente de responsabilidade; mas, para que lhe valha a escusa, terá de prová-los para isentar-se dessa responsabilidade.

O depositante é **obrigado a pagar** ao depositário as despesas feitas com a coisa, e os **prejuízos que do depósito provierem**, sendo certo que o depositário tem o **direito de retenção da coisa** dada em depósito até que se lhe pague a retribuição devida, o líquido valor das despesas, ou dos prejuízos causados, provando imediatamente esses prejuízos ou essas despesas. Entretanto, se essas dívidas, despesas ou prejuízos **não forem provados suficientemente**, ou forem **ilíquidos**, o depositário poderá exigir caução idônea do depositante ou, na falta desta, a remoção da coisa para o Depósito Público, até que se liquidem.

Do depósito necessário

Depósito necessário é aquele realizado por **imposição da lei** ou por algum **motivo excepcional** que leve à sua caracterização, independentemente da vontade das partes.

Todas as hipóteses de depósitos voluntários têm como características comuns a de serem geralmente **onerosos** e a de poderem ser provados por qualquer meio de prova em direito admitidos, ao contrário do voluntário que somente se prova por escrito.

Assim, nos termos do art. 647, é **depósito necessário**:

> I – o que se faz em desempenho de obrigação legal;
>
> II – o que se efetua por ocasião de alguma calamidade, como o incêndio, a inundação, o naufrágio ou o saque.

A primeira hipótese é a do **depósito legal**: nesse caso, o depósito se efetiva por desempenho de obrigação determinada pela lei, independentemente da vontade das partes. Exemplo de depósito legal é aquele previsto no art. 1º da Lei n. 8.866/94, que dispõe sobre o depositário infiel de valor pertencente à Fazenda Pública[6].

A segunda hipótese é o **depósito miserável**: é a espécie de depósito necessário que se faz por ocasião de alguma calamidade aquele, catástrofe, um grande infortúnio, algo que aflige ou incomoda por ter graves consequências, como, por exemplo, um incêndio em um determinado local, um naufrágio, ou até mesmo um saque.

Nesses casos, o depósito legal, sua relação será regida pela disposição da respectiva lei, e, no silêncio ou deficiência dela, pelas concernentes ao depósito voluntário. De igual maneira, também aplicam aos depósitos miseráveis, podendo estes certificarem-se por qualquer meio de prova.

Outra hipótese de depósito necessário é a do **depósito dos hospedeiros**: nesse caso, é equiparado ao depósito necessário o das **bagagens dos viajantes ou hóspedes** nas hospedarias onde estiverem.

Os hospedeiros responderão como **depositários**, assim como responderão, também, pelos furtos e roubos que perpetrarem as pessoas empregadas ou admitidas nos seus estabelecimentos. Cessa, nesses casos, a **responsabilidade dos hospedeiros**, se provarem que os fatos prejudiciais aos viajantes ou hóspedes não podiam ter sido evitados.

O depósito necessário **não se presume gratuito**, será, pois, oneroso. Na hipótese dos hospedeiros, a remuneração pelo depósito está incluída no preço da hospedagem.

Finalmente, dispõe o art. 652 que, seja o depósito voluntário ou necessário, o depositário que não o restituir quando exigido será compelido a fazê-lo mediante **prisão não excedente a um ano**, e ressarcir os **prejuízos**.

Com efeito, chama-se **depositário infiel** aquele que **não restituiu o bem depositado quando lhe foi solicitado**.

Entretanto, como mencionado no artigo acima, o Código Civil prevê a pena de prisão civil ao depositário infiel, nos termos do **art. 5º, LXVII, da Constituição Federal**[7]. Por outro lado, é de conhecimento, também, que o Supremo Tribunal Federal consolidou o entendimento de que é **ilícita a prisão civil do depositário infiel**, através da **Súmula Vinculante n. 25**: "É ilícita a prisão civil de depositário infiel, qualquer que seja a modalidade de depósito".

---

6. "Art. 1º. É depositário da Fazenda Pública, observado o disposto nos arts. 1.282, I, e 1.283 do Código Civil, a pessoa a que a legislação tributária ou previdenciária imponha a obrigação de reter ou receber de terceiro, e recolher aos cofres públicos, impostos, taxas e contribuições, inclusive à Seguridade Social."

7. "LXVII – não haverá prisão civil por dívida, salvo a do responsável pelo inadimplemento voluntário e inescusável de obrigação alimentícia e a do depositário infiel."

No mesmo sentido, o Superior Tribunal de justiça também pacificou o entendimento, por intermédio da **Súmula n. 419**, no sentido de que: **"Descabe a prisão civil do depositário judicial infiel".**

Como solução à problemática trazida por esses entendimentos, ou seja, de qual medida cabível par a compelir o depositário à restituição de determinado objeto tido em seu poder e não restituído quando solicitado pelo depositante, o **Código de Processo Civil** de 2015 trouxe a disposição do **art. 311, especialmente em seu inciso III**, dispondo a respeito da **tutela de evidência**.

Assim, a tutela da evidência será concedida, independentemente da demonstração de perigo de dano ou de risco ao resultado útil do processo, quando se tratar de **pedido reipersecutório** (ou seja, que busca a coisa que esteja em poder de outrem) fundado em **prova documental adequada do contrato de depósito**, caso em que será **decretada a ordem de entrega** do objeto custodiado, sob **cominação de multa**.

Temos então a substituição da prisão civil do depositário infiel pela cominação da pena de **multa** por parte do juiz, quando determinada a ordem de entrega do bem custodiado, se recusando o depositário a restituir a coisa ao depositante.

12. CONTRATO DE SEGURO

12.1. ASPECTOS INICIAIS E INTRODUTÓRIOS

Com efeito, nos termos do art. 757 do CC, pelo **contrato de seguro**, o segurador se obriga, mediante o **pagamento do prêmio**, a garantir **interesse legítimo do segurado**, relativo à **pessoa ou à coisa**, contra **riscos predeterminados**.

Elementos essenciais dos contratos de seguro:

a) Prêmio do seguro: é a contribuição periódica e determinada, fixada contratualmente pelas partes, que é pago pelo segurado em troca do risco assumido pela seguradora.

b) Garantia do interesse do segurado: o contrato de seguro é bilateral, ou seja, há a reciprocidade de obrigações. Enquanto o segurado contribui com o prêmio do seguro, a seguradora deve agir a garantir a tutela do interesse legítimo do segurado, sendo que a relação entre segurado e seguradora deve ser clara e com prestações e contraprestações muito bem definidas.

c) Riscos predeterminados: é o evento futuro e incerto de acontecer, de acordo com a modalidade de contrato realizado entre as partes (de dano ou de pessoas), que tem a capacidade de causar prejuízos ao segurado. A sua ocorrência enseja o pagamento da indenização pela seguradora.

d) Indenização: é a importância a ser paga pela seguradora, a título de compensação e reparação, ao segurado, como forma de recompor o prejuízo econômico sofrido e decorrente do risco assumido no contrato.

Quanto à seguradora, determina o Código Civil que somente pode ser parte, no contrato de seguro, como segurador, entidade para tal fim legalmente autorizada. E, nesse sentido, a autorização prévia para funcionamento depende de análise perante o Governo Federal, por intermédio da Susep – Superintendência de Seguros Privados[8].

Com relação à prova do contrato de seguro, essa somente se dará com a exibição da **apólice ou do bilhete do seguro**, e, na falta deles, por qualquer outro documento comprobatório do **pagamento do respectivo prêmio**. Pode-se afirmar, portanto, que o contrato de seguro é não solene, inclusive tendo o Superior Tribunal de Justiça afiançado o entendimento de que o **contrato de seguro é meramente consensual** (REsp 1.306.364).

Assim, no tocante à forma, apesar de ser consensual, o contrato deve ser escrito e a emissão da apólice deverá ser **precedida de proposta escrita** com a declaração dos **elementos essenciais do interesse a ser garantido e do risco**.

Nesse caso, a apólice ou o bilhete de seguro, que são os instrumentos ou a instrumentalização do contrato, serão **nominativos, à ordem ou ao portador**, e mencionarão os **riscos assumidos**, o **início e o fim de sua validade**, o **limite da garantia** e o **prêmio** devido, e, quando for o caso, o **nome do segurado e o do beneficiário**.

Entretanto, no seguro de pessoas, a apólice ou o bilhete **não podem ser ao portador**. Na verdade, o **contrato de seguro de pessoas** é chamado de **contrato bifásico**, como anteriormente já explicitado, tratando-se da **estipulação em favor de terceiros**:

Esses contratos são chamados de **contratos bifásicos**, ou seja, efetivados em duas etapas (ou fases):

---

8. Os interessados poderão ser cadastrados no país de acordo com seu objeto social, o qual deverá ser exclusivamente atuação no mercado de: seguros, por meio de seguradoras constituídas na forma de sociedade anônima, subscrevendo riscos de coisas, pessoas, bens, responsabilidades, obrigações, direitos e garantias, e que, atendendo às exigências previstas no Decreto-Lei n. 73, de 21 de novembro de 1966, e nas normas aplicáveis à atividade de seguro e cosseguro emitidas pelo CNSP e pela Susep (em especial a Resolução CNSP n. 422, de 11 de novembro de 2021, e a Circular Susep n. 529, de 25 de fevereiro de 2016), tenha sido autorizado pelo órgão supervisor de seguros para realizar operações de seguro e cosseguro. Disponível em: https://www.gov.br/pt-br/servicos/licenciar-seguradoras-sociedades-de-capitalizacao-as-entidades-abertas-de-previdencia-complementar-e-resseguradores-locais.

> **1ª fase:** é a relação instituída entre Segurado e Seguradora. Nesse caso o Beneficiário é mero **objeto de direito**.
>
> **2ª fase:** com a morte do Segurado, surge a relação jurídica entre Seguradora e Beneficiário. Nesse caso, o Beneficiário deixa de ser mero objeto para ser efetivo **sujeito de direito**.

Ademais, **nulo será o contrato** para garantia de risco proveniente de **ato doloso** do segurado, do beneficiário, ou de representante de um ou de outro (art. 762 do CC), bem como **não terá direito a indenização** o segurado que estiver **em mora no pagamento do prêmio**, se ocorrer o sinistro antes de sua purgação (art. 763 do CC).

Nesse último caso, importante ver o **Enunciado n. 371 do CJF/STJ**, no sentido de que "a mora do segurado, sendo de escassa importância, não autoriza a resolução do contrato, por atentar ao princípio da boa-fé objetiva".

Também, o **Enunciado n. 376 do CJF/STJ**, especificando que "para efeito de aplicação do art. 763 do Código Civil, a resolução do contrato depende de prévia interpelação", no mesmo sentido e entendimento da **Súmula n. 616 do STJ**: "A indenização securitária é devida quando ausente a comunicação prévia do segurado acerca do atraso no pagamento do prêmio, por constituir requisito essencial para a suspensão ou resolução do contrato de seguro".

Salvo disposição contratual especial em sentido contrário, o fato de se **não ter verificado o risco**, em previsão do qual se faz o seguro, **não exime o segurado de pagar o prêmio**.

Assim como ocorre com os contratos em geral, no de seguro não é diferente, devendo as partes, obrigatoriamente, guardar na conclusão e na execução do contrato, a mais estrita **boa-fé e veracidade**, tanto a respeito do objeto como das circunstâncias e declarações a ele concernentes.

Dessa forma, se o segurado, por si ou por seu representante, fizer **declarações inexatas ou omitir** circunstâncias que possam influir na aceitação da proposta ou na taxa do prêmio, **perderá o direito à garantia**, além de ficar obrigado ao pagamento do prêmio vencido.

No entanto, se a inexatidão ou omissão nas declarações **não resultar de má-fé** do segurado, o segurador terá **direito a resolver o contrato**, ou a cobrar, mesmo após o sinistro, a diferença do prêmio.

Outra regra importante do contrato de seguro, é a de que o segurado **perderá o direito à garantia** se **agravar intencionalmente o risco objeto do contrato**.

Nesse sentido, o **Enunciado n. 372 do CJF/STJ** dispõe o seguinte: "Em caso de negativa de cobertura securitária por doença preexistente, cabe à seguradora comprovar que o segurado tinha conhecimento inequívoco daquela", ou seja recaindo o ônus da prova à seguradora, beneficiando a dúvida ao segurado, tendo em vista a presunção de boa-fé e não da má-fé.

Dessa forma, o **segurado é obrigado a comunicar ao segurador**, logo que saiba, todo incidente suscetível de agravar consideravelmente o risco coberto, sob pena de **perder o direito à garantia**, se provar que silenciou de má-fé.

Por seu turno, nos termos do **art. 769**, *caput* e **§§ 1º e 2º**, o segurador, desde que o faça nos **15 dias** seguintes ao recebimento do aviso da agravação do risco sem culpa do segurado, poderá dar-lhe ciência, por escrito, de sua decisão de **resolver o contrato**. Nesse sentido, a **resolução** somente será eficaz **trinta dias após a notificação**, devendo ser **restituída pelo segurador a diferença do prêmio**.

Assim, temos:

OBRIGAÇÕES DO SEGURADO
a) Veracidade e boa-fé;
b) Pagamento do prêmio;
c) Dever de não agravamento do risco;
d) Dever de comunicação imediata do sinistro.

OBRIGAÇÕES DO SEGURADOR
a) Pagar ao segurado os prejuízos decorrentes do sinistro;
b) Em caso de mora, pagar o sinistro com atualização monetária e juros de mora;
c) Pagamento em dobro do prêmio se, ao tempo do contrato, sabe estar passado o risco de que o segurado se pretende cobrir, e, não obstante, expede a apólice;
d) Obrigado a pagar em dinheiro o prejuízo resultante do risco assumido, salvo se convencionada a reposição da coisa.

CLASSIFICAÇÃO DA APÓLICE
a) Quanto à titularidade:
• **Nominativa:** menciona os nomes do segurado, da seguradora e do beneficiário.
• **À ordem:** a apólice pode ser transmitida a terceiros, mediante endosso.
• **Ao portador:** não titularia o segurado e pode ser transmitida pela mera tradição.

b) **Quanto à substituição:**
- **Simples:** o objeto é determinado, sem possibilidade de substituição.
- **Flutuantes:** o objeto é determinável, permitindo a substituição.

c) **Quanto ao risco:**
- **Específica:** cobertura somente do risco pactuado.
- **Plúrima:** cobertura de uma pluralidade de riscos.
- **Aberta:** os riscos são alterados no decorrer da cobertura.

d) **Obrigado a pagar em dinheiro o prejuízo resultante do risco assumido, salvo se convencionada a reposição da coisa.**

12.2. O SEGURO DE DANO

O seguro de danos é aquele por meio do qual o risco segurado pelo segurador compreende **patrimônio ou bem de propriedade do segurado**, com caráter eminentemente **indenizatório**.

Nesses casos, conforme **art. 778 do CC**, a garantia prometida não pode ultrapassar o valor do interesse segurado no momento da conclusão do contrato, sob pena **perder o direito à garantia**, além de ficar **obrigado ao prêmio vencido (pena do art. 766 do CC)**, sem prejuízo da ação penal que no caso couber.

O risco do seguro compreenderá todos os **prejuízos resultantes ou consequentes**, como sejam os estragos ocasionados para evitar o sinistro, minorar o dano, ou salvar a coisa.

Em se tratando de seguro de coisas transportadas, o **art. 780 do CC** dispõe que a vigência da garantia começa no momento em que são pelo transportador recebidas, e cessa com a sua entrega ao destinatário.

Ainda, a indenização **não pode ultrapassar** o valor do interesse segurado no momento do sinistro, e, em hipótese alguma, o limite máximo da garantia fixado na apólice, salvo em caso de mora do segurador.

Outrossim, o segurado que, na vigência do contrato, pretender **obter novo seguro sobre o mesmo interesse**, e contra o mesmo risco junto a outro segurador, deve previamente comunicar sua **intenção por escrito** ao primeiro, indicando a soma por que pretende segurar-se, a fim de se comprovar a obediência ao disposto no **art. 778 do CC**.

Paga a indenização, o **segurador sub-roga-se**, nos limites do valor respectivo, nos **direitos e ações** que competirem ao segurado contra o autor do dano. Salvo dolo, a **sub-rogação não tem lugar** se o dano foi causado pelo cônjuge do segurado, seus descendentes ou ascendentes, consanguíneos ou afins, sendo **ineficaz (plano da eficácia do negócio jurídico)** qualquer ato do segurado que **diminua ou extinga**, em prejuízo do segurador, os direitos acima.

No seguro de responsabilidade civil, o segurador garante o pagamento de **perdas e danos** devidos pelo **segurado a terceiro** (também chamado de "seguro de terceiros"). Por isso, tão logo saiba o segurado das consequências de ato seu, suscetível de lhe acarretar a responsabilidade incluída na garantia, **comunicará o fato ao segurador**.

Entretanto, é defeso ao segurado **reconhecer** sua responsabilidade ou **confessar** a ação, bem como **transigir** com o terceiro prejudicado, ou **indenizá-lo** diretamente, sem que antes busque a **anuência expressa do segurador**.

E subsistirá a responsabilidade do segurado perante o terceiro, se o **segurador for insolvente**.

Finalmente, nos seguros de **responsabilidade legalmente obrigatórios**, a indenização por sinistro será paga pelo segurador **diretamente ao terceiro prejudicado**, conforme art. 788 do CC. Demandado em ação direta pela vítima do dano, o segurador não poderá opor a exceção de contrato não cumprido pelo segurado, sem promover a citação deste para integrar o contraditório.

12.3. O SEGURO DE PESSOA

É a possibilidade de assegurar a vida e a integridade de determinada pessoa, qual seja mediante o seguro de vida e o seguro de acidentes pessoais. Nesse caso, há a previsão do pagamento de determinada quanti, se verificado um evento previsto, ao próprio segurado ou a terceiro, à sua escolha.

Segundo o **art. 789 do CC**, nos seguros de pessoas, o capital segurado é **livremente estipulado pelo proponente**, sendo autorizado a **contratar mais de um seguro** sobre o mesmo interesse, com o mesmo ou diversos seguradores.

Segundo a regra anteriormente verificada, privilegiando sempre a boa-fé, no seguro sobre a vida de outros, o proponente é **obrigado a declarar**, sob pena de falsidade, o seu interesse pela **preservação da vida do segurado** e, até prova em contrário, **presume-se o interesse**, quando o segurado é **cônjuge, ascendente ou descendente do proponente** (art. 790, parágrafo único, do CC).

Obviamente, nessa hipótese acima, o legislador não colocou no rol dos interessados o **companheiro ou a companheira**, devendo estar implicitamente incluído no referido rol, conforme explica o **Enunciado n. 186 do CJF/STJ**.

O segurado pode **livremente escolher o beneficiário**, inclusive, se o segurado não renunciar à faculdade, ou se o seguro não tiver como causa declarada a garantia de alguma obrigação, é **lícita a substituição do beneficiário**, por ato entre vivos ou de última vontade (art. 791 do CC). Entretanto, se o segurador não for cientificado oportunamente da substituição, desobrigar-se-á pagando o capital segurado ao antigo beneficiário.

Outrossim, na **falta de indicação da pessoa ou beneficiário**, ou se por qualquer motivo não prevalecer a que for feita, o capital segurado será pago por **metade ao cônjuge não separado judicialmente**, e o restante aos **herdeiros do segurado**, obedecida a **ordem da vocação hereditária** do art. 1.829 do CC, ou, na falta desses, serão os beneficiários os que provarem que a morte do segurado os privou dos meios necessários à subsistência.

É também válida a instituição do companheiro ou da companheira como beneficiário ou beneficiária, se ao tempo do contrato o segurado era **separado judicialmente, ou já se encontrava separado de fato** (art. 793 do CC).

Ademais, nos termos do art. 795 do CC, é **nula**, no seguro de pessoa, qualquer **transação** para pagamento reduzido do capital segurado, sendo certo que o prêmio, no seguro de vida, será **conveniado por prazo limitado**, ou **por toda a vida do segurado** (art. 796 do CC).

Assim, em qualquer hipótese, no seguro individual, o segurador não terá ação para cobrar o prêmio vencido, cuja falta de pagamento, nos prazos previstos, acarretará, conforme se estipular, a **resolução do contrato**, com a **restituição da reserva já formada**, ou a **redução do capital garantido proporcionalmente ao prêmio pago**.

Importante, aqui, ressaltar o **Enunciado n. 542 do CJF/STJ**, especificando que "a recusa de renovação das apólices de seguro de vida pelas seguradoras em razão da idade do segurado é discriminatória e atenta contra a função social do contrato".

É, também, no seguro de vida para o caso de morte, **lícito** estipular-se um **prazo de carência**, durante o qual o segurador não responde pela ocorrência do sinistro, conforme **art. 797 do CC**. Nesse caso, o segurador **é obrigado** a devolver ao beneficiário o montante da reserva técnica já formada.

O beneficiário **não tem direito ao capital estipulado** quando o segurado se **suicida nos primeiros dois anos** de vigência inicial do contrato, ou da sua recondução depois de suspenso, devolvendo ao beneficiário o montante da reserva técnica já formada.

Entretanto, ressalvada a hipótese prevista acima, é **nula a cláusula contratual** que **exclui o pagamento** do capital por suicídio do segurado.

Nesse sentido, o **Enunciado n. 187 do CJF/STJ** ensina que "no contrato de seguro de vida, presume-se, de forma relativa, ser premeditado o suicídio cometido nos dois primeiros anos de vigência da cobertura, ressalvado ao beneficiário o ônus de demonstrar a ocorrência do chamado 'suicídio involuntário'".

Entretanto, o STJ editou a **Súmula n. 610** determinando que "o suicídio não é coberto nos dois primeiros anos de vigência do contrato de seguro de vida, ressalvado o direito do beneficiário à devolução do montante da reserva técnica formada", sendo **revogado o entendimento anterior** exposto pela **Súmula n. 61 do STJ**, no sentido de que "o seguro de vida cobre o suicídio não premeditado".

Seguindo, o **art. 799 do CC** determina que o segurador não pode **eximir--se ao pagamento do seguro**, ainda que da apólice conste a restrição, se a morte ou a incapacidade do segurado provier da utilização de meio de transporte mais arriscado, da prestação de serviço militar, da prática de esporte, ou de atos de humanidade em auxílio de outrem.

E, conforme **art. 800 do CC**, nos seguros de pessoas, o **segurador não pode sub-rogar-se nos direitos e ações do segurado, ou do beneficiário**, contra o causador do sinistro, como no caso de tentativa de homicídio, não podendo o segurador se sub-rogar nos direito e ações da vítima contra aquele que atentou contra a sua vida.

Finalmente, o **art. 801 do CC** estabelece a possibilidade de realização de seguro de vida em grupo, ao permitir que pessoa natural ou jurídica realizem o seguro em **proveito de grupo** que a ela, de qualquer modo, se vincule.

O estipulante **não representa o segurador perante o grupo segurado**, e é o único responsável, para com o segurador, pelo cumprimento de todas as obrigações contratuais e, para a modificação da apólice em vigor, dependerá da **anuência expressa** de segurados que representem **três quartos do grupo**.

Finalmente a regra do **art. 802 do CC**, determinando que não se compreende nas disposições do seguro de pessoas, a garantia do **reembolso de despesas hospitalares** ou de **tratamento médico**, nem o **custeio das despesas de luto e de funeral do segurado**, podendo ser estipulada por contrato e verificada caso a caso.

13. CONTRATO DE AGÊNCIA E DISTRIBUIÇÃO

13.1. ASPECTOS INICIAIS E INTRODUTÓRIOS

Nos termos do art. 710 do CC, pelo contrato de agência, uma pessoa assume, em caráter não eventual e sem vínculos de dependência, a obrigação de promover, à conta de outra, mediante retribuição, a realização de certos negócios, em zona determinada, caracterizando-se a distribuição quando o agente tiver à sua disposição a coisa a ser negociada.

Assim, temos:

a) **contrato de agência:** ocorre quando uma pessoa assume, em caráter não eventual e sem vínculos de dependência, a obrigação de promover, à conta de outra, mediante retribuição, a realização de certos negócios, em zona determinada;

b) **contrato de distribuição:** caracteriza-se quando o agente tiver à sua disposição a coisa a ser negociada.

Nesse sentido, é possível afirmar que o **contrato de agência** representa a possibilidade de um indivíduo promover e realizar negócios em nome de terceiros, e **contrato de distribuição**, da possibilidade de promover e realizar negócios em nome de terceiros com a coisa a ser negociada à sua disposição.

Quanto à classificação, os contratos de agência e distribuição são tidos como bilaterais e onerosos, pois produzem direitos e obrigações para as duas partes da relação contratual, sendo, nessa linha, sinalagmáticos, porque a prestação de uma das partes é causa da prestação da outra e, também, onerosos e comutativos, pela equivalência das prestações.

Salvo ajuste expresso no contrato, o proponente **não pode constituir**, ao mesmo tempo, **mais de um agente, na mesma zona**, com idêntica incumbência; nesse mesmo sentido, atendendo à paridade contratual, também não pode o agente assumir o encargo de nela tratar de negócios do mesmo gênero, à conta de outros proponentes.

O agente, no desempenho que lhe foi cometido, deve agir com toda **diligência**, atendo-se às instruções recebidas do proponente e, salvo estipulação diversa, todas as despesas com a agência ou distribuição correm a cargo do **agente ou distribuidor**.

13.2. QUANTO À REMUNERAÇÃO E À INDENIZAÇÃO

Salvo ajuste em sentido contrário, o agente ou distribuidor terá direito à **remuneração** correspondente aos negócios concluídos dentro de sua zona, ainda que sem a sua interferência. Ainda, o agente ou distribuidor tem direito à **indenização** se o proponente, **sem justa causa**, cessar o atendimento das propostas ou reduzi-lo tanto que se torna antieconômica a continuação do contrato.

A remuneração também será devida ao agente também quando o negócio deixar de ser realizado por fato **imputável ao proponente** e, ainda que dispensado por justa causa, terá o agente direito a ser **remunerado pelos serviços úteis prestados ao proponente**, sem embargo de haver este **perdas e danos** pelos prejuízos sofridos.

Agora, se a dispensa se der **sem culpa do agente**, terá ele direito à remuneração até então devida, inclusive sobre os negócios pendentes, além das indenizações previstas em lei especial. Se o agente não puder continuar o trabalho por **motivo de força maior**, terá direito à **remuneração correspondente aos serviços realizados**, cabendo esse direito aos herdeiros no caso de morte.

Se o **contrato for por tempo indeterminado**, qualquer das partes poderá resolvê-lo unilateralmente (resilição unilateral), mediante **aviso prévio de 90 dias**, desde que transcorrido prazo compatível com a natureza e o vulto do investimento exigido do agente. No caso de divergência entre as partes, o juiz decidirá da razoabilidade do prazo e do valor devido.

Aplicam-se ao contrato de agência e distribuição, no que couber, as regras concernentes ao mandato e à comissão e as constantes de lei especial.

14. CONTRATO DE TRANSPORTE

14.1. ASPECTOS INICIAIS E INTRODUTÓRIOS

Conforme determina o art. 730 do CC, pelo contrato de transporte alguém se **obriga**, mediante **retribuição**, a **transportar**, de um lugar para outro, pessoas ou coisas.

Nesse sentido, equivale a transportes todas as modalidades **terrestres** (rodoviário, ferroviário, metroviário, cicloviário, dutoviário); **aquático** (marítimo, lacustre, fluvial); ou **aéreo**, desde que suficientes para transportar pessoas e/ou coisas de um lugar para o outro.

Assim, os transportes que necessitam de algum tipo de autorização, permissão ou concessão especial, como no caso de taxistas, transportes escolares e transportes municipais, serão tais contratos regidos pelas normas regulamentares de cada espécie e pelo que for estabelecido naqueles atos, sem prejuízo da aplicação subsidiária do disposto no Código Civil.

Outrossim, aos contratos de transporte, em geral, são aplicáveis, quando couber, desde que não contrariem as disposições do Código Civil, os preceitos constantes da legislação especial e de tratados e convenções internacionais.

Podemos observar, por exemplo, no tocante ao transporte remunerado privado de passageiros, as disposições da Lei n. 13.640/2018 ("Lei do Uber" ou Lei para regulamentar o transporte remunerado privado individual de passageiros), que alterou a Lei n. 12.587/2012 (Lei da Política Nacional de Mobilidade Urbana).

Com respeito ao transporte aéreo, de pessoas e de mercadorias, tem-se uma gama de legislações e convenções internacionais que regulamentam o tema, imprescindíveis para a identificação da disciplina legal incidente em cada caso, como por exemplo, o próprio Código de Defesa do Consumidor (CDC), da Lei n. 7.565/86 (CBA – Código Brasileiro de Aeronáutica), passando pelos tratados internacionais, como a Convenção de Varsóvia e a Convenção de Montreal.

Assim, conforme **Enunciado n. 369 do CJF/STJ**, "diante do preceito constante no art. 732 do Código Civil, teleologicamente e em uma visão constitucional de unidade do sistema, quando o contrato de transporte constituir uma relação de consumo, aplicam-se as normas do Código de Defesa do Consumidor que forem mais benéficas a este", reconhecendo, por evidente, o CDC como norma aplicável quando envolver relação de consumo e o transporte for interno.

Por outro lado, o STF pacificou o entendimento no julgamento do **RE 636.331**, com repercussão geral, reafirmando a superioridade hierárquica dos tratados internacionais, sobretudo em relação às condenações por dano material decorrente de extravio de bagagem, em voos internacionais, no sentido de que "nos termos do art. 178 da Constituição da República, as normas e os tratados internacionais limitadores da responsabilidade das transportadoras aéreas de passageiros, especialmente as Convenções de Varsóvia e Montreal, têm prevalência em relação ao Código de Defesa do Consumidor".

Nos contratos de **transporte cumulativo**, ou seja, quando realizado por mais de um transportador, cada um deles se obrigará a cumprir o contrato relativamente ao respectivo percurso contratado, respondendo pelos danos nele causados a pessoas e coisas (art. 733). Nesse caso, o dano, resultante do **atraso ou da interrupção da viagem**, será determinado em razão da totalidade do percurso e, se houver substituição de algum dos transportadores no decorrer do percurso, a **responsabilidade solidária** estender-se-á ao substituto, como nos casos de **cessão de transporte** ou de **subtransporte**.

14.2. O TRANSPORTE DE PESSOAS

Inicialmente, importante verificar que as regras constantes no Código Civil somente se aplicam aos **transportes onerosos, bilaterais ou sinalagmáticos**, em que há prestações e contraprestações recíprocos entre as partes e sacrifícios patrimoniais também simultâneos.

Assim, por isso mesmo que o **art. 736 do CC** não se subordina às normas do contrato de transporte o feito gratuitamente, por amizade ou cortesia. Entretanto, em seu parágrafo único, o dispositivo excepciona da gratuidade o transporte quando, embora feito sem remuneração, o transportador auferir **vantagens indiretas**.

Assim, pode-se afirmar que a remuneração direta não é requisito essencial para a caracterização do contrato de transporte e, por consequência, da aplicação da legislação civil; na verdade, o que se verifica como transporte é justamente a vantagem recebida pelo transportador, ainda que indiretas, consubstanciando, portanto, na bilateralidade necessária para ambas as partes (direitos e deveres recíprocos – sinalagma contratual).

Nesse sentido, o STJ editou a **Súmula n. 145**, no sentido de que "no transporte desinteressado, de simples cortesia, o transportador só será civilmente responsável por danos causados ao transportado quando incorrer em dolo ou culpa grave".

O transportador responde pelos danos causados às pessoas transportadas e suas bagagens, salvo motivo de força maior, sendo **nula qualquer cláusula excludente da responsabilidade**, pelo qual, se responsabilizarão de maneira objetiva, ou seja, independentemente de culpa.

Tanto é que o próprio STF editou a Súmula n. 161, pela qual determina que "em contrato de transporte, é **inoperante a cláusula de não indenizar**".

Até por isso, como é difícil ao transportador ter o conhecimento da carga transportada, especialmente quando for algo de valor, pode o transportador exigir a declaração do valor da bagagem a fim de fixar o limite da indenização. Como ocorre, por exemplo, no transporte rodoviário intermunicipal ou interestadual de pessoas.

Sustentando ainda mais tais ideias é que o art. 735 do CC dispõe que a responsabilidade contratual do transportador por acidente com o passageiro também **não é elidida por culpa de terceiro**, contra o qual tem ação regressiva, portanto, sem que prejudique de qualquer forma o passageiro.

Pode ser que o prejuízo sofrido pelo passageiro seja atribuído, também, à sua própria transgressão de normas e instruções regulamentares, ou seja, fato atribuído à própria vítima, nesse caso o juiz reduzirá equitativamente a indenização, na medida em que a vítima houver concorrido para a ocorrência do dano.

Até por isso, nos termos do **art. 738 do CC**, a pessoa transportada deve sujeitar-se às normas estabelecidas pelo transportador, constantes no bilhete ou afixadas à vista dos usuários, abstendo-se de quaisquer atos que causem incômodo ou prejuízo aos passageiros, danifiquem o veículo, ou dificultem ou impeçam a execução normal do serviço.

Se obriga, também, o transportador a cumprir os horários e os itinerários previstos, sob pena de responder por perdas e danos, salvo motivo de força maior, tendo o **dever de pontualidade**, pois se trata de uma obrigação de resultado e não de meio, especialmente quanto afasta a incidência das excludentes de responsabilidade, como caso fortuito e força maior.

Assim, se por qualquer motivo a viagem for interrompida, ainda que alheio à vontade do transportador, fica ele obrigado a concluir o transporte contratado, mesmo que seja em outro veículo da mesma categoria.

Dessa forma, é também **facultado ao passageiro desistir do transporte** (resilição unilateral do contrato), mesmo **depois de iniciada a viagem**, sendo-lhe devida a **restituição do valor** correspondente ao trecho não utilizado, desde que provado que outra pessoa haja sido transportada em seu lugar.

Nesse sentido, a Resolução n. 4.282/2014 da ANTT, em seu art. 17, estabelece regra contrária, em caso de desistência da viagem em paradas obrigatórias: "Se, em qualquer das paradas obrigatórias, o passageiro interromper sua viagem por iniciativa própria, nenhum reembolso será devido pela transportadora".

Entretanto, **não terá direito ao reembolso** do valor da passagem o usuário que **deixar de embarcar**, salvo se provado que outra pessoa foi transportada em seu lugar, caso em que lhe será restituído o valor do bilhete não utilizado. Nessas hipóteses, o transportador terá o **direito de reter até cinco por cento da importância** a ser restituída ao passageiro, a título de **multa compensatória**.

Por outro lado, o passageiro tem direito a **rescindir o contrato de transporte** (também hipótese de resilição unilateral) **antes mesmo de iniciada a viagem**, sendo-lhe devida a restituição do valor da passagem, desde que feita a comunicação ao transportador em tempo de ser renegociada.

Exemplo de aplicação a essa hipótese legal é a Resolução n. 4.282/2014 da ANTT que, em seu inciso X do Anexo Único determina ser direito dos passageiros "receber a importância paga no caso de desistência da viagem, desde que com antecedência mínima de 3 (três) horas em relação ao horário de partida constante do bilhete, facultado à transportadora o desconto de 5% (cinco por cento) do valor da tarifa".

Outrossim, conforme art. 742 do CC, o transportador, uma vez executado o transporte, tem **direito de retenção sobre a bagagem de passageiro e outros objetos pessoais** deste, para garantir-se do pagamento do valor da passagem que não tiver sido feito no início ou durante o percurso.

Ademais, o transportador **não pode recusar passageiros**, salvo os casos previstos nos regulamentos, ou se as condições de higiene ou de saúde do interessado o justificarem, conforme determina o art. 739 do CC. Até por esse motivo, as transportadoras exigem requisitos e normas estabelecidas previamente para o embarque dos passageiros, exibidas nos bilhetes de viagens ou afixadas às vistas dos passageiros para conhecimento inequívoco, acerca de condutas ou situações que possam representar riscos à saúde dos demais passageiros ou de condutas que causem prejuízos ou incômodos aos passageiros e à própria execução dos serviços.

Finalmente, interrompendo-se a viagem por qualquer **motivo alheio à vontade do transportador**, ainda que em consequência de **evento imprevisível**, fica ele obrigado a **concluir o transporte contratado em outro veículo da mesma categoria**, ou, com a anuência do passageiro, por modalidade diferente, à sua custa, correndo também por sua conta as despesas de estada e alimentação do usuário, durante a espera de novo transporte.

Importante observar, nesse último caso, as regras previstas, por exemplo, ao transporte aéreo de passageiros, no qual os arts. 230 e 231 do CBA estabelecem que o atraso superior a 4 horas para a partida implica a obrigação do transportador a embarcar o passageiro em outro voo, equivalente, para o mesmo destino. No entanto, se o passageiro preferir, será restituído o valor pago pela passagem (art. 229 do CBA).

Por seu turno, a **Resolução n. 400/2016 da ANAC** estabelece como obrigação da transportadora o dever de informar imediatamente ao passageiro, pelos meios de comunicação disponíveis, que o voo irá atrasar em relação ao horário originalmente contratado, indicando a nova previsão do horário de partida; e sobre o cancelamento do voo ou interrupção do serviço. Ademais:

> Art. 12. As alterações realizadas de forma programada pelo transportador, em especial quanto ao horário e itinerário originalmente contratados, deverão ser informadas aos passageiros com antecedência mínima de 72 (setenta e duas) horas.
>
> § 1ª O transportador deverá oferecer as alternativas de reacomodação e reembolso integral, devendo a escolha ser do passageiro, nos casos de:
>
> I – informação da alteração ser prestada em prazo inferior ao do *caput* deste artigo; e
>
> II – alteração do horário de partida ou de chegada ser superior a 30 (trinta) minutos nos voos domésticos e a 1 (uma) hora nos voos internacionais em relação ao horário originalmente contratado, se o passageiro não concordar com o horário após a alteração.
>
> § 2ª Caso o passageiro compareça ao aeroporto em decorrência de falha na prestação da informação, o transportador deverá oferecer assistência material, bem como as seguintes alternativas à escolha do passageiro:
>
> I – reacomodação;
>
> II – reembolso integral; e
>
> III – execução do serviço por outra modalidade de transporte.

14.3. O TRANSPORTE DE MERCADORIAS

Nos termos do **art. 743 do CC**, a coisa, entregue ao transportador, deve estar caracterizada detalhadamente, pela sua natureza, valor, peso e quantidade, e o mais que for necessário para que não se confunda com outras, devendo o destinatário ser indicado ao menos pelo nome e endereço, podendo ser o próprio expedidor, por evidente.

Isso porque, conforme art. 755, havendo dúvida acerca de quem seja o efetivo destinatário, o transportador deve **depositar a mercadoria em juízo**, se não lhe for possível obter instruções do remetente; se a demora puder ocasionar a deterioração da coisa, o transportador deverá vendê-la, depositando o saldo em juízo.

Ao receber a coisa, o transportador emitirá **conhecimento**, também chamado de aceitação, com a menção dos dados que a identifiquem, obedecido o disposto em lei especial. E esse conhecimento do frete ou de carga é a contraprova do contrato, caracterizando como espécie de título de crédito atípico, nos termos do art. 887 do CC[9].

Até porque a responsabilidade do transportador, limitada ao valor constante do conhecimento, **começa no momento** em que ele, ou seus prepostos, **recebem a coisa**; por outro lado, termina a responsabilidade quando é entregue ao destinatário, ou depositada em juízo, se aquele não for encontrado.

O transportador poderá exigir que o remetente lhe entregue, devidamente assinada, a **relação discriminada das coisas a serem transportadas**, em duas vias, uma das quais, por ele devidamente autenticada, ficará fazendo parte integrante do conhecimento.

Agora, caso exista informação inexata ou falsa descrição no documento acima emitido, será o transportador indenizado pelo prejuízo que sofrer, devendo a ação respectiva ser ajuizada no prazo decadencial de **120 dias**, a contar daquele ato.

De igual maneira, **poderá** o transportador **recusar a coisa** cuja embalagem seja inadequada, bem como a que possa pôr em risco a saúde das pessoas, ou danificar o veículo e outros bens (art. 746 do CC). Entretanto, o transportador deverá **obrigatoriamente recusar** a coisa cujo transporte ou comercialização **não sejam permitidos**, ou que venha desacompanhada dos documentos exigidos por lei ou regulamento.

Conforme art. 749 do CC, em tendo o transportador aceitado transportar a coisa, a conduzirá ao seu destino, tomando todas as cautelas necessárias para mantê-la em bom estado e entregá-la no prazo ajustado ou previs-

---

9. "Art. 887. O título de crédito, documento necessário ao exercício do direito literal e autônomo nele contido, somente produz efeito quando preencha os requisitos da lei."

to. Assim desembarcadas as mercadorias, o transportador **não é obrigado a dar aviso ao destinatário**, se assim não foi convencionado por expresso, dependendo também de ajuste a entrega a domicílio, e devem também constar expressamente do conhecimento de embarque as cláusulas de aviso ou de entrega a domicílio.

Com a entrega efetivada ao destinatário, ou a quem apresentar o conhecimento endossado, deve aquele que as receber **conferi-las** e apresentar **de imediato as reclamações** que tiver, sob pena de decadência dos direitos. Entretanto, no caso de **perda parcial ou de avaria não perceptível** à primeira vista, o destinatário conserva a sua ação contra o transportador, desde que denuncie o dano em **dez dias a contar da entrega** (prazo decadencial).

Assim como ocorre no transporte de pessoas, até a entrega da coisa, **pode o remetente desistir do transporte** e pedi-la de volta, ou ordenar seja entregue a outro destinatário, pagando, em ambos os casos, os acréscimos de despesa decorrentes da contraordem, mais as perdas e danos que houver.

Se, por acaso, o transporte **não puder ser feito ou sofrer longa interrupção**, o transportador solicitará, incontinenti e de imediato, instruções ao remetente, e **zelará pela coisa**, por cujo perecimento ou deterioração responderá, salvo força maior. E, se perdurar o impedimento, sem motivo imputável ao transportador e sem manifestação do remetente, poderá aquele **depositar a coisa em juízo**, ou vendê-la, obedecidos os preceitos legais e regulamentares, ou os usos locais, **depositando judicialmente o valor**.

No entanto, se o impedimento for responsabilidade do transportador, este poderá **depositar a coisa**, por sua conta e risco, mas só poderá vendê-la se a coisa ou o objeto for **perecível**. Em ambos os casos, o transportador tem o dever de **informar o remetente** da efetivação do **depósito ou da venda**.

Pode, também, o transportador manter a coisa **depositada em seus próprios armazéns**, caso em que continuará a responder pela sua **guarda e conservação**, sendo-lhe devida, porém, uma remuneração pela custódia, a qual poderá ser contratualmente ajustada ou se conformará aos usos adotados em cada sistema de transporte.

Por fim, o contrato de transporte de coisas também pode ser realizado de maneira cumulativa, caso em que todos os transportadores respondem **solidariamente** pelo dano causado perante o remetente, ressalvada a apuração final da responsabilidade entre eles, de modo que o ressarcimento recaia, por inteiro, ou proporcionalmente, naquele ou naqueles em cujo percurso houver ocorrido o dano.

15. CONSTITUIÇÃO DE RENDA

15.1. ASPECTOS INTRODUTÓRIOS DO CONTRATO DE CONSTITUIÇÃO DE RENDA

O contrato de **constituição de renda** é o instrumento pelo qual uma pessoa, chamada de **rendeiro ou de censuário**, se compromete a pagar uma renda periódica em favor do outro, chamado de **rentista ou de censuísta**, assim o fazendo por mera liberalidade, com natureza de contrato unilateral, ou mediante o recebimento de bens móveis ou imóveis, sendo assim um contrato bilateral.

Assim, conforme **art. 803 do CC**, pode uma pessoa, pelo contrato de constituição de renda, **obrigar-se para com outra** a uma prestação periódica, a **título gratuito**, nesse caso, se assemelhando a um contrato de doação, mas no intuito de constituir renda em benefício de outra pessoa.

Pode também ser que o contrato também seja realizado a **título oneroso**, nos termos **do art. 804 do CC**, entregando-se bens móveis ou imóveis à pessoa que se obriga a **satisfazer as prestações a favor do credor ou de terceiros**. Nesse caso, sendo o contrato a título oneroso, pode o credor (rentista ou censuísta), ao contratar, exigir que o **rendeiro (ou censuário) lhe preste garantia real, ou fidejussória**.

Quanto aos prazos, o contrato de constituição de renda somente poderá ser feito a **prazo certo**, ou **por vida**, podendo ultrapassar a vida do devedor, mas nunca a vida do credor, seja ele o próprio contratante, seja ele um terceiro. Por seu turno, é **nula a constituição de renda** em favor de pessoa já falecida, ou que, nos 30 dias seguintes, vier a falecer de moléstia que já sofria, quando foi celebrado o contrato.

Quanto à forma, o contrato de constituição de renda é ato formal e solene, sendo válido somente quanto efetuado **por escrito** e requer **escritura pública**, por foça do **art. 807 do CC**.

Entretanto, se o rendeiro, ou censuário, deixar de cumprir a obrigação estipulada, poderá o credor (rentista ou censuísta) da renda **acioná-lo**, tanto para que lhe pague as prestações atrasadas como para que lhe dê garantias das futuras, sob pena de **rescisão do contrato**. Pode ser considerado, pois, como uma cláusula resolutiva tácita ou legal, imposta pelo CC para o cumprimento das obrigações, sob pena de resolução do contrato pelo inadimplemento.

Outrossim, o credor **adquire o direito à renda dia a dia**, se a prestação não houver de ser paga adiantada, no começo de cada um dos períodos contratualmente preestabelecidos ou prefixos.

Pode, ademais, a renda ser constituída em **benefício de duas ou mais pessoas**, sem determinação da parte de cada uma. Nessa hipótese, entende-se que os seus **direitos são iguais**; e, salvo estipulação diversa no contrato, **não adquirirão os sobrevivos direito à parte dos que morrerem**. Assim, em não tendo disposição contrária, os rendeiros não terão acrescidos aos seus direitos (quinhões recebidos) as rendas do falecido, recebendo o mesmo valor. No caso daqueles que falecerem, pois, extinguirão os seus benefícios.

Finalmente, a renda constituída por título gratuito pode, por ato do instituidor e em cláusula expressa e específica a respeito, ficar **isenta de todas as execuções pendentes e futuras**. Assim, a isenção prevalece de **pleno direito** em favor dos **montepios e pensões alimentícias**.

16. JOGO E APOSTA

16.1. ASPECTOS GERAIS E INTRODUTÓRIOS DO CONTRATO DE JOGO E APOSTA

Inicialmente, importante verificar que o Código Civil trata, em um mesmo Capítulo e conjuntamente, como se fossem, de fato, contratos equivalentes. Muito embora a jurisprudência dominante também os considera como de uma mesma natureza contratual, parte da doutrina defende que são, conceitualmente, distintos.

Na verdade, ambos os contratos são **aleatórios** e possuem a vinculação a um **evento incerto e futuro**, com opiniões contrárias e que o resultado seja favorável a uma das partes. O que os diferencia, segundo Maria Helena Diniz ou Flávio Tartuce, é que na aposta há a opinião prevalecente de um dos contratantes e relativo a determinado fato ou acontecimento, no jogo, isso não ocorre.

Dessa forma, pode-se conceituar o **contrato de jogo** como o negócio jurídico em que duas ou mais pessoas se comprometem a realizar determinada prestação a quem conseguir um resultado favorável de um determinado ato em que todos participam.

Por sua vez, o **contrato de aposta** é o negócio jurídico em que duas ou mais pessoas, que tenham opiniões diferentes, divergentes ou conflitantes, sobre certo e determinado acontecimento, se comprometem em realizar determinada prestação àquela cuja opinião se consagrar como a vencedora.

Dessa forma, as dívidas de jogo ou de aposta são consideradas como **obrigação natural**, ou seja, **aquelas obrigações que não obrigam a pagamento**. Assim, no âmbito da **teoria dualista da obrigação**, as **dívidas** de jogo e aposta são aquelas respaldadas na existência do **débito** (*schuld*), mas não na responsabilidade (*haftung*).

Exatamente por isso, apesar de não se exigir tais obrigações, uma vez pagas **não se pode recobrar a quantia**, que voluntariamente se pagou (ou seja, são **irrepetíveis**), salvo se foi ganha por **dolo**, ou se a parte que perdeu **é menor ou interdito**. Nesses dois últimos casos, caberá a **ação de repetição do indébito**.

Estende-se também esta disposição a qualquer contrato que **encubra ou envolva** reconhecimento, **novação ou fiança de dívida de jogo**; mas a nulidade resultante não pode ser oposta ao terceiro de boa-fé, tendo tais preceitos aplicação, ainda que se trate de **jogo não proibido**, só se excetuando os **jogos e apostas legalmente permitidos**. Assim, podemos classificar os jogos em:

a) jogos legalmente permitidos;

b) jogos proibidos e ilícitos; e

c) jogos tolerados.

Jogos legalmente permitidos ou autorizados são aqueles regulamentados por lei, tais como a loteria federal e oficial, ou o turfe, podendo, nesse caso, serem exigidas, também cabendo a repetição do indébito.

Os **jogos proibidos**, por sua vez, são aqueles jogos expressamente vedados pelo ordenamento jurídico, tal como ocorre com os jogos de azar, cassinos, roletas, *blackjack*, dentre outros. Aliás, a exploração de jogo de azar é **contravenção penal** (art. 50 do Decreto-lei n. 3.688/41).

Finalmente, **os jogos tolerados** são aqueles jogos de menor reprovabilidade, no qual não dependam com exclusividade do azar, mas também da habilidade dos participantes, a exemplo do que ocorre com o pôquer, o truco, dentre outros jogos de carteados.

Excetuam-se, igualmente, os **prêmios oferecidos ou prometidos** para o vencedor em competição de **natureza esportiva, intelectual ou artística**, desde que os interessados se submetam às prescrições legais e regulamentares. Em tais casos, é possível exigir e receber o prêmio, havendo em alguns casos a classificação de um **ato unilateral**, como promessa de recompensa (arts. 854 a 860 do CC), considerados, assim, como fontes de obrigação.

Também, **não se pode exigir reembolso** do que se **emprestou** para jogo ou aposta, no ato de apostar ou jogar, ou seja, um mútuo com a finalidade de utilizar os recursos em jogo ou de aposta, mantendo a **natureza de obrigação natural**.

As disposições acima **não se aplicam** aos contratos sobre **títulos de bolsa, mercadorias ou valores**, em que se estipulem a liquidação exclusivamente pela diferença entre o preço ajustado e a cotação que eles tiverem no vencimento do ajuste.

Por fim, o sorteio para dirimir questões ou dividir coisas comuns não se considera como jogo e aposta, mas como sistema de partilha ou processo de transação, conforme o caso, ou seja, será **promessa pública de recompensa**, conforme **art. 859 do CC**[10].

17. FIANÇA

17.1. ASPECTOS GERAIS DO CONTRATO DE FIANÇA

Nos termos do **art. 818 do CC**, pelo **contrato de fiança**, uma **pessoa garante** satisfazer ao credor uma obrigação assumida pelo devedor, caso este não a cumpra. Trata-se, pois, de um chamado **contrato de garantia**.

Importante relembrar, nesse momento, os **tipos ou formas de garantias** (ou de **caução**) que temos em nosso ordenamento jurídico:

a) Garantias reais: aquelas nos quais determinada coisa é dada como garantia da dívida, como ocorre com o **penhor, com a hipoteca, a anticrese e a alienação fiduciária** em garantia;

b) Garantias fidejussórias ou pessoais: são as hipóteses em que uma pessoa garante pessoalmente o cumprimento das obrigações, como o **aval e a fiança**.

Distinções importantes: penhor, hipoteca, anticrese e alienação fiduciária não são contratos em espécie, mas sim são chamados de direitos reais de garantia, podendo ser instrumentalizados por meio de cláusula contratual ou de contrato, enquanto negócio jurídico acessório.

---

10. "Art. 859. Nos concursos que se abrirem com promessa pública de recompensa, é condição essencial, para valerem, a fixação de um prazo, observadas também as disposições dos parágrafos seguintes.

§ 1ª A decisão da pessoa nomeada, nos anúncios, como juiz, obriga os interessados.

§ 2ª Em falta de pessoa designada para julgar o mérito dos trabalhos que se apresentarem, entender-se-á que o promitente se reservou essa função.

§ 3ª Se os trabalhos tiverem mérito igual, proceder-se-á de acordo com os arts. 857 e 858."

Por seu turno, fiança é um contrato em espécie, acessório, tanto no conceito de negócio jurídico, quanto na modalidade de garantia ou de caução prestada em outros contratos ou obrigações civis, seja de fazer, não fazer, dar coisa certa ou incerta, ou de pagar quantia. E o aval é caracterizada como forma de obrigação cambial, caracterizada como uma relação jurídica autônoma.

As diferenças principais entre fiança e aval são essas (**fiança é contrato;** **aval é obrigação cambial**), além do que na fiança há benefício de ordem, como à frente veremos, enquanto no aval a responsabilidade entre avalista e devedor principal será solidária.

Assim, a fiança é contrato pelo qual o fiador assume a responsabilidade pelo cumprimento de uma obrigação, mas sem ter qualquer vinculação originária a ela, ou seja, há uma **responsabilidade** (*Haftung*), entretanto sem ter a **obrigação ou o débito** (*Schuld*).

Também, nos termos do **art. 819 do CC**, a fiança é **contrato formal**, pois será sempre dada por **escrito**, por escritura pública ou instrumento particular, e **não admite interpretação extensiva**, justamente por se tratar de contrato benévolo e unilateral, assim como determina o **art. 114 do CC**.

Quanto às relações instituídas na fiança, duas informações merecem destaque:

a) a primeira é que o contrato de fiança se estabelece entre **credor e fiador**, essencial ao próprio contrato, tanto que o art. 820 do CC determina que pode ser estipulada a fiança, ainda que **sem consentimento do devedor** ou **contra a sua vontade**;

b) outra relação é a instituída entre **fiador e devedor**, chamado também de afiançado, somente consubstanciada no momento do inadimplemento da obrigação por parte do devedor.

Nesse caso, pode ser objeto de fiança as **dívidas atuais e presentes**, bem como as **dívidas futuras**, entretanto, nesse caso, o fiador, não será demandado senão depois que se fizer **certa e líquida a obrigação** do principal devedor.

A fiança pode ser, também, total ou parcial, inclusive, pode ser de **valor inferior ao da obrigação principal** e contraída em condições **menos onerosas**, e, quando exceder o valor da dívida, ou for mais onerosa que ela, somente valerá senão **até ao limite da obrigação afiançada**.

É certo que a fiança não poderá ser superior ao valor da obrigação principal, pois, por se tratar de um acessório, não pode ser superior ao principal, por lógica sistêmica.

Outrossim, não sendo limitada, ou seja, em sendo **ilimitada e indefinida**, a fiança compreenderá todos os **acessórios da dívida principal**, inclusive as despesas judiciais, juros, multa, clausulas penais, dentre outros, devidos desde a citação do fiador (art. 822 do CC).

As **obrigações nulas**, por seu turno, **não são suscetíveis de fiança**, exceto se a nulidade resultar apenas de **incapacidade pessoal do devedor**, hipótese em que serão consideradas como válidas e eficazes. Nesse último caso, a exceção, contudo, não abrange o caso de **mútuo feito a menor**, nos termos do art. 588 do CC, caso em que não poderão ser reavidos nem do mutuário, nem de seus fiadores.

Finalmente, como visto anteriormente, a fiança constitui relação tida entre credor e fiador, tanto que o fiador deve ser **pessoa idônea**, sob pena de **rejeição** por parte do credor (art. 825 do CC), e caso o **fiador se torne insolvente ou incapaz**, poderá o credor exigir que seja substituído (art. 826 do CC), sob pena de **vencimento antecipado da dívida**, nos termos do art. 333, III, do CC[11].

17.2. EFEITOS DA FIANÇA

Inicialmente, precisamos rememorar qual o tipo de responsabilidade do fiador com relação ao inadimplemento da obrigação por parte do devedor principal.

Dito isso, veja-se que a responsabilidade do fiador, como regra, será sempre **subsidiária**, e não solidária.

Isso porque ele terá em seu favor o chamado **benefício de ordem**, assim entendido como o instituto protetivo colocado à disposição do fiador, possibilitando exigir que, quando for demandado pelo pagamento da dívida, que primeiro sejam executados ou excutidos os bens do devedor, nomeando e informado ao juiz quais os bens do devedor, sitos no mesmo município, que são livres e desembargados, quantos bastem para solver o débito (art. 827 do CC).

Esse mesmo benefício está previsto no Código de Processo Civil, em seu art. 794, estabelecendo que o fiador, quando executado, tem o **direito de exigir que primeiro sejam executados os bens do devedor** situados na mesma comarca, livres e desembargados, indicando-os pormenorizadamente à penhora.

Assim, os bens do fiador somente ficarão sujeitos à execução se os do devedor, situados na mesma comarca que os seus, forem insuficientes à satisfa-

---

11. "Art. 333. Ao credor assistirá o direito de cobrar a dívida antes de vencido o prazo estipulado no contrato ou marcado neste Código:

(...)

III – se cessarem, ou se se tornarem insuficientes, as garantias do débito, fidejussórias, ou reais, e o devedor, intimado, se negar a reforçá-las."

ção do direito do credor e o fiador que pagar a dívida poderá executar diretamente em regresso o afiançado nos autos do mesmo processo.

Entretanto, nos termos do **art. 828 do CC**, não aproveita este benefício ao fiador:

I – se ele o renunciou expressamente;

II – se se obrigou como principal pagador, ou devedor solidário;

III – se o devedor for insolvente, ou falido.

Assim, há a possibilidade de o fiador **renunciar expressamente ao benefício de ordem**, desde que assim o faça por previsão contratual, entretanto, não terá validade se a cláusula de renúncia ao benefício estiver vinculada em contrato de adesão, conforme art. 424 do CC[12] e do **Enunciado n. 364 do CJF**: "No contrato de fiança é nula a cláusula de renúncia antecipada ao benefício de ordem quando inserida em contrato de adesão".

MODELO DE CLÁUSULA DE RENÚNCIA AO BENEFÍCIO DE ORDEM

CLÁUSULA XXX – Na qualidade de fiador das obrigações ora assumidas, assina o presente instrumento e renuncia, expressamente, ao benefício de ordem estabelecida pelo art. 827 do Código Civil e pelo art. 794 do Código de Processo Civil.

A fiança pode também ser conjuntamente prestada a um só débito **por mais de uma pessoa** (ou seja, mais de um fiador), importando o compromisso de **solidariedade entre elas**, se declaradamente **não se reservarem o chamado benefício de divisão**. Estipulado este benefício de divisão, cada fiador responde **unicamente pela parte** que, em proporção, lhe couber no pagamento.

MODELO DE CLÁUSULA DE RENÚNCIA AO BENEFÍCIO DE DIVISÃO

CLÁUSULA XXX – Os FIADORES renunciam expressamente ao benefício de divisão, conforme art. 829 do Código Civil.

Outrossim, de igual maneira, no caso de pluralidade de fiadores, cada fiador pode fixar no contrato a **parte da dívida** que toma sob sua responsabilidade, caso em que não será por mais obrigado.

E o fiador que pagar **integralmente a dívida** fica sub-rogado nos direitos do credor; mas só poderá demandar a cada um dos **outros fiadores pela res-**

---

12. "Art. 424. Nos contratos de adesão, são nulas as cláusulas que estipulem a renúncia antecipada do aderente a direito resultante da natureza do negócio."

pectiva quota. Eventualmente, a parte do fiador insolvente distribuir-se-á pelos outros.

Essa última regra repete aquilo que o **art. 283 do CC** determina quanto à solidariedade, ou seja, "o devedor que satisfez a dívida por inteiro tem direito a exigir de cada um dos codevedores a sua quota, dividindo-se igualmente por todos a do insolvente, se o houver, presumindo-se iguais, no débito, as partes de todos os codevedores".

Pode também o fiador solidário pagar integralmente a dívida de um devedor principal, caso em que poderá cobrar desse, o efetivo interessado na dívida, o valor integral, nos termos do **art. 285 do CC**[13].

Importante verificar que, nessa hipótese, também será caso de **sub-rogação legal** quando um terceiro interessado paga a dívida pela qual pode ou poderia ser responsabilizado (art. 346, III, do CC).

O devedor responde também perante o fiador por todas as **perdas e danos** que este pagar, e pelos que sofrer em **razão da fiança**, demonstrando que o fiador pode ser obrigado a pagar, inclusive, **prejuízos** que possam ocorrer, ainda que por caso fortuito e força maior, nas **cláusulas de assunção de responsabilidade**, conforme art. 393 do CC.

Em caso de pagamento, o fiador tem direito aos **juros do desembolso** pela taxa estipulada na obrigação principal, e, não havendo taxa convencionada, aos **juros legais da mora**[14].

Em favor do fiador, o art. 834 do CC determina que, na hipótese de o credor, sem justa causa, demorar a execução iniciada contra o devedor, poderá o fiador promover-lhe o andamento.

Nesse caso, o **art. 778, § 1º, do CPC**, determina as hipóteses em que pode ser promovida a execução forçada ou nela prosseguir, em sucessão ao exequente originário o sub-rogado, nos casos de **sub-rogação legal** ou convencional. Como visto acima, o fiador que paga a dívida do devedor principal é hipótese de sub-rogação legal.

O fiador poderá **exonerar-se da fiança** que tiver assinado sem limitação de tempo, ou seja, **sem prazo determinado**, sempre que lhe convier, ficando obrigado por todos os efeitos da fiança, durante sessenta dias após a notificação do credor, tratando-se de hipótese de **resilição unilateral**.

Assim, para que possa se exonerar:

---

13. "Art. 285. Se a dívida solidária interessar exclusivamente a um dos devedores, responderá este por toda ela para com aquele que pagar."
14. Enunciado n. 20 do CJF: "A taxa de juros moratórios a que se refere o art. 406 é a do art. 161, § 1º, do Código Tributário Nacional, ou seja, um por cento ao mês".

a) a fiança deve ser por prazo indeterminado;

b) o fiador deve notificar o credor;

c) a garantia se estende até 60 dias após a notificação;

d) a responsabilidade somente obriga pelos efeitos da fiança.

Finalmente, o art. 836 do CC dispõe que a **obrigação do fiador passa aos herdeiros**; mas a **responsabilidade da fiança** se limita ao tempo decorrido até a morte do fiador, e não pode ultrapassar as forças da herança.

Importante, assim, detalhar que a fiança é contrato que **não se transmite aos herdeiros**, por se tratar de obrigação *intuito personae* ou **personalíssima**, sendo extinto, conforme veremos a seguir, com a morte do fiador. O que se transmite aos herdeiros são somente as obrigações vencidas durante a vigência da fiança, constituídas quando vivo o fiador, entretanto, somente até os limites da herança. Assim:

a) **contrato de fiança**: personalíssimo, extingue com a morte do fiador;

b) **obrigações vencidas**: transmite-se aos herdeiros;

c) **responsabilidade**: somente durante a fiança e limitadas à herança.

17.3. EXTINÇÃO DA FIANÇA

Conforme **art. 837 do CC**, o **fiador pode opor ao credor** as exceções que lhe forem pessoais, tais como causas de anulabilidade, de nulidade, incapacidade ou outras de cunho pessoal. Pode também alegar as causas **extintivas da obrigação** que competem ao devedor principal, como pagamento direto, pagamento indireto, prescrição, exceto se não provierem simplesmente de **incapacidade pessoal**, salvo o caso do **mútuo feito a pessoa menor**, que poderá ser alegada

Outrossim, conforme **art. 838 do CC**, o **fiador, ainda que solidário, ficará desobrigado**:

I – se, **sem consentimento seu**, o credor conceder moratória ao devedor;

II – se, **por fato do credor**, for **impossível a sub-rogação** nos seus direitos e preferências;

III – se o **credor**, em pagamento da dívida, **aceitar amigavelmente do devedor objeto diverso do que este era obrigado a lhe dar**, ainda que depois venha a perdê-lo por evicção.

Finalmente, o **art. 839 do CC** prevê que, se for invocado o **benefício da excussão** e o devedor, retardando-se a execução, cair em insolvência, **ficará**

exonerado o fiador que o invocou, se provar que os bens por ele indicados eram, ao tempo da penhora, suficientes para a solução da dívida afiançada.

MODELO DE CLÁUSULAS DE FIANÇA

CLÁUSULA XXX – Concordam com os termos fixados no presente contrato os fiadores, já qualificados (qualificá-los no preambulo do contrato), e que configuram-se também como principais pagadores, responsabilizando-se pelo fiel cumprimento do presente sem exceção de quaisquer cláusulas, mesmo que o presente contrato passe a vigorar por tempo indeterminado.

(Assunção de responsabilidade do fiador no caso de prorrogação do contrato, por prazo indeterminado) PARÁGRAFO XXX – Os fiadores não se eximirão de responsabilidade solidária, caso o contrato venha a ultrapassar seu prazo de vigência, tornando-se desta forma, contrato por prazo indeterminado.

(Cláusula de insolvência do fiador) PARÁGRAFO XXX – Casos os fiadores venham a incorrer em comprovado estado de insolvência, o locatário deverá substituí-lo em XXX dias, sob pena de rescisão contratual.

---

18. TRANSAÇÃO

Com efeito, **transação** consiste no contrato efetuado entre duas ou mais pessoas, que pactuam a **extinção de uma obrigação** ou de um **litígio** por intermédio de concessões mútuas e recíprocas, podendo ocorrer de forma preventiva ou terminativa, conforme **art. 840 do CC.**

Resumidamente, trata-se de uma **composição amigável** das partes em uma determinada obrigação, mas dependente da concessão mútua de vontades, ou seja, se não tiver reciprocidade, não será transação, mas mero acordo entre os envolvidos.

É contrato bilateral, oneroso, comutativo e consensual, cujo objeto da transação somente permite obrigações e **direitos de cunhos patrimoniais** e de **caráter privado**, inadmitindo, pois, transação de direitos indisponíveis, como direitos de personalidade, alimentos, relações de parentesco, dentre outros.

Com relação à **forma e solenidade**, a transação é contrato formal, ou seja, sempre por escrito e não solene, somente exigindo-se a **escritura pública** nas obrigações em que a lei exige tal solenidade, ou por **instrumento particular**, nas em que ela também o admitir; se recair sobre **direitos contestados em juízo**, será feita por **escritura pública**, ou por termo nos autos, assinado pelos transigentes e homologado pelo juiz.

Assim como ocorre com a fiança, acima mencionada, a transação também se interpreta **restritivamente**, conforme **arts. 843 e 114 do CC.**

Também, pela transação **não há a transmissão de direito, de bens ou de interesses**, mas tão somente se **declaram ou reconhecem direitos**, justamente porque ela tem a finalidade de extinção, de prevenção ou de composição amigável de uma obrigação ou de um litígio.

Seguindo a lógica contratual, nos termos do **art. 844 do CC**, a transação não aproveita, nem prejudica terceiros, senão aos que nela intervierem, ainda que diga respeito a coisa indivisível, produzindo, portanto, efeitos *inter partes*, como regra.

Exceções:

a) Se a transação for concluída entre o credor e o devedor, sem o conhecimento do fiador, este ficará desobrigado.

b) Se a transação for efetuada entre um dos credores solidários e o devedor, extingue-se a obrigação deste para com os outros credores.

c) Se a transação for realizada entre um dos devedores solidários e seu credor, extingue a dívida em relação aos codevedores.

Assim, acrescenta-se o **Enunciado n. 442 do CJF** especificando que "a transação, sem a participação do advogado credor dos honorários, é ineficaz quanto aos honorários de sucumbência definidos no julgado".

Ocorrendo a evicção da coisa renunciada por um dos transigentes, ou por ele transferida à outra parte, **não revive a obrigação extinta pela transação**; mas ao evicto cabe o direito de **reclamar perdas e danos**, conforme **art. 845 do CC**, diferentemente daquilo o que ocorre com a dação em pagamento (modalidade de pagamento indireto da obrigação), do art. 359 do CC, confirmando a distinção entre os institutos.

Entretanto, se um dos transigentes adquirir, depois da transação, novo direito sobre a coisa renunciada ou transferida, a transação feita não o inibirá de exercê-lo, como pode ocorrer, por exemplo, com os frutos que podem ser retirados da coisa.

No tocante à transação civil concernente a obrigações resultantes de delito, esta não extingue a ação penal pública **(art. 846 do CC)**, sobretudo porque a responsabilidade civil independe da criminal, e vice-versa, conforme art. 935 do CC.

Ainda, é admissível, na transação, a **pena convencional**, ou seja, dada a sua natureza declaratória, pode ser estipulado o pagamento de multa compensatória ou moratória ou de cláusula penal para a hipótese de descumprimento do quanto pactuado na transação.

Em razão da indivisibilidade da transação, em sendo **nula qualquer das cláusulas** estipuladas na transação, **nula será esta**. No entanto, quando a transação versar sobre diversos direitos contestados, independentes entre si, o fato de **não prevalecer em relação a um não prejudicará os demais**, ou seja, em sendo nulo um direito, não atingirá os demais, prevalecendo, nesse caso, a independência entre eles.

Segundo o **art. 849 do CC**, a transação só se **anula** por dolo, coação, ou erro essencial quanto à pessoa ou coisa controversa. Nesse caso, questiona-se: esse rol é exemplificativo ou exaustivo? Aplica-se à espécie as outras hipóteses de anulabilidade ou de nulidade, tais como a lesão, o estado de perigo, a fraude contra credores e a simulação?

Para esse autor, assim como outros doutrinadores de renome, certamente, a **resposta é positiva**, representando um rol meramente exemplificativo.

Assim, aplicam-se os outros de anulabilidade ou de nulidade dos negócios jurídicos, em especial porque previstos na Parte Geral do Código Civil, portanto incidente em todos os negócios jurídicos previstos na Parte Especial do Código, bem como, no caso da simulação, trata-se de vício concernente à nulidade dos negócios jurídicos, matéria de ordem pública, conforme art. 167 do CC.

Entretanto, a única ressalva deve ser feita com relação à transação que eventualmente incorra a parte em erro de direito, pois, conforme parágrafo único do art. 849 do CC, **não se anula** por **erro de direito**, conforme **art. 139, III, do CC**, a respeito das questões que foram objeto de controvérsia entre as partes.

Por fim, conforme **art. 850 do CC**, é **nula a transação** a respeito do litígio decidido por **sentença passada em julgado**, se dela não tinha ciência algum dos transatores, ou quando, por título ulteriormente descoberto, se verificar que nenhum deles tinha direito sobre o objeto da transação.

MODELO DE TRANSAÇÃO

Instrumento particular de transação

Por este instrumento particular, de um lado o XXX (qualificação completa), e de outro lado XXX (qualificação completa), tem entre si, justo e acordado uma transação nos seguintes termos:

CLÁUSULA XXX – As partes possuem uma divergência ou conflito não discutido em juízo, referente a XXX (descrever o litígio) e que pela presente resolvem transacionar a respeito de tal questão, nas seguintes condições (descrever condições).

CLÁUSULA XXX – Uma vez cumpridas as condições acima ajustadas, ficam extintas as divergências mencionadas, dando as partes mútua, geral e irrevogável quitação, nada mais sendo devido.

CLÁUSULA XXX – A transação ora feita obriga não somente as partes como seus herdeiros e sucessores.

CLÁUSULA XXX – As partes estabelecem que o presente instrumento particular de transação não tem qualquer caráter de confissão de culpa e tampouco de dolo, tendo o puro condão de pôr fim à disputa instaurada.

E por estarem assim, justos e contratados assinam o presente em duas (XXX) vias de igual teor e forma na presença das testemunhas abaixo indicadas, para que surta seus efeitos de direito.

Local/data

Transigentes

Testemunha 1

Testemunha 2

19. COMPROMISSO E ARBITRAGEM

Compromisso pode ser conceituado como sendo o **acordo de vontades**, por intermédio do qual os contratantes pactuam submeter a análise do litígio a árbitros, para a solução das controvérsias a respeito de direitos patrimoniais.

Conforme determina o **art. 851 do CC**, é admitido compromisso, judicial ou extrajudicial, para **resolver litígios entre pessoas** que podem contratar.

É a modalidade ou o meio jurídico que pode conduzir o litígio a uma arbitragem, ou seja, a uma forma alternativa ao Poder judiciário para a solução das controvérsias, conforme também possibilita o próprio Código de Processo Civil, nos termos do **art. 3º, § 1º**, estipulando ser permitida a arbitragem, na forma da lei.

Essa "na forma da lei" diz respeito à **Lei n. 9.307/96 (Lei de Arbitragem)**, regulamentando a chamada jurisdição privada, ou seja, a solução de conflitos sem a intervenção estatal.

E é justamente a **Lei de Arbitragem**, em seu art. 4º, que define a cláusula compromissória, estipulando que "a cláusula compromissória é a **convenção** através da qual as partes em um **contrato** comprometem-se a submeter à arbitragem os litígios que possam vir a surgir, relativamente a tal contrato".

Dessa forma, a cláusula compromissória deve ser **estipulada por escrito**, podendo estar inserta no próprio contrato ou em documento apartado que a ele se refira.

Outrossim, conforme o art. **852 do CC**, é **vedado** o compromisso para solução de **questões de estado**, de **direito pessoal de família** e de outras que **não tenham caráter estritamente patrimonial**.

Finalmente, o **art. 853 do CC** determina ser admitido nos contratos a **cláusula compromissória**, para resolver divergências mediante juízo arbitral, na forma estabelecida em lei especial.

Distinções, aqui, merecem destaque:

1. Compromisso arbitral: é a convenção através da qual as partes submetem um litígio à arbitragem de uma ou mais pessoas, podendo ser judicial ou extrajudicial.

2. Cláusula compromissória: é a convenção através da qual as partes em um contrato comprometem-se a submeter à arbitragem os litígios que possam vir a surgir, relativamente a tal contrato.

- O **compromisso arbitral judicial** celebrar-se-á por termo nos autos, perante o juízo ou tribunal, onde tem curso a demanda.

- O **compromisso arbitral extrajudicial** será celebrado por escrito particular, assinado por duas testemunhas, ou por instrumento público.

- A **cláusula compromissória** deve ser estipulada por escrito, podendo estar inserta no próprio contrato ou em documento apartado que a ele se refira.

  - **Cláusula arbitral cheia:** é a cláusula que traz as possibilidades mínimas para se instituir uma arbitragem, sem buscar preenchimento ou litígio posterior para a instituição da arbitragem. Prevista no **art. 5º da Lei de Arbitragem**: "Reportando-se as partes, na cláusula compromissória, às regras de algum órgão arbitral institucional ou entidade especializada, a arbitragem será instituída e processada de acordo com tais regras, podendo, igualmente, as partes estabelecer na própria cláusula, ou em outro documento, a forma convencionada para a instituição da arbitragem".

  - **Cláusula arbitral vazia:** é a cláusula que precisa de preenchimento posterior, sem qualquer requisito para sua instituição, precisando de provocação. Prevista no **art. 6º da Lei de Arbitragem**: "Não havendo acordo prévio sobre a forma de instituir a arbitragem, a parte interessada manifestará à outra parte sua intenção de dar início à arbitragem, por via postal ou por outro meio qualquer de comunicação, mediante comprovação de recebimento, convocando-a para, em dia, hora e local certos, firmar o compromisso arbitral".

CONSTARÁ, OBRIGATORIAMENTE, DO COMPROMISSO ARBITRAL (ART. 10 DA LEI DE ARBITRAGEM):
I – o nome, profissão, estado civil e domicílio das partes;
II – o nome, profissão e domicílio do árbitro, ou dos árbitros, ou, se for o caso, a identificação da entidade à qual as partes delegaram a indicação de árbitros;

III – a matéria que será objeto da arbitragem; e
IV – o lugar em que será proferida a sentença arbitral.

PODERÁ, AINDA, O COMPROMISSO ARBITRAL CONTER (ART. 11 DA LEI DE ARBITRAGEM):
I – local, ou locais, onde se desenvolverá a arbitragem;
II – a autorização para que o árbitro ou os árbitros julguem por equidade, se assim for convencionado pelas partes;
III – o prazo para apresentação da sentença arbitral;
IV – a indicação da lei nacional ou das regras corporativas aplicáveis à arbitragem, quando assim convencionarem as partes;
V – a declaração da responsabilidade pelo pagamento dos honorários e das despesas com a arbitragem; e
VI – a fixação dos honorários do árbitro, ou dos árbitros.

Assim, existindo **cláusula compromissória** e havendo resistência quanto à instituição da arbitragem, poderá a parte interessada requerer a citação da outra parte para **comparecer em juízo a fim de lavrar-se o compromisso**, designando o juiz audiência especial para tal fim **(art. 7º da Lei de Arbitragem)**.

Requisitos e procedimentos:

§ 1º O autor indicará, com precisão, o objeto da arbitragem, instruindo o pedido com o documento que contiver a cláusula compromissória.
§ 2º Comparecendo as partes à audiência, o juiz tentará, previamente, a conciliação acerca do litígio. Não obtendo sucesso, tentará o juiz conduzir as partes à celebração, de comum acordo, do compromisso arbitral.
§ 3º Não concordando as partes sobre os termos do compromisso, decidirá o juiz, após ouvir o réu, sobre seu conteúdo, na própria audiência ou no prazo de dez dias, respeitadas as disposições da cláusula compromissória e atendendo ao disposto nos arts. 10 e 21, § 2º, desta Lei.
§ 4º Se a cláusula compromissória nada dispuser sobre a nomeação de árbitros, caberá ao juiz, ouvidas as partes, estatuir a respeito, podendo nomear árbitro único para a solução do litígio.
§ 5º A ausência do autor, sem justo motivo, à audiência designada para a lavratura do compromisso arbitral, importará a extinção do processo sem julgamento de mérito.
§ 6º Não comparecendo o réu à audiência, caberá ao juiz, ouvido o autor, estatuir a respeito do conteúdo do compromisso, nomeando árbitro único.
§ 7º A sentença que julgar procedente o pedido valerá como compromisso arbitral.

CLÁUSULA XXX – As PARTES, de comum acordo, nos termos dos art. 4º, *caput* e § 1º, e art. 5º, ambos da Lei n. 9.307/96, por convenção de arbitragem, elegem, de forma livre e para todos os fins de direito, a **XXX** (descrever a Câmara Arbitral, Instituição ou a Arbitragem), para que todas as controvérsias que derivem do presente contrato de XXX (especificar o contrato) sejam resolvidas e dirimidas, definitivamente, de acordo com as regras do Regulamento Interno da **XXX** (descrever a Câmara Arbitral, Instituição ou a Arbitragem), por um ou mais árbitros nomeados de conformidade com este Regulamento, renunciando as PARTES, desde já, a qualquer outro foro por mais privilegiado que seja.

20. CONTRATOS IMOBILIÁRIOS

20.1. NEGÓCIOS IMOBILIÁRIOS

20.1.1. ASPECTOS INICIAIS E INTRODUTÓRIOS

Os negócios imobiliários, uma área dinâmica e multifacetada do mercado, desempenham papel crucial na economia.

A complexidade inerente a transações de imóveis, sejam eles residenciais ou comerciais, demanda considerável aprofundamento, estudo, de conhecimento e de especialização.

É aqui que entram em cena a assessoria e a consultoria em negociações imobiliárias, serviços essenciais que facilitam e otimizam as transações imobiliárias.

A assessoria imobiliária abrange uma ampla gama de serviços, incluindo a avaliação de propriedades, orientação sobre o melhor momento para comprar ou vender, análise de tendências de mercado e aconselhamento sobre aspectos legais e fiscais das transações. Profissionais experientes no setor imobiliário oferecem um conhecimento valioso que pode proteger e beneficiar tanto compradores quanto vendedores.

Por outro lado, a consultoria imobiliária vai além, oferecendo uma análise mais aprofundada e estratégica. Consultores imobiliários trabalham de perto com seus clientes para entender suas necessidades específicas e objetivos a longo prazo.

Eles fornecem *insights* detalhados sobre o mercado, incluindo análises de viabilidade, recomendações de investimento e estratégias de desenvolvimento imobiliário.

Essa consultoria pode ser particularmente valiosa para investidores, promotores imobiliários e empresas que buscam expandir ou otimizar seu portfólio imobiliário.

Ambos os serviços – assessoria e consultoria – são fundamentais no processo de tomada de decisão em negócios imobiliários.

Eles ajudam a navegar por um mercado muitas vezes complexo, em que fatores como localização, legislação local, condições do mercado e tendências econômicas desempenham papéis cruciais. Por exemplo, a compra de uma propriedade residencial não se limita apenas a encontrar um lar adequado; envolve também a compreensão de aspectos como valorização do imóvel, potencial de arrendamento, taxas de juros de hipotecas e regulamentações locais.

Na esfera comercial, as decisões de investimento em imóveis requerem uma avaliação ainda mais minuciosa.

Assuntos como zonamento, potencial de desenvolvimento, retorno sobre investimento e sustentabilidade são aspectos críticos.

Os consultores imobiliários, com sua expertise, podem fornecer análises detalhadas sobre a viabilidade de projetos de construção, a aquisição de imóveis comerciais e estratégias de diversificação de portfólio.

Além disso, a assessoria e a consultoria em negociações imobiliárias também envolvem a facilitação do processo de negociação, ajudando a estabelecer termos que sejam favoráveis e justos para todas as partes envolvidas.

Eles podem mediar negociações, oferecer recomendações para a estruturação de contratos e auxiliar na resolução de possíveis impasses.

Em resumo, os negócios imobiliários são complexos e envolvem uma série de fatores que vão além da simples compra e venda de propriedades.

A assessoria e a consultoria especializadas são essenciais para orientar indivíduos e empresas através das complexidades do mercado imobiliário, garantindo que suas decisões de investimento sejam informadas, estratégicas e benéficas a longo prazo.

20.1.2. MODELO DE ASSESSORIA OU CONSULTORIA EM NEGOCIAÇÕES IMOBILIÁRIAS

CONTRATO DE ASSESSORIA E CONSULTORIA JURÍDICA EM NEGÓCIOS IMOBILIÁRIOS

Pelo presente instrumento particular de contrato, de um lado, **EMPRESA XXX**, pessoa jurídica de direito privado, com sede na Rua/Avenida XXX (Endereço completo), inscrita no CNPJ sob o n. XXX, neste ato representada na forma de seu contrato social pelo(s) seu(s) represente(s) legal(is) XXX (Cargo e qualificação do representante), doravante denominada simplesmente CONTRATANTE; e de outro lado, **XXX ADVOGADOS** (Nome do escritório de advocacia contratado), sociedade de advogados, com sede na Rua/Avenida XXX (Endereço completo), inscrita no CNPJ sob o n. XXX, neste ato representada na forma de seu contrato social pelo(s) seu(s) represente(s) legal(is) XXX (Cargo e qualificação do representante), doravante denominado simplesmente CONTRATADO;

Têm entre si, justo e acordado, o presente **CONTRATO DE PRESTAÇÃO DE SERVIÇOS DE ASSESSORIA E CONSULTORIA JURÍDICA EM NEGÓCIOS IMOBILIÁRIOS**, que se regerá pelas cláusulas e condições seguintes:

CLÁUSULA XXX – DO OBJETO DO CONTRATO

O objeto do presente contrato é a prestação de serviços de assessoria e consultoria jurídica em negócios imobiliários, consistente em:

a) análise e elaboração de contratos de compra e venda, locação, permuta e outros instrumentos relacionados à atividade imobiliária;

b) acompanhamento dos trâmites legais para aquisição de imóveis, inclusive obtenção de certidões e registros necessários;

c) orientação e acompanhamento em processos administrativos e judiciais relacionados à atividade imobiliária;

d) elaboração de pareceres e consultas jurídicas sobre assuntos relacionados à atividade imobiliária.

CLÁUSULA XXX – DO PRAZO DO CONTRATO

O presente contrato terá prazo de vigência de XXX (XXX) meses/anos, com início em XXX de XXX de XXXX (Data de início do contrato) e término em XXX de XXX de XXXX (Data de término do contrato), podendo ser prorrogado por acordo entre as partes.

CLÁUSULA XXX – DOS HONORÁRIOS

Pela prestação dos serviços objeto do presente contrato, a CONTRATANTE pagará ao CONTRATADO os honorários no valor de R$ XXX (XXX mil reais), a serem pagos mensalmente até o 5º dia útil de cada mês.

PARÁGRAFO XXX – Os honorários incluem todos os custos e despesas relacionados à prestação dos serviços contratados, exceto eventuais custas judiciais ou extrajudiciais, as quais serão suportadas pela CONTRATANTE.

CLÁUSULA XXX – DO SIGILO PROFISSIONAL

As partes acordam que toda e qualquer informação e documentação relativa ao objeto deste contrato será mantida em sigilo absoluto, obrigando-se ambas as partes a não divulgar a terceiros, sob qualquer pretexto, sem prévia autorização por escrito da outra parte.

CLÁUSULA XXX – DAS RESPONSABILIDADES

O CONTRATADO se compromete a prestar os serviços contratados com a máxima diligência, profissionalismo e competência, observando as normas técnicas e éticas da profissão.

PARÁGRAFO XXX – A CONTRATANTE se responsabilizará por todas as informações e documentos fornecidos ao CONTRATADO, assumindo a responsabilidade pela veracidade e autenticidade dos mesmos.

PARÁGRAFO XXX – Nenhuma das partes será responsável por danos ou prejuízos decorrentes de casos fortuitos ou de força maior que impeçam o cumprimento do contrato.

CLÁUSULA XXX – DA RESCISÃO

O presente contrato poderá ser rescindido a qualquer tempo, por ambas as partes, mediante notificação por escrito com antecedência mínima de XXX (XXX) dias.

PARÁGRAFO XXX – Na hipótese de rescisão do contrato, o CONTRATADO terá direito aos honorários relativos aos serviços já prestados e a eventuais despesas comprovadamente realizadas.

CLÁUSULA XXX – DO FORO

Fica eleito o foro da Comarca de XXX, para dirimir quaisquer questões decorrentes do presente contrato, renunciando as partes a qualquer outro foro, por mais privilegiado que seja.

E, por estarem justas e acordadas, as partes assinam o presente contrato em XXX (XXX) vias de igual teor e forma, na presença de duas testemunhas.

Local, Data.

CONTRATANTE

CONTRATADO

Testemunha 1

Testemunha 2

20.2. CONTRATOS DE INCORPORAÇÕES IMOBILIÁRIAS – REGIME JURÍDICO DA LEI N. 4.591/64

20.2.1. ASPECTOS GERAIS DAS INCORPORAÇÕES IMOBILIÁRIAS

Os contratos de incorporações imobiliárias, regidos pelo regime jurídico da **Lei n. 4.591/64**, representam um elemento fundamental no setor imobiliário, especialmente no que tange à construção e comercialização de unidades em edifícios ou conjuntos de edificações.

Essa legislação, específica para o segmento de incorporações imobiliárias, estabelece as diretrizes para a formação e execução desses contratos, garantindo direitos e deveres tanto para incorporadores quanto para adquirentes.

O contrato de incorporação imobiliária pode ser conceituado como sendo o negócio jurídico mediante o qual o incorporador se obriga a promover e realizar uma construção imobiliária destinada à alienação das unidades autônomas, com o pagamento à vista ou em prestações.

Esse contrato é regido pela **Lei n. 4.591/64**, criada com o intuito de regulamentar as atividades de **incorporação imobiliária**, processo em que um empreendedor ou empresa (incorporador) realiza a construção de um conjunto de unidades residenciais ou comerciais para venda. Essa lei abrange desde o registro do projeto de incorporação até a entrega das unidades aos compradores.

Conforme determina o **art. 1º** da referida legislação, tais contratos abrangem as **edificações ou conjuntos de edificações**, de um ou mais pavimentos, construídos sob a forma de unidades isoladas entre si, destinadas a fins residenciais ou não residenciais, que poderão ser alienados, no todo ou em parte, objetivamente considerados, e constituirá, cada unidade, propriedade autônoma sujeita às limitações dessa Lei.

Da mesma forma, considera-se **incorporador a pessoa física ou jurídica**, comerciante ou não, que, embora não efetue a construção, se comprometa ou efetive a **venda de frações ideais de terreno** objetivando a vinculação de tais frações a unidades autônomas, em edificações a serem construídas ou em construção sob regime condominial, ou que meramente aceite propostas para efetivação de tais transações, coordenando e levando a termo a incorporação e responsabilizando-se, conforme o caso, pela entrega, a certo prazo, preço e determinadas condições, das obras concluídas.

Presume-se a vinculação entre a alienação das frações do terreno e o negócio de construção se, ao ser contratada a venda, ou promessa de venda ou de cessão das frações de terreno, já houver sido aprovado e estiver em vigor, ou pender de aprovação de autoridade administrativa, o respectivo projeto de construção, respondendo o alienante como incorporador.

Estende-se a condição de incorporador aos **proprietários e titulares de direitos aquisitivos** que contratem a construção de edifícios que se destinem à constituição em condomínio, sempre que iniciarem as alienações antes da conclusão das obras.

Nesse sentido, quando, em terreno no qual não houver edificação, o proprietário, o promitente comprador, o cessionário deste ou o promitente cessionário sobre ele desejar erigir mais de uma edificação, observar-se-á também o seguinte:

a) em relação às unidades autônomas que se constituírem em casas térreas ou assobradadas, será discriminada a parte do terreno ocupada pela edificação e, também, aquela eventualmente reservada como de utilização exclusiva dessas casas, como jardim e quintal, bem assim a fração ideal do todo do terreno e de partes comuns, que corresponderá às unidades;

b) em relação às unidades autônomas que constituírem edifícios de dois ou mais pavimentos, será discriminada a parte do terreno ocupada pela edificação, aquela que eventualmente for reservada como de utilização exclusiva, correspondente às unidades do edifício, e, ainda, a fração ideal do todo do terreno e de partes comuns, que corresponderá a cada uma das unidades;

c) serão discriminadas as partes do total do terreno que poderão ser utilizadas em comum pelos titulares de direito sobre os vários tipos de unidades autônomas;

d) serão discriminadas as áreas que se constituírem em passagem comum para as vias públicas ou para as unidades entre si.

Aspectos principais dos contratos de incorporações imobiliárias

1. Registro de incorporação: um dos pontos-chave é a obrigatoriedade do registro de incorporação no Cartório de Registro de Imóveis. Esse registro deve incluir o projeto aprovado, a descrição do terreno, o memorial descritivo, entre outros documentos. A partir desse registro, o incorporador está autorizado a comercializar as unidades.

2. Transparência e informação: a lei assegura que os compradores tenham acesso a todas as informações relevantes sobre o empreendimento, incluindo planos de construção, condições de pagamento e prazos de entrega.

3. Patrimônio de afetação: um aspecto importante introduzido por esta lei é o conceito de patrimônio de afetação. Isso significa que os recursos financeiros obtidos com a venda das unidades devem ser utilizados exclusivamente para a construção do empreendimento, garantindo maior segurança para os compradores.

4. Convenção de condomínio: a lei também aborda a formação de condomínios, estabelecendo normas para a sua administração e para a utilização das áreas comuns, que devem ser definidas em uma convenção de condomínio.

O regime jurídico estabelecido pela **Lei n. 4.591/64** é de extrema importância para a segurança jurídica no mercado imobiliário.

Ele protege os interesses dos consumidores, assegurando que sejam devidamente informados sobre o que estão adquirindo e garantindo a aplicação correta dos seus investimentos.

Ao mesmo tempo, proporciona um ambiente de negócios mais claro e seguro para os incorporadores, definindo regras claras para a condução de suas atividades.

Os contratos de incorporações imobiliárias são complexos e envolvem uma série de regulamentações específicas estabelecidas pela Lei n. 4.591/64.

Essa legislação é um marco no setor imobiliário brasileiro, pois oferece um conjunto de regras e procedimentos que visam assegurar transparência, eficiência e segurança tanto para os incorporadores quanto para os consumidores.

Seu entendimento e aplicação correta são essenciais para o desenvolvimento sustentável do mercado imobiliário e para a proteção dos direitos de todos os envolvidos.

20.2.2. MODELO DE INCORPORAÇÕES IMOBILIÁRIAS

CONTRATO DE INCORPORAÇÃO IMOBILIÁRIA

Qualificação completa, pessoa jurídica de direito privado, inscrita no CNPJ sob o n. XXX, com sede na Rua/Avenida XXX, neste ato representada por seu(s) representante(s) legal(is), doravante denominada simplesmente "INCORPORADORA"; e, de outro lado, XXX (Qualificação completa – Pessoa física ou jurídica), portador(a) da cédula de identidade RG n. XXX e inscrito(a) no CPF/MF sob o n. XXX (ou no CNPJ sob o n. XXX), residente e domiciliado(a) (ou com sede) na Rua/Avenida XXX (se pessoa jurídica, neste ato representada por seu(s) representante(s) legal(is)), doravante denominado simplesmente "COMPRADOR";

Resolvem celebrar o presente **CONTRATO DE INCORPORAÇÃO IMOBILIÁRIA,** que se regerá pelas cláusulas e condições seguintes:

CLÁUSULA XXX – OBJETO

O presente contrato tem por objeto a incorporação imobiliária do empreendimento denominado XXX (Identificar o Nome do Empreendimento), a ser edificado no terreno situado na Rua/Avenida (Endereço do Terreno), devidamente registrado sob a matrícula n. XXX, do XXXº (Número do CRI) Cartório de Registro de Imóveis da Comarca de XXX.

PARÁGRAFO XXX – A INCORPORADORA compromete-se a entregar ao COMPRADOR a unidade autônoma XXX (Identificar o tipo de unidade), com área privativa de XXXm² (Identificar a área privativa), área comum de XXXm² (Identificar a área comum) e área total de XXXm² (Identificar a área total), conforme planta e memorial descritivo anexos ao presente contrato.

CLÁUSULA XXX – PREÇO E FORMA DE PAGAMENTO

O COMPRADOR pagará à INCORPORADORA o valor total de R$ XXX (XXX mil reais), conforme cronograma de pagamento abaixo:

a) R$ XXX (XXX mil reais) na data de assinatura deste contrato;

b) R$ XXX (XXX mil reais) em XXX (XXX) parcelas mensais e consecutivas, vencendo a primeira no dia XX/XX/XXXX (Data do vencimento da primeira parcela) e as demais no mesmo dia dos meses subsequentes;

c) R$ XXX (XXX mil reais) em XXX (XXX) parcelas intermediárias (ou parcelas anuais), vencendo a primeira no dia XX/XX/XXXX (Data do vencimento da primeira parcela intermediária ou anual) e as demais no mesmo dia dos anos subsequentes;

d) R$ XXX (XXX mil reais) na data da entrega das chaves ou quando da celebração da escritura definitiva de compra e venda.

CLÁUSULA XXX – REAJUSTE E CORREÇÃO MONETÁRIA

As parcelas previstas na Cláusula XXX anterior serão reajustadas monetariamente pelo Índice Nacional de Custo da Construção (INCC) ou outro índice que venha a substituí-lo.

PARÁGRAFO XXX – O saldo devedor e as parcelas vencidas e não pagas sofrerão correção monetária pelo Índice Geral de Preços ao Consumidor Amplo (IPCA) ou outro índice que venha a substituí-lo, acrescidos de juros de mora de 1% (um por cento) ao mês e multa de 2% (dois por cento) sobre o valor devido.

CLÁUSULA XXX – PRAZO DE ENTREGA E TOLERÂNCIA

A INCORPORADORA compromete-se a entregar a unidade autônoma ao COMPRADOR até a data de XX/XX/XXXX (Data de entrega do bem), podendo haver prorrogação por até 180 (cento e oitenta) dias corridos em caso de atraso por motivo de força maior ou caso fortuito, devidamente comprovado e comunicado ao COMPRADOR.

CLÁUSULA XXX – CONDIÇÕES PARA ESCRITURAÇÃO E REGISTRO

A escritura definitiva de compra e venda será lavrada e registrada em nome do COMPRADOR após a quitação integral do preço ajustado neste contrato, a expedição do habite-se e a constituição do condomínio.

PARÁGRAFO XXX – O COMPRADOR deverá comunicar à INCORPORADORA, por escrito, com antecedência mínima de XXX (XXX) dias (30/60 dias), a intenção de quitar o saldo devedor e as demais obrigações assumidas neste contrato.

CLÁUSULA XXX – DESISTÊNCIA, RESCISÃO E PENALIDADES

Em caso de desistência do COMPRADOR, este terá direito à restituição de até 50% (cinquenta por cento) dos valores pagos, após dedução das despesas administrativas, tributos e encargos decorrentes do contrato, conforme a Lei n. 13.786/2018 (Lei do Distrato).

PARÁGRAFO XXX – No caso de inadimplemento do COMPRADOR, a INCORPORADORA poderá optar pela rescisão do contrato e aplicação da multa prevista na Cláusula XXX ou pela manutenção do contrato e cobrança judicial das parcelas vencidas e vincendas.

CLÁUSULA XXX – BENFEITORIAS E ALTERAÇÕES

O COMPRADOR não poderá realizar benfeitorias ou alterações na unidade autônoma antes da entrega das chaves e da constituição do condomínio, exceto se expressamente autorizado pela INCORPORADORA, por escrito.

CLÁUSULA XXX – VISTORIA E RECEBIMENTO DA UNIDADE

O COMPRADOR, após a comunicação da conclusão das obras pela INCORPORADORA, terá o prazo de 15 (quinze) dias corridos para realizar a vistoria e apontar eventuais defeitos ou vícios construtivos. Decorrido este prazo sem manifestação, a unidade será considerada recebida sem ressalvas.

CLÁUSULA XXX – LEGISLAÇÃO APLICÁVEL

O presente contrato será regido pelas leis brasileiras, especialmente pela Lei n. 4.591/64 (Lei de Incorporações Imobiliárias).

CLÁUSULA XXX – DISPOSIÇÕES GERAIS

A INCORPORADORA compromete-se a manter o COMPRADOR informado sobre o andamento das obras e eventuais alterações no projeto, conforme legislação aplicável.

PARÁGRAFO XXX – O presente contrato, juntamente com seus anexos, obriga as partes, seus herdeiros e sucessores, a cumprirem todas as cláusulas e condições aqui estipuladas.

PARÁGRAFO XXX – O COMPRADOR declara ter pleno conhecimento das condições do presente contrato, bem como das condições do memorial de incorporação e demais documentos referentes ao empreendimento.

PARÁGRAFO XXX – As partes declaram que este contrato foi celebrado de forma livre e espontânea, sem qualquer vício de consentimento.

PARÁGRAFO XXX – Fica eleito o domicílio das partes para receber notificações e comunicações decorrentes deste contrato, assim entendidos como os endereços indicados no preâmbulo deste instrumento.

PARÁGRAFO XXX – Qualquer modificação ou aditamento ao presente contrato somente terá validade se feito por escrito e de comum acordo entre as partes.

CLÁUSULA XXX – FORO

As partes elegem o foro da Comarca de XXX para dirimir quaisquer dúvidas, controvérsias ou litígios decorrentes deste contrato, com renúncia expressa a qualquer outro, por mais privilegiado que seja ou venha a ser.

E, por estarem justas e contratadas, as partes assinam o presente contrato em XXX (XXX) vias de igual teor e forma, na presença das testemunhas abaixo.

Local e Data.

INCORPORADORA

COMPRADOR

Testemunha 1

Testemunha 2

20.3. OS CONDOMÍNIOS, A MULTIPROPRIEDADE E AS DIVISÕES IMOBILIÁRIAS

20.3.1. ASPECTOS GERAIS DO CONDOMÍNIO

O instituto do **condomínio**, no Código Civil, regulamentado principalmente pelos **arts. 1.314 a 1.358-A**, representa uma parte crucial na legislação que rege a propriedade compartilhada de imóveis.

O condomínio, em seu sentido jurídico, refere-se à forma de propriedade em que uma edificação é dividida em unidades autônomas, cada uma pertencendo a um proprietário diferente, enquanto as áreas comuns são de propriedade compartilhada por todos os condôminos.

O Código Civil destina essa seção ao estabelecimento das normas e diretrizes para a organização e funcionamento dos condomínios, sejam eles residenciais, comerciais ou mistos. Essa regulamentação é essencial para a coexistência harmônica e eficiente dos condôminos, bem como para a administração adequada das áreas comuns e privativas.

Especificamente, o condomínio em geral, como instituto jurídico, é detalhadamente regulamentado pelos **arts. 1.314 a 1.326 do Código Civil**. Esses artigos estabelecem as diretrizes para a formação, administração e extinção de condomínios, bem como os direitos e deveres dos condôminos.

Esse conjunto de normas é essencial para o funcionamento harmonioso de propriedades compartilhadas, sejam elas residenciais, comerciais ou mistas.

1) Estrutura e administração do condomínio: o Código Civil define o condomínio como a propriedade compartilhada de um bem imóvel, em que cada condômino possui uma fração ideal do todo, mas com direito exclusivo sobre sua unidade autônoma.

Os **arts. 1.323 a 1.326** especificam a forma como essa propriedade deve ser administrada, incluindo a necessidade de uma convenção de condomínio, que estabelece as regras de convivência e as diretrizes para a administração das áreas comuns.

- Deliberando a maioria sobre a administração da coisa comum, escolherá o administrador, que poderá ser estranho ao condomínio; resolvendo alugá-la, preferir-se-á, em condições iguais, o condômino ao que não o é.

- O condômino que administrar sem oposição dos outros presume-se representante comum.

- A maioria será calculada pelo valor dos quinhões.

- As deliberações serão obrigatórias, sendo tomadas por maioria absoluta.

- Não sendo possível alcançar maioria absoluta, decidirá o juiz, a requerimento de qualquer condômino, ouvidos os outros.

- Havendo dúvida quanto ao valor do quinhão, será este avaliado judicialmente.

- Os frutos da coisa comum, não havendo em contrário estipulação ou disposição de última vontade, serão partilhados na proporção dos quinhões.

---

2) Direitos e deveres dos condôminos: um aspecto crucial da legislação é a definição dos direitos e deveres dos condôminos.

Conforme **art. 1.314 do CC**, cada condômino pode **usar da coisa** conforme sua destinação, sobre ela exercer todos os direitos compatíveis com a indivisão, reivindicá-la de terceiro, defender a sua posse e alhear a respectiva parte ideal, ou gravá-la. E nenhum dos condôminos pode **alterar a destinação da coisa comum**, nem dar **posse uso** ou **gozo** dela a estranhos, sem o **consenso dos outros**.

O Código também estabelece as regras para o uso das áreas comuns, com relação ao **condomínio edilício**, enfatizando a importância do respeito mútuo e da convivência harmônica. Estes incluem o direito ao uso da sua unidade autônoma e das áreas comuns, bem como a obrigação de contribuir para as despesas do condomínio.

> **Art. 1.335. São direitos do condômino:**
>
> I – usar, fruir e livremente dispor das suas unidades;
>
> II – usar das partes comuns, conforme a sua destinação, e contanto que não exclua a utilização dos demais compossuidores;
>
> III – votar nas deliberações da assembleia e delas participar, estando quite.

> **Art. 1.336. São deveres do condômino:**
>
> I – contribuir para as despesas do condomínio na proporção das suas frações ideais, salvo disposição em contrário na convenção;
>
> II – não realizar obras que comprometam a segurança da edificação;
>
> III – não alterar a forma e a cor da fachada, das partes e esquadrias externas;
>
> IV – dar às suas partes a mesma destinação que tem a edificação, e não as utilizar de maneira prejudicial ao sossego, salubridade e segurança dos possuidores, ou aos bons costumes.

3) Assembleia de condôminos: o Código Civil destaca a importância da assembleia de condôminos, o principal órgão decisório do condomínio. Estabelece as diretrizes para a convocação e realização de assembleias, definindo como as decisões devem ser tomadas e os quóruns necessários para diversas situações, como mudanças na convenção de condomínio ou grandes reparos nas áreas comuns.

4) Contribuições condominiais: outro ponto de destaque é a questão das contribuições condominiais. O Código estabelece que todos os condôminos são obrigados a contribuir para as despesas do condomínio, proporcionalmente às suas frações ideais, a menos que haja disposição em contrário na convenção do condomínio.

Outrossim, pode o condômino eximir-se do pagamento das despesas e dívidas, renunciando à parte ideal.

Se os demais condôminos assumem as despesas e as dívidas, a renúncia lhes aproveita, adquirindo a parte ideal de quem renunciou, na proporção dos pagamentos que fizerem. Se não há condômino que faça os pagamentos, a coisa comum será dividida.

5) Alterações na propriedade comum: o Código também aborda como devem ser tratadas as alterações na propriedade comum. Para que modificações significativas sejam feitas nas áreas comuns, é necessário que uma determinada maioria dos condôminos concorde com essas mudanças.

Lembrando que, no caso do condomínio edilício:

Art. 1.341, CC. A realização de obras no condomínio depende:

I – se voluptuárias, de voto de dois terços dos condôminos;

II – se úteis, de voto da maioria dos condôminos.

---

6) Extinção ou divisão do condomínio: por fim, os artigos do Código Civil tratam da extinção do condomínio, que pode ocorrer por diversos motivos, como a decisão dos condôminos, morte ou por uma ordem judicial. O Código estabelece os procedimentos para a divisão da propriedade comum quando do término do condomínio.

São hipóteses de extinção:

a) a morte;

b) o divórcio;

c) a dissolução de sociedade empresarial;

d) a doação;

e) para quitação de dívidas;

f) destruição ou perda da coisa;

g) desapropriação.

Em caso de extinção, conforme dispõe o **art. 1.357 do CC**, se a edificação for total ou consideravelmente **destruída**, ou **ameace ruína**, os condôminos deliberarão em assembleia sobre a **reconstrução**, ou **venda**, por votos que representem metade mais uma das frações ideais.

Deliberada a reconstrução, poderá o condômino eximir-se do pagamento das despesas respectivas, alienando os seus direitos a outros condôminos, mediante avaliação judicial.

Realizada a venda, em que se preferirá, em condições iguais de oferta, o condômino ao estranho, será repartido o apurado entre os condôminos, proporcionalmente ao valor de suas unidades imobiliárias. Se ocorrer **desapropriação**, a indenização será repartida na proporção acima.

Por fim, conforme **art. 1.320 do CC**, a todo tempo será lícito ao condômino exigir a **divisão da coisa comum**, respondendo o quinhão de cada um pela sua parte nas despesas da divisão. Podem os condôminos acordar que fique indivisa a coisa comum por prazo não maior de cinco anos, suscetível de prorrogação ulterior.

Não poderá exceder de **cinco anos** a indivisão estabelecida pelo doador ou pelo testador. E, a requerimento de qualquer interessado e se graves razões o aconselharem, pode o juiz determinar a divisão da coisa comum antes do prazo.

7) Direito de preferência: no contexto de condomínios, o direito de preferência refere-se à prioridade concedida aos condôminos na aquisição de uma fração, unidade ou parte comum que está sendo vendida. Esse direito é particularmente relevante quando se trata da venda de áreas comuns do condomínio, como pode ser o caso de uma sala, espaço de lazer ou outra parte que pertença coletivamente aos moradores do condomínio.

Conforme **art. 1.322 do CC**, quando a coisa for indivisível, e os consortes não quiserem adjudicá-la a um só, indenizando os outros, será vendida e repartido o apurado, preferindo-se, na venda, em condições iguais de oferta, o condômino ao estranho, e entre os condôminos aquele que tiver na coisa benfeitorias mais valiosas, e, não as havendo, o de quinhão maior.

Se nenhum dos condôminos tem benfeitorias na coisa comum e participam todos do condomínio em partes iguais, realizar-se-á licitação entre estranhos e, antes de adjudicada a coisa àquele que ofereceu maior lanço, proceder-se-á à licitação entre os condôminos, a fim de que a coisa seja adjudicada a quem afinal oferecer melhor lance, preferindo, em condições iguais, o condômino ao estranho.

8) Regulamentação legal do direito de preferência: o direito de preferência em casos de venda de partes comuns de um condomínio é regulado pelo Código Civil, em seu art. 504. Esse direito assegura que, antes de uma área comum ser vendida para alguém de fora do condomínio, os condôminos atuais tenham a primeira opção de compra.

9) Funcionamento do direito de preferência:

a) **Notificação aos condôminos:** quando há a intenção de vender uma área comum do condomínio, todos os condôminos devem ser notificados. Essa notificação deve incluir todas as condições da venda, como preço e forma de pagamento.

b) **Prazo para manifestação de interesse:** após serem notificados, os condôminos têm um prazo determinado para manifestar interesse em exercer o direito de preferência. Esse prazo deve ser suficiente para que os condôminos avaliem a proposta e decidam se desejam ou não comprar a área em questão.

c) **Igualdade de condições**: caso um condômino decida exercer o direito de preferência, ele deve aceitar as condições estabelecidas para a venda. Isso significa concordar com o preço e as condições de pagamento propostos ao terceiro interessado.

d) **Venda para terceiros**: se nenhum condômino manifestar interesse dentro do prazo estipulado ou se todos que demonstraram interesse desistirem ou não cumprirem com as condições de compra, o vendedor fica livre para vender a área comum para um terceiro, sob as mesmas condições oferecidas aos condôminos.

Considerações adicionais

• **Decisão coletiva**: a venda de áreas comuns em um condomínio geralmente requer uma decisão coletiva, tomada em assembleia, com quórum qualificado.

• **Aspectos legais**: é importante que todo o processo de venda de áreas comuns em condomínios siga as diretrizes legais e as regras estabelecidas na convenção do condomínio, para evitar disputas legais futuras.

O direito de preferência é uma ferramenta importante para proteger os interesses dos condôminos em relação às áreas comuns de seu condomínio.

Ele garante que os moradores tenham a primeira chance de adquirir essas áreas antes de serem oferecidas a pessoas de fora do condomínio, preservando, assim, a integridade e a coesão do espaço condominial.

Para garantir que esse direito seja exercido adequadamente, é essencial que os procedimentos sejam conduzidos de forma transparente, justa e em conformidade com as normas legais e a convenção do condomínio.

O conjunto de normas estabelecidas pelo Código Civil Brasileiro para os condomínios é fundamental para garantir a convivência pacífica e eficiente em propriedades compartilhadas. Ele proporciona uma base legal clara para a administração do condomínio, equilibrando os interesses individuais dos condôminos com os da comunidade, e assegura que todos os moradores e administradores compreendam seus direitos e responsabilidades. A observância dessas normas é essencial para a harmonia e boa gestão de qualquer condomínio.

20.3.2. MODELO DE INSTITUIÇÃO E DE DIVISÃO DE CONDOMÍNIO

MODELO DE INSTITUIÇÃO E DIVISÃO DE CONDOMÍNIO

Modelo de Instituição e Divisão de condomínio que pode ser adotado para os casos, por exemplo, de casas geminadas, de condomínio com construções simples (somente no térreo) e, ainda, de 2 ou 3 pavimentos. Os dados são fictícios, devendo ser adaptado ao caso concreto.

INSTITUIÇÃO E DIVISÃO DE CONDOMÍNIO

1) PROPRIETÁRIO(S)

a) **XXX (Nome do Proprietário A)**, (qualificação completa), e sua mulher/marido **XXX**, (qualificação completa), ambos brasileiros, casados sob o regime XXX em XX de XX de XXXX, residentes e domiciliados em XXX, proprietários da fração ideal de XXX (identificar a fração do Proprietário);

b) **XXX (Nome do Proprietário B)**, (qualificação completa), e sua mulher/marido **XXX**, (qualificação completa), ambos brasileiros, casados sob o regime XXX em XX de XX de XXXX, residentes e domiciliados em XXX, proprietários da fração ideal de XXX (identificar a fração do Proprietário);

(Deverá constar a qualificação completa dos proprietários, inclusive dos(as) cônjuges – nome completo, nacionalidade, CPF, RG, profissão, estado civil, domicílio e residência. Na eventualidade de o(a) proprietário(a) ser casado(a), além da qualificação completa do(a) cônjuge, deverão ser informados o regime de bens do casamento, a data da celebração do casamento e a (in)existência de pacto antenupcial).

2) PROCEDÊNCIA

Declaro(amos) perante o Cartório de Registro de Imóveis desta Comarca que no imóvel (*descrever o terreno com área e suas confrontações*) matriculado nesta Serventia sob o n. XXX foram edificadas uma casa residencial e uma loja comercial, cadastradas no Município de CIDADE/UF pelos seguintes endereços e cadastros:

Casa n. XXX (A numeração deve constar do alvará de construção)

End.: XXX

Loja n. XXX (A numeração deve constar do alvará de construção)

End.: XXX

3) ORIGEM REGISTRAL E DISPONIBILIDADE

Os imóveis foram adquiridos pelos proprietários conforme registro R. XXX feito aos XXX de XXX de XXXX no Cartório de Registro de Imóveis de CIDADE/UF, estando os mesmos livres de ônus reais, fiscais, judiciais e extrajudiciais, inexistindo em relação aos mesmos ações reais e/ou pessoais reipersecutórias, o que é declarado para todos os efeitos de direito. (Quando existir ônus sobre o imóvel, tal como servidões de passagem, hipoteca etc., elas devem ser mencionadas)

4) INSTITUIÇÃO DE CONDOMÍNIO

Os proprietários acima nomeados e qualificados, pretendendo edificar (ou tendo edificado) sobre o terreno acima descrito o empreendimento abaixo caracterizado, submetem-no ao regime do Condomínio Edilício nos termos do art. 1.331 e seguintes do Código Civil c/c Lei n. 4.591/64, instituindo-o em condomínio especial e individualizando as unidades autônomas, tudo como segue, conforme projeto aprovado pela Prefeitura Municipal de São Paulo, em XXX de XXX de XXXX.

5) DO CUSTO DO EMPREENDIMENTO

O custo total do empreendimento é de R$ XXX (XXX mil reais), sendo o custo total da construção de R$ XXX (XXX mil reais), e custo do lote R$ XXX (XXX mil reais). (Os mesmos valores que constarão no laudo técnico)

6) DO CUSTO DE CADA UNIDADE

Custo da Casa de n. XXX: R$ XXX (XXX mil e quinhentos reais)

Custo da Loja n. XXX: R$ XXX (XXX mil e quinhentos reais)

Obs.: O custo da unidade é igual ao valor de sua construção + (valor do terreno x a fração da unidade).

7) DA DIVISÃO/ATRIBUIÇÃO

Por meio deste instrumento, os proprietários decidem dividir o empreendimento, conferindo a cada um dos proprietários as unidades autônomas que lhe serão correspondentes, em perfeita consonância com os quinhões condominiais que primitivamente eram proprietários, da seguinte forma:

Proprietário(a)(s) A: passa a pertencer a casa n. XXX, perfazendo a fração ideal desta unidade como sendo XXX (fração em relação ao bem);

Proprietário(a)(s) B: passa a pertencer a loja n. XXX, perfazendo a fração ideal desta unidade como sendo XXX (fração em relação ao bem);

Tendo em vista que não houve diferença entre os quinhões primitivos e a soma das frações ideais das unidades atribuídas a cada um deles, não existe nenhuma espécie de compensação ou reposição entre eles.

8) CARACTERÍSTICAS DAS UNIDADES

Descrever, em linhas gerais, os dados principais da construção:

a) A caracterização das unidades autônomas (descrição unitária);

b) O cálculo das áreas, discriminando, além da global, a das partes comuns e indicando para cada tipo de unidade a respectiva metragem de área construída;

c) A discriminação das frações ideais com as unidades autônomas que a elas corresponderão;

d) As vagas de garagem, o número de veículos que a garagem comporta, os locais destinados à guarda dos mesmos, se as vagas de estacionamento, garagens ou boxes estão ou não vinculados às unidades (no caso à casa residencial ou à loja comercial), quais as vagas de cada unidade, se são vagas para veículos de porte pequeno, médio ou grande, ou se há unidade sem vaga de garagem.

9) COMUNHÃO E OBRIGAÇÕES COMUNS

Permanecem como coisas de propriedade comum, por serem indivisíveis, o terreno onde se acham as edificações, paredes e muros divisórios entre as unidades.

Fica estabelecido entre os condôminos que as áreas descobertas de utilização exclusiva das respectivas unidades não são entendidas como propriedade privativa das mesmas, uma vez que compõem o terreno, considerado parte comum, em que cada condômino possui uma determinada fração ideal sobre o mesmo, conforme preconiza o art. 8º, alínea "a", da Lei n. 4.591/64.

Ficam dispensadas a elaboração de uma convenção de condomínio e a indicação de um síndico, cabendo ao(s) proprietário(s) resolver os casos em comum.

10) DESPESAS

As referidas unidades têm entradas (e garagens) independentes, conforme consta do projeto aprovado pelo Município de CIDADE/UF e as suas despesas com água, luz e telefone são cobradas separadamente.

11) DISPONIBILIDADE

O presente instrumento é feito com a finalidade de definir o direito de cada uma das unidades autônomas com impostos e taxas municipais para cada unidade em separado no nome de seu proprietário, em conformidade com o item 2 acima.

12) ALIENAÇÃO

O(s) proprietário(s) pode(m) alienar ou gravar com ônus reais cada unidade isoladamente, mas fica(m) obrigado(s) a consignar, na respectiva escritura, a existência da comunhão prevista no item 4 acima.

Declaramos para os fins que, conforme regras dos arts. 7º e 8º da Lei n. 4.591/64 ou do art. 1.332 do Código Civil, NÃO HAVERÁ OFERTA PÚBLICA DA(S) UNIDADE(S) A SE-RE(M) CONSTRUÍDA(S) ATÉ QUE SE OBTENHA, CADA UMA, SEU RESPECTIVO HABITE-SE DEVIDAMENTE AVERBADO NO OFÍCIO DE REGISTRO DE IMÓVEIS, e que temos ciência de que a venda, promessa ou cessão de direitos antes da conclusão da obra só poderá ser feita mediante arquivamento dos documentos previstos no art. 32 da Lei n. 4.591/64 na serventia (Incorporação imobiliária).

(Obs.: Utilizar este parágrafo apenas na hipótese de existirem unidades a serem construídas.)

13) REQUERIMENTO

Desta forma, requeiro(remos) a especificação das unidades autônomas e a consequente abertura das matrículas para ambas as casas, bem como que sejam averbadas as certidões de baixa e habite-se e CND/INSS nas futuras matrículas.

14) LAUDO TÉCNICO

Segue em anexo o Laudo Técnico, elaborado pelo Engenheiro XXX – CREA/XX n. XXX, juntamente com a respectiva ART/CREA n. XXX, devidamente quitada.

Local, Data.

PROPRIETÁRIO A

PROPRIETÁRIO B

Observações:

I – Os documentos podem ser apresentados em duas (2) vias, com as firmas de seus subscritores reconhecidas, nos documentos de ordem particular, exceção feita aos documentos públicos. Caso seja apresentada apenas uma via dos documentos, esta ficará arquivada.

II – Este instrumento deverá ser acompanhado dos seguintes documentos:

a. Certidão de Baixa/Habite-se (original e cópia simples) (caso as construções ainda não tenham sido averbadas);

b. CND/lNSS de obra nova construída, dentro do prazo de validade (caso forem apresentadas as certidões de habite-se);

c. Projeto Arquitetônico de Construção, devidamente aprovado pelas autoridades competentes, podendo ser apresentado em cópia autenticada ou original;

d. Laudo Técnico, assinado por engenheiro responsável, constando os dados das construções, bem como suas avaliações global e individualizadas; pelos cálculos, com firmas reconhecidas.

e. A.R.T. – CREA – relativamente aos cálculos e os correspondentes comprovantes de pagamento (original ou cópia autenticada).

III – Caso as áreas constantes do projeto sejam divergentes da constante da matrícula, deverá ser procedida a prévia retificação de área do imóvel, nos termos do art. 213 da Lei n. 6.015/73.

20.3.3. O CONDOMÍNIO EM MULTIPROPRIEDADE

O condomínio em multipropriedade é uma modalidade de propriedade imobiliária que ganhou popularidade e reconhecimento legal em diversos países, inclusive no Brasil.

Trata-se de uma forma de copropriedade em que um imóvel é **dividido em frações de tempo**, permitindo que várias pessoas sejam proprietárias do mesmo bem, mas em períodos distintos do ano.

Pode-se conceituar a multipropriedade, de forma genérica, como sendo a relação jurídica condominial de uma coisa móvel ou imóvel, repartida por unidades fixas ou flutuantes de frações de tempo, de modo que diversos titulares possam, respeitando o seu período, utilizar-se da coisa com **exclusividade** e de **maneira perpétua**.

Essa modalidade é especialmente comum em imóveis de lazer, como apartamentos em resorts, hotéis, casas de veraneio e *timeshares*.

Aspectos legais: no Brasil, a multipropriedade foi regulamentada pela Lei n. 13.777, de 2018, que inseriu disposições específicas no Código Civil e na Lei de Registros Públicos para tratar desta modalidade de propriedade. Essa legislação veio para dar mais segurança jurídica tanto para os compradores quanto para os vendedores desse tipo de imóvel.

Características do condomínio em multipropriedade

1. Divisão temporal: o princípio básico da multipropriedade é a divisão do tempo de uso do imóvel. Cada proprietário adquire o direito de usufruir do bem durante uma fração específica do ano, geralmente semanas ou meses.

Nos termos do **art. 1.358-C do CC**, multipropriedade é o regime de condomínio em que cada um dos proprietários de um mesmo imóvel é titular de **uma fração de tempo**, à qual corresponde a faculdade de uso e gozo, com exclusividade, da totalidade do imóvel, a ser exercida pelos proprietários de forma alternada.

2. Copropriedade e indivisibilidade: todos os proprietários têm a titularidade sobre o imóvel, mas seus direitos de uso são limitados ao **período adquirido**. Assim, cada coproprietário **é dono de uma fração do tempo**, não de uma parte física do imóvel. E cada **fração de tempo é indivisível**.

> Art. 1.358-E, § 1º, do CC. O período correspondente a cada fração de tempo será de, no mínimo, **7 (sete) dias**, seguidos ou intercalados, e poderá ser:
>
> I – **fixo e determinado**, no mesmo período de cada ano;
>
> II – **flutuante**, caso em que a determinação do período será realizada de forma periódica, mediante procedimento objetivo que respeite, em relação a todos os multiproprietários, o princípio da isonomia, devendo ser previamente divulgado; ou
>
> III – **misto**, combinando os sistemas fixo e flutuante.

3. Gestão do imóvel: a gestão do imóvel é geralmente realizada por uma empresa especializada, que cuida da manutenção, limpeza e administração das reservas. Isso garante que o imóvel esteja em boas condições durante todo o ano.

4. Flexibilidade e acessibilidade: a multipropriedade oferece aos proprietários a flexibilidade de desfrutar de um imóvel de alto padrão por um custo relativamente mais baixo, dividindo as despesas de manutenção e outros custos com os demais coproprietários.

5. Transferência da multipropriedade: a transferência do direito de multipropriedade e a sua produção de efeitos perante terceiros dar-se-ão na forma da lei civil e **não dependerão da anuência ou cientificação** dos demais multiproprietários.

Não há direito de preferência na alienação de fração de tempo, salvo se estabelecido no instrumento de instituição ou na convenção do condomínio em multipropriedade em favor dos demais multiproprietários ou do instituidor do condomínio em multipropriedade, e o adquirente será solidariamente responsável com o alienante pelas obrigações, caso não obtenha a declaração de inexistência de débitos referente à fração de tempo no momento de sua aquisição.

Vantagens:

- **Custo-benefício**: possibilita o acesso a imóveis de alto padrão por um custo menor.
- **Eliminação de preocupações com manutenção**: a gestão do imóvel é feita por profissionais.
- **Flexibilidade**: os proprietários podem trocar seus períodos com outros proprietários, vender ou alugar suas frações.

Desafios:

- **Limitação no uso**: o uso do imóvel está restrito ao período adquirido.
- **Dependência da gestão**: a experiência do proprietário depende da qualidade da empresa que administra o imóvel.
- **Revenda**: a revenda de frações de multipropriedade pode ser mais complicada do que a de um imóvel inteiro.

O condomínio em multipropriedade oferece uma solução inovadora e prática para quem deseja usufruir de um imóvel de lazer sem assumir todos os custos e responsabilidades de uma propriedade integral.

Com a regulamentação adequada, tornou-se uma opção atraente para muitos investidores e usuários finais, embora seja importante considerar cuidadosamente todos os aspectos e obrigações legais antes de entrar nesse tipo de acordo.

Como em qualquer investimento imobiliário, a chave para uma experiência positiva é a informação clara, a gestão competente e a compreensão das responsabilidades compartilhadas.

20.3.4. MODELO DE CONTRATO INSTITUINDO A MULTIPROPRIEDADE

CONTRATO DE MULTIPROPRIEDADE IMOBILIÁRIA

Pelo presente instrumento particular, as partes abaixo qualificadas têm entre si justo e acertado o presente CONTRATO DE MULTIPROPRIEDADE IMOBILIÁRIA, que se regerá pelas cláusulas e condições seguintes:

CLÁUSULA XXX – DAS PARTES

1. DO PROPRIETÁRIO:

XXX (Nome do proprietário), (nacionalidade), (estado civil), (profissão), portador do RG n. XXX, inscrito no CPF/MF sob n. XXX, residente e domiciliado na (endereço completo), doravante denominado simplesmente PROPRIETÁRIO.

2. DOS MULTIPROPRIETÁRIOS:

XXX (Nome do multiproprietário 1), (nacionalidade), (estado civil), (profissão), portador do RG n. XXX, inscrito no CPF/MF sob n. XXX, residente e domiciliado na (endereço completo), doravante denominado simplesmente MULTIPROPRIETÁRIO 1.

XXX (Nome do multiproprietário 2), (nacionalidade), (estado civil), (profissão), portador do RG n. XXX, inscrito no CPF/MF sob n. XXX, residente e domiciliado na (endereço completo), doravante denominado simplesmente MULTIPROPRIETÁRIO 2.

(Adicionar mais multiproprietários, caso necessário)

CLÁUSULA XXX – OBJETO

O objeto do presente contrato é a multipropriedade do imóvel XXX (descrição completa e detalhada do imóvel), situado na Rua XXX (endereço completo), registrado no Cartório de Registro de Imóveis sob a matrícula n. XXX, doravante denominado IMÓVEL.

CLÁUSULA XXX – PRAZO DE USO E PERÍODO DE RODÍZIO

O prazo de uso do IMÓVEL por cada MULTIPROPRIETÁRIO será de XXX (número) semanas por ano, com períodos de rodízio estabelecidos de acordo com a quantidade de multiproprietários e a disponibilidade do calendário.

PARÁGRAFO XXX – Os MULTIPROPRIETÁRIOS estabelecerão, de comum acordo, um calendário anual de utilização do IMÓVEL, que será assinado por todos e anexado ao presente contrato.

PARÁGRAFO XXX – O rodízio dos períodos de utilização do IMÓVEL pelos MULTIPROPRIETÁRIOS será revisto anualmente, podendo ser ajustado mediante acordo mútuo entre as partes.

CLÁUSULA XXX – DESPESAS E ENCARGOS

As despesas e encargos relativos ao IMÓVEL, tais como IPTU, taxas condominiais, água, luz, manutenção e conservação, serão rateadas entre os MULTIPROPRIETÁRIOS, na proporção do tempo de utilização de cada um.

PARÁGRAFO XXX – Os MULTIPROPRIETÁRIOS deverão efetuar o pagamento de suas quotas-parte das despesas e encargos diretamente ao PROPRIETÁRIO, ou a quem este indicar, até o dia (data) de cada mês.

CLÁUSULA XXX – DIREITOS E OBRIGAÇÕES DOS MULTIPROPRIETÁRIOS

Durante o período de uso estabelecido no calendário anual de rodízio, os MULTIPROPRIETÁRIOS terão direito a:

a) Utilizar o IMÓVEL e suas dependências de acordo com as normas do condomínio, regulamento interno e legislação vigente;

b) Permitir a entrada de convidados e familiares no IMÓVEL, desde que respeitados os limites de ocupação estabelecidos e as normas do condomínio;

c) Realizar benfeitorias no IMÓVEL, desde que devidamente autorizadas pelos demais MULTIPROPRIETÁRIOS e pelo PROPRIETÁRIO;

d) Transferir seus direitos e obrigações como MULTIPROPRIETÁRIO a terceiros, mediante prévia comunicação e anuência dos demais MULTIPROPRIETÁRIOS e do PROPRIETÁRIO.

PARÁGRAFO XXX – Os MULTIPROPRIETÁRIOS têm as seguintes obrigações:

a) Respeitar o calendário anual de rodízio, utilizando o IMÓVEL apenas nos períodos estabelecidos;

b) Conservar e zelar pelo bom estado e conservação do IMÓVEL e suas dependências durante o período de utilização;

c) Comunicar ao PROPRIETÁRIO e aos demais MULTIPROPRIETÁRIOS eventuais danos, defeitos ou necessidade de manutenção do IMÓVEL, providenciando, se for o caso, o reparo ou conserto;

d) Pagar em dia as quotas-parte das despesas e encargos do IMÓVEL, conforme estabelecido na cláusula IV do presente contrato;

e) Observar e fazer cumprir as normas do condomínio, regulamento interno e legislação vigente, responsabilizando-se pelos atos de seus convidados e familiares;

f) Não realizar benfeitorias ou modificações no IMÓVEL sem a prévia autorização dos demais MULTIPROPRIETÁRIOS e do PROPRIETÁRIO;

g) Informar e obter a anuência dos demais MULTIPROPRIETÁRIOS e do PROPRIETÁRIO em caso de transferência de seus direitos e obrigações como MULTIPROPRIETÁRIO a terceiros;

h) Entregar o IMÓVEL em perfeitas condições de uso e conservação ao próximo MULTIPROPRIETÁRIO, no final de seu período de utilização.

PARÁGRAFO XXX – O descumprimento de qualquer uma das obrigações mencionadas nesta cláusula poderá acarretar a rescisão do presente contrato, conforme estabelecido na cláusula de rescisão.

CLÁUSULA XXX – RESCISÃO DO CONTRATO DE MULTIPROPRIEDADE

As Partes poderão rescindir o presente Contrato de Multipropriedade, mediante notificação escrita enviada à outra Parte com antecedência mínima de XXX (XXX) dias, nas seguintes situações:

a) Por mútuo acordo entre as Partes, devendo ser formalizado através de um aditivo contratual;

b) Em caso de descumprimento de quaisquer obrigações contratuais por qualquer das Partes, após a devida notificação por escrito e transcorrido o prazo de XXX (XXX) dias para a correção do descumprimento, sem que haja a referida correção;

c) Em caso de falência, insolvência ou liquidação judicial ou extrajudicial de qualquer das Partes;

d) Por decisão judicial transitada em julgado que determine a rescisão do presente Contrato de Multipropriedade;

e) Em caso de desapropriação, destruição total ou parcial do imóvel objeto do presente Contrato de Multipropriedade que torne inviável a continuidade do contrato.

PARÁGRAFO XXX – A rescisão do presente contrato implicará na devolução de eventuais valores pagos pelas Partes, devidamente atualizados, na forma prevista neste Contrato, respeitando os critérios de proporcionalidade e dedução das despesas incorridas e benefícios usufruídos pelas Partes até a data da efetiva rescisão.

PARÁGRAFO XXX – A rescisão do presente contrato não eximirá as Partes do pagamento de eventuais multas, penalidades ou indenizações previstas neste Contrato ou em lei, em decorrência de descumprimento de obrigações contratuais.

PARÁGRAFO XXX – A Parte que der causa à rescisão do presente Contrato de Multipropriedade, nos termos previstos nesta Cláusula, deverá indenizar a outra Parte pelos prejuízos efetivamente comprovados, na forma e nos limites previstos neste Contrato e em lei.

CLÁUSULA XXX – CLÁUSULA PENAL

As Partes acordam que, em caso de inadimplemento de quaisquer obrigações previstas no presente Contrato de Multipropriedade, a Parte inadimplente estará sujeita ao pagamento de multa penal à Parte inocente, nos seguintes termos:

a) No caso de atraso no pagamento de qualquer parcela, taxa ou encargo previsto neste Contrato, a Parte inadimplente deverá pagar à Parte inocente uma multa equivalente a XXX% (XXX por cento) do valor em atraso, sem prejuízo dos juros moratórios e da correção monetária aplicáveis;

b) No caso de descumprimento de quaisquer outras obrigações contratuais não relacionadas ao pagamento, a Parte inadimplente deverá pagar à Parte inocente uma multa equivalente a XXX% (XXX por cento) do valor total do Contrato de Multipropriedade, sem prejuízo da indenização por perdas e danos, caso haja;

c) No caso de rescisão do presente Contrato de Multipropriedade por culpa exclusiva de uma das Partes, a Parte culpada deverá pagar à Parte inocente uma multa equivalente a XXX% (XXX por cento) do valor total do Contrato de Multipropriedade, sem prejuízo da indenização por perdas e danos, caso haja.

PARÁGRAFO XXX – O pagamento da multa penal prevista nesta Cláusula não exime a Parte inadimplente do cumprimento das obrigações pendentes ou do ressarcimento por eventuais perdas e danos causados à Parte inocente.

PARÁGRAFO XXX – A multa penal estipulada nesta Cláusula tem caráter compensatório e não excludente, podendo ser cumulada com as demais sanções previstas neste Contrato ou em lei, desde que não sejam incompatíveis entre si.

PARÁGRAFO XXX – Caso a multa penal prevista nesta Cláusula seja considerada excessiva por decisão judicial transitada em julgado, as Partes concordam que o valor da multa será reduzido pelo juízo ao limite legalmente permitido.

CLÁUSULA XXX – FORO DE ELEIÇÃO

Fica eleito o foro da comarca de XXX, para dirimir quaisquer dúvidas ou litígios decorrentes deste contrato, com renúncia expressa de qualquer outro, por mais privilegiado que seja ou venha a ser.

Local, Data.

LOCADOR

LOCATÁRIO

Testemunha 1

Testemunha 2

20.4. PARCELAMENTO DE SOLO: O LOTEAMENTO, O DESMEMBRAMENTO E O DESDOBRO

O parcelamento do solo urbano é uma prática essencial e estratégica no planejamento e desenvolvimento das cidades. Esse processo, que envolve a **subdivisão de terrenos em lotes** para venda ou edificação, é um elemento chave no crescimento urbano e na organização espacial das áreas habitáveis. Compreender suas nuances é fundamental para garantir um desenvolvimento urbano sustentável, eficiente e equitativo.

O parcelamento do solo urbano é regido por uma série de leis e normativas que visam a assegurar que o desenvolvimento seja realizado de maneira regulamentada e justa. No Brasil, o **Estatuto da Cidade** e, especialmente, a **Lei de Parcelamento do Solo Urbano (Lei n. 6.766/79)** são referências importantes, estabelecendo diretrizes para o planejamento, uso e ocupação do solo.

Em especial, a Lei de Parcelamento do Solo Urbano – Lei n. 6.766/79 – é uma legislação brasileira que estabelece as **normas e diretrizes** para o parcelamento do solo urbano. Essa lei foi criada com o objetivo de **regularizar e organizar** o desenvolvimento urbano, assegurando que o crescimento das cidades ocorra de maneira ordenada e sustentável.

Ela desempenha papel crucial na prevenção da ocupação desordenada e na garantia de condições adequadas de habitação, circulação e serviços públicos.

O parcelamento do solo, nos termos legais, compreende algumas formas; o loteamento e o desmembramento, bem como o desdobro são conceitos relacionados ao planejamento urbano e à gestão do uso do solo. Embora interligados, cada um possui características específicas e atende a diferentes necessidades e processos de desenvolvimento urbano.

E, para melhor compreender os conceitos de desmembramento, loteamento e desdobro, primeiro é necessário saber conceituar o que é uma **gleba** e um **lote**.

a) **Gleba** é uma porção de terras que ainda não sofreu nenhum tipo de parcelamento do solo, conforme estabelece a Lei n. 6.766/79, e não possui infraestrutura básica.

b) **Lote** é um terreno que já possui essa infraestrutura e cujas dimensões atendem o determinado pela legislação municipal.

Parcelamento do solo é o termo genérico utilizado para descrever a **divisão de uma área de terra** em unidades menores.

Esse processo pode ser realizado para diversos fins, como construção de habitações, estabelecimentos comerciais ou industriais.

O parcelamento do solo é regido por leis específicas que visam a garantir o desenvolvimento ordenado das cidades e inclui, entre outras modalidades, o loteamento e o desmembramento.

1) Loteamento: refere-se à **subdivisão** de uma grande área de terra em lotes destinados à edificação, com a **abertura de novas vias** de circulação, logradouros públicos ou a ampliação, modificação ou prolongamento dos já existentes.

É um processo mais complexo que envolve a criação de infraestrutura urbana básica, como saneamento básico, terraplanagem, escoamento de águas, esgoto, pavimentação, rede de energia elétrica e vias de acesso.

O loteamento requer aprovação governamental e deve seguir as diretrizes urbanísticas da região.

2) Desmembramento: é uma forma de parcelamento do solo que consiste na **divisão de um terreno** em duas ou mais partes, resultando em novas unidades imobiliárias independentes, mas **sem a necessidade** de criação ou modificação de vias públicas e infraestruturas.

É frequentemente utilizado para ajustar dimensões de terrenos ou adequar o uso do solo às necessidades específicas, como a separação de uma grande área em lotes menores para venda ou construção.

Assim, a principal diferença do loteamento para o desmembramento é que este último já **aproveita o sistema viário existente**, ou seja, o desmembramento é a **subdivisão da gleba em lotes** sem abertura de novas vias de circulação e logradouros públicos.

3) Desdobro: menos comum no vocabulário urbanístico, é similar ao desmembramento e frequentemente usado como sinônimo.

Geralmente, refere-se à **subdivisão de uma unidade imobiliária em unidades menores**, sem a necessidade de alteração significativa de infraestrutura existente ou de vias públicas.

Esse termo é mais utilizado em algumas regiões específicas e pode ter variações em sua aplicação legal ou prática.

4) Diferenças conceituais: a principal diferença entre esses termos está na escala e no impacto da subdivisão.

O loteamento implica em transformações maiores na paisagem urbana e requer planejamento detalhado e aprovação de projetos de infraestrutura.

Já o desmembramento e o desdobro focam na divisão de terrenos já existentes, sem a necessidade de grandes alterações urbanísticas ou criação de novas vias de acesso.

Entender a distinção entre parcelamento do solo, loteamento, desmembramento e desdobro é essencial para o planejamento urbano eficaz e para a gestão adequada do desenvolvimento das cidades.

Cada um desses processos desempenha um papel vital no crescimento ordenado e sustentável do ambiente urbano, assegurando que as necessidades de moradia, comércio e indústria sejam atendidas de acordo com as regulamentações e diretrizes planejadas.

Importância do parcelamento do solo urbano

1) Planejamento urbano: o parcelamento do solo é um instrumento vital no planejamento urbano. Ele permite a criação de novas áreas residenciais, comerciais e industriais de forma ordenada, garantindo o uso eficiente do espaço e a integração com a infraestrutura existente, como transporte, saneamento e energia.

2) Desenvolvimento sustentável: uma abordagem bem planejada ao parcelamento do solo é crucial para o desenvolvimento sustentável. Ela deve considerar fatores ambientais, evitando a degradação de áreas sensíveis, como zonas de mananciais e áreas de preservação, e promovendo a integração com espaços verdes e áreas de lazer.

Principais aspectos da Lei n. 6.766/79

1. Regulamentação do parcelamento: a lei regula tanto o loteamento quanto o desmembramento de áreas urbanas. Ela estabelece os requisitos que devem ser cumpridos para a aprovação de projetos de subdivisão de terrenos, incluindo as dimensões mínimas dos lotes e a destinação de áreas para uso público.

2. Infraestrutura básica: um dos pontos fundamentais da lei é a exigência de que todo novo loteamento disponha de infraestrutura básica. Isso inclui sistema de abastecimento de água, sistema de escoamento de águas pluviais, iluminação pública, redes de esgoto e vias de circulação pavimentadas.

3. Áreas públicas: a legislação determina que uma parte do terreno seja destinada ao uso público. Isso significa que uma porcentagem do loteamento deve ser reservada para a criação de espaços como praças, escolas, ruas e áreas verdes.

4. Registro de loteamento: para que um loteamento seja considerado legal, ele deve ser registrado no cartório de registro de imóveis. A lei estabelece os procedimentos e documentações necessárias para esse registro.

5. Sanções e penalidades: a Lei n. 6.766/79 também prevê sanções e penalidades para os casos de parcelamento irregular do solo, o que inclui a comercialização de lotes não registrados ou sem a infraestrutura mínima exigida.

A Lei de Parcelamento do Solo Urbano é uma ferramenta essencial para o planejamento urbano responsável. Ela ajuda a evitar a proliferação de assentamentos irregulares e inadequados, que frequentemente carecem de serviços básicos e infraestrutura, além de estarem frequentemente em áreas de risco. Ao estabelecer padrões claros e procedimentos legais, a lei busca promover um desenvolvimento urbano mais equitativo, sustentável e organizado.

Apesar de sua importância, a aplicação efetiva da Lei n. 6.766/79 enfrenta desafios, especialmente em áreas com alta demanda habitacional e pressão por urbanização.

A fiscalização e a garantia de que os loteamentos cumpram as normas estabelecidas são cruciais para a eficácia da lei. Além disso, é necessário um equilíbrio entre o desenvolvimento urbano e a preservação ambiental, aspecto cada vez mais relevante no planejamento urbano moderno.

A Lei de Parcelamento do Solo Urbano é um marco na legislação urbanística brasileira, fundamental para orientar o crescimento das cidades de maneira ordenada e sustentável.

Ela estabelece critérios essenciais para a criação de novos loteamentos, assegurando que o desenvolvimento urbano ocorra com a devida consideração à infraestrutura necessária, ao bem-estar dos habitantes e à preservação do meio ambiente.

20.5. DIREITO DE SUPERFÍCIE E O DIREITO REAL DE LAJE

20.5.1. ASPECTOS INICIAIS E INTRODUTÓRIOS DO DIREITO DE SUPERFÍCIE

O direito de superfície é um instituto jurídico de grande relevância no âmbito do direito imobiliário, que estabelece uma relação peculiar entre o proprietário de um terreno e uma terceira parte que deseja utilizar esse terreno para construir ou plantar.

Esse direito é regulamentado pelo Código Civil, em seus arts. 1.369 a 1.377, e apresenta-se como uma ferramenta flexível e útil para a gestão eficiente de propriedades imobiliárias.

O direito de superfície permite que uma pessoa – chamada de superficiário – tenha o direito de construir ou plantar em um terreno pertencente a outra pessoa, o superficiante (proprietário do terreno). Esse direito pode ser estabelecido tanto em terrenos urbanos quanto rurais e pode ser concedido gratuitamente ou mediante pagamento.

Conforme **art. 1.369 do CC**, o proprietário pode conceder a outrem o direito de construir ou de plantar em seu terreno, por tempo determinado, mediante escritura pública devidamente registrada no Cartório de Registro de Imóveis.

No entanto, o direito de superfície **não autoriza obra no subsolo**, salvo se for inerente ao objeto da concessão, como nos casos de algumas construções.

A concessão da superfície será **gratuita ou onerosa**; se onerosa, estipularão as partes se o **pagamento** será feito de uma só vez ou parceladamente, mas o superficiário **responderá** pelos encargos e tributos que incidirem sobre o imóvel.

Características do direito de superfície

1) Temporalidade: o direito de superfície pode ser concedido por um período determinado ou indeterminado. Após o término desse período, o proprietário do terreno geralmente recupera pleno direito sobre a área, incluindo as construções ou plantações realizadas.

2) Transferibilidade: em muitos casos, o direito de superfície pode ser transferido a terceiros, seja por venda ou herança, mas isso depende das condições estabelecidas no contrato inicial.

Nesse sentido, o **art. 1.372 do CC** determina que o direito de superfície **pode transferir-se** a terceiros e, por **morte do superficiário**, aos seus herdeiros. Não poderá ser estipulado pelo concedente, a nenhum título, qualquer pagamento pela transferência.

De igual maneira, o **art. 1.373 do CC** especifica que, em caso de **alienação do imóvel ou do direito de superfície**, o superficiário ou o proprietário tem direito de preferência, em igualdade de condições. E o **art. 1.374 do CC**, por seu turno, dispõe que, antes do **termo final**, resolver-se-á a concessão se o superficiário der ao terreno **destinação diversa** daquela para a qual foi concedida.

3) Indenização: se o direito de superfície for extinto antes do prazo estipulado, o superficiário pode ter direito a uma indenização pelas construções ou plantações realizadas.

Outrossim, extinta a concessão, o proprietário passará a ter a propriedade plena sobre o terreno, construção ou plantação, independentemente de indenização, se as partes não houverem estipulado o contrário.

No caso de extinção do direito de superfície em consequência de desapropriação, a indenização cabe ao proprietário e ao superficiário, no valor correspondente ao direito real de cada um.

4) Contrato: a relação de superfície deve ser formalizada por meio de um contrato, que especificará as condições, os direitos e as obrigações de ambas as partes. Esse contrato deve ser registrado no **Cartório de Registro de Imóveis**.

O direito de superfície é particularmente útil em projetos de longo prazo, como o desenvolvimento urbano, a agricultura ou a exploração de recursos naturais.

Empresas podem usar o direito de superfície para construir instalações sem a necessidade de comprar um terreno, enquanto os proprietários de terras podem gerar renda a partir de suas propriedades sem vendê-las.

Vantagens:

- Flexibilidade na utilização de terrenos.
- Geração de renda para o proprietário do terreno.
- Oportunidade para o superficiário de desenvolver projetos sem a necessidade de adquirir a propriedade.

> **Desvantagens:**
> - Limitações na autonomia do proprietário sobre sua terra.
> - Potenciais disputas sobre a condição do terreno após o término do contrato.

O direito de superfície oferece uma alternativa interessante para o uso eficiente de terrenos, beneficiando tanto proprietários quanto superficiários.

Ele proporciona uma maneira de maximizar o potencial de terrenos subutilizados, ao mesmo tempo que mantém a propriedade da terra intacta.

Esse direito deve ser manuseado com cuidado e compreensão clara dos termos e condições envolvidos para garantir que seja benéfico e justo para ambas as partes envolvidas.

20.5.2. MODELO DE CONTRATO DE CONSTITUIÇÃO DE DIREITO DE SUPERFÍCIE

CONTRATO DE INSTITUIÇÃO DE DIREITO DE SUPERFÍCIE

Pelo presente instrumento particular, de um lado, **XXX** (Qualificação completa – Pessoa física ou jurídica de direito privado), inscrita no CPF ou CNPJ sob o n. XXX, com sede ou domicílio à Rua/Avenida XXX (Endereço completo), neste ato representada por seu(s) representante(s) legal(is) XXX, doravante denominada CONCEDENTE; e de outro lado, **XXX** (Qualificação completa – Pessoa física ou jurídica de direito privado), inscrita no CPF ou CNPJ sob o n. XXX, com sede ou domicílio à Rua/Avenida XXX (Endereço completo), neste ato representada por seu(s) representante(s) legal(is) XXX, doravante denominado SUPERFICIÁRIO, têm entre si justo e acordado a instituição do **DIREITO DE SUPERFÍCIE**, que se regerá pelas cláusulas e condições seguintes:

CLÁUSULA PRIMEIRA – OBJETO

O presente contrato tem por objeto a instituição do direito real de superfície do imóvel de propriedade da CONCEDENTE, situado à Rua/Avenida XXX (Identificação e endereço completo), registrado sob a matrícula n. XXX no Cartório de Registro de Imóveis de XXX, doravante denominado IMÓVEL.

PARÁGRAFO XXX – O SUPERFICIÁRIO, por força deste contrato, receberá a posse do IMÓVEL para a construção e exploração de XXX (descrever a destinação e o empreendimento ou construção a ser realizada), pelo prazo e condições estabelecidas neste instrumento.

CLÁUSULA XXX – PRAZO

O prazo de vigência do presente contrato é de XXX (XXX) dias/meses/anos, a contar da data de sua assinatura, podendo ser prorrogado mediante acordo entre as partes.

CLÁUSULA XXX – VALOR E FORMA DE PAGAMENTO

Em contraprestação pelo direito de superfície, o SUPERFICIÁRIO pagará à CONCEDENTE o valor de R$ XXX (XXX mil reais), a ser pago da seguinte forma:

a) (Identificar e descrever a forma de pagamento, se à vista ou com parcelamento, número de parcelas ou pagamento único etc.).

CLÁUSULA XXX – OBRIGAÇÕES DO SUPERFICIÁRIO

O SUPERFICIÁRIO se obriga a realizar a construção e exploração do empreendimento no prazo de XXX (XXX) dias/meses/anos a partir da assinatura deste contrato, devendo respeitar todas as normas técnicas e legais aplicáveis, bem como obter todas as licenças e autorizações necessárias.

PARÁGRAFO XXX – O SUPERFICIÁRIO é responsável por todos os encargos fiscais, tributários e despesas decorrentes da exploração do imóvel, bem como pelo pagamento de eventuais taxas condominiais e despesas de manutenção, durante o período de vigência do contrato.

CLÁUSULA XXX – OBRIGAÇÕES DA CONCEDENTE

A CONCEDENTE se obriga a não intervir na posse e exploração do IMÓVEL pelo SUPER-FICIÁRIO durante o período de vigência do presente contrato, ressalvadas as hipóteses de inadimplemento contratual, rescisão ou extinção do direito de superfície.

CLÁUSULA SEXTA – RESCISÃO E EXTINÇÃO

O presente contrato poderá ser rescindido, mediante notificação por escrito, nos seguintes casos:

a) Inadimplemento de qualquer obrigação contratual por parte do SUPERFICIÁRIO, após o prazo de XXX (XXX) dias corridos para a sua regularização, contados a partir do recebimento da notificação;

b) Decisão judicial ou administrativa que afete a continuidade do direito de superfície;

c) Mútuo acordo entre as partes, mediante termo de rescisão assinado pelos representantes legais.

PARÁGRAFO XXX – A extinção do direito de superfície ocorrerá nos seguintes casos:

a) Vencimento do prazo estabelecido no contrato, sem que haja prorrogação por acordo entre as partes;

b) Renúncia expressa do SUPERFICIÁRIO ao direito de superfície;

c) Consolidação da propriedade em favor do SUPERFICIÁRIO, mediante acordo entre as partes ou decisão judicial.

CLÁUSULA XXX – DEVOLUÇÃO DO IMÓVEL

Ao término do contrato, independentemente do motivo, o SUPERFICIÁRIO deverá devolver o IMÓVEL à CONCEDENTE, livre de ônus e com todas as benfeitorias realizadas, salvo se as partes acordarem em sentido diverso.

PARÁGRAFO XXX – Caso o SUPERFICIÁRIO não desocupe o IMÓVEL no prazo de XXX (XXX) dias corridos após o término do contrato, ficará sujeito ao pagamento de multa diária/periódica/ou única, de XXX% (XXX por cento) ou no valor de R$ XXX (XXX mil reais), até a efetiva desocupação.

CLÁUSULA XXX – DISPOSIÇÕES GERAIS

O presente contrato obriga as partes, seus herdeiros e sucessores, a qualquer título.

CLÁUSULA XXX – FORO

Fica eleito o foro da Comarca de XXX, para dirimir quaisquer dúvidas ou questões decorrentes deste contrato, com expressa renúncia a qualquer outro, por mais privilegiado que seja.

E, por estarem assim justos e acordados, as partes assinam o presente contrato em XXX (XXX) vias de igual teor e forma, na presença de duas testemunhas, para que surta seus jurídicos e legais efeitos.

Local, Data.

CONCEDENTE

SUPERFICIÁRIO

Testemunha 1

Testemunha 2

20.5.3. ASPECTOS INTRODUTÓRIOS DO DIREITO REAL DE LAJE

O direito real de laje é um conceito jurídico relativamente recente no Brasil, introduzido pelo Estatuto da Cidade (Lei n. 10.257/2001) e regulamentado mais detalhadamente pelo Código Civil através da Lei n. 13.465/2017.

Esse direito representa uma inovação no direito imobiliário brasileiro, visando a regularizar situações de moradia comuns em áreas urbanas densamente povoadas, especialmente em comunidades de baixa renda.

O direito real de laje refere-se ao **direito de construir ou manter construção**, seja abaixo, na superfície ou acima de uma construção principal, formando unidades autônomas entre si e em relação ao terreno.

Essencialmente, é o **direito de propriedade sobre uma unidade habitacional** que não está no solo, mas sim em "camadas" acima ou abaixo de outra propriedade, também popularmente chamados de "puxadinhos".

Assim, o proprietário de uma construção-base poderá ceder a **superfície superior ou inferior** de sua construção a fim de que o titular da laje mantenha unidade distinta daquela originalmente construída sobre o solo.

O direito real de laje contempla o espaço aéreo ou o subsolo de terrenos públicos ou privados, tomados em projeção vertical, como unidade imobiliária autônoma, não contemplando as demais áreas edificadas ou não pertencentes ao proprietário da construção-base.

Aspectos legais e registro

1) Independência da propriedade: o direito real de laje permite que uma unidade seja separada da propriedade original e possua matrícula e registro imobiliário próprios. Isso significa que a pessoa que possui a laje tem um direito real sobre essa unidade, independente do proprietário do terreno ou da construção principal.

Dessa forma, os titulares da laje, **unidade imobiliária autônoma** constituída em **matrícula própria**, poderão dela usar, gozar e dispor, bem como responderão pelos encargos e tributos que incidirem sobre a sua unidade.

A instituição do direito real de laje não implica a atribuição de fração ideal de terreno ao titular da laje ou a participação proporcional em áreas já edificadas.

2) Regularização de moradias: a lei tem como um dos seus objetivos principais a regularização de moradias em áreas urbanas em que a ocupação se deu de maneira informal e verticalizada, como é comum em favelas e comunidades.

3) Responsabilidades e direitos: a lei estabelece as responsabilidades e os direitos dos proprietários da laje, incluindo questões de manutenção, uso e segurança da construção.

Assim, sem prejuízo, no que couber, das normas aplicáveis aos condomínios edilícios, para fins do direito real de laje, as despesas necessárias à conservação e fruição das partes que sirvam a todo o edifício e ao pagamento de serviços de interesse comum serão partilhadas entre o proprietário da construção-base e o titular da laje, na proporção que venha a ser estipulada em contrato.

> **Art. 1.510-C, § 1º, do CC. São partes que servem a todo o edifício:**
>
> I – os alicerces, colunas, pilares, paredes-mestras e todas as partes restantes que constituam a estrutura do prédio;
>
> II – o telhado ou os terraços de cobertura, ainda que destinados ao uso exclusivo do titular da laje;
>
> III – as instalações gerais de água, esgoto, eletricidade, aquecimento, ar-condicionado, gás, comunicações e semelhantes que sirvam a todo o edifício; e
>
> IV – em geral, as coisas que sejam afetadas ao uso de todo o edifício.

4) Direito de preferência: nos termos do **art. 1.510-D do CC**, em caso de alienação de qualquer das unidades sobrepostas, terão **direito de preferência**, em igualdade de condições com terceiros, os titulares da construção-base e da laje, nessa ordem, que serão cientificados por escrito para que se manifestem no prazo de 30 dias, salvo se o contrato dispuser de modo diverso.

O titular da construção-base ou da laje a quem não se der conhecimento da alienação poderá, mediante depósito do respectivo preço, haver para si a parte alienada a terceiros, se o requerer no prazo decadencial de 180 dias, contado da data de alienação.

Se houver mais de uma laje, terão preferência, sucessivamente, o titular das lajes ascendentes e o titular das lajes descendentes, assegurada a prioridade para a laje mais próxima à unidade sobreposta a ser alienada.

Vantagens:

- Possibilita a regularização fundiária de muitas habitações em áreas urbanas.
- Proporciona segurança jurídica aos ocupantes de lajes, permitindo acesso a serviços básicos e financiamentos.
- Contribui para a organização e o planejamento urbano.

Desafios:

- A implementação prática da lei exige a superação de desafios técnicos e burocráticos, especialmente em áreas já densamente povoadas.
- Há necessidade de equilibrar os direitos dos proprietários originais com os dos proprietários das lajes.
- Questões como segurança da construção, acesso a serviços públicos e infraestrutura ainda precisam ser cuidadosamente geridas.

O direito real de laje surge como uma resposta às complexidades do desenvolvimento urbano nas cidades brasileiras, oferecendo uma solução legal para a regularização de moradias em situações de ocupação vertical.

Ao proporcionar um marco legal para essas construções, contribui para a formalização do direito à moradia e para a estruturação urbana.

Contudo, sua implementação efetiva requer a atenção cuidadosa às peculiaridades de cada situação, bem como a cooperação entre os diversos atores envolvidos, incluindo moradores, autoridades locais e profissionais de urbanismo e direito.

20.5.4. MODELO DE CONTRATO DE CONSTITUIÇÃO DE DIREITO DE LAJE

CONTRATO DE CONSTITUIÇÃO DE DIREITO DE LAJE

Pelo presente instrumento particular, de um lado, XXX (Qualificação completa), portador(a) do RG n. XXX, inscrito(a) no CPF/MF sob o n. XXX, residente e domiciliado(a) à Rua/Avenida XXX (Endereço completo), doravante denominado(a) PROPRIETÁRIO ou LAJEADO; e de outro lado, XXX (Qualificação completa), portador(a) do RG n. XXX, inscrito(a) no CPF/MF sob o n. XXX, residente e domiciliado(a) à Rua/Avenida XXX (Endereço completo), doravante denominado(a) LAJEÁRIO; têm entre si justo e contratado o presente CONTRATO DE INSTITUIÇÃO DE DIREITO DE LAJE, que se regerá pelas cláusulas e condições seguintes:

CLÁUSULA XXX – DO OBJETO

O objeto do presente contrato é a instituição do Direito de Laje sobre o imóvel de propriedade do PROPRIETÁRIO ou LAJEADO, situado à Rua/Avenida XXX (Endereço completo do imóvel), devidamente registrado no Cartório de Registro de Imóveis de XXX sob a matrícula n. XXX, conforme especificações da planta anexa (Anexo XXX), em favor do LAJEÁRIO.

PARÁGRAFO XXX – O Direito de Laje ora instituído consiste na possibilidade de construção, uso e exploração de uma unidade imobiliária autônoma, construída ou a ser construída pelo LAJEÁRIO, sobre a laje da edificação existente no imóvel do PROPRIETÁRIO ou LAJEADO.

CLÁUSULA XXX – DAS OBRIGAÇÕES DO PROPRIETÁRIO OU LAJEADO

O PROPRIETÁRIO ou LAJEADO se compromete a:

a) Permitir o acesso ao imóvel para a construção da unidade imobiliária autônoma, observando as normas de segurança e as regras do condomínio, se houver;

b) Prestar informações e apresentar documentos necessários ao LAJEÁRIO para a obtenção de alvarás, licenças e autorizações perante os órgãos competentes;

c) Colaborar com o LAJEÁRIO para a regularização da unidade imobiliária autônoma perante o Registro de Imóveis.

CLÁUSULA XXX – DAS OBRIGAÇÕES DO LAJEÁRIO

O LAJEÁRIO se compromete a:

a) Obter as licenças, alvarás e autorizações necessárias para a construção da unidade imobiliária autônoma perante os órgãos competentes, apresentando ao PROPRIETÁRIO ou LAJEADO cópias desses documentos;

b) Contratar profissional habilitado para elaborar o projeto e executar a obra, observando as normas técnicas aplicáveis e as diretrizes fornecidas pelo PROPRIETÁRIO ou LAJEADO;

c) Comunicar ao PROPRIETÁRIO ou LAJEADO o início e o término das obras, bem como mantê-lo informado sobre o andamento das mesmas;

d) Arcar com todos os custos e despesas decorrentes da construção da unidade imobiliária autônoma, incluindo materiais, mão de obra, impostos e taxas;

e) Responsabilizar-se pelos eventuais danos causados ao imóvel do PROPRIETÁRIO ou LAJEADO em decorrência das obras, bem como por danos a terceiros;

f) Providenciar a averbação da construção da unidade imobiliária autônoma no Registro de Imóveis competente, após a conclusão das obras;

g) Cumprir com todas as normas e regras aplicáveis ao uso do imóvel, incluindo aquelas estabelecidas pelo condomínio, se houver.

CLÁUSULA XXX – DA INSTITUIÇÃO DO DIREITO DE LAJE

A instituição do Direito de Laje será formalizada mediante averbação no Registro de Imóveis competente, após a conclusão das obras da unidade imobiliária autônoma e o cumprimento das obrigações previstas neste contrato.

PARÁGRAFO XXX – A instituição do Direito de Laje implicará na criação de uma matrícula própria para a unidade imobiliária autônoma e independente no Registro de Imóveis, que será vinculada à matrícula do imóvel do PROPRIETÁRIO ou LAJEADO.

CLÁUSULA XXX – DA VENDA E DA LOCAÇÃO DA UNIDADE IMOBILIÁRIA AUTÔNOMA

O LAJEÁRIO poderá vender, alugar ou de qualquer forma transferir a posse ou a propriedade da unidade imobiliária autônoma construída com base no Direito de Laje, desde que observadas as disposições deste contrato e a legislação aplicável.

PARÁGRAFO XXX – O PROPRIETÁRIO ou LAJEADO terá direito de preferência em caso de venda da unidade imobiliária autônoma pelo LAJEÁRIO, devendo ser notificado por escrito acerca das condições da oferta, podendo exercer seu direito no prazo de XXX (XXX) dias a contar do recebimento da notificação.

CLÁUSULA XXX – DA DESPESAS E ENCARGOS

O LAJEÁRIO será responsável pelo pagamento das despesas e encargos decorrentes da construção, manutenção e conservação da unidade imobiliária autônoma.

PARÁGRAFO XXX – As despesas comuns relativas ao imóvel e à unidade imobiliária autônoma, incluindo taxas condominiais, serão rateadas entre o PROPRIETÁRIO ou LAJEADO e o LAJEÁRIO, na proporção do valor da fração ideal atribuída a cada um.

CLÁUSULA XXX – DA RESCISÃO

O presente contrato poderá ser rescindido por qualquer uma das partes, mediante notificação por escrito, em caso de inadimplemento de quaisquer das obrigações nele previstas.

PARÁGRAFO XXX – No caso de rescisão, a parte inadimplente deverá arcar com uma multa equivalente a XXX% (XXX por cento) do valor atualizado do imóvel objeto do Direito de Laje, sem prejuízo do direito à indenização por perdas e danos.

CLÁUSULA XXX – DAS DISPOSIÇÕES GERAIS

O presente contrato obriga as partes, seus herdeiros e sucessores, a qualquer título, a cumprirem fielmente as disposições aqui estabelecidas.

PARÁGRAFO XXX – As partes declaram que estão cientes e de acordo com todas as cláusulas e condições do presente contrato, bem como com as normas legais aplicáveis ao Direito de Laje.

PARÁGRAFO XXX – Este contrato poderá ser registrado no Cartório de Registro de Títulos e Documentos, para fins de publicidade e conhecimento de terceiros.

PARÁGRAFO XXX – Quaisquer aditivos ou alterações deste contrato somente serão válidos se realizados por escrito e assinados pelas partes.

CLÁUSULA XXX – DO FORO

Fica eleito o foro da Comarca de XXX, para dirimir quaisquer dúvidas ou controvérsias oriundas deste contrato, com renúncia expressa a qualquer outro, por mais privilegiado que seja ou venha a ser.

E, por estarem justas e contratadas, as partes assinam o presente Contrato de Constituição de Direito de Laje em XXX (XXX) vias de igual teor e forma, na presença das testemunhas abaixo, para que surtam os efeitos legais e jurídicos.

Local, Data.

PROPRIETÁRIO ou LAJEADO

LAJEÁRIO

Testemunha 1

Testemunha 2

20.6. AS REGULARIZAÇÕES FUNDIÁRIAS (REURB)

20.6.1. ASPECTOS INICIAIS E INTRODUTÓRIOS DA REGULARIZAÇÃO FUNDIÁRIA

A Regularização Fundiária Urbana (Reurb), instituída pela Lei n. 13.465/2017, é um processo complexo e multidisciplinar jurídico que visa a integrar áreas **informais ou irregulares** ao contexto legal e urbanístico de uma cidade ou região.

Esse processo transforma assentamentos construídos de forma desordenada e sem observância das leis e normas de urbanismo em áreas regularizadas, proporcionando segurança jurídica e melhor qualidade de vida aos seus habitantes, representando um avanço para a garantia de segurança jurídica dos ocupantes de imóveis irregulares e para o cumprimento do direito fundamental à moradia, conforme a Constituição Federal de 1988.

Objetivos da regularização fundiária

1) Legalização de propriedades: o principal objetivo é legalizar a situação de moradores que ocupam um terreno ou uma habitação sem a devida documentação legal. Isso envolve a titulação de propriedades, garantindo aos moradores o direito legal sobre suas casas.

2) Melhoria das condições urbanas e ambientais: a regularização também procura melhorar a infraestrutura urbana, como saneamento básico, fornecimento de água, energia elétrica, acesso a vias públicas e transporte. Além disso, visa atender a critérios ambientais, como a preservação de áreas verdes e o manejo adequado de resíduos.

3) Inclusão social: este processo é uma ferramenta importante de inclusão social, pois promove a integração de áreas marginalizadas ao tecido urbano mais amplo, facilitando o acesso dos moradores a serviços públicos essenciais e melhorando sua qualidade de vida.

Processo de regularização fundiária

1) Diagnóstico e identificação: o primeiro passo é identificar as áreas que necessitam de regularização, geralmente realizada por órgãos municipais ou estaduais, em conjunto com a comunidade local.

2) Planejamento e projeto: após a identificação, é desenvolvido um projeto de regularização que inclui medidas para a legalização das propriedades e melhorias urbanísticas e ambientais.

3) Execução: a execução do projeto envolve a regularização jurídica das propriedades (titulação), a realização de obras de infraestrutura e, em alguns casos, a relocação de moradias situadas em áreas de risco.

4) Registro: o passo final é o registro legal das propriedades regularizadas, conferindo aos moradores títulos de propriedade e integrando oficialmente as áreas ao cadastro urbano.

A regularização fundiária enfrenta diversos desafios, como a complexidade burocrática, a necessidade de grandes investimentos em infraestrutura e a resistência de alguns setores da sociedade.

No entanto, é um processo essencial para o desenvolvimento urbano sustentável, pois contribui para a redução das desigualdades, melhoria das condições de vida e fortalecimento da cidadania.

PASSO A PASSO DO ADVOGADO NA REGULARIZAÇÃO FUNDIÁRIA

1) Análise jurídica: advogados devem realizar uma análise jurídica detalhada da situação das propriedades e terras em questão. Isso inclui a verificação da titularidade da terra, a existência de disputas ou litígios e a conformidade com as leis e regulamentos locais e nacionais.

2) Orientação aos moradores: uma das principais funções do advogado é orientar os moradores sobre seus direitos e os procedimentos necessários para a regularização. Isso envolve esclarecer dúvidas sobre documentação, custos, prazos e os benefícios da regularização.

3) Mediação de conflitos: os advogados podem atuar na mediação de conflitos entre moradores, o governo e outros *stakeholders*. A regularização muitas vezes envolve negociações sobre relocação, indenizações e ajustes nos planos de urbanização.

4) Preparação de documentação: a elaboração e revisão de toda a documentação necessária para regularização é tarefa essencial. Isso inclui contratos, títulos de propriedade, acordos de relocação, entre outros.

5) Representação legal: em casos de disputas legais ou necessidade de representação em tribunais, os advogados devem defender os interesses dos moradores, assegurando que seus direitos sejam protegidos.

PROCEDIMENTOS PRÁTICOS

1) Compilação de dados e documentos: coletar e organizar documentos pertinentes, como identidades dos moradores, comprovantes de residência e registros antigos da propriedade.

2) Análise de conformidade legal: avaliar a situação sob a ótica das leis de zoneamento, ambientais e de construção para identificar possíveis obstáculos legais à regularização.

3) Coordenação com outros profissionais: trabalhar em conjunto com urbanistas e engenheiros para assegurar que os planos de regularização atendam tanto aos requisitos legais quanto às necessidades práticas dos moradores.

4) Negociação e mediação: conduzir ou participar de negociações para resolver disputas e chegar a acordos mutuamente benéficos.

5) Acompanhamento pós-regularização: após a conclusão do processo de regularização, continuar a fornecer assistência jurídica para garantir que os moradores compreendam e mantenham seus direitos sobre as propriedades.

A regularização fundiária é um processo vital para o desenvolvimento urbano sustentável e para a garantia dos direitos de moradia.

Para os advogados, ela representa uma oportunidade de contribuir significativamente para a transformação positiva das comunidades, assegurando a legalidade do processo e protegendo os direitos dos envolvidos.

O sucesso na regularização fundiária depende da combinação eficiente de habilidades legais, capacidade de negociação e um entendimento profundo das questões sociais e urbanísticas envolvidas.

A regularização fundiária é um elemento chave na construção de cidades mais justas e sustentáveis. Ela não só resolve questões legais relacionadas à propriedade da terra, mas também promove melhorias significativas nas condições de vida de populações frequentemente marginalizadas, alinhando-se com princípios de desenvolvimento urbano inclusivo e responsável.

20.6.2. MODELO DE ACORDO DE REGULARIZAÇÃO FUNDIÁRIA

ACORDO DE REGULARIZAÇÃO FUNDIÁRIA

(Nome do Município), pessoa jurídica de direito público interno, inscrito no CNPJ/MF sob o n. XXX, com sede na Rua/Avenida XXX (Endereço completo), representado neste ato pelo seu XXX (Cargo do Representante do Município – geralmente prefeito municipal), XXX (Nome completo do Representante do Município), portador da Carteira de Identidade n. XXX e inscrito no CPF/MF sob o n. XXX, doravante denominado simplesmente MUNICÍPIO; e, de outro lado, XXX (Nome completo do Proprietário), (Qualificação completa), portador(a) da Carteira de Identidade n. XXX e inscrito(a) no CPF/MF sob o n. XXX, residente e domiciliado(a) na (Endereço completo), doravante denominado simplesmente PROPRIETÁRIO;

Ambos, Município e Proprietário, têm entre si justo e contratado o **ACORDO DE REGULARIZAÇÃO FUNDIÁRIA**, que segue:

CLÁUSULA XXX – OBJETO

O objeto do presente contrato é a regularização fundiária do imóvel de propriedade do Proprietário, situado na Rua/Avenida XXX (Endereço completo do imóvel), matriculado sob o n. XXX, no Cartório de Registro de Imóveis da Comarca de XXX, doravante denominado simplesmente IMÓVEL.

CLÁUSULA XXX – DO RECONHECIMENTO DE POSSE

O Município reconhece a posse do Proprietário sobre o IMÓVEL, bem como os demais possuidores que ocupam a área objeto de regularização fundiária.

CLÁUSULA XXX – DA ADEQUAÇÃO URBANÍSTICA

O Município compromete-se a realizar as obras e serviços necessários à adequação urbanística da área objeto de regularização fundiária, incluindo a abertura de vias de acesso, a instalação de equipamentos públicos e a regularização das ligações de água, energia elétrica e esgoto.

CLÁUSULA XXX – DA TRANSMISSÃO DE PROPRIEDADE

O Proprietário transfere, por meio deste contrato, a propriedade plena e definitiva do IMÓVEL ao Município, em contrapartida à regularização fundiária realizada e à destinação da área para uso público, observando-se as condições previstas em lei.

CLÁUSULA XXX – DO PAGAMENTO

O Município pagará ao Proprietário o valor total de R$ XXX (XXX mil reais) (Valor total), a título de indenização pelo imóvel objeto de regularização fundiária, que será pago da seguinte forma:

a) (Descrever as condições de pagamento, como parcelamento, prazo e outras informações relevantes).

CLÁUSULA XXX – DAS OBRIGAÇÕES DO PROPRIETÁRIO

O Proprietário compromete-se a entregar o IMÓVEL em perfeitas condições de uso e conservação, desocupado e livre de quaisquer ônus ou impedimentos, no prazo máximo de XXX (XXX) dias/meses/anos (Prazo máximo para entrega do imóvel), a contar da data de assinatura deste contrato.

CLÁUSULA XXX – DA RESCISÃO

Este contrato poderá ser rescindido nas seguintes hipóteses:

I – Por acordo entre as partes, mediante documento escrito;

II – Por iniciativa do Município, em caso de descumprimento das obrigações assumidas pelo Proprietário, após o envio de notificação extrajudicial com prazo de 30 (trinta) dias para a correção das pendências;

III – Por iniciativa do Proprietário, em caso de descumprimento das obrigações assumidas pelo Município, após o envio de notificação extrajudicial com prazo de 30 (trinta) dias para a correção das pendências.

CLÁUSULA XXX – DO FORO

As partes elegem o foro da comarca de XXX, para dirimir qualquer controvérsia oriunda deste contrato, renunciando a qualquer outro, por mais privilegiado que seja.

E, por estarem justos e contratados, assinam o presente instrumento em 02 (duas) vias de igual teor e forma, na presença das testemunhas abaixo assinadas.

Local, Data.

REPRESENTANTE DO MUNICÍPIO

PROPRIETÁRIO

Testemunha 1

Testemunha 2

20.7. PENHOR, HIPOTECA E ANTICRESE

20.7.1. ASPECTOS INICIAIS E INTRODUTÓRIOS DO PENHOR, DA HIPOTECA E DA ANTICRESE

O penhor, a hipoteca e a anticrese são, pelo Código Civil, **direitos reais de garantia**, tipificados nos incisos VIII, IX e X do **art. 1.225 do CC**, essenciais no nosso ordenamento jurídico e para o próprio mercado financeiro.

Esses direitos reais são sempre **constituídos por contratos**, ou seja, dependem de uma relação contratual para serem implementados, sendo considerados como **contratos acessórios**, pois a sua existência está intimamente vinculada à existência de um **instrumento contratual principal**, como um contrato de financiamento ou de empréstimo (mútuo feneratício, por exemplo). Assim, em caso de extinção ou de nulidade do contrato principal, por consequência, o contrato acessório também cairá **(princípio da gravitação jurídica)**.

Cada um desses mecanismos oferece formas diferentes de assegurar o cumprimento de uma obrigação, geralmente um débito ou um empréstimo, proporcionando segurança tanto para o credor quanto para o devedor.

De maneira geral, determina o **art. 1.424 do CC** os requisitos essenciais para os **contratos de penhor, anticrese ou hipoteca**, que deverão declarar, sob pena de não terem **eficácia**:

> I – o valor do crédito, sua estimação, ou valor máximo;
>
> II – o prazo fixado para pagamento;
>
> III – a taxa dos juros, se houver;
>
> IV – o bem dado em garantia com as suas especificações.

E, de acordo com o **art. 1.425 do CC**, a dívida considera-se vencida:

> I – se, deteriorando-se, ou depreciando-se o bem dado em segurança, desfalcar a garantia, e o devedor, intimado, não a reforçar ou substituir;
>
> II – se o devedor cair em insolvência ou falir;
>
> III – se as prestações não forem pontualmente pagas, toda vez que deste modo se achar estipulado o pagamento. Neste caso, o recebimento posterior da prestação atrasada importa renúncia do credor ao seu direito de execução imediata;
>
> IV – se perecer o bem dado em garantia, e não for substituído;
>
> V – se se desapropriar o bem dado em garantia, hipótese na qual se depositará a parte do preço que for necessária para o pagamento integral do credor.

Ademais, conforme o **art. 1.427 do CC**, salvo **cláusula expressa**, o terceiro que presta garantia real por dívida alheia não fica obrigado a substituí-la, ou reforçá-la, quando, sem culpa sua, se perca, deteriore ou desvalorize.

Outrossim, será **nula a cláusula** que autoriza o credor pignoratício, anticrético ou hipotecário a **ficar com o objeto da garantia**, se a dívida não for paga no vencimento (**art. 1.428 do CC**).

Finalmente, quando, **excutido o penhor**, ou **executada a hipoteca**, o produto não bastar para pagamento da dívida e despesas judiciais, continuará o devedor obrigado **pessoalmente** pelo restante.

1. Penhor

O penhor é uma **modalidade de garantia** que envolve a transferência de **posse de um bem móvel ou imóvel** (no caso do penhor rural, industrial ou mercantil) do devedor ou de terceiro garantidor para o credor. Esse bem serve como **segurança** para o cumprimento da obrigação.

Um exemplo comum de penhor é o empréstimo em que joias são deixadas como garantia. O bem penhorado fica em posse do credor até que a dívida seja quitada. Uma vez paga a dívida, o bem é devolvido ao devedor. Caso a dívida não seja paga, o credor tem o direito de vender o bem para obter o valor devido.

Características do penhor no Código Civil

a) Artigos relevantes: o penhor é regulado pelos arts. 1.431 a 1.472 do Código Civil brasileiro, que detalham suas características, funcionamento e as disposições legais aplicáveis.

b) Bens passíveis de penhora: o penhor pode incidir sobre uma variedade de bens móveis, tangíveis ou intangíveis, como joias, veículos, títulos de crédito e outros bens que possam ser entregues ao credor sem despojar o devedor de sua propriedade.

c) Posse do bem: diferentemente da hipoteca, no penhor, há a transferência da posse física do bem para o credor, embora a propriedade continue com o devedor. Essa transferência de posse é fundamental para a constituição do penhor.

d) Direitos e deveres das partes: o Código Civil estabelece os direitos e deveres tanto do credor quanto do devedor no âmbito do penhor. O credor tem o dever de cuidar do bem penhorado e pode ser responsabilizado por danos ou perdas. O devedor, por sua vez, tem o direito de recuperar a posse do bem após a quitação da dívida.

Art. 1.433. O credor pignoratício tem direito:

I – à posse da coisa empenhada;

II – à retenção dela, até que o indenizem das despesas devidamente justificadas, que tiver feito, não sendo ocasionadas por culpa sua;

III – ao ressarcimento do prejuízo que houver sofrido por vício da coisa empenhada;

IV – a promover a execução judicial, ou a venda amigável, se lhe permitir expressamente o contrato, ou lhe autorizar o devedor mediante procuração;

V – a apropriar-se dos frutos da coisa empenhada que se encontra em seu poder;

VI – a promover a venda antecipada, mediante prévia autorização judicial, sempre que haja receio fundado de que a coisa empenhada se perca ou deteriore, devendo o preço ser depositado. O dono da coisa empenhada pode impedir a venda antecipada, substituindo--a, ou oferecendo outra garantia real idônea.

> **Art. 1.435. O credor pignoratício é obrigado:**
>
> I – à custódia da coisa, como depositário, e a ressarcir ao dono a perda ou deterioração de que for culpado, podendo ser compensada na dívida, até a concorrente quantia, a importância da responsabilidade;
>
> II – à defesa da posse da coisa empenhada e a dar ciência, ao dono dela, das circunstâncias que tornarem necessário o exercício de ação possessória;
>
> III – a imputar o valor dos frutos, de que se apropriar (art. 1.433, inciso V) nas despesas de guarda e conservação, nos juros e no capital da obrigação garantida, sucessivamente;
>
> IV – a restituí-la, com os respectivos frutos e acessões, uma vez paga a dívida;
>
> V – a entregar o que sobeje do preço, quando a dívida for paga, no caso do inciso IV do art. 1.433.

e) Venda do bem penhorado: em caso de inadimplência, o credor tem o direito de vender o bem penhorado para satisfazer o crédito, seguindo um procedimento legal específico que inclui a notificação do devedor e, em alguns casos, a venda em leilão público.

f) Extinção do penhor: o penhor se extingue com o pagamento da dívida, a renúncia do credor, a perda ou destruição do bem, entre outras formas previstas em lei. Assim, nos termos do **art. 1.436 do CC**:

> **Extingue-se o penhor:**
>
> I – extinguindo-se a obrigação;
>
> II – perecendo a coisa;
>
> III – renunciando o credor;
>
> IV – confundindo-se na mesma pessoa as qualidades de credor e de dono da coisa;
>
> V – dando-se a adjudicação judicial, a remissão ou a venda da coisa empenhada, feita pelo credor ou por ele autorizada.

g) Aplicação prática do penhor: o penhor é uma forma eficaz de garantia em diversas transações financeiras, especialmente em empréstimos de curto prazo. Ele é frequentemente utilizado em **operações de crédito** em que a rapidez e a flexibilidade são importantes, como em empréstimos pessoais nos quais o devedor precisa de recursos rápidos e dispõe de bens móveis de valor.

h) Considerações legais: o penhor deve ser sempre formalizado por meio de um contrato, que especifique claramente o bem dado em garantia, o valor da dívida, os termos da posse do bem pelo credor e as condições para sua liberação. A observância rigorosa das disposições legais é crucial para garantir a segurança jurídica do acordo e proteger os interesses de ambas as partes envolvidas.

Em resumo, o penhor é um instrumento de garantia de grande utilidade no direito civil, oferecendo segurança ao credor e flexibilidade ao devedor.

Seu uso adequado, conforme as disposições do Código Civil, é fundamental para a eficácia e legalidade da garantia.

2. Hipoteca

A hipoteca, como instrumento de garantia previsto no Código Civil, é uma ferramenta jurídica fundamental no âmbito do direito real de garantia.

Diferente do penhor, a hipoteca incide sobre **bens imóveis** ou **móveis que se equiparam a imóveis**, como navios e aeronaves, sem a necessidade de transferência de posse do bem ao credor, ou seja, a propriedade do bem permanece com o devedor, mas o bem é dado como garantia ao credor.

Art. 1.473. Podem ser objeto de hipoteca:

I – os imóveis e os acessórios dos imóveis conjuntamente com eles;

II – o domínio direto;

III – o domínio útil;

IV – as estradas de ferro;

V – os recursos naturais a que se refere o art. 1.230, independentemente do solo onde se acham;

VI – os navios;

VII – as aeronaves;

VIII – o direito de uso especial para fins de moradia;

IX – o direito real de uso;

X – a propriedade superficiária;

XI – os direitos oriundos da imissão provisória na posse, quando concedida à União, aos Estados, ao Distrito Federal, aos Municípios ou às suas entidades delegadas e a respectiva cessão e promessa de cessão.

As disposições relativas à hipoteca estão contidas principalmente nos **arts. 1.473 a 1.505 do CC**.

Assim como ocorre com todos os **direitos reais**[15], a hipoteca deve ser **registrada** no **Cartório de Registro de Imóveis** para que tenha validade contra terceiros.

E, em caso de inadimplemento, o credor pode promover a venda do bem hipotecado em leilão público para receber o valor devido, respeitando-se a ordem de preferência entre outros possíveis credores.

---

15. Art. 1.227. Os direitos reais sobre imóveis constituídos, ou transmitidos por atos entre vivos, só se adquirem com o registro no Cartório de Registro de Imóveis dos referidos títulos (arts. 1.245 a 1.247), salvo os casos expressos neste Código.

A hipoteca, como instrumento de garantia previsto no Código Civil, é uma ferramenta jurídica fundamental no âmbito do direito real de garantia.

Características da hipoteca no Código Civil

a) Natureza do imóvel: relembrando, portanto, a hipoteca refere-se a bens **imóveis**, como casas, prédios, terrenos, ou bens móveis que são tratados como imóveis pela lei, como embarcações e aeronaves de grande porte.

De igual maneira, temos a possibilidade, como visto, de alguns **direitos** também serem oferecidos como garantia, tais como o direito de uso especial para fins de moradia, o direito real de uso e a propriedade superficiária.

Esses bens servem como **garantia para o cumprimento de uma obrigação**, geralmente vinculado a um contrato principal, como um empréstimo ou financiamento.

b) Constituição da hipoteca: para que uma hipoteca seja válida, ela deve ser **registrada** no Cartório de Registro de Imóveis competente.

Esse registro confere publicidade ao ato e protege tanto o credor quanto terceiros interessados, assegurando que o bem hipotecado não seja vendido ou dado em garantia sem o conhecimento do credor hipotecário.

c) Direitos do credor: em caso de inadimplência do devedor, o credor hipotecário tem o direito de **promover a venda** do bem em leilão ou hasta pública para receber o valor devido.

A hipoteca **não confere** ao credor o direito de posse sobre o imóvel, mas garante o direito de buscar a satisfação de seu crédito por meio da venda do bem.

Até porque, nos termos do **art. 1.475**, é nula a cláusula que proíbe ao proprietário alienar imóvel hipotecado, entretanto, pode convencionar-se que **vencerá o crédito** hipotecário, se o imóvel for alienado.

d) Extinção da hipoteca: como regra, a hipoteca se extingue com o pagamento da dívida, mas pode ser extinta igualmente por outras hipóteses, tais como pela renúncia do credor, pelo perecimento do bem, pela resolução da propriedade, pela prescrição, entre outros modos previstos no **art. 1.499 do CC**.

A hipoteca extingue-se:

I – pela extinção da obrigação principal;

II – pelo perecimento da coisa;

III – pela resolução da propriedade;

IV – pela renúncia do credor;

V – pela remição;

VI – pela arrematação ou adjudicação.

---

e) Aplicação prática da hipoteca: a hipoteca é amplamente utilizada em operações de crédito de longo prazo, como financiamentos imobiliários e empréstimos de grande valor.

Ela oferece segurança ao credor, pois o bem hipotecado serve como uma forte garantia para a recuperação do crédito em caso de inadimplência do devedor.

O processo de constituição e execução da hipoteca deve seguir rigorosamente as disposições legais. Muito cuidado, pois a falta de registro da hipoteca pode invalidar a garantia.

Especialmente, conforme o **art. 1.492 do CC**, as hipotecas serão **registradas** no cartório do lugar do imóvel, ou no de cada um deles, se o título se referir a mais de um. Compete aos interessados, exibido o título, **requerer o registro da hipoteca**.

É possível, ainda, **hipotecas sucessivas**, sendo certo que os registros e averbações seguirão **a ordem em que forem requeridos**, verificando-se ela pela sua numeração sucessiva no protocolo **(art. 1.493 do CC)**. O número de ordem determina a **prioridade**, e esta determina a preferência entre as hipotecas.

Além disso, o procedimento de execução da hipoteca, no caso de inadimplemento, deve respeitar os direitos do devedor, incluindo o direito à notificação adequada e a possibilidade de defesa em processo judicial.

Em resumo, a hipoteca é um mecanismo de garantia essencial no direito brasileiro, oferecendo segurança aos credores em operações de crédito, especialmente aquelas de alto valor ou longa duração.

A compreensão e a observância das disposições do Código Civil são fundamentais para a **efetividade** e a **legalidade** da hipoteca como efetivo **instrumento de garantia**.

3. Anticrese

A anticrese é um **direito real de garantia** menos comum e menos usual no nosso cotidiano profissional, mas ainda é de extrema relevância no Direito Civil brasileiro, sendo regulamentada pelos **arts. 1.506 a 1.510 do CC**.

Nesse tipo de garantia, o **devedor** transfere ao credor o **direito de reter e usufruir os frutos** de um imóvel como forma de pagamento de uma dívida ou obrigação. Essencialmente, o credor recebe os rendimentos gerados pelo imóvel, como **aluguéis ou produção** agrícola, até que a **dívida seja quitada**.

Dessa forma, o credor tem o direito de **administrar o imóvel** e usar os frutos gerados por ele para amortizar ou pagar a dívida. Diferentemente da hipoteca, na anticrese há uma transferência de posse do bem imóvel e frutífero, ainda que a propriedade continue sendo do devedor.

Características da anticrese

a) Objeto da anticrese: a anticrese é aplicada exclusivamente a bens imóveis que sejam frutíferos (frutos e rendimentos). Assim, tem o credor o direito de usufruir dos frutos do imóvel, seja por meio de arrendamento, locação, cultivo, entre outros meios necessários e suficientes para **compensar a dívida**.

b) Formalização e registro: assim como os direitos reais, a exemplo da hipoteca, a anticrese requer formalização por meio de **contrato** e é necessário o **registro em cartório** para que tenha eficácia perante terceiros. O registro assegura a publicidade e a eficácia da garantia.

c) Direitos e obrigações: o credor, ao usufruir dos frutos do imóvel, assume a responsabilidade pela manutenção e pode ter que realizar investimentos para a sua conservação. Ao mesmo tempo, o valor dos frutos é utilizado para abater a dívida do devedor.

d) Duração e extinção: a anticrese permanece até que a dívida seja integralmente quitada pelos frutos do imóvel. Ela também pode ser extinta por acordo entre as partes, pela renúncia do credor ou pelo perecimento do imóvel.

- Pode o devedor ou outrem por ele, com a entrega do imóvel ao credor, ceder-lhe o direito de perceber, em compensação da dívida, os frutos e rendimentos.

- É permitido estipular que os frutos e rendimentos do imóvel sejam percebidos pelo credor à conta de juros, mas, se o seu valor ultrapassar a taxa máxima permitida em lei para as operações financeiras, o remanescente será imputado ao capital.

- Quando a anticrese recair sobre bem imóvel, este poderá ser hipotecado pelo devedor ao credor anticrético, ou a terceiros, assim como o imóvel hipotecado poderá ser dado em anticrese.

- O credor anticrético pode administrar os bens dados em anticrese e fruir seus frutos e utilidades, mas deverá apresentar anualmente balanço, exato e fiel, de sua administração.

- Se o devedor anticrético não concordar com o que se contém no balanço, por ser inexato, ou ruinosa a administração, poderá impugná-lo, e, se o quiser, requerer a transformação em arrendamento, fixando o juiz o valor mensal do aluguel, o qual poderá ser corrigido anualmente.

- O credor anticrético pode, salvo pacto em sentido contrário, arrendar os bens dados em anticrese a terceiro, mantendo, até ser pago, direito de retenção do imóvel, embora o aluguel desse arrendamento não seja vinculativo para o devedor.

- O credor anticrético responde pelas deteriorações que, por culpa sua, o imóvel vier a sofrer, e pelos frutos e rendimentos que, por sua negligência, deixar de perceber.

- O credor anticrético pode vindicar os seus direitos contra o adquirente dos bens, os credores quirografários e os hipotecários posteriores ao registro da anticrese.

- Se executar os bens por falta de pagamento da dívida, ou permitir que outro credor os execute, sem opor o seu direito de retenção ao exequente, não terá preferência sobre o preço.

- O credor anticrético não terá preferência sobre a indenização do seguro, quando o prédio seja destruído, nem, se forem desapropriados os bens, com relação à desapropriação.

- O adquirente dos bens dados em anticrese poderá remi-los antes do vencimento da dívida, pagando a sua totalidade na data do pedido de remição, e imitir-se-á, se for o caso, na sua posse.

e) Aplicação prática da anticrese: a anticrese pode ser uma opção interessante em situações em que o devedor possui um imóvel gerador de renda, mas não tem liquidez imediata para quitar uma dívida. Assim, em vez de vender o imóvel ou contrair uma nova dívida, o devedor pode optar pela anticrese, mantendo a propriedade do bem enquanto utiliza sua renda para saldar o débito.

f) Considerações legais: a anticrese, embora útil em certos contextos, é menos frequente na prática jurídica atual, principalmente devido à complexidade na gestão dos frutos do imóvel e na aplicação dos rendimentos à dívida. Além disso, requer uma **gestão cuidadosa** para garantir que os direitos de ambas as partes sejam respeitados e que o valor dos frutos seja adequadamente aplicado ao pagamento da dívida.

Em resumo, a anticrese é uma forma de garantia que pode ser benéfica em situações específicas, permitindo o uso produtivo de um imóvel para a satisfação de uma dívida.

A observância das disposições do Código Civil é crucial para a validade e eficácia desse tipo de garantia.

Cada uma dessas **formas de garantia** tem suas peculiaridades e adequações específicas, dependendo da natureza da dívida e dos bens envolvidos. Importante destacar que, em todas as modalidades, a relação entre devedor e credor deve ser pautada pelos princípios da boa-fé e da legalidade, com todos os termos devidamente registrados e formalizados para evitar futuros litígios.

Tanto o penhor quanto a hipoteca e a anticrese são mecanismos fundamentais no sistema de crédito, pois oferecem segurança para os credores e, consequentemente, facilitam o acesso dos devedores ao crédito. Entender as características e as diferenças entre essas modalidades de garantia é essencial para escolher a opção mais adequada em cada situação financeira ou transação comercial.

20.7.2. MODELO DE PENHOR DE BEM IMÓVEL

CONTRATO DE PENHOR DE BEM MÓVEL

Pelo presente instrumento particular de penhor, de um lado, **XXX** (Nome do devedor – Pessoa física ou pessoa jurídica), (Qualificação completa), inscrito no RG sob o n. XXX e no CPF/CNPJ sob o n. XXX, com sede/domicílio à Rua/Avenida XXX (Endereço completo), doravante denominado "DEVEDOR"; e, de outro, **XXX** (Nome do credor – Pessoa física ou pessoa jurídica), (Qualificação completa), inscrito no RG sob o n. XXX e no CPF/CNPJ sob o n. XXX, com sede/domicílio à Rua/Avenida XXX (Endereço completo), doravante denominado "CREDOR".

As partes acima identificadas e qualificadas, doravante denominadas em conjunto "PARTES" e individualmente "PARTE", têm entre si justo e acordado o presente **CONTRATO DE PENHOR DE BEM MÓVEL** (o "Contrato"), mediante as cláusulas e condições seguintes:

CAPÍTULO XXX – OBJETO

O presente contrato tem por objeto a constituição de penhor sobre o bem móvel descrito no Anexo XXX deste Contrato (o "Bem Empenhado"), de propriedade do DEVEDOR, em garantia do pagamento da dívida no valor de R$ XXX (XXX mil reais) (a "Dívida"), contraída junto ao CREDOR, conforme detalhado no Anexo XXX deste Contrato.

CAPÍTULO XXX – CONDIÇÕES DO PENHOR

O DEVEDOR declara ser o legítimo proprietário do Bem Empenhado, livre de quaisquer ônus, dívidas ou impedimentos que possam prejudicar a validade e eficácia deste Contrato.

PARÁGRAFO XXX – O DEVEDOR se compromete a entregar a posse do Bem Empenhado ao CREDOR, que poderá mantê-lo em seu poder até a quitação da Dívida.

PARÁGRAFO XXX – O DEVEDOR deverá manter o Bem Empenhado em bom estado de conservação e funcionamento, sendo responsável por quaisquer danos, avarias ou deteriorações que venham a ocorrer durante a vigência do presente Contrato.

PARÁGRAFO XXX – O DEVEDOR não poderá alienar, onerar ou gravar o Bem Empenhado sem o prévio e expresso consentimento do CREDOR, sob pena de configurar inadimplemento contratual.

CLÁUSULA XXX – PAGAMENTO DA DÍVIDA

A Dívida deverá ser paga pelo DEVEDOR ao CREDOR nas condições estipuladas no Anexo XXX deste Contrato, incluindo prazos, parcelas, juros e demais encargos.

PARÁGRAFO XXX – Em caso de inadimplemento do pagamento da Dívida pelo DEVEDOR, o CREDOR poderá, a seu critério, promover a venda do Bem Empenhado em hasta pública, conforme disposto na legislação aplicável, e utilizar o valor apurado para a quitação total ou parcial da Dívida.

PARÁGRAFO XXX – Caso o valor obtido com a venda do Bem Empenhado seja superior ao montante da Dívida e dos encargos decorrentes do inadimplemento, a diferença será restituída ao DEVEDOR. Se o valor obtido for inferior ao montante da Dívida e dos encargos decorrentes do inadimplemento, o DEVEDOR permanecerá responsável pelo pagamento da diferença remanescente ao CREDOR.

CLÁUSULA XXX – EXTINÇÃO DO PENHOR

O penhor se extinguirá automaticamente com a quitação integral da Dívida e dos encargos decorrentes, obrigando-se o CREDOR a devolver a posse do Bem Empenhado ao DEVEDOR, livre de quaisquer ônus ou gravames.

CLÁUSULA XXX – DISPOSIÇÕES GERAIS

O presente Contrato obriga as PARTES, seus herdeiros e sucessores, a qualquer título, e somente poderá ser modificado mediante instrumento escrito assinado por ambas as PARTES.

PARÁGRAFO XXX – A tolerância de uma PARTE quanto ao descumprimento de qualquer obrigação prevista neste Contrato não implicará em renúncia, perdão ou novação, podendo a PARTE exigir da outra o cumprimento integral do presente Contrato a qualquer momento.

PARÁGRAFO XXX – As PARTES elegem o foro da Comarca de XXX, com renúncia expressa a qualquer outro, por mais privilegiado que seja, para dirimir quaisquer dúvidas ou controvérsias decorrentes do presente Contrato.

Este Contrato é feito em XXX (XXX) vias de igual teor e forma, perante duas testemunhas, que a ele também se obrigam, independentemente de reconhecimento de firma.

Local, Data.

DEVEDOR

CREDOR

Testemunha 1

Testemunha 2

ANEXO XXX – Descrição do Bem Empenhado

(Inserir a descrição detalhada e completa do bem móvel objeto do penhor, incluindo marca, modelo, número de série, cor e outras características relevantes.)

ANEXO XXX – Detalhes da Dívida

(Inserir as informações detalhadas sobre a dívida, incluindo valor principal, prazo, parcelas, juros, multas, encargos e outras condições de pagamento.)

20.7.3. MODELO DE CONTRATO DE HIPOTECA

CONTRATO DE EMPRÉSTIMO (MÚTUO) COM GARANTIA HIPOTECÁRIA

Pelo presente instrumento particular de **Contrato de Empréstimo com Garantia Hipotecária**, de um lado, doravante denominado como MUTUANTE, **XXX** (Qualificação completa), portador do documento de identidade RG n. XXX, inscrito no CPF sob n. XXX, residente e domiciliado na Rua/Avenida XXX (Endereço completo); e, de outro lado, doravante denominado como MUTUÁRIO, **XXX** (Qualificação completa), portador do documento de identidade RG n. XXX, inscrito no CPF sob n. XXX, residente e domiciliado na Rua/Avenida XXX (Endereço completo);

As partes acima qualificadas têm entre si, justo e contratado, o presente **CONTRATO DE EMPRÉSTIMO COM GARANTIA HIPOTECÁRIA**, que se regerá pelas cláusulas e condições seguintes:

CLÁUSULA XXX – DO OBJETO

O presente contrato tem por objeto o empréstimo concedido pelo MUTUANTE ao MUTUÁRIO, no valor de R$ XXX (XXX mil reais), mediante a garantia hipotecária sobre o imóvel do MUTUÁRIO, conforme especificado na Cláusula XXX.

CLÁUSULA XXX – DO PRAZO E FORMA DE PAGAMENTO

O MUTUÁRIO se compromete a devolver o valor emprestado, acrescido de juros de XXX% (XXX por cento) ao mês, em XXX (XXX) parcelas mensais e sucessivas de R$ XXX (XXX reais), com vencimento da primeira parcela em XXX de XXX de XXXX e das demais em igual dia dos meses subsequentes.

CLÁUSULA XXX – DO INADIMPLEMENTO

Em caso de inadimplência, o MUTUÁRIO pagará multa de XXX% (XXX por cento) sobre o valor da parcela em atraso, acrescido de juros de mora de XXX% (XXX por cento) ao mês e correção monetária conforme variação do XXX (Indicar o índice de correção monetária utilizado).

CLÁUSULA XXX – DA GARANTIA

Como garantia do fiel cumprimento das obrigações assumidas neste contrato, o MUTUÁRIO constitui hipoteca de primeiro grau em favor do MUTUANTE sobre o imóvel de sua propriedade, situado na Rua/Avenida XXX (Indicar o endereço completo do imóvel), com as seguintes características:

a) XXX (Título do imóvel), registrado no XXX Cartório de Registro de Imóveis de XXX, sob a matrícula n. XXX (Número da matrícula), com área total de XXXm² (XXX metros quadrados) e área construída de XXXm² (XXX metros quadrados).

CLÁUSULA XXX – DA VENDA, ALIENAÇÃO OU ONERAÇÃO DO IMÓVEL

O MUTUÁRIO se obriga a não vender, alienar ou onerar o imóvel objeto da hipoteca sem prévia e expressa anuência do MUTUANTE. Caso o MUTUÁRIO pretenda vender, alienar ou onerar o imóvel, deverá obter o consentimento por escrito do MUTUANTE, que poderá ser concedido ou negado a seu exclusivo critério, sob pena de vencimento antecipado da dívida.

CLÁUSULA XXX – DA EXTINÇÃO DA HIPOTECA

A hipoteca se extinguirá quando todas as obrigações previstas neste contrato forem integralmente cumpridas pelo MUTUÁRIO. Nesse caso, o MUTUANTE fornecerá ao MUTUÁRIO uma declaração de quitação e cancelamento da hipoteca, que deverá ser registrada no Cartório de Registro de Imóveis competente.

CLÁUSULA XXX – DO SEGURO

O mutuário se obriga a contratar e manter, durante a vigência deste contrato, seguro contra incêndio e outros sinistros que possam atingir o imóvel hipotecado, em valor suficiente para cobrir o montante do empréstimo, com cláusula de beneficiário em favor do MUTUANTE.

CLÁUSULA XXX – DA EXECUÇÃO

Em caso de inadimplemento das obrigações assumidas pelo MUTUÁRIO neste contrato, o MUTUANTE poderá promover a execução judicial da dívida, com a consequente excussão do imóvel hipotecado, nos termos da legislação vigente.

CLÁUSULA XXX – DA CESSÃO

O MUTUANTE poderá ceder, total ou parcialmente, os direitos e créditos decorrentes deste contrato a terceiros, mediante comunicação por escrito ao MUTUÁRIO.

CLÁUSULA XXX – DO FORO

As partes elegem o foro da Comarca de XXX, com renúncia expressa a qualquer outro, por mais privilegiado que seja, para dirimir quaisquer dúvidas ou controvérsias oriundas do presente contrato.

E, por estarem assim justos e contratados, as partes assinam o presente contrato em XXX (XXX) vias de igual teor e forma, na presença das testemunhas abaixo, para que produza seus efeitos legais.

Local, Data.

MUTUANTE

MUTUÁRIO

Testemunha 1

Testemunha 2

20.7.4. MODELO DE ANTICRESE

CONTRATO DE ANTICRESE

Pelo presente instrumento particular, de um lado, XXX (Qualificação completa – Pessoa física ou jurídica de direito privado), inscrita no CPF ou CNPJ sob o n. XXX, com sede ou domicílio à Rua/Avenida XXX (Endereço completo), neste ato representada por seu(s) representante(s) legal(is) XXX, doravante denominado CREDOR; e, de outro lado, XXX (Qualificação completa – Pessoa física ou jurídica de direito privado), inscrita no CPF ou CNPJ sob o n. XXX, com sede ou domicílio à Rua/Avenida XXX (Endereço completo), neste ato representada por seu(s) representante(s) legal(is) XXX, doravante denominado DEVEDOR, têm entre si justo e acordado a celebração do presente **CONTRATO DE ANTICRESE**, que se regerá pelas cláusulas e condições seguintes:

CLÁUSULA XXX – OBJETO

O presente contrato tem por objeto a entrega do imóvel de propriedade do DEVEDOR, situado à Rua/Avenida XXX (endereço completo), registrado sob a matrícula n. XXX (inserir número) no Cartório de Registro de Imóveis de XXX (circunscrição), doravante denominado IMÓVEL, ao CREDOR, como garantia do pagamento de uma dívida no valor de R$ XXX (XXX mil reais).

PARÁGRAFO XXX – O CREDOR, por força deste contrato, receberá a posse do IMÓVEL, podendo explorá-lo economicamente, aplicando os frutos e rendimentos na amortização da dívida e seus respectivos encargos.

CLÁUSULA XXX – PRAZO

O prazo de vigência do presente contrato é de XXX (XXX) anos, a contar da data de sua assinatura, podendo ser prorrogado mediante acordo entre as partes.

CLÁUSULA TERCEIRA – ENCARGOS DA DÍVIDA

O DEVEDOR se obriga a pagar ao CREDOR juros no valor de XXX% (XXX por cento) ao ano, calculados *pro rata temporis* sobre o saldo devedor.

PARÁGRAFO XXX – Os juros serão pagos pelo DEVEDOR ao CREDOR na forma e prazos estipulados no presente contrato.

CLÁUSULA XXX – OBRIGAÇÕES DO CREDOR

O CREDOR se obriga a aplicar os frutos e rendimentos do IMÓVEL na amortização da dívida e seus respectivos encargos, observando o seguinte:

a) Os frutos e rendimentos serão destinados primeiramente ao pagamento dos encargos da dívida e, após, à amortização do principal;

b) O CREDOR deverá prestar contas ao DEVEDOR, anualmente, da aplicação dos frutos e rendimentos, bem como do saldo devedor atualizado.

CLÁUSULA XXX – OBRIGAÇÕES DO DEVEDOR

O DEVEDOR se obriga a manter o IMÓVEL livre de ônus e gravames durante o período de vigência do presente contrato.

PARÁGRAFO XXX – O DEVEDOR é responsável pelo pagamento de todos os encargos fiscais e tributários incidentes sobre o IMÓVEL.

CLÁUSULA XXX – EXTINÇÃO DA ANTICRESE

A anticrese se extinguirá nos seguintes casos:

a) Pagamento integral da dívida e seus respectivos encargos;

b) Renúncia expressa do CREDOR à garantia;

c) Decurso do prazo estabelecido no presente contrato, sem que haja prorrogação por acordo entre as partes;

d) Consolidação da propriedade em favor do CREDOR, mediante acordo entre as partes ou decisão judicial.

CLÁUSULA XXX – DEVOLUÇÃO DO IMÓVEL

Extinta a anticrese, independentemente do motivo, o CREDOR deverá devolver o IMÓVEL ao DEVEDOR, livre de ônus e em estado de conservação compatível com o uso e gozo normal do bem, salvo desgaste natural decorrente do tempo.

PARÁGRAFO XXX – Caso o CREDOR não desocupe o IMÓVEL no prazo de XXX (XXX) dias corridos após a extinção da anticrese, ficará sujeito ao pagamento de multa diária/ periódica ou única de R$ XXX (XXX mil reais), até a efetiva desocupação.

CLÁUSULA XXX – DISPOSIÇÕES GERAIS

O presente contrato obriga as partes, seus herdeiros e sucessores, a qualquer título.

CLÁUSULA XXX – FORO

Fica eleito o foro da Comarca de XXX, para dirimir quaisquer dúvidas ou questões decorrentes deste contrato, com expressa renúncia a qualquer outro, por mais privilegiado que seja.

E, por estarem assim justos e acordados, as partes assinam o presente contrato em XXX (XXX) vias de igual teor e forma, na presença de duas testemunhas, para que surta seus jurídicos e legais efeitos.

Local, Data.

CREDOR

DEVEDOR

Testemunha 1

Testemunha 2

20.8. O USUFRUTO, O USO E A HABITAÇÃO

20.8.1. ASPECTOS INICIAIS E INTRODUTÓRIOS DO USUFRUTO, DO USO E DA HABITAÇÃO

Os direitos reais **de uso, de usufruto e de habitação** são categorizados como direitos reais sobre coisas alheias no ordenamento jurídico brasileiro, sendo regulamentados pelo **Código Civil**.

Cada um desses direitos oferece uma forma diferente de **utilização** de um bem imóvel ou móvel pertencente a outra pessoa, conferindo ao titular certas prerrogativas específicas sobre o bem, embora a propriedade em si permaneça com o dono.

1. Direito real de usufruto

O direito real de usufruto é uma modalidade de direito real sobre coisas alheias, amplamente regulamentado no Código Civil, especificamente nos **arts. 1.390 a 1.411**. Esse direito confere ao usufrutuário o direito de **usar e gozar de um bem alheio**, móvel ou imóvel, e de extrair todos os seus **frutos**, sejam eles naturais, industriais ou civis, sem alterar a sua substância.

O usufrutuário tem a responsabilidade de **conservar** a forma e substância do bem, podendo, no entanto, usufruir integralmente de seus benefícios.

Esse direito é mais abrangente que o direito de uso, pois inclui não só a utilização do bem, mas também a apropriação de todos os frutos que ele possa gerar.

O usufruto pode ser estabelecido por tempo determinado ou pela vida do usufrutuário.

Natureza e características do usufruto

a) Uso e gozo do bem: O usufrutuário tem o direito de usar o bem (móvel ou imóvel) e de **usufruir de todos os seus frutos**, sejam eles naturais, industriais ou civis. Isso significa que o usufrutuário pode, por exemplo, morar em um imóvel, colher frutos de uma propriedade agrícola ou receber rendimentos de investimentos ou locações.

Segundo o **art. 1.390 do CC**, o usufruto pode recair em um ou mais bens, móveis ou imóveis, em um patrimônio inteiro, ou parte deste, abrangendo-lhe, no todo ou em parte, os frutos e utilidades.

Assim como ocorre com os direitos reais, o usufruto de imóveis, quando não resulte de usucapião, constituir-se-á mediante **registro** no Cartório de Registro de Imóveis.

E, salvo disposição em contrário no instrumento que institui o usufruto, o direito real estende-se aos **acessórios da coisa e seus acrescidos**.

b) Direito e responsabilidades do usufrutuário: Apesar de ter o direito de usar o bem e seus frutos, o usufrutuário é obrigado a manter a substância do bem, cuidando dele e realizando as manutenções necessárias.

O usufrutuário deve usar o bem conforme sua destinação e não pode alterá-lo de forma que prejudique seu valor ou estrutura.

Assim, nos termos do **art. 1.394 do CC**, o usufrutuário tem direito a **posse, uso, administração e percepção dos frutos**.

Outrossim, os **frutos civis**, vencidos na data inicial do usufruto, pertencem ao proprietário, e ao usufrutuário os vencidos na data em que cessar o usufruto (art. 1.398 do CC) e o usufrutuário poderá usufruir pessoalmente do bem, ou mediante arrendamento, mas não **lhe mudar a destinação econômica**, sem expressa autorização do proprietário (art. 1.399 do CC).

Com relação aos deveres, determina o **art. 1.400 do CC** que o usufrutuário, antes de assumir o usufruto, **inventariará**, à sua custa, os bens que receber, determinando o estado em que se acham, e **dará caução**, fidejussória (pessoal) ou real (em bens), se lhe exigir o dono de **velar pela conservação e entregá-los** findo o usufruto.

Com relação à **caução**, importante verificar que não será obrigado o doador, ou seja, será dispensado da causação, nos casos de **contratos de doação**, em que reserva para si o usufruto da coisa doada.

Agora, o usufrutuário que **não quiser ou não puder dar caução** suficiente perderá o **direito de administrar** o usufruto; e, nesse caso, os bens serão administrados pelo proprietário, que ficará obrigado, mediante caução, a entregar ao usufrutuário o rendimento deles, deduzidas as despesas de administração, entre as quais se incluirá a quantia fixada pelo juiz como remuneração do administrador.

Ademais, estipula o **art. 1.402 do CC**, o usufrutuário **não é obrigado** a pagar as deteriorações resultantes do **exercício regular do usufruto**, desde que essa utilização respeite os deveres de conservação da coisa e sem alteração de sua substância.

Art. 1.403. Incumbem ao usufrutuário:

I – as **despesas ordinárias** de conservação dos bens no estado em que os recebeu;

II – as **prestações** e os **tributos** devidos pela posse ou rendimento da coisa usufruída.

Art. 1.404. Incumbem ao dono:

I – as **reparações extraordinárias** e as que **não forem de custo módico**; mas o usufrutuário lhe pagará os juros do capital despendido com as que forem necessárias à conservação, ou aumentarem o rendimento da coisa usufruída.

Não se consideram módicas as despesas superiores a **dois terços do rendimento líquido em um ano** e, se o dono não fizer as reparações a que está obrigado, e que são indispensáveis à conservação da coisa, o usufrutuário pode realizá-las, cobrando daquele a importância despendida.

Se um edifício sujeito a usufruto for **destruído sem culpa do proprietá-rio**, não será este obrigado a reconstruí-lo, **nem o usufruto se restabelecerá**, se o proprietário reconstruir à sua custa o prédio.

No entanto, se na espécie **a indenização do seguro** for aplicada à recons-trução do prédio, aí, sim, **se restabelecerá o usufruto**.

Também fica **sub-rogada no ônus do usufruto**, em lugar do prédio, a in-denização paga, se ele for **desapropriado**, ou a importância do dano, ressarci-do pelo terceiro responsável no caso de **danificação ou perda**.

c) Temporariedade e intransferibilidade: o usufruto é geralmente esta-belecido por um período determinado ou pela vida do usufrutuário (vitalício). Ele é, em regra, intransferível e não pode ser vendido, embora o usufrutuário possa **ceder seu direito de usufruto**, se não houver proibição expressa.

Assim, conforme **art. 1.393 do CC**, não se pode transferir o usufruto por alienação; mas o seu exercício pode ceder-se por título gratuito ou oneroso.

d) Extinção do usufruto: o usufruto se extingue por diversas causas, como morte do usufrutuário (no caso de usufruto vitalício), pelo término do prazo estipulado, pela renúncia, pelo perecimento do bem, pela destruição total ou pela consolidação (quando o usufrutuário se torna também o nu-proprietário).

Art. 1.410. O usufruto extingue-se, cancelando-se o registro no Cartório de Registro de Imóveis:

I – pela renúncia ou morte do usufrutuário;

II – pelo termo de sua duração;

III – pela extinção da pessoa jurídica, em favor de quem o usufruto foi constituído, ou, se ela perdurar, pelo decurso de trinta anos da data em que se começou a exercer;

IV – pela cessação do motivo de que se origina;

V – pela destruição da coisa, guardadas as disposições dos arts. 1.407, 1.408, 2ª parte, e 1.409;

VI – pela consolidação;

VII – por culpa do usufrutuário, quando aliena, deteriora, ou deixa arruinar os bens, não lhes acudindo com os reparos de conservação, ou quando, no usufruto de títulos de crédi-to, não dá às importâncias recebidas a aplicação prevista no parágrafo único do art. 1.395;

VIII – pelo não uso, ou não fruição, da coisa em que o usufruto recai (arts. 1.390 e 1.399).

E, constituído o usufruto em favor de **duas ou mais pessoas**, extinguir--se-á a parte em relação a cada uma das que falecerem, salvo se, por **estipula-ção expressa** no instrumento constitutivo do usufruto, o quinhão dessas que falecerem couber ao sobrevivente (art. 1.411 do CC).

e) Aplicações práticas do usufruto: o usufruto é frequentemente utiliza-do em planejamentos sucessórios e patrimoniais, sendo um instrumento efetivo de transmissão de propriedade, mas de reserva do usufruto, colhendo frutos, aluguéis, administrando e explorando economicamente.

Por exemplo, pais podem conceder o usufruto de um imóvel a si mesmos, garantindo o direito de viver na propriedade durante sua vida, enquanto transferem a nua-propriedade para seus filhos. Isso assegura que os pais tenham um lugar para morar, enquanto os filhos eventualmente herdarão a propriedade sem complicações.

f) **Considerações legais**: a formalização do usufruto deve ser feita de maneira **escrita e expressa**, se o bem for imóvel, e necessitando do **registro** no **Cartório de Registro de Imóveis**. Para bens móveis, o processo pode ser mais simples, mas ainda assim recomenda-se a sua formalização sempre por escrito, em instrumento particular, para garantir a segurança jurídica.

Em resumo, o usufruto é um instrumento jurídico flexível que permite o uso e o gozo temporário de bens, preservando a propriedade para o nu-proprietário. É uma forma eficaz de garantir o uso de um bem, ao mesmo tempo que se planeja sua futura transferência ou se protege o patrimônio familiar.

2. Direito real de uso

O direito real de uso, previsto nos **arts. 1.412 a 1.418 do CC**, permite que uma pessoa (usuário) utilize um bem (móvel ou imóvel) de propriedade de outra, mas de maneira mais restrita e limitada, se comparado ao usufruto.

Esse direito pode ser estabelecido para atender às necessidades do usuário ou de sua família. O usuário pode utilizar o bem e colher seus frutos, desde que não altere a substância ou a destinação econômica.

No entanto, o direito de uso é limitado ao que é estritamente necessário para as necessidades do usuário e sua família, diferindo do usufruto pela amplitude da utilização permitida.

Assim, conforme **art. 1.412 do CC**, o usuário **usará da coisa** e **perceberá os seus frutos**, quanto o exigirem suas necessidades e de sua família.

E essas **necessidades pessoais** do usuário e de sua família serão avaliadas conforme sua condição social e o lugar onde vive.

De igual maneira, as necessidades da família do usuário somente compreenderão as de seu cônjuge, dos filhos solteiros e das pessoas de seu serviço doméstico.

Características do direito real de uso

a) **Uso limitado do bem**: o usuário pode utilizar o bem conforme sua **necessidade** e a de sua família, mas dentro dos limites estabelecidos pelo contrato ou pela lei.

Diferentemente do usufruto, o direito de uso é mais restrito e geralmente não permite a exploração econômica total do bem.

b) Bens móveis e imóveis: o direito de uso pode ser aplicado tanto a bens móveis quanto imóveis. Por exemplo, uma pessoa pode ter o direito de usar uma casa (bem imóvel) ou um veículo (bem móvel) de propriedade de outra.

c) Intransferibilidade: o direito de uso é, em princípio, intransferível e não pode ser vendido ou cedido, salvo disposição legal ou contratual em contrário.

d) Extinção do direito de uso: assim como ocorre no usufruto, esse direito pode se extinguir por diversas razões, como o falecimento do usuário, o término do prazo estipulado, a renúncia ou abandono do uso, entre outras causas previstas no Código Civil.

e) Disposições legais e aplicação: o Código Civil especifica que o direito de uso deve ser estabelecido claramente, ou seja, deve ser instituído por intermédio de um **instrumento contratual** ou **por testamento**. Além disso, destaca a necessidade de respeitar a destinação do bem e de não alterar sua substância. O usuário também tem a responsabilidade de cuidar do bem com a diligência de um bom pai de família, sendo responsável por sua conservação e manutenção durante o período de uso.

Na prática, o direito de uso é frequentemente utilizado em situações familiares, como o direito de um parente de residir em uma propriedade, ou em acordos específicos em que se deseja conceder o uso de um bem sem transferir sua propriedade ou a plenitude de seus frutos.

O direito real de uso é uma ferramenta jurídica importante, que oferece **flexibilidade nas relações patrimoniais**, permitindo o uso de um bem sem a necessidade de sua transferência de propriedade.

É crucial que tanto o usuário quanto o proprietário compreendam suas responsabilidades e direitos sob este arranjo para evitar conflitos e garantir que o bem seja devidamente preservado e utilizado de acordo com as disposições acordadas.

3. Direito real de habitação

O direito real de habitação, estabelecido pelo Código Civil, é também uma forma específica de direito real sobre coisas alheias, que permite a uma pessoa residir gratuitamente em um imóvel que pertence a outra. Esse direito é particularmente significativo no contexto de relações familiares e sucessórias, sendo regulamentado principalmente pelos **arts. 1.414 a 1.416 do CC**.

Esse direito real de habitação, especialmente, é comumente concedido a **cônjuges em vida ou sobreviventes**, sendo um direito mais restrito que o usufruto e o uso, pois se limita **exclusivamente à moradia no imóvel** e não inclui o direito de perceber outros frutos que a propriedade possa gerar.

Dessa forma, o **art. 1.831 do CC** determina que, ao **cônjuge sobrevivente**, qualquer que seja o regime de bens, será assegurado, sem prejuízo da participação que lhe caiba na herança, o **direito real de habitação** relativamente ao imóvel destinado à residência da família, desde que seja o único daquela natureza a inventariar.

O titular do direito de habitação **não pode alugar ou emprestar a casa**, pois seu direito se restringe estritamente à sua moradia pessoal.

E, se o direito real de habitação for conferido a **mais de uma pessoa**, qualquer delas que sozinha habite a casa **não terá de pagar aluguel à outra**, ou às outras, mas não pode inibi-las de exercer, querendo, o direito, que também lhes compete, de habitá-la.

Características do direito real de habitação

a) Uso específico para moradia: diferentemente do usufruto e do uso, o direito real de habitação é restrito à moradia no imóvel. O beneficiário não pode usar o imóvel para outros fins, nem alugar ou emprestá-lo.

b) Destinação familiar: o direito de habitação é frequentemente concedido a cônjuges ou companheiros sobreviventes, assegurando que possam continuar residindo no imóvel que servia de lar para o casal.

c) Natureza pessoal e intransferível: este direito é **inalienável, pessoal** e **intransmissível**, ou seja, não pode ser vendido, cedido ou passado para herdeiros. Ele é extinto com a morte do beneficiário.

d) Sem custos para o beneficiário: o beneficiário do direito de habitação não precisa pagar aluguéis ou taxas pelo uso do imóvel, mas é responsável pelas despesas ordinárias de manutenção.

e) Disposições legais e aplicação: de acordo com o Código Civil, o direito real de habitação é estabelecido por lei, por contrato ou por testamento. Uma aplicação comum é na situação de falecimento de um dos cônjuges ou companheiros, em que o sobrevivente recebe o direito de continuar residindo no imóvel do casal. Isso é particularmente importante para garantir a segurança e estabilidade do cônjuge ou companheiro sobrevivente.

No contexto sucessório, o direito de habitação se sobrepõe aos direitos dos herdeiros sobre o imóvel, embora não afete a propriedade do bem, que pode ser transmitida aos herdeiros. A ideia é equilibrar o direito à moradia do cônjuge sobrevivente com os direitos patrimoniais dos herdeiros.

O direito real de habitação representa uma importante proteção legal, principalmente em casos de viuvez, que garante ao cônjuge ou companheiro sobrevivente o direito de permanecer no lar comum sem o ônus financeiro. É um direito que reflete a consideração do ordenamento jurídico pelos laços familiares e pela estabilidade social e emocional dos indivíduos após a perda de um ente querido.

Esse direito, embora limitado a aspectos residenciais, é essencial para assegurar que o sobrevivente não seja desprovido de sua moradia em um momento de vulnerabilidade, mantendo a dignidade e o respeito às relações familiares estabelecidas durante a vida em comum.

Características e aplicações comuns

Embora distintos, esses direitos reais têm em comum o fato de serem temporários e não implicarem a transferência de propriedade. Eles são frequentemente usados em planejamentos sucessórios, acordos familiares e situações nas quais se deseja garantir o direito de uso ou de moradia sem transferir a propriedade do bem.

Os direitos reais de uso, de usufruto e de habitação representam formas flexíveis e importantes de garantir direitos sobre bens, respeitando a propriedade alheia. Eles oferecem soluções práticas para uma variedade de situações, desde a proteção de interesses familiares até o planejamento patrimonial, sempre exigindo uma gestão cuidadosa e respeitosa dos bens envolvidos.

20.8.2.   MODELO DE CONTRATO DE INSTITUIÇÃO DE USUFRUTO

CONTRATO DE INSTITUIÇÃO DE USUFRUTO

Pelo presente instrumento particular de **CONTRATO DE USUFRUTO**, de um lado, doravante denominado como NU(S)-PROPRIETÁRIO(S), **XXX** (Qualificação completa), portador do documento de identidade RG n. XXX, inscrito no CPF sob n. XXX, residente e domiciliado na Rua/Avenida XXX (Endereço completo); e, de outro lado, doravante denominado como USUFRUTUÁRIO(S), **XXX** (Qualificação completa), portador do documento de identidade RG n. XXX, inscrito no CPF sob n. XXX, residente e domiciliado na Rua/Avenida XXX (Endereço completo);

Têm, entre si, como justo e contratado, o presente **CONTRATO DE INSTITUIÇÃO DE USUFRUTO**, que se regerá pelas cláusulas e condições seguintes:

CLÁUSULA XXX – DO OBJETO

O(s) NU(S)-PROPRIETÁRIO(S) concede(m) ao(s) USUFRUTUÁRIO(S) o direito real de usufruto sobre o imóvel abaixo descrito e caracterizado:

Imóvel: XXX (descrever e identificar o imóvel objeto de usufruto)

Endereço: XXX (endereço completo)

Inscrição Municipal: XXX

Matrícula: XXX do CRI de XXX

Área total: XXXm² (XXX metros quadrados)

CLÁUSULA XXX – DA VIGÊNCIA

O usufruto ora constituído terá a vigência de XXX (XXX) meses/anos ou vitalício (especificar o prazo de duração do usufruto ou indicar se é vitalício).

CLÁUSULA XXX – DAS OBRIGAÇÕES DO USUFRUTUÁRIO

O(s) USUFRUTUÁRIO(S) compromete(m)-se a:

I – Utilizar o imóvel objeto deste contrato apenas para fins lícitos e de acordo com a sua destinação;

II – Conservar o imóvel, zelando por sua manutenção e realizando reparos e obras necessárias para a sua preservação;

III – Pagar os impostos, taxas e despesas ordinárias relativas ao imóvel, bem como as despesas extraordinárias, se houver acordo expresso entre as partes neste contrato;

IV – Não realizar benfeitorias de caráter voluptuário sem prévia autorização por escrito do(s) NU(S)-PROPRIETÁRIO(S);

V – Comunicar ao(s) NU(S)-PROPRIETÁRIO(S) qualquer situação que possa comprometer o usufruto do imóvel.

CLÁUSULA XXX – DA EXTINÇÃO DO USUFRUTO

O usufruto se extinguirá:

I – Pelo término do prazo estipulado na cláusula XXX;

II – Pela morte do(s) USUFRUTUÁRIO(S), se for vitalício;

III – Pela renúncia expressa do(s) USUFRUTUÁRIO(S);

IV – Pelo não uso ou não fruição do imóvel por período superior a 3 (três) anos;

V – Por decisão judicial.

CLÁUSULA XXX – DO FORO

As partes elegem o foro da Comarca de XXX, para dirimir quaisquer dúvidas ou controvérsias oriundas do presente contrato, renunciando a qualquer outro, por mais privilegiado que seja.

E, por estarem assim justos e contratados, firmam o presente CONTRATO DE INSTITUIÇÃO DE USUFRUTO em XXX (XXX) vias de igual teor e forma, na presença das testemunhas abaixo, para que produza seus efeitos legais.

Local, Data.

NU(S)-PROPRIETÁRIO(S)

USUFRUTUÁRIO(A)

Testemunha 1

Testemunha 2

20.8.3. MODELO DE CONTRATO DE DIREITO REAL DE USO

CONTRATO DE DIREITO REAL DE USO

Pelo presente instrumento particular de **CONTRATO DE DIREITO REAL DE USO**, de um lado, doravante denominado como NU(S)-PROPRIETÁRIO(S), **XXX** (Qualificação completa), portador do documento de identidade RG n. XXX, inscrito no CPF sob n. XXX, residente e domiciliado na Rua/Avenida XXX (Endereço completo); e, de outro lado, doravante denominado como USUÁRIO(S), **XXX** (Qualificação completa), portador do documento de identidade RG n. XXX, inscrito no CPF sob n. XXX, residente e domiciliado na Rua/Avenida XXX (Endereço completo);

Têm, entre si, como justo e contratado, o presente **CONTRATO DE DIREITO REAL DE USO**, que se regerá pelas cláusulas e condições seguintes:

CLÁUSULA XXX – DO OBJETO

O(s) NU(S)-PROPRIETÁRIO(S) concede(m) ao(s) USUÁRIO(S) o direito real de uso sobre o imóvel abaixo descrito e caracterizado:

Imóvel: XXX (descrever e identificar o imóvel objeto de usufruto)

Endereço: XXX (endereço completo)

Inscrição Municipal: XXX

Matrícula: XXX do CRI de XXX

Área total: XXXm² (XXX metros quadrados)

CLÁUSULA XXX – DA VIGÊNCIA

O direito real de uso ora constituído terá a vigência de XXX (XXX) meses/anos ou vitalício (especificar o prazo de duração do direito real de uso ou indicar se é vitalício).

CLÁUSULA XXX – DAS OBRIGAÇÕES DO USUÁRIO

O(s) USUÁRIO(S) compromete(m)-se a:

I – Utilizar o imóvel objeto deste contrato apenas para fins lícitos e de acordo com a sua destinação;

II – Conservar o imóvel, zelando por sua manutenção e realizando reparos e obras necessárias para a sua preservação;

III – Pagar os impostos, taxas e despesas ordinárias relativas ao imóvel, bem como as despesas extraordinárias, se houver acordo expresso entre as partes neste contrato;

IV – Não realizar benfeitorias de caráter voluptuário sem prévia autorização por escrito do(s) NU(S)-PROPRIETÁRIO(S);

V – Comunicar ao(s) NU(S)-PROPRIETÁRIO(S) qualquer situação que possa comprometer o uso do imóvel.

CLÁUSULA XXX – DA EXTINÇÃO DO USO

O direito real de uso se extinguirá:

I – Pelo término do prazo estipulado na cláusula XXX;

II – Pela morte do(s) USUÁRIO(S), se for vitalício;

III – Pela renúncia expressa do(s) USUÁRIO(S);

IV – Pelo não uso ou não fruição do imóvel por período superior a 3 (três) anos;

V – Por decisão judicial.

CLÁUSULA XXX – DO FORO

As partes elegem o foro da Comarca de XXX, para dirimir quaisquer dúvidas ou controvérsias oriundas do presente contrato, renunciando a qualquer outro, por mais privilegiado que seja.

E, por estarem assim justos e contratados, firmam o presente CONTRATO DE DIREITO REAL DE USO em XXX (XXX) vias de igual teor e forma, na presença das testemunhas abaixo, para que produza seus efeitos legais.

Local, Data.

NU(S)-PROPRIETÁRIO(S)

USUÁRIO(S)

Testemunha 1

Testemunha 2

20.8.4. MODELO DE CONTRATO DE HABITAÇÃO

CONTRATO DE DIREITO REAL DE USO

Pelo presente instrumento particular de **CONTRATO DE INSTITUIÇÃO DE DIREITO REAL DE HABITAÇÃO**, de um lado, doravante denominado como PROPRIETÁRIO(S), **XXX** (Qualificação completa), portador do documento de identidade RG n. XXX, inscrito no CPF sob n. XXX, residente e domiciliado na Rua/Avenida XXX (Endereço completo); e, de outro lado, doravante denominado como BENEFICIÁRIO(S), **XXX** (Qualificação completa), portador do documento de identidade RG n. XXX, inscrito no CPF sob n. XXX, residente e domiciliado na Rua/Avenida XXX (Endereço completo);

Têm, entre si, como justo e contratado, o presente **CONTRATO DE INSTITUIÇÃO DE DIREITO REAL DE HABITAÇÃO**, que se regerá pelas cláusulas e condições seguintes:

Considerando que:

I – O Proprietário é legítimo proprietário do imóvel situado à Rua XXX (Endereço completo do imóvel), registrado sob o n. XXX (Número do registro) no Cartório de Registro de Imóveis de XXX (Nome da cidade);

II – O Proprietário deseja conceder ao Beneficiário o direito real de habitação sobre o imóvel mencionado, pelo prazo e nas condições aqui estabelecidas;

CLÁUSULA XXX – DO OBJETO

O(s) PROPRIETÁRIO(S) concede(m) ao(s) BENEFICIÁRIO(S) o direito real de habitação sobre o imóvel abaixo descrito e caracterizado:

Imóvel: XXX (descrever e identificar o imóvel objeto de usufruto)

Endereço: XXX (endereço completo)

Inscrição Municipal: XXX

Matrícula: XXX do CRI de XXX

Área total: XXXm² (XXX metros quadrados)

CLÁUSULA XXX – DO PRAZO E DA VIGÊNCIA

Este direito real de habitação vigorará pelo prazo de XXX (inserir prazo), iniciando-se em XX de XX de XXXX (data de início) e encerrando-se em XX de XX de XXXX (data de término), salvo prorrogação acordada por ambas as partes por meio de aditivo contratual (especificar o prazo de duração do direito real de habitação ou indicar se é vitalício).

CLÁUSULA XXX – DAS CONDIÇÕES DE USO DO BEM

O(S) BENEFICIÁRIO(S) poderá usar o imóvel exclusivamente para fins residenciais, comprometendo-se a:

a) Manter o imóvel em bom estado de conservação e limpeza;

b) Arcar com as despesas ordinárias de manutenção;

c) Não realizar alterações estruturais ou modificativas sem prévia autorização escrita do Proprietário.

CLÁUSULA XXX – PROIBIÇÃO DE CESSÃO E SUBLOCAÇÃO

O(S) BENEFICIÁRIO(S) não poderá ceder ou sublocar, total ou parcialmente, o imóvel objeto deste contrato, nem transferir os direitos decorrentes deste contrato a terceiros.

CLÁUSULA XXX – EXTINÇÃO DO DIREITO DE HABITAÇÃO

O direito real de habitação se extinguirá:

I – Pelo término do prazo estipulado na cláusula XXX;

II – Pela morte do(s) BENEFICIÁRIO(S), se for vitalício;

III – Pela renúncia expressa do(s) BENEFICIÁRIO(S);

IV – Pelo descumprimento das obrigações aqui estabelecidas;

V – Por decisão judicial.

CLÁUSULA XXX – DO FORO

As partes elegem o foro da Comarca de XXX, para dirimir quaisquer dúvidas ou controvérsias oriundas do presente contrato, renunciando a qualquer outro, por mais privilegiado que seja.

E, por estarem assim justos e contratados, firmam o presente CONTRATO DE INSTITUIÇÃO DE DIREITO REAL DE HABITAÇÃO em XXX (XXX) vias de igual teor e forma, na presença das testemunhas abaixo, para que produza seus efeitos legais.

Local, Data.

PROPRIETÁRIO(S)

BENEFICIÁRIO(S)

Testemunha 1

Testemunha 2

1. PRINCIPAIS CONTRATOS E CLÁUSULAS EM DIREITO SOCIETÁRIO E EMPRESARIAL

1.1. ASPECTOS GERAIS DOS CONTRATOS SOCIETÁRIOS

Inicialmente, vamos analisar os aspectos iniciais sobre os contratos societários, especialmente a respeito dos conceitos, classificações e natureza jurídica dos atos constitutivos das sociedades empresárias.

Após, passaremos às características principais de cada tipo societário, com modelos de cláusulas e de contratos para a constituição das empresas, ressaltando alguns cuidados especiais que todos os intérpretes e aplicadores do direito.

Com efeito, a partir do advento do Código Civil de 2002, houve a adoção da chamada teoria da empresa, que aperfeiçoou o conceito de sociedade empresária, não sendo mais necessária a distinção em comerciais e civis, que agora se distinguem apenas entre as sociedades empresárias e as sociedades simples.

Até por isso, o CC afirma, em seu art. 981, que celebram contrato de sociedade as **pessoas que reciprocamente se obrigam a contribuir**, com bens ou serviços, para o **exercício de atividade econômica** e a partilha, entre si, dos resultados. Dessa forma, a atividade da sociedade pode restringir-se à realização de **um ou mais negócios determinados**.

Assim, o contrato de sociedade é um **negócio jurídico plurilateral** por meio do qual duas ou mais pessoas, naturais ou jurídicas, ajustam entre si a constituição de uma sociedade, que poderá, ou não, ter personalidade jurídica. Além disso, pode-se destacar os seguintes requisitos:

a) **a existência de duas ou mais pessoas;**

b) **reunião de capital e trabalho (fatores da produção);**

c) **exploração de atividade econômica** (em oposição a atividades de mero gozo, ou filantrópicas);

d) fins comuns (inerentes ao exercício da atividade por várias pessoas em conjunto); e

e) partilha dos resultados (decorrência do exercício em comum).

Conforme art. 982 do CC, salvo as exceções expressas, considera-se como empresária a sociedade que tem por objeto o **exercício de atividade própria de empresário sujeito a registro** (nos termos do art. 967); e, como **sociedade simples**, as demais. Independentemente de seu objeto, considera-se **empresária a sociedade por ações**; e, **simples, a cooperativa**.

Nesse sentido, a sociedade **somente adquire personalidade jurídica com a inscrição**, no registro próprio e na forma da lei, dos seus atos constitutivos, conforme exigência dos arts. 45, 985 e 1.150, todos do CC[1].

Efetivamente, para que se possa caracterizar juridicamente o início da personalidade jurídica da sociedade, há a necessidade do registro de seus atos constitutivos no registro próprio, conforme acima determinado. Assim, resta o questionamento: quais são os atos constitutivos e quais os locais de registro?

Atos constitutivos: é o documento formal e necessário para a criação de uma pessoa jurídica, contendo todas as informações básicas da empresa, além de definir os direitos, deveres, objetos e diretrizes de administração societária.

Esses atos constitutivos são chamados de: **estatuto** e **contrato social**.

Como regra, os **atos constitutivos das sociedades**, no geral, devem conter alguns requisitos especiais para possibilitar o registro (base do **art. 46 do CC**), são eles:

a) a **razão social** adotada pela sociedade;

b) o **endereço comercial** ou a **sede**;

c) o **objeto social** ou a **atividade**;

d) a **data de início** das atividades ou o **tempo de duração** (se o caso);

e) o **tipo societário** adotado;

f) a **identificação** dos sócios e a individualização dos administradores;

---

1. "Art. 45. Começa a existência legal das pessoas jurídicas de direito privado com a inscrição do ato constitutivo no respectivo registro, precedida, quando necessário, de autorização ou aprovação do Poder Executivo, averbando-se no registro todas as alterações por que passar o ato constitutivo.

Art. 985. A sociedade adquire personalidade jurídica com a inscrição, no registro próprio e na forma da lei, dos seus atos constitutivos (arts. 45 e 1.150).

Art. 1.150. O empresário e a sociedade empresária vinculam-se ao Registro Público de Empresas Mercantis a cargo das Juntas Comerciais, e a sociedade simples ao Registro Civil das Pessoas Jurídicas, o qual deverá obedecer às normas fixadas para aquele registro, se a sociedade simples adotar um dos tipos de sociedade empresária."

g) o **capital social**;

h) a **responsabilidade** dos sócios;

i) o **quórum** para votação de determinadas matérias;

j) a **forma de condições de extinção** e destinação do patrimônio.

Estatuto social é o instrumento contratual adotado como ato constitutivo obrigatório para as cooperativas, as sociedades anônimas e as entidades sem finalidade lucrativa, como fundações e associações.

Como regra, o estatuto social deverá conter alguns requisitos, analisados a partir das disposições do **art. 54 do CC e da Lei das S.A. (Lei n. 6.404/76)**, sob **pena de nulidade**, dentre eles:

a) a denominação social;

b) o prazo de duração;

c) a sede em algum município determinado;

d) o objeto social, definido de modo preciso e completo;

e) o capital social, expresso em moeda nacional;

f) as ações, determinando a espécie, a classe, se terão valor nominal ou não;

g) os diretores, no mínimo dois, com prazo de gestão não superior a três anos;

h) o conselho fiscal, com no mínimo três e máximo cinco membros efetivos e suplentes, bem como se o seu funcionamento será permanente ou não;

i) o término do exercício social.

Contrato social: é um negócio jurídico plurilateral, celebrado por duas ou mais pessoas físicas ou jurídicas para constituição de uma sociedade empresária com fins lucrativos, que não seja sociedade anônima.

Dessa forma, o contrato social, segundo o **art. 997 do Código Civil**, deverá conter:

I – nome, nacionalidade, estado civil, profissão e residência dos sócios, se pessoas naturais, e a firma ou a denominação, nacionalidade e sede dos sócios, se jurídicas;

II – denominação, objeto, sede e prazo da sociedade;

III – capital da sociedade, expresso em moeda corrente, podendo compreender qualquer espécie de bens, suscetíveis de avaliação pecuniária;

IV – a quota de cada sócio no capital social, e o modo de realizá-la;

V – as prestações a que se obriga o sócio, cuja contribuição consista em serviços;

VI – as pessoas naturais incumbidas da administração da sociedade, e seus poderes e atribuições;

VII – a participação de cada sócio nos lucros e nas perdas;

VIII – se os sócios respondem, ou não, subsidiariamente, pelas obrigações sociais.

Registro: as pessoas jurídicas são criações do direito, cujo sistema jurídico civil atribui direitos, deveres, pretensões, obrigações, ações e exceções **às** entidades criadas de maneira bilateral, plurilateral (sociedade, associações), ou unilateralmente (fundações).

Certamente, para que os atos jurídicos constitutivos das pessoas jurídicas possam ser reconhecidos e ter efeitos sobre a sociedade, é imprescindível que estes sejam devidamente registrados nos órgãos responsáveis e competentes, daí então surge a necessidade do **registro civil de pessoas jurídicas**.

Nos termos do art. 967 do CC, é **obrigatória a inscrição** do empresário no Registro Público de Empresas Mercantis da respectiva sede, antes do início de sua atividade.

De igual maneira, conforme acima anteriormente informado, considera-se empresária a sociedade que tem por objeto o **exercício de atividade própria de empresário sujeito a registro** (art. 982 do CC).

Assim, nos termos do art. 998 do CC, nos **30 dias** subsequentes à sua constituição, a sociedade **deverá requerer a inscrição do contrato social no Registro Civil das Pessoas Jurídicas do local de sua sede**.

O pedido de inscrição será acompanhado do **instrumento autenticado do contrato**, e, se algum sócio nele houver sido representado por procurador, o da respectiva procuração, bem como, se for o caso, da prova de autorização da autoridade competente.

Com todas as indicações enumeradas acima, será a inscrição tomada por termo no livro de registro próprio, e obedecerá a número de ordem contínua para todas as sociedades inscritas.

Dessa forma, o empresário e a sociedade empresária vinculam-se ao **Registro Público de Empresas Mercantis** a cargo das **Juntas Comerciais**, e a sociedade simples ao **Registro Civil das Pessoas Jurídicas**, o qual deverá obedecer às normas fixadas para aquele registro, se a sociedade simples adotar um dos tipos de sociedade empresária.

O registro dos atos sujeitos às formalidades exigidas acima será requerido pela **pessoa obrigada em lei**, e, no caso de omissão ou demora, pelo **sócio ou qualquer interessado**. Os documentos necessários ao registro deverão ser apresentados no prazo de **30 dias**, contado da lavratura dos atos respectivos e, se requerido além do prazo, o registro somente produzirá **efeito a partir da data de sua concessão**. Nesse caso, as pessoas obrigadas a requerer o registro **responderão por perdas e danos**, em caso de omissão ou demora.

PASSO A PASSO PARA A CONSTITUIÇÃO DE UMA SOCIEDADE EMPRESÁRIA

1. Definição do tipo de sociedade: antes de constituir uma sociedade empresária, é necessário definir qual o tipo mais adequado para o negócio. As opções mais comuns são a Sociedade Limitada (Ltda.) e a Sociedade Anônima (S/A).

2. Elaboração do contrato social: o contrato social é o documento que estabelece as regras e os direitos dos sócios em relação à empresa. Nele, devem constar informações como o nome da empresa, o objeto social, o capital social, a participação de cada sócio na empresa, entre outras.

3. Registro na Junta Comercial: o contrato social deve ser registrado na Junta Comercial do estado onde a empresa será estabelecida. Nessa etapa, será necessário apresentar os documentos necessários, como o contrato social, o Cadastro Nacional de Pessoa Jurídica (CNPJ), entre outros.

4. Obtenção de alvará de funcionamento: após o registro na Junta Comercial, a empresa deve solicitar o alvará de funcionamento na prefeitura da cidade onde será estabelecida. O alvará é a autorização para que a empresa possa iniciar suas atividades.

5. Registro na Secretaria da Receita Federal: com o CNPJ em mãos, é preciso fazer o registro na Secretaria da Receita Federal. Isso é necessário para que a empresa possa emitir notas fiscais e estar em dia com suas obrigações tributárias.

6. Obtenção de licenças e autorizações específicas: além do alvará de funcionamento, é possível que a empresa precise de outras licenças ou autorizações específicas para poder operar. Isso depende do tipo de atividade que será realizada e das leis locais.

7. Abertura de conta bancária: a empresa deve abrir uma conta bancária em nome da pessoa jurídica para movimentar os recursos financeiros. Nessa etapa, é importante buscar as melhores condições e taxas de serviço oferecidas pelas instituições financeiras.

8. Elaboração do estatuto social (no caso de Sociedade Anônima): caso a empresa opte por constituir uma Sociedade Anônima (S/A), será necessário elaborar um estatuto social, que é um documento semelhante ao contrato social, mas com particularidades específicas desse tipo de sociedade.

9. Registro na Comissão de Valores Mobiliários (no caso de Sociedade Anônima de capital aberto): se a Sociedade Anônima for de capital aberto (com ações negociadas na bolsa de valores), será necessário fazer o registro na Comissão de Valores Mobiliários (CVM), que é a instituição responsável por regulamentar o mercado de valores mobiliários no Brasil.

10. Registro em outros órgãos ou entidades: dependendo da natureza do negócio, a empresa pode precisar se registrar em outros órgãos ou entidades, como a Anvisa (no caso de empresas que produzem ou comercializam produtos regulamentados pela agência), o Ibama (no caso de empresas que lidam com atividades que podem causar impacto ambiental), entre outros.

1.2. ASPECTOS PRINCIPAIS DAS SOCIEDADES EMPRESÁRIAS

1.2.1. SOCIEDADE LIMITADA UNIPESSOAL (SLU)

A Sociedade Limitada Unipessoal (SLU), é um tipo societário recente criado em nossa legislação civil pela **Medida Provisória n. 881/2019**, convertida posteriormente na **Lei da Liberdade Econômica (Lei n. 13.874/2019)**, basicamente, consiste na sociedade limitada, entretanto com a **representação jurídica individual**, com **responsabilidade limitada de um único sócio**.

Assim, nos termos do **art. 1.052 do CC**, na sociedade limitada, a responsabilidade de cada sócio é restrita ao valor de suas quotas, mas todos respondem solidariamente pela integralização do capital social.

Afirma o § 1º do mencionado artigo que a **sociedade limitada pode ser constituída por 1 (uma) ou mais pessoas**, instituindo, assim a sociedade limitada unipessoal. E, se for **unipessoal**, aplicar-se-ão ao documento de constituição do sócio único, no que couber, as **disposições sobre o contrato social**.

Importante verificar que a Sociedade Simples veio substituir a EIRELI, ou Empresa Individual de Responsabilidade Limitada, que não mais subsistem, tendo em vista a revogação pela **Lei n. 14.195/2021**.

1.2.2. SOCIEDADES LIMITADAS (LTDA.)

Como visto no item anterior, nas **Sociedades Limitadas (Ltda.)**, a responsabilidade de cada sócio é **restrita ou limitada ao valor de suas quotas**, mas todos respondem **solidariamente pela integralização do capital social**, ou seja, são obrigados a aportar na sociedade bens ou dinheiro, que correspondam às quotas que subscreveu.

Lembrando que o Código Civil **não permite a integralização** ou a contribuição em **prestação de serviços** (art. 1.055, § 2º, do CC).

Assim, o capital social **divide-se em quotas**, iguais ou desiguais, cabendo uma ou diversas a cada sócio e, pela exata estimação de bens conferidos ao capital social **respondem solidariamente todos os sócios**, até o prazo de **cinco anos** da data do registro da sociedade.

Dessa forma, após a integralização do capital social, os **sócios não mais respondem pelas dívidas sociais ou obrigações da sociedade empresária**, ainda que superem o patrimônio da sociedade empresária, salvo no caso de **desconsideração da personalidade jurídica**.

A Sociedade Limitada será constituída por contrato social, registrado na Junta Comercial no estado em que está localizada a sua sede, no qual, obrigatoriamente, deverá constar os elementos do **art. 997 do CC**:

a) nome, nacionalidade, estado civil, profissão e residência dos sócios, se pessoas naturais, e a firma ou a denominação, nacionalidade e sede dos sócios, se jurídicas;

b) denominação, objeto, sede e prazo da sociedade;

c) capital da sociedade, expresso em moeda corrente, podendo compreender qualquer espécie de bens, suscetíveis de avaliação pecuniária;

---

d) a quota de cada sócio no capital social, e o modo de realizá-la;

e) as prestações a que se obriga o sócio, cuja contribuição consista em serviços;

f) as pessoas naturais incumbidas da administração da sociedade, e seus poderes e atribuições;

g) a participação de cada sócio nos lucros e nas perdas;

h) se os sócios respondem, ou não, subsidiariamente, pelas obrigações sociais.

Certamente, além desses requisitos mínimos obrigatórios, o contrato social pode **estabelecer outras regras entre os sócios**, tais como a forma de cessão ou de transferência de quotas, ou de exclusão de sócios da sociedade, a distribuição de dividendos, o pagamento de *pro labore* aos sócios e os valores respectivos, a sucessão e a transmissão das quotas em caso de falecimento de sócio, bem como a possibilidade de constar expressamente no contrato social a adoção supletiva das regras da sociedade anônima, caso assim queiram os sócios (**art. 1.053, parágrafo único, do CC**).

Como veremos nos próximos títulos, também é possível a realização de **acordo de sócios ou acordo de quotistas**, para tratar de outros assuntos sensíveis entre os sócios e à administração da sociedade (art. 1.060 do CC[2]), como direito de voto, poder de controle e de administração, dentre outras possibilidades, desde que não violem a legislação.

No tocante às **deliberações**, serão tomadas em reunião ou em assembleia, **conforme previsto no contrato social**, devendo ser convocadas pelos administradores nos casos previstos em lei ou conforme previsão no contrato social. Dessa forma, nos termos do **art. 1.071 do CC**, dependem da **deliberação dos sócios**, além de outras matérias indicadas na lei ou no contrato:

I – a aprovação das contas da administração;

II – a designação dos administradores, quando feita em ato separado;

III – a destituição dos administradores;

IV – o modo de sua remuneração, quando não estabelecido no contrato;

V – a modificação do contrato social;

VI – a incorporação, a fusão e a dissolução da sociedade, ou a cessação do estado de liquidação;

VII – a nomeação e destituição dos liquidantes e o julgamento das suas contas;

VIII – o pedido de concordata.

---

2. "Art. 1.060. A sociedade limitada é administrada por uma ou mais pessoas designadas no contrato social ou em ato separado."

A deliberação em assembleia será obrigatória se o **número dos sócios for superior a dez**, entretanto, poderá a reunião ou a assembleia ser dispensada quando **todos os sócios decidirem, por escrito**, sobre a matéria que seria objeto delas.

A **reunião ou a assembleia** podem também ser convocadas, conforme art. 1.073 do CC:

> I – **por sócio**, quando os administradores retardarem a convocação, por mais de sessenta dias, nos casos previstos em lei ou no contrato, ou por titulares de mais de um quinto do capital, quando não atendido, no prazo de oito dias, pedido de convocação fundamentado, com indicação das matérias a serem tratadas;
>
> II – **pelo conselho fiscal**, se houver, e a diretoria retardar por mais de trinta dias a sua convocação anual, ou sempre que ocorram motivos graves e urgentes;

Outrossim, com respeito ao **quórum de deliberação dos sócios**, o Código Civil estabelece algumas regras específicas, com alterações trazidas pela Lei n. 14.451, de 2022:

a) pelos votos correspondentes a **mais da metade do capital social**, nos casos previstos nos **incisos II, III, IV, V, VI e VIII do** *caput* **do art. 1.071 deste Código**; ou

b) pela **maioria de votos dos presentes**, nos demais casos previstos na lei ou no contrato, se este não exigir maioria mais elevada.

Em se tratando de **microempresa ou de empresa de pequeno porte** (nos quais grade parte das *startups*, por exemplo, estão inseridas), a Lei Complementar n. 123/2006, em seu art. 70, prevê um quórum diferenciado:

> Art. 70. As microempresas e as empresas de pequeno porte são desobrigadas da realização de reuniões e assembleias em qualquer das situações previstas na legislação civil, as quais serão substituídas por deliberação representativa do primeiro número **inteiro superior à metade do capital social**.
>
> § 1º O disposto no *caput* deste artigo não se aplica caso haja disposição contratual em contrário, caso ocorra hipótese de justa causa que enseje a exclusão de sócio ou caso um ou mais sócios ponham em risco a continuidade da empresa em virtude de atos de inegável gravidade.
>
> § 2º Nos casos referidos no § 1º deste artigo, realizar-se-á reunião ou assembleia de acordo com a legislação civil.

Ademais, quanto às quotas sociais, o contrato social pode prever a forma pela qual poderão ser cedidas, entretanto, na **omissão do contrato**, o sócio pode ceder sua quota, livremente, total ou parcial, a outro sócio, independentemente de audiência dos demais sócios, ou a terceiros estranhos à sociedade, se não houver oposição de titulares de mais de um quarto do capital social.

Nesses casos, a cessão terá eficácia quanto à sociedade e terceiros, tampouco com relação aos outros sócios, senão a partir da **averbação do respectivo instrumento**, subscrito pelos sócios anuentes.

Finalmente, para as sociedades limitadas há a possibilidade de estabelecer o conselho fiscal, entendido como o órgão facultativo responsável pela análise das finanças da sociedade, além das atribuições previstas no **art. 1.069 do CC ou no contrato social:**

> I – examinar, pelo menos trimestralmente, os livros e papéis da sociedade e o estado da caixa e da carteira, devendo os administradores ou liquidantes prestar-lhes as informações solicitadas;
>
> II – lavrar no livro de atas e pareceres do conselho fiscal o resultado dos exames referidos no inciso I deste artigo;
>
> III – exarar no mesmo livro e apresentar à assembleia anual dos sócios parecer sobre os negócios e as operações sociais do exercício em que servirem, tomando por base o balanço patrimonial e o de resultado econômico;
>
> IV – denunciar os erros, fraudes ou crimes que descobrirem, sugerindo providências úteis à sociedade;
>
> V – convocar a assembleia dos sócios se a diretoria retardar por mais de trinta dias a sua convocação anual, ou sempre que ocorram motivos graves e urgentes;
>
> VI – praticar, durante o período da liquidação da sociedade, os atos a que se refere este artigo, tendo em vista as disposições especiais reguladoras da liquidação.

Resumo esquemático

LEGISLAÇÃO	Código Civil: arts. 1.052 a 1.087. Aplicação subsidiária: arts. 997 a 1.038 do CC. Aplicação supletiva: Lei n. 6.404/76 (Sociedade Anônima)
RESPONSABILIDADE DOS SÓCIOS	Limitada à integralização do capital social: responsabilidade de cada sócio é restrita ao valor de suas quotas, mas todos respondem solidariamente pela integralização do capital social.
CAPITAL SOCIAL	Divididos em quotas e os sócios são denominados de quotistas.
ATO CONSTITUTIVO	Contrato social
REGISTRO	Junta Comercial
ESTRUTURA	Reuniões ou Assembleias. Divididos em sócios administradores (designadas no contrato ou em acordo de sócios) e Conselho Fiscal (órgão facultativo).
STARTUPS	Tipo societário recomendado para *startups*, principalmente no início das atividades.

VANTAGENS	Proteção patrimonial dos sócios.
	Estrutura reduzida e divisão mediante quotas.
	Facilitação de administração.
	Possibilidade de opção pelo Simples Nacional, preenchidos os requisitos.
DESVANTAGENS	Maiores riscos de desconsideração da personalidade jurídica.

1.2.3. SOCIEDADES SIMPLES

Sociedades simples são aquelas sociedades personificadas, em que os sócios exerçam **profissão intelectual, de natureza científica, literária ou artística**, desde que o exercício da profissão **não constitua elemento de empresa**, conforme **art. 966, parágrafo único do CC**[3].

Como visto anteriormente, para a sua constituição é imprescindível que a sociedade se constitua mediante **contrato escrito, particular ou público**, que, além de cláusulas estipuladas pelas partes, mencionará:

I – nome, nacionalidade, estado civil, profissão e residência dos sócios, se pessoas naturais, e a firma ou a denominação, nacionalidade e sede dos sócios, se jurídicas;

II – denominação, objeto, sede e prazo da sociedade;

III – capital da sociedade, expresso em moeda corrente, podendo compreender qualquer espécie de bens, suscetíveis de avaliação pecuniária;

IV – a quota de cada sócio no capital social, e o modo de realizá-la;

V – as prestações a que se obriga o sócio, cuja contribuição consista em serviços;

VI – as pessoas naturais incumbidas da administração da sociedade, e seus poderes e atribuições;

VII – a participação de cada sócio nos lucros e nas perdas;

VIII – se os sócios respondem, ou não, subsidiariamente, pelas obrigações sociais.

Muito embora seja possível acordos entre sócios realizados à parte, será ele **ineficaz em relação a terceiros**, quando contrário ao disposto no instrumento do contrato.

---

3. "Art. 966. Considera-se empresário quem exerce profissionalmente atividade econômica organizada para a produção ou a circulação de bens ou de serviços.

Parágrafo único. Não se considera empresário quem exerce profissão intelectual, de natureza científica, literária ou artística, ainda com o concurso de auxiliares ou colaboradores, salvo se o exercício da profissão constituir elemento de empresa."

Entretanto, todas as modificações do contrato social, que tenham por objeto matéria indicadas acima dependem do **consentimento de todos os sócios**; as demais podem ser decididas por **maioria absoluta de votos**, se o contrato não determinar a necessidade de **deliberação unânime**. Assim, qualquer modificação do contrato social será **averbada**, cumprindo-se as formalidades previstas no CC.

Segundo o **art. 998 do CC**, os sócios deverão, nos 30 dias subsequentes à sua constituição, requerer a **inscrição do contrato social** no **Registro Civil das Pessoas Jurídicas** do local de sua sede.

A sociedade simples que instituir **sucursal, filial ou agência** na circunscrição de outro Registro Civil das Pessoas Jurídicas, neste deverá também inscrevê-la, com a prova da inscrição originária. Em qualquer caso, a constituição da sucursal, filial ou agência deverá ser **averbada no Registro Civil da respectiva sede**.

No tocante às obrigações dos sócios, conforme art. 1.001 do CC, começam **imediatamente com o contrato**, se este não fixar outra data, e terminam quando, **liquidada a sociedade**, se extinguirem as responsabilidades sociais.

O sócio não pode ser substituído no exercício das suas funções, sem o **consentimento dos demais sócios**, expresso em modificação do contrato social. E, no caso de cessão total ou parcial de quota, depende de modificação do contrato social com o consentimento dos demais sócios, caso contrário, não terá eficácia quanto a estes e com relação à sociedade.

Outrossim, até **dois anos depois de averbada a modificação do contrato**, responde o cedente **solidariamente** com o cessionário, perante a sociedade e terceiros, pelas obrigações que tinha como sócio.

Também, os sócios são **obrigados**, na forma e prazo previstos, às **contribuições estabelecidas no contrato social**, e aquele que deixar de fazê-lo, nos 30 dias seguintes ao da notificação pela sociedade, **responderá perante esta pelo dano emergente da mora**.

Ao contrário do que ocorre com a sociedade limitada, o **sócio** da sociedade simples pode **contribuir com serviços**, entretanto não poderá, salvo convenção em contrário, empregar-se em **atividade estranha à sociedade**, sob pena de ser privado de seus lucros e dela excluído.

Com relação à administração, estabelece o **art. 1.010 do CC** que, quando, por lei ou pelo contrato social, competir aos sócios decidir sobre os negócios da sociedade, as deliberações serão tomadas por **maioria de votos, contados segundo o valor das quotas de cada um**.

E a administração da sociedade, nada dispondo o contrato social, compete **separadamente a cada um dos sócios**. No entanto, os **administradores** respondem solidariamente perante a sociedade e os terceiros prejudica-dos, por culpa no desempenho de suas funções.

A responsabilidade dos sócios, na sociedade simples, será **subsidiária ou solidária**, conforme determinação do contrato social.

Dessa forma, estabelece o **art. 1.022 do CC** que a sociedade adquire direitos, assume obrigações e procede judicialmente, por meio de administradores com po-deres especiais, ou, não os havendo, por intermédio de qualquer administrador.

Se os bens da sociedade não lhe cobrirem as dívidas, **respondem os só-cios pelo saldo, na proporção em que participem das perdas sociais**, salvo cláusula de **responsabilidade solidária**.

Entretanto, os **bens particulares dos sócios** não podem ser executados por dívidas da sociedade, senão depois de **executados os bens sociais**, sobre-tudo em razão da responsabilidade subsidiária.

Agora, quanto à **dissolução da sociedade**, dispõe o **art. 1.033 do CC** que poderá ocorrer quando:

> a) ocorrer o **vencimento do prazo de duração**, salvo se, vencido este e sem oposição de sócio, não entrar a sociedade em liquidação, caso em que se prorrogará por tempo in-determinado;
>
> b) houver o **consenso unânime dos sócios**;
>
> c) houver a **deliberação dos sócios, por maioria absoluta**, na sociedade de prazo inde-terminado;
>
> d) se houver a **extinção**, na forma da lei, de autorização para funcionar.

Poderá, também, nos termos do **art. 1.034 do CC**, ser dissolvida judicial-mente a sociedade, a requerimento de qualquer dos sócios, quando:

> a) **anulada** a sua constituição;
>
> b) **exaurido o fim social**, ou verificada a sua **inexequibilidade**.

Finalmente, conforme **art. 1.035 do CC**, o contrato pode prever outras causas de dissolução, a serem verificadas judicialmente quando contestadas.

Resumo esquemático

LEGISLAÇÃO	Código Civil: arts. 1997 a 1.038.
RESPONSABILIDADE DOS SÓCIOS	**Subsidiária ou solidária**, se o contrato social for omisso, então aplica-se o **art. 1.023 do Código Civil**: "Se os bens da sociedade não lhe cobrirem as dívidas, respondem os sócios pelo saldo, na proporção em que participem das perdas so-ciais, salvo cláusula de responsabilidade solidária."

CAPITAL SOCIAL	Divididos em quotas sociais.
ATO CONSTITUTIVO	Contrato social.
REGISTRO	Registro Civil das Pessoas Jurídicas.
ESTRUTURA	Deliberações entre sócios.
STARTUPS	Tipo societário não recomendado para *startups*, principalmente pela limitação das atividades que podem ser desenvolvidas pela sociedade simples e diante da responsabilidade entre os sócios.
VANTAGENS	Contribuição do sócio pode ser realizada através de serviços ao invés de dinheiro. Gestão menos burocrática e formal. Maior agilidade na tomada de decisões. Responsabilidade dos sócios pode ser limitada ou ilimitada, assim como não está sujeita a falência.
DESVANTAGENS	Não permite atividades empresariais. Permite apenas a distribuição de lucro proporcional; conforme a participação de cada sócio no capital, e conforme percentual definido para os sócios de serviços no contrato social.

1.2.4. SOCIEDADE ANÔNIMA (S.A.)

A Sociedade Anônima, também conhecida como "companhia", é a espécie de sociedade por ações, regulamentada pela **Lei n. 6.404/76**, aplicando nos casos omissos as regras do Código Civil, cujo **capital é dividido por ações**, sendo cada sócio ou acionista obrigado somente pelo preço de emissão das ações que subscrever ou adquirir.

A sociedade anônima poderá ser constituída como **companhia de capital aberto ou fechado**:

a) Companhia de capital aberto: são aquelas cujos valores mobiliários de sua emissão estão admitidos à negociação no mercado de valores mobiliários, portanto, devidamente registradas na Comissão de Valores Mobiliários.

b) Companhia de capital fechado: são aquelas cujos valores mobiliários de sua emissão não estão admitidos à negociação no mercado de valores mobiliários.

O contrato que institui a sociedade por ações é chamado de **Estatuto Social**, registrado perante a **Junta Comercial** do estado da sede da sociedade, no qual devem estar previstas todas as principais questões relacionadas à sociedade, como denominação, objeto social, sede, capital social, os órgãos constitutivos da sociedade e suas atribuições, tais como conselho de administração, conselho fiscal e diretoria.

Outrossim, pode o estatuto social prever outras regras importantes para a relação entre os acionistas, caso queiram deixar questões preestabelecidas, caso contrário, poderão realizar posteriormente um acordo de acionistas. Nesses casos, poderão os sócios estabelecerem, por exemplo, a forma de sucessão de acionistas falecidos, exercício do direito a voto, poder de controle, dentre outras possibilidades, conforme **art. 118 da Lei de Sociedade Anônima**.

O capital social das sociedades anônimas poderá ser **integralizado com dinheiro ou bens**, nessa última hipótese, de bens, deverá ser realizada uma avaliação dos por 3 (três) peritos ou por empresa especializada.

Com relação às ações, a sociedade anônima poderá emitir **ações ordinárias ou preferenciais**, cujas diferenças estão nos direitos e vantagens que cada uma pode conferir ao seu titular. Quanto às **ações preferenciais sem direito a voto**, a Lei de Sociedade Anônima (art. 15, § 2º) prevê uma limitação com relação à sua emissão, ou seja, elas não podem exceder **à metade do total das ações emitidas pela companhia**.

As **ações ordinárias de companhia fechada** poderão ser de classes diversas, em função de:

I – conversibilidade em ações preferenciais;

II – exigência de nacionalidade brasileira do acionista; ou

III – direito de voto em separado para o preenchimento de determinados cargos de órgãos administrativos.

IV – atribuição de voto plural a uma ou mais classes de ações, observado o limite e as condições dispostos no art. 110-A desta Lei.

As **preferências ou vantagens** das ações preferenciais podem consistir:

I – em prioridade na distribuição de dividendo, fixo ou mínimo;

II – em prioridade no reembolso do capital, com prêmio ou sem ele; ou

III – na acumulação das preferências e vantagens de que tratam os incisos I e II.

Órgãos que compõem a companhia: assembleia geral, conselho de administração, diretoria e conselho fiscal.

Assembleia geral é o órgão principal da companhia, com a competência para "decidir todos os negócios relativos ao objeto da companhia e tomar as resoluções que julgar convenientes à sua defesa e desenvolvimento".

Compete **privativamente** à assembleia geral:

I – reformar o estatuto social;

II – eleger ou destituir, a qualquer tempo, os administradores e fiscais da companhia, ressalvado o disposto no inciso II do art. 142;

III – tomar, anualmente, as contas dos administradores e deliberar sobre as demonstrações financeiras por eles apresentadas;

IV – autorizar a emissão de debêntures, ressalvado o disposto nos §§ 1º, 2º e 4º do art. 59;

V – suspender o exercício dos direitos do acionista (art. 120);

VI – deliberar sobre a avaliação de bens com que o acionista concorrer para a formação do capital social;

VII – autorizar a emissão de partes beneficiárias;

VIII – deliberar sobre transformação, fusão, incorporação e cisão da companhia, sua dissolução e liquidação, eleger e destituir liquidantes e julgar as suas contas;

IX – autorizar os administradores a confessar falência e a pedir recuperação judicial; e

X – deliberar, quando se tratar de companhias abertas, sobre a celebração de transações com partes relacionadas, a alienação ou a contribuição para outra empresa de ativos, caso o valor da operação corresponda a mais de 50% (cinquenta por cento) do valor dos ativos totais da companhia constantes do último balanço aprovado.

A assembleia geral poderá ser **ordinária ou extraordin**ária. As assembleias ordinárias serão realizadas anualmente, nos **4 (quatro) primeiros meses** seguintes ao término do exercício social, tendo como objetivo:

a) tomar as contas dos administradores, examinar, discutir e votar as demonstrações financeiras;

b) deliberar sobre a destinação do lucro líquido do exercício e a distribuição de dividendos;

c) eleger os administradores e os membros do conselho fiscal, quando for o caso;

d) aprovar a correção da expressão monetária do capital social (art. 167).

Todos os demais temas deverão ser objeto de assembleia geral extraordinária, especialmente para a reforma do estatuto social, conforme **art. 135 da Lei de Sociedade Anônima**.

O **conselho de administração**, por sua vez, é o órgão de deliberação colegiada da companhia, obrigatória para as companhias de capital aberto, mas facultativa às demais, ao qual compete:

I – fixar a orientação geral dos negócios da companhia;

II – eleger e destituir os diretores da companhia e fixar-lhes as atribuições, observado o que a respeito dispuser o estatuto;

III – fiscalizar a gestão dos diretores, examinar, a qualquer tempo, os livros e papéis da companhia, solicitar informações sobre contratos celebrados ou em via de celebração, e quaisquer outros atos;

IV – convocar a assembleia-geral quando julgar conveniente, ou no caso do art. 132;

V – manifestar-se sobre o relatório da administração e as contas da diretoria;

VI – manifestar-se previamente sobre atos ou contratos, quando o estatuto assim o exigir;

VII – deliberar, quando autorizado pelo estatuto, sobre a emissão de ações ou de bônus de subscrição;   (Vide Lei n. 12.838, de 2013)

VIII – autorizar, se o estatuto não dispuser em contrário, a alienação de bens do ativo não circulante, a constituição de ônus reais e a prestação de garantias a obrigações de terceiros;

IX – escolher e destituir os auditores independentes, se houver.

A **diretoria** é o órgão executivo e obrigatório das companhias, composta por 1 (um) ou mais membros eleitos e destituíveis a qualquer tempo pelo conselho de administração ou, se inexistente, pela assembleia geral, e o estatuto estabelecerá o número de diretores, ou o máximo e o mínimo permitidos; o modo de sua substituição; o prazo de gestão, que não será superior a 3 (três) anos, permitida a reeleição; e as atribuições e poderes de cada diretor.

Finalmente, o conselho fiscal é **órgão independente**, cujo funcionamento deverá estar previsto no estatuto, sendo de modo permanente ou nos exercícios sociais em que for instalado a pedido de acionistas.

Resumo esquemático

LEGISLAÇÃO	Código Civil: arts. 1.088 e 1.089. Lei n. 6.404/76. Aplicação supletiva das demais regras do Código Civil, na omissão da Lei n. 6.404/76.
RESPONSABILIDADE DOS SÓCIOS	Limitada ao preço de emissão das ações que o acionista subscrever ou adquirir.
CAPITAL SOCIAL	Divididos em ações, sócio denominado de acionista.
ATO CONSTITUTIVO	Estatuto social.
REGISTRO	Junta comercial.
ESTRUTURA	Assembleia geral. Conselho de administração. Diretoria. Conselho fiscal.

STARTUPS	Tipo societário **recomendado** para *startups*, sobretudo aquelas em fases mais **avançadas**, estruturalmente e em busca de investidores/investimentos maiores.
VANTAGENS	Segurança na proteção patrimonial.
	Emissão de ações com ou sem direito a voto.
	Agilidade na alteração do quadro societário.
	Pode ser aberta (**negociação de ações na bolsa**) ou fechada.
DESVANTAGENS	Estrutura mais **complexa** de regulamentação e estruturação.
	Não pode optar **pelo** Simples Nacional.
	Dificuldade de **alterações** estatutária.

1.2.5. SOCIEDADES EM CONTA DE PARTICIPAÇÃO (SCP)

Primeiramente, destaca-se que há grande controvérsia a respeito da natureza jurídica das sociedades em conta de participação, se efetivamente tem natureza de sociedade ou de ser meramente um contrato.

Segundo o Código Civil, a sociedade em conta de participação (SCP) se encontra no Título relativo às Sociedades, entretanto, sendo sociedade não personificada, justamente por não possuir personalidade jurídica própria.

Certo é que, juridicamente, está presente como **sociedade empresária**, no entanto, não sendo passível de registro de seus atos constitutivos nos órgãos competentes, daí se tratando de sociedade não personificada.

É contrato societário muito utilizado para investimentos em outras empresas, garantindo uma participação nos lucros ou de partilha dos resultados, conforme especificação contratual.

Assim, nos termos do **art. 991 do CC**, na sociedade em conta de participação (SCP), a atividade constitutiva do objeto social é exercida unicamente pelo **sócio ostensivo**, em seu nome individual e sob sua própria e exclusiva responsabilidade, participando os demais dos resultados correspondentes.

Obriga-se perante terceiro tão somente o sócio ostensivo; e, exclusivamente perante este, o sócio participante, nos termos do contrato social.

Dessa forma, sem prejuízo do direito de fiscalizar a gestão dos negócios sociais, o **sócio participante não pode tomar parte nas relações do sócio ostensivo com terceiros**, sob pena de responder solidariamente com este pelas obrigações em que intervier.

Assim temos duas figuras centrais desse contrato:

a) Sócio ostensivo: ou sócio aparente, é o que pratica a atividade principal e prevista no objeto social;

b) Sócio participante: ou sócio oculto, é o que participa com investimentos e quantias, não se responsabiliza perante terceiros, se responsabilizando somente perante o sócio ostensivo.

O grande diferencial, nesse tipo de sociedade, é a condição de **sócio oculto** conferido ao sócio participante, contribuindo apenas com o investimento para a sociedade em conta de participação, sem qualquer responsabilidade perante terceiros, que não terão qualquer contato com o participante, nem mesmo conhecimento da sua qualidade de sócio ou de que a sociedade existe, especialmente porque o sócio ostensivo atua em seu nome e não em nome da SCP.

A constituição da sociedade em conta de participação **independe de qualquer formalidade** e pode provar-se por todos os meios de direito. Justamente por isso, não se sujeita a registro e, tampouco, de contrato para a sua constituição, entretanto, é de extrema importância a sua realização e elaboração, não apenas para aspectos formais ou probatórios, mas, sobretudo, para estabelecer as regras entre os sócios, os direitos e deveres de cada um e as hipóteses/consequências para a dissolução da sociedade.

Apesar de não se sujeitar a registro, precisa ter Cadastro Nacional de Pessoa Jurídica (CNPJ) próprio, perante a Receita Federal para fiscalização fiscais e finalidades tributárias.

Assim, nos termos do **art. 993 do CC**, o contrato social realizado entre sócio ostensivo e sócio participante produz efeito somente entre os sócios, e a eventual inscrição de seu instrumento em qualquer registro **não confere personalidade jurídica à sociedade**.

A contribuição do **sócio participante** constitui, com a do sócio ostensivo, **patrimônio especial**, para efeitos meramente fiscais e contábeis, restrito exclusivamente somente ao objeto da conta de participação relativa aos negócios sociais e entre os sócios, ostensivo e participante.

Outrossim, a falência do sócio ostensivo acarreta a **dissolução da sociedade** e a liquidação da respectiva conta, cujo saldo constituirá **crédito quirografário** e, falindo o sócio participante, o contrato social fica sujeito às normas que regulam os efeitos da falência nos contratos bilaterais do falido.

Salvo estipulação em contrário em contrato ou acordo entre os sócios, o sócio ostensivo não pode admitir novo sócio sem o consentimento expresso dos demais.

Resumo esquemático

LEGISLAÇÃO	Código Civil: arts. 991 a 996. Aplicação subsidiária dos arts. 997 a 1.038 do Código Civil

RESPONSABILIDADE DOS SÓCIOS	**Sócio ostensivo:** responde com seu patrimônio pessoal e em seu nome ou da empresa que presta os serviços. **Sócio participante:** não se responsabiliza, exceto se atuar como sócio ostensivo.
CAPITAL SOCIAL	Patrimônio especial, divididos em percentuais.
ATO CONSTITUTIVO	Não há previsão de contrato, mas é recomendável para definir regras, direitos e deveres entre os sócios.
REGISTRO	Não há registro nem personalidade jurídica (sociedade personificada). Mas é obrigatório ter CNPJ para fins fiscais e tributários.
ESTRUTURA	Sócio ostensivo atua perante terceiros em nome próprio. Sócio participante investe na sociedade e participa dos lucros ou resultados.
STARTUPS	Tipo societário recomendado para *startups*, sobretudo visando investimentos. *Startup* atua como sócia ostensiva (aparente). Investidor como sócio participante (oculto).
VANTAGENS	Proteção patrimonial do investidor. Estrutura reduzida. Menos burocracia. Controle exclusivo do sócio ostensivo.
DESVANTAGENS	Limitações na opção pelo Simples Nacional. Risco de ser classificada como sociedade em comum.

MODELO DE SOCIEDADE EM CONTA DE PARTICIPAÇÃO

CONTRATO SOCIAL DE SOCIEDADE EM CONTA DE PARTICIPAÇÃO (INSTRUMENTO PARTICULAR DE CONSTITUIÇÃO DE SOCIEDADE EM CONTA DE PARTICIPAÇÃO)

(PESSOA JURÍDICA), qualificação XXX, neste ato representada pelo seu titular, (PESSOA FÍSICA), qualificação XXX, doravante denominada **SÓCIA OSTENSIVA**; e

(PESSOA JURÍDICA), qualificação XXX, neste ato representada pelo seu titular, (PESSOA FÍSICA), qualificação XXX, doravante denominado **SÓCIO PARTICIPANTE**;

resolvem constituir uma **Sociedade em Conta de Participação – SCP**, regida pelas cláusulas seguintes:

I – DO OBJETO SOCIAL

CLÁUSULA PRIMEIRA – O objeto do presente contrato é a constituição de Sociedade em Conta de Participação que terá por objeto social a prestação dos serviços de **XXX (identificar o objeto do contrato)**.

II – DO PRAZO DE DURAÇÃO

CLÁUSULA SEGUNDA – O prazo de duração da presente sociedade corresponderá ao da execução do objeto social, prorrogando-se sua vigência até a liquidação dos direitos e das obrigações decorrentes do objeto descrito na Cláusula Primeira.

III – DA SÓCIA OSTENSIVA E DO SÓCIO PARTICIPANTE

CLÁUSULA TERCEIRA – As partes convencionam que a **Sociedade XXX** exercerá a função de **SÓCIA OSTENSIVA**, denominando-se como tal, sendo a única a se obrigar perante terceiros, em seu próprio nome e sob sua exclusiva responsabilidade, restando ao **SÓCIO PARTICIPANTE, Sociedade XXX,** o exercício de suas respectivas funções, como tal denominados na Cláusula Quinta, que ficará obrigado única e exclusivamente em relação à **SÓCIA OSTENSIVA** quanto às obrigações por ora assumidas, na proporção de suas quotas e de acordo com as disposições do presente Instrumento.

IV – DAS OBRIGAÇÕES CONTRATUAIS

CLÁUSULA QUARTA – São obrigações da **SÓCIA OSTENSIVA**, sem prejuízo de outras estipuladas neste Instrumento Particular ou em termos apartados que lhe sejam aditivados:

I – Prestar os serviços decorrentes da Cláusula Primeira;

II – Recolher todos os tributos e tarifas referentes às obrigações decorrentes deste contrato, levando-se a débito na conta de participação e nessa se contabilizando;

III – Prezar pela regularidade na formalização e manutenção de todos os contratos vinculados ao objeto social, firmando-os por intermédio de instrumentos escritos públicos ou privados, submetidos à prévia aprovação do **SÓCIO PARTICIPANTE**, no prazo mínimo de 10 (dez dias) dias úteis anteriores à sua assinatura;

IV – Gerenciamento do Departamento de Pessoal e da Equipe do Financeiro, incluindo-se como tal:

a) Admissões e demissões de todo o pessoal necessário à execução do objeto social;

b) Exames admissionais e demissionais;

c) Controle de segurança do trabalho;

d) Recolhimentos fiscais: INSS, FGTS, IMPOSTOS SINDICAIS, dentre outros eventualmente incidentes;

e) Encargos e verbas trabalhistas, judiciais e extrajudiciais.

V – Gerenciamento de contas "a pagar" e "a receber";

VI – Gerenciamento contábil e controles financeiros dos recursos movimentados na conta de participação, cujos resultados deverão ser apresentados a cada mês ao **SÓCIO PARTICIPANTE**, juntamente com os balancetes dessa conta;

VII – Abertura e movimentação da conta corrente bancária mencionada na Cláusula Sétima, com destinação exclusiva para movimentar os recursos decorrentes do presente contrato, a que ora se denomina Conta de Participação;

VIII – Gerenciamento e supervisão técnica das atividades exercidas sob a égide deste Contrato;

IX – Gerenciamento de compras e subcontratações necessárias às atividades exercidas sob a égide deste Contrato, fazendo-as sempre em seu nome;

X – Gerenciamento do controle de segurança no trabalho;

XI – Não admitir outros sócios participantes sem o prévio e expresso consentimento unânime dos atualmente existentes;

XII – Convocar reuniões ordinárias e/ou extraordinárias para decisão de matérias pertinentes ao cumprimento deste contrato.

CLÁUSULA QUINTA – São obrigações do **SÓCIO PARTICIPANTE**, sem prejuízo de outras estipuladas neste Instrumento ou em termos apartados que lhe sejam aditivados:

I – Realizar o aporte financeiro inicial do valor de R$ XXX, a ser realizado quando da assinatura do presente Instrumento Particular, na conta corrente da **SÓCIA OSTENSIVA**, (colocar conta) contabilizando como o percentual a ser integralizado como quota parte (XXX% do capital social).

II – Abster-se de tomar parte nas relações travadas entre a **SÓCIA OSTENSIVA** e terceiros, sob pena de responder solidariamente com esta pelas obrigações em que intervir;

III – Praticar todas as atividades necessárias à ampla fiscalização da execução do objeto social.

Parágrafo único. As obrigações da **SÓCIA OSTENSIVA** e do **SÓCIO PARTICIPANTE** poderão ser modificadas, acrescidas ou suprimidas, por mútuo acordo entre as partes, desde que consonantes à legislação aplicável, mormente os arts. 991 a 996 do Código Civil (Lei n. 10.406, de 10 de janeiro de 2002), que sejam deliberadas e reduzidas a Termo Aditivo deste Contrato.

V – DAS QUOTAS E DOS APORTES FINANCEIROS

CLÁUSULA SEXTA – As contratantes se obrigam a prestações recíprocas, consistentes em contribuições financeiras e (ou) serviços. As prestações respectivas equivalem quotas sociais representativas de contribuição financeira e (ou) de serviços, divididas na proporção dos percentuais abaixo discriminados:

I – A **SÓCIA OSTENSIVA** detém quota de XXX% (XXX por cento) de participação na sociedade;

II – O **SÓCIO PARTICIPANTE** detém quota de XXX% (XXX por cento) de participação na sociedade com o aporte de R$ XXX (por extenso);

Parágrafo primeiro. A **SÓCIA OSTENSIVA** representa sua participação quanto à execução do objeto da sociedade, por meio de respectivo aporte e quanto aos resultados sociais a que tem direito, em conformidade ao item I desta Cláusula.

Parágrafo segundo. As quotas do **SÓCIO PARTICIPANTE** representam suas participações quanto ao fornecimento de capital social, por meio de respectivos aportes de acordo com suas quotas, bem como quanto aos resultados sociais a que têm direito, em conformidade ao item II desta Cláusula e ao item I da Cláusula Quinta.

Parágrafo terceiro. Os aportes descritos nesta Cláusula foram realizados diretamente na conta de participação.

Parágrafo quarto. Em caso de atraso ou de não recebimento das despesas decorrentes da execução dos serviços, ou se por necessidade da execução do objeto social se fizer imperativo realizar novos aportes financeiros para quaisquer fins com justificação prévia de 30 (trinta) dias úteis, a **SÓCIA OSTENSIVA** e o **SÓCIO PARTICIPANTE** deverão arcar com os aportes em montantes a serem definidos em Termo Aditivo ao presente Instrumento, específico para tal fim, proporcionalmente à participação de cada sócio na SCP.

VI – DA CONTA DE PARTICIPAÇÃO

CLÁUSULA SÉTIMA. Para a execução do objeto social, será utilizada conta bancária do BANCO XXX, AGÊNCIA N. XXX, CONTA CORRENTE N. XXX, de titularidade da **SÓCIA OSTENSIVA**, conta esta que ora se denomina **Conta de Participação**, por intermédio da qual, com exclusividade, todos os recursos decorrentes do presente contrato movimentar-se-ão.

Parágrafo primeiro. A gestão da conta de participação incumbirá à **SÓCIA OSTENSIVA**, sob sua responsabilidade.

Parágrafo segundo. A conta de participação possuirá contabilidade própria.

Parágrafo terceiro. Ocorrendo disponibilidade financeira, o saldo disponível será aplicado em investimentos financeiros que preservem a liquidez imediata dos recursos aplicados, escolhidos mediante mútuo acordo das partes contratantes, em termo simples, subscrito pela unanimidade das partes contratantes, revertendo-se os rendimentos obtidos em benefício desta SCP, obedecendo aos percentuais constantes na Cláusula Sexta.

Parágrafo quarto. A **SÓCIA OSTENSIVA** deverá apresentar ao **SÓCIO PARTICIPANTE**, periodicamente (mensalmente, semestral ou anualmente), os balancetes relativos à movimentação da Conta de Participação, para que estes aprovem a prestação das contas sociais.

VII – DA ALOCAÇÃO DE PROFISSIONAIS, OBJETOS E DO CONTROLE DAS DESPESAS

CLÁUSULA OITAVA. A alocação de materiais, bem como dos profissionais, objetos, dentre outros necessários ao cumprimento do objeto social previsto na Cláusula Primeira, bem como o controle das despesas, será de responsabilidade da **SÓCIA OSTENSIVA**.

Parágrafo primeiro. Os profissionais necessários à execução do objeto social serão selecionados e recrutados de acordo com as diretrizes a serem estabelecidas pelas partes contratantes, mas sempre em nome da **SÓCIA OSTENSIVA**.

Parágrafo segundo. Os salários, as gratificações, as despesas e os encargos relativos aos profissionais, provenientes ou não do quadro de profissionais da **SÓCIA OSTENSIVA**, serão contabilizados de forma separada e de sua responsabilidade exclusiva.

Parágrafo terceiro. As compras efetuadas pela **SÓCIA OSTENSIVA**, serão precedidas de cotação de preços, de sua inteira responsabilidade.

Parágrafo quarto. Os materiais e demais objetos necessários à execução do objeto social deverão ser alugados ou adquiridos diretamente pela **SÓCIA OSTENSIVA**, sendo a manutenção e despesas de sua inteira responsabilidade.

Parágrafo quinto. Os documentos relacionados com o objeto deste contrato deverão ser sinalizados pela **SÓCIA OSTENSIVA** mediante carimbo, timbre, marca, assinatura reconhecida ou qualquer outra modalidade, de modo a permitir a identificação de sua vinculação com a sociedade ora constituída.

VIII – DA APURAÇÃO E DISTRIBUIÇÃO DOS RESULTADOS

CLÁUSULA DÉCIMA PRIMEIRA. Na execução do objeto social, depois de apuradas e pagas todas as despesas de custeio, o resultado líquido da conta de participação será distribuído entre os sócios, na proporção de suas respectivas quotas, conforme os percentuais estabelecidos na Cláusula Sexta.

Parágrafo primeiro. Competirá à **SÓCIA OSTENSIVA** o recebimento dos pagamentos pela execução do objeto social, que deverão ser levados à conta de participação e devidamente contabilizados.

Parágrafo segundo. Os sócios poderão retirar ao final da execução do objeto os lucros, após serem efetivados todos os pagamentos devidos. Os lucros serão distribuídos entre as sociedades proporcionalmente às suas respectivas quotas integralizadas, conforme Cláusula Sexta.

Parágrafo terceiro. As sócias poderão antecipar a distribuição de lucros antes do final da execução total dos serviços, desde que levantados balanços intermediários:

I – Fica estabelecido que a antecipação da distribuição de lucros será realizada conforme pagamento e repasse dos valores referentes ao cumprimento do objeto social;

II – Caso os sócios deliberem pela distribuição ou antecipação de lucros de maneira diversa da anteriormente prevista, somente ocorrerá mediante a deliberação e aprovação à unanimidade dos sócios.

Parágrafo quarto. Na hipótese de serem apuradas perdas na conta de participação, ao final da execução do objeto social, as partes contratantes deverão restituir à conta de participação os lucros a que procederam, ou estipular novos aportes para compensar as perdas apuradas, se o caso, na proporção das respectivas quotas, até o montante necessário para anular as perdas apuradas.

Parágrafo quinto. O modo de distribuição de lucros apresentado no Parágrafo segundo desta Cláusula poderá ser alterado a qualquer momento mediante alteração contratual, conforme preconiza a Cláusula Décima Nona deste Instrumento Particular, devidamente reduzida a Termo Aditivo.

IX – DAS DELIBERAÇÕES SOCIAIS

CLÁUSULA DÉCIMA SEGUNDA – Os sócios se reunirão, a cada XXX (XXX) meses (exemplo: 06 meses), para deliberar sobre:

a) Prestação de contas da **SÓCIA OSTENSIVA**, especialmente com relação à execução do objeto social e recebimento dos valores;

b) (inserir outras possibilidades de discussão em deliberação dos sócios).

X – DAS OBRIGAÇÕES FISCAIS

CLÁUSULA DÉCIMA TERCEIRA. Os tributos incidentes sobre os recursos e as movimentações da conta de participação deverão ser apurados e demonstrados pormenorizadamente, destacando-se dos resultados e do lucro tributável da **SÓCIA OSTENSIVA,** que sejam oriundos de suas outras atividades.

Parágrafo único. A **SÓCIA OSTENSIVA** dotará sua contabilidade dos instrumentos e das condições necessárias à escrituração em separado das operações realizadas no âmbito da presente sociedade, a ser feita em livros especificamente abertos para esse fim.

XI – DA DISSOLUÇÃO TOTAL E DA DISSOLUÇÃO PARCIAL

CLÁUSULA DÉCIMA QUARTA – Dissolve-se totalmente a sociedade nos seguintes casos:

I – Pela exclusão da **SÓCIA OSTENSIVA** ou do **SÓCIO PARTICIPANTE** por justa causa;

II – Pela resilição, em decorrência de inadimplemento contratual, de dolo ou culpa imputados à **SÓCIA OSTENSIVA** ou do **SÓCIO PARTICIPANTE** ou em decorrência, ainda, de quebra da *affectio societatis,* rompendo, assim, com o vínculo contratual, desde que comunicado por escrito com antecedência de 30 (trinta) dias;

III – Pelo descumprimento por parte da **SÓCIA OSTENSIVA** às obrigações constantes da Cláusula Primeira, no qual incidirá multa no montante de **XXX% do valor total do contrato**, independentemente da antecipação dos lucros e recebimentos eventualmente realizados;

IV – Pela falência da **SÓCIA OSTENSIVA**, que acarreta a necessária liquidação da conta de participação;

V – Pelo distrato, mediante declaração unívoca de vontade da **SÓCIA OSTENSIVA** ou do **SÓCIO PARTICIPANTE**, pela mesma forma em que se celebrou o presente contrato, fazendo-se necessária liquidação específica, devidamente estipulada em Instrumento de Distrato, para apuração dos haveres;

VI – Pelo decurso do prazo ou no cumprimento total do objeto deste Contrato.

CLÁUSULA DÉCIMA QUINTA – Dissolve-se parcialmente a sociedade nos seguintes casos:

I – Pela exclusão de **SÓCIO PARTICIPANTE** por justa causa;

II – Pela resilição, em decorrência de inadimplemento contratual, de dolo ou culpa imputados ao **SÓCIO PARTICIPANTE** ou em decorrência, ainda, de quebra da *affectio societatis* por um ou mais de um destes, desde que não seja em sua totalidade, rompendo, assim, com o vínculo contratual, desde que comunicado por escrito com antecedência de 30 (trinta) dias;

III – Pela insolvência civil do **SÓCIO PARTICIPANTE** desde que devidamente comprovada;

IV – Pelo distrato, mediante declaração unívoca de vontade de **SÓCIO PARTICIPANTE**, pela mesma forma em que se celebrou o presente contrato, fazendo-se necessária liquidação específica, devidamente estipulada no instrumento de distrato, para apuração dos haveres.

XII – DA LIQUIDAÇÃO

CLÁUSULA DÉCIMA SEXTA – A apuração e pagamento dos haveres serão proporcionais aos percentuais das quotas sociais estabelecidas na Cláusula Sexta.

CLÁUSULA DÉCIMA SÉTIMA – Dissolvida a sociedade, liquida-se a conta de participação, por tomada de contas, conforme as normas legais pertinentes à prestação de contas, que ficará a cargo da **SÓCIA OSTENSIVA** ou de terceiro a quem se outorguem poderes para tal.

Parágrafo único. A referida outorga para terceiro deverá ser feita pelas partes contratantes em conjunto, mediante devido Termo.

XII – DAS ALTERAÇÕES CONTRATUAIS

CLÁUSULA DÉCIMA OITAVA – O presente contrato poderá ser alterado por mútuo consentimento da totalidade das partes contratantes, mediante instrumento de alteração contratual por escrito, em 02 (duas) vias devidamente firmadas pelas partes.

XIV – DAS DISPOSIÇÕES GERAIS

CLÁUSULA DÉCIMA NONA – A sociedade possui sede no endereço da **SÓCIA OSTENSIVA**.

CLÁUSULA VIGÉSIMA – Todas as deliberações sociais tomadas serão lavradas nas atas das reuniões ordinárias ou extraordinárias respectivas.

CLÁUSULA VIGÉSIMA PRIMEIRA – Obrigam-se as partes a não ceder ou transferir a outrem seus direitos e/ou obrigações decorrentes deste contrato, no todo ou em parte, a qualquer título, sem a prévia e expressa anuência da **SÓCIA OSTENSIVA** e do **SÓCIO PARTICIPANTE**.

CLÁUSULA VIGÉSIMA SEGUNDA – Aplica-se a esta sociedade, nos termos do art. 996 do Código Civil, subsidiariamente, no que couber, o legalmente disposto para as Sociedade Simples, sendo sua liquidação regida pelas normas relativas à prestação de contas, na forma da lei processual.

CLÁUSULA VIGÉSIMA TERCEIRA – Todas as notificações, relatórios e outros comunicados relacionados a este contrato devem ser efetuados por escrito, encaminhados pessoalmente e entregues mediante recibo, ou remetidos via serviços postais ao endereço indicado pelas partes, com comprovação de recebimento, sendo considerados recebidos na data de sua entrega ao destinatário. Com a finalidade de facilitar a comunicação acima, as partes aceitarão, como documentos originais, os enviados via fac-símile ou e-mail, desde que acompanhados da devida prova de entrega/recebimento.

Parágrafo único. Esta sociedade será administrada pela **SÓCIA OSTENSIVA**, ao qual compete privativa e individualmente o uso da firma / razão social / nome empresarial / nome fantasia e a representação ativa, passiva, judicial e extrajudicial da sociedade, além da responsabilidade pelos registros contábeis, sendo-lhe vedado o seu uso sob qualquer pretexto ou modalidade em operações de compras, vendas, endossos, fianças, avais, cauções de favor ou qualquer outra que possa interferir no capital da sociedade, sem a prévia autorização do **SÓCIO PARTICIPANTE.**

CLÁUSULA VIGÉSIMA QUARTA – Não constitui novação nem implica aceitação, renúncia ou consentimento, qualquer tolerância por uma das partes, quanto às infrações praticadas pela outra, relativamente às cláusulas ou condições previstas neste Instrumento, assim como nos termos dos Instrumentos de Alteração e dos demais comunicados vinculados.

CLÁUSULA VIGÉSIMA QUINTA – As contratantes deverão preservar em estrito e absoluto sigilo as informações relacionadas aos aspectos técnicos, operacionais, comerciais, jurídicos e financeiros da execução do objeto social, a que tenham acesso em decorrência deste contrato.

XV – DO FORO

CLÁUSULA VIGÉSIMA SEXTA – Fica eleito o Foro da Comarca de XXX, no Estado XXX, para dirimir quaisquer dúvidas ou litígios que possam eventualmente surgir em decorrência do presente contrato, com renúncia expressa a qualquer outro, por mais privilegiado que seja.

XVI – DAS DISPOSIÇÕES FINAIS

CLÁUSULA VIGÉSIMA SÉTIMA – Por estarem, assim, justas e acordadas as cláusulas e condições contratuais, as partes leram o presente instrumento e o acharam em conformidade com suas vontades, pelo que livremente se obrigam a cumpri-lo, por si e por seus sucessores, assinando-o em 04 (quatro) vias de igual teor e forma, na presença conjunta de 02 (duas) testemunhas.

Local/Data

SÓCIA OSTENSIVA

SÓCIO PARTICIPANTE

Testemunha 1

Testemunha 2

1.2.6. CONTRATO DE CONSTITUIÇÃO DE *HOLDING*

De início, o termo *holding* provém do verbo inglês *to hold*, que significa manter, controlar, reter, possuir, dentre outras interpretações.

O conceito de *holding* para o direito societário e empresarial pode ser definido como sendo uma sociedade empresária criada exclusivamente para a participação, como quotistas ou acionistas, de outras sociedades empresárias, entretanto, no intuito de centralizar a administração e a tomada de decisões, bem como buscando administrar bens e direitos de pessoas físicas ou jurídicas, recebendo, nesse caso, as **denominações** de *holding* **não financeira** (*holding* patrimonial), **Sociedade Administradora de Bens Próprios** e ***holdings* de instituições financeiras**, a depender da finalidade pela qual a *holding* for criada.

A constituição de uma *holding* tem previsão na Lei n. 6.404/76 (Lei das Sociedades Anônimas), art. 2º, § 3º, dispondo:

> Art. 2º Pode ser objeto da companhia qualquer empresa de fim lucrativo, não contrário à lei, à ordem pública e aos bons costumes. (...)
>
> § 3º A companhia pode ter por objeto **participar de outras sociedades**; ainda que não prevista no estatuto, a participação é facultada como meio de realizar o objeto social, ou para beneficiar-se de incentivos fiscais.

Assim, a função primordial de uma *holding* é a de permitir que uma empresa possa exercer influência ou até mesmo controlar outras empresas, que são chamadas de **subsidiárias**. Dessa forma, afirma-se que a *holding* tem como primordial atributo possuir participação nas ações de uma ou mais companhias, podendo atuar direta ou indiretamente em suas atividades.

Assim, podemos estruturar da seguinte forma:

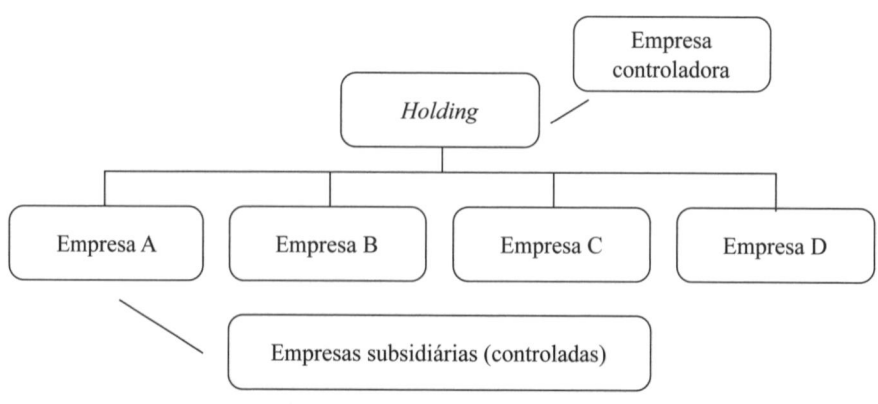

Assim, dentre as principais **características e funções** de uma *holding* temos:

a) manter a participação societária em quotas ou ações de outras empresas;

b) ter o poder de controle;

c) participar das tomadas de decisões;

d) desnecessidade de praticar as atividades econômicas; e

e) possibilidade de manter participações minoritária de ações ou quotas de outras empresas, unicamente com a finalidade de investimento.

Destaca-se que as *holdings* podem ter o tipo societário de **Sociedade Anônima (S.A.)**, de **Limitada (Ltda.)** ou, também, de **Sociedades Limitada Unipessoal (SLU)**, conforme o tipo de regime jurídico escolhido e de acordo com as estratégias adotadas pelas empresas administradas pela companhia ou mesmo pelas vantagens fiscais que cada regime permite.

Dessa forma, as companhias subsidiárias também podem optar pelo tipo societário que melhor define as atividades praticadas, os regimes societários, de votação, participação dos sócios, dentre outros.

Agora, o interessante é que, se for do interesse da *holding*, além de controlar e participar de outras empresas, apenas o de investir em outras sociedades, pode-se fazer o contrato entre elas mediante algumas possibilidades, tal como de participação societária, com a aquisição de ações ou de quotas sociais, ou, de uma maneira como visto acima, pela criação de uma **Sociedade em Conta de Participação (SCP)**.

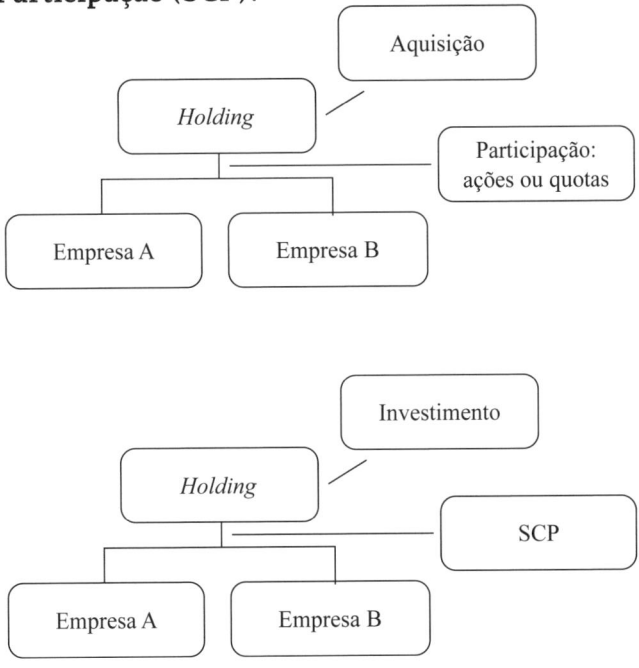

Dessa forma, existem vários **tipos de *holdings***, que podem ser classificadas da seguinte forma:

a) *Holding* **pura:** seu objetivo principal é unicamente o de participar do capital de outras empresas.

b) *Holding* **mista:** nessa hipótese, além de participar no capital de outras empresas, exerce alguma atividade econômica empresarial.

c) *Holding* **patrimonial:** sua função é preparar e planejar a herança os aspectos sucessórios. Esse tipo de *holding* está centralizado no proprietário dos bens, que transfere para a *holding* seus patrimônio e direitos para administração.

d) *Holding* **administrativa:** tem o objetivo de melhorar e otimizar o controle de empresas, tendo em vista que a sua primordial função é centralização da tomada das decisões, oferecendo, assim, administração profissional.

e) *Holding* **de controle:** o objetivo é deter o controle societário de uma ou mais empresas para assegurar a gestão sobre o próprio negócio.

f) *Holding* **de participação: é uma modalidade de empresa que permite que pessoas jurídicas tenham cotas ou ações de empresas limitadas,** participando como sócio ostensivo ou oculto, protegendo o patrimônio pessoal dos riscos das atividades econômicas de seus negócios e investimentos.

g) *Holding* **familiar:** espécie de *holding* cujo controle e administração do patrimônio de uma ou mais pessoas da família fica sob responsabilidade desta empresa.

PASSO A PASSO PARA A CRIAÇÃO DE *HOLDING* FAMILIAR

A criação de uma *holding* familiar envolve a consolidação de ativos e empresas de uma família em uma única entidade jurídica, a fim de gerenciar, proteger e otimizar o patrimônio.

Aqui está um passo a passo para ajudá-lo a criar uma *holding* familiar:

1. Planejamento: reúna a família e discuta os objetivos e expectativas relacionadas à criação da *holding*. Identifique os ativos e empresas que serão incluídos na estrutura e como as decisões serão tomadas no futuro.

2. Consultoria jurídica e financeira: contrate advogados e consultores financeiros especializados em planejamento sucessório e estruturação de *holdings* familiares. Eles ajudarão na escolha do tipo de *holding*, na definição das estruturas de governança e na elaboração de contratos e estatutos.

3. Escolha do tipo de *holding*: decida se a *holding* familiar será uma *holding* pura (apenas com participação em outras empresas) ou uma *holding* mista (com atividades próprias e participação em outras empresas). Além disso, defina se será uma sociedade limitada, sociedade anônima ou outro tipo de empresa.

4. Registro da *holding*: registre a *holding* de acordo com as leis e regulamentos aplicáveis no país onde ela será constituída. Isso geralmente inclui a elaboração do contrato social ou estatuto, registro na junta comercial e obtenção de CNPJ.

5. Estruturação e governança: defina a estrutura de governança da *holding*, que pode incluir um conselho de administração, diretoria executiva e conselho fiscal. Estabeleça regras claras para tomada de decisões, distribuição de lucros e responsabilidades dos membros da família.

6. Transferência de ativos e participações: transfira os ativos e participações das empresas familiares para a *holding*. Isso pode envolver a transferência de ações, imóveis, direitos e outros bens. Certifique-se de que todas as transferências sejam realizadas de acordo com a legislação aplicável.

7. Planejamento tributário e sucessório: elabore um plano tributário e sucessório com a ajuda de especialistas, considerando as implicações fiscais da *holding* e a distribuição de ativos entre os herdeiros. Estabeleça um plano de continuidade para garantir a estabilidade da *holding* em caso de falecimento de um membro da família.

8. Controle e acompanhamento: implemente sistemas de controle e acompanhamento para garantir o bom funcionamento da *holding*. Isso inclui a realização de reuniões periódicas, a elaboração de relatórios financeiros e a supervisão dos negócios e investimentos realizados pela *holding*.

9. Comunicação e transparência: mantenha a comunicação aberta e transparente entre os membros da família e os profissionais envolvidos na gestão da *holding*. Promova a capacitação e a participação ativa dos membros da família no processo decisório.

10. Reavaliação e ajustes: reavalie periodicamente a estrutura e o desempenho da *holding* familiar e faça os ajustes necessários para garantir que ela continue atendendo aos objetivos estabelecidos no início do processo.

11. Formalização de acordos e políticas internas: estabeleça acordos de acionistas, contratos de prestação de serviços e políticas internas claras que regulem a relação entre os membros da família e a *holding*. Isso ajudará a prevenir conflitos e garantir a continuidade dos negócios.

12. Gestão de riscos e *compliance*: implemente um sistema de gestão de riscos e compliance para monitorar e mitigar os riscos associados aos negócios e investimentos da *holding*. Assegure-se de que a *holding* esteja em conformidade com todas as leis, regulamentos e obrigações fiscais aplicáveis.

13. Planejamento estratégico: desenvolva um plano estratégico de longo prazo para a *holding*, incluindo metas e objetivos claros para os negócios e investimentos. Esse plano deve ser revisado e atualizado periodicamente para garantir que a holding permaneça alinhada com as metas e expectativas da família.

14. Desenvolvimento de talentos e liderança: promova a capacitação e o desenvolvimento de talentos dentro da família, incentivando a participação em cursos, treinamentos e programas de liderança. Isso ajudará a garantir que a próxima geração esteja preparada para assumir a gestão da *holding*.

15. Responsabilidade social e sustentabilidade: incorpore práticas de responsabilidade social e sustentabilidade na gestão da *holding* e nas empresas controladas. Isso não apenas ajudará a melhorar a imagem e reputação da *holding*, mas também contribuirá para o desenvolvimento sustentável a longo prazo.

16. Planejamento de liquidez e diversificação: elabore um plano para garantir a liquidez da *holding* e a diversificação de investimentos. Isso inclui a alocação de recursos em diferentes classes de ativos e a criação de um fundo de reserva para lidar com situações de emergência ou oportunidades de investimento.

17. Monitoramento e avaliação de desempenho: estabeleça indicadores-chave de desempenho (KPIs) para monitorar o progresso da *holding* em relação aos objetivos estabelecidos. Realize avaliações regulares de desempenho e ajuste o planejamento estratégico conforme necessário.

18. Revisão e atualização de documentos legais: revise e atualize periodicamente os documentos legais da *holding*, como contratos sociais, estatutos e acordos de acionistas, para garantir que permaneçam atualizados e em conformidade com as leis e regulamentos aplicáveis.

19. Manutenção de registros e documentação: mantenha registros e documentação completos e organizados de todas as transações, investimentos e atividades da *holding*. Isso facilitará o cumprimento das obrigações fiscais e legais e ajudará a evitar possíveis problemas futuros.

20. Cultura e valores familiares: trabalhe para preservar e fortalecer a cultura e os valores familiares dentro da *holding* e das empresas controladas. Isso ajudará a garantir a coesão e o compromisso entre os membros da família e contribuirá para o sucesso a longo prazo da *holding*.

MODELO DE CONTRATO DE *HOLDING* FAMILIAR

CONTRATO SOCIAL DE XXX (NOME DA *HOLDING* FAMILIAR LTDA.)

CAPÍTULO I – DENOMINAÇÃO, SEDE E PRAZO

1.1. A sociedade será regida sob a denominação **XXX** (NOME DA *HOLDING* FAMILIAR LTDA.), doravante denominada "Sociedade", e terá sua sede e foro na cidade de XXX (Cidade), Estado de XXX (Estado), na Rua/Avenida XXX (Endereço completo).

1.2. A Sociedade terá prazo de duração indeterminado.

CAPÍTULO II – OBJETO SOCIAL

2.1. A Sociedade tem por objeto a participação no capital de outras sociedades, nacionais ou estrangeiras, como sócia ou acionista, bem como a administração, gestão e planejamento do patrimônio próprio e das sociedades controladas e coligadas.

CAPÍTULO III – CAPITAL SOCIAL

3.1. O capital social é de R$ XXX (XXX mil reais), dividido em XXX (XXX) (número de cotas) cotas de R$ XXX (XXX reais) (Valor da cota), cada uma, subscritas e integralizadas pelos sócios da seguinte forma:

a) SÓCIO 1: XXX (Número de cotas) cotas, totalizando R$ XXX (XXX mil reais);

b) SÓCIO 2: XXX (Número de cotas) cotas, totalizando R$ XXX (XXX mil reais).

(Adicionar mais sócios, se necessário)

CAPÍTULO IV – RESPONSABILIDADE DOS SÓCIOS

4.1. A responsabilidade de cada sócio é restrita ao valor de suas cotas, mas todos respondem solidariamente pela integralização do capital social.

CAPÍTULO V – ADMINISTRAÇÃO

5.1. A administração da Sociedade será exercida por XXX (XXX) (Indicar o número) administrador(es), sócio(s) ou não, eleito(s) em assembleia geral e com mandato de XXX (XXX) (Duração do mandato) anos, permitida a reeleição.

5.2. A representação ativa e passiva da Sociedade, em juízo ou fora dele, será exercida pelo(s) administrador(es) nomeado(s) conforme cláusula 5.1.

CAPÍTULO VI – DELIBERAÇÕES SOCIAIS

6.1. As deliberações dos sócios serão tomadas em assembleia geral, convocada e realizada nos termos da legislação aplicável, sendo exigido o quórum mínimo de XXX% (XXX por cento) do capital social para a instalação da assembleia em primeira convocação e qualquer número em segunda convocação.

6.2. As deliberações dos sócios serão tomadas por maioria simples de votos, salvo disposição legal ou contratual em contrário. Cada cota conferirá direito a um voto.

CAPÍTULO VII – EXERCÍCIO SOCIAL, LUCROS E DIVIDENDOS

7.1. O exercício social encerrar-se-á em 31 de dezembro de cada ano, quando serão levantadas as demonstrações financeiras previstas em lei.

7.2. Do lucro líquido apurado em cada exercício social, XXX% (XXX por cento) será destinado à constituição do fundo de reserva legal, até que este atinja XXX% (XXX por cento) do capital social.

7.3. O saldo do lucro líquido, após a dedução prevista na cláusula 7.2, será distribuído aos sócios na proporção das cotas por eles detidas, salvo deliberação em contrário aprovada por maioria de votos dos sócios.

CAPÍTULO VIII – RETIRADA, EXCLUSÃO E FALECIMENTO DE SÓCIOS

8.1. A retirada, exclusão ou falecimento de sócios não acarretará a dissolução da Sociedade, que continuará com os sócios remanescentes, respeitadas as disposições legais aplicáveis e os direitos dos herdeiros do sócio falecido.

CAPÍTULO IX – SUCESSÃO E CESSÃO DE COTAS

9.1. Em caso de falecimento de sócio, suas cotas serão transmitidas aos respectivos herdeiros, nos termos da legislação vigente, e estes se comprometem a aderir ao presente contrato social.

9.2. A cessão de cotas a terceiros dependerá da aprovação dos demais sócios, que terão preferência na aquisição das cotas, em igualdade de condições, no prazo de XXX (XXX) dias a partir da comunicação da intenção de venda.

CAPÍTULO X – DISSOLUÇÃO E LIQUIDAÇÃO

10.1. A Sociedade poderá ser dissolvida e liquidada nos casos previstos em lei ou por deliberação da maioria qualificada de XXX% (XXX por cento) do capital social.

CAPÍTULO XI – FORO

11.1. As partes elegem o foro da Comarca de XXX, Estado de XXX, para dirimir quaisquer dúvidas ou litígios decorrentes do presente contrato social.

E, por estarem justos e contratados, os sócios assinam o presente contrato social em XXX (XXX) vias de igual teor e forma, na presença de duas testemunhas.

Local, Data.

SÓCIO 1

SÓCIO 2

(Adicionar assinaturas de mais sócios, se necessário)

Testemunha 1

Testemunha 2

MODELO DE CONTRATO DE *HOLDING*

CONTRATO DE CONSTITUIÇÃO DE *HOLDING*

Pelo presente instrumento particular de constituição, as Partes abaixo identificadas têm entre si, justo e contratado, a constituição de uma sociedade *holding*, mediante as cláusulas e condições seguintes:

CAPÍTULO I – DA DENOMINAÇÃO SOCIAL, SEDE E FORO

CLÁUSULA XXX – A sociedade *holding*, ora constituída, adotará a denominação social de **XXX HOLDING S.A.** (indicar o nome da Sociedade/*Holding*), doravante denominada simplesmente *HOLDING*.

CLÁUSULA XXX – A sede e foro da *HOLDING* serão na cidade de XXX, Estado de XXX, no endereço XXX (Indicar o endereço completo), CEP XXXX.

CAPÍTULO II – OBJETO SOCIAL

CLÁUSULA XXX – A *HOLDING* tem como objeto social a participação, como sócia ou acionista, em outras sociedades empresárias, no Brasil ou no exterior, bem como a administração e gestão de suas participações societárias.

CAPÍTULO III – CAPITAL SOCIAL

CLÁUSULA XXX – O capital social da *HOLDING* é de **R$ XXX (XXX mil reais)**, dividido em XXX (XXX) ações ordinárias, nominativas, sem valor nominal, totalmente subscritas e integralizadas pelos acionistas, conforme abaixo discriminado:

a) SÓCIO ACIONISTA 1, portador do CPF n. XXX, residente e domiciliado à XXX, n. XXX, cidade de XXX, Estado de XXX, titular de **XXX (XXX) ações ordinárias**;

b) SÓCIO ACIONISTA 2, portador do CPF n. XXX, residente e domiciliado à XXX, n. XXX, cidade de XXX, Estado de XXX, titular de **XXX (XXX) ações ordinárias**.

CAPÍTULO IV – PRAZO DE DURAÇÃO

CLÁUSULA XXX – A *HOLDING* tem prazo de duração indeterminado.

CAPÍTULO V – ADMINISTRAÇÃO

CLÁUSULA XXX – A administração da *HOLDING* será exercida por um Conselho de Administração e por uma Diretoria, composta por, no mínimo, XXX (XXX) membros em cada órgão, eleitos pelos acionistas em Assembleia Geral.

CAPÍTULO VI – DISPOSIÇÕES GERAIS

CLÁUSULA XXX – Os casos omissos neste contrato serão resolvidos de acordo com as disposições da Lei n. 6.404/76 e legislação complementar aplicável às sociedades anônimas.

CLÁUSULA XXX – Fica eleito o foro da comarca de XXX, Estado de XXX, para dirimir quaisquer questões oriundas deste contrato, renunciando a qualquer outro, por mais privilegiado que seja.

E, por estarem de acordo, os acionistas ora constituintes assinam o presente contrato em XXX (XXX) vias de igual teor e forma, na presença das testemunhas abaixo, a fim de que produza os efeitos legais.

Local, Data.

SÓCIO ACIONISTA 1

SÓCIO ACIONISTA 2

Testemunha 1

Testemunha 2

MODELO DE CONTRATO DE *HOLDING* PATRIMONIAL

CONTRATO DE *HOLDING* PATRIMONIAL

Pelo presente instrumento particular de constituição de *holding* patrimonial, de um lado:

XXX PARTICIPANTE 1 (Qualificação completa), portador do RG n. XXX, inscrito no CPF sob o n. XXX, residente e domiciliado à XXX (Endereço completo), doravante denominado PARTICIPANTE 1; e de outro lado:

XXX PARTICIPANTE 2, (Qualificação completa), portador do RG n. XXX, inscrito no CPF sob o n. XXX, residente e domiciliado à XXX (Endereço completo), doravante denominado PARTICIPANTE 2;

Têm entre si, justo e contratado, o presente **CONTRATO DE CONSTITUIÇÃO DE *HOLDING* PATRIMONIAL**, que se regerá pelas cláusulas e condições seguintes:

CLÁUSULA XXX – OBJETO

O presente contrato tem por objeto a constituição de uma *holding* patrimonial, denominada **XXX HOLDING LTDA. ou S.A.** (NOME DA *HOLDING*), com o objetivo de gerir e proteger o patrimônio dos PARTICIPANTES, incluindo bens imóveis, participações societárias, investimentos financeiros e outros ativos.

CLÁUSULA XXX – FORMAÇÃO E ESTRUTURA

A *Holding* patrimonial será constituída sob a forma de XXX (Sociedade Ltda. ou Sociedade Anônima S.A.), de acordo com a legislação aplicável e as normas regulamentares vigentes.

PARÁGRAFO XXX – A *Holding* patrimonial será regida por um contrato social ou estatuto, conforme o tipo societário escolhido, que estabelecerá as regras de governança, administração, participação dos sócios, distribuição de lucros e demais disposições aplicáveis.

CLÁUSULA XXX – CONTRIBUIÇÃO DE PATRIMÔNIO

Os PARTICIPANTES comprometem-se a transferir e/ou integralizar à *Holding* patrimonial os bens e ativos que comporão seu patrimônio, conforme relação anexa a este contrato e de acordo com as regras estabelecidas no contrato social ou estatuto da *holding*.

CLÁUSULA XXX – GESTÃO E ADMINISTRAÇÃO

A gestão e administração da *Holding* patrimonial serão exercidas pelos PARTICIPANTES ou por profissionais contratados para essa finalidade, conforme estabelecido no contrato social ou estatuto da *holding* e em conformidade com as leis e regulamentações aplicáveis.

CLÁUSULA XXX – DISTRIBUIÇÃO DE LUCROS

Os lucros líquidos apurados pela *Holding* patrimonial serão distribuídos aos PARTICIPANTES, conforme critérios estabelecidos no contrato social ou estatuto e em conformidade com a legislação vigente.

CLÁUSULA XXX – VIGÊNCIA E RESOLUÇÃO

O presente contrato terá vigência por tempo indeterminado, podendo ser rescindido a qualquer tempo, mediante acordo entre os PARTICIPANTES, observadas as disposições legais e contratuais aplicáveis.

CLÁUSULA XXX – DISPOSIÇÕES GERAIS

Os PARTICIPANTES declaram-se cientes de que a constituição e funcionamento da *Holding* patrimonial deverão observar as normas legais e regulamentares aplicáveis, bem como a boa-fé e os princípios da lealdade, probidade e transparência.

PARÁGRAFO XXX – Os PARTICIPANTES comprometem-se a manter atualizados os registros e informações da *Holding* patrimonial perante os órgãos competentes, incluindo as obrigações fiscais, previdenciárias, trabalhistas e demais encargos legais.

CLÁUSULA XXX – ALTERAÇÕES

Qualquer alteração do presente contrato deverá ser feita por escrito e assinada por todos os PARTICIPANTES, mediante aditivo contratual, que passará a integrar este instrumento para todos os fins de direito.

CLÁUSULA XXX – ANEXOS

Fazem parte integrante deste contrato, independentemente de transcrição, os seguintes anexos:

a) Relação dos bens e ativos que comporão o patrimônio da *holding* patrimonial;

b) Contrato social ou estatuto da *holding* patrimonial, conforme o tipo societário escolhido;

c) Documentos pessoais dos PARTICIPANTES, incluindo cópias autenticadas do RG, CPF e comprovante de residência;

d) Demais documentos eventualmente exigidos pela legislação ou pelas partes.

CLÁUSULA XXX – FORO

Fica eleito o foro da Comarca de XXX, com renúncia expressa a qualquer outro, por mais privilegiado que seja, para dirimir quaisquer dúvidas ou controvérsias oriundas do presente contrato.

E, por estarem assim justos e contratados, os PARTICIPANTES assinam o presente contrato em XXX (XXX) vias de igual teor e forma, na presença das testemunhas abaixo identificadas, para que surta seus efeitos legais.

Local, Data.

PARTICIPANTE 1

PARTICIPANTE 2

Testemunha 1

Testemunha 2

1.2.7. MODELO DE CONTRATO DE SOCIEDADES COLIGADAS

CONTRATO DE SOCIEDADES COLIGADAS

Pelo presente instrumento particular, de um lado, **EMPRESA XXX** (Razão social), pessoa jurídica de direito privado, inscrita no CNPJ sob o n. XXX, com sede na Rua/Avenida XXX (Endereço completo), neste ato representada por seu(s) representante(s) legal(is), doravante denominada "SOCIEDADE COLIGADA 1"; e, de outro lado, **EMPRESA XXX** (Razão social), pessoa jurídica de direito privado, inscrita no CNPJ sob o n. XXX, com sede na Rua/Avenida XXX (Endereço completo), neste ato representada por seu(s) representante(s) legal(is), doravante denominada "SOCIEDADE COLIGADA 2";

Resolvem celebrar o presente **CONTRATO DE SOCIEDADES COLIGADAS**, mediante as cláusulas e condições seguintes:

CLÁUSULA XXX – OBJETO

O presente contrato tem por objeto a constituição de um relacionamento societário entre as partes, na qualidade de sociedades coligadas, com o objetivo de realizar atividades e projetos de interesse comum, sem a constituição de uma nova sociedade.

CLÁUSULA XXX – CONTRIBUIÇÕES

As Sociedades Coligadas comprometem-se a contribuir com recursos, conhecimentos técnicos, serviços e outros ativos necessários para a realização das atividades e projetos de interesse comum.

PARÁGRAFO XXX – As contribuições de cada Sociedade Coligada serão estabelecidas mediante acordo entre as partes e registradas em documento próprio.

CLÁUSULA XXX – DIREITOS E OBRIGAÇÕES

Cada Sociedade Coligada terá direito à participação nos resultados das atividades e projetos realizados em conjunto, na proporção de sua contribuição.

PARÁGRAFO XXX – As Sociedades Coligadas comprometem-se a cumprir com todas as obrigações legais, fiscais e contratuais decorrentes deste contrato e das atividades e projetos realizados em conjunto.

CLÁUSULA XXX – ADMINISTRAÇÃO E CONTROLE

A administração e o controle das atividades e projetos realizados em conjunto serão exercidos por um Comitê de Gestão composto por representantes de ambas as Sociedades Coligadas, na proporção de sua contribuição.

PARÁGRAFO XXX – O Comitê de Gestão será responsável por tomar decisões relativas à realização das atividades e projetos, aprovação de orçamentos, estabelecimento de metas e prazos, e outras questões de interesse das partes.

CLÁUSULA XXX – CONFIDENCIALIDADE

As Sociedades Coligadas comprometem-se a manter em sigilo todas as informações e documentos relativos às atividades e projetos realizados em conjunto, bem como as informações e documentos trocados entre as partes, exceto quando autorizado por ambas as partes ou exigido por lei.

CLÁUSULA XXX – VIGÊNCIA E RESCISÃO

Este contrato terá vigência por prazo indeterminado, podendo ser rescindido a qualquer momento, por mútuo acordo entre as partes, ou por qualquer uma das partes, mediante comunicação por escrito com antecedência mínima de XXX (XXX) dias.

PARÁGRAFO XXX – Na hipótese de rescisão unilateral, a parte que desejar rescindir o contrato deverá comunicar sua intenção à outra parte, especificando os motivos que justificam a rescisão.

PARÁGRAFO XXX – Em caso de rescisão do presente contrato, as partes deverão regularizar a situação de eventuais pendências, obrigações e responsabilidades decorrentes das atividades e projetos realizados em conjunto, observadas as disposições deste contrato e da legislação aplicável.

CLÁUSULA XXX – RESPONSABILIDADES

Cada Sociedade Coligada será responsável por eventuais danos causados a terceiros em decorrência das atividades e projetos realizados em conjunto, na proporção de sua participação e contribuição.

PARÁGRAFO XXX – As Sociedades Coligadas comprometem-se a indenizar a outra parte por eventuais prejuízos causados em decorrência do descumprimento de suas obrigações neste contrato.

CLÁUSULA XXX – NOTIFICAÇÕES

Todas as comunicações e notificações entre as partes, relativas ao presente contrato, deverão ser realizadas por escrito e entregues pessoalmente, por correio eletrônico ou por serviço de entrega com aviso de recebimento, aos seguintes endereços:

Para Sociedade Coligada 1:

(Endereço)

(*E-mail*)

Para Sociedade Coligada 2:

(Endereço)

(*E-mail*)

CLÁUSULA XXX – FORO

As partes elegem o foro da Comarca de XXX como o único competente para dirimir quaisquer dúvidas ou controvérsias decorrentes deste contrato, com renúncia expressa a qualquer outro, por mais privilegiado que seja.

E, por estarem justas e contratadas, as partes assinam o presente instrumento em XXX (XXX) vias de igual teor e forma, na presença das testemunhas abaixo, para que surta os efeitos legais.

Local, Data.

SOCIEDADE COLIGADA 1

SOCIEDADE COLIGADA 2

Testemunha 1

Testemunha 2

1.3. CONTRATO DE TRESPASSE DE ARRENDAMENTO EMPRESARIAL

1.3.1. TRESPASSE

O trespasse, uma prática comum no mundo dos negócios, refere-se ao processo de transferência de um estabelecimento comercial, industrial ou de serviços de um proprietário para outro.

Essa operação envolve a passagem de diversos elementos tangíveis e intangíveis, que podem incluir o ponto comercial, instalações, equipamentos, estoque, clientela, direitos a contratos, marca e, em alguns casos, até mesmo os funcionários.

No âmbito legal, o trespasse é regulamentado pelo Código Civil para garantir que todas as partes envolvidas – vendedor, comprador e, frequentemente, o locador do imóvel comercial – estejam protegidas.

Segundo estabelece o **art. 1.142 do CC**, considera-se estabelecimento todo complexo de bens organizado, para exercício da empresa, por empresário ou por sociedade empresária. Importante mencionar, assim como especifica o § 1º do mencionado artigo, que o estabelecimento **não se confunde com o local**, que poderá ser físico ou virtual, onde se exerce a atividade empresarial pela sociedade ou pelo empresário.

E pode ser o estabelecimento explorado livremente pelo empresário, justamente por ser, nos termos da lei, um objeto **unitário de direitos e de negócios jurídicos**, translativos ou constitutivos, que sejam compatíveis com a sua natureza.

Entretanto, um ponto a ser apontado é justamente a inexistência de insolvência patrimonial, ou seja, de não pagamento dos credores, sendo certo que, nos termos do **art. 1.145 do CC**, se ao alienante **não restarem bens suficientes** para solver o seu passivo, a **eficácia** (ou seja, os efeitos) da alienação do estabelecimento depende do **pagamento de todos os credores**, ou do consentimento destes, de modo expresso ou tácito, em **trinta dias** a partir de sua notificação.

E essa anuência dos credores poderá ocorrer por meio de uma simples concordância, expressa ou tácita, a respeito da realização do contrato, sendo esse o motivo pelo qual o Código Civil exige que o contrato que tenha por objeto a alienação, o usufruto ou o arrendamento do estabelecimento só produza **efeitos quanto a terceiros** depois de **averbado à margem da inscrição do empresário**, ou da **sociedade empresária**, no Registro Público de Empresas Mercantis, e de publicado na imprensa oficial.

Cuidado: o art. 1.146 do CC apresenta uma responsabilidade de adquirente e alienante com relação aos débitos anteriores à transferência, da seguinte forma:

a) a **adquirente do estabelecimento** responde pelo pagamento dos débitos anteriores à transferência, desde que regularmente contabilizados;

b) continuando o **devedor primitivo solidariamente** obrigado pelo **prazo de um ano**, a partir, quanto aos créditos vencidos, da publicação, e, quanto aos outros, da data do vencimento.

Cláusula de não concorrência: nos termos do **art. 1.147 do CC**, não havendo **autorização expressa**, o alienante do estabelecimento não pode fazer concorrência ao adquirente, nos **cinco anos** subsequentes à transferência. No caso de **arrendamento ou usufruto** do estabelecimento, a proibição persistirá durante o prazo do contrato.

Com relação ao **contrato de trespasse**, deve ele ser minucioso, detalhando todos os elementos que estão sendo transferidos, como a lista de ativos, passivos e quaisquer outras obrigações relevantes, especialmente, sendo cuidadosamente observados os detalhes do contrato para se redigir um documento que proteja os interesses de todas as partes envolvidas.

Um ponto fundamental a ser considerado no processo de trespasse é a questão da existência da necessidade de realização de um eventual contrato de locação. Em muitos casos, o sucesso do negócio está diretamente ligado à sua localização, o que torna essencial também a utilização do próprio ponto em que o empreendimento é realizado, e isso ocorre mediante um adendo, aditivo ou na própria elaboração de um contrato de locação.

Isso, no entanto, pode requerer a aprovação do locador, que tem o direito de examinar a solvência e a capacidade do novo inquilino para manter o contrato.

Do ponto de vista financeiro, o trespasse pode ser uma oportunidade tanto para o vendedor quanto para o comprador.

Para o vendedor, representa a chance de capitalizar em um negócio construído ao longo dos anos, enquanto para o comprador, significa adquirir um empreendimento já estabelecido, com clientes existentes e fluxo de caixa operacional, reduzindo, assim, o risco e o tempo necessários para construir um negócio do zero.

Para os compradores, um dos maiores atrativos do trespasse é a aquisição de um negócio "chave na mão".

Contudo, é essencial realizar uma *due diligence* aprofundada, analisando aspectos como a reputação do negócio, a base de clientes, a saúde financeira e a compatibilidade do negócio com suas habilidades e experiências.

A importância dos cuidados na redação do contrato no trespasse

1. Clareza e especificidade: o contrato de trespasse deve ser claro e específico em todos os seus termos. Isso inclui a descrição detalhada dos ativos e passivos, inventário de estoque, detalhes de equipamentos e instalações, direitos sobre propriedade intelectual e a situação dos empregados. A falta de clareza pode levar a disputas e mal-entendidos futuros.

2. Proteção legal: um contrato bem elaborado serve como um escudo legal para ambas as partes. Ele deve contemplar aspectos como garantias, responsabilidades e obrigações de ambas as partes, além de estipular o que acontece em caso de descumprimento de qualquer uma das cláusulas.

3. Tratativas de passivos e dívidas: é crucial que o contrato especifique como os passivos existentes serão tratados. O novo proprietário assumirá alguma dívida? Existem passivos contingentes que possam surgir no futuro? Esses pontos devem ser claramente abordados no contrato.

4. Questões relacionadas à locação: se o negócio estiver operando em um imóvel alugado, o contrato deve abordar a transferência do contrato de locação. Isso geralmente requer a concordância do locador, e tal processo deve ser detalhado no contrato de trespasse.

Redigindo um contrato seguro e efetivo

1. Assessoria jurídica especializada: a complexidade dos contratos de trespasse torna essencial a contratação de um advogado especializado. Esse profissional pode garantir que o contrato esteja em conformidade com a legislação local e que todos os aspectos legais estejam cobertos.

2. *Due diligence*: antes da redação do contrato, uma *due diligence* aprofundada é necessária. Isso envolve a verificação de todos os aspectos do negócio, incluindo a legalidade de suas operações, a validade de suas licenças e permissões e a avaliação de sua saúde financeira.

3. Cláusulas de proteção e de salvaguarda: incluir cláusulas de salvaguarda pode proteger as partes contra eventualidades imprevistas. Isso pode incluir cláusulas de não concorrência, para proteger o comprador contra a possibilidade de o vendedor iniciar um negócio similar nas proximidades, e cláusulas de ajuste de preço, dependendo do desempenho futuro do negócio.

4. Mecanismos de resolução de disputas: é prudente incluir no contrato mecanismos para a resolução de disputas, como a arbitragem ou a mediação. Isso pode ajudar a evitar litígios prolongados e dispendiosos caso surjam desacordos.

O processo de trespasse não está isento de riscos. Desafios podem surgir na forma de passivos ocultos, problemas com a transferência de licenças, resistência de funcionários e clientes à mudança de propriedade, entre outros.

Por isso, é aconselhável contar com o apoio de profissionais especializados na área empresarial e societária, incluindo advogados e contadores, para navegar com sucesso nesse processo complexo.

Em conclusão, o trespasse é uma ferramenta valiosa na gestão de negócios, oferecendo oportunidades tanto para quem deseja vender quanto para quem quer empreender. No entanto, exige uma abordagem cuidadosa e bem-informada para garantir que todas as partes envolvidas se beneficiem desse processo.

MODELO DE TRESPASSE

CONTRATO DE COMPRA E VENDA DE ESTABELECIMENTO COMERCIAL (TRESPASSE)

Pelo presente instrumento particular, de um lado, **XXX** (Qualificação completa – Pessoa física ou jurídica de direito privado), inscrita no CPF ou CNPJ sob o n. XXX, com sede ou domicílio à Rua/Avenida XXX (Endereço completo), neste ato representada por seu(s) representante(s) legal(is) XXX, doravante denominado CESSIONÁRIO; e, de outro lado, **XXX** (Qualificação completa – Pessoa física ou jurídica de direito privado), inscrita no CPF ou CNPJ sob o n. XXX, com sede ou domicílio à Rua/Avenida XXX (Endereço completo), neste ato representada por seu(s) representante(s) legal(is) XXX, doravante denominado CEDENTE;

Têm entre si justo e acordado o presente **CONTRATO DE TRESPASSE DE ESTABELECI-MENTO COMERCIAL**, que se regerá pelas cláusulas e condições a seguir estipuladas:

CLÁUSULA XXX – OBJETO

O presente contrato tem por objeto o trespasse do estabelecimento comercial de propriedade do CEDENTE, localizado na Rua/Avenida XXX (Endereço completo), inscrito no CNPJ sob o n. XXX, doravante denominado ESTABELECIMENTO, para o CESSIONÁRIO.

PARÁGRAFO XXX – O ESTABELECIMENTO objeto deste contrato é destinado à exploração das atividades comerciais de XXX (Indicar e descrever as atividades comerciais), possuindo todas as licenças e autorizações necessárias para seu regular funcionamento.

CLÁUSULA XXX – INVENTÁRIO E AVALIAÇÃO

O ESTABELECIMENTO objeto do trespasse possui os bens móveis, imóveis e direitos descritos e avaliados no INVENTÁRIO, anexo a este contrato, que dele passa a fazer parte integrante.

PARÁGRAFO XXX – As partes reconhecem e aceitam a avaliação dos bens e direitos constantes no INVENTÁRIO anexo, comprometendo-se a não questionar futuramente seus valores ou condições.

CLÁUSULA XXX – PREÇO E FORMA DE PAGAMENTO

O preço total do trespasse é de R$ XXX (XXX mil reais), que será pago pelo CESSIONÁRIO ao CEDENTE, da seguinte forma:

a) R$ XXX (XXX mil reais), mediante a assinatura deste contrato;

b) R$ XXX (XXX mil reais), em XXX parcelas mensais e consecutivas, no valor de R$ XXX (XXX mil reais) cada, com vencimento no dia XXX (XXX) de cada mês, iniciando-se no mês subsequente à assinatura deste contrato.

PARÁGRAFO XXX – O pagamento será efetuado mediante depósito bancário, ordem de pagamento ou boleto bancário, na conta-corrente do CEDENTE, conforme instruções fornecidas pelo mesmo.

CLÁUSULA XXX – RESPONSABILIDADES DO CEDENTE

O CEDENTE declara que possui todos os documentos, licenças e autorizações necessários para o funcionamento do ESTABELECIMENTO e que não há pendências ou restrições que possam prejudicar a sua transferência.

PARÁGRAFO XXX – O CEDENTE se responsabiliza por todas as obrigações fiscais, tributárias, trabalhistas e previdenciárias relativas ao ESTABELECIMENTO até a data da assinatura deste contrato, devendo apresentar as respectivas comprovações ao CESSIONÁRIO, sempre que solicitado.

CLÁUSULA XXX – RESPONSABILIDADES DO CESSIONÁRIO

O CESSIONÁRIO assume, a partir da data da assinatura deste contrato, todas as responsabilidades relacionadas ao ESTABELECIMENTO, incluindo, mas não se limitando, as obrigações fiscais, tributárias, trabalhistas e previdenciárias decorrentes da exploração das atividades comerciais.

PARÁGRAFO XXX – O CESSIONÁRIO compromete-se a manter em dia as licenças e autorizações necessárias para o funcionamento do ESTABELECIMENTO, bem como a cumprir todas as normas e regulamentações aplicáveis.

CLÁUSULA XXX – CONDIÇÕES RESOLUTIVAS

Este contrato será considerado resolvido de pleno direito, sem necessidade de notificação judicial ou extrajudicial, nas seguintes hipóteses:

a) Falta de pagamento de qualquer parcela do preço do trespasse, na forma estipulada na Cláusula XXX;

b) Descumprimento de qualquer outra obrigação assumida pelas partes neste contrato.

PARÁGRAFO XXX – Em caso de resolução do contrato, o CESSIONÁRIO perderá em favor do CEDENTE os valores pagos até então a título de preço do trespasse, sem prejuízo das demais penalidades previstas neste contrato e em lei.

CLÁUSULA XXX – DISPOSIÇÕES GERAIS

Este contrato obriga as partes e seus herdeiros e sucessores a qualquer título.

PARÁGRAFO XXX – A nulidade ou invalidade de qualquer das cláusulas deste contrato não afetará a validade e eficácia das demais cláusulas, que continuarão vinculando as partes.

PARÁGRAFO XXX – As partes declaram, para todos os fins de direito, que este contrato foi livremente negociado e que reflete a manifestação inequívoca de suas vontades.

CLÁUSULA XXX – FORO

As partes elegem o foro da Comarca de XXX, para dirimir quaisquer dúvidas ou controvérsias decorrentes do presente contrato, renunciando a qualquer outro, por mais privilegiado que seja.

E, por estarem de acordo com todos os termos e condições deste contrato, as partes assinam o presente instrumento em XXX (XXX) vias de igual teor e forma, na presença das testemunhas abaixo identificadas, para que surta seus efeitos legais.

Local, Data.

CEDENTE

CESSIONÁRIO

Testemunha 1

Testemunha 2

ANEXO XXX – INVENTÁRIO

O inventário a seguir descreve e avalia os bens móveis, imóveis e direitos relacionados ao ESTABELECIMENTO objeto do presente contrato de trespasse:

Bens móveis:

(Listar e indicar todos os bens móveis, com suas respectivas avaliações)

Bens imóveis:

(Listar e indicar todos os bens imóveis, com suas respectivas avaliações)

Direitos e contratos:

(Listar e indicar todos os direitos e contratos vigentes, com suas respectivas avaliações)

Estoque de produtos e mercadorias:

(Listar e indicar os principais produtos e mercadorias em estoque, com suas respectivas avaliações)

Fundo de comércio:

(Descrição e avaliação do fundo de comércio)

> **Outros bens e direitos:**
>
> (Listar outros bens e direitos não incluídos nas categorias anteriores, com suas respectivas avaliações)
>
> **VALOR TOTAL DO INVENTÁRIO: R$ XXX (XXX mil reais)**
>
> As partes reconhecem e aceitam as avaliações dos bens e direitos constantes neste INVENTÁRIO, comprometendo-se a não questionar futuramente seus valores ou condições.

1.3.2. ARRENDAMENTO DE FUNDO DE COMÉRCIO

Primeiramente, "fundo de comércio" é um termo usado no mundo dos negócios para descrever o valor intangível de uma empresa. Esse valor vai além dos ativos tangíveis (como equipamentos, inventário ou imóveis) e inclui elementos que contribuem para a capacidade da empresa de gerar lucro no futuro.

O fundo de comércio é particularmente relevante no contexto de trespasse, de arredamento, de aquisições, fusões e vendas de empresas.

Muitos componentes compõem o fundo de comércio, tais como:

1. Reputação e marca: uma marca forte ou uma boa reputação no mercado podem atrair clientes e criar lealdade, aumentando, assim, o potencial de receita da empresa.

2. Relações com clientes: relacionamentos estabelecidos com uma base de clientes fiel são valiosos, pois custa menos manter um cliente existente do que adquirir um novo.

3. Localização estratégica: uma localização favorável, especialmente no varejo e na hospitalidade no trato comercial, pode ser um grande ativo intangível.

4. Propriedade intelectual: patentes, direitos autorais, marcas registradas e segredos comerciais também contribuem para o valor do fundo de comércio.

5. Equipe e capital humano: uma equipe experiente e qualificada pode ser crucial para o sucesso de uma empresa, agregando valor ao seu fundo de comércio.

Avaliação do fundo de comércio

A avaliação do fundo de comércio é um processo complexo, frequentemente realizado durante fusões e aquisições.

É a diferença entre o valor de compra de uma empresa e o valor líquido contábil de seus ativos tangíveis e intangíveis. Por exemplo, se uma empresa é comprada por R$ 1 milhão e o valor líquido contábil de seus ativos é de R$ 700 mil, o fundo de comércio é avaliado em R$ 300 mil.

a) Para vendedores: para proprietários vendendo seus negócios, o fundo de comércio pode significar receber um preço de venda mais alto, refletindo anos de trabalho para construir a reputação da empresa e sua base de clientes.

b) Para compradores: para compradores, o fundo de comércio representa os aspectos futuros de geração de receita que não são imediatamente tangíveis, mas que têm um potencial de valor significativo.

A mensuração do fundo de comércio é subjetiva e pode ser influenciada por expectativas futuras e pelo estado atual do mercado. Além disso, o fundo de comércio pode ser amortizado ou sofrer depreciação ao longo do tempo, especialmente se a empresa adquirida não conseguir manter sua reputação ou base de clientes.

Por outro lado, temos o **"ponto empresarial"**, assim entendido como o local ou espaço físico em que o empresário realiza a sua atividade empresarial, também sendo passível de cessão ou de transferência mediante a formulação de instrumentos contratuais.

E, para isso, emerge o **contrato de arrendamento de fundo de comércio** e/ou de ponto empresarial, que é um instrumento jurídico essencial no contexto dos negócios, particularmente para empresas que dependem significativamente de sua localização física, como lojas de varejo, restaurantes e escritórios.

Esse contrato estabelece os termos e condições sob os quais um empresário (arrendatário) pode ocupar e usar um imóvel específico (o ponto empresarial) pertencente a outra parte (arrendador).

Aspectos fundamentais do contrato de arrendamento de fundo de comércio e de ponto empresarial:

1. Definição de termos: o contrato deve começar com definições claras do que constitui o ponto empresarial (espaço físico, localização, instalações) e o fundo de comércio (marca, clientela, reputação etc.).

2. Descrição detalhada do imóvel: o contrato deve começar com uma descrição precisa do imóvel que está sendo arrendado, incluindo seu endereço completo, dimensões, instalações existentes e quaisquer características específicas relevantes para o uso empresarial.

3. Duração do arrendamento: é essencial definir claramente o período durante o qual o arrendatário terá o direito de ocupar o imóvel. Isso inclui as datas de início e término do arrendamento, bem como quaisquer condições ou opções para renovação.

4. Valor do arrendamento: o contrato deve detalhar claramente o valor do arrendamento, que normalmente inclui um componente pelo uso do ponto empresarial e outro pelo uso do fundo de comércio. Também devem ser especificadas as condições de pagamento e eventuais ajustes periódicos.

5. Custo e condições de pagamento: além de o contrato detalhar o valor do aluguel, deve também estabelecer os custos do negócio realizado, bem como a frequência dos pagamentos (mensal, trimestral etc.) e os métodos aceitáveis de pagamento. Além disso, deve-se abordar questões como reajustes de aluguel, depósitos de segurança e penalidades por atraso no pagamento.

6. Direitos e obrigações das partes: as responsabilidades do arrendador e do arrendatário devem ser claramente delineadas, incluindo manutenção, reparos, seguros e cumprimento de normas regulamentares.

7. Uso e destinação do imóvel: deve ser especificado o tipo de atividade empresarial que é permitida no imóvel. Essa cláusula é importante para assegurar que o arrendatário utilize o espaço de maneira compatível com as regulamentações locais e não prejudique a integridade do imóvel.

8. Uso do fundo de comércio e ponto empresarial: o contrato deve estipular como o fundo de comércio e o ponto empresarial podem ser utilizados, incluindo limitações ou restrições específicas ao tipo de negócio ou atividade a ser conduzida.

9. Manutenção e reparos: o contrato deve esclarecer quem é responsável pela manutenção e reparos do imóvel. Geralmente, o arrendatário é responsável pela manutenção diária, enquanto o arrendador pode ser responsável por reparos estruturais maiores.

10. Alterações e melhorias: este ponto aborda se o arrendatário pode fazer alterações no imóvel e, em caso afirmativo, quais procedimentos devem ser seguidos. Geralmente, quaisquer melhorias ou modificações significativas precisam da aprovação do arrendador.

11. Subarrendamento e cessão: o contrato deve estipular se o arrendatário tem o direito de subarrendar o espaço ou ceder o contrato de arrendamento a outra parte, e sob que condições isso pode ser feito. Deve-se, portanto, abordar se e como o arrendatário pode transferir ou subarrendar tanto o ponto empresarial quanto o fundo de comércio, e sob que condições isso pode ocorrer.

12. Terminação e rescisão: é crucial definir as condições sob as quais o contrato de arrendamento pode ser terminado antecipadamente, incluindo as obrigações e penalidades para ambas as partes.

13. Cláusulas de salvaguarda e proteção: cláusulas que protejam o fundo de comércio, como não concorrência e confidencialidade, são essenciais para garantir que o valor intangível do negócio seja preservado. Ademais, cláusulas como força maior, garantias e indenizações são importantes para proteger ambas as partes contra circunstâncias imprevistas.

14. Resolução de disputas e terminação: como em qualquer contrato, deve haver cláusulas que tratem da resolução de disputas e das condições sob as quais o contrato pode ser terminado.

Dessa forma, o contrato de arrendamento de ponto empresarial é mais do que um mero acordo de aluguel; é uma fundação para a operação bem-sucedida de um negócio. É uma ferramenta vital para negociações no mundo dos negócios, especialmente em setores em que o fundo de comércio e a localização são fundamentais para o sucesso.

Uma redação cuidadosa e a consideração de todos os aspectos relevantes são essenciais para garantir uma relação harmoniosa entre arrendador e arrendatário e para assegurar o sucesso e a estabilidade do negócio no local escolhido.

MODELO DE CONTRATO DE ARRENDAMENTO

CONTRATO DE ARRENDAMENTO DE FUNDO DE COMÉRCIO

Pelo presente instrumento particular, de um lado, **XXX** (Qualificação completa – Pessoa física ou jurídica de direito privado), inscrita no CPF ou CNPJ sob o n. XXX, com sede ou domicílio à Rua/Avenida XXX (Endereço completo), neste ato representada por seu(s) representante(s) legal(is) XXX, doravante denominado ARRENDADOR; e, de outro lado, **XXX** (Qualificação completa – Pessoa física ou jurídica de direito privado), inscrita no CPF ou CNPJ sob o n. XXX, com sede ou domicílio à Rua/Avenida XXX (Endereço completo), neste ato representada por seu(s) representante(s) legal(is) XXX, doravante denominado ARRENDATÁRIO;

Têm entre si justo e contratado o presente **CONTRATO DE ARRENDAMENTO DE FUNDO DE COMÉRCIO**, que se regerá pelas cláusulas e condições seguintes:

CLÁUSULA XXX – OBJETO

O presente contrato tem como objeto o arrendamento do fundo de comércio, de propriedade do ARRENDADOR, denominado XXX (Nome do estabelecimento), inscrito no CNPJ sob o n. XXX, localizado à Rua/Avenida XXX (Endereço completo), incluindo todos os bens móveis, imóveis, estoques, direitos e obrigações relacionadas à atividade comercial exercida, e a transferência temporária do direito de exploração do estabelecimento comercial ao ARRENDATÁRIO.

CLÁUSULA XXX – PRAZO

O presente contrato terá a duração de XXX (XXX) meses/anos, iniciando-se na data de assinatura deste instrumento e encerrando-se em XX de XX de XXXX, podendo ser prorrogado por igual período mediante acordo escrito entre as partes.

CLÁUSULA XXX – PREÇO E FORMA DE PAGAMENTO

O ARRENDATÁRIO pagará ao ARRENDADOR, a título de aluguel, o valor mensal de R$ XXX (XXX mil reais), com vencimento no dia XXX (XXX) de cada mês, mediante depósito bancário na conta-corrente do ARRENDADOR, Banco XXX, Agência XXX, Conta-corrente XXX.

PARÁGRAFO XXX – O atraso no pagamento do aluguel implicará na incidência de multa de XXX% (XXX por cento) sobre o valor devido, além de juros de mora de XXX% (XXX por cento) ao mês, *pro rata die*, e atualização monetária pelo índice XXX (nome do índice).

PARÁGRAFO XXX – O ARRENDATÁRIO poderá utilizar o fundo de comércio para garantir o pagamento do aluguel e demais obrigações decorrentes deste contrato.

CLÁUSULA XXX – OBRIGAÇÕES DO ARRENDATÁRIO

O ARRENDATÁRIO obriga-se a:

I – Explorar a atividade comercial no estabelecimento arrendado, respeitando todas as leis, regulamentos e normas aplicáveis;

II – Manter o estabelecimento em bom estado de conservação, realizando as reformas e reparos necessários;

III – Cumprir todas as obrigações tributárias, trabalhistas e previdenciárias decorrentes da exploração do estabelecimento arrendado, eximindo o ARRENDADOR de qualquer responsabilidade;

IV – Obter e manter todas as licenças, autorizações e alvarás necessários para o funcionamento do estabelecimento e das atividades nele desenvolvidas;

V – Comunicar ao ARRENDADOR quaisquer danos, problemas ou irregularidades que possam afetar o fundo de comércio e o estabelecimento arrendado;

VI – Não realizar alterações no estabelecimento ou na atividade comercial sem prévia autorização escrita do ARRENDADOR;

VII – Devolver o estabelecimento arrendado e seus bens, no término do contrato, nas mesmas condições em que foi entregue, exceto pelo desgaste natural decorrente do uso.

CLÁUSULA XXX – OBRIGAÇÕES DO ARRENDADOR

O ARRENDADOR obriga-se a:

I – Entregar o estabelecimento arrendado e seus bens em condições adequadas de uso e funcionamento;

II – Providenciar a transferência temporária do direito de exploração do estabelecimento comercial ao ARRENDATÁRIO;

III – Assistir e cooperar com o ARRENDATÁRIO na obtenção e manutenção das licenças, autorizações e alvarás necessários para o funcionamento do estabelecimento e das atividades nele desenvolvidas.

CLÁUSULA XXX – RESCISÃO

O presente contrato poderá ser rescindido, sem necessidade de interpelação judicial ou extrajudicial, nas seguintes hipóteses:

I – Por mútuo acordo das partes, mediante termo escrito;

II – Pelo descumprimento de qualquer obrigação contratual por uma das partes, após notificação por escrito concedendo prazo de XXX (XXX) dias para a regularização;

III – Pela falência, insolvência ou liquidação judicial ou extrajudicial de uma das partes.

CLÁUSULA XXX – MULTA RESCISÓRIA

No caso de rescisão imotivada do presente contrato por uma das partes, antes do término do prazo estabelecido na Cláusula XXX, a parte que der causa à rescisão deverá pagar à outra multa no valor equivalente a 3 (três) aluguéis vigentes na data da rescisão.

CLÁUSULA XXX – DISPOSIÇÕES GERAIS

Fica eleito o foro da Comarca de XXX, com renúncia a qualquer outro, por mais privilegiado que seja, para dirimir quaisquer dúvidas ou controvérsias oriundas do presente contrato.

E, por estarem justas e contratadas, as partes assinam o presente contrato em XXX (XXX) vias de igual teor e forma, na presença das testemunhas abaixo, para que surtam os efeitos legais.

Local e Data

ARRENDADOR

ARRENDATÁRIO

Testemunha 1

Testemunha 2

2. CONTRATO DE COMPRA E VENDA MERCANTIL

2.1. ASPECTOS INICIAIS E INTRODUTÓRIOS

O contrato de compra e venda mercantil é o contato que regulamenta a intermediação de produtos dentro da cadeia de circulação e produção de mercadorias, realizados entre empresários ou sociedades empresárias.

Importante notar que não serão considerados mercantis os contratos de compra e venda que não se insiram dentro dessa cadeia de circulação e/ou de produção de mercadorias e produtos (entre não comerciantes) ou aqueles que representam o elo final da cadeia, ou seja, a venda direta ao consumidor ou a venda que representa relação de consumo.

Justamente por isso, a compra e venda mercantil é, na maioria dos casos analisados, um **contrato sujeito às normas estabelecidas pelo Código Civil**, em especial, por óbvio, pelo contrato da compra e venda.

Ademais, por ser contrato entre empresários ou entre empresas, porém, ressalta-se que está referido contrato sujeito ao regime específico em casos de recuperação judicial e/ou de falência. Eventualmente, pode-se configurar, na relação contratual entre empresário-comprador e empresário-vendedor, uma compra e venda sujeita ao regime do Código de Defesa do Consumidor (CDC), como nos casos em que o empresário-comprador for considerado como consumidor, na acepção legal do termo.

Quanto aos seus requisitos, importante verificar que são os mesmos para a compra e venda realizada entre particulares, apenas rememorando que, na compra e venda mercantil o objeto precisa estar inserido nessa relação mercantil, que pode ser coisa futura, ou seja, que ainda não exista, ou que ainda não seja propriedade do vendedor quando da celebração do contrato.

O preço da coisa, na hipótese da compra e venda mercantil, é a contraprestação devida pelo comprador ao vendedor, **livremente pactuado entre as partes** e pago necessariamente em dinheiro, à vista ou a prazo (em prestações ou parcelas).

Cuidado com a forma de pagamento dos contratos, pois, como afirmado acima, deverá ser feita em dinheiro, em regra, na moeda corrente nacional, tendo em vista a proibição em nosso ordenamento jurídico de negócios em moeda estrangeira. A exceção a que se faz, entretanto, diz respeito às **operações de importação e exportação de mercadorias**, regulamentadas pela Lei n. 14.286/2021.

Finalmente, rememore-se sempre que nos contratos societários, por vezes, haverá uma **sucessão de contratos mercantis ou uma coligação de contratos típicos e/ou atípicos**, como ocorre, por exemplo, com a compra e venda mercantil contratada juntamente com o transporte das mercadorias, havendo sempre a cautela de verificar a existência no contrato de eventual cláusula de responsabilidade pelo acondicionamento da carga e o transporte da mercadoria, como abaixo exemplificado.

Modelo de cláusula de transporte em contrato de compra e venda mercantil

CLÁUSULA XXX – O VENDEDOR se responsabilizará pelo acondicionamento adequado das mercadorias e pelas despesas decorrentes do transporte e da entrega do objeto contratado no local designado.

2.2.   MODELO DE CONTRATO DE COMPRA E VENDA MERCANTIL

CONTRATO DE COMPRA E VENDA MERCANTIL

VENDEDOR: (Nome do Vendedor), (Nacionalidade), (Estado Civil), (Profissão), Carteira de Identidade n. (XXX), CPF n. (XXX), residente e domiciliado na Rua (XXX), n. (XXX), bairro (XXX), CEP (XXX), Cidade (XXX), no Estado (XXX);

COMPRADOR: (Nome do Comprador), (Nacionalidade), (Estado Civil), (Profissão), Carteira de Identidade n. (XXX), CPF n. (XXX), residente e domiciliado na Rua (XXX), n. (XXX), bairro (XXX), CEP (XXX), Cidade (XXX), no Estado (XXX).

As partes acima identificadas têm, entre si, justo e acertado o presente **Contrato de Compra** e Venda Mercantil, que se regerá pelas cláusulas seguintes e pelas condições de preço, forma e termo de pagamento descritas no presente.

DO OBJETO DO CONTRATO

CLÁUSULA XXX – O objeto do presente instrumento é a venda ao COMPRADOR, pelo VENDEDOR, (Nome do Produto), (Medida ou Quantidade), que deverá ser entregue na Rua (XXX), n. (XXX), bairro (XXX), CEP n. (XXX), Cidade (XXX), no Estado (XXX).

DO ACONDICIONAMENTO E DO TRANSPORTE DAS MERCADORIAS

CLÁUSULA XXX – O VENDEDOR se responsabilizará pelo acondicionamento das mercadorias e pelas despesas decorrentes do transporte e da entrega do objeto contratado no local designado.

DO VALOR

CLÁUSULA XXX – O valor da presente venda é de R$ (XXX) (Valor Expresso – moeda corrente ou moeda estrangeira, quando permitido), a ser pago em (XXX) parcelas mensais de R$ (XXX) (Valor Expresso), iniciando-se a primeira no dia (XXX).

DO PRAZO

CLÁUSULA XXX – A mercadoria deverá ser entregue ao COMPRADOR até o dia (XXX).

DA MULTA E ENCARGOS

CLÁUSULA XXX – Caso a mercadoria seja entregue fora das especificações acertadas, o VENDEDOR pagará multa de R$ (XXX), além do pagamento de perdas e danos que possa vir a causar ao COMPRADOR.

CLÁUSULA XXX – Qualquer das partes que infringirem alguma das cláusulas estabelecidas neste contrato ficarão sujeitas ao pagamento de multa de R$ XXX (XXX reais) , que reverterá em benefício da outra parte, sem prejuízo de outras penalidades apuráveis em eventual demanda judicial.

CLÁUSULA XXX – Se a mercadoria não for entregue no prazo estabelecido, o VENDEDOR pagará multa de R$ XXX (XXX reais), além de eventuais perdas e danos causados ao COMPRADOR.

DO FORO

CLÁUSULA XXX – Para dirimir quaisquer controvérsias oriundas do CONTRATO, as partes elegem o foro da Comarca de (XXX);

Por estarem assim justos e contratados, firmam o presente instrumento, em duas vias de igual teor, juntamente com 2 (duas) testemunhas.

Local/Data

Comprador

Vendedor

Testemunha 1

Testemunha 2
---

3. CONTRATO DE REPRESENTAÇÃO COMERCIAL

3.1. ASPECTOS INTRODUTÓRIOS E A ANÁLISE ESTRUTURAL DA LEI N. 4.886/65 E AS ALTERAÇÕES TRAZIDAS PELA LEI N. 8.420/92

O contrato de representação comercial é aquele no qual se estabelece uma **relação entre uma empresa ou empresário com um representante**, pessoa física ou jurídica que desempenha, **sem relação de emprego e em caráter não eventual**, a mediação para a realização de negócios mercantis, agenciando propostas ou pedidos, para que transmissão posterior ao representado.

Essa relação contratual é regida pela Lei n. 4.886/65, que regulamenta as atividades dos representantes comerciais autônomos, estabelecendo em seu art. 1º que "exerce a representação comercial autônoma a pessoa jurídica ou a pessoa física, sem relação de emprego, que desempenha, em caráter não eventual por conta de uma ou mais pessoas, a mediação para a realização de negócios mercantis, agenciando propostas ou pedidos, para, transmiti-los aos representados, praticando ou não atos relacionados com a execução dos negócios".

Nessa forma de contratação, o representante comercial também pode praticar atos relacionados à própria execução do negócio e à administração dos interesses ou direitos do representado, aplicando-se, assim, as diretrizes do **contrato de mandato cível**, que ocorre quando o representante comercial recebe tais poderes do representado para, em seu nome, praticar atos ou administrar interesses.

Segundo o art. 4º da referida legislação, não pode ser representante comercial:

a) o que não pode ser comerciante;

b) o falido não reabilitado;

c) o que tenha sido condenado por infração penal de natureza infamante, tais como falsidade, estelionato, apropriação indébita, contrabando, roubo, furto, lenocínio ou crimes também punidos com a perda de cargo público;

d) o que estiver com seu registro comercial cancelado como penalidade.

3.2. CLÁUSULAS ESSENCIAIS AO CONTRATO DE REPRESENTAÇÃO COMERCIAL

Nos termos do art. 27 da Lei de representação comercial, do contrato de representação comercial, além dos elementos comuns e outros a juízo dos interessados, **constarão obrigatoriamente**:

a) condições e requisitos gerais da representação;

b) indicação genérica ou específica dos produtos ou artigos objeto da representação;

c) prazo certo ou indeterminado da representação

d) indicação da zona ou zonas em que será exercida a representação;

e) garantia ou não, parcial ou total, ou por certo prazo, da exclusividade de zona ou setor de zona;

f) retribuição e época do pagamento, pelo exercício da representação, dependente da efetiva realização dos negócios, e recebimento, ou não, pelo representado, dos valores respectivos;

g) os casos em que se justifique a restrição de zona concedida com exclusividade;

h) obrigações e responsabilidades das partes contratantes:

i) exercício exclusivo ou não da representação a favor do representado;

j) indenização devida ao representante pela rescisão do contrato fora dos casos previstos no art. 35, cujo montante não poderá ser inferior a 1/12 (um doze avos) do total da retribuição auferida durante o tempo em que exerceu a representação.

Na hipótese de **contrato a prazo certo**, a indenização corresponderá à importância equivalente à **média mensal da retribuição auferida até a data da rescisão**, multiplicada pela **metade dos meses resultantes do prazo contratual**.

O **contrato com prazo determinado** admite prorrogação e, uma vez prorrogado o prazo inicial, tácita ou expressamente, torna-se a **prazo indeterminado**. Considera-se por **prazo indeterminado** todo contrato que suceder, dentro de **seis meses**, a outro contrato, **com ou sem determinação de prazo**.

Assim, os contratos com prazo determinado são aqueles que vigorarem por até seis meses, tornando-se automaticamente indeterminado todo contrato que ultrapassar este período ou que seja prorrogado. A diferença e a importância do prazo do contrato ocorrem no momento do encerramento da representação comercial, pois é **fator determinante para o cálculo da indenização rescisória**.

Ainda, o representante comercial **fica obrigado a fornecer ao representado**, segundo as disposições do contrato ou, sendo este omisso, quando lhe for solicitado, **informações detalhadas** sobre o andamento dos negócios a seu cargo, devendo dedicar-se à representação, de modo a expandir os negócios do representado e promover os seus produtos e, salvo autorização expressa, **não poderá o representante conceder abatimentos, descontos ou dilações, nem agir em desacordo com as instruções do representado**.

Modelo de cláusula

CLÁUSULA XXX – Durante o exercício da representação, o REPRESENTANTE não terá liberdade para negociar com os clientes, devendo sempre consultar o REPRESENTADO antes de conceder abatimentos, descontos e dilações, podendo fazê-lo com a expressa autorização deste.

Para que o representante possa exercer a representação em Juízo, em nome do representado, requer-se **mandato expresso**. Incumbir-lhe-á, porém, tomar conhecimento das reclamações atinentes aos negócios, transmitindo-as ao representado e sugerindo as providências acauteladoras do interesse deste.

Finalmente, prevendo o contrato de representação a **exclusividade de zona ou zonas**, ou quando este for **omisso**, fará jus o representante à **comis-**

são pelos negócios aí realizados, ainda que diretamente pelo representado ou por intermédio de terceiros.

Modelo de cláusula

Exclusividade de zona – CLÁUSULA XXX – O REPRESENTADO não poderá designar outros representantes para atuarem na referida zona territorial, sendo a área designada com exclusividade de atuação do REPRESENTANTE.

Sem exclusividade de zona – CLÁUSULA XXX – O REPRESENTADO poderá designar outros representantes para atuarem na referida zona territorial, com incumbência idêntica ou distinta daquela repassada ao REPRESENTANTE, não guardando este, portanto, qualquer direito de exclusividade na área em questão.

3.3. A RESCISÃO DO CONTRATO DE REPRESENTAÇÃO COMERCIAL

Nos termos do art. 32 da Lei de Representação Comercial, o representante comercial **adquire o direito às comissões** quando do pagamento dos pedidos ou propostas, atente-se, pois, às seguintes regras:

- O pagamento das comissões deverá ser efetuado até o **dia 15 do mês subsequente ao da liquidação da fatura**, acompanhada das respectivas cópias das notas fiscais.

- As comissões pagas fora do prazo previsto acima deverão ser **corrigidas monetariamente**.

- É facultado ao representante comercial emitir **títulos de créditos** para cobrança de comissões.

- As comissões deverão ser calculadas pelo **valor total das mercadorias**.

- Em caso de **rescisão injusta** do contrato por parte do representando, a eventual retribuição pendente, gerada por pedidos em carteira ou em fase de execução e recebimento, terá **vencimento na data da rescisão**.

- São **vedadas na representação comercial** alterações que impliquem, direta ou indiretamente, a **diminuição da média dos resultados** auferidos pelo representante nos últimos seis meses de vigência.

Não sendo previstos, no contrato de representação, os prazos para recusa das propostas ou pedidos, que hajam sido entregues pelo representante, acompanhados dos requisitos exigíveis, ficará o **representado obrigado** a creditar-lhe a respectiva comissão, **se não manifestar a recusa**, por escrito, nos **prazos de 15, 30, 60 ou 120 dias**, conforme se trate de comprador domiciliado, respectivamente, na mesma praça, em outra do mesmo Estado, em outro Estado ou no estrangeiro.

Atente-se aos prazos de recusa e do domicílio do comprador:

a) 15 dias – mesma praça;

b) 30 dias – em outra praça do mesmo Estado;

c) 60 dias – em outro Estado;

d) 120 dias – em Estado estrangeiro.

Observação: Os prazos acima poderão ser aumentados em **dez dias** quando se tratar de contrato realizado entre **representantes comerciais**.

Nenhuma retribuição será devida ao representante comercial, se a falta de pagamento resultar de **insolvência do comprador**, bem como se o negócio vier a ser por ele **desfeito** ou for **sustada a entrega** de mercadorias devido à situação comercial do comprador, capaz de comprometer ou tornar duvidosa a liquidação.

Salvo ajuste em contrário, as comissões devidas serão pagas **mensalmente**, expedindo o representado a conta respectiva, conforme cópias das faturas remetidas aos compradores, no respectivo período e os **valores das comissões** para efeito tanto do pré-aviso como da indenização, deverão ser corrigidos monetariamente.

A **denúncia**, por qualquer das partes, **sem causa justificada**, do contrato de representação, ajustado por **tempo indeterminado** e que haja vigorado por **mais de seis meses**, obriga o denunciante, salvo outra garantia prevista no contrato, à concessão de **pré-aviso**, com antecedência **mínima de 30 dias**, ou ao **pagamento de importância igual a um terço (1/3) das comissões auferidas pelo representante**, nos três meses anteriores.

Resumindo:

1. Denúncia injustificada por qualquer das partes;
2. Contrato por prazo indeterminado, vigorado por mais de 6 meses;
3. Obrigação do denunciante ao aviso prévio, com antecedência mínima de 30 dias; ou
4. Pagamento da importância igual a 1/3 das comissões auferidas pelo representante, nos 3 meses anteriores.

Assim, ao contrário, nos termos do **art. 35 da Lei n. 8.846/94**, constituem **motivos justos para rescisão** do contrato de representação comercial, pelo **representado**:

a) a desídia do representante no cumprimento das obrigações decorrentes do contrato;

b) a prática de atos que importem em descrédito comercial do representado;

c) a falta de cumprimento de quaisquer obrigações inerentes ao contrato de representação comercial;

> d) a condenação definitiva por crime considerado infamante;
>
> e) força maior.

Constituem **motivos justos** para rescisão do contrato de representação comercial, pelo **representante**, conforme **art. 36 da Lei n. 8.846/94**:

> a) redução de esfera de atividade do representante em desacordo com as cláusulas do contrato;
>
> b) a quebra, direta ou indireta, da exclusividade, se prevista no contrato;
>
> c) a fixação abusiva de preços em relação à zona do representante, com o exclusivo escopo de impossibilitar-lhe ação regular;
>
> d) o não pagamento de sua retribuição na época devida;
>
> e) força maior.

Somente ocorrendo **motivo justo para a rescisão do contrato**, terá o representado **direito de retenção das comissões** devidas ao representante, com o fim de ressarcir-se de danos por este causados e, bem assim, nas hipóteses previstas para a rescisão sem justa causa, a **título de compensação**.

Não serão prejudicados os direitos dos representantes comerciais quando, a título de **cooperação**, desempenhem, temporariamente, a pedido do representado, encargos ou atribuições **diversos dos previstos no contrato de representação**.

Outrossim, ressalvada **expressa vedação contratual** nesse sentido, o representante comercial poderá exercer sua atividade para **mais de uma empresa** e empregá-la em outros misteres ou ramos de negócios.

Modelo de cláusula de não exclusividade

> **CLÁUSULA XXX** – Durante a vigência do presente contrato, o REPRESENTANTE não guardará exclusividade de seu vínculo com o REPRESENTADO, sendo-lhe permitido, portanto, exercer a representação comercial ou outros serviços a terceiros, sejam pessoas físicas ou jurídicas, desde que haja compatibilidade de horários e que a atividade não resulte em concorrência aos (XXX – produtos e/ou serviços) oferecidos pelo REPRESENTADO.

Modelo de cláusula de exclusividade

> **CLÁUSULA XXX** – O REPRESENTADO atuará de maneira exclusiva aos interesses do REPRESENTANTE, sendo-lhe vedado exercer a representação comercial ou outros serviços a terceiros, sejam pessoas físicas ou jurídicas, sobretudo vedando a concorrência aos (XXX – produtos e/ou serviços) oferecidos pelo REPRESENTADO, sob pena de incidência de multa contratual no valor de R$ XXX (XXX reais).

Observadas as disposições acima, é facultado ao representante contratar com outros representantes comerciais a execução dos serviços relacionados com a representação. Nesse caso, o **pagamento das comissões** a representante comercial contratado dependerá da liquidação da conta de comissão devida pelo representando ao representante contratante.

Ao representante contratado, no caso de rescisão de representação, será devida pelo representante contratante a participação no que houver recebido da representada a título de indenização e aviso prévio, proporcionalmente às retribuições auferidas pelo representante contratado na vigência do contrato. Nessa hipótese, se o contrato for rescindido **sem motivo justo** pelo representante contratante, o representante contratado fará jus ao aviso prévio e indenização na forma da lei.

Observação: A Lei da Representação Comercial **veda expressamente**, no contrato de representação comercial, a **inclusão de cláusulas** *del credere*, ou seja, a cláusula que permite ao representado descontar os valores de comissões ou vendas do representante comercial na hipótese da venda ou da transação ser cancelada ou desfeita.

Importante sempre lembrar que a responsabilidade do representante comercial deve ser **limitada apenas à transação e à intermediação do negócio** e nada mais, lembrando que a representação comercial é **atividade-meio** na relação de venda.

No caso de **falência ou de recuperação judicial do representado**, as importâncias por ele devidas ao representante comercial, relacionadas com a representação, inclusive comissões vencidas e vincendas, indenização e aviso prévio, e qualquer outra verba devida ao representante, serão consideradas créditos da mesma natureza dos **créditos trabalhistas** para fins de inclusão no pedido de falência ou plano de recuperação judicial.

Os créditos devidos ao representante comercial reconhecidos em **título executivo judicial transitado em julgado** após o deferimento do processamento da recuperação judicial, e a sua respectiva execução, inclusive quanto aos honorários advocatícios, não se sujeitarão à recuperação judicial, aos seus efeitos e à competência do juízo da recuperação, ainda que existentes na data do pedido, e **prescreverá em 5 (cinco) anos** a ação do representante comercial para pleitear a retribuição que lhe é devida e os demais direitos garantidos pela Lei.

4. CONTRATO DE FRANQUIA (*FRANCHISING*)

4.1. ASPECTOS INICIAIS E INTRODUTÓRIOS

O contrato de franquia empresarial (ou de *franchising*) é o sistema pelo qual um franqueador autoriza por meio de contrato um franqueado a usar marcas e outros objetos de propriedade intelectual, sempre associados ao direito de produção ou distribuição exclusiva ou não exclusiva de produtos ou serviços e também ao direito de uso de métodos e sistemas de implantação e administração de negócio ou sistema operacional desenvolvido ou detido pelo franqueador, mediante remuneração direta ou indireta, sem caracterizar relação de consumo ou vínculo empregatício em relação ao franqueado ou a seus empregados, ainda que durante o período de treinamento.

Características, conforme **art. 1º da Lei n. 13.966/2019**:

---

a) franqueador autoriza por meio de contrato um franqueado a usar marcas e outros objetos de propriedade intelectual;

b) direito de produção ou distribuição exclusiva ou não exclusiva de produtos ou serviços;

c) direito de uso de métodos e sistemas de implantação e administração de negócio ou sistema operacional desenvolvido ou detido pelo franqueador;

d) mediante remuneração direta ou indireta;

e) sem caracterizar relação de consumo ou vínculo empregatício.

Conceitualmente, imperioso destacar os elementos do contrato de franquia, tendo então:

Franqueador: aquele que detém a marca, tecnologia, patente e conhecimentos específicos de negócios, e que os disponibiliza, parcial ou totalmente, mediante sistema de franquia, para o franqueado.

Franqueado: aquele que aceita utilizar, mediante remuneração ao franqueador, a oferta específica do franqueador para utilizá-lo em seu negócio próprio.

Taxa de franquia: taxa paga em parcela única, para aderir ao sistema de franquias, devendo o valor ser utilizado para custear o treinamento, os manuais e a assistência técnica.

Royalties: remuneração mensal paga pelo franqueado ao franqueador pelo uso da marca e pelos serviços prestados, variando os valores conforme o faturamento mensal do franqueado.

Contribuição de marketing: valor pago com a finalidade de levantar fundos para promover a publicidade da marca.

Circular de Oferta de Franquia: documento pelo qual o franqueador, antes da assinatura do contrato, apresenta ao potencial franqueado todas as informações necessárias sobre o negócio.

Certamente, o franqueador deve ser titular ou requerente de direitos sobre as marcas e outros objetos de propriedade intelectual negociados no âmbito do contrato de franquia, ou estar expressamente autorizado pelo titular.

Outrossim, a franquia pode ser adotada **por empresa privada, empresa estatal ou entidade sem fins lucrativos**, independentemente do segmento em que desenvolva as atividades.

Para a implantação da franquia, o franqueador deverá fornecer ao interessado **Circular de Oferta de Franquia**, escrita em língua portuguesa, de forma objetiva e acessível, contendo obrigatoriamente:

I – histórico resumido do negócio franqueado;

II – qualificação completa do franqueador e das empresas a que esteja ligado, identificando-as com os respectivos números de inscrição no Cadastro Nacional da Pessoa Jurídica (CNPJ);

III – balanços e demonstrações financeiras da empresa franqueadora, relativos aos 2 (dois) últimos exercícios;

IV – indicação das ações judiciais relativas à franquia que questionem o sistema ou que possam comprometer a operação da franquia no País, nas quais sejam parte o franqueador, as empresas controladoras, o subfranqueador e os titulares de marcas e demais direitos de propriedade intelectual;

V – descrição detalhada da franquia e descrição geral do negócio e das atividades que serão desempenhadas pelo franqueado;

VI – perfil do franqueado ideal no que se refere a experiência anterior, escolaridade e outras características que deve ter, obrigatória ou preferencialmente;

VII – requisitos quanto ao envolvimento direto do franqueado na operação e na administração do negócio;

VIII – especificações quanto ao:

a) total estimado do investimento inicial necessário à aquisição, à implantação e à entrada em operação da franquia;

b) valor da taxa inicial de filiação ou taxa de franquia;

c) valor estimado das instalações, dos equipamentos e do estoque inicial e suas condições de pagamento;

IX – informações claras quanto a taxas periódicas e outros valores a serem pagos pelo franqueado ao franqueador ou a terceiros por este indicados, detalhando as respectivas bases de cálculo e o que elas remuneram ou o fim a que se destinam, indicando, especificamente, o seguinte:

a) remuneração periódica pelo uso do sistema, da marca, de outros objetos de propriedade intelectual do franqueador ou sobre os quais este detém direitos ou, ainda, pelos serviços prestados pelo franqueador ao franqueado;

b) aluguel de equipamentos ou ponto comercial;

c) taxa de publicidade ou semelhante;

d) seguro mínimo;

X – relação completa de todos os franqueados, subfranqueados ou subfranqueadores da rede e, também, dos que se desligaram nos últimos 24 (vinte quatro) meses, com os respectivos nomes, endereços e telefones;

XI – informações relativas à política de atuação territorial, devendo ser especificado:

a) se é garantida ao franqueado a exclusividade ou a preferência sobre determinado território de atuação e, neste caso, sob que condições;

b) se há possibilidade de o franqueado realizar vendas ou prestar serviços fora de seu território ou realizar exportações;

c) se há e quais são as regras de concorrência territorial entre unidades próprias e franqueadas;

XII – informações claras e detalhadas quanto à obrigação do franqueado de adquirir quaisquer bens, serviços ou insumos necessários à implantação, operação ou administração de sua franquia apenas de fornecedores indicados e aprovados pelo franqueador, incluindo relação completa desses fornecedores;

XIII – indicação do que é oferecido ao franqueado pelo franqueador e em quais condições, no que se refere a:

a) suporte;

b) supervisão de rede;

c) serviços;

d) incorporação de inovações tecnológicas às franquias;

e) treinamento do franqueado e de seus funcionários, especificando duração, conteúdo e custos;

f) manuais de franquia;

g) auxílio na análise e na escolha do ponto onde será instalada a franquia; e

h) leiaute e padrões arquitetônicos das instalações do franqueado, incluindo arranjo físico de equipamentos e instrumentos, memorial descritivo, composição e croqui;

XIV – informações sobre a situação da marca franqueada e outros direitos de propriedade intelectual relacionados à franquia, cujo uso será autorizado em contrato pelo franqueador, incluindo a caracterização completa, com o número do registro ou do pedido protocolizado, com a classe e subclasse, nos órgãos competentes, e, no caso de cultivares, informações sobre a situação perante o Serviço Nacional de Proteção de Cultivares (SNPC);

XV – situação do franqueado, após a expiração do contrato de franquia, em relação a:

a) *know-how* da tecnologia de produto, de processo ou de gestão, informações confidenciais e segredos de indústria, comércio, finanças e negócios a que venha a ter acesso em função da franquia;

b) implantação de atividade concorrente à da franquia;

XVI – modelo do contrato-padrão e, se for o caso, também do pré-contrato-padrão de franquia adotado pelo franqueador, com texto completo, inclusive dos respectivos anexos, condições e prazos de validade;

XVII – indicação da existência ou não de regras de transferência ou sucessão e, caso positivo, quais são elas;

XVIII – indicação das situações em que são aplicadas penalidades, multas ou indenizações e dos respectivos valores, estabelecidos no contrato de franquia;

XIX – informações sobre a existência de cotas mínimas de compra pelo franqueado junto ao franqueador, ou a terceiros por este designados, e sobre a possibilidade e as condições para a recusa dos produtos ou serviços exigidos pelo franqueador;

XX – indicação de existência de conselho ou associação de franqueados, com as atribuições, os poderes e os mecanismos de representação perante o franqueador, e detalhamento das competências para gestão e fiscalização da aplicação dos recursos de fundos existentes;

XXI – indicação das regras de limitação à concorrência entre o franqueador e os franqueados, e entre os franqueados, durante a vigência do contrato de franquia, e detalhamento da abrangência territorial, do prazo de vigência da restrição e das penalidades em caso de descumprimento;

XXII – especificação precisa do prazo contratual e das condições de renovação, se houver;

XXIII – local, dia e hora para recebimento da documentação proposta, bem como para início da abertura dos envelopes, quando se tratar de órgão ou entidade pública.

Essa **Circular de Oferta de Franquia** deverá ser entregue ao candidato a franqueado, **no mínimo, 10 (dez) dias** antes da assinatura do contrato ou pré-contrato de franquia ou, ainda, do pagamento de qualquer tipo de taxa pelo franqueado ao franqueador ou a empresa ou a pessoa ligada a este, salvo no caso de licitação ou pré-qualificação promovida por órgão ou entidade pública, caso em que a Circular de Oferta de Franquia será divulgada logo no início do processo de seleção.

Na hipótese de não cumprimento do disposto acima, o franqueado poderá arguir **anulabilidade ou nulidade** do contrato, conforme o caso, e exigir a **devolução** de todas e quaisquer quantias já pagas ao franqueador, ou a terceiros por este indicados, a título de filiação ou de *royalties*, corrigidas monetariamente.

Nos casos em que o **franqueador subloque ao franqueado** o ponto comercial onde se acha instalada a franquia, qualquer uma das partes terá **legitimidade para propor a renovação do contrato de locação do imóvel**, vedada a exclusão de qualquer uma delas do contrato de locação e de sublocação por ocasião da sua renovação ou prorrogação, salvo nos casos de inadimplência dos respectivos contratos ou do contrato de franquia.

O **valor do aluguel a ser pago pelo franqueado ao franqueador**, nas sublocações, poderá ser **superior ao valor** que o franqueador paga ao proprietário do imóvel na locação originária do ponto comercial, desde que:

I – essa possibilidade esteja expressa e clara na Circular de Oferta de Franquia e no contrato; e

II – o valor pago a maior ao franqueador na sublocação não implique excessiva onerosidade ao franqueado, garantida a manutenção do equilíbrio econômico-financeiro da sublocação na vigência do contrato de franquia.

Ainda, a **Lei de Franquia** estipula que os contratos de franquia obedecerão às seguintes condições:

I – os que produzirem efeitos exclusivamente no território nacional serão escritos em língua portuguesa e regidos pela legislação brasileira;

II – os contratos de franquia internacional serão escritos originalmente em língua portuguesa ou terão tradução certificada para a língua portuguesa custeada pelo franqueador, e os contratantes poderão optar, no contrato, pelo foro de um de seus países de domicílio.

- As partes poderão eleger **juízo arbitral** para solução de controvérsias relacionadas ao contrato de franquia.

- Entende-se como **contrato internacional de franquia** aquele que, pelos atos concernentes à sua conclusão ou execução, à situação das partes quanto a nacionalidade ou domicílio, ou à localização de seu objeto, tem liames com mais de um sistema jurídico.

- Caso expresso o **foro de opção** no contrato internacional de franquia, as partes deverão constituir e manter representante legal ou procurador devidamente qualificado e domiciliado no país do foro definido, com poderes para representá-las administrativa e judicialmente, inclusive para receber citações.

5. CONTRATO DE ARRENDAMENTO MERCANTIL (*LEASING*)

5.1. ASPECTOS INICIAIS E INTRODUTÓRIOS

O contrato de **arrendamento mercantil**, também conhecido como *leasing*, consiste em um contrato efetivado entre **arrendador e arrendatário**, com traços e características de locação, financiamento e compra e venda, entretanto, é **contrato típico** regido pela Lei n. 6.099/74 e pela Resolução n. 2.309/96 do CMN.

Tem traços de **locação**, porque as prestações ajustadas servem à remuneração do uso do bem; de **financiamento**, porque as prestações pagas amortizam o saldo devedor; de **compra e venda**, porque confere ao arrendatário a opção de tornar definitiva a aquisição ao término da relação contratual.

Assim, arrendamento mercantil é o contrato, ou parte do contrato, pelo qual o arrendador transfere ao arrendatário o direito de usar um determinado bem, por um período, em troca de contraprestação, possibilitando, ao final, renovar o contrato; adquirir o referido bem pelo valor de mercado ou pelo valor residual previamente definido pelo contrato; ou devolver o bem.

Pela Lei n. 6.099/74, com redação dada pela Lei n. 7.132/83, "considera-se arrendamento mercantil, para os efeitos desta Lei, o negócio jurídico realizado entre pessoa jurídica, na qualidade de arrendadora, e pessoa física ou jurídica, na qualidade de arrendatária, e que tenha por objeto o arrendamento de bens adquiridos pela arrendadora, segundo especificações da arrendatária e para uso próprio desta" (art. 1º, parágrafo único).

Existem **quatro formas de *leasing***:

- *Leasing* **financeiro:** contrato estabelecido para que o arrendador adquira o bem escolhido pelo arrendatário para, posteriormente, alugá-lo ao próprio arrendatário por determinado prazo. No final do contrato, que pode ser renovado, o bem será adquirido por um valor que é previamente combinado com o arrendatário, justamente naquilo que chamam de **valor residual**. Nesse tipo de *leasing*, cabe ao arrendatário, ou seja, quem ficou com o bem por algum tempo, fazer a sua manutenção e conservação.

- *Leasing* **operacional**: contrato no qual o arrendatário não tem a intenção de comprar o bem ao final do contrato de "locação". Dessa forma, o valor das mensalidades pagas a título de locação constitui a garantia do investimento produzido pelo arrendador e, após o término do contrato, o valor faltante para a opção de compra corresponde a 80% do valor do bem, o que desestimula a compra pelo alto preço.

- *Leaseback*: é o chamado *leasing* de retorno, ou seja, por esse contrato uma empresa vende um ativo operacional de alto valor (geralmente um bem imóvel) e o aluga de volta para utilização. Dessa forma, além de obter recursos para o caixa da empresa, consegue ainda utilizar e explorar o bem em questão.

- *Leasing* **imobiliário**: modalidade de contrato pelo qual o arrendador compra determinado terreno, por exemplo, e constrói no local um empreendimento imobiliário para o arrendatário, a fim de alugar o bem para ele, com posterior opção de compra.

Ademais, nos termos do **art. 5º da Lei n. 6.099/74**, os **contratos de arrendamento mercantil** conterão as seguintes disposições:

a) prazo do contrato;

b) valor de cada contraprestação por períodos determinados, não superiores a um semestre;

c) opção de compra ou renovação de contrato, como faculdade do arrendatário;

d) preço para opção de compra ou critério para sua fixação, quando for estipulada esta cláusula.

Valor Residual Garantido ou VRG: valor estabelecido nos contratos de arrendamento mercantil financeiro nas hipóteses em que o arrendatário devolva o bem ao final do contrato, não renovando o arrendamento e nem exercendo a opção de compra.

Em qualquer desses casos, o bem será vendido a terceiros e poderá obter valor inferior ou superior ao *quantum* que arrendador e arrendatário acordaram como parcela final a ser recebida pelo primeiro ao término do arrendamento mercantil.

Assim, se o valor obtido na venda for inferior ao *quantum* mínimo contratado, por força do VRG o arrendatário pagará a diferença; se o preço de venda for superior, a garantia terá sido desnecessária.

6. CONTRATO DE FATURIZAÇÃO OU FOMENTO MERCANTIL (*FACTORING*)

6.1. ASPECTOS INICIAIS E INTRODUTÓRIOS

O contrato de **faturização, fomento mercantil ou de** *factoring* é modalidade contratual de antecipação de direito de crédito, ou seja, é uma relação de desconto mercantil de título de crédito ou cambial, configurando efetiva cessão de crédito e sub-rogação convencional de determinada.

Pelo contrato de fomento mercantil ou faturização, uma pessoa (*factor* ou faturizadora) recebe de outra (faturizada) a cessão de créditos oriundos de operações mercantis, assumindo o risco de sua liquidação, incumbindo-se de sua cobrança e de recebimento dos valores, cujo líquido transfere de imediato ao cedente ou faturizado.

Por se tratar de cessão de crédito, importante observar as modalidades de cessão, pro soluto e pro solvendo:

---

a) **Cessão *pro soluto***: nessa modalidade de cessão, o cedente responde pela existência e legalidade do crédito, mas não responde pela solvência do devedor.

b) **Cessão *pro solvendo***: nesse caso, além de responder pela existência e legalidade do crédito, o cedente responde também pela solvência do devedor.

Entretanto, segundo entendimento do Superior Tribunal de Justiça, no **REsp n. 1.711.412**, nos contratos de *factoring*, a faturizada (ou cedente) não responde pela insolvência dos créditos cedidos, sendo **nula eventual disposição contratual nesse sentido e inválidos os títulos de crédito emitidos** como forma de garantir a operação, cujo **risco integral e exclusivo é da faturizadora** (cessionária). Assim, a faturizada só é responsável pelo **crédito existente** à época em que ele foi cedido.

Importante observar que nos contratos de faturização, a rigor, **não há cobrança de juros**, mas sim do chamado **deságio**, que é a **diferença entre o valor nominal do título cedido e o valor pago à vista** pela empresa de *factoring*.

7. CONTRATOS DE REESTRUTURAÇÃO SOCIETÁRIA – INCORPORAÇÃO, FUSÃO, AQUISIÇÃO E CISÃO

7.1. ASPECTOS INICIAIS E INTRODUTÓRIOS SOBRE A REESTRUTURAÇÃO SOCIETÁRIA

Certamente, desde sua abertura, uma sociedade empresária passa por inúmeras adaptações contratuais, mercantis e societária. Dentre as várias possibilidades, tais mudanças podem ocorrer por diversos fenômenos e fatores, sejam externos, tais como crises econômicas, sejam fatores internos, como a gestão ineficiente ou, até mesmo, a necessidade de aumento de seu capital social ou da retirada/acréscimo de sócios.

Nesse sentido, a reestruturação societária entra como uma ótima estratégia para as sociedades empresárias se adaptarem à sua nova realidade, permitindo a remodelação de sua estrutura por meio dos métodos de fusão e de aquisição (M&A), de cisão, de incorporação ou de transformação.

Os processos de reorganização societária podem ocorrer por diferentes razões, sendo que as mais comuns são:

- necessidade de atualização tecnológica e modernização da empresa;
- enfrentamento da concorrência;
- aumento de competitividade de mercado;
- divergências entre os sócios, quebrando o *affectio societatis;*
- recebimento de aportes de investidores.

Uma reestruturação societária pode solucionar diferentes problemas de uma empresa, mas para utilizá-la corretamente e garantir que o processo seja feito dentro da lei é essencial o apoio de profissionais jurídicos, evitando assim questionamentos futuros pelas autoridades comerciais, fiscais, de defesa da economia, dentre outras.

7.2. OS CONTRATOS DE M&A (*MERGERS AND ACQUISITIONS*): FUSÕES, AQUISIÇÕES, INCORPORAÇÕES E CISÕES SOCIETÁRIAS

Inicialmente, importante verificar que M&A é a sigla utilizada derivada da expressão inglesa *mergers and acquisitions*, que representa o processo de consolidação, junção ou de aquisição entre empresas.

Apesar de o termo *M&A* ser utilizado de forma genérica e geral, certamente, há uma considerável distinção terminológica e prática entre elas, vejamos:

1. Fusão: operação societária em que duas ou mais empresas deixam de existir para dar início a **uma nova organização**, que terá suas atividades iniciadas imediatamente a partir do momento em que realizada a fusão. O patrimônio, as obrigações e os deveres das sociedades originárias pertencerão à recentemente criada, além do quadro de sócios e acionistas também serem unificados.

> **Art. 228 da Lei n. 6.404/76:** a fusão é a operação pela qual se unem duas ou mais sociedades para formar sociedade nova, que lhes sucederá em todos os direitos e obrigações.

2. Aquisição: ocorre a aquisição quando uma empresa adquire outra por meio da **compra de participação societária ou acionária majoritária**, incorporando as operações da segunda empresa, que deixa de existir ou de ser independente.

3. Cisão: nesse tipo de reestruturação societária, o patrimônio de uma empresa é transferido parcial ou totalmente para outras, sejam elas constituídas especialmente para isso ou não.

> **Art. 229 da Lei n. 6.404/76:** a cisão é a operação pela qual a companhia transfere parcelas do seu patrimônio para uma ou mais sociedades, constituídas para esse fim ou já existentes, extinguindo-se a companhia cindida, se houver versão de todo o seu patrimônio, ou dividindo-se o seu capital, se parcial a versão.

4. Transformação: nela, a mesma empresa continue existindo (sob o mesmo CNPJ), entretanto está submetida a um novo regime societário, ocorrendo apenas uma mudança no tipo societário. O modelo de transformação mais comum ocorre entre as Sociedades Limitadas (Ltda.) e Sociedades Anônimas (S.A.). Aqui não há transferência de obrigações e direitos, pois eles continuarão com a mesma empresa. Ressalta-se que é preciso da aprovação unânime dos sócios e acionistas, exceto se as regras previstas no estatuto ou contrato social permitirem a transformação pela maioria simples de votos (mais da metade).

5. Incorporação: trata-se de uma operação pela qual uma ou mais empresas são absorvidas por outra, que receberá todas suas obrigações e direitos. As organizações incorporadas deixam de existir, enquanto a incorporadora continuará tendo sua personalidade jurídica autônoma. A incorporação pode ocorrer entre diferentes tipos de sociedades e é necessário que o patrimônio da incorporada seja incluído no capital social da incorporadora.

> **Art. 227 da Lei n. 6.404/76:** a incorporação é a operação pela qual uma ou mais sociedades são absorvidas por outra, que lhes sucede em todos os direitos e obrigações.

7.3. O PROCESSO DE *DUE DILIGENCE* NOS CONTRATOS DE M&A

Como visto acima, o processo de reestruturação societária pode ser utilizado pelas sociedades empresária para diferentes finalidades. No entanto, o seu objetivo sempre será o mesmo: buscar a máxima efetividade da empresa, aumentar o capital social, gerar mais lucro, circulando riquezas e possibilitando a abertura de mais postos ou vagas de trabalho.

Por isso mesmo, todo profissional que atua no mercado de reestruturação societária deve ser analisado com muita cautela e implementada de forma estratégica.

Assim, sugerimos a elaboração de um plano estratégico de **due diligence**, evitando riscos que acompanham esse processo:

- **Risco (*due diligence*) de monopólio:** todo o processo de reestruturação societária é fiscalizado pelo CADE (Conselho Administrativo de Defesa Econômica), que pode impedir ou impor restrições à empresa. Assim, em uma fusão ou incorporação, esse órgão é capaz de considerar casos de união que resultam em um controle majoritário e prejudicial do mercado de consumidores.

- **Riscos (*due diligence*) contábeis, fiscais e tributários:** é necessário realizar a auditoria dos balanços patrimoniais e demais documentos que dizem respeito às finanças da empresa, ou seja, se todas as obrigações tributárias estão em dia, evitando assim problemas futuros com a Receita Federal.

- **Riscos (*due diligence*) jurídicos e trabalhista:** necessidade de se realizar toda uma análise das relações jurídicas e contratuais, estabelecida pela sociedade, bem como de uma eventual readequação do quadro de funcionários, verificando a existência de encargos trabalhistas a serem pagos. Desse modo, serão garantidos todos os direitos dos empregados, da aplicação da cultura da empresa e de mitigação dos riscos de ter ações judiciais.

- **Riscos (*due diligence*) comerciais:** cuidados necessários com os efeitos causados aos consumidores finais durante a fase de adaptação da empresa. É de fundamental importância o suporte de profissionais especializados para garantir que seja uma ação realmente positiva, para que não causa prejuízos à imagem da empresa e de seus produtos.

Etapas sugeridas para o processo de M&A:

1. Primeira etapa: preparação e plano de execução

Antes de dar início ao processo de fusão, aquisição, cisão, transformação ou de incorporação é preciso analisar as empresas envolvidas, os benefícios societários e os riscos que envolvem essa atividade, especialmente analisando os balanços das empresas e entender como se encontra a "saúde econômica societária".

Dessa forma, será possível tomar uma decisão mais assertiva e iniciar um planejamento para definir as estratégias a serem adotadas, com base nos objetivos e nas necessidades das empresas e procurando alvos mais alinhados.

A partir daí, devem-se definir os planos de atuação e de execução das etapas para preparar as pessoas, as responsabilidades e estabelecer os prazos para que sejam executadas as ações.

Nessa etapa, é importante elaborar dois documentos: a **LOI** (*Letter of Intent*) e o **MOU** (*Memorandum of Understanding*).

A **Carta de Intenção (LOI ou *Letter of Intent*)** é o documento pelo qual as partes interessadas descrevem, de forma detalhada, clara e precisa, a intenção ou o interesse em realizar a transação.

Por seu turno, o **Memorando de Entendimento (MOU ou *Memorandum of Understanding*)** representa um contrato preliminar, elaborado antes do início efetivo da operação entre as empresas, para alinhar contratualmente pontos, cláusulas e outras necessidades daquilo o que precisa ser estabelecido entre as partes.

Outro importante documento dessa etapa é o chamado **Acordo de Confidencialidade** (ou *Non Disclosure Agreement* – **NDA**), garantindo o sigilo e a confidencialidade das empresas envolvidas a partir do estabelecimento do uso dos dados apenas para as negociações, sobretudo diante do compartilhamento de informações, documentos e estratégias entre as empresas.

Ainda, podemos ilustrar outro documento ou cláusula contratual necessária para os contratos de M&A, chamada de **Cláusulas MAC (ou *Material Adverse Change*)**, entendidas como cláusulas de distribuição dos riscos, permitindo ao comprador, caso se verifique uma alteração ou evento material adverso (alterações que possam impactar o negócio), resolver o contrato ou lançar mão de qualquer outro remédio acordado, tais como a readaptação do contrato, ou a redução do preço, ou, ainda, buscar uma indenização.

Abaixo, no próximo capítulo, teremos mais explicações sobre esses documentos e contratos, com dicas preciosas sobre cláusulas e modelos de cada um deles.

2. Segunda etapa: *valuation*

O segundo passo dessa estruturação é a identificação do valor das empresas envolvidas no processo de M&A, chamado de *valuation*, no qual são utilizados métodos e técnicas para estimar o valor de empresas de forma sistematizada.

Além disso, a avaliação de empresas não se restringe apenas a identificar os valores de mercado de uma empresa, mas, também, analisar **a saúde** econômica e financeira da empresa, seus planos de crescimento, o ambiente social, ambiental e econômico na qual ela está inserida, dentre outros, possibilitando o sucesso no prosseguimento das atividades econômicos e o sucesso no mercado em que inserido.

3. Terceira etapa: negociações e *due diligence*

O terceiro passo dessa estruturação é a da negociação, isto é, buscar o acordo sobre os preços, estruturação, cláusulas contratuais, dentre outros pontos sobre a transação entre as empresas.

É nesse momento, também, que ocorre todo o processo de *due diligence*, conforme acima verificado, a partir do momento em que aceita a proposta de M&A e iniciada as tratativas para o fechamento do negócio. Assim, a empresa-alvo passa por um processo de análise completa para comprovar os dados informados.

Dessa forma, como visto acima, a *due diligence* deve ser entendida como toda uma forma de auditoria realizada na empresa, para verificar a saúde societária em vários ramos, tais como a área ambiental, a financeira, a fiscal, a previdenciária, a trabalhista, a operacional, a contábil, a jurídica, dentre outras. Caso sejam encontradas irregularidades, também são tomadas providências para sanar os problemas, garantindo toda a mitigação dos riscos e a maximização das oportunidades e das operações econômicas das empresas.

A partir daí, parte-se para o contrato principal, com todas as cláusulas contratuais necessárias para esse tipo de contrato, além dos eventuais contratos acessórios, também necessários para fazer uma efetiva reorganização societária. No próximo capítulo falaremos de algumas delas.

4. Quarta etapa: fechamento do contrato e o pós-contrato

A quarta etapa e última etapa desse *check-list* (ou passo a passo) é a efetivação do fechamento formal do processo, com a assinatura dos contratos e o cumprimento das condições previamente estabelecidas.

É justamente nessa etapa que ocorre o adimplemento das obrigações estabelecidas no contrato, como o pagamento na forma acordada, a transferência da titularidade dos bens, a assunção das responsabilidades, dentre tudo o quanto mais estiver previsto no contrato.

Depois do fechamento, da assinatura e do cumprimento de todas as obrigações, ainda existem as obrigações e responsabilidades pós-contratuais, consistentes na finalização do processo de M&A, com registro da mudança da sociedade nos órgãos responsáveis e competentes e o posterior anúncio da transação ao mercado, eventualmente, com a aprovação pelo CADE, se o caso.

PLANO DE FUSÕES E AQUISIÇÕES (M&A)

1. INTRODUÇÃO

1.1 Objetivos: este plano de fusões e aquisições (M&A) tem como objetivo estabelecer a estratégia e os passos necessários para que a Empresa XXX identifique, avalie e execute transações de M&A bem-sucedidas, visando o crescimento, a expansão de mercado, a diversificação ou a consolidação do setor.

1.2 Escopo: o plano abordará os aspectos estratégicos, financeiros, operacionais, legais e de integração relacionados às transações de M&A da Empresa XXX.

2. ESTRATÉGIA DE M&A

2.1 Racional estratégico: descreva os motivos pelos quais a Empresa XXX está buscando oportunidades de M&A. Isso pode incluir o crescimento acelerado, o acesso a novos mercados, a aquisição de tecnologias, a otimização de custos ou a melhoria da posição competitiva.

2.2 Critérios de seleção de alvos: defina os critérios para a seleção de empresas-alvo para fusões ou aquisições, como tamanho, localização, setor, desempenho financeiro, portfólio de produtos ou serviços e compatibilidade cultural.

2.3 Pipeline de oportunidades: identifique e mantenha um pipeline de oportunidades de M&A, avaliando periodicamente as empresas-alvo com base nos critérios de seleção definidos.

3. AVALIAÇÃO E EXECUÇÃO

3.1 Avaliação financeira: realize uma análise financeira das empresas-alvo, incluindo a avaliação de suas demonstrações financeiras, métricas de *valuation* (como múltiplos de receita, EBITDA ou lucro) e a análise do retorno sobre o investimento (ROI).

3.2 *Due diligence*: conduza um processo de *due diligence* abrangente, abordando áreas como finanças, operações, tecnologia, recursos humanos, propriedade intelectual, conformidade regulatória e questões legais.

3.3 Negociação e estruturação do acordo: negocie os termos e condições do acordo de M&A, incluindo o preço de compra, a forma de pagamento (dinheiro, ações, financiamento), garantias, cláusulas de *earn-out* e outras condições pertinentes.

3.4 Aprovações e formalizações: obtenha as aprovações necessárias para o acordo de M&A, incluindo as aprovações dos conselhos de administração, acionistas e autoridades regulatórias.

4. INTEGRAÇÃO

4.1 Planejamento da integração: desenvolva um plano detalhado de integração, abordando áreas como estratégia, operações, finanças, recursos humanos, tecnologia, cultura e comunicação.

4.2 Implementação da integração: execute o plano de integração, monitorando de perto o progresso, os marcos e os resultados, e adaptando-se conforme necessário para garantir uma integração bem-sucedida.

4.3 Avaliação da integração: avalie periodicamente o sucesso da integração, medindo o desempenho e a realização de sinergias e identificando áreas de melhoria contínua.

5. GOVERNANÇA E MONITORAMENTO

5.1 Estrutura de governança: estabeleça uma estrutura de governança para as atividades de M&A da Empresa XXX, incluindo a criação de um comitê de M&A composto por membros da alta gestão e outros *stakeholders* relevantes.

5.2 Processos e políticas: defina processos e políticas claras para a identificação, avaliação, execução e integração de transações de M&A, garantindo que todas as partes envolvidas compreendam suas responsabilidades e funções.

5.3 Monitoramento e controle: monitore continuamente o progresso das transações de M&A e da integração, utilizando métricas de desempenho e relatórios periódicos para garantir a eficácia e o sucesso das iniciativas de M&A.

5.4 Análise pós-aquisição: realize análises pós-aquisição para aprender com cada transação de M&A, identificando pontos fortes e fracos do processo e aplicando as lições aprendidas às futuras iniciativas de M&A.

6. COMUNICAÇÃO E GERENCIAMENTO DE MUDANÇAS

6.1 Estratégia de comunicação: desenvolva uma estratégia de comunicação eficaz para manter as partes interessadas informadas sobre as iniciativas de M&A, incluindo funcionários, acionistas, clientes, fornecedores e outras partes interessadas.

6.2 Gerenciamento de mudanças: implemente um plano de gerenciamento de mudanças para apoiar a integração das empresas e garantir uma transição suave para os funcionários e outras partes interessadas.

7. CONCLUSÃO

Este plano de M&A é um guia para a Empresa XXX em suas iniciativas de fusões e aquisições. O sucesso de uma transação de M&A depende de uma abordagem estratégica, de uma execução eficiente e de uma integração bem gerenciada. É crucial que a Empresa XXX revise e atualize periodicamente este plano à medida que suas necessidades e o ambiente de negócios evoluem.

CHECK-LIST DE IMPORTÂNCIAS E PREOCUPAÇÕES NECESSÁRIAS PARA REALIZAR UM PROCESSO DE M&A ENTRE EMPRESAS

Ao realizar um processo de fusão e aquisição (M&A) entre empresas, é fundamental considerar uma série de importâncias e preocupações para garantir uma transação bem-sucedida. Aqui estão algumas delas:

1. Planejamento estratégico: entender os objetivos e a estratégia por trás da transação, avaliando se a fusão ou aquisição está alinhada com a visão e as metas da empresa.

2. *Due diligence*: realizar uma investigação detalhada da empresa-alvo para identificar possíveis problemas e riscos, incluindo a análise financeira, operacional, jurídica, fiscal, tecnológica e ambiental.

3. *Valuation*: determinar o valor justo da empresa-alvo, considerando aspectos como fluxo de caixa descontado, múltiplos de mercado e transações comparáveis.

4. Financiamento: avaliar a estrutura de financiamento da transação, como a utilização de recursos próprios, emissão de dívida ou ações, e negociação de condições favoráveis com financiadores.

5. Negociação do contrato: definir os termos e condições do acordo, incluindo preço, forma de pagamento, cláusulas de proteção e garantias, contingências e ajustes pós-fechamento.

6. Integração: planejar e executar a integração das empresas envolvidas, garantindo a continuidade das operações, a preservação da cultura organizacional e a obtenção das sinergias previstas.

7. Comunicação: gerenciar as comunicações interna e externa durante o processo, garantindo que colaboradores, clientes, fornecedores e outros *stakeholders* estejam informados e alinhados com a estratégia da transação.

8. Retenção de talentos: identificar e reter os talentos-chave das empresas envolvidas, evitando a perda de conhecimento e experiência essenciais para o sucesso do negócio.

9. Aspectos regulatórios e antitruste: avaliar e obter as aprovações regulatórias necessárias, garantindo que a transação esteja em conformidade com as leis e regulamentações aplicáveis.

10. Gestão de riscos e contingências: identificar e gerenciar os riscos e contingências associados à transação, desenvolvendo planos de ação e contingência adequados.

11. Monitoramento pós-fechamento: acompanhar o desempenho das empresas após a conclusão da transação, garantindo que as metas e sinergias sejam alcançadas e que os ajustes necessários sejam realizados.

Ao abordar essas importâncias e preocupações, as empresas envolvidas em um processo de fusão e aquisição estarão mais bem preparadas para enfrentar os desafios e maximizar o sucesso da transação.

MODELO DE CONTRATO DE M&A

CONTRATO DE M&A (FUSÃO E AQUISIÇÃO) ENTRE EMPRESAS

Pelo presente instrumento particular, de um lado:

a) EMPRESA XXX (Nome da "Empresa 1"), pessoa jurídica de direito privado, inscrita no CNPJ sob o n. XXX, com sede à XXX, neste ato representada por seu(s) representante(s) legal(is) XXX (identificar os representantes da "Empresa 1"), doravante denominada simplesmente "EMPRESA 1"; e, de outro lado:

b) EMPRESA XXX (Nome da "Empresa 2"), pessoa jurídica de direito privado, inscrita no CNPJ sob o n. XXX, com sede à XXX, neste ato representada por seu(s) representante(s) legal(is) XXX (identificar os representantes da "Empresa 2"), doravante denominada simplesmente "EMPRESA 2";

CONSIDERANDO QUE:

1. As partes desejam realizar uma operação de fusão e aquisição, mediante a qual a "EMPRESA 1" irá adquirir a totalidade do capital social da "EMPRESA 2", nos termos e condições aqui estabelecidos;

2. As partes desejam estabelecer os termos e condições da referida operação de fusão e aquisição e regular as obrigações e responsabilidades de cada uma das partes decorrentes da operação;

As partes têm entre si, justo e contratado, celebrar o presente **CONTRATO DE FUSÃO E AQUISIÇÃO ENTRE EMPRESAS** ("Contrato"), que se regerá pelas seguintes cláusulas e condições:

CLÁUSULA XXX – OBJETO

O presente Contrato tem por objeto a operação de fusão e aquisição mediante a qual a EMPRESA 1 adquirirá a totalidade do capital social da EMPRESA 2, nos termos e condições aqui estabelecidos.

CLÁUSULA XXX – PREÇO E FORMA DE PAGAMENTO

O preço total da operação de fusão e aquisição será de R$ XXX (XXX mil reais), que será pago pela EMPRESA 1 à EMPRESA 2 da seguinte forma:

a) R$ XXX (XXX mil reais), correspondente a XXX% (XXX por cento) do preço total, na data de assinatura deste Contrato, mediante depósito em conta-corrente bancária indicada pela EMPRESA 2;

b) R$ XXX (XXX mil reais), correspondente a XXX% (XXX por cento), em XXX (XXX) parcelas mensais e consecutivas, a partir do mês subsequente à assinatura deste Contrato, mediante depósito em conta-corrente bancária indicada pela EMPRESA 2.

PARÁGRAFO XXX – O atraso no pagamento de qualquer parcela acarretará a incidência de juros moratórios de XXX% (XXX por cento) ao mês, calculados *pro rata die*, e multa de XXX% (XXX por cento) sobre o valor da parcela em atraso, sem prejuízo da possibilidade de rescisão deste Contrato por inadimplemento, conforme Cláusula XXX.

CLÁUSULA XXX – CONDIÇÕES PRECEDENTES

A eficácia deste Contrato e a obrigação da EMPRESA 1 de adquirir e pagar pelo capital social da EMPRESA 2 estão condicionadas ao cumprimento das seguintes condições precedentes:

a) aprovação da operação de fusão e aquisição pelos órgãos reguladores competentes, conforme aplicável, incluindo, mas não se limitando a, o Conselho Administrativo de Defesa Econômica (CADE) e a Comissão de Valores Mobiliários (CVM);

b) aprovação da operação de fusão e aquisição pelos acionistas ou quotistas, conforme aplicável, de ambas as empresas, em assembleia geral ou reunião de sócios, conforme o caso;

c) obtenção de todas as autorizações, consentimentos e/ou aprovações contratuais necessárias para a efetivação da operação de fusão e aquisição, inclusive de credores, fornecedores e clientes, conforme aplicável;

d) conclusão satisfatória, a critério da EMPRESA 1, de *due diligence* financeira, legal, tributária, trabalhista e ambiental da EMPRESA 2;

e) (inserir outras condições precedentes específicas do negócio, se aplicável).

CLÁUSULA XXX – DECLARAÇÕES E GARANTIAS

A EMPRESA 1 e a EMPRESA 2, cada uma, declaram e garantem que:

a) são sociedades regularmente constituídas e válidas de acordo com as leis brasileiras, possuindo poderes e autorizações necessárias para celebrar este Contrato e dar cumprimento a todas as suas obrigações;

b) a celebração e execução deste Contrato não constituem violação a qualquer lei, regulamento, contrato ou compromisso aplicável às partes;

c) não estão sujeitas a nenhuma ação judicial, administrativa ou arbitral, nem têm conhecimento de quaisquer fatos ou circunstâncias que possam dar origem a tais ações, que possam afetar a validade, eficácia ou exigibilidade deste Contrato ou a operação de fusão e aquisição.

CLÁUSULA XXX – OBRIGAÇÕES E RESPONSABILIDADES DAS PARTES

As partes se comprometem a envidar seus melhores esforços para cumprir todas as obrigações e responsabilidades previstas neste Contrato e para obter as aprovações, autorizações e consentimentos necessários à efetivação da operação de fusão e aquisição.

PARÁGRAFO XXX – A partir da data de efetivação da operação de fusão e aquisição, a EMPRESA 1 será responsável por todas as obrigações, responsabilidades e passivos da EMPRESA 2, inclusive tributários, trabalhistas e previdenciários, salvo disposição em contrário expressamente prevista neste Contrato.

CLÁUSULA XXX – CONFIDENCIALIDADE

As partes se comprometem a manter sigilo e a não divulgar a terceiros, sem o prévio consentimento por escrito da outra parte, quaisquer informações relativas a este Contrato, à operação de fusão e aquisição ou ao negócio das empresas, salvo quando exigido por lei, regulamento ou ordem judicial.

CLÁUSULA XXX – EFEITOS DA OPERAÇÃO DE FUSÃO E AQUISIÇÃO

A partir da data de efetivação da operação de fusão e aquisição, a EMPRESA 2 será incorporada pela EMPRESA 1, cessando sua existência jurídica separada e transferindo a totalidade de seus ativos e passivos, direitos e obrigações para a EMPRESA 1, nos termos das leis aplicáveis.

PARÁGRAFO XXX – A EMPRESA 1 sucederá a EMPRESA 2 em todos os direitos e obrigações relacionados aos contratos, compromissos, licenças, autorizações, registros, patentes, marcas e demais bens intangíveis e direitos que estavam em nome da EMPRESA 2, nos termos das leis aplicáveis.

PARÁGRAFO XXX – Os funcionários da EMPRESA 2 passarão a ser funcionários da EMPRESA 1, com manutenção de seus direitos e condições de trabalho, nos termos das leis aplicáveis.

CLÁUSULA XXX – RESCISÃO

Este Contrato poderá ser rescindido por qualquer das partes, mediante notificação por escrito à outra parte, em caso de inadimplemento de qualquer obrigação prevista neste Contrato, desde que o inadimplemento não seja sanado no prazo de XXX (XXX) dias a contar da notificação.

PARÁGRAFO XXX – A rescisão deste Contrato por inadimplemento não prejudicará o direito da parte inocente de exigir o pagamento de indenização por perdas e danos decorrentes do inadimplemento da outra parte.

CLÁUSULA XXX – DISPOSIÇÕES FINAIS

Este Contrato obriga as partes e seus sucessores a qualquer título.

PARÁGRAFO XXX – A tolerância de uma parte em relação ao descumprimento de qualquer obrigação prevista neste Contrato não implicará renúncia ao direito de exigir o cumprimento da obrigação ou a aceitação de novas práticas contratuais.

PARÁGRAFO XXX – O presente Contrato não poderá ser modificado, exceto mediante instrumento escrito e assinado por ambas as partes.

PARÁGRAFO XXX – A invalidade, ilegalidade ou inexequibilidade de qualquer cláusula deste Contrato não afetará a validade, legalidade e exigibilidade das demais cláusulas.

CLÁUSULA XXX – As partes elegem o foro da Comarca de XXX, para dirimir quaisquer questões oriundas deste Contrato, com renúncia expressa a qualquer outro, por mais privilegiado que seja ou venha a ser.

E, por estarem justas e contratadas, as partes assinam o presente Contrato em XXX vias de igual teor e forma, na presença das testemunhas abaixo.

Local, Data

Representante da Empresa 1

EMPRESA 1

Representante da Empresa 2

EMPRESA 2

Testemunha 1

Testemunha 2

8. CLÁUSULAS E CONTRATOS ESPECIAIS SOCIETÁRIOS

8.1. ACORDO DE ACIONISTAS E CONTRATOS ENTRE SÓCIOS

Primeiramente, iniciando o estudo das cláusulas e contratos especiais em sociedades empresárias, analisaremos o chamado acordo de acionistas, acordo entre sócios ou contratos entre sócios.

Esse instrumento tem como intuito principal regulamentar os direitos, deveres e as responsabilidades entre os sócios de uma mesma sociedade empresária. Referido acordo pode ser realizado pela totalidade dos sócios ou apenas por uma determinada parcela deles (como somente os com poderes de administração ou de direção, por exemplo), sempre de acordo com as necessidades específicas de cada empresa.

Tem previsão no **art. 118 da Lei n. 6.404/76** (Lei das Sociedades por Ações), estabelecendo que "os acordos de acionistas, sobre a compra e venda de suas ações, preferência para adquiri-las, exercício do direito a voto, ou do poder de controle deverão ser observados pela companhia quando arquivados na sua sede".

Assim, é certo que não existe um único modelo ou padrão para acordo entre sócios, podendo ser um instrumento contratual a parte, ou uma cláusula específica e um contrato, no entanto, pode-se identificar a **natureza específica do acordo**:

- **Acordo de comando:** possibilidade de definir quem controlará a organização. Pode-se, por exemplo, definir formas de alterações no estatuto, aumento do capital social, forma de compra e venda de ações, dentre outras, como, ainda, delimitar a composição da diretoria de comando (arts. 116 e 117 da Lei da S.A.).

- **Acordo de defesa:** pode-se definir a forma de proteção dos acionistas minoritários, evitando eventuais abusos dos controladores da empresa.

- **Acordo de entendimento:** procura equilibrar o interesse dos acionistas controladores e dos acionistas minoritários.

- **Acordo de voto:** é a possibilidade de determinar como o direito de voto será exercido pelos acionistas (art. 110 e seguintes da Lei da S.A.).

- **Acordo de bloqueio:** possibilita bloquear a venda de ações, procurando evitar mudanças na composição societária da organização.

- **Acordo múltiplo:** contempla diversas outras questões de interesse da empresa e dos próprios sócios e/ou acionistas.

Outrossim, há outras possibilidades de **disposições ou de cláusulas** que também poderão ser inseridas no acordo, tais como:

a) A forma de convocação das reuniões de conselhos e de assembleias;

b) As regras para a tomada de decisões;

c) As regras para vendas e transferências de ações;

d) Os critérios para distribuição de lucros e prejuízos;

e) As regras especiais para aumentar a participação de quem já é acionista;

f) As regras para diluir a participação de quem já é acionista;

g) As medidas de governança corporativa;

h) As formas de resolução de impasse entre os acionistas.

Ademais, para que tenha validade, após a elaboração e a devida aprovação entre os acionistas, as obrigações ou ônus decorrentes desses acordos somente serão oponíveis a terceiros, depois de **averbados nos livros de registro e nos certificados das ações, se emitidos**.

Por fim, importante verificar que o descumprimento das condições previstas no acordo legitimará os acionistas a promoverem a **execução específica das obrigações assumidas**.

MODELO DE ACORDO DE SÓCIOS

ACORDO DE SÓCIOS

Este **ACORDO DE SÓCIOS** (o "Acordo") é celebrado nesta data XXX de XXX de XXXX (Data), entre as Partes abaixo qualificadas (coletivamente, denominados de "Sócios" e, individualmente, cada um, denominado de "Sócio"):

a) XXX (Nome completo do Sócio 1), (Qualificação completa), inscrito(a) no CPF/MF sob o n. XXXX, residente e domiciliado(a) na XXXX (Endereço completo), doravante denominado "SÓCIO 1";

b) XXX (Nome completo do Sócio 1), (Qualificação completa), inscrito(a) no CPF/MF sob o n. XXXX, residente e domiciliado(a) na XXXX (Endereço completo), doravante denominado "SÓCIO 2".

(Colocar o número e a quantidade de sócios da Sociedade Empresária.)

CONSIDERANDO QUE:

1. Os Sócios são titulares das quotas representativas do capital social da EMPRESA XXX (Nome da empresa), sociedade limitada registrada sob o CNPJ n. XXX, com sede à XXX (Endereço completo da empresa), doravante denominada de "Empresa";

2. Os Sócios desejam estabelecer os termos e condições pelos quais regularão sua relação societária, visando à boa administração e ao desenvolvimento da Empresa;

RESOLVEM, de comum acordo, celebrar este ACORDO DE SÓCIOS, que se regerá pelas seguintes cláusulas e condições:

CLÁUSULA XXX – OBJETO

Este Acordo tem por objeto regular a relação entre os Sócios, estabelecendo direitos e obrigações, bem como as condições para a administração e o funcionamento da Empresa, visando a proteger os interesses dos Sócios e garantir o desenvolvimento e a continuidade do negócio.

CLÁUSULA XXX – PARTICIPAÇÃO SOCIETÁRIA E CAPITAL SOCIAL

O capital social da Empresa é de R$ XXX (XXX mil reais), dividido em XXX (XXX) quotas de R$ XXX (XXX mil reais) cada uma, distribuídas entre os Sócios da seguinte forma:

a) SÓCIO 1: XXX (XXX) quotas, totalizando R$ XXX (XXX) (valor total das quotas do "Sócio 1"), correspondente a XXX% (XXX por cento) do capital social;

b) SÓCIO 2: XXX (XXX) quotas, totalizando R$ XXX (XXX) (valor total das quotas do "Sócio 2"], correspondente a XXX% (XXX por cento) do capital social.

(Colocar o número e a quantidade de sócios da Sociedade Empresária.)

CLÁUSULA XXX – ADMINISTRAÇÃO DA EMPRESA

A administração da Empresa será exercida pelos Sócios, que poderão nomear um ou mais administradores, com poderes e atribuições definidos em Ata de Reunião dos Sócios, observado o disposto no Contrato Social da Empresa.

CLÁUSULA XXX – DECISÕES SOCIETÁRIAS

As decisões societárias que envolvam alteração do Contrato Social, aumento ou redução de capital social, fusão, incorporação, cisão ou dissolução da Empresa, bem como a aprovação de orçamentos, planos de investimento e contratação de financiamentos de valor significativo, deverão ser tomadas em Reunião dos Sócios, com a presença de todos os Sócios e aprovação por maioria qualificada de, no mínimo, XXX% (XXX por cento) das quotas do capital social, salvo disposição em contrário no Contrato Social da Empresa.

CLÁUSULA XXX – DISTRIBUIÇÃO DE LUCROS

Os lucros líquidos apurados pela Empresa em cada exercício social serão distribuídos entre os Sócios proporcionalmente à sua participação no capital social, salvo disposição em contrário no Contrato Social da Empresa.

PARÁGRAFO XXX – Os Sócios poderão, mediante acordo mútuo, decidir pela reinvestimento total ou parcial dos lucros na Empresa, visando ao seu crescimento e desenvolvimento.

CLÁUSULA XXX – TRANSFERÊNCIA DE QUOTAS

A transferência de quotas entre os Sócios ou a terceiros dependerá da prévia aprovação dos demais Sócios, que terão preferência na aquisição das quotas, em igualdade de condições com o terceiro interessado, no prazo máximo de XXX (XXX) dias a contar da comunicação da intenção de transferência.

CLÁUSULA XXX – RESOLUÇÃO DE CONFLITOS

Os Sócios se comprometem a envidar seus melhores esforços para solucionar amigavelmente quaisquer divergências ou conflitos que possam surgir em relação à interpretação, execução ou cumprimento deste Acordo, por meio de negociação direta.

PARÁGRAFO XXX – Caso não seja possível solucionar amigavelmente a divergência ou conflito, os Sócios poderão submetê-lo à mediação ou arbitragem, conforme acordo mútuo, ou, na ausência de acordo, recorrer ao Poder Judiciário.

CLÁUSULA XXX – VIGÊNCIA E RESCISÃO

Este Acordo terá vigência por prazo indeterminado, a partir da data de sua assinatura pelos Sócios.

PARÁGRAFO XXX – O presente Acordo poderá ser rescindido de comum acordo entre os Sócios, mediante instrumento escrito e assinado por todos os Sócios, ou por decisão judicial transitada em julgado que determine a sua rescisão.

CLÁUSULA XXX – DISPOSIÇÕES FINAIS

Este Acordo é vinculante e obriga os Sócios e seus sucessores a qualquer título.

PARÁGRAFO XXX – O presente Acordo não poderá ser modificado, exceto mediante instrumento escrito e assinado por todos os Sócios.

PARÁGRAFO XXX – A tolerância de uma Parte em relação ao descumprimento de qualquer obrigação prevista neste Acordo não implicará renúncia ao direito de exigir o cumprimento da obrigação ou a aceitação de novas práticas contratuais.

PARÁGRAFO XXX – Este Acordo é regido pelas leis da República Federativa do Brasil.

E, por estarem justos e acordados, os Sócios assinam o presente Acordo em XXX (XXX) vias de igual teor e forma, na presença das testemunhas abaixo.

Local, Data.

SÓCIO 1

SÓCIO 2

Testemunhas

MODELO DE TERMO DE ACORDO DE QUOTAS E AÇÕES

TERMO DE ACORDO DE QUOTAS E AÇÕES

Este **TERMO DE ACORDO DE QUOTAS E AÇÕES** (doravante denominado "Acordo") é celebrado em XXX de XXX de XXXX, por e entre:

1) XXX (Nome da empresa), uma sociedade limitada, com sede à Rua/Avenida XXX (Endereço da empresa), inscrita no CNPJ sob o n. XXX, doravante denominada de "Empresa";

2) XXX (Nome do Acionista/Quotista 1), (Qualificação completa), portador do CPF n. XXX, RG n. XXX, residente e domiciliado à Rua/Avenida XXX (Endereço do Acionista/Quotista 1), doravante denominado "Acionista/Quotista 1";

3) XXX (Nome do Acionista/Quotista 2), (Qualificação completa), portador do CPF n. XXX, RG n. XXX, residente e domiciliado à Rua/Avenida XXX (Endereço do Acionista/Quotista 2), doravante denominado "Acionista/Quotista 2";

(e demais acionistas/quotistas, se houver).

As partes acima identificadas têm entre si justo e acordado o presente Acordo, mediante as cláusulas e condições a seguir expostas:

CLÁUSULA XXX – OBJETO

O presente Acordo tem por objeto estabelecer os termos e condições aplicáveis à emissão, subscrição, integralização e transferência de quotas/ações da Empresa, bem como os direitos e obrigações dos acionistas/quotistas.

CLÁUSULA XXX – EMISSÃO E SUBSCRIÇÃO DE QUOTAS/AÇÕES

A Empresa possui um capital social de R$ XXX (XXX mil reais) (Valor do capital social), dividido em XXX (Número de quotas/ações) quotas/ações, cada uma com valor nominal de R$ XXX (XXX reais) (Valor nominal da quota/ação).

PARÁGRAFO XXX – As quotas/ações da Empresa estão distribuídas entre os acionistas/quotistas conforme descrito abaixo:

a) Acionista/Quotista 1: XXX (Número de quotas/ações) quotas/ações, representando XXX% (XXX por cento) do capital social;

b) Acionista/Quotista 2: XXX (Número de quotas/ações) quotas/ações, representando XXX% (XXX por cento) do capital social;

c) Outros acionistas/quotistas, se houver.

CLÁUSULA XXX – DIREITOS E OBRIGAÇÕES DOS ACIONISTAS/QUOTISTAS

Os acionistas/quotistas têm direito a participar dos lucros e demais benefícios econômicos gerados pela Empresa, na proporção de suas quotas/ações.

PARÁGRAFO XXX – Os acionistas/quotistas têm direito a voto nas deliberações da Assembleia Geral/Reunião de Sócios, na proporção de suas quotas/ações.

PARÁGRAFO XXX – Os acionistas/quotistas têm a obrigação de realizar aportes de capital, conforme deliberado pela Assembleia Geral/Reunião de Sócios, na proporção de suas quotas/ações.

PARÁGRAFO XXX – Os acionistas/quotistas respondem subsidiária e limitadamente ao valor de suas quotas/ações pelas obrigações sociais da Empresa, conforme previsto na legislação aplicável.

CLÁUSULA XXX – TRANSFERÊNCIA DE QUOTAS/AÇÕES

A transferência de quotas/ações entre os acionistas/quotistas ou a terceiros dependerá da aprovação da maioria dos acionistas/quotistas, representando no mínimo XXX% (XXX por cento) do capital social.

PARÁGRAFO XXX – Em caso de intenção de venda de quotas/ações por qualquer acionista/quotista, os demais acionistas/quotistas terão direito de preferência na aquisição dessas quotas/ações, na proporção de suas participações no capital social da Empresa.

PARÁGRAFO XXX – O acionista/quotista que pretender vender suas quotas/ações deverá notificar os demais acionistas/quotistas por escrito, informando a quantidade de quotas/ações a serem vendidas, o preço e as condições de pagamento. Os demais acionistas/quotistas terão o prazo de XXX (XXX) dias para exercerem o direito de preferência.

CLÁUSULA XXX – PREEMPTIVIDADE (OU DIREITO DE PREFERÊNCIA) NA EMISSÃO DE NOVAS QUOTAS/AÇÕES

Os acionistas/quotistas terão direito de preferência na subscrição de novas quotas/ações emitidas pela Empresa, na proporção de suas participações no capital social. A Empresa deverá informar aos acionistas/quotistas, por escrito, a quantidade de novas quotas/ações a serem emitidas, o valor e as condições de pagamento.

PARÁGRAFO XXX – Os acionistas/quotistas terão o prazo de XXX (XXX) dias, contados a partir do recebimento da comunicação, para manifestar interesse na subscrição das novas quotas/ações. Após esse prazo, as quotas/ações não subscritas poderão ser ofertadas a terceiros.

CLÁUSULA XXX – RESOLUÇÃO DE CONFLITOS

Quaisquer conflitos ou divergências entre os acionistas/quotistas relacionados a este Acordo serão resolvidos preferencialmente por negociação amigável entre as partes. Caso não seja possível alcançar um acordo, as partes poderão recorrer à mediação, à arbitragem ou ao Poder Judiciário, conforme previsto na legislação aplicável.

CLÁUSULA XXX – VIGÊNCIA E ALTERAÇÕES

Este Acordo entrará em vigor na data de sua assinatura e terá vigência por prazo indeterminado.

PARÁGRAFO XXX – Alterações neste Acordo deverão ser realizadas por escrito e assinadas por todos os acionistas/quotistas.

CLÁUSULA XXX – LEI APLICÁVEL

Este Acordo será regido e interpretado de acordo com as leis da República Federativa do Brasil.

E, por estarem assim justos e acordados, os acionistas/quotistas assinam o presente Acordo em XXX (XXX) vias de igual teor e forma, na presença de duas testemunhas.

Local, Data.

NOME DO ACIONISTA/QUOTISTA 1

NOME DO ACIONISTA/QUOTISTA 2

(Outros cotistas/acionistas)

Testemunha 1

Testemunha 2

8.2. MEMORANDO DE ENTENDIMENTO (MOU) E CARTA DE INTENÇÕES (LOI)

Como visto acima, o **MOU (***Memorandum of Understanding***), ou Memorando de Entendimentos e a LOI (***Letter of Intent***), ou Carta de Intenções**, são documentos utilizados nas relações societárias, especialmente de **M&A (fusões e aquisições de empresas)**, mas não só nesses casos, possibilitando a formalização daquilo que ficou combinado previamente entre as sociedades empresárias e seus representantes legais.

Dessa forma, conforme anteriormente definido, podemos conceituar a **Carta de Intenção (LOI ou *Letter of Intent*)** como sendo o documento pelo qual as partes interessadas descrevem, de forma detalhada, clara e precisa, a **intenção ou o interesse em realizar a transação futura**.

Por seu turno, o **MOU (***Memorandum of Understanding***)** representa um efetivo contrato preliminar, elaborado antes do início efetivo da operação entre as empresas, para alinhar contratualmente pontos, cláusulas e outras necessidades daquilo o que precisa ser estabelecido entre as partes.

São contratos muito utilizados por empresas, seja **grandes companhias** ou, até mesmo, por *startups*, em contratos de financiamentos ou, até mesmo, antes da sua própria existência. Assim, antes mesmo da realização do contrato social, entre os sócios, pode ser que exista um memorando de entendimentos entre os pretensos sócios, a respeito da participação societária, dos investimentos iniciais, como serão divididos os trabalhos, dentre outros.

Dessa forma, tanto a **LOI** quanto o **MOU** não possuem previsão legal, sendo que o recomendado é sempre observar os requisitos legais dos negócios jurídicos e aqueles específicos relacionados aos contratos comuns, ou seja, que sejam celebrados entre partes capazes, que o objeto seja lícito, possível, determinado ou determinável, a forma escrita e a vontade manifestada livre de vícios. Ademais, em se tratando de investimentos, que constem os valores e os motivos sejam lícitos.

Quanto mais claras forem as informações e os requisitos, melhor será para a validade e os efeitos desses negócios jurídicos. O ponto central é a de que **o MOU ou a LOI** seja, de fato, um documento simples, não complexo, onde constem os pontos centrais e principais daquilo que considerem como inegociáveis entre as partes.

Listamos, abaixo, um resumo da LOI ou do MOU.

a) identificação e qualificação das partes;

b) descrição do objeto do memorando ou do acordo;

c) prazo de vigência do negócio;

d) obrigações e funções das partes;

e) benefícios pretendidos;

f) cláusula de exclusividade;

g) cláusula de sigilo e de confidencialidade;

h) cláusula de **não** concorrência;

i) eventual cláusula penal para o descumprimento das disposições;

j) formas de resolução de conflito – arbitragem, se o caso;

k) cláusula de eleição de foro;

l) local e data;

m) assinatura;

n) testemunhas.

Para finalizar, podemos afirmar que a **LOI é um acordo mais "leve"**, menos burocrático e reflete apenas as intenções das partes em iniciar uma negociação ou a pretensão de um contrato futuro; enquanto o **MOU é algo mais "sério"**, burocrático e formal, levando as partes, de fato, à realização de uma proposta de contrato, passando a um contrato preliminar, para enfim chegarem aos termos efetivos do contrato definitivo.

Sugestões de conteúdos da LOI

- identificação das partes;

- síntese do negócio e termos que se realizará;

- declaração do negócio a ser realizado, com sua descrição e delimitação;
- a forma pela qual a operação vai desenvolver;
- a finalidades da operação;
- detalhamento de questões financeiras, como orçamento e forma de pagamento;
- a existência de sinal ou outra garantia da compra;
- obrigações, direitos e deveres do comprador e do vendedor;
- obrigação ou não de celebrar o contrato futuro;
- obrigação ou não de exclusividade na compra;
- a forma de tomada das decisões;
- a forma de resolução de conflitos;
- consequências em caso de rescisão e arrependimento sem prejuízo para os envolvidos (caso haja essa possibilidade);
- penalidades pela não realização do negócio, como multa, perda da garantia em favor do vendedor (ou outras);
- eventuais condições, prazos e metas a serem atingidas;
- proteção à propriedade intelectual e às informações confidenciais.

Sugestões de conteúdo do MOU

- qualificação das partes;
- definição do projeto/objeto a ser realizado;
- obrigações, direitos e deveres, contribuições financeiras e participações de cada parte;
- obrigação ou não de celebrar o contrato futuro;
- forma de captação de investimentos;
- formatação de tomada das decisões;
- forma de resolução de conflitos;
- consequências em caso de rescisão, multa, perdas e danos, perda de garantia e arrependimento;
- condições, prazos e metas a serem atingidas;
- proteção à propriedade intelectual, às informações confidenciais e à concorrência.

MODELO DE MOU OU DE LOI

MEMORANDO DE ENTENDIMENTO OU CARTA DE INTENÇÃO

Este **MEMORANDO DE ENTENDIMENTOS**, doravante denominado de "Memorando" ou de "Contrato", é celebrado em XXX de XXX de XXXX ("Data Efetiva"), no qual contêm os principais termos e condições da operação de potencial investimento, por e entre, de um lado,

EMPRESA XXX, sociedade limitada, inscrita no CNPJ/MF sob o n. XXX, com sede no município de XXX, à Rua XXX, Bairro XXX, CEP XXX, neste ato representada na forma de seu Contrato Social por seu gestor e representante legal XXX, doravante denominada de "Interessada X", e de outro lado,

EMPRESA YYY (qualificação completa), doravante denominada "Interessada Y", neste ato, legalmente representada na forma Estatuto Social por ADMINISTRADOR (qualificação completa).

CLÁUSULA XXX – As PARTES se comprometem, por este instrumento, a disponibilizar toda a documentação necessária, para os fins negociais, registrando exclusivamente os seguintes detalhes para consumar a operação:

a) **Valor do investimento:** R$ XXX (XXX reais);

b) **Vencimento da operação:** XXX de XXX de XXXX.

CLÁUSULA XXX – O presente Memorando não constitui obrigações ou compromissos vinculativos, destinando-se, exclusivamente, como alinhamento para início das negociações, ressalvadas as Cláusulas de exclusividade e de confidencialidade que, por suas naturezas, vinculam e obrigam as Partes ao seu cumprimento, sob pena de violação às regras deste instrumento.

CLÁUSULA XXX – As Partes se comprometem a manter em absoluto sigilo e confidencialidade todas as informações, dados e documentos sobre sua estrutura societária e contábil (fiscal e tributária), e sobre a disposição de capital para investimento revelados pela Empresa XXX e/ou pela Empresa YYY.

CLÁUSULA XXX – Não estarão sob sigilo e confidencialidade aquelas informações que estejam ou se tornem disponíveis ao público em geral pelos cadastros públicos e privados, como os sistemas de órgãos públicos e de proteção ao crédito.

CLÁUSULA XXX – As Partes se comprometem, por si, suas afiliadas, representantes e sócios, prepostos e colaboradores, a não divulgar a terceiros que não participam do presente Contrato, quaisquer informações, dados e documentos revelados nas suas tratativas.

CLÁUSULA XXX – O descumprimento dos deveres de sigilo e confidencialidade, ou a revelação não autorizada de qualquer informação confidencial a terceiros, acarretará a aplicação da multa compensatória (ou não compensatória) arbitrada pelas Partes no valor de R$ XXX (XXX reais), ressalvado o direito de a Parte prejudicada pleitear indenização suplementar pelas perdas e danos e/ou lucros cessantes, nos termos do art. 416, parágrafo único, do Código Civil (caso a multa não seja compensatória).

CLÁUSULA XXX – As obrigações assumidas neste Contrato permanecerão em vigor enquanto as Partes estiverem nas tratativas e subsistirão pelo prazo de XXX (XXX) anos após o seu término.

CLÁUSULA XXX – As Partes declaram não haver nenhuma informação, dado ou documento infringente da legislação, se comprometendo a não aliciar funcionários, trabalhadores ou qualquer outro interessado que envolver a Operação.

CLÁUSULA XXX – As Partes declaram não haver nenhum interesse além da apresentação de uma proposta de contrato de prestação de serviços relacionados ao XXX (objeto da negociação), razão pela qual nenhuma informação, dado ou documento poderá ultrapassar os interesses particulares, patrimoniais e disponíveis de qualquer das Partes.

Modelo de Cláusula caso o MOU ou a LOI seja para constituição de Sociedade Empresária:

CLÁUSULA XXX – As Partes se comprometem à Constituição da Sociedade XXX (descrever a sociedade – se LTDA., se S/A., se SCP, dentre outras), integralizando o capital social de XXX (XXX reais/quotas/ações), distribuído da seguinte forma:

a) ao Fundador XXX, o correspondente a XXX% (XXX por cento) do capital social;

b) ao Fundador YYY, o correspondente a XXX% (XXX por cento) do capital socia.

CLÁUSULA XXX – As Partes concordam em reservar XXX% (XXX por cento) das quotas ou das ações da Sociedade para futuros colaboradores/investidores/funcionários que passem a contribuir para o desenvolvimento da Sociedade e/ou para o desenvolvimento de projetos de interesse da Empresa.

CLÁUSULA XXX – Por este Memorando, as Partes concordam que, se constituída a Sociedade Empresária XXX, a composição de sua Diretoria será a seguir:

a) o Fundador XXX, como Presidente do Conselho de Administração (ou Diretor Presidente, conforme o caso);

b) o Fundador YYY, como Vice-Presidente do Conselho de Administração (também conforme o caso);

c) o Fundador WWW, como Diretor do Conselho Fiscal (conforme o caso);

Assim sucessivamente, indicando cada cargo dos Diretores.

CLÁUSULA XXX – O descumprimento dos deveres acarretará a aplicação da multa compensatória (ou não compensatória) arbitrada pelas Partes no valor de R$ XXX (XXX reais), ressalvado o direito de a Parte prejudicada pleitear indenização suplementar pelas perdas e danos e/ou lucros cessantes, nos termos do art. 416, parágrafo único, do Código Civil (caso a multa não seja compensatória).

CLÁUSULA XXX – As Partes declaram e reconhecem expressamente que o presente Contrato gera apenas obrigação de sigilo e confidencialidade, e não cria nenhuma obrigação de celebrar qualquer negócio jurídico nem qualquer remuneração de parte a parte.

CLÁUSULA XXX – As Partes elegem o Foro Central Cível da Comarca XXX, como competente para solucionar qualquer disputa decorrente deste Contrato, com expressa renúncia a qualquer outro, por mais privilegiado ou especial que seja.

E, por estarem justas e contratadas, as Partes firmam o presente MEMORANDO DE ENTENDIMENTOS em 2 (duas) vias.

Local, Data.

Assinatura – EMPRESA XXX

Assinatura – EMPRESA YYY

Testemunha 1

Testemunha 2

8.3. CLÁUSULAS DE RESTRIÇÕES SOCIETÁRIAS: A "EXCLUSIVIDADE" E DE "NÃO COMPETITIVIDADE" (*NON-COMPETE CLAUSE*) OU "NÃO CONCORRÊNCIA"

Seguindo nessa lógica, nesse momento vamos verificar duas cláusulas de restrições imprescindíveis para a prática societária: as **cláusulas de exclusividade** e a de **não competitividade ou de não concorrência**.

A primeira cláusula, a de **exclusividade**, é aquela utilizada em vários tipos de contrato, seja de franquia, de representação comercial, ou ainda nos próprios contratos de fusão e de aquisição societária, pois estabelece uma restrição entre os integrantes da relação jurídica societária de não negociar com terceiros, enquanto estiverem vinculados ao contrato. É uma efetiva restrição à liberdade de iniciativa ou à livre iniciativa, imposta pelos agentes econômicos, para gerar segurança nas relações, como no caso das aquisições societárias.

A ideia é justamente a de possibilitar que as partes, durante as negociações, não iniciem tratativas com outras sociedades, até para garantir essa segurança contratual e para evitar uma "concorrência" ou, até mesmo, uma especulação ou "leilão" de valores para a aquisição da empresa e nos contratos de M&A.

Nos demais contratos, como franquia, distribuição ou a representação comercial, a cláusula de exclusividade permite que as partes vinculadas ao contrato negociem somente entre si, especialmente porque o fornecedor pretende proteger determinado mercado e, em contrapartida, o representante ou o distribuidor somente poderá negociar exclusivamente com aquele fornecedor no mercado em que atuem.

Por outro lado, ao contrário da exclusividade, a **cláusula de não concorrência ou de não competitividade (*non-compete clause*)** é a obrigação pela qual uma empresa ou um sócio que dela se retira, com a cessão das quotas sociais, e assume o dever de não praticar pessoalmente ou por meio de terceiros atos de concorrência empresarial para com a sociedade empresária, tal como ocorre, por exemplo, nos contratos de franquia.

Assim, por exemplo, caso um sócio se retire de uma sociedade, diante dessa cláusula, ele não poderá, imediatamente, abrir uma empresa concorrente, devendo se abster disso por um determinado tempo, sob pena de arcar com perdas e danos e concorrência desleal.

Geralmente, nesse tipo de contrato há a necessidade de salvaguardar os interesses e os propósitos societários, que justificam tal restrição, podendo ser, dentre tantos motivos, a proteção dos segredos dos negócios, a proteção de determinado produto patenteado ou de uma tecnologia inovadora e que tenha exclusividade de negociação, ou, até mesmo, a de evitar a confusão dos consumidores e proteger a integridade e o nome da empresa.

Modelo de cláusula de "exclusividade e "não competitividade" ou de "não concorrência"

CLÁUSULA XXX – É vedado à CONTRATADA realizar qualquer tipo de prestação de serviços, venda de informações e fornecimento de mão de obra por funcionários ou sócios ligados à CONTRATADA, diretamente aos clientes e fornecedores da CONTRATANTE, sem autorização prévia desta, devendo respeitar o período de 2 (dois) anos contados do término da contratação objeto do presente Contrato, sob pena de multa não compensatória de R$ XXX (XXX reais), sem prejuízo da apuração das perdas e danos.

CLÁUSULA XXX – É vedado às PARTES realizar qualquer tipo de serviço e/ou ofertar qualquer produto que vá de encontro àquele ofertado pela CONTRATANTE não podendo exercer qualquer categoria de atividade que seja do mesmo ramo ou esteja em desacordo com a divulgação e publicidade ofertada pela CONTRATANTE.

CLÁUSULA XXX – As PARTES se comprometem a:

i) não utilizar nenhuma das informações, conhecimentos, documentações ou técnicas que tiver acesso por conta da negociação com terceiros ou concorrentes, sob pena de responder no âmbito administrativo ou judicial, não compartilhar, propagar, copiar, publicar, transferir de nenhuma maneira quaisquer segredos industriais/comerciais a que tiver acesso da negociação sem autorização prévia e expressa da parte contratante;

ii) não se aplica o disposto anteriormente em situações em que as informações ou dados já sejam de domínio público;

iii) não realizar negócio com empresas concorrentes, seja na área geográfica ou em relação aos produtos ofertados na região disposta neste documento;

iv) utilizar as informações apenas enquanto as atividades contratadas forem desempenhadas e desenvolvidas;

v) não explorar de forma direta ou indireta nenhuma atividade relacionada, ou que decorra do ramo da atividade que tem disposto no objeto deste instrumento;

vi) não trabalhar com clientes envolvidos na transação.

8.4. CLÁUSULA MAC (*MATERIAL ADVERSE CHANGE*)

Com efeito, as cláusulas chamadas de *Material Adverse Change* ou cláusulas MAC são cláusulas de **distribuição dos riscos** nos contratos preliminares ou inseridos nos próprios MOU ou LOI, permitindo ao comprador, caso se verifique uma **alteração ou modificação da realidade por *evento material adverso*** (alterações que possam impactar o negócio), resolver o contrato ou lançar mão de qualquer outro remédio contratualmente acordado, tais como a readaptação do contrato, ou a redução do preço, ou, ainda, buscar uma indenização.

Dessa forma, é possível identificar três grandes espécies de riscos ou de alterações típicas contratuais, inerentes a uma operação de aquisição de empresas, cuja ocorrência pode ser distribuída entre as partes através de cláusulas MAC:

a) *Business MAC*: alterações materiais externas que interferem na atividade da empresa-alvo;

b) *Market MAC*: alterações materiais que ocorrem nos mercados onde atuam a empresa-alvo e a própria empresa adquirente;

c) *Financial MAC*: alterações materiais que impactam nas condições financeiras e/ou de financiamento necessárias para a prossecução da operação.

Na prática, essas cláusulas MAC surgem, nos contratos de M&A, como efetivas cláusulas de *closing conditions*, isto é, condições cuja verificação ou não, consoante a sua natureza positiva ou negativa, obstam a própria conclusão da operação de aquisição. No entanto, como dito, a cláusula pode ser utilizada como garantia.

Numa cláusula MAC específica, a previsão genérica é acompanhada por uma descrição ou enumeração de situações:

a) **que as partes acordam constituir uma alteração material adversa** (*inclusions*);

b) **que as partes acordam não constituir uma alteração material adversa (*carve-outs*).**

As *inclusions* são, de fato, as inserções mais importantes de uma cláusula MAC, pois têm como finalidade primordial a de **limitar o risco do comprador**, nos casos de alterações substanciais, ou seja, para o caso de não conseguir provar perante os tribunais a ocorrência da alteração e de evitar as incertezas quanto a uma futura interpretação por parte dos próprios tribunais.

Assim, a ausência da cláusula MAC, certamente, levaria à judicialização da disputa quase que obrigatoriamente, competindo à parte lesada a comprovação de todos os elementos previstos no **art. 478 do Código Civil**, segundo o qual "nos contratos de execução continuada ou diferida, se a prestação de uma das partes se tornar excessivamente onerosa, com extrema vantagem para a outra, em virtude de acontecimentos extraordinários e imprevisíveis, poderá o devedor pedir a resolução do contrato. Os efeitos da sentença que o decretar retroagirão à data da citação".

Modelo de cláusulas MAC

CLÁUSULA XXX – Os Vendedores obrigam-se, de forma solidária entre si, em caráter irrevogável e irretratável, a indenizar, reembolsar, defender e isentar a Compradora, qualquer uma de suas Afiliadas, ou qualquer um de seus sócios, administradores, representantes, sucessores ou cessionários, e a Sociedade, em relação à totalidade de qualquer "Perda", incorrida à Compradora, direta ou indiretamente, resulte ou seja relacionada a atos, fatos, eventos, ações ou omissões ocorridas até a data deste Contrato ou cujo fato gerador seja anterior a esta data, ainda que seus efeitos somente se materializem após esta data.

8.5. CLÁUSULAS *EARN OUT* E *BREAK-UP FEE*

Analisemos agora duas cláusulas utilizadas para estabelecer o preço de determinada sociedade empresária em contratos de fusão e aquisição ou de mitigar riscos em casos de desistência da negociação: as cláusulas *earn out* e *break-up fee*.

Dessa forma, a **cláusula *earn out*** consiste na disposição contratual pela qual as partes em um instrumento de cessão de cotas estabelecem que uma parte do preço será paga posteriormente, quando da ocorrência de **determinadas circunstâncias, fatos, ou situações futuras**, diretamente relacionadas ao resultado e crescimento da sociedade, podendo ser considerada como **pagamento futuro correlacionados a ganhos da sociedade**.

Assim, pode-se afirmar que a sua finalidade consiste em permitir o **ajustamento do preço** para as situações que, no momento da aquisição da empresa, não apresentam as partes todas as condições necessárias e previsíveis para determinar com exatidão o valor efetivo da compra, relegando, assim, ao futuro ou a condições futuras a precificação e o próprio pagamento.

Para as ***startups***, ou empresas que estejam começando sua atividade econômica e que não possuem, porém, uma perspectiva clara e segura de seus resultados, essa cláusula é essencial para a segurança de investidores ou para aqueles interessados na sua aquisição, até porque essa condição implica fatores de inseguranças para o comprador/investidor.

Dessa forma, por intermédio dessa cláusula, pode-se superar a incerteza que se estabelece, especialmente para o comprador, quanto ao valor da sociedade objeto de aquisição, e formula-se um regime jurídico especial para o valor de pagamento, podendo ser:

a) o pagamento de uma **importância inicial**, como **preço básico de investimento e/ou de aquisição**;

b) e a previsão contratual de uma **quantia ou percentual variável**, pago no futuro, no entanto condicionada a **metas, fatores ou condições** ajustadas pelas partes e/ou de patamares de **rendimentos futuros**.

As chamadas ***break-up fees*** são, de modo geral, cláusulas contratuais que possuem o objetivo de **diminuir os riscos e os danos causados** pelo eventual futuro insucesso de um negócio jurídico (por isso também é chamada de "taxa de insucesso"), quando for ocasionado pela desistência de uma das partes ou pela não finalização da aquisição societária por quaisquer outros motivos, tais como os regulamentadores.

Trata-se de previsão de verdadeira **"multa" pela desistência**, prevista para resguardar as partes, especialmente quando as operações envolvam considerável investimento em pessoas e recursos durante as negociações, bem como assegurar que os danos de uma das partes pela eventual desistência do acordo sejam, ao menos em parte, ressarcidos ou minorados.

8.6. CLÁUSULA DE CONFIDENCIALIDADE E SIGILO (*NON DISCLOSURE AGREEMENT* – NDA)

O chamado contrato, acordo ou cláusula de confidencialidade (ou ***non disclosure agreement* – NDA**) é um acordo utilizado entre empresas ou sociedades empresárias quando há informações confidenciais que as partes gostariam (e se comprometem) de manter e guardar sigilo.

É muito comum quando as relações envolvam determinado produto inédito, registrado ou patenteado no mercado, ou diante de uma transação com informações ou com documentos privilegiados e que necessitam do sigilo.

Assim, diante da celebração desse acordo de confidencialidade é possível evitar que todos aqueles que tenham acesso a esses dados ou informações (sejam terceiros, ou até mesmo uma das partes) os utilizem de maneira indevida ou abusiva, em proveito próprio.

Esse tipo de acordo é possível realizar de maneira **unilateral**, ou seja, que apenas uma das partes apresenta o documento, na intenção de resguardar informações privadas que serão compartilhadas com a parte contrária. Outrossim, pode ser que o NDA seja apresentado de maneira **bilateral**, ou seja, o compartilhamento de informações e dados será recíproco, necessitando a garantia de lealdade mútua entre os negociantes.

Por certo, como ocorre com os demais acordos ou cláusulas, não existe uma forma específica para a exteriorização do NDA, devendo sempre ocorrer de forma escrita, certamente, com alguns cuidados especiais, tais como verificar se há no acordo:

a) o dever de guardar o sigilo das informações e/ou dos documentos;

b) a restrição de acesso à informação recebida a determinadas pessoas ou área dentro da empresa;

c) a proibição de copiar, fazer cópias ou reproduzir as informações e/ou documentos recebidos;

d) o dever de destruição dos documentos, das informações, planilhas e dados recebidos ao final das negociações;

e) a previsão de indenização ou cláusula penal em caso de descumprimento de quaisquer das previsões contidas no acordo.

MODELO DE NDA – *NON DISCLOSURE AGREEMENT*

CONTRATO DE CONFIDENCIALIDADE
NON-DISCLOSURE AGREEMENT (NDA)

Este Contrato de Confidencialidade ("Contrato"),é celebrado em XXX ("Data Efetiva") por e entre, de um lado,

EMPRESA XXX, sociedade limitada, inscrita no CNPJ/MF sob o n. XXX, com sede no município de XXX, à Rua XXX, Bairro XXX, CEP XXX, neste ato representada na forma de seu Contrato Social por seu gestor e representante legal XXX, e de outro lado,

EMPRESA YYY, (QUALIFICAÇÃO COMPLETA), doravante denominada Empresa Cliente, neste ato, legalmente representada na forma Estatuto Social por ADMINISTRADOR (QUALIFICAÇÃO COMPLETA).

CONSIDERANDO QUE:

a) A Empresa Cliente tem interesse em receber uma proposta da XXX relacionada ao XXX (identificar o objeto da negociação);

b) A Empresa Cliente precisa revelar informações, dados e documentos sobre sua estrutura societária e contábil (fiscal e tributária), e sobre a disposição de capital para investimento;

c) A EMPRESA XXX precisa revelar informações, dados e documentos em busca de um planejamento específico para a Empresa Cliente;

d) As Partes e seus representantes legais, bem como os prepostos e colaboradores que intervirem no processo de formação da proposta e do contrato, têm interesse na total e absoluta confidencialidade de todas as informações, dados e documentos revelados em reuniões, por comunicação entre as Partes por telefone e por e-mail, tanto em meio físico quanto eletrônico.

e) As Partes desejam ter discussões relacionadas a transação de negócios relacionados à (identificar o objeto da negociação – "Propósito") durante as quais elas podem trocar informações de negócios confidenciais e proprietárias ou informações técnicas;

Resolvem celebrar o presente **CONTRATO DE CONFIDENCIALIDADE**, que se regerá pelas seguintes cláusulas e condições:

CLÁUSULA XXX – As PARTES se comprometem a manter em absoluto sigilo e confidencialidade todas as informações, dados e documentos sobre sua estrutura societária e contábil (fiscal e tributária), e sobre a disposição de capital para investimento revelados pela Empresa Cliente e/ou pela EMPRESA XXX.

CLÁUSULA XXX – Não estarão sob sigilo e confidencialidade aquelas informações que estejam ou se tornem disponíveis ao público em geral pelos cadastros públicos e privados, como os sistemas de órgãos públicos e de proteção ao crédito.

CLÁUSULA XXX – As Partes se comprometem, por si, suas afiliadas, representantes e sócios, prepostos e colaboradores, a não divulgar a terceiros que não participam do presente Contrato, quaisquer informações, dados e documentos revelados nas suas tratativas.

CLÁUSULA XXX – O descumprimento dos deveres de sigilo e confidencialidade, ou a revelação não autorizada de qualquer informação confidencial a terceiros, acarretará a aplicação de multa compensatória (ou não compensatória) arbitrada pelas Partes no valor de R$ XXX (XXX reais), ressalvado o direito de a Parte prejudicada pleitear indenização suplementar pelas perdas e danos e/ou lucros cessantes, nos termos do art. 416, parágrafo único, do Código Civil (caso a multa não seja compensatória).

CLÁUSULA XXX – Pelo presente instrumento a Empresa Cliente compromete-se, em caráter irrevogável e irretratável, pelo prazo de duração deste Acordo, a não exercer, individualmente ou em conjunto com terceiros, inclusive por meio de interposição de pessoas naturais ou jurídicas, empresas coligadas, controladas ou controladoras, quaisquer atividades que concorram, direta ou indiretamente, com o Propósito que está sendo desenvolvido pelas Partes.

CLÁUSULA XXX – Durante a vigência deste Contrato, a Empresa Cliente concorda em não prosseguir ou se envolver em qualquer transação envolvendo o Propósito, e/ou, direta ou indiretamente, negociar, transacionar, constituir sociedade ou consórcios, com qualquer pessoa apresentada pela outra Parte e relacionada ao Propósito, sem o expresso consentimento da EMPRESA XXX.

CLÁUSULA XXX – As obrigações assumidas neste Contrato permanecerão em vigor enquanto as Partes estiverem nas tratativas e subsistirão pelo prazo de XXX (XXX) anos após o seu término.

CLÁUSULA XXX – As Partes declaram não haver nenhuma informação, dado ou documento infringente da legislação.

CLÁUSULA XXX – As Partes declaram não haver nenhum interesse além da apresentação de uma proposta de contrato de prestação de serviços relacionados ao XXX (objeto da negociação), razão pela qual nenhuma informação, dado ou documento poderá ultrapassar os interesses particulares, patrimoniais e disponíveis de qualquer das Partes.

CLÁUSULA XXX – As Partes declaram e reconhecem expressamente que o presente Contrato gera apenas obrigação de sigilo e confidencialidade, e não cria nenhuma obrigação de celebrar qualquer negócio jurídico nem qualquer remuneração de parte a parte.

CLÁUSULA XXX – As Partes elegem o Foro Central Cível da Comarca XXX, como competente para solucionar qualquer disputa decorrente deste Contrato, com expressa renúncia a qualquer outro, por mais privilegiado ou especial que seja.

CLÁUSULA XXX – E, por estarem justas e contratadas, as Partes firmam o presente Contrato em 2 (duas) vias.

Local, Data.

Assinatura – EMPRESA

Assinatura – Empresa

Testemunha 1

Testemunha 2

8.7. CLÁUSULA DE SAÍDA OU CLÁUSULA *SHOTGUN* (*BUY OR SELL*)

De início, é certa a existência de conflitos societários, entre os sócios e integrantes das sociedades empresárias, especialmente daqueles que envolvam a forma de administração da empresa, de investimentos, de entrada ou saída de sócios, da morte ou incapacidade de sócio, dentre outras possibilidades.

Dessa forma, evitando o encerramento das atividades da empresa, o que seria comum caso exista conflito entre sócios e eventual retirada da empresa, a cláusula chamada de *shotgun,* comum no acordo de acionistas das sociedades anônimas, como acima explorado, tem seu fundamento como sendo um mecanismo de segurança nos contratos que regulam as relações entre sócios.

Isso porque essa cláusula, também conhecida como cláusula *"buy or sell"* (compra ou venda), estabelece a **compra e venda simultânea, forçada e obrigatória de quotas ou ações por um dos sócios da sociedade empresária**, como forma de solução de conflito.

Dessa forma, caso ocorra a situação conflituosa grave entre os sócios, um dos sócios pode notificar o outro, ativando a cláusula contratual e exigindo que o sócio notificado venda forçadamente as suas quotas sociais ao notificante ou que compre a totalidade das quotas do sócio que notificou, pelos valores sugeridos e nas mesmas condições ofertadas.

Importante ressaltar, a respeito dos valores, que para as partes exercer o direito de compra ou de venda das quotas sociais, o valor ofertado por um dos sócios para a adquirir a participação do outro será o mesmo valor que o outro sócio poderá comprá-las do sócio notificante, tudo isso para evitar propostas desproporcionais.

MODELO DE CLÁUSULA "*SHOTGUN*" (*BUY OR SELL*)

CLÁUSULA X – ALIENAÇÃO DE QUOTAS SOCIAIS ENTRE OS SÓCIOS "*SHOTGUN*". Caso o impasse entre os sócios não seja solucionado, os acordantes pactuam, na forma desta cláusula, o eventual desinteresse na manutenção da sociedade. Nesse caso, qualquer dos sócios poderá iniciar o procedimento previsto nesta Cláusula e notificar o outro sócio para que este adquira a totalidade da participação do Sócio Notificante.

Parágrafo XXX – A ativação desta cláusula só ocorrerá se a sociedade estiver no mínimo com XXX anos de constituição.

Parágrafo XXX – A Notificação deverá conter todos os termos e condições da alienação, incluindo o preço, a forma de pagamento, valor por quota e deverá ser enviada ao Sócio Ofertado e à Sociedade.

Parágrafo XXX – Recebida a Notificação, o Sócio Notificado terá o prazo de XXX dias para informar se adquirirá a participação do Sócio Notificante ou se alienará, nas mesmas condições e preço, a sua participação na Sociedade ao Sócio Ofertante, o que deverá ocorrer de forma escrita, mediante envio de comunicado ao Sócio remetente da Notificação.

Parágrafo XXX – Findo o prazo previsto no Parágrafo XXX acima, sem a devida manifestação do Sócio Notificado, fica consignado que prevalecerá a opção escolhida pelo Sócio Notificante.

8.8.   CLÁUSULAS *TAG ALONG* E *DRAG ALONG*

Com efeito, as cláusulas contratuais de *tag along* e de *drag along* são cláusulas geralmente inseridas em acordos de sócios, ou em MOUs (Memorandos de Entendimentos), visando à proteção dos sócios, respectivamente, sócios minoritários e sócios majoritários.

Por certo, a **cláusula *tag along***, conhecida também como **cláusula de direito de venda ou de saída conjunta**, é um instrumento contratual muito utilizado em contratos de ***startups***, primordialmente visando a proteção dos **sócios minoritários**, nos casos de alienação societária por parte dos sócios majoritários ou controladores.

Pode-se dizer que, na Lei das S.A. (Lei n. 6.404/76), há a previsão dessa cláusula no **art. 254-A**, estipulando que:

> A alienação, direta ou indireta, do controle de companhia aberta somente poderá ser contratada sob a condição, suspensiva ou resolutiva, de que o **adquirente se obrigue** a fazer oferta pública de aquisição das ações com direito a voto de propriedade dos demais acionistas da companhia,

de modo a lhes **assegurar o preço no mínimo igual a 80% (oitenta por cento) do valor pago por ação com direito a voto**, integrante do **bloco de controle**. (grifos nossos)

Essa cláusula, na verdade, assegura ao sócio minoritário o **direito de alienar a sua participação societária** ao mesmo **comprador** da participação do sócio majoritário, e nas mesmas condições que, obrigatoriamente, terá que adquirir **ambas as participações**. Isso garante aos sócios minoritários uma proteção às eventuais trocas de controle das empresas e às mudanças de rumos da sociedade empresária, seguindo, pois, os mesmos caminhos adotados pelos sócios majoritários.

Por seu turno, a **cláusula *drag along***, chamada de **cláusula de direito a venda forçada**, é também importante cláusula a ser inserida em contratos de *startups*, garantindo aos sócios majoritários o **direito de exigir dos sócios minoritários que vendam as suas participações societárias** a um terceiro, nas condições e preço.

Essa cláusula, portanto, obriga o sócio minoritário a alienar as suas quotas ou ações, nos casos de decisão de venda por parte dos sócios majoritários. Essa decisão evita, possivelmente, um travamento do processo de venda da empresa, quando houver condições favoráveis para alguns sócios majoritários.

---

a) *Tag along* – direito de venda conjunta/proteção sócios minoritários.

b) *Drag along* – obrigação de venda conjunta/proteção aos sócios majoritários.

Modelo de Cláusulas *tag along* e *drag along*
CONTRATO OU ACORDO ENTRE SÓCIOS/ACIONISTAS

(...)

CLÁUSULA. COMPRA E VENDA DE QUOTAS/PARTICIPAÇÃO/AÇÕES

CLÁUSULA "TAG ALONG" – Na hipótese dos sócios majoritários receberem e desejarem aceitar determinada oferta para alienação, direta ou indireta, do total ou de parte de suas quotas/ações/participações societárias, seja em uma única operação ou em uma série de transações relacionadas, poderá então os sócios minoritários exigirem que suas quotas/ações/participações societárias sejam incluídas, em conjunto com aquelas ofertadas, na referida operação, na mesma proporção das quotas/ações/participações societárias vendidas pelos demais sócios.

CLÁUSULA "DRAG ALONG" – Na hipótese de os sócios majoritários receberem e aceitarem uma oferta de compra de suas quotas/ações/participações na Sociedade, todos os demais sócios, inclusive os minoritários, deverão vender suas quotas/ações/participações societárias e tomar as demais medidas necessárias para efetuar tal venda, assegurado, neste caso, a perfeita igualdade de condições e preço.

8.9. CLÁUSULAS DE *LOCK-UP PERIOD* E *STANDSTILL PERIOD*

Também conhecida como **cláusula de vedação ou de bloqueio** a negociações, as cláusulas de *lock-up period* e *standstill period*, são instrumentos a serem colocados nos contratos como forma de **proteção e segurança (e diluição de riscos) a investidores**, que, de alguma forma, acreditaram no potencial da empresa, investiram seus ativos e querem a manutenção daqueles sócios que possuem reconhecida capacidade técnica.

E é justamente nesse contexto que são inseridas as cláusulas de *lock-up period* e *standstill period*.

A primeira cláusula, de *lock-up period*, é utilizada **para impedir ou obstar que os sócios majoritários (ou fundadores)** alienem as suas ações/quotas/participações societárias que possuem na sociedade, durante determinado período ou até que certo "gatilho" seja atingido (por exemplo, quando alcançar o faturamento de XXX).

Já a segunda cláusula, de *standstill period*, por sua vez, é aquela utilizada para impedir que os sócios majoritários (ou fundadores) da empresa possam **reduzir a sua participação societária** até determinado limite, evitando assim uma eventual troca de controle da sociedade, que poderia ocasionar alterações estruturais na empresa, violando a "confiança" construída e estabelecida quando da relação de investimento.

Importante verificar que tais cláusulas, para serem dotadas de **plena validade**, necessitam ser **delimitadas por determinado período**, no qual essa vedação estará vigente.

Modelo de *lock-up period* e *standstill period*

CLÁUSULA XXX – Os sócios ("fundadores" e "investidores") se obrigam, mutuamente, a não vender, alienar, ceder, onerar, transferir capital/quota/participação/ações desta sociedade ao capital de outra sociedade, bem como de não caucionar, ou, de qualquer outra forma, gravar, dar em usufruto, em pagamento ou dispor de quaisquer quotas/ações/participação ou os direitos decorrentes de tais quotas/ações/participação, durante XXX ("período de tempo") ou até que se atinjam XXX de faturamento ("faturamento"), sem a devida observância do disposto no acordo entre sócios.

8.10. CLÁUSULAS DE "DECLARAÇÕES E GARANTIAS" EM ALIENAÇÃO DE PARTICIPAÇÃO SOCIETÁRIA

Ainda, nos contratos de participação societária ou de M&A podemos identificar outra cláusula importante para tais relações, qual seja, a de declarações e garantias, assim entendida como um efetivo instrumento de **alocação de riscos e de precisão ou veracidade das informações inerente a tais operações**.

Na verdade, por essas cláusulas, uma das partes, geralmente a parte vendedora, emite uma declaração de fato à outra parte, nesse caso a compradora, a respeito de determinada informação ou de nível de risco sobre o negócio, garantindo que aquela informação prestada é, de fato, verdadeira.

Se a declaração se provar posteriormente **falsa ou inverídica, incompleta ou imprecisa**, a parte que a prestou fica contratualmente obrigada a reparar o prejuízo eventualmente causado.

Muito embora possam ser tratadas, por muitos, como cláusulas correlatas, na verdade, podem-se identificar alguns diferenciais entre uma **cláusula de declarações e garantias e da cláusula MAC (*Material Adverse Change*)**, tal como a principal ideia dessa última cláusula, de **distribuição dos riscos** nos contratos, permitindo ao comprador, caso se verifique uma **alteração ou modificação da realidade por *evento material adverso*** (alterações que possam impactar o negócio), **limitar seus riscos** em casos de modificações substanciais externas à relação contratual.

No entanto, a cláusula de declarações e garantias funciona como um reforço jurídico à relação societária, ou como um efetivo **asseguramento a respeito das informações internas prestadas pelo vendedor**, no intuito efetivo de evitar dados inverídicos, falsos, bem como coibir especulações, ou informações distorcidas que visam justificar a manipulação dos valores para a aquisição da empresa, dentre outras possibilidades escusas.

No caso de descumprimento da cláusula de declarações e garantias, existem determinadas consequências jurídicas a serem consideradas, dependendo da função exercida pela cláusula, do conteúdo das informações prestadas e da violação da confiança e lealdade contratual. Por esse motivo, pode-se afirmar que, entre as consequências do descumprimento dessas informações e da cláusula contratual, estão:

a) a possibilidade de **resolução do contrato** e **indenização por perdas e danos**;

b) a **revisão das cláusulas contratuais** para reequilibrar o contrato; e

c) a **anulabilidade do contrato**, por eventual reconhecimento de erro ou dolo.

Modelo de cláusula declarações e garantias

CLÁUSULA XXX – OBRIGAÇÃO DE INDENIZAR DOS VENDEDORES. Os Vendedores obrigam-se, de forma solidária entre si, em caráter irrevogável e irretratável, a indenizar, reembolsar, defender e isentar a Compradora, qualquer uma de suas Afiliadas, ou qualquer um de seus sócios, administradores, representantes, sucessores ou cessionários, e a Sociedade, em relação à totalidade de qualquer "Perda", incorrida à Compradora, direta ou indiretamente, resulte ou seja relacionada a(o):

a) falsidade ou inexatidão de qualquer declaração prestada pelo Vendedor neste Contrato;

b) não cumprimento, parcial ou total, de qualquer avença ou obrigação das do Vendedor e/ou da Sociedade contida neste Contrato;

c) atos, fatos, eventos, ações ou omissões ocorridas até a data deste Contrato ou cujo fato gerador seja anterior a esta data, ainda que seus efeitos somente se materializem após esta data, tenham ou não sido revelados à Compradora neste Contrato ou nos demais Documentos da Operação, ainda que constem das Demonstrações Financeiras.

CLÁUSULA XXX – CLÁUSULA DEFINIDORA DE "PERDA". "Perda" significa toda e qualquer obrigação, responsabilidade, encargo, despesa, desembolso, incluindo depósitos necessários à defesa de processos administrativos, judiciais (inclusive de sucumbência relacionada a processos ajuizados pela Sociedade) ou arbitrais, cauções, garantias, custas judiciais, honorários advocatícios e despesas correlatas, bem como perdas, custos, danos (incluindo dano moral, materiais, lucros cessantes e danos emergentes), passivo, multa, penalidade ou prejuízo ou valor devido em decorrência de decisão ou acordo, decorrente de qualquer tipo de responsabilidade ou obrigação, bem como a superveniência passiva, a insuficiência ativa ou a inexistência de qualquer ativo (incluindo direitos de propriedade industrial e créditos tributários).

EXCLUSÃO DE ESPÉCIES DE DANOS

CLÁUSULA XXX (OU PARÁGRAFO XXX) – Nenhuma das Partes será responsável por indenizar a outra Parte por quaisquer lucros cessantes (ou danos emergentes, ou danos materiais), bem como prejuízos e/ou danos indiretos, incidentais ou correlatos incorridos pela Parte Compradora (ou a Vendedora, dependendo de quem tenha sofrido a Perda).

CLÁUSULA XXX (OU PARÁGRAFO XXX) – "Perda" significa toda e qualquer perda, penalidade, multa ou prejuízo de qualquer natureza efetivamente sofrido ou incorrido, incluindo, sem limitação, de natureza comercial, contratual, societária, trabalhista, fiscal, ambiental, imobiliária, previdenciária, regulatória, administrativa, cambial, concorrencial, criminal, cível ou relativa a Propriedade Intelectual. Para fins do presente Contrato, não serão consideradas "Perdas" os lucros cessantes, prejuízos e/ou danos indiretos, consequentes (*consequential damages*), incidentais ou correlatos incorridos pela Parte que tenha sofrido uma Perda.

CLÁUSULA XXX (OU PARÁGRAFO XXX) – "Perda" significa toda e qualquer perda, dano, gasto, desembolso, encargos, multas, pagamento, passivo ou outros custos e despesas de qualquer natureza (inclusive, sem limitação, honorário advocatícios razoáveis, custas judiciais e correção monetária), que qualquer uma das Partes e das Sociedades Adquiridas ou, ainda, quaisquer de suas Afiliadas e/ou qualquer um de seus sucessores e cessionários tenham sofrido ou nas quais tenham incorrido e efetivamente pago.

CLÁUSULA XXX (OU PARÁGRAFO XXX) – Para fins deste Contrato,

a) não serão consideradas "Perdas" os danos indiretos e danos morais, exceto quanto aos danos indiretos e morais reclamados por terceiros; e

b) serão considerados como "Perdas" exclusivamente os lucros cessantes decorrentes de atos, fatos, eventos ou omissões relacionadas aos contratos celebrados entre as Sociedades Adquiridas e seus clientes, ou questões relativas aos Direitos de Propriedade Intelectual das Sociedades Adquiridas e aos Direitos de Propriedade Intelectual de Terceiros.

CLÁUSULA XXX (OU PARÁGRAFO XXX) – Não será considerada "Perda":

a) a rescisão de contratos de clientes no curso normal dos negócios das Sociedades Adquiridas; e

b) a rescisão de Contratos Relevantes listados no Anexo XXX, caso, após o envio pelas Sociedades Adquiridas para os Terceiros da carta solicitando referidas Anuências de Terceiros prevista na Cláusula XXX, referidos Terceiros não derem referidas Anuências de Terceiros.

8.11. CLÁUSULA *DEADLOCK PROVISION* OU CLÁUSULA DE IMPASSE

A **cláusula *deadlock provision*** (ou **cláusula de impasse**) é um mecanismo contratual frequentemente encontrado em acordos de sociedade ou *joint ventures*, especialmente quando os parceiros de negócios têm participações iguais ou poderes de decisão semelhantes.

O propósito dessa cláusula é fornecer um **procedimento claro e previamente acordado** para resolver situações em que os sócios ou acionistas estão em desacordo irreconciliável, de tal forma que impede a gestão ou a operação normal da empresa.

Um impasse (ou *deadlock*) geralmente ocorre quando há uma votação empatada na diretoria ou entre os sócios e nenhuma decisão pode ser tomada, levando a um estado de paralisia operacional ou estratégica. Isso pode ser particularmente problemático em empresas em que não há um acionista majoritário ou uma parte claramente dominante que possa tomar a decisão final.

A cláusula de *deadlock* pode incluir vários mecanismos para resolver o impasse, tais como:

1. Mediação e arbitragem: encaminhamento da disputa para um terceiro neutro, como um mediador ou árbitro, que pode ajudar a encontrar uma solução ou tomar uma decisão vinculativa.

2. *Buy-Sell Agreement*: acordo em que uma das partes oferece comprar a participação da outra pelo mesmo preço que está disposta a vender a sua. Isso obriga as partes a considerarem o valor real de suas participações e pode desencorajar ofertas injustas.

3. Voto de minerva ou voto decisivo: em alguns casos, um terceiro independente ou um dos sócios pode ser designado para ter um voto decisivo em caso de impasse.

4. Rotatividade na tomada de decisões: alternância no poder de decisão entre os sócios em períodos específicos.

5. Dissolução da empresa: em casos extremos, a cláusula pode prever a dissolução da empresa se não houver outra maneira de resolver o impasse.

Essas disposições são essenciais para garantir que a empresa possa continuar operando eficientemente e tomar decisões importantes, mesmo quando os sócios não conseguem chegar a um consenso.

A inclusão de uma cláusula de *deadlock* em um acordo de acionistas ou sociedade é uma prática de governança corporativa prudente e pode prevenir litígios dispendiosos e atrasos operacionais.

Contudo, é fundamental que as cláusulas de deadlock sejam cuidadosamente redigidas para garantir que sejam justas, claras e aplicáveis, de acordo com as leis e regulamentos aplicáveis.

MODELO DE CLÁUSULA *DEADLOCK PROVISION* OU CLÁUSULA DE IMPASSE

CLÁUSULA XXX – Cláusula de Impasse (*Deadlock Provision*)

XXX. Definição de Impasse: Para os propósitos desta cláusula, um "Impasse" é uma situação em que os sócios, acionistas ou membros do conselho, conforme aplicável, não conseguem chegar a um acordo sobre uma decisão fundamental para a operação ou gestão da Empresa, após devidas tentativas de negociação e deliberação.

XXX. Procedimentos de Resolução de Impasse:

XXX.1. Notificação de Impasse: Qualquer sócio que reconheça a existência de um Impasse deverá notificar imediatamente os outros sócios por escrito, descrevendo a natureza do Impasse.

XXX.2. Período de Negociação: Após a notificação, haverá um período de [XXX] dias durante o qual os sócios deverão se esforçar de boa-fé para resolver o Impasse através de negociações.

XXX.3. Mediação: Se o Impasse persistir após o período de negociação, os sócios concordam em submeter a questão à mediação por um mediador neutro, escolhido de comum acordo.

XXX. Mecanismos de Resolução Final de Impasse:

XXX.1. *Buy-Sell Agreement*: Se o Impasse não for resolvido pela mediação dentro de [XXX] dias, qualquer sócio poderá acionar um acordo de compra e venda (*Buy-Sell Agreement*), conforme descrito no Anexo [X].

XXX.2. Dissolução: Caso o acordo de compra e venda não resolva o Impasse, os sócios poderão optar pela dissolução da Empresa, conforme os termos estabelecidos no Anexo [Y].

XXX. Continuidade das Operações: Durante o período de resolução do Impasse, a Empresa continuará suas operações normais na medida do possível e em conformidade com as decisões tomadas anteriormente e os procedimentos padrão de gestão.

XXX. Aplicabilidade: Esta cláusula será aplicável a todos os sócios e é vinculativa para os sucessores e cessionários autorizados.

8.12. CLÁUSULA *TAIL PROVISION* OU DE PROVISÃO

A cláusula *tail*, também conhecida como *tail provision*, é um termo frequentemente encontrado em contratos de serviços profissionais, como os acordos entre empresas e consultores financeiros ou bancos de investimento.

Essa cláusula é particularmente comum em acordos relacionados a fusões e aquisições, financiamento de empresas e outros tipos de transações financeiras importantes.

O propósito principal da cláusula *tail* é garantir que o consultor financeiro, banco de investimento ou outro prestador de serviços profissionais **receba sua comissão ou taxa**, mesmo se a transação for concluída após o término do contrato de serviço, desde que a transação seja com uma parte que foi inicialmente introduzida ou identificada pelo consultor durante o período do contrato.

Aqui estão os elementos chave da cláusula *tail*:

1. Período da cláusula *tail*: define o período após a terminação do contrato durante o qual a cláusula *tail* é aplicável. Esse período varia, mas normalmente é de alguns meses a um ano.

2. Transações qualificadas: especifica os tipos de transações que, se concluídas durante o período da cláusula *tail*, qualificariam o consultor para receber a comissão. Geralmente, são transações com partes que foram introduzidas ou com as quais se negociou significativamente durante o período do contrato.

3. Taxa ou comissão: detalha a estrutura de pagamento que será aplicada às transações concluídas durante o período da cláusula *tail*.

A cláusula *tail* assegura que o consultor seja compensado pelo seu trabalho, tempo e recursos investidos, mesmo que a transação seja finalizada após o fim de seu envolvimento formal.

Para a empresa contratante, essa cláusula pode representar um custo adicional a ser considerado ao mudar de consultores ou ao concluir negociações iniciadas sob a orientação de um consultor anterior.

É essencial para ambas as partes compreender e negociar os termos da cláusula *tail* para garantir uma parceria equitativa e transparente.

MODELO DE CLÁUSULA *TAIL*

CLÁUSULA XXX – Cláusula de Provisão de *Tail*

XXX.1. Definição de *Tail Period*: Após o término ou rescisão deste contrato, por qualquer motivo, um período de [especificar a duração, por exemplo, 12 meses] ("Tail Period") será aplicado, durante o qual os termos desta Cláusula permanecerão em vigor.

XXX.2. Transações Elegíveis: Durante o *Tail Period*, a Empresa se compromete a pagar ao Consultor uma comissão pelas transações que sejam concluídas e que sejam diretamente relacionadas aos esforços, negociações ou introduções feitas pelo Consultor durante o período de vigência do contrato.

XXX.3. Cálculo da Comissão: A comissão devida ao Consultor por tais transações será calculada de acordo com a mesma taxa ou fórmula especificada no Contrato para a prestação de serviços, a menos que especificado de outra forma neste documento.

XXX.4. Notificação de Transações Concluídas: A Empresa deverá notificar o Consultor sobre qualquer Transação Elegível concluída durante o *Tail Period* no prazo de [especificar número de dias] dias após a sua conclusão.

XXX.5. Pagamento de Comissões: O pagamento da comissão devida será realizado dentro de [especificar número de dias] dias após a notificação da conclusão da Transação Elegível ao Consultor.

XXX.6. Condições Adicionais: Esta provisão de *Tail* não se aplica a transações que:

a. Não foram iniciadas ou substancialmente negociadas pelo Consultor durante o período do contrato.

b. São substancialmente diferentes das transações discutidas ou propostas durante o período do contrato.

XXX.7. Acordo Integral: Esta Cláusula representa o entendimento total entre as partes em relação ao assunto aqui tratado e substitui todos os acordos e entendimentos anteriores, verbais ou escritos, entre as partes.

8.13. CLÁUSULA DE *SANDBAGGING*

A **cláusula de *sandbagging*** é uma disposição incluída em alguns contratos de fusões e aquisições (M&A) para proteger o comprador em caso de descoberta de **problemas não revelados** ou **inadimplência** após a conclusão da transação.

Essa cláusula permite que o comprador retenha direitos de indenização mesmo se tiver conhecimento prévio de uma violação ou inadimplência por parte do vendedor.

Em outras palavras, a **cláusula de *sandbagging*** oferece uma proteção adicional ao comprador ao permitir a busca de indenização pelos prejuízos causados pela violação das **representações, declarações e garantias** feitas pelo vendedor, mesmo que o comprador já tivesse ciência dessas violações no momento da assinatura do contrato.

Essa cláusula é muitas vezes objeto de negociação entre as partes envolvidas em uma transação de M&A, já que pode ser vista como uma vantagem para o comprador e uma desvantagem para o vendedor.

O vendedor pode buscar incluir uma cláusula de *anti-sandbagging* para limitar sua responsabilidade em casos em que o comprador já tinha conhecimento da violação antes da conclusão da transação.

Existem dois tipos principais de cláusulas de *sandbagging*:

1. *Pro-sandbagging*: sob uma cláusula *pro-sandbagging*, o comprador pode reivindicar indenização por violações das declarações e garantias, mesmo que

estivesse ciente dessas violações antes de fechar o negócio. Essa abordagem é favorável ao comprador, pois permite que ele proceda com a transação mesmo sabendo de certas questões, mas mantendo o direito de buscar indenização posteriormente.

2. Anti-sandbagging: em contraste, uma cláusula *anti-sandbagging* impede o comprador de reivindicar indenização por violações das declarações e garantias das quais já tinha conhecimento antes de concluir a transação. Essa abordagem é favorável ao vendedor, pois protege contra reivindicações que o comprador sabia antes de fechar o negócio.

A escolha entre adotar uma cláusula *pro-sandbagging* ou *anti-sandbagging* em um contrato depende da negociação e do equilíbrio de poder entre as partes envolvidas.

A presença e o tipo de cláusula de *sandbagging* podem afetar significativamente as dinâmicas e as estratégias de negociação, bem como o gerenciamento de riscos na transação.

É essencial que ambas as partes compreendam completamente as implicações de qualquer cláusula de *sandbagging* incluída em um acordo e como ela pode afetar seus direitos e obrigações pós-transação.

MODELO DE CLÁUSULA *SANDBAGGING*

XXX – CLÁUSULA DE SANDBAGGING

XXX. Direito à Indenização. O Comprador terá o direito de reivindicar indenização do Vendedor em relação a qualquer perda, dano, custo ou despesa incorridos como resultado de qualquer violação das representações, garantias ou obrigações do Vendedor estabelecidas neste Contrato (coletivamente, "Violações"), independentemente de o Comprador ter ou não conhecimento prévio de tais Violações no momento da assinatura do Contrato ou da conclusão da transação.

XXX. Prazo para Reivindicações. O Comprador deverá notificar o Vendedor por escrito de qualquer reivindicação de indenização com base em Violações dentro de um prazo de XXX (XXX) dias/meses, contado a partir da data de conclusão da transação. A notificação deverá incluir uma descrição detalhada da Violação e uma estimativa razoável do valor da perda, dano, custo ou despesa incorridos pelo Comprador em decorrência da Violação.

XXX. Limitação de Responsabilidade. A responsabilidade total do Vendedor por Violações sob esta cláusula de *Sandbagging* será limitada a um valor máximo de XXX% (XXX por cento), salvo se as partes acordarem expressamente de outra forma neste Contrato. Essa limitação de responsabilidade não se aplica em caso de fraude, dolo ou má conduta intencional por parte do Vendedor.

XXX. Resolução de Disputas. Quaisquer disputas decorrentes ou relacionadas a reivindicações de indenização com base nesta cláusula de *Sandbagging* serão resolvidas de acordo com a cláusula de resolução de disputas estabelecida neste Contrato.

8.14. CLÁUSULA DE NÃO ALICIAMENTO

A **cláusula de não aliciamento**, também conhecida como **cláusula de não solicitação**, é uma disposição contratual comum em acordos de trabalho, contratos de serviço e acordos de confidencialidade ou não concorrência.

Essa cláusula visa proteger um empregador ou uma empresa contra a perda de funcionários, clientes ou outros recursos valiosos para concorrentes ou outras partes.

Principais características da cláusula de não aliciamento incluem:

1. Restrição de solicitação de funcionários: proíbe a parte contratada (como um ex-empregado ou um parceiro de negócios) de solicitar, contratar ou influenciar funcionários da outra parte para deixar seu emprego atual. Isso ajuda a proteger o empregador contra a perda de funcionários valiosos para concorrentes ou empresas iniciadas por ex-funcionários.

2. Restrição de solicitação de clientes ou negócios: impede a parte contratada de abordar ou tentar atrair clientes, fornecedores ou parceiros de negócios da outra parte. O objetivo é proteger a base de clientes e as relações comerciais da empresa.

3. Duração: a cláusula especificará um período durante o qual as restrições de não aliciamento permanecerão em vigor. Esse período varia, mas normalmente dura de um a três anos após a conclusão do contrato de trabalho ou parceria.

4. Âmbito geográfico: em alguns casos, a cláusula pode incluir limitações geográficas, aplicando-se apenas a determinadas regiões ou mercados.

5. Penalidades por violação: define as consequências para a parte que viola os termos da cláusula, que podem incluir indenizações ou outras sanções legais.

A inclusão de uma cláusula de não aliciamento em contratos é uma prática comum para proteger os ativos intangíveis de uma empresa, como sua força de trabalho e relações com clientes.

No entanto, é importante que tais cláusulas sejam redigidas de forma a serem justas, razoáveis e legalmente aplicáveis, considerando fatores como a duração, o âmbito geográfico e o setor de atividade.

Em muitas jurisdições, cláusulas excessivamente restritivas podem ser consideradas inválidas ou não aplicáveis pelos tribunais.

MODELO DE CLÁUSULA DE NÃO ALICIAMENTO

CLÁUSULA XXX – NÃO ALICIAMENTO

XXX.1. Proibição de Aliciamento: Durante o período desta cláusula e por XXX (especificar a duração, por exemplo, 12 meses) após o término do contrato, a Parte [A/B] (doravante referida como "Parte Restrita") concorda em não solicitar, contratar, empregar ou

---

de outra forma aliciar, direta ou indiretamente, qualquer empregado, consultor ou contratado da Parte [B/A] (doravante referida como "Parte Protegida"), nem induzir ou tentar induzir qualquer empregado, consultor ou contratado da Parte Protegida a deixar o seu emprego ou relação contratual.

XXX.2. Proibição de Solicitação de Clientes/Negócios: A Parte Restrita concorda em não solicitar ou tentar solicitar negócios de qualquer cliente ou fornecedor da Parte Protegida, ou de qualquer cliente potencial com quem a Parte Protegida tenha tido negociações substantivas durante os XXX (especificar número de meses/anos) anteriores ao término deste contrato.

XXX.3. Âmbito Geográfico: Esta cláusula se aplicará em XXX (especificar a região ou o âmbito geográfico).

XXX.4. Penalidades por Violação: Em caso de violação desta cláusula pela Parte Restrita, a Parte Protegida terá direito a buscar indenizações, incluindo, mas não se limitando a, perdas e danos, além de medidas cautelares para impedir violações adicionais desta cláusula.

XXX.5. Validade da Cláusula: O compromisso de não aliciamento é considerado uma cláusula independente e sobreviverá à rescisão ou expiração do contrato principal, permanecendo em pleno vigor e efeito, conforme especificado.

9. CONTRATO DE MÚTUO CONVERSÍVEL EM PARTICIPAÇÃO SOCIETÁRIA

O contrato de mútuo conversível em participação societária, como o próprio nome já nos indica, é um **instrumento contratual híbrido,** ou seja, de investimento e de empréstimo de coisa fungível (no caso, mútuo feneratício, por se tratar de empréstimo de dinheiro).

Na verdade, é contrato de investimento, porque de um lado há um investidor (também chamado de investidor-anjo), que tem interesse em investir na sociedade empresária (ou na *startup*), em seu início, e empresta determinada quantia para a empresa, estipulando a opção pela conversão dos valores em cotas, ações ou em participações societárias.

A ideia básica e central desse contrato é a possibilidade de estabelecer a conversão como a própria **obrigação principal do contrato,** nesse caso, quando vencida a obrigação, quando decorrido o prazo estabelecido ou diante da ocorrência de certos eventos, há a conversão da dívida em participação societária.

Por outro lado, há a possibilidade de prever a conversão como uma **obrigação subsidiária ao mutuário,** ou seja, quando vencida a obrigação principal de pagamento de quantia, certamente, será o investidor legitimado a exigir a conversão em participação societária.

Portanto, a conversão pode ser:

a) **automática e como obrigação principal:** se ocorrer o vencimento ou a ocorrência de qualquer outro motivo contratualmente previsto (como, por exemplo, a alienação da sociedade, ou a abertura para investimentos de terceiros);

b) **facultativa e como obrigação subsidiária:** se ocorrer o não pagamento do valor principal, abre-se a possibilidade de conversão da dívida em participação societária.

Há outras possibilidades para inserir no **contrato de mútuo**, quando prevista a conversão em participação societária, tudo para garantir a efetiva **segurança** para os investidores:

a) a transformação do tipo societário da *startup* em sociedade por ações (S.A.);

b) a realização de um Estatuto Social;

c) alteração ou a adoção de um novo Acordo de Acionista ou de Sócios;

d) a realização de uma eventual oferta pública de ações;

e) preferência no caso de uma nova rodada de investimentos;

f) que as ações conferidas aos investidores tenham direitos mínimos, tais como ações preferenciais conversíveis em ordinárias.

10. CLÁUSULAS DE *VESTING* E *CLIFF*

Vesting e *Cliff* referem-se ao tipo de **contrato independente** ou mesmo de **cláusulas contratuais**, que tratam das **obrigações essenciais** para que um futuro sócio ou um colaborador da empresa receba participação societária da empresa no futuro. São espécies de **incentivos** a colaboradores ou agentes para que exerçam as suas atividades, oferecendo os fundadores ou sócios da sociedade uma oferta de participação societária futura, desde que cumpridas determinadas condições.

Podem-se diferenciar as cláusulas no seguinte sentido:

a) Cláusula *Cliff*: cláusula que define o intervalo de tempo em que o parceiro ou colaborador deverá manter a relação contratual com a empresa, sem ter efetivamente ter o direito a adquirir parte da empresa.

b) Cláusula *Vesting*: cláusula que regulamenta a aquisição de certo percentual da empresa ao longo do tempo e condicionado à prestação de um determinado serviço, definindo-se marcos temporais para que esse prestador ou colaborador adquira gradualmente o direito de comprar o percentual combinado da sociedade.

De fato, os termos **essenciais desses contratos ou dessas cláusulas** tratam:

a) período mínimo de vinculação à empresa;

b) de eventual carga horária mínima;

c) e as consequências em caso de abandono prematuro do projeto. Nessa hipótese, preenchendo todas as condições colocadas, terá direito o colaborador ou o prestador ao exercício de participação societária.

MODELO DE CLÁUSULAS *VESTING* E *CLIFF*

CLÁUSULA XXX – *VESTING* E *CLIFF*. Os Participantes/Colaboradores/Prestadores adquirirão, após o período de XXX (XXX) meses/anos, contados da data do efetivo ingresso do Participante/Colaborador/Prestador como integrante da Companhia/Sociedade (*Cliff*), conforme aplicável, o direito a XXX% (XXX) das Opções que lhes couberem, conforme as disposições do presente Contrato (*Vesting*).

---

11. CONTRATOS ELETRÔNICOS E DIGITAIS NAS RELAÇÕES SOCIETÁRIAS

11.1. OS "NOVOS CONTRATOS" E OS *SMART CONTRACTS* NAS RELAÇÕES PRIVADAS E SOCIETÁRIAS

Com efeito, que se tem chamado comumente de **contratos eletrônicos** nada mais são do que os contratos cujas vontades são manifestadas e, consequentemente, formados por meios eletrônicos de comunicação a distância, especialmente via rede mundial de computadores, de tal modo que o mais correto talvez fosse se referir ao termo **contratação eletrônica** ou **contratação via internet**, sem sugerir o surgimento de um novo gênero contratual.

Os contratos eletrônicos, por certo, possuem características que lhes são próprias e que, portanto, pode-se concluir que diferenciam em alguns aspectos dos demais tipos de contratos.

A validade desse contrato, por exemplo, durante determinado período, chegou a ser duramente questionada por alguns doutrinadores, sobretudo em relação à **força probante ou probatória**. Tal questionamento, ainda, persiste por parte minoritária da doutrina e é, sobretudo, agravado pela ausência de normas específicas que as disciplinem.

Essa evolução de entendimento ocorreu, por exemplo, com as certificações digitais e as assinaturas digitais, que garantem autenticidade, veracidade e legalidade de comprovação das informações ali prestadas, das datas e das próprias identificações das partes contratantes.

A realização do contrato eletrônico ou realizado pela via eletrônica necessita, para sua validade, ter os **mesmos requisitos de admissibilidade** no que se refere ao comparativo aos contratos tradicionais, como exemplo obedecer à prescrição em lei quanto à forma.

Entretanto, a característica peculiar que os diferencia é que a celebração do **contrato eletrônico** ou **daquele que se realiza via eletrônica** é a existência de uma rede de informações e de programas específicos que garantem suporte e segurança de comunicação para sua execução, como pode-se identificar no **fenômeno da contratação à distância no comércio eletrônico**.

Esses contratos eletrônicos possuem como principais características a **despersonalização e a desmaterialização**, especialmente porque tais contratos podem ser direcionados a grupos indistintos de pessoas, com alcance local ou mundial, "encurtando" distâncias e provocando uma agilidade na sua formação.

Outrossim, deixa para trás as velhas agruras e amarras dos contratos tradicionais, vez que possam ser assinados como instrumento representativo desse acordo de vontades via trocas de dados instantâneas pela própria rede mundial de computadores, caracterizando a desmaterialização instrumental.

Em se tratando dos requisitos de validade dos contratos eletrônicos, o Código Civil não possui preceitos legais que o definam. No entanto, por certo, devem ser aplicados os ditames do **art. 104 do CC**, regra geral para todo e qualquer negócio jurídico, em especial porque reunidos os elementos essenciais para a sua realização, e esses elementos podem ser aplicados diretamente à noção de contrato.

O contrato nada mais é do que uma espécie de negócio jurídico e que exige para sua validade: a) agente capaz; b) objeto lícito e possível, determinado ou determinável; e c) forma prescrita ou não defesa em lei.

Por outro lado, distinção deve ser feita com relação aos *smart contracts* ou **contratos inteligentes**, que não são equivalentes aos contratos eletrônicos.

Dessa forma, os *smart contratcs* podem ser conceituados como contratos desenvolvidos por intermédio de programas computacionais, que determinam a execução programada de determinada atividade, quando implementada a condição estipulada pelos contraentes. Assim, caracterizam-se pela capacidade de **autoexecutabilidade e autoaplicabilidade**.

Esses contratos inteligentes ganharam relevância e notoriedade no mercado negocial, especialmente, após o surgimento da **tecnologia** *blockchain*, que permite o armazenamento dos códigos computacionais programados, por meio de uma tecnologia de "cadeia de blocos".

A implementação desses *smart contracts* em tecnologia *blockchain* ainda desperta inúmeras dúvidas, são suscitadas diversas questões quando de sua adequação ao sistema normativo brasileiro, tais como a interpretação judicial e a validade de cláusulas instituídas por meio de códigos computacionais; a efetividade das decisões judiciais sobre a execução desses códigos; a proteção de dados pessoais inseridos em tecnologia *blockchain*; a possibilidade da ocorrência de erros de programação, causando lesão às partes, dentre outras questões.

A certeza que se tem é a de que toda evolução e inovação tecnológica deve ser bem-vinda, recebida e adequada à nossa realidade negocial e contratual.

Na verdade, os *smart contracts* podem ser padronizados, tal como um contrato tradicional feito, por exemplo, por adesão, de modo que os contraentes poderão optar pelo modelo que melhor se adequa ao negócio objeto de contratação, como, por exemplo, em negócios imobiliários, compra e venda de veículos, dentre outros.

Certamente, a tecnologia *blockchain* garante um controle e uma segurança adicional das informações e das transações realizadas, pois todas essas aplicações (inclusive os códigos programados nos contratos) são armazenadas em blocos, onde um bloco sempre fará referência ao bloco anterior, de onde advém o termo **cadeia de blocos**.

Por fim, importante acrescentar que a segurança decorre do fato de que cada rede de computador terá uma cópia local de todos os blocos ou códigos, evitando, pois, a perda de dados, os quais, ressalte-se, não podem ser alterados ou apagados.

12. CONTRATO DE *MARKETPLACE*

12.1. ASPECTOS INTRODUTÓRIOS

De início, com o avanço da tecnologia e do próprio dinamismo das relações de consumo, surgiu o termo cunhado de ***e-commerce***, assim entendido como o comércio de produtos e serviços realizados por meio da internet, seja mediante o oferecimento via *sites* ou de aplicativos de celulares e *tablets*.

Diversos fatores contribuíram para o crescimento exponencial do sistema *e-commerce*, dentre os quais destacamos: (i) o aumento do número de pessoas com acesso à internet e telefone celular; (ii) o desenvolvimento de tecnologias para facilitar a divulgação do comércio virtual; (iii) o investimento em segurança das operações eletrônicas; (iv) e a busca do consumidor por maior conveniência e facilidade nas suas compras.

Surge diante disso o contrato efetivado entre essas lojas virtuais e os fornecedores e os produtores de produtos e serviços, chamado de ***marketplace*** ou ***shopping*** **virtual**, sendo o documento ou instrumento contratual que regulamenta uma relação jurídica complexa de direitos e obrigações para o oferecimento desses produtos na internet.

O contrato de *marketplace* é, portanto, o instrumento que se encarrega de estabelecer inúmeras obrigações entre os envolvidos (empresário e loja virtual), tais como a geração ou gestão de tráfego, a produção de conteúdo, a gestão das vendas, pagamento, a forma de se relacionar com os clientes, recepcionar e direcionar os pedidos realizados diretamente para o empreende-dor, facilitando, sobremaneira, a esses o acesso a compradores, clientes e o mercado de consumo.

Como não poderia deixar de ser, por vezes, o contrato que regula esse tipo de negociação, apesar de sua natureza privada e/ou societária, é de ade-são, dessa forma possuindo cláusulas padronizadas e existindo, por certo, a possibilidade de revisão de cláusulas confusas, ilícitas ou abusivas, de acor-do com o Código Civil, visto que esta relação não é protegida pelo Código de Defesa de Consumidor.

Assim, a relação contratual entre a plataforma e os vendedores não é considerada relação de consumo, pois se trata de relação direta entre empre-sários ou empresas: um agente que obtém lucro com a comissão pela venda ou anúncio de produtos de terceiros, e outro agente que obtém lucro ao vender seu produto com redução de custo de logística e publicidade.

Elementos ou características do contrato de *marketplace*:

1. Objeto contratual: a plataforma veicula o anúncio da mercadoria ou produto e se responsabiliza pela sua disponibilização no seu *site* e/ou aplicati-vo, assim como de canal de comunicação entre o consumidor e o vendedor. Cabe ao vendedor fornecer as informações quanto à descrição do produto, es-toque disponível e prazo de entrega.

2. Natureza do contrato: contrato atípico. Os contratos de colaboração empresarial existem desde tempos remotos com a finalidade de fazer a distri-buição da mercadoria do produtor para os consumidores. A legislação brasi-leira regulamenta, como visto, os tradicionais contratos de colaboração: co-missão, agência ou distribuição, representação comercial e corretagem. Os contratos celebrados entre o vendedor e a plataformas não se enquadram em nenhuma das modalidades descritas em lei (contratos típicos), mas contém ou pode conter alguns dos seus elementos.

MODELO DE CONTRATO DE *MARKETPLACE*

CONTRATO DE PRESTAÇÃO DE SERVIÇOS DE *MARKETPLACE*

Pelo presente instrumento particular, de um lado, **XXX** (Identificação do *Marketplace*), (Qualificação completa), Razão Social (Razão Social do *Marketplace*), inscrito no CNPJ n. XXX, com sede na Rua/Avenida XXX (Endereço completo do *Marketplace*), doravante denominada "*MARKETPLACE*"; e de outro lado, **XXX** (Identificação do Vendedor), (Qua-lificação completa), Razão Social (Razão Social do Vendedor), inscrito no CNPJ n. XXX, com sede na Rua/Avenida XXX (Endereço completo do Vendedor), doravante denomina-do "VENDEDOR";

As partes acima identificadas têm, entre si, justo e acertado o presente **CONTRATO DE PRESTAÇÃO DE SERVIÇOS DE** *MARKETPLACE*, que se regerá pelas cláusulas e condições a seguir expostas:

CLÁUSULA XXX – DO OBJETO

O objeto deste contrato é a prestação de serviços pelo *MARKETPLACE* ao VENDEDOR, consistentes em disponibilizar espaço virtual na plataforma de *e-commerce* denominada XXX (Nome da plataforma) para que o VENDEDOR possa oferecer e comercializar seus produtos e/ou serviços aos consumidores.

PARÁGRAFO XXX – O *MARKETPLACE* atuará como intermediário entre o VENDEDOR e os consumidores, facilitando a realização de transações comerciais e a divulgação dos produtos e/ou serviços ofertados pelo VENDEDOR.

CLÁUSULA XXX – OBRIGAÇÕES DO *MARKETPLACE*

O *MARKETPLACE* se compromete a:

a) Manter a plataforma de *e-commerce* em funcionamento, assegurando seu acesso pelo VENDEDOR e pelos consumidores;

b) Realizar a divulgação e promoção da plataforma e dos produtos e/ou serviços ofertados pelo VENDEDOR, a seu critério e conforme os recursos disponíveis;

c) Repassar ao VENDEDOR os valores recebidos dos consumidores, deduzidas as taxas e comissões previstas neste contrato;

d) Prestar suporte técnico e administrativo ao VENDEDOR, de acordo com as regras e condições estabelecidas pelo *MARKETPLACE*.

CLÁUSULA XXX – OBRIGAÇÕES DO VENDEDOR

O VENDEDOR se compromete a:

a) Cadastrar os produtos e/ou serviços que pretende oferecer na plataforma, fornecendo informações verdadeiras, completas e atualizadas;

b) Cumprir as normas legais e regulamentares aplicáveis à sua atividade e aos produtos e/ou serviços comercializados, bem como as diretrizes e políticas estabelecidas pelo *MARKETPLACE*;

c) Responsabilizar-se pela entrega dos produtos e/ou pela prestação dos serviços contratados pelos consumidores, nos prazos e condições acordados;

d) Atender e solucionar eventuais reclamações, dúvidas ou problemas relacionados aos produtos e/ou serviços ofertados, em conformidade com as normas legais e regulamentares aplicáveis;

e) Efetuar o pagamento das taxas e comissões devidas ao *MARKETPLACE*, nos termos deste contrato.

CLÁUSULA XXX – TAXAS E COMISSÕES

O VENDEDOR pagará ao *MARKETPLACE* as seguintes taxas e comissões:

a) Comissão de venda: XXX% (XXX por cento) sobre o valor de cada transação realizada na plataforma, referente à venda dos produtos e/ou serviços;

b) Taxa de adesão: R$ XXX (XXX reais), a ser paga uma única vez, no ato da adesão à plataforma;

c) Taxa mensal de manutenção: R$ XXX (XXX reais), a ser paga mensalmente, independentemente do volume de vendas realizadas na plataforma;

d) Outras taxas e comissões, conforme estabelecido em anexo específico a este contrato, a serem pagas pelo VENDEDOR nos prazos e condições nele previstos.

PARÁGRAFO XXX – O *MARKETPLACE* poderá, a seu critério, conceder descontos, isenções ou condições especiais ao VENDEDOR, em relação às taxas e comissões mencionadas nesta cláusula, mediante comunicação por escrito e acordo entre as partes.

PARÁGRAFO XXX – As taxas e comissões previstas neste contrato poderão ser reajustadas anualmente, com base na variação acumulada do índice XXX (Índice de correção, por exemplo, IPCA) nos últimos XXX (XXX) meses, ou outro índice que venha a substituí-lo, mediante comunicação por escrito ao VENDEDOR, com antecedência mínima de XXX (XXX) dias.

CLÁUSULA XXX – PRAZO E RESCISÃO

Este contrato é celebrado por prazo indeterminado, a partir da data de sua assinatura pelas partes.

PARÁGRAFO XXX – Qualquer das partes poderá rescindir este contrato, sem justa causa, mediante comunicação por escrito à outra parte, com antecedência mínima de XXX (XXX) dias.

PARÁGRAFO XXX – A rescisão deste contrato por justa causa poderá ser efetuada imediatamente, mediante comunicação por escrito à parte infratora, em caso de descumprimento grave ou reiterado de suas obrigações contratuais.

CLÁUSULA XXX – CONFIDENCIALIDADE

As partes se comprometem a manter sigilo absoluto sobre todas as informações e dados obtidos em razão deste contrato, não podendo divulgar, fornecer, utilizar ou permitir acesso a terceiros, sem prévia autorização por escrito da outra parte, exceto quando exigido por lei ou por autoridades competentes.

CLÁUSULA XXX – DISPOSIÇÕES GERAIS

Este contrato e seus anexos constituem o acordo integral entre as partes em relação ao objeto contratado, substituindo todos os entendimentos, negociações, propostas e contratos anteriores, verbais ou escritos.

PARÁGRAFO XXX – A tolerância de uma das partes em relação ao descumprimento de qualquer obrigação contratual pela outra parte não constituirá novação, renúncia ou modificação das obrigações estabelecidas neste contrato.

PARÁGRAFO XXX – As partes se comprometem a comunicar à outra parte, por escrito, qualquer alteração nos dados cadastrais, endereço, representantes legais e demais informações relevantes para o cumprimento das obrigações previstas neste contrato.

PARÁGRAFO XXX – A invalidade ou ineficácia de qualquer cláusula ou disposição deste contrato não afetará a validade e eficácia das demais cláusulas e disposições, que deverão permanecer em pleno vigor e efeito.

PARÁGRAFO XXX – O VENDEDOR não poderá ceder ou transferir este contrato, no todo ou em parte, sem prévia autorização por escrito do *MARKETPLACE*.

PARÁGRAFO XXX – Este contrato será regido e interpretado de acordo com as leis da República Federativa do Brasil.

CLÁUSULA XXX – FORO

As partes elegem o foro da Comarca de XXX, com renúncia expressa a qualquer outro, por mais privilegiado que seja, para dirimir quaisquer dúvidas, controvérsias ou litígios decorrentes deste contrato.

E, por estarem de acordo com todos os termos e condições deste contrato, as partes assinam o presente instrumento em XXX (XXX) vias de igual teor e forma, na presença das testemunhas abaixo identificadas.

Local, Data.

MARKETPLACE

VENDEDOR

Testemunha 1

Testemunha 2

13. MARCO LEGAL DAS *STARTUPS* E O CONTRATO DE INVESTIMENTO COLETIVO (*CROWDFUNDING*)

13.1. O MARCO LEGAL DAS *STARTUPS*

Com efeito, a **Lei Complementar n. 182, de 1º de junho de 2021**, entrou em nosso ordenamento jurídico para instituir o chamado **marco legal das *startups* e do empreendedorismo inovador**.

Segundo informa, logo em seu art. 1º, parágrafo único, esta Lei Complementar:

a) estabelece os princípios e as diretrizes para a atuação da administração pública no âmbito da União, dos Estados, do Distrito Federal e dos Municípios;

b) apresenta medidas de fomento ao ambiente de negócios e ao aumento da oferta de capital para investimento em empreendedorismo inovador; e

c) disciplina a licitação e a contratação de soluções inovadoras pela administração pública.

Em termos conceituais, a Lei Complementar estabelece alguns termos essenciais para que se possa compreender as suas deposições, especialmente previstos no **art. 2º da LC n. 182**:

I – **investidor-anjo:** investidor que não é considerado sócio nem tem qualquer direito a gerência ou a voto na administração da empresa, não responde por qualquer obrigação da empresa e é remunerado por seus aportes;

II – **ambiente regulatório experimental (*sandbox* regulatório):** conjunto de condições especiais simplificadas para que as pessoas jurídicas participantes possam receber autorização temporária dos órgãos ou das entidades com competência de regulamentação setorial para desenvolver modelos de negócios inovadores e testar técnicas e tecnologias experimentais, mediante o cumprimento de critérios e de limites previamente estabelecidos pelo órgão ou entidade reguladora e por meio de procedimento facilitado.

Nesse ponto, importante verificar o que representa essa ideia de *sandbox*: trata-se de um **local ou ambiente isolado, controlado e seguro para a realização de testes**, disponibilizados, no caso do *sandbox* **regulatório**, mediante a concepção de um ambiente experimental que permite que agentes do mercado testem inovações, novos produtos, serviços ou tecnologias, no mercado real por um **determinado período de tempo**, sem a necessidade de se submeter aos ritos e procedimentos tradicionais exigidos pelos órgãos reguladores.

No nosso caso, o *sandbox* **regulatório**[4] possui três ambientes distintos e independentes, submetidos a entidades reguladoras diferentes: um perante a Comissão de Valores Mobiliários (CVM; outro perante a Superintendência de Seguros Privados (Susep); e um terceiro junto ao Banco Central (BC), juntamente com o Conselho Monetário Nacional (CMN).

Outrossim, determina o **art. 3º da Lei Complementar** que o marco legal deverá ser pautado pelos seguintes princípios e diretrizes:

I – reconhecimento do empreendedorismo inovador como vetor de desenvolvimento econômico, social e ambiental;

II – incentivo à constituição de ambientes favoráveis ao empreendedorismo inovador, com valorização da segurança jurídica e da liberdade contratual como premissas para a promoção do investimento e do aumento da oferta de capital direcionado a iniciativas inovadoras;

III – importância das empresas como agentes centrais do impulso inovador em contexto de livre mercado;

IV – modernização do ambiente de negócios brasileiro, à luz dos modelos de negócios emergentes;

V – fomento ao empreendedorismo inovador como meio de promoção da produtividade e da competitividade da economia brasileira e de geração de postos de trabalho qualificados;

VI – aperfeiçoamento das políticas públicas e dos instrumentos de fomento ao empreendedorismo inovador;

VII – promoção da cooperação e da interação entre os entes públicos, entre os setores público e privado e entre empresas, como relações fundamentais para a conformação de ecossistema de empreendedorismo inovador efetivo;

VIII – incentivo à contratação, pela administração pública, de soluções inovadoras elaboradas ou desenvolvidas por *startups*, reconhecidos o papel do Estado no fomento à inovação e as potenciais oportunidades de economicidade, de benefício e de solução de problemas públicos com soluções inovadoras; e

IX – promoção da competitividade das empresas brasileiras e da internacionalização e da atração de investimentos estrangeiros.

Do enquadramento de empresas *startups*

Muitas pessoas, popularmente, dizem que qualquer pequena empresa em seu período inicial pode ser considerada uma ***startup***. Outros defendem que

---

4. Ver **Resolução da CVM n. 29, de 11 de maio de 2021**, que dispõe sobre as regras para constituição e funcionamento de ambiente regulatório experimental (*sandbox* regulatório) e revoga a Instrução CVM n. 626, de 15 de maio de 2020.

uma *startup*, obrigatoriamente, deverá ser uma empresa inovadora com custos de manutenção muito baixos, mas que consegue crescer rapidamente e gerar lucros cada vez maiores.

No entanto, há uma definição mais atual, que parece satisfazer a diversos especialistas e investidores: uma ***startup*** representa um grupo de pessoas, sociedade empresária ou uma pessoa apenas, à procura de um modelo de negócios repetível e escalável, trabalhando em condições de extrema incerteza.

Assim, segundo o art. 4º do Marco Legal das *Startups*, são enquadradas como *startups* as **organizações empresariais ou societárias, nascentes ou em operação recente**, cuja atuação caracteriza-se pela **inovação aplicada a modelo de negócios ou a produtos ou serviços ofertados**. Assim, para caracterizar-se como *startup*, precisa a empresa:

> a) ser **organizada, empresário e/ou adotar um tipo societário** para o exercício de suas atividades econômicas;
>
> b) deve ser **recente (nascente) em suas operações**, ou seja, em início de exploração e na busca por investimentos/investidores iniciais;
>
> c) atuar com **inovação, tecnologia** e aplicada a modelo de negócios ou a produtos ou serviços ofertados.

Nesse sentido, são elegíveis para o enquadramento na modalidade de tratamento especial destinada ao fomento de *startup* o **empresário individual**, a **empresa individual de responsabilidade limitada**, as **sociedades empresárias**, as **sociedades cooperativas** e as **sociedades simples**:

> I – com **receita bruta de até R$ 16.000.000,00 (dezesseis milhões de reais)** no ano-calendário anterior ou de **R$ 1.333.334,00 (um milhão, trezentos e trinta e três mil trezentos e trinta e quatro reais)** multiplicado pelo número de meses de atividade no ano-calendário anterior, quando inferior a 12 (doze) meses, independentemente da forma societária adotada;
>
> II – com até **10 (dez) anos de inscrição no Cadastro Nacional da Pessoa Jurídica (CNPJ)** da Secretaria Especial da Receita Federal do Brasil do Ministério da Economia; e
>
> III – que atendam a um dos seguintes requisitos, no mínimo:
>
> a) declaração em seu ato constitutivo ou alterador e utilização de modelos de negócios inovadores para a geração de produtos ou serviços, nos termos do inciso IV do *caput* do art. 2ª da Lei n. 10.973, de 2 de dezembro de 2004; ou
>
> b) enquadramento no regime especial **Inova Simples**, nos termos do art. 65-A da Lei Complementar n. 123, de 14 de dezembro de 2006.

Para fins de contagem do **prazo de 10 (dez) anos de CNPJ**, deverá ser observado o seguinte:

I – para as empresas decorrentes de incorporação, será considerado o tempo de inscrição da empresa incorporadora;

II – para as empresas decorrentes de fusão, será considerado o maior tempo de inscrição entre as empresas fundidas; e

III – para as empresas decorrentes de cisão, será considerado o tempo de inscrição da empresa cindida, na hipótese de criação de nova sociedade, ou da empresa que a absorver, na hipótese de transferência de patrimônio para a empresa existente.

Dos instrumentos de investimento em inovação

Segundo o **art. 5º**, as *startups* poderão admitir **aporte de capital por pessoa física ou jurídica**, que poderá **resultar ou não em participação** no capital social da *startup*, a depender da modalidade de investimento escolhida pelas partes.

No entanto, não será considerado como integrante do capital social da empresa o aporte realizado na startup por meio dos seguintes instrumentos:

I – **contrato de opção de subscrição de ações ou de quotas** celebrado entre o investidor e a empresa;

II – **contrato de opção de compra de ações ou de quotas** celebrado entre o investidor e os acionistas ou sócios da empresa;

III – **debênture conversível** emitida pela empresa nos termos da Lei n. 6.404, de 15 de dezembro de 1976;

IV – **contrato de mútuo conversível em participação societária** celebrado entre o investidor e a empresa;

V – **estruturação de sociedade em conta de participação** celebrada entre o investidor e a empresa;

VI – **contrato de investimento-anjo** na forma da Lei Complementar n. 123, de 14 de dezembro 2006;

VII – **outros instrumentos de aporte de capital** em que o investidor, pessoa física ou jurídica, **não integre formalmente o quadro de sócios da** *startup* e/ou **não tenha subscrito qualquer participação** representativa do capital social da empresa.

Nesse sentido, realizado o aporte por qualquer das formas acima previstas até como mencionado nos tópicos anteriores, a pessoa física ou jurídica somente será considerada quotista, acionista ou sócia da *startup* **após a conversão do instrumento do aporte em efetiva e formal participação societária**, sendo certo que os valores recebidos por empresa e oriundos dos instrumentos jurídicos estabelecidos serão registrados contabilmente, de acordo com a natureza contábil do instrumento.

Outrossim, o investidor que realizar o aporte de capital **não será considerado sócio ou acionista** nem possuirá direito a gerência ou a voto na administração da empresa, somente assim podendo ser reconhecido conforme pactuação contratual.

De igual maneira, **não responderá por qualquer dívida da empresa**, inclusive em recuperação judicial, e a ele não se estenderá quaisquer disposições atinentes à desconsideração da personalidade jurídica existentes **na legislação vigente**, exceto às hipóteses de **dolo, de fraude ou de simulação** com o comprovado envolvimento do investidor.

RESUMO DE ROTEIRO PRÁTICO DE ACORDO COM O MARCO LEGAL DAS *STARTUPS* (LC N. 182/2021)

O Marco Legal das *Startups* (LC n. 182), sancionado em 2021, traz uma série de diretrizes e estímulos para o desenvolvimento de *startups* no Brasil.

Com base nesse marco legal, é possível criar um roteiro prático para a constituição de uma *startup*.

1. Verificar a possibilidade de enquadrar a empresa como *startup*: antes de dar início ao processo de constituição da empresa, é importante verificar se ela se enquadra nos critérios estabelecidos pelo Marco Legal das *Startups*, que define as *startups* como empresas que atuam na inovação aplicada a modelos de negócios ou produtos e serviços oferecidos. A lei estabelece ainda que as *startups* devem ter menos de 10 anos de atividade e faturamento anual de até R$ 16 milhões.

2. Definir o modelo de negócio: com a empresa enquadrada como *startup*, é necessário definir o modelo de negócio que irá orientar as ações da empresa. É importante que o modelo seja inovador e esteja alinhado com as tendências do mercado.

3. Realizar a constituição da empresa: a constituição da empresa deve ser feita de acordo com as normas legais, como a elaboração do contrato social e registro nos órgãos competentes. É importante ficar atento às questões fiscais e tributárias, garantindo que a empresa esteja em conformidade com a legislação.

4. Buscar investimento: o Marco Legal das *Startups* estabelece algumas medidas para facilitar o acesso das *startups* ao investimento, como a criação de um ambiente regulatório mais favorável para a captação de recursos e a criação de fundos de investimento específicos para o setor. É importante buscar informações e orientações adequadas para escolher a melhor opção de investimento para a empresa.

5. Incentivar a inovação e a criatividade: as *startups* são conhecidas por sua capacidade de inovação e criatividade, e o Marco Legal das *Startups* busca incentivar essas características. É importante manter um ambiente de trabalho que estimule a colaboração e o desenvolvimento de novas ideias e soluções.

6. Participar de programas de aceleração: o Marco Legal das *Startups* prevê a criação de programas de aceleração para o desenvolvimento das *startups*. Esses programas podem oferecer recursos como mentoria, capacitação e acesso a investidores e parceiros estratégicos. É importante buscar informações e orientações adequadas sobre esses programas para aproveitar ao máximo suas vantagens.

7. Realizar parcerias com outras empresas e instituições: o Marco Legal das *Startups* estimula a realização de parcerias entre *startups* e outras empresas e instituições, como universidades, aceleradoras e incubadoras de *startups*. Essas parcerias podem ajudar a ampliar o alcance da *startup*, garantir investimentos e proporcionar oportunidades de *networking*.

8. Buscar apoio em programas de incentivo à inovação: o governo e algumas instituições privadas oferecem programas de incentivo à inovação, como bolsas de pesquisa, financiamento de projetos e prêmios para *startups*. É importante buscar informações e orientações adequadas sobre esses programas para aproveitar ao máximo suas vantagens.

9. **Estar atento às políticas públicas para o setor:** o Marco Legal das *Startups* prevê a criação de políticas públicas específicas para o setor, como a criação de ambiente regulatório mais favorável e a oferta de incentivos fiscais e tributários. É importante acompanhar de perto essas políticas e buscar informações e orientações adequadas sobre como aproveitá-las.

10. **Manter um ambiente de inovação e criatividade:** as *startups* dependem da capacidade de inovação e criatividade de seus colaboradores, por isso é importante manter um ambiente de trabalho que estimule essas características. Isso pode envolver o investimento em recursos tecnológicos, a promoção da colaboração e do trabalho em equipe e a valorização do empreendedorismo e da cultura de risco.

11. **Acompanhar as tendências e necessidades do mercado:** as *startups* precisam estar sempre atentas às tendências e necessidades do mercado, ajustando suas estratégias conforme necessário. Isso pode envolver o desenvolvimento de novos produtos ou serviços, a ampliação para novos mercados ou a busca por novos parceiros ou investidores.

13.2. CONTRATO DE INVESTIMENTO COLETIVO (*CROWDFUNDING*) E A RESOLUÇÃO N. 88 DA CVM

O *crowdfunding* é um modelo de **financiamento coletivo** muito utilizado por *startups* para buscar dinheiro e investimentos no mercado.

A palavra *crowd*, do inglês, é usualmente traduzida como multidão, e o termo *funding*, também do inglês, significa financiamento, aqui mais no sentido de reunir ou arrecadar recursos, como quando se diz que uma empresa conseguiu o *funding*, ou seja, o **capital necessário para o seu negócio**.

A ideia por trás do *crowdfunding* tem relação com as conhecidas "vaquinhas", em que um grupo de pessoas colaboram com seus recursos determinado projeto, ainda que beneficente, visando um objetivo em comum. Por exemplo, quando pessoas de uma mesma empresa fazem uma vaquinha para arrecadar dinheiro e comprar uma cesta básica para ajudar um colega de trabalho que possa estar precisando.

O *crowdfunding,* no entanto, é baseado em ferramentas eletrônicas, como a internet, funciona como uma espécie de "vaquinha" virtual e, portanto, possui um âmbito de atuação mais abrangente, tanto em relação aos contribuintes quanto em relação ao uso e destinação dos recursos arrecadados.

Assim, pode-se dizer que o *crowdfunding*, em sentido geral, é o termo utilizado sempre que um grupo grande de pessoas (daí multidão) colaboram com seus recursos para financiar (*funding*) determinada causa, ideia, projeto, produto ou negócio, utilizando-se, para isso, de uma plataforma eletrônica, como uma página na internet ou um aplicativo.

Podem-se identificar alguns modelos de *crowdfunding:* um **crowdfunding de doação**; ou um *crowdfunding* **de recompensa**.

Na **modalidade de** *crowdfunding* **de doação**, os contribuintes doam os seus recursos, sem receber nada em troca, nem mesmo o reembolso da quantia doada. Nesses casos, a intenção do contribuinte é de colaborar, ou seja, apenas de contribuir para uma causa ou um projeto em que se acredita.

Já no modelo de *crowdfunding* **de recompensas**, sua ideia central está baseada na concessão recíproca, por intermédio de retorno em brindes, benefícios especiais ou na pré-venda de determinados produtos ou serviços.

Nesses casos, a intenção do contribuinte pode ser apenas o de adquirir, de forma antecipada ou a um valor inferior, o produto resultante do projeto financiado e, portanto, a recompensa consiste em um retorno do próprio produto.

Algumas empresas, com o objetivo de captar recursos para o seu negócio, têm utilizado as plataformas eletrônicas de *crowdfunding* na internet para apresentar a sua ideia e o seu projeto como uma oportunidade de investimento a um número indiscriminado de pessoas. Nesse modelo, as empresas oferecem aos potenciais contribuintes investidores a possibilidade uma expectativa de retorno financeiro. Trata-se, portanto, de outra **modalidade de** *crowdfunding*, agora com características marcantes de mercado financeiro.

Em troca dos recursos aportados, as empresas oferecem aos investidores diferentes tipos de títulos, com características e prazos específicos, normalmente consubstanciados em um contrato de investimento.

Esses contratos ou títulos podem representar participação nos resultados financeiros do próprio negócio, o chamado *equity crowdfunding,* ou valores mobiliários em geral, modalidade que ficou conhecida como *investment-based crowdfunding,* ou simplesmente *crowdfunding* **de investimento**, termo que passaremos a utilizar de forma abrangente daqui em diante, a menos que indicado de outra forma.

O *crowdfunding* **de investimento**, na prática, tem sido utilizado para atender a uma lacuna na captação de recursos de um segmento bem específico das *startups*, ou seja, das empresas nascentes, em especial as baseadas em tecnologia, ligadas à pesquisa e ao desenvolvimento de ideias inovadoras.

Essas empresas, principalmente nos estágios iniciais do desenvolvimento de seu produto, precisam de capital, mas, dadas as suas características, não são totalmente atendidas por bancos ou pelas opções tradicionais do mercado de capitais, como a emissão de ações e debêntures, e nem sempre estão aptas a captar recursos dos fundos de *venture capital* e *private equity*.

Para inserir tais contratos, e outros títulos semelhantes, no âmbito da regulação do mercado de capitais, o conceito de valor mobiliário foi ampliado pela **Lei n. 10.303/2001**, com a inclusão do **inciso IX no art. 2º da Lei n.**

6.385/76. A partir de então, tais contratos passaram a se sujeitar à regulamentação e à fiscalização da CVM, que passou a exigir o registro dos emissores e da distribuição pública, com todas as exigências de divulgação de informações daí decorrentes.

> Art. 2º São valores mobiliários sujeitos ao regime desta Lei (....)
>
> IX – quando ofertados publicamente, quaisquer outros títulos ou contratos de investimento coletivo, que gerem direito de participação, de parceria ou de remuneração, inclusive resultante de prestação de serviços, cujos rendimentos advêm do esforço do empreendedor ou de terceiros.

No *crowdfunding* **de investimento**, em verdade, as empresas utilizam a internet para captar recursos dos investidores, e emitem em troca contratos ou títulos que conferem a eles direito de crédito ou de participação no negócio, sob o qual o investidor não tem qualquer gestão, ou seja, a sua expectativa de retorno depende exclusivamente dos esforços do empreendedor.

Isso significa dizer que, quando uma empresa capta recursos utilizando-se do *crowdfunding* **de investimento**, ela na realidade está emitindo títulos que se enquadram no conceito de valor mobiliário. Portanto, as ofertas públicas realizadas nessa modalidade estão sujeitas à regulamentação e à fiscalização da CVM.

13.3. A RESOLUÇÃO N. 88 DA CVM

Justamente nesse sentido, a CVM editou a **Resolução de n. 88**, de 27 de abril de 2022, com as alterações introduzidas pela **Resolução CVM n. 158**, de 28 de junho de 2022, que dispõe sobre a **oferta pública de distribuição de valores mobiliários de emissão de sociedades empresárias de pequeno porte** realizada com dispensa de registro por meio de **plataforma eletrônica de investimento participativo** e **revoga a Instrução CVM n. 588, de 13 de julho de 2017**, na qual verificaremos suas **principais regras e artigos**.

Logo no **art. 1º da Resolução**, temos o **objeto de tutela normativa;**

> a) a regulamentação da oferta pública de distribuição de valores mobiliários;
>
> b) de emissão de sociedades empresárias de pequeno porte;
>
> c) realizada com dispensa de registro;
>
> d) por meio de plataforma eletrônica de investimento participativo;
>
> e) no intuito de assegurar a proteção dos investidores; e
>
> f) possibilitar a captação pública por parte destas sociedades.

Exceções à aplicação da **Resolução CVM n. 88**:

1. não se aplica à **oferta pública de distribuição de valores mobiliários realizada com dispensa de registro** nos termos da Resolução a regulamentação específica sobre ofertas públicas de distribuição de valores mobiliários;
2. bem como **não regula a atividade de empréstimos concedidos por pessoas físicas a pessoas físicas ou jurídicas** por meio da rede mundial de computadores, programa, aplicativo ou meio eletrônico, que não envolva a emissão de valores mobiliários;
3. não se considera como oferta pública de valores mobiliários o financiamento captado por meio de páginas na rede mundial de computadores, programa, aplicativo ou meio eletrônico, quando se tratar de modalidade de *crowdfunding* de doação, ou *crowdfunding* de recompensa, quando o retorno do capital recebido se der por meio de brindes e recompensas; ou bens e serviços.

Em termos **conceituais**, para fins de aplicação da Resolução, tem-se as seguintes definições, conforme **art. 2º**:

a) *crowdfunding* **de investimento**: captação de recursos por meio de oferta pública de distribuição de valores mobiliários dispensada de registro, realizada por emissores considerados sociedades empresárias de pequeno porte nos termos desta Resolução, e distribuída exclusivamente por meio de plataforma eletrônica de investimento participativo, sendo os destinatários da oferta uma pluralidade de investidores que fornecem financiamento nos limites previstos nesta Resolução;

b) investidor ativo: investidor cadastrado na plataforma e que, cumulativamente esteja com o seu cadastro atualizado; e tenha realizado investimento em ao menos uma oferta pública conduzida pela plataforma nos últimos 2 (dois) anos;

c) investidor líder: pessoa natural ou jurídica com comprovada experiência de investimento nos termos do art. 46, § 2º, e autorizada a liderar sindicato de investimento participativo;

d) plataforma eletrônica de investimento participativo ("plataforma"): pessoa jurídica regularmente constituída no Brasil e registrada na CVM para exercer profissionalmente a atividade de distribuição de ofertas públicas de valores mobiliários de emissão de sociedades empresárias de pequeno porte, realizadas com dispensa de registro conforme esta Resolução;

e) renda bruta anual: soma dos rendimentos recebidos pelo investidor durante o ano-calendário e constantes da sua declaração de ajuste anual do imposto de renda, incluindo os rendimentos tributáveis, isentos e não tributáveis, tributáveis exclusivamente na fonte ou sujeitos à tributação definitiva;

f) sindicato de investimento participativo ("sindicato"): grupo de investidores vinculados a um investidor líder ("investidores apoiadores") e reunido com a finalidade de realizar investimentos em sociedades empresárias de pequeno porte, sendo facultativa a constituição de um veículo de investimento para participar das ofertas públicas de distribuição de valores mobiliários realizadas com dispensa de registro nos termos desta Resolução; e

g) sociedade empresária de pequeno porte: sociedade empresária constituída no Brasil, não registrada como emissor de valores mobiliários junto à CVM, e com receita bruta anual, apurada no exercício social encerrado no ano anterior à oferta, **de até R$ 40.000.000,00 (quarenta milhões de reais).** Na hipótese de sociedades empresárias que não tenham operado **12 (doze) meses** no exercício social encerrado no ano anterior à oferta, o limite acima será proporcional ao número de meses em que a sociedade empresária houver exercido atividade, desconsideradas as frações de meses.

Na hipótese da sociedade empresária de pequeno porte ser controlada por outra pessoa jurídica ou por fundo de investimento, a receita bruta consolidada anual do conjunto de entidades que estejam sob controle comum **não pode exceder R$ 80.000.000,00 (oitenta milhões de reais)** no exercício social encerrado no ano anterior à oferta.

Para fins de apuração dos limites, na hipótese de **extinção de sociedade empresária que tenha realizado ofertas dispensadas de registro**, e que a exploração da respectiva atividade seja continuada por qualquer sócio remanescente, sob a mesma ou outra razão social, ou sob empresa individual de responsabilidade limitada, o sucessor será considerado como a **mesma sociedade empresária de pequeno porte**.

A utilização de veículo de investimento para estruturar o sindicato de investimento participativo **não altera os limites, direitos e deveres** estabelecidos nos dispositivos da Resolução relacionados:

I – à sociedade empresária de pequeno porte;

II – à plataforma eletrônica de investimento participativo; e

III – ao investidor.

Nesse caso acima, devem ser interpretados como se **cada investidor** que aplica recursos por meio de sindicato estivesse **investindo individualmente** por meio da plataforma na sociedade empresária de pequeno porte.

A utilização de veículo de investimento para estruturar o sindicato de investimento participativo **não afasta as sociedades empresárias de pequeno porte** da condição de emissoras das ofertas públicas de distribuição de valores mobiliários com dispensa de registro nos termos da Resolução.

Conforme **art. 3º da Resolução CVM n. 88**, a oferta pública de distribuição de valores mobiliários de emissão de sociedade empresária de pequeno porte realizada nos termos da Resolução fica **automaticamente dispensada de registro na CVM**, desde que observados os seguintes requisitos:

I – existência de **valor alvo máximo de captação não superior a R$ 15.000.000,00 (quinze milhões de reais)**, e de prazo de captação não superior a 180 (cento e oitenta) dias, que devem ser definidos antes do início da oferta;

II – a oferta deve seguir os procedimentos descritos no **art. 5º desta Resolução**;

III – deve ser garantido ao investidor um **período de desistência de, no mínimo, 5 (cinco) dias contados a partir da confirmação do investimento**, sendo a desistência por parte do investidor **isenta de multas ou penalidades** quando solicitada antes do encerramento deste período;

IV – o emissor deve ser **sociedade empresária de pequeno porte** nos termos da Resolução;

V – os **valores mobiliários objeto da oferta pública**, bem como todos aqueles com eles fungíveis, neles conversíveis ou que se convertam na mesma espécie de valor mobiliário, devem, alternativamente, ser objeto de:

a) **escrituração**, nos termos da regulamentação específica, observado o art. 12; ou

b) **controle de titularidade e de participação societária**, nos termos da Seção II do Capítulo IV; e

VI – os **recursos** captados pela sociedade empresária de pequeno porte **não podem ser utilizados** para:

a) a **aquisição, direta ou por meio de títulos conversíveis**, de participação minoritária em outras sociedades, assim entendido como 50% (cinquenta por cento) ou menos de suas cotas ou ações com direito a voto, conforme o caso; e

b) a **concessão de crédito a outras sociedades**.

As condições estabelecidas acima devem ser verificadas pela plataforma na realização de cada oferta e a **confirmação de investimento** a que se refere o **inciso III** corresponde a uma **ação do investidor**, em que ele se compromete firmemente a participar da oferta, por meio **da (i) transferência de recursos**; ou **(ii) assinatura do contrato de investimento**.

Para os efeitos do **inciso I**, na hipótese em que já tenha sido previamente utilizada no ano-calendário a dispensa de registro de oferta pública nos termos da Resolução, por meio da mesma ou de outra plataforma registrada, o somatório do valor total de captação da oferta atual com os montantes captados anteriormente pela sociedade empresária de pequeno porte **não pode exceder o valor de R$15.000.000,00 (quinze milhões de reais)**.

Não é admitida a realização de nova oferta com dispensa de registro nos termos da Resolução pela mesma sociedade empresária de pequeno porte, por meio da mesma ou de outra plataforma, dentro do prazo de **120 (cento e vinte) dias** contado da data de encerramento da oferta anterior que tenha logrado êxito.

Nos termos do **art. 4º da Resolução n. 88**, o montante total aplicado por investidor em valores mobiliários ofertados com dispensa de registro nos termos da Resolução fica **limitado a R$ 20.000,00 (vinte mil reais) por ano calendário**, exceto no caso de **investidor**:

I – **líder**, nos termos do art. 2ª, III;

II – **qualificado**, nos termos de regulamentação específica que dispõe sobre o dever de verificação da adequação dos produtos, serviços e operações ao perfil do cliente; ou

III – **cuja renda bruta anual ou o montante de investimentos financeiros** seja **superior a R$ 200.000,00 (duzentos mil reais)**, hipótese na qual o limite anual de investimento mencionado acima pode ser ampliado para até 10% (dez por cento) do maior destes dois valores por ano calendário.

Para fins do **cumprimento do limite estabelecido** acima, a plataforma deve:

I – verificar o montante aplicado pelo investidor em ofertas conduzidas no seu ambiente;

II – nas hipóteses dos incisos II e III, obter declaração do investidor atestando seu enquadramento nas condições exigidas naqueles incisos, conforme modelos constantes, respectivamente, dos Anexos A e B da Resolução; e

III – obter declaração do investidor atestando que, quando somado a outros valores previamente investidos no ano calendário em ofertas dispensadas de registro nos termos desta Resolução por meio de outras plataformas, o montante a ser investido na oferta não ultrapassa:

a) R$ 20.000 (vinte mil reais), no caso dos investidores citados acima, conforme modelo constante do Anexo C da Resolução; ou

b) 10% (dez por cento) da renda bruta anual ou do investimento financeiro, no caso dos investidores citados no inciso III do *caput*, conforme modelo constante do Anexo B da Resolução.

Procedimentos da oferta pública

Conforme **art. 5º da Resolução n. 88**, a distribuição de oferta pública dispensada de registro nos termos desta Resolução deve ser realizada por uma única plataforma eletrônica de investimento participativo registrada na CVM, devendo ser observados os seguintes procedimentos:

I – todos os investidores devem firmar termo de adesão e ciência de risco, nos termos do art. 26, IV[5];

II – para cada oferta em andamento, a plataforma deve manter, nos termos do art. 10[6], uma página na rede mundial de computadores, nos programas, aplicativos ou outros meios eletrônicos disponibilizados, informando o montante total correspondente ao investimento confirmado, de modo que seja possível comparar diariamente este valor com os valores alvo mínimo e máximo de captação;

III – é admitida a distribuição parcial, com o estabelecimento de valores alvo mínimo e máximo de captação, sendo que o valor alvo mínimo deve ser igual ou superior a 2/3 (dois terços) do valor alvo máximo;

IV – na hipótese de sucesso da oferta, a plataforma deve divulgar o seu encerramento em sua página na rede mundial de computadores, sem restrições de acesso, utilizando para tal o modelo constante do Anexo D a esta Resolução;

V – em até 7 (sete) dias após a data do encerramento da oferta, a plataforma deve tomar as providências necessárias para que seja realizada a transferência do montante final investido para:

a) a sociedade empresária de pequeno porte, na hipótese de o montante final investido nos termos desta Resolução atingir o valor alvo mínimo de captação; ou

b) os investidores da oferta, na hipótese de o montante final investido nos termos desta Resolução não atingir o valor alvo mínimo de captação.

---

5. "Art. 26. As plataformas eletrônicas de investimento participativo devem:

(...)

IV – obter do investidor da oferta, previamente à confirmação do investimento, a assinatura de termo de adesão e de ciência de risco, declarando que teve acesso às informações essenciais da oferta pública, em especial aos alertas de risco, e que está ciente:

a) da possibilidade de perda da totalidade do capital investido em decorrência do insucesso da sociedade empresária de pequeno porte;

b) quando aplicável, do risco advindo da aquisição ou da conversão dos valores mobiliários de que é titular em participação em sociedades empresárias de pequeno porte que, dependendo do tipo societário adotado, podem acarretar riscos ao seu patrimônio pessoal em razão de sua responsabilidade patrimonial limitada não ser reconhecida em decisões judiciais nas esferas trabalhistas, previdenciária e tributária, entre outras;

c) dos riscos associados à detenção de posição minoritária na sociedade empresária de pequeno porte, considerando a influência que os seus controladores possam vir a exercer em eventos corporativos como a emissão adicional de valores mobiliários, alienação do controle ou de ativos, e transações com partes relacionadas;

d) do risco de crédito da sociedade empresária de pequeno porte, quando da emissão de títulos representativos de dívida;

e) do risco associado às dificuldades que possa enfrentar para vender valores mobiliários de sociedade empresária de pequeno porte não registrada na CVM e que não são admitidos à negociação em mercados regulamentados;

f) de que a sociedade empresária de pequeno porte não é registrada na CVM e que pode não haver prestação de informações contínuas pela sociedade após a realização da oferta; e

g) de que não existe obrigação, definida em lei ou regulamentação, da sociedade empresária de pequeno porte que não seja constituída como sociedade anônima em transformar-se neste tipo de sociedade;"

6. "Art. 10. A oferta realizada com dispensa de registro nos termos desta Resolução deve ser conduzida exclusivamente por meio de página da plataforma na rede mundial de computadores, podendo ser utilizado programa, aplicativo ou outro meio eletrônico, desde que administrados pela plataforma e em seu nome.

VI – é admitida a distribuição de lote adicional, a critério da sociedade empresária de pequeno porte, limitado ao montante de até 25% (vinte e cinco por cento) do valor alvo máximo, desde que tal possibilidade:

a) tenha sido aprovada por órgão societário deliberativo da sociedade empresária de pequeno porte;

b) esteja prevista no Anexo E; e

c) o valor total da oferta respeite o limite anual de captação previsto no art. 3º, I.

VII – é admitida a oferta pública de distribuição secundária dos valores mobiliários desde que:

a) o montante total da oferta secundária não ultrapasse 20% (vinte por cento) do valor alvo máximo;

b) o controlador ou grupo de controle não aliene participação maior que 20% (vinte por cento) dos valores mobiliários de sua propriedade e o percentual alienado não ocasione a perda do controle após a oferta; e

c) caso a distribuição da oferta seja parcial, seja respeitada a proporção dos valores mobiliários prevista nas alíneas "a" e "b".

Os montantes transferidos pelos investidores **não podem transitar** por contas correntes:

I – mantidas em nome da plataforma;

II – mantidas em nome de sócios, administradores, e pessoas ligadas à plataforma;

III – mantidas em nome de empresas controladas pelas pessoas mencionadas nos incisos I e II deste parágrafo;

IV – mantidas em nome do investidor líder;

V – mantidas em nome dos sócios, administradores e pessoas vinculadas ao investidor líder, se este for pessoa jurídica; e

VI – mantidas em nome de empresas controladas pelo investidor líder ou por seus sócios, administradores e pessoas vinculadas, se este for pessoa jurídica.

Os montantes disponibilizados pelos investidores somente podem ser depositados na **conta corrente da sociedade empresária de pequeno porte** após o encerramento e a confirmação do êxito da oferta.

Informações essenciais sobre a oferta pública

Conforme **art. 8º da Resolução n. 88**, a plataforma deve destinar uma página na rede mundial de computadores exclusivamente para as ofertas conduzidas nos termos desta Resolução, em língua portuguesa, na qual devem

---

Parágrafo único. Para fins do disposto no caput, somente é considerada página da plataforma na rede mundial de computadores, programa, aplicativo ou outro meio eletrônico aqueles que tenham o logo, a identidade visual e que identifiquem a plataforma registrada na CVM como a promotora da oferta pública."

constar as seguintes informações mínimas sobre a oferta em uma seção denominada **"INFORMAÇÕES ESSENCIAIS SOBRE A OFERTA PÚBLICA"**, escrita em linguagem clara, objetiva, serena, moderada e adequada ao tipo de investidor a que a oferta se destina.

Os programas, aplicativos ou quaisquer meios eletrônicos utilizados pela plataforma devem dar destaque e direcionar eletronicamente os investidores às informações mencionadas acima.

De igual maneira, a plataforma deve apresentar os documentos jurídicos e financeiros relativos à cada oferta em seção da página da oferta na rede mundial de computadores denominada **"PACOTE DE DOCUMENTOS RELEVANTES"**, antes do início da oferta, incluindo:

> I – **contrato ou estatuto social** da sociedade empresária de pequeno porte;
>
> II – **cópia da escritura de debêntures, do título ou do contrato de investimento** que represente o valor mobiliário ofertado, conforme o caso;
>
> III – **cópia do regulamento, contrato ou estatuto social** do veículo de investimento que constitui o sindicato de investimento participativo, se houver;
>
> IV – **cópia de documento da sociedade empresária de pequeno porte** que evidencie a aprovação da emissão dos valores mobiliários objeto da oferta pública;
>
> V – **demonstrações financeiras da sociedade empresária de pequeno porte** elaboradas de acordo com a legislação vigente; e
>
> VI – **outros documentos** relevantes à tomada de decisão de investimento.

Havendo **alteração substancial, posterior e imprevisível** nas circunstâncias de fato existentes quando do início da oferta pública de distribuição até o encerramento da oferta, a plataforma pode alterar as informações essenciais da oferta, observado que:

> I – a modificação ou a revogação seja divulgada imediatamente em meios ao menos iguais aos utilizados para a divulgação da oferta;
>
> II – as modificações sejam destacadas na página da rede mundial de computadores da plataforma e informadas aos investidores que já aderiram à oferta diretamente por meio de correspondência eletrônica ou qualquer outro meio de comunicação passível de comprovação de que o investidor tenha recebido ou tenha tido acesso;
>
> III – os investidores que já tenham aderido possam revogar suas reservas no **prazo de 5 (cinco) dias a partir do recebimento da comunicação** prevista no inciso II; e
>
> IV – a plataforma tome as medidas necessárias para se certificar que, no momento do recebimento das aceitações da oferta modificada, o investidor esteja ciente de que a oferta original foi alterada e de que tem conhecimento das novas condições.

As **demonstrações financeiras** citadas acima devem ser auditadas por auditor registrado na CVM:

> I – anteriormente à realização da oferta pública, quando:
>
> a) o valor alvo de captação da oferta pública ultrapassar R$ 10.000.000,00 (dez milhões de reais); ou
>
> b) a sociedade empresária de pequeno porte tiver registrado receita bruta anual superior a R$ 10.000.000,00 (dez milhões de reais), verificada com base nas demonstrações financeiras consolidadas apuradas no exercício anterior ao que a oferta será realizada; e
>
> II – após a realização da oferta pública, se a sociedade empresária de pequeno porte tiver registrado no exercício anterior receita bruta anual superior a R$ 10.000.000,00 (dez milhões de reais), verificada com base nas demonstrações financeiras consolidadas.

Na hipótese do **inciso I acima**:

> I – caso a sociedade empresária de pequeno porte realize mais de uma oferta pública no mesmo ano calendário, a obrigação se aplica à oferta cujo valor alvo máximo de captação, somado aos valores efetivamente captados nas ofertas anteriores, ultrapasse o limite indicado; e
>
> II – as demonstrações financeiras auditadas por auditor registrado na CVM devem ser preparadas e disponibilizadas previamente à realização da oferta pública.

Finalmente, pelo art. 9º, o endereço na rede mundial de computadores com as informações essenciais sobre a oferta pública **deve ser mantido em operação e disponível por, no mínimo, 5 (cinco) anos**, não se aplicando esse prazo se a plataforma estiver autorizada pela sociedade empresária de pequeno porte para atuar como intermediadora de transações subsequentes, devendo ser mantido em operação ou disponível enquanto não se observarem as situações previstas no art. 30.

Responsabilidade dos administradores

Nos termos do **art. 40 da Resolução**, os administradores da plataforma eletrônica de investimento participativo, dentro de suas competências, **têm o dever de zelar pelo cumprimento das obrigações impostas à plataforma**.

Deveres da sociedade empresária de pequeno porte

A sociedade empresária de pequeno porte é a **responsável pela veracidade, consistência, qualidade e suficiência das informações** fornecidas à plataforma para fins da realização de oferta pública com dispensa de registro, em prejuízo do disposto no art. 26 da Resolução.

Outrossim, são **deveres da sociedade empresária de pequeno porte**:

> I – a garantia de tratamento equitativo entre os investidores da oferta pública;
>
> II – ao contratar a plataforma, informar se já realizou ofertas públicas de distribuição de valores mobiliários em outras plataformas eletrônicas de investimento participativo; e
>
> III – informar à plataforma, com 3 (três) dias úteis de antecedência da divulgação ou realização do evento, a realização de promoção da oferta pública nos termos do art. 11.

Por fim, os **administradores da sociedade empresária de pequeno porte**, dentro de suas competências, têm o **dever de observar** o disposto na Resolução e **zelar pelo cumprimento das obrigações impostas à sociedade**.

Tabela comparativa da Instrução CVM n. 588 (revogada) e da Resolução CVM n. 88

ASSUNTO	INSTRUÇÃO CVM N. 588	RESOLUÇÃO CVM N. 88
LIMITE DE CAPTAÇÃO ANUAL	R$ 5.000.000,00 (cinco milhões de reais)	R$ 15.000.000,00 (quinze milhões de reais)
RECEITA BRUTA ANUAL INDIVIDUALIZADA	R$ 10.000.000,00 (dez milhões de reais)	R$ 40.000.000,00 (sessenta milhões de reais)
RECEITA BRUTA ANUAL CONSOLIDADA	R$ 10.000.000,00 (dez milhões de reais)	R$ 80.000.000,00 (oitenta milhões de reais)
RECURSOS CAPTADOS	Não podem ser utilizados para aquisição de títulos, conversíveis ou não, e valores mobiliários de emissão de outras sociedades.	Não podem ser utilizados para a aquisição, direta ou por meio de títulos conversíveis, de participação minoritária em outras sociedades, assim entendido como 50% (cinquenta por cento) ou menos de suas cotas ou ações com direito a voto, conforme o caso.
ESCRITURAÇÃO DOS VALORES MOBILIÁRIOS	Não havia previsão.	Os valores mobiliários objeto do *crowdfunding* precisarão ser objeto de escrituração e de controle de titularidade e de participação societária por escriturador de valores mobiliários registrado na CVM.
MONTANTE ANUAL MÁXIMO PASSÍVEL DE APLICAÇÃO POR INVESTIDOR COM DISPENSA DE REGISTRO	R$ 10.000,00 (dez mil reais)	R$ 20.000,00 (vinte mil reais)

RENDA BRUTA ANUAL OU MONTANTE DE INVESTIMENTOS FINANCEIROS MÍNIMOS DO INVESTIDOR DO ITEM ACIMA	R$ 100.000,00 (cem mil reais)	R$ 200.000,00 (duzentos mil reais)
LOTE ADICIONAL DO VALOR ALVO MÁXIMO	Não havia previsão.	25% (vinte e cinco por cento)
AUDITORIA DAS DEMONSTRAÇÕES FINANCEIRAS	Não havia previsão.	Deverão ser auditadas por auditor registrado na CVM
PROFISSIONAL DE *COMPLIANCE*, REGRAS, PROCEDIMENTOS E CONTROLES INTERNOS	Não havia previsão.	A plataforma que ultrapassar, no exercício social, volume de ofertas que tenham superado montante de R$ 30.000.000,00 (trinta milhões de reais), deve contar, permanentemente, com um profissional responsável pela supervisão das regras, procedimentos e controles internos.
INVESTIDOR LÍDER	O investimento na sociedade empresária de pequeno porte deverá corresponder a pelo menos 5% (cinco por cento) do valor alvo mínimo de captação da oferta de *crowdfunding*.	O investimento na sociedade empresária deverá corresponder a: (i) pelo menos 5% (cinco por cento) do valor mínimo de captação, no caso de oferta com valor alvo máximo de captação de até R$ 5.000.000,00 (cinco milhões de reais); (ii) pelo menos 4% (quatro por cento) do valor mínimo de captação, no caso de oferta com valor alvo máximo de captação superior a R$ 5.000.000,00 (cinco milhões de reais) e inferior a R$ 10.000.000,00 (dez milhões de reais); e (iii) pelo menos 3,5% (três vírgula cinco por cento) do valor mínimo de captação, no caso de oferta com valor alvo máximo de captação superior a R$ 10.000.000,00 (dez milhões de reais) e inferior a R$ 15.000.000,00 (quinze milhões de reais).

13.4. CONTRATOS DE INVESTIDOR-ANJO E DE PARTICIPAÇÃO EM *STARTUPS*

A **Lei Complementar n. 155, de 2016**, trouxe importantes modificações para o ambiente de negócios das pequenas empresas no Brasil, incluindo a regulamentação da figura do investidor-anjo.

Esse marco legal é significativo, pois antes dele não havia uma regulamentação específica para investimentos em microempresas e empresas de pequeno porte por parte de investidores que **não desejam se tornar sócios**.

Essencialmente, essa **Lei Complementar** define o **investidor-anjo** como uma **pessoa física ou jurídica** que realiza aportes financeiros em empresas sem ingressar no quadro societário, o que significa que o investidor **não obtém direitos de gerência ou voto na empresa** e, mais crucialmente, **não responde por dívidas da empresa**.

Essa característica do investimento-anjo é fundamental, pois oferece uma camada de segurança, tanto para o investidor quanto para o empreendedor.

O investidor pode contribuir com capital, sem as complicações e responsabilidades de ser um sócio, enquanto o empreendedor recebe o investimento necessário sem ter que alterar a gestão ou estrutura de propriedade da sua empresa.

A formalização desse tipo de investimento é feita através de um **contrato de participação**, com um **prazo máximo estipulado de sete anos**.

Durante esse período, o investidor-anjo tem direito a uma remuneração baseada nos lucros da empresa, limitada a **50%** destes, para não onerar excessivamente o negócio em desenvolvimento. Após o término do prazo contratual, **há a opção de converter** o aporte em **participação societária** ou **reaver o valor investido** com correções.

Essa legislação é significativa, pois promove o empreendedorismo e a inovação no Brasil, ao facilitar o acesso ao capital para *startups* e pequenas empresas em fases iniciais. A presença de investidores-anjo é fundamental em ecossistemas de negócios dinâmicos, pois eles não apenas fornecem capital, mas frequentemente trazem experiência, rede de contatos e conhecimento, que são recursos valiosos para empresas nascentes.

Ao mesmo tempo, a Lei Complementar n. 155/2016 oferece uma estrutura legal que protege os investidores, assegurando que seu investimento não será considerado como um aumento de capital da empresa e, portanto, não os sujeita a responsabilidades legais associadas à propriedade da empresa. Essa segurança jurídica é crucial para **estimular investimentos** e contribuir para um ambiente de negócios saudável e inovador.

Em resumo, a Lei Complementar n. 155/2016 é um avanço significativo na legislação brasileira, abrindo caminho para novas formas de investimento em pequenas empresas e *startups*, essenciais para o crescimento econômico e a inovação no país. Ao equilibrar as necessidades de financiamento das empresas com a proteção dos investidores, a lei cria um cenário favorável para o **desenvolvimento de um ecossistema empresarial mais robusto e diversificado**.

Principais aspectos da Lei Complementar n. 155/2016

1. Definição de investidor-anjo: a lei define investidor-anjo como a pessoa física ou jurídica que realiza aportes financeiros em microempresas e empresas de pequeno porte sem, contudo, integrar o quadro societário da empresa. Isso significa que o investidor-anjo não possui direitos de voto ou de gerência e não responde por dívidas da empresa, oferecendo um cenário mais seguro e atrativo para investir em *startups* e pequenos negócios.

2. Formalização do investimento: o investimento-anjo deve ser formalizado por meio de um contrato, podendo ter prazo máximo de sete anos. Esse contrato não é considerado parte do capital social da empresa.

3. Retorno do investimento: o investidor-anjo tem direito a receber, em retorno, remuneração baseada nos lucros da empresa, conforme acordado no contrato. Contudo, essa remuneração é limitada a 50% dos lucros da empresa, para minimizar o impacto financeiro sobre o negócio em crescimento.

4. Opção de conversão do aporte em participação societária: após o prazo contratual, o investidor-anjo pode optar por converter o valor investido em participação societária ou receber de volta o valor corrigido, conforme condições previstas no contrato.

5. Proteção para ambas as partes: a lei visa a proteger tanto o investidor quanto a empresa receptora do investimento. O investidor tem a segurança de que seu aporte não será considerado como aumento de capital, evitando responsabilidades legais. Já as empresas beneficiadas podem receber investimentos sem a necessidade de alterar a gestão ou a estrutura societária.

Impacto e importância

Essa regulamentação do investimento-anjo é um passo importante para fomentar o ecossistema de *startups* e inovação no Brasil. Ao oferecer um ambiente mais seguro e juridicamente estruturado, a Lei Complementar n. 155/2016 incentiva o investimento em empresas em fase inicial, fundamentais para o desenvolvimento econômico e inovação no país.

Além disso, a lei oferece aos pequenos empreendedores acesso a fontes de financiamento alternativas, essenciais para o crescimento e a consolidação de seus negócios, especialmente em estágios iniciais, em que o acesso ao crédito tradicional pode ser limitado.

Em resumo, a Lei Complementar n. 155/2016 é um marco importante na legislação brasileira, promovendo o empreendedorismo e a inovação, ao mesmo tempo que protege os interesses de investidores e empresários. Ela representa um equilíbrio entre a necessidade de financiamento das empresas e a segurança jurídica para os investidores.

MODELO DE CONTRATO DE PARTICIPAÇÃO DE INVESTIDOR-ANJO

CONTRATO DE PARTICIPAÇÃO/INVESTIMENTO EM *STARTUP* DE ACORDO COM A LEI COMPLEMENTAR N. 155/2016 (*INVESTIDOR-ANJO*)

Este **CONTRATO DE INVESTIMENTO-ANJO EM *STARTUP*** ("Contrato") é celebrado em XX de XX de XXXX, entre a **EMPRESA XXX** (Qualificação completa), doravante simplesmente denominada de *STARTUP* ou COMPANHIA; e **XXX** (Nome e qualificação completa do investidor – Pessoa física ou pessoa jurídica), doravante simplesmente denominado INVESTIDOR-ANJO.

CLÁUSULA XXX – OBJETO DO CONTRATO

O objeto deste Contrato é estabelecer os termos e condições para a participação do INVESTIDOR-ANJO na *STARTUP*, conforme previsto na Lei Complementar n. 155, de 27 de outubro de 2016, que alterou a legislação do Simples Nacional e introduziu a figura do Investidor-Anjo.

CLÁUSULA XXX – INVESTIMENTO

O INVESTIDOR-ANJO se compromete a realizar um aporte de recursos na *STARTUP* no valor total de R$ XXX (XXX mil reais), denominado de "Investimento", a título de participação nos lucros da *STARTUP*.

PARÁGRAFO XXX – O Investimento será realizado em XXX (XXX) parcela(s) (ou em parcela única), conforme o cronograma de desembolso estabelecido no Anexo XXX deste Contrato.

CLÁUSULA XXX – PARTICIPAÇÃO NOS LUCROS

Em contrapartida ao Investimento realizado, o INVESTIDOR-ANJO terá direito a participar dos lucros da *startup*, na proporção de até XXX% (XXX por cento) dos lucros, conforme estabelecido no Anexo XXX deste Contrato.

CLÁUSULA XXX – PRAZO E RESGATE DO INVESTIMENTO

O prazo para a manutenção do Investimento será de XXX anos, contados da data de assinatura deste Contrato, podendo ser prorrogado mediante acordo entre as partes.

PARÁGRAFO XXX – Após o término do prazo estabelecido na Cláusula XXX, o INVESTIDOR-ANJO poderá exercer o direito de resgate do Investimento, com base no valor de sua participação nos lucros da *STARTUP*, conforme estabelecido no Anexo XXX deste Contrato.

CLÁUSULA XXX – DIREITOS E OBRIGAÇÕES DO INVESTIDOR-ANJO

O INVESTIDOR-ANJO não será considerado sócio da *STARTUP* e não responderá por qualquer dívida da *STARTUP*, inclusive em caso de recuperação judicial ou falência.

PARÁGRAFO XXX – O INVESTIDOR-ANJO poderá, a seu critério, oferecer apoio técnico e administrativo à *STARTUP*, sem que isso implique a assunção de responsabilidades ou obrigações perante terceiros.

CLÁUSULA XXX – REPRESENTAÇÕES E GARANTIAS

As Partes declaram e garantem mutuamente que têm poderes e autorizações necessárias para celebrar e executar este Contrato, e que o cumprimento deste Contrato não violará qualquer lei, regulamento ou contrato a que estejam vinculadas.

CLÁUSULA XXX – CONFIDENCIALIDADE

As Partes se comprometem a manter a confidencialidade de todas as informações obtidas em razão deste Contrato, exceto se exigido por lei ou autoridade competente, ou se a informação se tornar pública sem violação deste Contrato.

CLÁUSULA XXX – RESOLUÇÃO DE DISPUTAS

Qualquer disputa, controvérsia ou reivindicação decorrente ou relacionada a este Contrato, ou à violação, rescisão ou invalidade deste, será resolvida por meio de negociação amigável entre as partes.

PARÁGRAFO XXX – Caso as partes não cheguem a um acordo no prazo de XXX (XXX) dias após o início das negociações, a disputa será resolvida por meio de arbitragem, de acordo com as regras de arbitragem da XXX (Indicar a Instituição/Câmara de Arbitragem), por XXX (XXX) árbitro(s), a ser(em) nomeado(s) de acordo com as referidas regras. A sede da arbitragem será XXX/XX (Cidade/UF), e o idioma da arbitragem será XXX.

CLÁUSULA XXX – VIGÊNCIA E RESCISÃO

Este Contrato entrará em vigor na data de sua assinatura e permanecerá em vigor até que todas as obrigações nele previstas sejam cumpridas.

PARÁGRAFO XXX – Qualquer das partes poderá rescindir este Contrato mediante notificação escrita à outra parte, caso a outra parte viole materialmente qualquer disposição deste Contrato e não cure tal violação no prazo de [número] dias após o recebimento da notificação.

CLÁUSULA XXX – DISPOSIÇÕES GERAIS

Este Contrato será regido e interpretado de acordo com as leis do Brasil.

PARÁGRAFO XXX – Este Contrato constitui o entendimento completo e exclusivo entre as partes em relação ao assunto aqui tratado e substitui todos os acordos e entendimentos anteriores, sejam escritos ou verbais.

PARÁGRAFO XXX – Qualquer alteração ou modificação deste Contrato deverá ser feita por escrito e assinada por ambas as partes.

PARÁGRAFO XXX – Este Contrato é vinculativo e reverterá em benefício das partes e seus respectivos herdeiros, executores, administradores, sucessores e cessionários permitidos.

PARÁGRAFO XXX – A renúncia por qualquer das partes a qualquer violação ou inadimplemento de qualquer disposição deste Contrato não será considerada como renúncia a qualquer violação ou inadimplemento subsequente.

E, por estarem justas e contratadas, as partes assinam o presente Contrato em XXX (XXX) vias de igual teor e forma, para que produza todos os efeitos legais.

Local, Data.

REPRESENTANTE DA *STARTUP*

INVESTIDOR-ANJO

Testemunha 1

Testemunha 2

MODELO DE CONTRATO DE PARTICIPAÇÃO EM *STARTUP*

CONTRATO DE PARTICIPAÇÃO EM *STARTUP*

Este **CONTRATO DE PARTICIPAÇÃO EM *STARTUP*** (CONTRATO) é celebrado em XX de XX de XXXX, entre a **STARTUP/COMPANHIA XXX** (Qualificação completa), doravante simplesmente denominada *STARTUP* ou COMPANHIA; e **XXX** (Nome e qualificação completa do investidor – Pessoa física ou jurídica), doravante simplesmente denominado de INVESTIDOR.

CLÁUSULA XXX – OBJETO DO CONTRATO

O objeto deste Contrato é estabelecer os termos e condições para a participação do INVESTIDOR na *STARTUP*, por meio da subscrição e integralização de ações ordinárias ou preferenciais da *STARTUP*, conforme aplicável.

CLÁUSULA XXX – INVESTIMENTO

O INVESTIDOR se compromete a investir na *STARTUP* o valor total de R$ XXX (XXX reais), denominado de "Investimento", mediante a subscrição e integralização de XXX (XXX) ações, ordinárias e/ou preferenciais da *STARTUP*, denominada de "Ações", representando XXX% (XXX por cento) do capital social da *Startup* após a conclusão da operação.

PARÁGRAFO XXX – O Investimento será realizado em XXX parcela(s), conforme o cronograma de desembolso estabelecido no Anexo XXX deste Contrato.

CLÁUSULA XXX – *VALUATION* E PREÇO POR AÇÃO

As partes concordam que o valor total da *STARTUP* antes do Investimento (o denominado *Pre-Money Valuation*) é de R$ XXX (XXX mil reais).

PARÁGRAFO XXX – Com base no *Pre-Money Valuation*, o preço por Ação será de R$ XXX (XXX mil reais).

CLÁUSULA XXX – DIREITOS E OBRIGAÇÕES DAS AÇÕES

As Ações conferirão ao INVESTIDOR os direitos e estarão sujeitas às obrigações previstas no Estatuto Social da *Startup* e na legislação aplicável, incluindo, sem limitação, direito a voto, direito a dividendos e outros direitos econômicos, e direitos de preferência na subscrição de ações em futuras emissões.

CLÁUSULA XXX – GOVERNANÇA CORPORATIVA

A *STARTUP* se compromete a implementar práticas de governança corporativa, conforme estabelecido no Anexo XXX deste Contrato, incluindo a criação de um Conselho de Administração ou Conselho Consultivo, no qual o INVESTIDOR terá direito a indicar pelo menos XXX (XXX) membro(s).

CLÁUSULA XXX – REPRESENTAÇÕES E GARANTIAS

As Partes declaram e garantem mutuamente que têm poderes e autorizações necessárias para celebrar e executar este Contrato, e que o cumprimento deste Contrato não violará qualquer lei, regulamento ou contrato a que estejam vinculadas.

CLÁUSULA XXX – DIREITO DE PREFERÊNCIA E *DRAG-ALONG*

As Partes acordam que, em caso de futura venda de ações da *STARTUP*, cada acionista terá direito de preferência para adquirir ações, na mesma proporção de sua participação no capital social da *STARTUP*.

PARÁGRAFO XXX – Em caso de venda de ações da *STARTUP* que representem a maioria do capital social, o INVESTIDOR terá o direito de exigir que os demais acionistas vendam suas ações nas mesmas condições (direito de *drag-along*).

CLÁUSULA XXX – CONFIDENCIALIDADE

As Partes se comprometem a manter a confidencialidade de todas as informações obtidas em razão deste Contrato, exceto se exigido por lei ou autoridade competente, ou se a informação se tornar pública sem violação deste Contrato.

CLÁUSULA XXX – RESOLUÇÃO DE DISPUTAS

Qualquer disputa, controvérsia ou reivindicação decorrente ou relacionada a este Contrato, ou à violação, rescisão ou invalidade deste, será resolvida por meio de negociação amigável entre as Partes.

PARÁGRAFO XXX – Caso as Partes não cheguem a um acordo no prazo de XXX (XXX) dias após o início das negociações, a disputa será resolvida por meio de arbitragem, de acordo com as regras de arbitragem da XXX (Indicar a Instituição/Câmara de Arbitragem), por XXX (XXX) árbitro(s), a ser(em) nomeado(s) de acordo com as referidas regras. A sede da arbitragem será XXX/XX (Cidade/UF), e o idioma da arbitragem será XXX.

CLÁUSULA XXX – VIGÊNCIA E RESCISÃO

Este Contrato entrará em vigor na data de sua assinatura e permanecerá em vigor até que todas as obrigações nele previstas sejam cumpridas.

PARÁGRAFO XXX – Qualquer das Partes poderá rescindir este Contrato mediante notificação escrita à outra Parte, caso a outra parte viole materialmente qualquer disposição deste Contrato e não cure tal violação no prazo de XXX (XXX) dias após o recebimento da notificação.

CLÁUSULA XXX – DISPOSIÇÕES GERAIS

Este Contrato será regido e interpretado de acordo com as leis vigentes do país.

PARÁGRAFO XXX – Este Contrato constitui o entendimento completo e exclusivo entre as Partes em relação ao assunto aqui tratado e substitui todos os acordos e entendimentos anteriores, sejam escritos ou verbais.

PARÁGRAFO XXX – Qualquer alteração ou modificação deste Contrato deverá ser feita por escrito e assinada por ambas as Partes.

PARÁGRAFO XXX – Este Contrato é vinculativo e reverterá em benefício das partes e seus respectivos herdeiros, executores, administradores, sucessores e cessionários permitidos.

PARÁGRAFO XXX – A renúncia por qualquer das Partes a qualquer violação ou inadimplemento de qualquer disposição deste Contrato não será considerada como renúncia a qualquer violação ou inadimplemento subsequente.

E, por estarem justas e contratadas, as partes assinam o presente Acordo em XXX (XXX) vias de igual teor e forma, para que produza todos os efeitos legais.

Local, Data.

REPRESENTANTE DA *STARTUP*

INVESTIDOR

Testemunha 1

Testemunha 2

14. A LEI GERAL DE PROTEÇÃO DE DADOS (LGPD) NO DIREITO E CONTRATOS SOCIETÁRIOS

Sem adentrar em muitos aspectos técnicos, podemos afirmar que a Lei **Geral de Proteção de Dados (LGPD)** representa um marco fundamental na forma como as empresas lidam com dados pessoais, refletindo uma crescente preocupação global com a privacidade e segurança da informação.

Sua implementação não é apenas uma exigência legal, mas também uma necessidade ética e estratégica para as organizações em um ambiente cada vez mais digital e interconectado.

Assim, a **Lei Geral de Proteção de Dados (LGPD)**, promulgada no Brasil em agosto de 2018 e em vigor desde setembro de 2020, representa um marco no que tange à proteção de dados pessoais. Inspirada pelo **Regulamento Geral de Proteção de Dados da União Europeia (GDPR)**, a LGPD estabelece um conjunto abrangente de regras sobre a coleta, o uso, o processamento e a armazenagem de dados pessoais.

O principal objetivo da LGPD é garantir a privacidade e proteger os direitos fundamentais de liberdade e de privacidade dos cidadãos, conferindo a eles maior controle sobre seus dados pessoais.

A lei se aplica a qualquer operação de tratamento de dados realizada por pessoa física ou jurídica, de direito público ou privado, independentemente do meio, do país de sua sede ou do país onde os dados estejam localizados, desde que a atividade de tratamento de dados ocorra no território nacional, os dados tenham sido coletados no Brasil ou o objetivo do tratamento de dados seja a oferta ou fornecimento de bens ou serviços a indivíduos localizados no Brasil.

Um dos aspectos centrais da LGPD é o consentimento explícito do titular dos dados para o uso de suas informações pessoais. Isso significa que organizações precisam obter autorização clara e específica dos indivíduos antes de coletar, usar ou compartilhar seus dados. Além disso, esses indivíduos têm o direito de acessar, corrigir, excluir ou transferir seus dados, e podem revogar seu consentimento a qualquer momento.

A lei também estabelece a figura do Encarregado de Proteção de Dados (*Data Protection Officer* – DPO), que é responsável por assegurar a conformidade com a LGPD dentro das organizações, atuar como ponto de contato com os titulares dos dados e a Autoridade Nacional de Proteção de Dados (ANPD), e orientar funcionários e contratados sobre as práticas adequadas de tratamento de dados.

Em caso de não conformidade, as sanções podem variar de advertências a multas significativas, que podem chegar a 2% do faturamento da empresa, limitadas a R$ 50 milhões por infração. Além das sanções administrativas, a lei também prevê a possibilidade de responsabilização judicial.

A implementação da LGPD implica uma revisão profunda de como as organizações tratam os dados pessoais, exigindo uma mudança cultural significativa e a adoção de práticas de governança de dados mais rigorosas para garantir a conformidade com a legislação.

As empresas devem não apenas adaptar seus processos e sistemas para atender às exigências da lei, mas também promover uma compreensão mais ampla sobre a importância da proteção de dados pessoais em todos os níveis da organização.

A importância da **LGPD para as sociedades empresárias** pode ser verificada pelos seguintes aspectos:

1. Conformidade legal e credibilidade: a LGPD estabelece regras claras sobre a coleta, o armazenamento, o tratamento e o compartilhamento de dados pessoais. Para as empresas, estar em conformidade com essas normas é crucial para evitar penalidades legais, que podem incluir multas significativas. Além disso, a aderência à LGPD eleva a credibilidade da empresa perante clientes, parceiros e reguladores, demonstrando um compromisso com práticas responsáveis de gestão de dados.

2. Proteção contra riscos e vazamentos: a legislação obriga as empresas a adotarem medidas de segurança eficazes para proteger os dados contra acessos não autorizados e vazamentos. Isso minimiza o risco de incidentes de segurança que podem levar a consequências financeiras severas e danos à reputação.

3. Vantagem competitiva: empresas que adotam rigorosamente as práticas de proteção de dados estabelecidas pela LGPD podem obter uma vantagem competitiva. Isso ocorre porque a confiança do consumidor é cada vez mais pautada na capacidade de uma empresa em proteger suas informações pessoais.

E como podemos implementar a LGPD na sociedade empresária e nos contratos?

1. Cultura de proteção de dados: para efetivar a LGPD, é necessário mais do que a simples adoção de políticas internas; é imprescindível cultivar uma cultura organizacional que valorize a privacidade e a proteção de dados. Isso envolve treinamento regular dos funcionários, conscientização sobre a importância da segurança da informação e implementação de práticas de governança de dados.

2. Inclusão nos contratos: a LGPD impacta diretamente os contratos comerciais, exigindo que cláusulas de proteção de dados sejam incluídas. Isso garante que todas as partes envolvidas em processos de negócio compreendam suas responsabilidades e obrigações em relação à proteção de dados. Contratos com fornecedores, clientes e parceiros devem refletir os princípios da LGPD, estabelecendo claramente como os dados pessoais devem ser tratados e protegidos.

3. Transparência e consentimento: um princípio-chave da LGPD é a transparência no tratamento de dados pessoais. As empresas devem informar claramente aos titulares dos dados como suas informações são utilizadas. Além disso, em muitos casos, é necessário obter o consentimento expresso dos indivíduos antes de coletar ou usar seus dados.

A implementação da Lei Geral de Proteção de Dados é crucial para as empresas em diversos aspectos. Ela não apenas assegura a conformidade legal e protege contra riscos, mas também fortalece a confiança do consumidor e promove uma cultura de responsabilidade e transparência em relação aos dados pessoais.

Integrar os princípios da LGPD na estrutura organizacional e nos contratos é um passo fundamental para construir um ambiente de negócios ético, seguro e competitivo no cenário digital contemporâneo.

MODELO DE IMPLEMENTAÇÃO DA LEI GERAL DE PROTEÇÃO DE DADOS (LGPD) EM EMPRESAS

IMPLEMENTAÇÃO DA LEI GERAL DE PROTEÇÃO DE DADOS (LGPD) EM EMPRESAS

A **Lei Geral de Proteção de Dados (LGPD)** estabelece regras sobre o tratamento de dados pessoais e tem como objetivo proteger os direitos fundamentais de liberdade e privacidade.

Este modelo apresenta um passo a passo para a implementação da LGPD em empresas.

1. CRIAÇÃO DO COMITÊ DE PRIVACIDADE

1.1. Formar um comitê multidisciplinar, com membros de diferentes áreas da empresa (TI, Jurídico, RH, *Marketing* etc.), responsável por coordenar e supervisionar a implementação da LGPD.

1.2. Designar um Encarregado de Proteção de Dados (DPO) para atuar como canal de comunicação entre a empresa, os titulares dos dados e a Autoridade Nacional de Proteção de Dados (ANPD).

2. MAPEAMENTO DE DADOS

2.1. Identificar e catalogar os tipos de dados pessoais coletados, processados e armazenados pela empresa.

2.2. Identificar a finalidade e a base legal para o tratamento de cada tipo de dado pessoal.

2.3. Verificar se há transferência de dados pessoais para terceiros ou para fora do país e documentar essas operações.

3. ANÁLISE DE RISCOS E AVALIAÇÃO DE IMPACTO

3.1. Realizar uma análise de riscos e uma Avaliação de Impacto à Proteção de Dados Pessoais (AIPD) para identificar e mitigar possíveis vulnerabilidades.

3.2. Implementar medidas de segurança físicas, técnicas e administrativas para proteger os dados pessoais.

4. ATUALIZAÇÃO DE POLÍTICAS E PROCEDIMENTOS

4.1. Revisar e atualizar as políticas internas, incluindo a Política de Privacidade, os Termos de Uso e os contratos com fornecedores e parceiros, para garantir a conformidade com a LGPD.

4.2. Estabelecer procedimentos para o exercício dos direitos dos titulares dos dados, como acesso, retificação, exclusão, portabilidade, entre outros.

4.3. Implementar procedimentos para notificação de incidentes de segurança à ANPD e aos titulares dos dados afetados.

5. TREINAMENTO E CONSCIENTIZAÇÃO

5.1. Promover treinamentos e campanhas de conscientização sobre a LGPD para os colaboradores da empresa, abordando temas como proteção de dados, segurança da informação e boas práticas de privacidade.

5.2. Estabelecer um código de conduta em relação à proteção de dados e privacidade.

6. MONITORAMENTO E REVISÃO

6.1. Estabelecer um processo contínuo de monitoramento e revisão das práticas e políticas relacionadas à LGPD, garantindo a conformidade e a melhoria contínua.

6.2. Realizar auditorias periódicas para avaliar a eficácia das medidas de proteção de dados e identificar áreas de melhoria.

Lembre-se de que este modelo de implementação da LGPD não substitui a orientação de um profissional especializado e pode ser necessário adaptá-lo às suas necessidades e legislação local.

7. REVISÃO DE RELACIONAMENTO COM PARCEIROS E FORNECEDORES

7.1. Avaliar e revisar contratos com fornecedores e parceiros que tratam dados pessoais em nome da empresa, garantindo que estejam em conformidade com a LGPD.

7.2. Estabelecer cláusulas contratuais específicas sobre proteção de dados pessoais, responsabilidades e obrigações de cada parte.

8. GESTÃO DE CONSENTIMENTO

8.1. Implementar mecanismos de coleta, armazenamento e gerenciamento de consentimentos dos titulares dos dados, quando necessário.

8.2. Assegurar que os titulares dos dados possam revogar seu consentimento a qualquer momento.

9. IMPLEMENTAÇÃO DO PRINCÍPIO DA PRIVACIDADE DESDE A CONCEPÇÃO

9.1. Incorporar a proteção de dados pessoais desde a fase inicial de desenvolvimento de novos produtos, serviços ou processos que envolvam tratamento de dados pessoais.

9.2. Realizar análises de risco e AIPDs em projetos que possam ter impacto significativo na proteção de dados pessoais.

10. ATENDIMENTO A REQUISIÇÕES E RECLAMAÇÕES

10.1. Estabelecer canais de comunicação eficientes e transparentes para que os titulares dos dados possam exercer seus direitos e apresentar reclamações.

10.2. Implementar procedimentos internos para responder prontamente às solicitações e reclamações dos titulares dos dados, cumprindo os prazos estabelecidos pela LGPD.

11. PREPARAÇÃO PARA FISCALIZAÇÃO E AUDITORIA

11.1. Manter registros atualizados e organizados das atividades de tratamento de dados pessoais, incluindo as informações obrigatórias exigidas pela LGPD.

11.2. Estar preparado para demonstrar a conformidade com a LGPD em caso de fiscalização ou auditoria, apresentando as políticas, procedimentos e evidências das ações realizadas.

Este modelo de implementação da LGPD tem como objetivo fornecer uma visão geral dos passos necessários para alcançar a conformidade com a legislação.

No entanto, é importante lembrar que cada empresa tem suas especificidades e pode exigir ajustes e medidas adicionais.

BIBLIOGRAFIA

AZEVEDO, Antônio Junqueira de. *Negócio jurídico*. Existência, validade e eficácia. 4. ed. São Paulo: Saraiva, 2002.

BARROSO, Luís Roberto. A segurança jurídica na era da velocidade e do pragmatismo. In: *Temas de Direito Constitucional*. Rio de Janeiro: Renovar, 2001. v. I.

BEVILACQUA, Clovis. *Comentários ao Código Civil*. 4. ed. Rio de Janeiro: Francisco Alves, 1972. v. I.

CAVALIERI FILHO, Sérgio. *Programa de responsabilidade civil*. 10. ed. São Paulo: Atlas, 2012.

DINIZ, Maria Helena. *Curso de Direito Civil Brasileiro*. Parte Geral. 18. ed. São Paulo: Saraiva, 2003. p. 435.

GAGLIANO, Pablo Stolze; PAMPLONA FILHO, Rodolfo. *Manual de direito civil – volume único*. 2. ed. São Paulo: Saraiva, 2018.

_____. *Novo curso de direito civil*. Parte Geral. 23. ed. São Paulo: Saraiva, 2021.

GONÇALVES, Carlos Roberto. *Direito civil brasileiro – Parte Geral*. São Paulo: Saraiva, 2018, v. I a VII.

_____. *Direito civil brasileiro*, volume 3: contratos e atos unilaterais. 11. ed. São Paulo: Saraiva, 2014.

MARQUES, Claudia Lima. *Contratos no Código de Defesa do Consumidor*: o novo regime das relações contratuais. 4. ed. São Paulo, Revista dos Tribunais, 2002.

NERY, Rosa Maria de Andrade; NERY JR., Nelson. *Código Civil comentado*. 18. ed. ampl. e atual. São Paulo: Revista dos Tribunais, 2018.

_____. *Instituição de direito civil*: teoria geral do direito privado. São Paulo: Revista dos Tribunais, 2014. v. 1, t. I.

PEREIRA, Caio Mário da Silva. *Instituições de direito civil*. 21. ed. Rio de Janeiro: Forense, 2006, v. 1; 21. ed. Rio de Janeiro: Forense, 2006. v. 2 a 5.

REALE, Miguel. *O projeto do novo Código Civil*. 2. ed. São Paulo: Saraiva, 1999.

_____. *O dano moral no direito brasileiro*. São Paulo: Revista dos Tribunais, 1992.

TARTUCE, Flavio. *Direito Civil*: Lei de Introdução e Parte Geral. 14. ed. Rio de Janeiro: Forense, 2018.

_____. *Direito civil*: direito das obrigações e responsabilidade civil. 13. ed. São Paulo: Atlas, 2019.

_____. *Direito civil*: teoria geral dos contratos e contratos em espécie. 14. ed. São Paulo: Atlas, 2019.

_____. *Direito civil*: direito das coisas. 14. ed. São Paulo: Atlas, 2019.

_____. *Direito civil*: direito de família. 13. ed. São Paulo: Atlas, 2019.

_____. *Direito civil*: direitos das sucessões. 12. ed. São Paulo: Atlas, 2019.

VENOSA, Silvio de Salvo. *Direito civil*: Parte Geral do direito civil. 19. ed. São Paulo: Atlas, 2019, v. I.

_____. *Direito civil*: teoria geral das obrigações e teoria geral dos contratos. 9. ed. São Paulo: Atlas, 2019. v. II.

_____. *Direito civil*: responsabilidade civil. 19. ed. São Paulo: Atlas, 2019. v. IV.

_____. *Direito civil*: direitos reais. 19. ed. São Paulo: Atlas, 2019. v. V.

_____. *Direito civil*: direito de família. 19. ed. São Paulo: Atlas, 2019. v. VI.